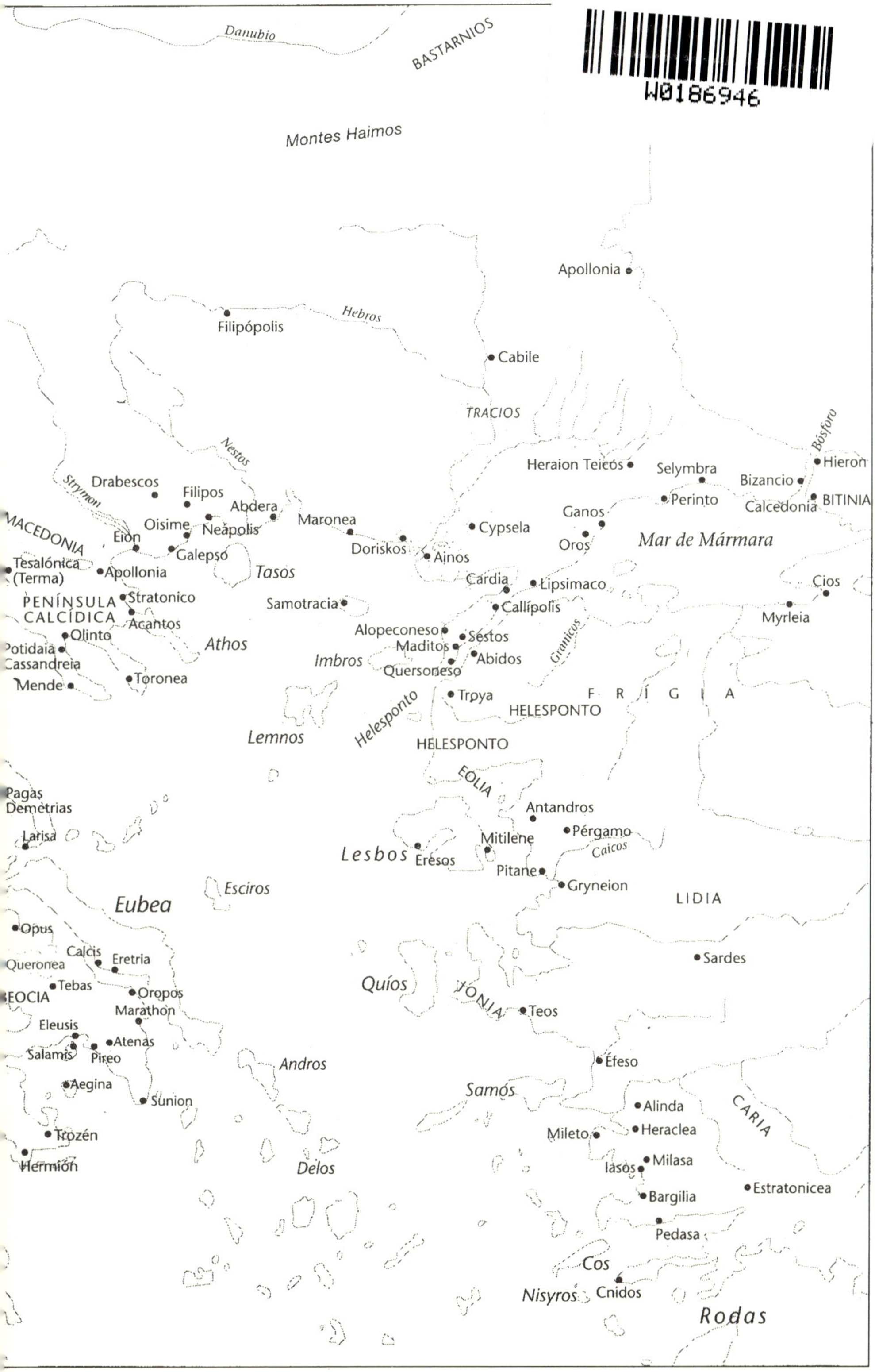
Danubio
BASTARNIOS
Montes Haimos
Apollonia
Hebros
Filipópolis
Cabile
TRACIOS
Nestos
Bósforo
Heraion Teicos
Selymbra
Hieron
Bizancio
Perinto
Calcedonia
BITINIA
Drabescos
Strymon
Filipos
Abdera
Oisime
Neápolis
Maronea
Ganos
Cypsela
Mar de Mármara
MACEDONIA
Eion
Galepso
Doriskos
Oros
Ainos
Tesalónica
(Terma)
Apollonia
Tasos
Cardia
Lipsimaco
Cios
PENÍNSULA
CALCÍDICA
Stratonico
Samotracia
Callípolis
Myrleia
Acantos
Olinto
Athos
Alopeconeso
Sestos
Maditos
Granicos
Potidaia
Cassandreia
Imbros
Abidos
Quersoneso
Mende
Toronea
Troya
F R Í G I A
HELESPONTO
Lemnos
Helesponto
HELESPONTO
EOLIA
Pagas
Demetrias
Antandros
Larisa
Pérgamo
Mitilene
Caicos
Lesbos
Erésos
Pitane
Gryneion
Esciros
LIDIA
Eubea
Opus
Calcis
Eretria
Sardes
Queronea
Tebas
Quíos
JONIA
Teos
BEOCIA
Oropos
Marathon
Eleusis
Atenas
Salamis
Pireo
Andros
Éfeso
Aegina
Samos
Sunion
Alinda
CARIA
Heraclea
Mileto
Trozén
Hermión
Delos
Milasa
Iasos
Estratonicea
Bargilia
Pedasa
Cos
Nisyros
Cnidos
Rodas

NOVELAS DE

GRECIA y ROMA

Alejandro
El unificador de Grecia
La Hélade

GISBERT HAEFS

PLANETA DeAGOSTINI

Colección: Novelas de Grecia y Roma
Director editorial: Virgilio Ortega
Director editorial de Realizaciones: Fernando Caralt
Coordinación: Macarena de Eguilior
Realización: Isabel Jiménez
Diseño cubierta: Hans Romberg
Realización gráfica: Guillem Sanz

Título original: *Alexander. Der Roman der Einigung Griechenlands. "Hellas"*
Traducción: José Antonio Alemany

Ilustración de la cubierta: Archivo AISA

ISBN: 84-674-0389-6
Depósito legal: B-35.809-2003

Imprime: Cayfosa-Quebecor, S.A. Santa Perpètua de Mogoda (Barcelona)
Distribuye: Logista
Aragonés, 18 – Polígono Industrial Alcobendas
28108 Alcobendas (Madrid)
Printed in Spain – Impreso en España

«Según he oído, Alejandro se hacía acompañar en sus viajes por seis tipos de personas: feroces guerreros de espada; hechiceros, cuyos encantamientos podían anular incluso el maleficio de Harut; oradores e intérpretes capaces de opacar al Sol con el brillo de sus palabras; sabios de tan sutil agudeza que no quiero atormentarme pensando en ella; ancianos ascetas de espíritu justo, que por la noche invocaban la ayuda de Dios, y, finalmente, mensajeros divinos, a cuyo amparo se confiaba.»

NIZAMI, *Iskandar-Namah*

«El autor, cuando escribe,
tiene detrás algo que lo impele.
Ese impulso es común a Alejandro
y a todos los héroes.
Por eso me inscribo aquí:
No quiero ser olvidado.»

GOETHE, en el *Stammbuch von F.W. Moors*

1
LA MENTIRA DE ARISTÓTELES

Al este de la carretera de Acarnania se veía un grupo de esclavos acarreando y arrastrando la basura de Atenas hacia una hondonada oculta entre peñascos, al pie de la colina. El suelo estaba anegado a causa de la lluvia de la noche anterior; algunos de los hombres se encontraban tan cubiertos de barro que no se distinguía ni su piel clara ni las lechuzas marcadas con hierro candente en sus hombros. Cuatro arqueros escitas, guardias mercenarios de la ciudad, los vigilaban.

La densa masa de nubes oscuras seguía avanzando hacia el norte, mostrando sus primeros desgarros sobre los huertos y las cabañas del suburbio norteño. Cuando el último de los veinte carros, cerrados y de un solo eje, llegó a aquel vertedero entre las rocas, el terreno se hallaba ya muy removido y blando. Uno de los escitas levantó una pierna y se miró el pantalón verde adornado con rombos negros y blancos; por debajo de la rodilla, todo era una oscura bota de lodo. Arrugó la nariz, dio un tirón a la orejera de su yelmo y silbó con dos dedos.

Los esclavos empezaron a descargar: excrementos, desperdicios de comida, huesos, restos de animales, a veces envueltos en pieles o pellejos, a veces amontonados en cubos y cestos de mimbre. Bajaban de los carros estos recipientes y los arrastraban hasta el borde de la amplia hondonada. Una vez vaciados los cestos eran llevados de regreso a los carros, donde esperaban otros hombres provistos de burdas palas, tridentes y escobas hechas con ramas secas. El escita se rascó la barba. Mientras un hombre, cuyo torso era una lodosa red de cicatrices y músculos prominentes, arrastraba hacia las rocas el cadáver hinchado de un perro, el escita se volvió y se dirigió lentamente hacia los otros tres arqueros. De la aljaba que llevaba al cinto sacó un pellejo, un trozo de pan y dos cebollas. Apoyados en las rocas cercanas a la carretera, donde el hedor no era tan intenso y desde donde se podía observar los campos y el camino, los escitas se dispusieron a devorar su desayuno.

De repente las nubes se abrieron; cegadoras cortinas de sol cayeron sobre la tierra. Algo brillaba al otro lado del camino, algo metálico apoyado en la pared de una inestable cabaña de madera, junto a la cual trabajaban dos campesinos de mugrientas vestiduras.

Más al norte, unos pájaros echaron a volar entre chillidos; luego aparecieron por el camino unos muchachos. Venían de recoger la fruta que la tormenta había arrancado de los árboles. Pero no llevaban cestos.

—¡Macedonios! ¡Vienen los macedonios!

Toda la gente de los alrededores dejó de trabajar y echó a correr hacia la ciudad, abandonando sus carros y utensilios. Los esclavos se quedaron como de piedra, miraron carretera arriba y empezaron a cuchichear.

Sin mostrar ninguna prisa ni nerviosidad, tres de los escitas descolgaron los arcos de sus hombros, sacaron flechas de sus aljabas y apuntaron en dirección a los esclavos. El cuarto, con la misma parsimonia, desenrolló un largo látigo.

—Seguid arrastrando mierda —dijo con voz grave y ronca—. Los macedonios no vienen por vosotros. Vamos. —Blandió el largo látigo y lo hizo restallar en el aire. Los esclavos siguieron trabajando, aunque con movimientos más torpes.

La tropa se acercaba rápidamente. Eran unos cuatrocientos soldados de a pie —la mitad de armadura ligera, la mitad hoplitas—, más unos sesenta jinetes tesalios de armadura y otros tantos jinetes tracios. Todos iban más o menos desarmados. Avanzaban conversando, riendo, comiendo; ni siquiera se habían amarrado las corazas. Sólo los dos cabos de filas, que llevaban los estandartes —el gran disco solar dorado de Macedonia, el águila imperial sobre el suelo de oro—, estaban completamente vestidos y armados. Detrás venía el bagaje: carros, tirados por mulas y caballos, cargados de armas, partes de armaduras, tiendas de campaña, atos de lanzas y jabalinas, víveres, herramientas, mujeres y curanderos.

Detrás del primer grupo de jinetes, y como escoltados por éste, cabalgaban cinco hombres. Tres de ellos llevaban petos adornados y yelmos tocados con penacho rojo; los otros dos, sólo el quitón de color claro y la capa de viaje. Al pasar por el vertedero, uno de los oficiales se tapó la nariz.

—Esto debe de ser la Academia —dijo, y soltó una risotada.

El más joven de los que no llevaban peto sonrió.

—No lo creo. Los filósofos no huelen así.

—¿Estás seguro? ¿Cómo huelen los filósofos, según tú? —intervino el mayor. Era el único de toda la tropa que lucía una tupida barba negra.

—En Atenas un filósofo no tiene que tratar con mierda ni perros muertos. Huele mejor... —El más joven sacó un brazo de debajo de la capa y chasqueó los dedos—. Pues sí, huelen a polvo, a papiro, como mucho a polilla. Y a veces, aunque muy rara vez, también a honrado sudor.

El oficial que cabalgaba delante de él se volvió.

—Tanto me da a qué huelan, Peukestas —dijo—. Cuando lleguemos a Atenas no quiero más bromas, ¿está claro?

El joven se llevó la mano al pecho.

—Dioses y generales siempre tendrán mi obediencia, oh Kleitarchos.

Las cabañas y casas que rodeaban la ciudad estaban abandonadas y cerradas a cal y canto; por todas partes yacían utensilios, carros y otros objetos abandonados. En la explanada que se extendía ante la puerta de Acarnania, de donde partían cinco caminos, los campesinos y los comerciantes habían desarmado precipitadamente un mercado que allí habían montado; las cosas que no habían podido ser recogidas a tiempo habían terminado arrasadas por la multitud que huía a refugiarse a la ciudad. Kleitarchos mandó hacer alto a la tropa y cabalgó hacia la puerta escoltado por los dos portaestandartes.

Las pesadas alas de la puerta, revestidas de hierro, estaban cerradas. Sobre la muralla centelleaban yelmos y puntas de lanza. Un joven capitán de la guardia de la ciudad, cubierto por una coraza que imitaba los músculos del torso y un ondeante penacho en el yelmo, se inclinó sobre el borde de la muralla.

Kleitarchos se echó atrás el yelmo, miró hacia arriba y gritó:

—En nombre del divino Alejandro, abre las puertas.

El ateniense hizo un gesto negativo con la mano.

—El nombre de un dios muerto no me sirve de llave.

—¿Quieres que me vaya y regrese con diez mil guerreros armados con diez mil llaves afiladas? —dijo Kleitarchos enseñando los dientes—. No obstante, debo reconocer que vas muy bien engalanado, príncipe de los centinelas áticos.

El ateniense carraspeó y señaló a los soldados macedonios, que permanecían a la expectativa.

—¿Diez mil? Mira como tiemblo. ¿Y eso de allí es todo lo que has traído para reducir Atenas a escombros?

El macedonio rió.

—¿Para qué usar las armas, si podemos entendernos con palabras?

—El Consejo decidirá si abrimos o no. ¿Qué queréis?

—Traemos un mensaje de Antípatro y Cratero.

El ateniense sacudió la cabeza.

—¿Desde cuándo envían mensajes los vencedores? Nuestros emisarios salieron hacia Macedonia hace ya mucho tiempo.

—Lo sabemos; hemos topado con Demades y sus hombres. Pero nosotros tenemos una misión especial.

—¿Que es...?

El macedonio suspiró.

—Como mínimo, ¿no podrías bajar para que no me vea obligado a gritar tanto? Ya me duele el cuello.

El ateniense desapareció; un momento después se entreabrió la puerta. Detrás se veían soldados de a pie y una multitud abigarrada. El capitán salió a la explanada; la puerta volvió a cerrarse tras él.

—Ya puedes hablar más despacio. Y baja de tu enorme corcel.

El macedonio desmontó y rodeó el pescuezo de su caballo con el brazo derecho.

—Así está mejor. Bien. Di a tu Consejo lo siguiente. Son palabras de Antípatro y Cratero. Hace veintiséis años, Demóstenes el calumniador empujó a Atenas y otras ciudades a la guerra contra nuestro señor Filipo. Filipo venció y respetó a Demóstenes. Hace veinte años Demóstenes, la víbora, volvió a morderos con palabras y os incitó a guerrear, aceptando el oro persa para hacer que helenos lucharan contra helenos. Nuestro rey Filipo venció, hace ya dieciséis años, y respetó a Demóstenes y a la ciudad de Atenas. Hace catorce años Filipo fue asesinado, y Demóstenes tardó tan poco en enterarse de esta muerte, que... en fin. Y en seguida promovió la siguiente guerra, esta vez contra Alejandro. El rey arrasó la ciudad de Tebas, cuyos habitantes habían seguido a Demóstenes; pero respetó Atenas, y también a Demóstenes. Y hace un año, cuando Alejandro fue a reunirse con los otros dioses, Demóstenes el escorpión, con su veneno, volvió a enfrentar en el campo de batalla a helenos contra helenos. Antípatro puso cerco a vuestra ciudad de Lamia. Antípatro y Cratero aniquilaron vuestro ejército en Krannón. Destruimos vuestra flota frente a la isla de Amorgos. Y ahora Antípatro y Cratero ordenan esto. —El macedonio enarcó las cejas y tomó aire—. Escucha lo que te digo, ateniense, no piden ni preguntan, sino que ordenan. Antes de que pueda firmarse la paz, la ciudad de Atenas ha de entregar a Demóstenes. Todos los que han sido desterrados de Atenas por él y sus secuaces recuperarán inmediatamente el honor. Esto vale también para el gran Aristóteles. Transmite este mensaje a tu Consejo. Y di también que el embajador de Antípatro y Cratero tiene otras propuestas dignas de ser tomadas en cuenta.

El ateniense se mordisqueó el labió inferior.

—Permitirás que cuando transmita tus palabras al Consejo obvie todas tus referencias a víboras, escorpiones y demás alimañas, ¿verdad? ¿Necesitáis algo?

—Pan, vino, agua y carne —respondió el macedonio con una sonrisa de satisfacción—. Tampoco me molestaría que nos lo sirvan unas muchachas hermosas. Y envíanos a alguien que nos indique dónde podemos acampar.

El ateniense levantó una mano y volvió hacia la puerta, que esta vez quedó abierta. Los campesinos y gente del suburbio que se habían refugiado en la ciudad empezaron a abandonarla poco a poco. Salieron carros y mozos de cuerda y la guardia se retiró un tanto, aunque sin dejar completamente libre el acceso a la ciudad. Los comerciantes volvieron a sacar sus mesas y mercancías para montar nuevamente el interrumpido mercadillo de la plaza; varias muchachas de labios pintados y coloridos vestidos fueron a reunirse con los macedonios, seguidas de vendedores de vino, un par de hombres con burros y odres de agua, auxiliares de panadería y campesinos con fruta.

Peukestas y el otro hombre de quitón dejaron que sus caballos pastaran junto a la muralla y se sentaron a la sombra de un pino. El mayor sacó frutos secos de su bolsa; comieron un rato en silencio, observando las cosas y a la gente.

—¿Crees que entregarán a Demóstenes? —dijo Peukestas.

—No tienen más remedio. Además... con todas las desgracias que ha traído, seguro que más de uno hasta se alegrará de deshacerse de él.

—¿Y tú? Es decir, tú tendrás que llevarlo a Antípatro. ¿Estás seguro de que en el camino no te enredará con sus palabras?

—¡Ah!, en realidad Demóstenes nunca ha sido un buen orador; sólo lo era cuando tenía bastante tiempo para prepararse. Si tenía que improvisar, sólo tartamudeaba. Pero por si acaso... —El hombre se echó hacia atrás y sacó un bozal de cuero del bolso que llevaba al cinto.

Las estrechas callejuelas de tierra estaban cubiertas de basura y lodosas a causa de la lluvia. Los macedonios tenían que inclinarse a uno y otro lado sobre su montura cada vez que alguien arrojaba desperdicios o vaciaba un bacín desde una ventana. En una pequeña plaza, uno de los caballos destrozó de una pisada una aceitera; en compensación, uno de los oficiales arrojó una moneda a su dueño, un campesino. Los niños, alegres, ruidosos y ajenos a los avatares de la política, se divertían acercándose todo lo que podían a los caballos para luego apartarse en el último momento. Detrás de una esquina un anciano de barba canosa, sentado y cubierto de excrementos y barro hasta la cadera, hablaba ante cuatro o cinco personas.

—Así son estas cosas. Pero Sócrates dice que todo lo sagrado... —Al ver pasar a los macedonios interrumpió su discurso y levantó el puño.

Las sórdidas y destartaladas casas de ladrillos de barro cedieron paso a sólidos edificios de piedra de dos plantas; las callejuelas y el hacinamiento quedaron atrás. Los macedonios llegaron al lugar, al norte del ágora, donde la calle que llevaba desde la Puerta Acarniana al sur confluía con la que se dirigía a la Puerta de Dipylon, al oeste. La plaza, en la que también desembocaban calles más pequeñas, estaba flanqueada al norte por templos, comercios, edificios de la administración y la lonja del grano. Los jinetes se detuvieron un momento. A su derecha, sobre la colina del ágora, brillaba el colorido frontispicio del templo de Hefestos; a su izquierda, al sudeste, el camino Panateneo conducía a la Acrópolis, pasando por la casa de la moneda y el pabellón del pozo. Frente a ellos se extendía la gran plaza, el ágora, el corazón de Atenas: templos, columnas, estatuas, capiteles rojos, blancos y azules, paredes multicolores y un gran número de personas, la mayoría vestidas de blanco, yendo de un lado a otro o sentadas a las mesas.

—De modo que éste es el corazón de la Hélade —dijo el hombre mayor, mirando ávidamente a su alrededor.

Peukestas no podía apartar la mirada de la Acrópolis.

—He visto Babilonia, Persépolis, Ecbatana y Menfis. Pero *esto*... —Echó la palma de la mano hacia atrás, por encima del hombro, como si arrojara las palabras.

Siguieron cabalgando entre la sede de los arcontes, el Pórtico Real y el Leokoreion, al sur; pasaron frente a los templos de Zeus y Apolo, al duplicado edificio del Consejo, el viejo y, detrás, en la montaña, el nuevo Bouleutherion, y miraron con indiferencia la hilera de estatuas de los héroes áticos, cuyos pedestales de mármol se levantaban entre los edificios y la plaza.

A una señal del ateniense que los había guiado hasta allí a pie, desmontaron frente al edificio circular del extremo suroccidental de la plaza; se trataba de la Tholos, donde se reunían para comer los miembros ilustres del Consejo y donde siempre dormían algunos consejeros, encargados de que la ciudad estuviera abierta a posibles negociaciones incluso de noche.

Peukestas se quedó un momento de pie junto a su caballo. Del viejo edificio cuadrado del Tribunal, que, junto con la larga galería llena de recintos comerciales y despachos, cerraba la plaza por el sur, salió un grupo de hombres. Sus rostros se ensombrecieron al ver a los macedonios. Uno dijo a media voz algo sobre bárbaros y caballos que profanaban la plaza; otro se llevó un dedo a los labios. También venía gente del edificio de los estrategas, que se levantaba junto a la calle de Pnyx y ya apenas era utilizado para asambleas populares; probablemente serían representantes de los generales apresados tras la batalla de Krannón. Los macedonios entraron en la Tholos con ellos. Los peldaños de mármol del edificio de piedra caliza pintada en tonos rojos y ocres estaban cubiertos de excrementos de paloma.

Macedonios y atenienses se sentaron en las bancas de piedra de una fría habitación envuelta en penumbra; aparecieron varios esclavos trayendo copas, jarras de vino, agua y aceitunas. Tras un breve intercambio de cortesías, Kleitarchos repitió ante consejeros y funcionarios el mensaje que antes transmitiera ante las puertas de la ciudad. El silencio de los atenienses estaba cargado de algo casi palpable, pero que Peukestas no llegaba a distinguir del todo —¿se trataría, tal vez, de un desprecio temeroso, de odio impregnado de una cierta sensación de superioridad?

—Podéis cerrar las puertas y disponer esclavos armados en lo alto de las murallas, pero aun así tenéis las manos vacías. Antípatro y Cratero dicen que antes de hablar de paz, Atenas ha de entregar a Demóstenes, la víbora, y a su ayudante Hypereides. A Demóstenes lo colgaremos del cuello, para que pueda comprobar por sí mismo cuánto le pesa el culo. Sobre Hypereides aún no hay nada decidido. Y se reivindicará el honor de todos los atenienses que fueron obligados a dejar la ciudad a causa de su actitud hacia Alejandro. Esto vale también, y sobre todo, para el gran Aristóteles.

Los consejeros intercambiaron largas miradas. Uno carraspeó.

—No es usual escuchar aquí discursos tan presuntuosos —dijo.

Kleitarchos enseñó los dientes.

—Si queréis —replicó— vuelvo con diez mil soldados humildes y callados. Pero en ese caso no os quedarán orejas para oír ni cabeza para reflexionar sobre lo oído.

Los atenienses cuchichearon; luego, el presidente del Prytaneion sonrió con diligencia al macedonio.

—Los hombres que habéis dejado a las puertas de la ciudad son nuestros invitados, como es natural. Tendrán todo lo que necesiten. ¿Deseáis algo en particular? ¿Mantas? ¿Pan? ¿Leña?

—La cabeza de Demóstenes —dijo tranquilamente el macedonio.

Peukestas levantó la mano.

—Información sobre él, Hypereides y Aristóteles —agregó.

—¿Hypereides? Nadie sabe dónde está. Y, eh... ¿Demóstenes dices? Creo que hace unos días fue a El Pireo para emprender una breve travesía. Antes de que aparecieran vuestras naves.

Kleitarchos frunció el entrecejo y se volvió hacia el mayor de los macedonios que no llevaban yelmo.

—¿Sabes lo que tienes que hacer? —preguntó—. Este trabajo te corresponde a ti. Ve al puerto, coge dos barcos con soldados y trae de regreso a Demóstenes.

El hombre se levantó, inclinó la cabeza, puso una mano sobre el hombro de Peukestas y se marchó.

—En cuanto a Aristóteles —dijo el ateniense, cansado—, vive en una casa a las afueras de Calcis, en la isla Eubea. Lo último que supe de él es que yacía en su lecho de muerte.

—Pero si nosotros tenemos tropas en Calcis —dijo Peukestas, casi furioso—. ¿Por qué no habrían de informar de algo así?

—¿Quién va a preocuparse por un filósofo que no le preocupa? —dijo

Kleitarchos encogiéndose de hombros—. Coge un par de jinetes, Peukestas. Salud y buen viaje.

El puente levadizo de madera tendido entre Boiotia y Eubea, sobre la parte más estrecha del Euripo, había sido destruido, lo mismo que parte del terraplén. Un grupo de albañiles esclavos, sentados en la ribera a la sombra de un árbol, entre herramientas y montones de piedra, jugaban a los dados y hablaban en voz baja. No lejos de allí roncaba el capataz. Sobre el vello de su pecho, una brillante mariposa roja aparecía bañada en un halo de luz que caía a través del polvo. Los arbustos, las madreselvas y el canto de la cigarra creaban una atmósfera densa y dulzona; ni la más leve brisa movía la aceitosa superficie del agua que resplandecía bajo el sol de la tarde.

En la orilla, al otro lado del puente, habían clavado postes atados a gruesas cuerdas. La gran barcaza plana que iba y venía de tierra firme a la isla se llenó de campesinos y comerciantes que volvían a casa. En el medio había tres carros tirados por bueyes; dos iban vacíos; el tercero, sobrecargado de ánforas y cestos vacíos. A la izquierda del carro quedaba algo de espacio; a la derecha, los campesinos y los comerciantes se amontonaban como mejor podían. Alguien hizo correr un pellejo lleno de agua.

—Buenos días —dijo un campesino—. Yo he vendido todas las aves y huevos. ¿Cómo os ha ido a vosotros?

Un comerciante, apoyado en el carro cargado, tragó saliva y dijo:

—Por suerte yo he podido conservar mis huevos. Pero desde que la guerra ha terminado la gente gasta cada vez más. Eso es bueno... para todos.

Un hombre trataba de que su caballo subiese la rampa. El animal, nervioso, rehusaba una y otra vez; al cabo de varios intentos, el jinete consiguió acomodarlo junto a los carros. Los hombres lo miraron con curiosidad, deseando en secreto que el animal lo derribara. Sus bromas cesaron cuando detrás de él apareció Peukestas, seguido por otros seis jinetes macedonios. Dirigieron sus caballos hacia la izquierda, al otro lado de los carros.

—Eh, Gorgias, cuánto tiempo sin verte —dijo uno de los campesinos—. ¿Dónde has estado? ¿No habías dicho algo de Aulis?

Gorgias asintió con la cabeza.

—De Aulis y de un poquito más allá —respondió con una sonrisa—. Hay dos o tres grandes comerciantes atenienses.

—Chusma ricachona. Cerdos presuntuosos. —Un comerciante escupió por la borda—. Ahora son un poco menos petulantes, ¿eh?

—Humm. Necesitan urgentemente todo el grano que puedan cargar. ¡Y cómo tienen que pagarlo! —Esbozó una sonrisa cómplice mientras acariciaba el pescuezo de su caballo.

Los otros rieron. Uno dijo:

—Tanto mejor para nosotros. Lo tienen bien empleado, por su guerra de mierda. ¿Has vendido todo?

Gorgias ató su capote, que había dejado delante de él, sobre la montura.

—Todo lo que desembolsó el gremio, lo que no es raro; y el resto cuando esos bárbaros macedonios les exigieron su parte.

Un campesino carraspeó y miró a Peukestas y sus hombres, que habían desmontado. El comerciante a caballo no había reparado en ellos.

—Y dos veces y media más caro que hace un año. Además, no tenemos que entregarlo; vendrán a recogerlo ellos mismos. Los carros llegarán dentro de cuatro días. —Señaló el campo con el pulgar, por encima del hombro.

La barcaza estaba llena; el barquero dio una palmada, indicando a los esclavos que se dirigieran a proa. Una gruesa cuerda que corría por unos rodillos de proa a popa, mantenía el rumbo de la embarcación. Otras dos cuerdas servían para impulsar la barcaza hacia adelante. El barquero soltó el cabrestante de popa y los esclavos sujetaron el de proa. Lentamente, la pesada embarcación comenzó a separarse de la orilla.

—Por lo que veo el puente sigue igual —comentó Gorgias señalando con la barbilla a los esclavos que jugaban a los dados.

—Ah, ya sabes cómo es... —dijo el criador de aves—. Si quieres que un trabajo no termine nunca, déjalo en manos del Estado. —Los hombres miraron a los macedonios conteniendo la risa. Gorgias, de espaldas a los carros, siguió hablando.

—Macedonios de mierda. ¿Para qué destruyeron el puente? Si hubieran perdido, los atenienses habrían llegado en seguida a Calcis, con o sin puente. Es una suerte que nos hayan ocupado. En Calcis algunos se habrían dejado convencer fácilmente por la cháchara de Demóstenes; ahora estaríamos metidos en todo eso. Y esta vez los macedonios no dejarán que el cerdo siga gruñendo. Con ésta ha provocado ya cuatro guerras. Pero la última le costará la cabeza. Ah, sí, un ateniense me ha contado algo. —Contuvo una risita—. Cuando empezó a correr la noticia de la muerte de Alejandro, en el Consejo de Atenas había uno que no quería creerlo. ¿Sabéis por qué? Pues bien, dijo que Alejandro había devorado prácticamente todo el mundo habitado, y que si realmente estuviera muerto, toda la Oikumene apestaría como su cadáver. —Lanzó una carcajada.

Los otros apenas rieron; observaban con preocupación a los macedonios, a los que Gorgias aún no había visto. Peukestas hizo una débil mueca. Algunos campesinos intentaban parar a Gorgias con gestos, pero éste seguía sin reparar en los jinetes.

—En cualquier caso —continuó—, supongo que ahora los generales de

Alejandro se arrojarán los unos sobre la garganta de los otros. Habrá jaleo. Pero se lo merecen.

Peukestas tosió. Gorgias se volvió hacia él y empalideció de repente.

—Yo... yo... —balbuceó.

—Tú... ¿qué? —dijo Peukestas—. ¿Podría decirme alguno de ustedes, señores, dónde puedo encontrar a Aristóteles?

La barcaza se acercaba ya a la rampa de atraque, al sur del puerto de Calcis.

—¿Aristóteles? —preguntó uno de los campesinos rascándose la cabeza— ¿Cuál Aristóteles? ¿El vinatero? ¿El castrador? ¿O el que tiene una gran prensa de aceite?

—El filósofo.

—Ah, ¿el viejo al que echaron los atenienses porque es medio macedonio? Perdón, no quería decir eso. Vive allí arriba. —Señaló una pequeña colina costera sobre la cual se levantaba una casita blanca.

Al pie de la colina pastaban algunas ovejas y cabras, vigiladas por un esclavo viejísimo que dormitaba bajo una encina. Junto al pozo captado con piedras se extendía un pequeño huerto, también mal cercado. Dos de los catafractas habían ido a Calcis a averiguar si había alojamiento en la guarnición macedonia; los demás acamparon junto al pozo.

Peukestas subió la colina a pie, llevando sólo su capote y la pesada bolsa de paño. Desde cerca, la casa parecía más pobre que humilde. Las paredes estaban desconchadas; junto a la entrada, al lado de un altar de piedra volcado, yacía una cabeza de Dioniso. Una suave brisa hizo vibrar casi imperceptiblemente la cortina de cuerdas y cuentas de barro que cubría la entrada.

Del patio interior llegaba el sordo rumor de unos golpes: una esclava en cuclillas machacaba grano en una cacerola de cobre. La joven levantó fugazmente la cabeza al oír carraspear a Peukestas.

Por la cortina de la puerta de la casa apareció una mujer, que debía de ser más joven que Peukestas: acaso dieciocho años. Iba descalza; su túnica blanca, aunque limpia, no llevaba ningún adorno, lo mismo que sus manos, su cuello y su cabello oscuro. Su rostro, ovalado y ojeroso, denotaba cansancio.

—¿Es ésta la casa donde vive el gran Aristóteles? —preguntó Peukestas.

Antes de que la mujer pudiese responder, la voz frágil de un anciano sonaba a través de la cortina de cuerdas.

—Ésta es la casa donde muere el viejo Aristóteles. Pregúntale qué es lo que quiere, Pitias.

La mujer miró a Peukestas e inquirió:

—¿Y bien?

El macedonio inclinó ligeramente la cabeza e intentó esbozar una sonrisa.

—Soy Peukestas, suboficial de los jinetes hetairos y, últimamente, secretario de Eumenes. Me hallaba en Babilonia cuando murió Alejandro. Antípatro y Cratero me envían con regalos y preguntas.

Pitias miró en dirección a la entrada de la casa. La voz del anciano dijo:

—Hazlo pasar, hija.

Peukestas siguió a la mujer a una habitación bien iluminada, presidida por una gran ventana acortinada. Un semicírculo de taburetes rodeaba una mesita baja. Detrás de ésta Peukestas vio al filósofo más grande de la Hélade tumbado en una litera y cubierto de mantas y pieles. Tenía la cara pálida y el pelo canoso, aunque su barba seguía siendo casi tan negra como sus ojos, todavía penetrantes y llenos de vida. Sobre la mesa había una jarra con agua, una crátera de barro y una escudilla plana con agua, hierbas y pétalos de flores. Un olor austero y fresco inundaba la estancia.

Junto a una de las paredes se levantaba un fogón provisto de parrilla de hierro y tiro cónico. En las otras, varios estantes de madera y corteza entretejida soportaban el peso de una infinidad de rollos de papiro, algunos guardados en tubos de barro, pero en su mayor parte sueltos.

Peukestas se llevó la mano derecha al corazón, cogió la bolsa que llevaba al hombro, la puso sobre la mesa y desató el cordón. Sacó un pequeño saco de cuero, lo abrió y dejó caer una catarata de monedas de oro: derrónicas y estáteres con la efigie de Alejandro. Volvió a meter la mano en la bolsa y sacó varios paquetes envueltos en paño, que fue abriendo lentamente. Contenían anillos con piedras brillantes, broches, perlas del Indico, un pesado collar de oro y, finalmente, una crátera de oro finamente labrada y rematada por una corona de rubíes. Pitias, que se había quedado junto a la puerta de la cocina, suspiró. Aristóteles se había incorporado y estaba apoyado en un codo enjuto.

—Regalos de reyes —dijo el filósofo sonriendo a medias, y volvió a recostarse en la litera. Pitias dejó escapar un hondo suspiro y desapareció por la puerta de la cocina.

—No de reyes, exactamente, Aristóteles. Estos regalos te los envían Antípatro y Cratero.

—Señores de Macedonia y la Hélade, pero no reyes. Claro. No me enviarían estas carísimas bagatelas si no tuviesen motivo para ello. Sólo Alejandro podía ser tan generoso, y ahora está muerto. ¿Qué quieren a cambio?

Peukestas sonrió.

—Sabiduría y consejo —respondió.

Pitias regresó de la cocina. Traía una bandeja de madera con una jarra de vino, una crátera, pan, carne fría y fruta. Dejó la bandeja sobre la mesa con mucho cuidado, sin perder de vista los tesoros. Señaló al macedonio un taburete y volvió a marcharse. Peukestas se sentó y sirvió agua y vino en la crátera.

Aristóteles soltó una risita ronca.

—¿Sabiduría y consejo? Mi sabiduría no puede comprarse, y mis consejos son gratis. ¿Qué quieren saber?

Peukestas lo miró por encima de la crátera.

—Alejandro murió sin dejar un sucesor. Los arreglos alcanzados después de su muerte sólo eran temporales. Él personalmente no dejó nada definido. Ahora que ya hemos sofocado todos los conflictos que había en la Hélade, tememos que los antiguos compañeros y oficiales de Alejandro comiencen a luchar entre sí por su reino y sus riquezas.

—Un temor nada infundado. Basta con conocer sólo un poco la naturaleza humana.

Peukestas vació la crátera y volvió a llenarla.

—Estos últimos años he trabajado como secretario de Eumenes y como supervisor de los escribas de los archivos reales, que Eumenes dirige con tanto cuidado. Sabemos que Alejandro hizo escribir todas las cartas por duplicado: una copia para el destinatario y otra para el archivo. Todas las cartas, excepto unas pocas, las que escribía él mismo. Cartas a su madre, un par de misivas a Antípatro, órdenes a Cratero, para que devolviese a casa a los soldados veteranos, y cartas a su honrado maestro Aristóteles.

El viejo filósofo tosió ásperamente.

—Y ahora vosotros queréis saber si en alguna de esas cartas me decía quién deseaba que se hiciese cargo del imperio.

Peukestas clavó la mirada en los ojos entreabiertos del anciano.

—Tal vez Alejandro haya dicho antes de morir que debía sucederlo el mejor hombre. El más fuerte, el más valiente. O su estúpido medio hermano. O el hijo que iba a darle Roxana. O quizá algún otro, aunque lo ignoramos. Tú sabes cómo son las cosas en Asia. Si no sucede algo importante, habrá largas guerras civiles por la sucesión. Y por la herencia más grande que jamás haya dejado hombre alguno. Los generales y príncipes se arrojarán los unos sobre los otros. El imperio se hará pedazos.

—¿Y eso sería malo?

—Sería una terrible carnicería, Aristóteles. Por eso los príncipes piden tu consejo. ¿Aparece el nombre del sucesor en alguna de las cartas de Alejandro?

Aristóteles sacudió una mano huesuda.

—Estoy helado —murmuró—. Llama a Pitias. No es justo que un moribundo pase frío.

Peukestas se levantó, se dirigió a la puerta de la cocina y avisó a la mujer, que estaba ocupada con la vajilla y no había oído nada. Pitias se acercó rápidamente, echó una mirada al rostro decaído de su padre, sacó el labio inferior y fue hacia el fogón, junto al cual había un pequeño montón de leña.

—Echa unos papiros —dijo el filósofo, cuya voz sonaba como un trozo de carbón aplastado debajo de un zapato—. ¿Para qué otra cosa podrían servirme ahora? En fin, ¿así que ésa es la pregunta de Cratero?

—Sí. Y quizá el mundo dependa de tu respuesta.

Aristóteles se incorporó trabajosamente. Miró hacia el fogón, al que Pitias había echado cuatro rollos de papiro cogidos de un estante. La mujer encendió una astilla en la lámpara de aceite y amontonó leña sobre los papiros cuando éstos empezaron a arder.

—El mundo saldrá adelante. Su suerte depende de la voluntad de los dioses y de las acciones virtuosas de los hombres. No de preguntas y respuestas.

Peukestas se inclinó hacia adelante y dijo, insistiendo:

—Cualquiera de los famosos compañeros del rey puede decir hoy mismo que Alejandro te eligió a ti, o a mí, o a cualquier otro, pero nadie le creería. Una carta escrita de puño y letra de Alejandro, dirigida a ti y certificada por ti, sería una prueba de la que nadie podría dudar. Un prueba que evitaría la guerra y consolidaría el imperio.

Aristóteles sonrió a Pitias, que volvió a la cocina.

—¿Nada más? ¿Sólo tengo que salvar a la Oikumene, al mundo habitable, cuya mayor parte habéis conquistado con la espada? También se desmembrará bajo la fuerza de la espada. ¿Cómo podría evitarlo la palabra de un anciano muerto? Se perdería en el viento, igual que la palabra de los reyes vivos. El que quiera dudar, porque la duda le abre el camino a una porción del poder en tanto que la certeza le entrega todo el poder a otro, dudará también de una carta. —Aristóteles señaló la crátera vacía.

Peukestas dejó su copa, se arrodilló junto al lecho revestido de cuero, llenó la crátera con agua y vino y ayudó a beber al anciano.

—Tantas preguntas... —La voz de Peukestas sonaba amarga; no quiso mendigar lo que el anciano sabía—. He estado en Pella y he hablado con mucha gente. Quiero escribir la vida del rey. Yo mismo he sido testigo de una parte; otras se encuentran en papiros y en las palabras de muchas personas que estuvieron con él. Pero algunas cosas... ¿Quién era Alejandro, realmente? ¿Qué cosas le enseñaste? ¿Dónde empezó su largo camino? ¿Cuál era su meta, si es que en verdad la tenía?

Aristóteles sonrió.

—El camino es la meta. Si sabes plantear correctamente una pregunta, entonces también sabrás encontrar tú mismo la respuesta.

Peukestas seguía arrodillado junto al lecho.

—¡Entonces ayúdame a plantear correctamente las preguntas, Aristóteles!

—¿Por qué habría de hacerlo? ¿Por estas piedrecitas de colores y estos estúpidos trozos de metal?

—Hay tantas cosas que ya no podré saber, Aristóteles —murmuró Peukestas, vacilante—. Esperaba oírlas de ti. Tu sobrino Calístenes te escribía, hasta que... murió. No puedo preguntarle a él. Parmenión, el gran Parmenión, hace mucho que ha muerto; él sabía muchas cosas. Y mi padre, que estuvo mucho tiempo con Alejandro, también murió antes de que yo supiera que debía preguntar...

Aristóteles entrecerró los ojos para ver mejor.

—Tu padre, ¿eh? ¿Dices que has servido como suboficial de los jinetes hetairos? Eres joven... Entonces debes de haber sido uno de los mozos del rey, lo cual significa que tu padre fue un noble. O un amigo íntimo del rey. O quizá de su padre, Filipo. Humm. Tu cara... hay algo en ella...

Peukestas cogió un pétalo de la escudilla que había sobre la mesa y se puso a mordisquearlo. Aristóteles se echó a reír, hasta que le sobrevino un fuerte ataque de tos.

—Dracón el sanador —dijo el anciano respirando con dificultad—. Estiró una mano y la posó un momento sobre la cabeza de Peukestas. El joven macedonio esperó en silencio.

—Bien —Aristóteles volvió a meter la mano bajo las mantas—. ¿Quién era Alejandro? No hay mucho que decir al respecto. Alejandro siempre quería saber qué hay al otro lado de la colina. Ese poderoso afán de llegar hasta el borde del mundo, y más allá. Pero —intentó incorporarse— el mundo sólo tiene un borde, sólo tiene un final, y esa oscura frontera es la muerte. Sin embargo, vida y muerte no son más que las dos caras de esa única moneda que nadie puede acuñar, emitir o gastar.

De la cocina llegaba el ruido que hacía Pitias con la vajilla.

—Pero eso no puede ser todo —dijo Peukestas en voz baja—. Yo mismo he sido testigo de más que eso. Te lo diré, si lo deseas... te contaré lo que he visto.

Aristóteles se encogió de hombros.

—Tengo los pies congelados —dijo como si hablara de un objeto sin importancia—. Los riñones, ya sabes, y el corazón. Me muero de abajo hacia arriba. Me espera la larga noche, en la que ya nadie puede trabajar o hablar. Me he pasado la vida escuchando y haciendo preguntas, reuniendo trocitos de sabiduría, sólo para comprender ahora que da lo mismo morir siendo necio que siendo sabio. Pero... a pesar de ello podemos hablar. Mejor morir hablando que haciendo otra cosa. O mudo. ¿Qué quieres saber?

—Todo. Sobre Alejandro, Filipo, Olimpia... sobre ti, Aristóteles. ¿Te escribió Alejandro acerca de quién debía asumir el poder? ¿Sabes si es cierto que alguien de la Hélade envió veneno? ¿Y entonces tu...?

Aristóteles soltó una risita.

—Despacio, Peukestas, despacio. Al final siempre se cosecha lo que se ha sembrado al principio.

—¿Dónde empezó Alejandro, entonces?

—En su nacimiento, como todos nosotros. ¡Ah! Egipto es un buen punto de partida para cualquier cuento. Las estrellas, el hígado de anímales sacrificados, los augurios de sacerdotes borrachos. Los maestros... —Volvió a toser—. Es mucho, demasiado para esta voz que está a punto de romperse.

—¿Por qué Filipo te eligió precisamente a ti para educar a Alejandro? ¿Porque eres el filósofo más grande de la Oikumene?

—No existe tal cosa, muchacho. Además, entonces yo no era más que uno entre mil. Pero Filipo y yo nos conocíamos bien; mi padre era médico de su padre. De niños, Filipo y yo jugábamos juntos. Y yo soy del norte, de Estagira. Nunca me quitó el sueño discernir si los macedonios eran helenos barbarizados o bárbaros helenizados; tal vez uno de los grandes filósofos de Atenas no hubiera aceptado ir a Pella. —Hizo una pequeña mueca y añadió en voz baja—: Y también había un motivo político... Pero hemos avanzado demasiado en tu historia, hijo de Dracón.

—Una vez más: ¿dónde empezó Alejandro, Aristóteles? —Peukestas seguía arrodillado junto al lecho.

Aristóteles carraspeó; su mano se deslizó sobre las mantas trazando extrañas eses.

—Una profecía. Las profecías predicen acontecimientos, que luego suceden porque todo el mundo se esfuerza en hacer que se cumpla la profecía. Pero... —Se incorporó lentamente, con un gran esfuerzo. Se quitó del cuello enjuto una fina cadena de la que colgaba algo apenas un poco más grande que una moneda: un *ankh* egipcio de oro, con un demoníaco ojo de Horus de piedras oscuras en el lazo—. Mira, muchacho. —De pronto su voz ya no era la de un moribundo, sino la de un señor que sabe mandar y sabe que será obedecido—. Quiero que veas imágenes, que valen más que las palabras; imágenes de cosas poco adecuadas a las palabras. Son también más rápidas que las palabras y mi vida se consume. Observa este ojo.

Peukestas abrió la boca, volvió a cerrarla y sacudió lentamente la cabeza, como conmovido por una extraña visión. Se apoyó en la litera y clavó la mirada en el ojo de Horus.

Aristóteles estiró el brazo.

—Jamás le he dado mucha importancia, pero en una vida larga se aprenden muchas tonterías útiles. —Movió imperceptiblemente la muñeca e hizo oscilar el amuleto en un movimiento pendular, suave, constante. Peukestas seguía el movimiento con los ojos; la cara se le adormecía. Detrás del amuleto, a unos seis o siete pasos, un leño chisporroteó en la parrilla; una bola de fuego subió hacia el tiro del fogón. Fuego y humo se convirtieron en velos, en niebla. Después empezaron a formar imágenes sobre la pared ennegrecida por el hollín.

*

La bola de fuego que se hunde a lo lejos, en el este, enciende las puntas de pirámides ya apenas visibles. En el desierto el atardecer es breve; la arena resplandece sólo unos instantes. Procedente del este se acerca un carro de un solo eje llevado por dos hombres. No lejos de allí ríe una hiena, y su risa es interrumpida por el rugido, más lejano, de un león. Una pequeña serpiente sale deslizándose de debajo de un montón de piedras para desaparecer entre líquenes. El montón de piedras es la punta de una pirámide, de un templo enterrado casi por completo. Cuando los dos hombres llegan allí con su carro, ya pueden verse las primeras estrellas. En el silencio crepitante de la noche, las suaves voces de los hombres sólo se oyen cuando bajan del carro y se dirigen a la pirámide. Se trata de un egipcio y de un heleno. El egipcio, que va vestido como un sacerdote, dice con voz áspera:

—El Venerabilísimo ha venido desde muy lejos, desde el santuario de Siwah. No le gustará encontrar a un comerciante en vez de a un sacerdote, aunque estés iniciado en los misterios. Habla lo menos posible.

El heleno hace un ademán, como quien estira una túnica recogida. Caminan hacia el otro lado de la pirámide y empiezan a bajar por unos peldaños semiderruidos. La primera cámara está iluminada por antorchas colgadas entre columnas desconchadas y estatuas de dioses arruinadas por el tiempo. Las sombras parecen bailar; una rata se esconde entre los pies de una estatua con cabeza de Horus.

La segunda cámara está mejor iluminada; hay más antorchas y también lámparas, y un gran fuego. También aquí hay columnas inseguras y dioses vacilantes: Isis, Tot, Hathor, un buey Apis cuya cabeza yace entre sus patas delanteras, un carnero Ammón también decapitado (en este caso la cabeza se encuentra a los pies de la estatua de un príncipe). Las paredes están cubiertas de jeroglíficos y representaciones del *Libro de los muertos.* Al otro lado de la hoguera se eleva la estatua de un anciano sentado bajo una gran tabla de los signos zodiacales.

La estatua se mueve; el anciano levanta la cabeza y dirige la mirada hacia los recién llegados. Es viejísimo. Un bonete de sacerdote le cubre sólo parte de la cabeza calva; la larga barba se confunde con su túnica. Sus ojos hundidos despiden un fuego oscuro.

El viejo abre la boca casi sin dientes; su voz es profunda. Habla en egipcio, rápidamente, en tono duro; evidentemente, está furioso. El otro sacerdote hace varias reverencias y contesta con humildad; finalmente se dirige al heleno:

—Lo que te había dicho —susurra. Luego añade en voz más alta—: El Venerabilísimo ha venido desde Siwah para traer la noticia más importante desde hace siglos. ¿Qué sabes del Gran Año?

El heleno se encoge de hombros.

—Tanto y tan poco como todos —responde—. Las estrellas pequeñas se mueven; las grandes, las que forman nuestros signos zodiacales, parecen quietas, pero también se mueven. Cada veinticinco mil años, o algo más, vuelven a su posición inicial. Entonces empieza una Nueva Era, un nuevo Gran Año. ¿Es así?

El anciano parpadea; se levanta lentamente. Empieza a hablar con voz oscura y chirriante. Mientras habla, va señalando cada constelación en la tabla de los signos zodiacales.

—Nuestro año pequeño termina con el final del invierno, bajo el signo de Piscis. El año nuevo comienza con Aries, en la época de las siembras y las partidas, cuando vuelan las garzas y navegan los barcos. Después vienen Tauro y los otros signos. En el Gran Año el ciclo es inverso. Las últimas lunas del Gran Año corresponden a Tauro y, después, a Aries; la Nueva Era comienza bajo el signo de Piscis. —El anciano hace una pausa, pero no parece cansado. El joven egipcio mira de soslayo al heleno—. ¿Lo has entendido?

El heleno sonríe.

—Es cierto que no soy más que un comerciante y un hombre de mar, pero algo entiendo de estrellas, pues de lo contrario nunca llegaría a mi destino. Sí, lo he entendido. No es tan complicado. Lo que no sé es por qué eso es tan infinitamente importante.

El anciano deja escapar un sonido áspero desde lo más profundo de su garganta.

—Lo sabrás, heleno. Cada luna del Gran Año está regida por el dios bajo cuyo signo se encuentra. —La mano del viejo ha vuelto a la carta zodiacal—. Cada una de estas lunas dura unos dos mil doscientos años de los nuestros. Cuando terminó la luna de la Fertilidad y se hundió la moderada Atlántida, empezó la luna de Leo, señor del fuego y de la guerra. La Esfinge nos recuerda a Leo y a su unidad con los grandes príncipes. Fue construida al final de la Gran Luna de Leo. Después vinieron las lunas del Cangrejo y de los Gemelos Divinos, luego la de Tauro. —El anciano señaló en dirección al buey Apis decapitado—. Ahora estamos viviendo el final de la Gran Luna de Aries, regida por Ammón, cuyo hijo y encarnación es el faraón. Dentro de unos doscientos cincuenta años terminará esta era y empezará un nuevo Gran Año. No sabemos quién será el señor de Piscis. Pero sí sabemos que el de Aries debe gobernar hasta entonces, de lo contrario la balanza eterna de Maat se bamboleará.

El joven sacerdote se lleva ambas manos a la frente.

—El ordenamiento del cielo y de la tierra —murmura—. Ése es el motivo por el que dejaste la venerable Siwah y ahora estás aquí.

El heleno mira a uno y a otro. Íntimamente parece sorprendido, vacilante, quizá divertido.

Ahora, el anciano sólo habla para el heleno:

—Desde que ése al que llamáis Cambises, Rey de los Reyes de Persia, conquistó la tierra sagrada de Ammón, el dios no ha vuelto a poseer una encarnación digna de él. Los sacerdotes lo sabían pero, para no confundir al pueblo, saludaron a los reyes que vinieron después de los persas como a hijos de Ammón. El dios nunca había dejado de estar presente por completo. Pero ahora nos ha abandonado.

El heleno parpadea.

—¿Ammón, que es Zeus? ¿Ha abandonado Egipto? ¿También Siwah?

—Hemos sondeado su voluntad, hemos buscado en su *ka*. Pero Ammón ya no tiene una encarnación en el reino. Su voluntad se ha vuelto hacia el norte, hacia la Hélade. Allí nacerá su nueva encarnación, su próximo hijo, un soberano. Nacerá bajo el signo del fuego y la guerra, bajo el signo de Leo. —El anciano estira los brazos y pronuncia las últimas frases casi cantando—: Vendrá a equilibrar la balanza, a expulsar a los persas, a satisfacer a Ammón. —Se interrumpe, mira al heleno—. Todo ha de estar preparado. Ve, hermano; muéstrale su camino. —Dice unas pocas palabras más, en egipcio, al otro sacerdote; luego vuelve a convertirse en una estatua sedente.

El joven egipcio toca en un codo al heleno.

—Vámonos.

Salen a la noche. El cielo es un brillante mar de estrellas. El egipcio señala la constelación de Aries.

—Ammón y Zeus. —Rebusca bajo su capote y saca un amuleto: el ojo de Horus en el lazo del *ankh*. El heleno estira la mano abierta y lo coge.

—Ve a Dodona y a Samotracia. Tienen que saberlo, si es que aún no lo han averiguado por sí mismos. Di lo que has oído y enseña el ojo.

—Pero... ¿reconocerán a la encarnación del dios? Y ¿me creerán?

—Creerán, porque saben. Recordarán, porque ya saben. ¡Mira!

Un cometa surca el cielo repleto de estrellas, atravesando la constelación de Aries.

El egipcio levanta las manos.

—¡La señal! ¡Hacia el norte!

El cometa se convierte en un largo relámpago que desgarra la oscuridad. Lo sigue un terrible trueno, que se revuelve sobre sí mismo una y otra vez, como si no quisiera acabar nunca. Luego más relámpagos, que se alejan lentamente; el trueno se hace más suave. Bajo el cielo turbio del atardecer, cuatro mujeres están arrodilladas ante un altar blanco, cubierto de excrementos de paloma. Detrás y a los lados se levantan encinas nudosas. En las ramas hay palomas; algunas aletean, otras se están posando.

Una de las mujeres es negra; lleva un vestido de sacerdotisa egipcia y una preciosa diadema. La segunda mujer es de rasgos orientales y la cubre un ceñido vestido de seda amarilla y casi transparente; sus ojos son dos ranuras; sus pómulos, altos. La tercera mujer es blanca y rubia; tiene los ojos azules y viste un traje de cazadora, hecho de cuero. La cuarta mujer, la más joven, está desnuda excepto por un breve taparrabos; su cabello es castaño rojizo. Es voluptuosa; su rostro irradia sensualidad, pero también una fuerza de voluntad demoníaca.

El trueno apagado parece muy lejos. El viento cobra fuerza, susurra entre las encinas, arranca una tira de papiro enrollada en una rama delgada. Las tres mujeres parecen estar escuchando. La más joven mira ora el altar, ora a las mujeres. La negra egipcia mueve el torso rítmicamente, de adelante hacia atrás. Murmura algo que, poco a poco, se va convirtiendo en un canto monótono y cada vez más intenso:

—Ammón... Ammón.... Ammón...

Repite el nombre una y otra vez, con voz alternativamente grave y aguda, rápida y lentamente, hasta que el nombre del dios acaba por resonar en todo el lugar que rodea el altar.

La mujer del vestido de seda amarilla coge una rama de encina y con ella dibuja en el suelo un círculo, lo parte por la mitad con una línea ondulada, añade un grueso punto en forma de ojo en ambas mitades y sombrea una de ellas.

La rubia echa bruscamente la cabeza hacia adelante; el cabello le cubre la cara.

La negra termina la invocación al dios y mira a la mujer más joven.

—Los dioses han llamado muy pronto a tu padre el rey, Olimpia.

La blanca habla a través de su cortina de pelo:

—Era un buen hombre, pero rompió demasiado pronto el cordón umbilical que une a los hombres con el cielo. Tu tío es un iniciado.

—Es Señor y sacerdote —dice la mujer de rasgos orientales—. Él te ha traído a nosotras. Su deseo es que se cumpla la voluntad de los dioses.

—Olimpia —interviene la egipcia—, dejarás el bosque sagrado de Dodona. Viajarás al templo de Zeus, que también es Ammón y Bel-Marduk, el templo de la isla de Samotracia. Allí serás iniciada en los misterios, y durante un tiempo serás hetaira en el templo.

El viento arrecia, aparta el pelo del rostro de la blanca mientras ésta dice:

—Olimpia, un gran guerrero y soberano moreno llegará a Samotracia. Allí se limpiará de la sangre que ha derramado. Tú lo verás, él te verá. Parirás un hijo de él, que será el nuevo recipiente elegido por Ammón para encarnarse. Y ese hijo cambiará el mundo.

El viento se ha convertido casi en una tempestad y se lleva parte de lo que dice la mujer de rasgos orientales. Tiene la cabeza inclinada; habla mirando el círculo que ha dibujado en el suelo.

—Tu hijo, Olimpia, encarnación del dios, hijo elegido de Ammón, que también es Zeus, y Bel-Marduk, y... lo será todo, dios y humano, padre e hijo, hombre y mujer, amigo y enemigo... destruirá y dará vida a mundos enteros. Dudará y creerá; dudará de lo que cree y creerá en lo que duda... los incrédulos creerán en él. Morirá joven y vivirá para siempre. Tendrá todos los dones, como ningún otro mortal, y lo regalará todo. Poseerá todos los poderes, buenos y malos; será humilde y soberbio, y...

Un globo de fuego estalla bañando de colores a las mujeres y el altar, y borrando el dibujo circular trazado en el suelo. Truenos, lluvia y el susurrante rumor de las encinas apagan todo otro sonido. Las mujeres se ponen de pie; agudas carcajadas cortan el estruendo. Las tres sacerdotisas se cogen de la mano. La tormenta se calma un instante; la mujer blanca dice:

—Nosotras tres volveremos a vernos.

Sus rostros envejecen de repente. Las tres mujeres se sueltan las manos y se convierten en niebla, que la tormenta no tarda en disipar.

Olimpia se vuelve hacia el altar. Está calada hasta los huesos, tirita. Levanta los brazos hacia el cielo oscuro; en su rostro, el miedo y el horror se mezclan con el placer y el triunfo.

Los colores del fondo pasan del gris a un anaranjado turbio. Olimpia, todavía en la misma posición, se encuentra en el interior de un templo iluminado. Los colores y luces vacilan. Un gran fuego y la temblorosa luz de unas antorchas hacen bailar las siluetas y las sombras. Olimpia lleva puesta una túnica blanca y una brillante faja roja. A su lado, un sacerdote egipcio de túnica negra adornada con intrincados dibujos y símbolos dorados, balancea lentamente el torso hacia adelante y hacia atrás, con los brazos cruzados sobre el pecho. Su voz, profunda, llena el enorme templo:

—Ammón. AMmón. AmMÓN. Aaaammón... —canta el nombre una y otra vez, con ligeras variaciones. La invocación termina con un grito estremecedor, casi extático de *Om*.

Frente a ellos, sobre un altar blanco, yace un carnero. Tiene la garganta y el vientre abiertos, y la sangre que chorrea de ellos cae sobre las losas grises del suelo. El nido de serpientes de sus entrañas despide un vaho que se expande por la estancia.

Detrás del altar, casi inabarcable por su monstruosa grandeza, Zeus-Ammón está sentado en un trono de oro y madera negra. El trono descansa sobre un amplio pedestal cuadrado y blanco, adornado con símbolos negros y rojos: letras helenas, jeroglíficos egipcios y angulosos caracteres cuneiformes. La estatua del dios —de oro y marfil— se yergue en la penumbra de una bóveda sostenida por colosales columnas. En uno de los dorados cuernos de carnero del dios se refleja el resplandor del fuego. Vapores de incienso surcan el templo. Con el último y estremecedor grito, una sonrisa traviesa parece jugar en los labios del dios; su barba es negra y sus orejas enormes.

El egipcio deja caer los brazos y se dirige a un lado.

—Ven Aristandro —dice con voz ronca.

Un sacerdote heleno, que yacía tumbado en el suelo delante de la figura del dios, se levanta. Se encamina hacia el altar, roza uno de los cuernos del carnero sacrificado, revuelve las entrañas y examina el hígado. El egipcio y Olimpia se acercan a él.

—Está bien —dice Aristandro.

El egipcio asiente con la cabeza y mira a Olimpia.

—¿Estás preparada para llevar esta carga?

—¿Tengo elección? —Su voz suena triste y solitaria.

El egipcio calla; Aristandro deja escapar un suave suspiro.

—¿Cómo podríamos saberlo? Los dioses lo han dispuesto así. Quizá también hayan previsto si obedeceremos o no. En cualquier caso, yo estaré a tu lado, si eso te sirve de consuelo.

El egipcio se abre la túnica cerrada hasta el cuello. Se quita la fina cadena de oro por la cabeza, se arrodilla frente a Aristandro y levanta las manos.

El heleno coge el amuleto: un *ankh* de oro con el ojo de Horus en el lazo. Se lo lleva a los labios, luego lo sumerge en la sangre del animal sacrificado y se lo entrega a Olimpia. Ella se lo cuelga del cuello y lo oculta bajo la túnica blanca, que ahora se tiñe de rojo a la altura de sus pechos.

*

Peukestas se estremeció, como alguien que despierta de pronto en mitad de un mal sueño. Le dolían un poco las rodillas. Aristóteles se dejó caer sobre las mantas y cojines; la mano que sostenía el amuleto desapareció bajo una piel.

—Esto es inútil —dijo el filósofo con voz ronca y cansada—. Es como Platón.

Peukestas se frotó los ojos y pestañeó.

—¿Cuánto ha durado?

Aristóles soltó un suave gruñido.

—Quizá lo que tardas en respirar diez veces. Pero no sirve para nada.

Peukestas se levantó.

—De esta manera podrías reproducir una vida entera en sólo una hora. —Su voz denotaba asombro, pero también espanto por sentir que algún poder desconocido había jugado con él.

Aristóteles torció el gesto; un cierto menosprecio acompañaba su voz.

—Como ya te he dicho, una vida larga enseña muchas tonterías. Pero ya no tengo la fuerza necesaria para hacer esto durante toda una hora. Y...

—¿Qué significa eso de que es como Platón y no sirve para nada?

El anciano arrugó la frente.

—El saber adquirido es un bien que posees, el saber inducido es un bien que sueñas poseer. Una moneda con la que no puedes pagar. Sólo tiene una cara.

—¿Existe eso...? ¿Monedas con una sola cara?

Aristóteles lo observó; sus ojos parecían despedir lenguas de fuego.

—Las palabras que no son examinadas y cuestionadas con frecuencia desde todos los ángulos, terminan perdiendo sus muchos significados para quien las emplea. Sólo le muestran el lado que él quiere ver, hasta que finalmente él mismo cree que nunca han tenido otros lados. Así es como Platón se encerró a sí mismo en un laberinto de palabras que, como las piedras, parecen carecer de forma, color y sentido. Sólo enseñan sus grabados a quienes entran en el laberinto; pero esos grabados no estaban en las cosas, sino que provienen de Platón. Son inútiles, no alimentan el conocimiento, y resulta muy difícil volver a salir del laberinto. Muchos no vuelven a ver el sol ni a sentir una brisa fresca. No, no sirve de nada. Es como una comida que otro come por ti.

Peukestas guardó silencio; se quedó mirando al anciano.

Aristóteles cerró los ojos. En voz muy baja, casi murmurando, dijo:

—Sócrates, armado de una escoba colosal, limpió de escombros y ruinas la plaza en la que todos estamos y devenimos. Para que la brillante luz del mediodía lo iluminara todo, sin producir sombra alguna, sin resquicios en los que esconderse de la razón. Formulaba preguntas de mediodía, brillantemente claras y punzantes. Sus palabras eran piedras con un millar de lados y él consideraba cada uno de esos lados, hacía girar sus piedras para que todos pudieran ver todo. Luego arrojó las piedras al aire, y éstas se han convertido en parte de la luz despiadada del mediodía.

—¿Y Platón? —preguntó Peukestas, casi en un susurro.

—¿Platón? Platón volvió a poner en su lugar muchos de los viejos escombros. Y hablando creó piedras nuevas, ladrillos con seis caras en lugar de mil. Hizo desaparecer cinco de esas caras y sólo una retuvo su sentido. Con esas piedras construyó su laberinto, en el que hay ángulos y sombras donde esconderse. Allí el aire se estanca y la luz del mediodía palidece.

—Y ¿qué ha hecho Aristóteles con sus piedras?

—Ah, hubo una vez un hombre que se llamaba así. De él sólo queda una cáscara vacía. Cuando aún podía hablar y levantar piedras, las hacía girar y las observaba desde todos los ángulos. Las ordenó según su tamaño, naturaleza y propiedades, y las amontonó en un lugar donde no podían molestar a nadie. Después de todo, no sabía si el ser humano puede vivir en una plaza ardiente, soportar la violencia del sol de mediodía y ver la luz. Si Aristóteles hubiese sido más listo y hubiese vivido más años, tal vez habría arrojado al cielo las piedras apiladas, como hizo Sócrates. O quizá, finalmente, hubiera decidido que el hombre puede soportar vivir en un edificio abierto, apenas sin sombras. Un edificio construido con piedras móviles, con un sentido claro en cada uno de sus lados. —Se apoyó en un codo—. Pero no era lo bastante inteligente, o murió muy pronto. A lo mejor tampoco estaba lo bastante desesperado para levantar ese edificio que lo protegiera de la luz. Por eso, hijo de Dracón, no quiero darte imágenes terminadas, aunque tuviera las fuerzas para hacerlo. Hablemos. Hablemos y hagamos girar nuestras piedras. Si piensas que con esas piedras debes construir un edificio, un templo en el que dar cobijo a tus recuerdos de Alejandro, y que puedes olvidar el resto del mundo, entonces debes hacerlo por ti mismo, solo, cuando yo ya no esté aquí. Son piedras que yo mismo he visto y empleado, o que he oído de otros. Cuando todo ya está hecho, sólo quedan palabras. Y las palabras no significan nada si no las sopesas.

—¿Cómo puedo sopesarlas si no conozco su significado? ¿Cómo puedo evitar romper el cascarón, si una piedra en forma de huevo podría ser también un huevo?

Aristóteles calló un momento; luego sonrió casi con picardía.

—Me temo que en ese caso debo apartarme un tanto de mis axiomas. Veo que no sólo tienes que saber cuál es una piedra y cuál un huevo, sino también cuál huevo es bueno y cuál está podrido. Tal vez lo que digo sea cierto, pero sólo para mí, y no para ti ni para los demás. Tal vez yo prefiera los huevos podridos de perdiz, que en ese caso declararía buenos, mientras que a ti te harían vomitar, porque prefieres los huevos frescos de gallina. ¿Crees que podrás manejar todo eso?

Peukestas asintió en silencio.

—También tendremos que hablar de hombres de los que se sabe poco —continuó Aristóteles—. Para explicar algunas cosas tendremos que suponer cómo fueron determinados hechos. Tal vez... tal vez sea un material más apropiado para una sátira, una comedia, una epopeya o una tragedia, antes que para una historia fiel a la realidad. Quizá en lugar de ceñirte a la verdad a secas deberías repartir la historia entre personajes reales y ficticios, y dejar que hablasen y actuasen por sí solos. Sería una forma artística de mentir. Aunque en este caso quizá una mentira trabajada de manera ordenada sea la única forma posible de verdad.

2

EL SUEÑO DE PARMENIÓN

Al amanecer la ventisca se convirtió en una llovizna que no tardó en cesar. Una hora después de la salida del sol, la nieve ya se había derretido; sólo quedaban algunos restos en el valle y en el desfiladero. Al norte del paso, donde la carretera comercial —un escarpado camino para carros— empezaba a bajar hacia la pedregosa llanura verde grisácea, los macedonios habían reiniciado la construcción de las defensas. Un hombre de unos cuarenta años, cubierto con un capote rojo y tocado con un sencillo yelmo redondo, discutía con uno de los oficiales la altura de la palisada que debía levantarse detrás del foso; luego regresó a la tienda más grande. Cogió un paño grueso, quitó del fuego la olla de bronce y llenó su crátera con una infusión de hierbas mezcladas con agua, vino y miel. Sentado en un tronco, junto a la hoguera, estaba el único hombre desarmado del campamento, quien le alcanzó el plato de metal con pan ácimo y carne fría.

—Gracias. ¿Has visto a Dracón?

—Creo que está cagando.

Una voz apenas inteligible llegó desde el otro lado de la tienda.

—Estoy a punto de terminar este acto innoble, que no encierra virtud alguna, honorable Parmenión. Enseguida me reúno contigo.

El oficial del capote rojo sonrió.

—Bien. En marcha. ¿Sabes lo que te espera, Flebas?

El hombre desarmado dejó escapar un suspiro.

—Me lo has explicado más de una vez, Parmenión. ¿Por qué seré tan estúpido? ¡Y pensar que ahora mismo podría estar tumbado al sol en Siracusa!

—Considéralo un servicio a tus retrasados hermanos helenos —dijo Parmenión, encogiéndose de hombros.

—¿A esos apestosos helenos los llamas hermanos?

Llegó Dracón. También iba desarmado y, a diferencia de Parmenión y Flebas, no lucía barba. Debía de tener unos veinticinco años.

—¿Apestosos? Es posible. Bajo ciertas circunstancias puede apestar hasta un siciliota de la elegante Siracusa. No te afectes. —Entró en la tienda y volvió a salir al instante; de sus hombros colgaba un cesto de paja.

Subieron en dirección al desfiladero. Delante de la cabaña de vigilancia había tres guardias sentados alrededor de una hoguera. Parmenión los saludó inclinando la cabeza. Al sur del desfiladero se abría un amplio valle. A derecha e izquierda de la carretera había dos o tres casas, muchas chozas destartaladas y un par de establos. Algunos caballos pacían en un prado cercano surcado por un pequeño arroyo; más allá, valle abajo y en las lomas, se veían grandes rebaños de ovejas y cabras, y también algunas vacas.

El edificio más grande del pueblo —mitad establo y mitad lugar de reunión— tenía paredes de piedra y barro en sus caras norte y este. Los otros dos lados eran abiertos, y el vetusto techo de madera descansaba sobre unos postes. No se veían cerdos, pero durante la reunión los aldeanos usaban el rincón de estiércol para aliviar el vientre.

Parmenión, Dracón y Flebas habían ido allí para hablar con los ancianos del pueblo y el oficial macedonio. La mayoría de los hombres de la aldea vestían pieles sin curtir; sólo uno llevaba una túnica de tela adornada, aunque tenía el cabello y la barba tan sucios y descuidados como los demás.

Sobre la gran mesa había copas de terracota. Parmenión saludó a la asamblea y se sentó en una banqueta. Bebió un trago de una cerveza diluida y caliente, se limpió la boca y eructó.

—Así pues ¿habéis tomado una decisión?

—Ayer por la tarde hablamos con los hombres de los poblados vecinos —dijo sin dejar de rascarse la entrepierna el portavoz de los aldeanos, al tiempo que señalaba con la cabeza a tres personajes harapientos sentados a la cabecera de la mesa—. Todavía no los conoces.

Parmenión inclinó el torso sin levantarse de su asiento.

—Me alegro de poder reparar esa falta.

—Les hemos explicado todo lo que nos habías dicho, pero quieren oírlo de tus propios labios.

Dracón y Flebas intercambiaron miradas, sin alterar la expresión de sus rostros. Parmenión hizo una mueca de malestar.

—De modo que tengo que explicaros todo una vez más. Antes vuestros abuelos, vuestros padres y vosotros mismos teníais que pagar impuestos por triplicado. Si a eso se le puede llamar impuestos. Pagabais al señor de esta región, al rey de Macedonia y a los bárbaros, cuando éstos os atacaban y saqueaban. —Se echó el yelmo hacia atrás y se acarició la poblada barba negra con la punta de los dedos—. A veces incluso por cuadruplicado, pues aquí no se detenían sólo los peonios o tracios del norte, sino también los ilirios, que venían del oeste.

Los hombres que estaban alrededor de la mesa asintieron con la cabeza; algunos murmuraron palabras incomprensibles en el dialecto gutural de la frontera.

—Ahora eso ha terminado —continuó Parmenión, inclinándose hacia adelante y golpeando la mesa con la palma de la mano—. Las cosas han cambiado, y seguirán cambiando. Esta región ya no está sometida a ningún señor, sólo al rey. La frontera occidental es segura. Filipo y yo nos hemos ocupado de ello y el nuevo ejército del cual tenemos que hablar.

—¿Quién nos asegura que la tranquilidad será duradera? —preguntó uno de los hombres de la aldea vecina.

—Yo te lo aseguro. —Parmenión sonrió y cruzó las manos detrás de la cabeza—. Y estoy aquí sentado de lo más tranquilo, como podéis ver. Pero vosotros y vuestros hijos tenéis que colaborar para que esta paz se mantenga. —Volvió a separar las manos, palpó su cinturón, apartó la espada corta y cogió una bolsa que dejó sobre la mesa. Tintineaba.

—Ese sonido es casi tan convincente como tus palabras —dijo el más anciano—. Sigue hablando, general del rey.

—Vosotros siempre habéis vivido en vuestros poblados y valles, sin protección alguna contra los bárbaros, las enfermedades, el hambre. Y pagabais tributos. ¿A cambio de qué? ¡De nada! —Mostró la palma de la mano derecha—. Vivíais en la inmundicia, el miedo y la miseria. Filipo ha vencido a Bardilis, el rey de Iliria, en una gran batalla que tuvo lugar en la frontera occidental. A Bardilis, que tanto nos había importunado; a los ilirios, que habían matado en combate a Pérdicas, el hermano de Filipo. Filipo y yo hemos renovado el ejército, lo hemos transformado y queremos hacer de él un arma muy afilada. Un arma que exista siempre, y no sólo en casos de apuro. Un ejército permanente, amigos míos. Para eso os necesitamos a vosotros y a vuestros hijos. Y Filipo, que ha conseguido una paz segura y duradera, ha tomado por mujer a Audata, la hija de Bardilis. Ella comparte su pan y su cama. —Sonrió; los aldeanos dejaron escapar risitas pícaras—. Ahora Audata ha tomado el nombre de la madre de Filipo, Eurídice, para que ese viejo y buen nombre vuelva a ser llevado por una mujer que no infunda terror con venenos y violencia.—Bebió un largo trago de cerveza y echó una mirada escudriñadora a los aldeanos—. ¡Paz, hombres de las montañas! Y tranquilidad para hacer cosas más importantes. La frontera occidental es segura, y otro tanto ocurrirá aquí, en el norte. He venido con cien hombres. Dejaré aquí cuarenta y ocho, que fortificarán el paso del desfiladero, asegurarán la frontera y administrarán los impuestos. Os protegerán. Y harán de vuestros hijos buenos guerreros. Es decir, de aquellos que no vengan conmigo de inmediato. Os proporcionaremos seguridad por menos de un tercio de lo que teníais que pagar antes. Os daré cuatro dracmas por cada uno de vuestros hijos que venga conmigo a Pella. —Sonrió e hizo un guiño—. Eso se deduce del sueldo; no os preocupéis, el rey no se toma a la ligera los asuntos de dinero. Bien, amigos, terminemos con esto. ¿Cuántos de vuestros hijos vendrán conmigo?

—¿Por qué no se lo preguntas tú mismo? —dijo Dracón a través de una brizna de paja que estaba mordisqueando—. Aquí hay demasiados muchachos para tan pocas ovejas y cabras.

—Eso me lleva a otro asunto. —Parmenión miró a Dracón, que torció el gesto y cruzó los brazos sobre el pecho, como si quisiera defenderse de algo—. Flebas, aquí presente, es heleno. Más exactamente: siciliota, de Siracusa; eso ha de deciros algo. Pues bien, este siciliota no desea volver a casa tan pronto; su país es demasiado seco y caluroso para su gusto. Flebas tiene grandes conocimientos prácticos. Se quedará un año con vosotros, con su carro. En el carro hay plantas, semillas y toda clase de herramientas. Os enseñará a construir casas en las que no pasar frío en invierno. Os enseñará a construirlas de manera que uno no tenga que ahogarse en su propia mierda, amigos.

Los aldeanos rieron; con mayor o menor disimulo, todos habían examinado con la mirada al aseado extranjero.

—Os enseñará muchas cosas. De él aprenderéis cuánto mejor pueden pasarlo un hombre y una mujer si los dos están limpios. Cómo conseguir agua limpia y cómo hacer que se conserve así. Cómo cocer ladrillos y la vajilla adecuada. Cómo acendrar el hierro malo para que no se rompa enseguida y para que mantenga el filo por más tiempo. Qué animales han de aparearse rápidamente, para criarlos mejor. Y os dirá qué podéis hacer en vuestros valles. Es una lástima que sólo los aprovechéis como pasto de vacas y cabras. Flebas os enseñará qué hortalizas y qué cereales cultivar en según qué tipo de suelo, cómo cuidar los cultivos, cómo sembrar y cómo cosechar. No volveréis a pasar hambre, y podréis alimentar mejor a unos niños que engendraréis con más placer. ¿Es así, Flebas?

El siciliota asintió lentamente con la cabeza.

—Así es, honorable Parmenión. Pero... —Se encogió de hombros.

Parmenió parpadeó.

—Sin peros, Flebas. Te quedarás un año, hasta que llegue la nueva cosecha del nuevo poblado. Volviendo al tema de vuestros hijos y el ejército del rey... Preguntadles, o dejad que yo mismo les pregunte, quiénes quieren luchar por su país y su soberano a cambio de una paga y cuidados. Quiénes quieren ser ricos y famosos... posiblemente. —Esbozó una leve sonrisa.

El portavoz de los ancianos sacudió la cabeza.

—Eso lo arreglaremos a nuestra manera. Si preguntas a los muchachos, todos querrán irse contigo. Y entonces ¿qué haríamos nosotros?

En el desfiladero, donde comenzaba la meseta, los soldados macedonios dejaron caer las herramientas. A lo lejos, en el norte, se oía llamar a un cuerno. Alguien venía galopando hacia el sur por la carretera; se trataba de un joven con la cabeza envuelta en un trapo sucio. Al llegar a las obras se dejó caer del lomo desnudo del caballo y murmuró algo; señalaba hacia atrás, en dirección a la llanura.

El oficial dio unas palmadas e impartió órdenes. Uno de los macedonios cogió una trompa de bronce y dio una señal; un segundo corrió al desfiladero al bajó hacia la aldea. Los otros recogieron sus armas y se prepararon. Algunos se apresuraron a coger los caballos.

En la plaza del poblado ya se reunían los jóvenes; en su mayoría iban armados con hoces y palos; algunos tenían cuchillos y otros pocos mazas. Parmenión despidió con un movimiento de mano al soldado que había traído la noticia. Se dirigió a los aldeanos:

—Partiremos de inmediato. Se trata de una caravana helena. Ya está muy entrado el año... pero esta vez el invierno se ha adelantado. En fin, tampoco pueden ser muchos bárbaros. ¿Qué pasa con lo de vuestros hijos? ¿Lo decidís ahora mismo?

Unos momentos después los cien jinetes galopaban por la meseta. La mitad eran jóvenes del poblado. Los otros, macedonios de armadura ligera, lanceros y soldados de espada corta, cada uno de los cuales llevaba un hoplita en la grupa; las sarisas de seis pies de largo aullaban al vibrar con el viento. Parmenión y dos de sus oficiales cabalgaban al frente. Dracón los seguía más despacio; además de su caballo, debía tirar de otro animal, cargado de vendajes y medicinas. Iba mordisqueando una ramita, cuya flor, amarilla y marchita, se balanceaba al ritmo que imponía su montura.

La caravana de mercaderes había formado un semicírculo con sus caballos y carros, al pie de una colina pedregosa. Unos cuantos guerreros peonios de aspecto salvaje los estaban atacando con flechas y jabalinas, entre gritos ensordecedores. En el barullo, algunos caballos desbocados se levantaban sobre sus patas traseras, daban coces y relinchaban. Se veían dos carros volcados. Pieles, tallas en madera, lingotes de metal, ámbar y otras mercaderías yacían en el fango. Los comerciantes se defendían con lanzas y espadas. Algunos esclavos parecían dudar entre proteger a sus amos o aprovechar la ocasión para huir. Detrás de uno de los carros había un joven; era él único de la caravana que tenía un arco. Lo manejaba con rapidez y serenidad. Casi todas sus flechas acertaban. Un mercader cayó gimiendo de su caballo con una jabalina clavada en el pecho. Dos musculosos esclavos con mandiles de cuero recogían piedras y las arrojaban contra los peonios que habían saltado de sus caballos y arremetían entre los carros.

Cuando los macedonios y los aldeanos llegaron, el ataque ya se había convertido en un combate cuerpo a cuerpo. Un peonio trepó a lo alto de un carro en el que había un gran oso pardo encerrado en una jaula de madera. El hombre fue alcanzado por una flecha del joven y se desplomó; al caer abrió el cerrojo de la jaula. El oso saltó del carro rugiendo, enseñando los dientes y dando manotazos a su alrededor.

Los hoplitas desmontaron. Mientras los jinetes, capitaneados por Parmenión, se lanzaban sobre los atacantes, cambiando constantemente de dirección para desorganizar las filas enemigas, replegándose y volviendo a cargar, los hoplitas formaron una pequeña falange. Las largas sarisas se levantaron contra los peonios al tiempo que los macedonios alzaban sus escudos para protegerse de las flechas de los bárbaros. Los peonios, acosados por los jinetes de Parmenión, cargaron contra la falange, pero el ataque se vio frustrado apenas los primeros caballos cayeron a tierra chillando de dolor. La mayoría de peonios que quedaron encerrados entre las sarisas de los hoplitas y las lanzas y espadas de la caballería fueron muertos o huyeron. Hubo pocos prisioneros. El oso se alejó balanceándose por la meseta; a nadie se le ocurrió seguirlo, y mucho menos volver a capturarlo.

Dracón se ocupó de los pocos macedonios heridos. Los jóvenes de la aldea se habían quedado esperando las órdenes de Parmenión y habían contemplado con asombro cómo los temidos peonios, muy superiores en número, eran derrotados casi sin esfuerzo por los soldados macedonios. Ahora ayudaban a cavar una gran fosa, junto con los prisioneros.

Dracón arrancó del suelo una larga brizna de hierba, se la puso entre los dientes y se acercó a Parmenión, que estaba hablando con el mercader más viejo.

—¿Puedo, señor de la guerra? —dijo el médico, enseñando los dientes.

Parmenión dejó escapar un suave gemido.

—No tenemos tanto tiempo. ¿Es necesario?

Dracón se encogió de hombros.

—Bueno, ya sabes...

Parmenión levantó ambas manos, las dejó caer y asintió con la cabeza. Dracón mordió su brizna de hierba, escupió un trozo y, mordisqueando el resto, caminó lentamente hacia el lugar donde se encontraban los peonios muertos. De la bolsa que llevaba al hombro sacó un pequeño cincel y unas tenazas curvas.

El comerciante vio cómo Dracón abría la boca a un cadáver y empezaba a sacar dientes.

—¿Para qué hace eso? —preguntó volviéndose a Parmenión.

—Colecciona dientes. Los usa para hacer piezas dentales que después mete en la boca de los que han perdido algunas.

—¡Bah!

El desbarajuste producido por el ataque fue arreglándose poco a poco. Entre todos levantaron y volvieron a cargar los carros volcados y fueron en busca de los caballos que habían huido presa del pánico. Parmenión vio al joven arquero, que había dejado las flechas y ahora recogía unos rollos de papiro para volver a guardarlos en el carro.

—Buen ojo y buena mano. Si puedes mantener la cabeza fría cuando todos los que te rodean la pierden...

El joven levantó la mirada y sonrió.

Parmenión entrecerró los párpados para ver mejor.

—¿No te he visto en algún otro lugar?

—Así es, honorable Parmenión. Pero entonces yo no era más que un niño.

Parmenión se rascó la cabeza. De repente echó a reír.

—¡Aristóteles! ¿Verdad? Debe de haber sido hace muchos años.

—Demasiados para algunos; muy pocos para la mayoría. Pero es muy halagador que me recuerdes.

Parmenión apoyó la espalda en la rueda del carro.

—¿A qué te dedicas cuando no estás jugando con mercaderes y bárbaros? Lo último que recuerdo es la muerte de tu padre. El mejor médico que jamás haya tenido un rey macedonio. Después te fuiste. A... Atenas ¿no?

Aristóteles asintió.

—Tienes una memoria prodigiosa, noble Parmenión. Hace ocho años me fui a la Academia para recoger los frutos del saber de labios de Platón. Todavía sigo recogiendo un poco, aquí y allá, pero ahora me dedico a plantarlas yo mismo; los frutos de Platón se han vuelto secos e insípidos.

Parmenión esbozó una sonrisa.

—Pero aquí no hay Academia, amigo mío. ¿Qué te ha traído al norte? Y ¿dónde has estado estos últimos tiempos?

Aristóteles se encogió de hombros; su mano derecha buscó el arco, después la aljaba. Un esclavo le trajo un ato de flechas que aún podían ser utilizadas.

—Estaba harto de papiros; y de pensamientos que no son más que cáscaras secas y sin fruta. Quería ver cómo es la vida en otros lugares. Por eso vine al norte con un mercader amigo.

Parmenión se mordió el labio superior y pestañeó. Aristóteles se había inclinado y estaba limpiando las puntas de las flechas con un manojo de hierba. La chaqueta de piel que llevaba sobre el quitón se abrió, dejando ver un pesado amuleto que se balanceaba en el extremo de una cadena de oro colgada del cuello de Aristóteles.

—¿Y esto de las flechas? ¿Forma parte de tu filosofía?

Aristóteles tragó saliva, sin levantar la mirada.

—Mi filosofía guarda más cosas que mi aljaba. Pero hasta el gran Sócrates se sentía orgulloso de haber participado en una batalla.

Los ojos de Parmenión seguían el movimiento pendular del amuleto.

—¿No tienes miedo?

Aristóteles se incorporó, levantó las flechas limpias y sonrió.

—Mi destino no es morir aquí, luchando contra los bárbaros. Y si acaso fuera ése, ¿cómo podría evitarlo?

—Si algún día te sientes aburrido, al nuevo ejército le vendrían bien hombres como tú.

Aristóteles sacudió la cabeza.

—Y si tú te sientes aburrido, a la Academia no le vendrían mal hombres como tú, Parmenión. ¿Cómo está Filipo? Antes solíamos jugar con palos. ¿Qué es esto? ¿Un nuevo ejército?

Parmenión levantó una mano.

—Hablaremos más tarde. Hay ciertas cosas...

Luego de que los peonios muertos fueran enterrados, la caravana de mercaderes, los macedonios y los aldeanos se pusieron lentamente en marcha. Parmenión fue aquí y allá, dejó todo en manos de sus oficiales y dirigió su caballo al carro del joven filósofo. Aristóteles había bajado del carro, que conducía un esclavo, y caminaba al lado de Dracón. El curandero mordisqueaba el tallo de una flor de color rojo opaco.

—¿También sois viejos conocidos? —Parmenión desmontó y se enrolló las riendas a la muñeca.

—Estábamos hablando de palos y dientes. —Dracón sonrió con ironía; la flor dio un brinco en sus labios—. En realidad, apenas si hay diferencia.

—Háblame de Filipo —dijo Aristóteles—. Y del nuevo ejército. Cuando marché al norte, hace un año, el rey Pérdicas todavía vivía.

Parmenión chasqueó la lengua.

—Entonces todavía vivía mucha gente... ¿Recuerdas a su madre?

Aristóteles se estremeció.

—Por desgracia. ¡Vaya mujer! Envenenó al padre de Filipo, ¿verdad? Al menos eso se decía.

Dracón tarareó algo en voz baja, acariciando el pescuezo del caballo, que resoplaba a su lado. Parmenión suspiró.

—Amintas no era un mal rey —dijo el macedonio en voz baja—. Pero le tocó vivir malos tiempos. La liga calcídica, los tracios al nordeste, tribalios, ilirios y peonios al norte y al oeste. ¿Sabes que durante muchos años tuvimos que pagar impuestos a los ilirios? Eso sin contar las eternas intromisiones de Esparta, Atenas y Tebas, y, en el interior, los arrogantes príncipes locales, que jugaban a ser reyes y preferían obedecer a los bárbaros antes que a su propio soberano. Malos tiempos. Como he dicho antes, Amintas no era un mal rey. Intentó arreglar las cosas. Pero ya sabes...

Aristóteles sacudió lentamente la cabeza.

—Tú estuviste allí, Parmenión. Yo aún era un niño, y después me fui. Me llegaban muchos rumores, pero los rumores no son motivo de conocimiento. Sólo sé que ocurrieron cosas terribles. Alianzas con Olinto contra Iliria, después con Atenas contra Olinto, con Esparta contra Atenas, con Tebas contra Esparta. Los helenos se arrastraban ante el emperador para competir entre ellos, y las disposiciones de Artajerjes sobre cuántos barcos podía construir Atenas y cuántos jinetes tesalios podían ayudar a los macedonios en su lucha contra los peonios... —Escupió.

Dracón reprimió una risita.

—Eso es lo que llamamos política, Aristóteles. ¿No te agrada?

—Es algo indigno; no veo en ello ni una sola virtud. Los soberanos, tanto si lo son de nacimiento como si han sido elegidos, han de procurar que la gente viva con dignidad y virtud. Pero sigue hablando, Parmenión. Cuéntanos las cosas que viste.

Parmenión se echó el yelmo a la nuca.

—No son cosas muy dignas ni virtuosas. —Su voz denotaba un cierto pesar—. Amintas intentó evitar todas esas cosas, pero ¿cómo puedes mantener la balanza en equilibrio si siempre hay alguien que mea en uno de los platillos, inclinando el fiel? Y tampoco hay que olvidar todos los problemas que tenía en su propia casa. Para ganarse a los príncipes locales, Amintas se casó con esa perra de Eurídice, que era de Lincestis. Con ello calmó a los lincéstidas, es cierto, pero todos los otros príncipes, que no habían podido colarle como esposa a su hermana o a su hija, siguieron incordiando. Y Eurídice no se dedicó únicamente a tener hijos. También intentó volver a éstos contra su padre, enemistar a los príncipes entre sí y arrojar a los sacerdotes contra el rey. Misterios y orgías, Aristóteles. —Pronunció estas últimas palabras con una extraña entonación.

Aristóteles enarcó las cejas.

—Pero ¿qué tengo que ver yo con eso?

—Eurione, su hija, se había casado con Ptolomeo, un medio egipcio de Aloros, que tenía un interés desmedido por los misterios y el poder. La vieja perra, Eurídice, envenenó a Amintas. Cuando éste murió y su hijo Alejandro fue nombrado rey, lo primero que hicieron Eurídice y Ptolomeo fue matar a Eurione y, luego, al nuevo rey, Alejandro. Después se dedicaron a saquear el país durante casi cuatro años. Y Ptolomeo llevaba un amuleto parecido al tuyo.

Aristóteles buscó bajo su chaqueta, cogió el amuleto, se lo sacó y se lo dio a Parmenión.

—¿Cómo éste? Toma, míralo. Es egipcio. Un *ankh* con el ojo de Horus.

—No quiero tocarlo. ¿De dónde lo sacaste?

—Me lo dio un viejo marino y comerciante. En el norte. Estaba en su lecho de muerte; tuvimos una larga charla y al final me lo regaló. Para mí no tiene ningún significado especial. —Aristóteles volvió a colgarse el amuleto.

Parmenión masculló algo incomprensible.

—Bueno, sigamos. Así pues, Eurídice mató a su esposo, el rey; luego a su hija, para poder irse a la cama con su yerno, el medio egipcio. Después mató a su hijo Alejandro, que acababa de firmar un tratado con los tebanos y había enviado a su hermano Filipo a Tebas, como prenda. De modo que Filipo no estaba en la ciudad; y su hermano Pérdicas todavía era muy joven. Con ayuda de la parentela de Eurídice, ese miserable medio egipcio se hizo nombrar regente y rey. Los lincéstidas habían presionado a la Asamblea lo suficiente para que todos votaran a favor. Pelópidas de Tebas también colaboró en el asunto, ya que renovó el tratado y retuvo como prenda a Filipo. En cambio, otros se opusieron a esta repugnante yunta formada por Eurídice y Ptolomeo.

Al ver que Parmenión interrumpía el relato y Dracón asentía con una risita, Aristóteles dijo:

—¿Estoy frente a uno de los que se opusieron?

Parmenión respiró hondo.

—Sí, yo estaba en contra, lo mismo que Antípatro, pero los dos nos mantuvimos en silencio, deseando en lo más íntimo que no ocurriera lo peor. Los dos habíamos servido a Amintas con la espada, pero también con la cabeza, y Amintas nos había hecho jurar que defenderíamos Macedonia por encima de cualquier simpatía o antipatía.

—¿De modo que os hicisteis los tontos?

—Así es. Eurídice desconfiaba de nosotros. Antípatro tuvo que hacer labores de escribano y yo de mensajero. Algunos príncipes locales se habían levantado contra Eurídice y Ptolomeo poniéndose del lado de Pausanias, que luchaba contra la siniestra pareja con el objetivo de hacerse él mismo con el poder. En lugar de confiar esas cosas a Antípatro y a mí, la perra y su semental mandaron traer al ateniense Ifícrates. En esa época Antípatro y yo nos ocupábamos de la educación del joven Pérdicas.

Dracón se sacó la flor de la boca y miró a los otros dos hombres; luego intervino:

—Se dice que la mano dura de dos nobles macedonios fortaleció la espalda y la espada de Pérdicas.

Parmenión tosió.

—Por degracia, no lo bastante. En cualquier caso, cuando Pérdicas tuvo la edad suficiente, y os puedo asegurar que estaba bien asesorado, abrió con la espada el pecho de Ptolomeo para evitarle vivir unos años superfluos. A la bruja lincéstida la dejó vivir en el palacio de Pella. Fue un error, pero cuando fue nombrado rey los lincéstidas y los partidarios de Eurídice lo apoyaron.

—¿Rey de dónde? —dijo Aristóteles torciendo el gesto.

—A eso voy. Algunas ciudades macedonias del este, en la frontera con Calcidia, habían caído bajo la influencia de Olinto. La antigua ciudad de los reyes, Egea, al pie del monte Pierio, estaba aislada del mar, como, de hecho, aún está, porque la región de Pidna y Metone había caído en manos de los atenienses. Pero son antiguas ciudades macedonias. ¿Lo demás? Algún territorio aquí y allá, dominados por príncipes locales: almopios, pelagios, lincéstidas, eordios, elimiotas, pierios, oréstidas... de todo. Olinto, Atenas, Tebas, Tesalia, tres clases de bárbaros, y por el sureste empezaban a llegar los molosos...

Aristóteles meditó un momento. Finalmente dijo:

—Un montón de ruinas amenazado por los cuatro costados. Oí decir que Pérdicas intentó mejorar la situación.

Parmenión dio una palmada a su espada.

—Con gusto habría aplicado esta medicina. En cualquier caso, sí, lo intentó. Antiguamente, cuando los reyes aún eran poderosos, existía esa sabia institución de los mozos reales. Hijos de príncipes locales que vivían en la corte en calidad de prendas y pupilos, y entre los cuales el rey podía elegir a sus oficiales y asesores. Pérdicas intentó reimplantar esa costumbre. Yo mismo lo ayudé a formar, además de su guardia personal, un buen grupo de soldados permanentes. Pero eso costaba mucha plata, y la plata sólo podía obtenerse de los príncipes y de los tributos. Ahora bien, los príncipes se oponían a que el rey gastara la plata de esa manera, porque podía fortalecerse demasiado, de modo que no pagaban. Un príncipe de más allá del Axios quiso acabar con las viejas rencillas, pero un asesino se lo impidió. Y el asesino vino de Atenas...

Llegaron al paso. Parmenión tuvo que interrumpir la conversación para preocuparse de asuntos más importantes. Dracón y Aristóteles ahondaron en sus recuerdos de la infancia, sentados ante una hoguera frente a la tienda de Dracón. Al atardecer Parmenión volvió a reunirse con los ancianos del poblado para cerrar las conversaciones. Aristóteles escuchó la discusión en silencio; más tarde aceptó la invitación de Parmenión a dejar la caravana de mercaderes y viajar con él a Pella, donde podría coger un barco con rumbo a Atenas.

A la mañana siguiente Parmenión impartió las últimas instrucciones al oficial que se quedaba al mando. Jinetes y soldados se habían reunido en la plaza de la aldea con el bagaje. Dracón estaba sentado en un carro tirado por bueyes, cambiando el vendaje a uno de los heridos leves, al tiempo que mordisqueaba un tallito verde. Más de cien jóvenes del poblado y los alrededores se habían unido a la tropa; otros cien serían adiestrados por los soldados que permanecerían en la aldea.

—Buena función la de ayer —dijo Flebas, apoyado en su carro cargado de herramientas y sacos de semillas—. Han podido ver lo que son capaces de hacer unos verdaderos soldados. Pero ¿es necesario que yo...? —Tenía una expresión sombría.

Parmenión tiró de una cinta atada a las crines de su yegua.

—Edúcalos. Si lo haces realmente bien, dentro de un año pensaré si te dejo en libertad, esclavo.

Flebas resopló.

—Y quizá entonces tampoco me des la libertad.

Parmenión lanzó una carcajada.

—No sé, ¡en estos tiempos es tan difícil encontrar un buen esclavo!

Un niño de unos cinco años tocó a Parmenión en la pierna. Acababa de despedirse de su hermano mayor.

—Señor —dijo con voz llorosa—, ¿por qué no puedo ir yo también?

Parmenión se inclinó, cargó al niño y lo subió a lomos de la yegua. Hizo un guiño a la madre, que se acercaba preocupada.

—Pequeño guerrero, todavía te falta crecer un poco. Pero me acordaré de ti. Dentro de diez años vendré a buscarte, en caso de que no te hayas alistado antes. ¿Cómo te llamas? Dímelo, para no olvidarte.

—Emes —susurró el niño.

Parmenión le acarició las mejillas y lo entregó a su madre.

—Adiós, Emes, futuro soldado del rey. No lo olvides: ¡come mucho para que crezcas pronto!

Aristóteles cabalgó un rato junto al carro de Dracón, en el que había guardado sus trastos. Después avanzó hasta alcanzar la parte delantera de la columna, donde se encontraba Parmenión.

El estratega tenía la mirada fija en el horizonte, donde el valle desembocaba en una llanura. Un cuervo volaba en círculos sobre los arbustos de la montaña más lejana. La carretera bordeó un mar de caña para luego penetrar en un bosque ralo. Una vez más, el sol de finales del otoño incitaba a plantas, perfumes y mosquitos a una vida de angustias. Lejos de allí, en una colina que se levantaba en medio de la llanura, se movió algo: una flecha con un trapo blanco atado a ella ascendió al cielo. Parmenión esbozó una leve sonrisa.

—¿Tu avanzada? —preguntó Aristóteles.

El estratega asintió.

—El camino está despejado, como mínimo un buen trecho. Pero cuéntame con más detalle qué hacías en el norte. ¿Por qué querías adquirir ese tipo de conocimientos? No es muy habitual entre los filósofos helenos, ¿verdad?

Aristóteles rió.

—Depende —dijo—. En lo que concierne a Platón, no te equivocas. Prefiere divagar en el mundo de las ideas que ocuparse de hechos concretos. Y si viaja, intenta en lo posible visitar lugares parecidos a Atenas. Ha estado dos veces en Sicilia, pero Sicilia no es más que una Hélade oriental. Allí puede lisonjear al tirano Dionisio y hacerle propuestas poco claras para instaurar una república demencial, a cambio de oro y honores. Tal vez... —Agachó la cabeza para esquivar una rama baja. Luego siguió hablando sobre posibles destinos—. Platón también podía haber visitado la parte occidental de la isla, que se encontraba bajo el sensato gobierno de los karjedonios, lo mismo que el mar occidental y el norte de la interminable Libia. No en vano los fenicios habían inventado siglos atrás no sólo el comercio, sino también la escritura; es cierto que no eran helenos, pero tampoco eran bárbaros como los demás, a excepción, quizá, de egipcios y babilonios, de los que se sabía poco. —Un mercader corintio muy viajado, que hacía negocios con los fenicios occidentales, había explicado a Aristóteles la constitución y administración del estado karjedonio, conocimientos muy útiles para alguien dedicado a estudiar la filosofía del Estado.

—Quiero dar unas vueltas por allí antes de pensar, decir y escribir tonterías. No sé si llegaré a ir a Babilonia o Karjedón; viajar cuesta más dinero del que poseo. Pero quizá ese comerciante corintio consiga que pueda hacer otro viaje al norte, a Iliria y demás.

—¿Cómo se llama ese corintio?

—Demarato. ¿Por qué?

Parmenión asintió lentamente.

—Debí haberlo imaginado. Lo conozco. ¿No es un hombre listo y algo tunante...? ¿Más o menos de mi edad, delgado, de cabello y barba oscuros y mirada penetrante?

—Es él. ¿De qué lo conoces?

—Cuando Filipo estaba de rehén en Tebas, en casa de Pammenes, Demarato solía ir de tanto en tanto, cuando los negocios lo llevaban a Tebas o a algún lugar de Beocia. Tiene unos quince años más que Filipo, pero los dos eran bastante amigos. Estos últimos años estuvo una vez en Pella. Hizo propuestas muy tentadoras para reorganizar el comercio.

—Puedo imaginarlo. Siempre está haciendo ese tipo de propuestas, que benefician sobre todo a sus operaciones comerciales.

Aristóteles explicó cómo había conocido a Demarato, cuando éste se unió a una caravana de mercaderes con destino a Tesalia, en la que viajaba el joven filósofo, harto de conocimientos sin vida. Una vez en Tesalia, existía la posibilidad de seguir viaje hasta Épiro con otra caravana que cruzase las montañas, y de allí se podía viajar a Iliria en una tercera caravana. Aristóteles había gastado todo su dinero en una mezcla de cosas útiles e inútiles: cuchillos, sierras, puntas de flecha y hojas de espadas cortas. Un carro con dos mulas y los pertrechos necesarios, incluidos víveres y mantas, constituían el resto de su fortuna. Se adentraron en Iliria, hasta llegar al río que los helenos llamaban Istro, y los celtas del norte, Danubis. Hicieron negocios y trueques, regatearon a menudo bajo peligro de muerte, porque sus salvajes clientes al sentir disgusto por lo exiguo de las ofertas, lo expresaban empuñando la espada o blandiendo el hacha de guerra. Además de metal sin trabajar, en dedos o goa, cobraban sobre todo en pieles —de oso, turón, cibelina, marta, lince— y huesos y dientes de grandes animales. En un pequeño puerto del extremo septentrional del mar que separa Iliria de Italia, Aristóteles conoció a aquel antiguo marinero convertido en comerciante al que hizo el invierno más corto con su conversación y que, al morir en primavera, le dejó en herencia no sólo el amuleto egipcio, sino también dos mujeres, tres esclavos, monedas y un tesoro de ámbar acumulado a través de los años. Aristóteles dejó en libertad a las mujeres, vendió los esclavos y se quedó con el ámbar y las monedas.

—En la Hélade lo que traigo de regreso valdrá seis o siete veces más de lo que invertí en el viaje. Podré vivir algún tiempo en Atenas, Parmenión, dedicándome a la investigación. Pero hay cosas más importantes que el dinero.

El macedonio sonrió pensativo.

—¿Qué cosas? ¿Los ríos, las llanuras, los bosques, los bárbaros?

—Sí; y los Alpes. Pero sobre todo el conocimiento y la experiencia. He pasado hambre y sed, he tenido que luchar por mi vida, he matado enemigos y fieras, he pasado frío y he visto cómo un gran río se convierte en hielo, y he aprendido cuán traicionero es el hielo y cuán frágil es el ser humano. Me gusta viajar ligero; las pieles y el metal se los daba a los otros comerciantes a cambio de monedas y ámbar. Todo lo que poseo cabe en el carro de Dracón. Y lo que no está en el carro de Dracón, sino en mi cabeza, ocupa mucho más espacio y pesa muchísimo más.

Cabalgaron un rato en silencio, el uno al lado del otro. En algún momento, Parmenión dijo en voz baja:

—¿Quieres oír el resto? Pero no son palabras para la Academia ni para tus rollos.

Aristóteles aguzó la mirada.

—Quiero que Dracón me enseñe qué plantas medicinales crecen aquí. Cuando haya puesto por escrito sus lecciones, no me quedará más espacio en los rollos. Creo recordar que ayer nos habíamos quedado en Pérdicas...

—Pérdicas tuvo suerte. Y también mala fortuna. La bruja lincéstida, su madre, se había quedado quieta en un rincón del palacio, como una araña vieja y astuta, sólo para tejer sus redes. Quería seguir gobernando. —Respiró hondo. Después habló de todas las fatigas: cuatro años y medio de trabajo para crear las bases para un futuro diferente. Pérdicas y Antípatro urdieron enmarañadas alianzas; consiguieron aliar a Tebas y Tesalia entre sí y también la una contra la otra, y contra Atenas, Olinto y Anfípolis. De modo que Macedonia tuvo una pausa para respirar y recuperar al noble rehén dejado en Tebas. Filipo, que entonces aún no contaba diecinueve años, sirvió a Pérdicas sobre todo como embajador, dadas su educación helénica, su cultura y las buenas relaciones que había establecido después de sus cuatro años de permanencia en Tebas. A veces solo, a veces con Antípatro, Filipo viajó por la Hélade, Tracia, Épiro y los territorios fronterizos. Trató con consejeros, arcontes, príncipes y reyes. Aprendió mucho y memorizó la localización de puntos importantes: caminos, fortalezas, depósitos de víveres. Y conoció hombres cuya amistad alguna vez podría utilizar en bien de Macedonia. En esos años Pérdicas ordenó el caos de la administración macedonia, nombró funcionarios, castigó a jueces sobornables, mandó llamar a la corte a los príncipes locales, uno por uno, para arreglar un cierto equilibrio entre el poder desmedido de éstos y la indefensión del rey. Tomó por esposa a una mujer de Elimiotis, que se dejó influir por su suegra Eurídice, quien parecía haberse convertido en una persona amable. Y Parmenión intentó formar una caballería de hetairos eficaz alistando —contra su voluntad, si es que accedían— a príncipes e hijos de príncipes, que supuestamente estaban de lado del rey, al tiempo que trataba de convertir a campesinos y ciudadanos miedosos y desposeídos en una infantería aceptable.

—Sólo éramos cuatro, contando a Filipo. Muchos de los que tenían que ejecutar las órdenes estaban en contra de nosotros... Aunque esa situación no duraría mucho tiempo. —Parmenión dijo esto último con furiosa serenidad, pero sin odio ni alegría.

—Me pregunto si no habría sido mejor no tener grandes Estados, sino sólo ciudades, una red de ellas —dijo Aristóteles—. Toda esa maraña... ¿No representa Atenas la solución más sensata?

El estratega resopló.

—Atenas determinó el curso de Macedonia; durante mucho tiempo nos prohibió que construyésemos barcos y hasta que vendiésemos madera para embarcaciones y pez... salvo a Atenas, claro. Persia prohibía a Atenas que reforzara su flota. Atenas se entendía con el rey tracio Clotis para presionar a Anfípolis, y cuando Clotis se desentendía, Atenas armaba a la ciudad de Olinto y la Liga Calcídica para que se enfrentaran a Tracia, Anfípolis y nosotros. Dime, ¿cómo habría podido la pequeña ciudad de Pella proteger todos los poblados de Macedonia contra los bárbaros y los atenienses, si es que estos últimos no son también bárbaros?

—Explicaré tu razonamiento a Platón. Es evidente que tienes razón; mi pregunta era puramente teórica.

Parmenión extendió los brazos; su yegua escarceó.

—Sigue haciéndote preguntas, muchacho. Pero cuando las cosechas son saqueadas, la teoría no sirve de alimento.

Parmenión explicó cómo Atenas armó a Olinto, que marchó primero contra Anfípolis. Pero si la ciudad del Estrimón caía, las fronteras orientales macedonias quedarían indefensas ante las incursiones de tracios... y atenienses. Pérdicas envió inmediatamente a Anfípolis las tropas capitaneadas por Antípatro, para proteger la ciudad y firmar un tratado de amistad. Al mismo tiempo, Parmenión y Filipo cabalgaron a Tesalia, para renovar viejas alianzas y amistades y reclutar jinetes. Mientras estaban fuera, los ilirios, dirigidos por su rey, Bardilis, atacaron por el noroeste y entraron en Macedonia por el norte. Pérdicas marchó al campo de batalla con pocos soldados; sin Antípatro, Filipo y Parmenión.

—Sin tener en cuenta el territorio, el clima, y la diferencia de fuerzas. Bardilis lo había puesto entre la espada y la pared. Pérdicas y otros cuatro mil hombres murieron, entre ellos muchos viejos amigos. —Parmenión calló un momento.

—Y yo que pensaba que el norte tenía más que ofrecer —dijo Aristóteles en voz baja.

Parmenión soltó una especie de carcajada.

—Uno puede equivocarse, muchacho. Nosotros, es decir, Filipo y yo, salimos inmediatamente de Tesalia; ya no sé cuántos caballos usamos. En Pella los lincéstidas estaban a punto de desempolvar el trono para que Eurídice se sentara en él como regenta de su nieto. —Soltó una risa ronca; Aristóteles intentaba alisarse con la mano el pelo de la nuca, que se le había levantado.

—Fue una obra maestra —dijo Parmenión entre dientes—. Eurípides no habría podido escribirla mejor. Enviamos un bote de remos rápido con un mensaje para Antípatro, aunque éste ya había decidido por su cuenta que aquello era más importante que Anfípolis. Parte de su tropa ya se encontraba muy cerca de Pella; no había nada decidido. Filipo y yo nos detuvimos a descansar en el monte Olimpo, porque sabíamos cómo estaban las cosas. Después continuamos viaje hacia Pella. Filipo cogió unos cien hombres de Antípatro, los de más confianza, y marchó con ellos a la ciudad. Era el hermano de Pérdicas, ¿quién podía impedírselo? Yo también había marchado con algunos centenares de hombres de mi pago, y nos reunimos allí. Entramos en el castillo, repleto de lincéstidas. La vieja y astuta araña estaba junto al trono, en el que había sentado al pequeño Amintas, que apenas si tenía tres años. Al ver a Filipo, lo recibió sonriendo con su hocico desdentado. «Oh, mi querido hijito», dijo. «Qué detalle de tu parte venir tan pronto a proteger a tu sobrino y a tu anciana madre.» Filipo asintió lentamente mientras la examinaba con la mirada, y te juro que en ese momento pensé que se dejaría liar, a pesar de todo lo que habíamos hablado. Apenas tenía veinticinco años, y nunca se sabe... En fin. Filipo miró a su alrededor, vio que nuestros hombres ocupaban las paredes y salidas, y, dirigiéndose al mayor de los lincéstidas, Egisto, dijo: «Honorable tío, tu espada.» Me hizo una señal. Yo fui y cogí la espada del viejo lobo. Filipo extendió las manos y dijo a la viuda de Pérdicas: «Saca al niño de allí. Yo soy su tutor.» Luego todo se precipitó. Eurídice balbuceó algo y Filipo dejó que hablase hasta que se hubieron llevado al pequeño. Entonces dijo con una voz que retumbó en toda la sala: «Amigos míos, vamos a poner punto y final a algunos viejos vicios y vamos a empezar algunas cosas nuevas.» Se acercó a su madre, sonrió una vez más y le hundió la espada en el vientre.

Aristóteles soltó un suave silbido.

—¡Vaya escena! ¿Qué hicieron los otros?

—Nada. —Parmenión esbozó una sonrisa sesgada, que no tardó en desaparecer—. De eso me ocupé yo. Cuando se trata de acabar con un griterío inoportuno, cien sarisas pueden obrar milagros. Pero con ese acto todavía no habíamos ganado nada. Por el momento Filipo puede gobernar como regente hasta que pasara el peligro inmediato. En algún momento tendrá que presentarse ante la asamblea de príncipes y notables, que elegirá al rey. Pero ya habría tiempo para eso. La vieja perra por fin estaba muerta y teníamos bajo vigilancia a los lincéstidas más importantes y a otros dos o tres príncipes que se encontraban en Pella. Pero al nordeste estaba Bardilis, en mitad de nuestro territorio. Por el norte se acercaban los peonios, con su rey Agis, que avanzaba a lo largo del Axio en dirección a Pella y el mar, para saquear e intervenir en el nombramiento del sucesor al trono. En el nordeste el tracio Clotis tenía la impresión de que también podía participar en el juego; con él estaba Pausanias, el mismo Pausanias que años atrás había luchado contra Eurídice y Ptolomeo. Ahora podía atacar pues contaba con mercenarios helenos y dinero y caballería tracios. Y, además, estaba un tío abuelo, o primo segundo, o qué se yo, de Filipo, que también quería ser rey; y los atenienses lo apoyaban con dinero y armas. Ya se encontraba en la región. Y más al oeste, en Épiro, estaba el viejo Neoptolemo, rey de Molosia, que, para no ser menos, pretendía un trozo del pastel. Pero un rayo lo alcanzó mientras estaba cagando, o se cayó del caballo, no lo sé exactamente. En cualquier caso, murió, y su hermano Aribbas tuvo que ocuparse primero de sus propios asuntos. No obstante, la situación era un poco complicada. Y muy tensa.

—¿Todos al mismo tiempo? —murmuró Aristóteles—. Es como si alguien se estuviera ahogando porque no sabe nadar y desde abajo estuviese tirando de él un tiburón mientras le arrojan encima una losa de piedra.

—Algo así, pero peor. Ya sabes: cuando algo puede salir mal, sale mal. Y a todo ello se sumaba la eterna desunión de los príncipes macedonios.

—Apenas puedo creer que estemos aquí cabalgando y conversando. Deberías estar muerto y enterrado junto a Filipo.

—No es así por muy poco, amigo. Entre nosotros y el Hades sólo se interponía una cosa: la voluntad de Filipo. Su *daimon*, su inteligencia.

—¿Qué hizo? ¿O tal vez debería preguntar qué dejó de hacer?

Parmenión le echó una rápida mirada.

—Eres listo, Aristóteles. Hizo algunas cosas y dejó de hacer otras. Y todo muy rápidamente, casi al mismo tiempo.

—Una cosa antes que la otra, más que una después de la otra.

—Exacto. El pueblo atemorizado, los príncipes enfrentados entre sí, el ejército vencido y diezmado, dos enemigos aspirando al trono, todo tipo de bárbaros y, como si eso fuera poco, los atenienses. ¿Qué puede hacer un soberano en semejantes circunstancias?

Aristóteles pensó un momento; luego rió.

—Celebrar una fiesta y casarse.

Parmenión arrugó la frente.

—Vuelves a sorprenderme, hijo de Nicómaco. Así fue. Filipo dio una gran fiesta para los habitantes de Pella y los alrededores, y para los soldados acobardados. Invitó a todos ellos. Mandó que se representaran obras de teatro y los entretuvo con bailarinas y músicos. Pronunció un gran discurso, todo ello como celebración de su inevitable triunfo y un futuro favorable. Sus agoreros hicieron sacrificios y encontraron hígados tan puros y prometedores de felicidad como ningún animal los había tenido nunca. Había obligado a los elimiotas a darle por esposa a la hija de su príncipe, Fila. Con ello tenía en sus manos a una segunda rama principesca, que se sumaba a la de los parientes lincéstidas que se encontraban en la fiesta. Lo que no le impidió acostarse con la bailarina Filina, de Larisa. —Al decir esto, Parmenión reprimió una carcajada—. Entretanto se ha casado también con ella. Creo que ahora está encinta; estoy ansioso por conocer al hijo de Filipo... imagínate, ¡con ese padre! Al mismo tiempo, ha retirado de Anfípolis el resto de las tropas e hizo saber a los atenienses que pueden hacer y deshacer lo que les venga en gana. En Tebas no sólo aprendió la cultura helena, sino también la política helena.

—En tu opinión, honorable Parmenión, ¿cómo es esa política? —preguntó Aristóteles con una sonrisa sarcástica.

—La política helena, honorable Aristóteles, es la aplicación del principio que afirma que los tratados no son eternos, sino que duran mientras son útiles para los fines por los que fueron firmados. Sólo que los atenienses no sabían que Filipo ya conocía este principio. Así pues, Atenas dejó de apoyar a su candidato al trono, Argeo, y Filipo lo aniquiló el día siguiente de su boda con Fila. No fue fácil, pero era importante y se consiguió.

—¿Cómo pudisteis incitar a luchar a vuestros desmoralizados soldados?

—Con astucia. Y las ideas de Filipo. ¿Has advertido hoy, en nuestra pequeña batalla, que las sarisas son muy largas? ¿Y lo que hacen con ellas los soldados de a pie?

Aristóteles dudó.

—No estoy seguro... Es cierto, vuestras lanzas son mucho más largas que las que emplean los atenienses y tebanos. ¿Y qué?

—Idea de Filipo. Mientras se preparaba la fiesta llegaron a Pella unos doscientos jinetes tesalios. Un préstamo de Feras —el príncipe Alejandro prefería tener en la frontera norte a un rey macedonio, si las otras opciones eran las hordas bárbaras o los atenienses. Los herreros de Pella y los alrededores habían fabricado miles de esas sarisas de seis pies de largo, y mientras Filipo aparentaba no hacer nada, en realidad aprovechaba esos momentos de ocio para practicar formaciones con los soldados de a pie: cuadrados estáticos o una falange que avanzara lentamente, con la misión de frenar el ímpetu del enemigo. En un primer momento no debían hacer nada, sólo detener a las filas enemigas... hasta que la caballería las envolviera por los flancos. Antípatro capitaneaba a los hoplitas, Filipo a la caballería tesalia. Y yo... yo era un viejo entre otros quinientos viejos. Fuimos a hacer una visita a Argeo, haciéndonos pasar por enviados de los príncipes del norte, que querían hacerlo rey. Mientras Antípatro hacía avanzar a sus soldados con las largas sarisas, nosotros sacamos de debajo de las túnicas los cuchillos y espadas cortas, y la caballería de Filipo hizo el resto. Atenas ha entrado en el juego, Argeo ha sido vencido, los soldados descorazonados han recuperado la moral y el pueblo celebra porque el rey no tarda en convertir sus palabras en hechos.

—¿Y las otras amenazas? Aquello no era suficiente.

Parmenión enseñó los dientes.

—No era suficiente para el *daimon* de Filipo. Envió a Antípatro a Tracia con oro y palabras prometedoras. Buena vecindad, aspiraciones comunes, provecho mutuo, alianzas contra el resto del mundo, la elección entre la amistad de un monarca poderoso y la leal sumisión de uno débil. El rey Clotis no se lo pensó demasiado; aceptó los regalos, ratificó las propuestas y mandó apuñalar al aspirante al trono, Pausanias. Entretanto los ilirios y peonios habían seguido incordiando un poco, lo que ocasionó que, de pronto, muchos príncipes locales vinieran arrastrándose a la corte: «Filipo, tienes que protegernos, los bárbaros están saqueando nuestras tierras», suplicaban. De repente, teníamos en Pella a las dos terceras partes de los príncipes macedonios, más sus respectivas parentelas. La verdad es que estábamos bastante apretados.

—Y entonces —dijo Aristóteles—, mi viejo amigo resucitó la antigua institución de los hetairos, ¿eh? Todos los príncipes envían sus hijos a Pella, son educados y sirven al rey, primero como mozos, luego como guardias personales y oficiales. Y también como rehenes.

—Y también como rehenes, así es. —Parmenión se rascó la nuca—. ¿No preferirías quedarte en Pella como asesor de Filipo? Desperdicias tu genio, amigo mío.

—Es posible —dijo Aristóteles, encogiéndose de hombros—, pero es la manera en que me gusta desperdiciarlo, Parmenión. De haber estado en el lugar de Filipo y haber vivido esas circunstancias, habría hecho que la Asamblea me confirmara como regente.

Parmenión suspiró.

—Realmente, muchacho, deberías dedicarte a la política. Es lo que hizo Filipo, claro. Luego cogimos unas dos docenas de carros tirados por bueyes y los cargamos con los anillos, cinturones y armaduras de los muertos y prisioneros del ejército de Argeo. Dejamos las espadas y lanzas, pero cogimos todo lo demás. Los carros tenían un aspecto imponente. Cogí todo aquello y lo llevé río arriba, por el Axios, a los peonios. Entregué todos esos cachivaches al rey Agis como regalo de Filipo, y le pregunté cortésmente si deseaba algo más. En efecto, deseaba algunas cosas. Le prometimos todo lo que quiso. Al mismo tiempo, Filipo había acordado con el ilirio

Bardilis que éste le entregaría a su hija Audata como tercera esposa; como ves, algunos nunca tienen bastante. Bardilis, por su parte, conservaría los territorios ocupados como garantía de la inquebrantable amistad de Filipo. Y a los príncipes de esos territorios como rehenes.

—Un juego difícil —dijo Aristóteles, lanzando un suspiro—. Como un malabarista que ha de mantener en el aire cinco pelotas al mismo tiempo, sin que pueda caérsele ninguna.

Parmenión no hizo ningún gesto. De pronto su voz volvió a ser fría y dura.

—En invierno habíamos practicado malabarismos, amigo mío. Con los príncipes y sus hijos. Y sus partidarios. El juego de los hoplitas y las lanzas largas, que sencillamente no hace nada... la falange de Filipo. Es un invento notable, sí, pero tenía que ser empleado. En primavera hablamos de mapas, de distancias y de caminos que no son completamente transitables hasta una cierta época del año. Dejamos a Antípatro a cargo de Pella y partimos en dos grupos. Yo —Parmenión tomó aire por entre los dientes— satisfice todos los deseos que los peonios y el rey Agis jamás habían tenido ni tendrán. Cuando acabamos con ese asunto marchamos hacia el oeste, y llegamos justo en el momento acordado al lugar donde Filipo intentaba leer en los ojos del monarca ilirio todos sus deseos. Por desgracia, esto significó que algunos rehenes... sí, se malograran, de modo que ciertas regiones ya no están bajo el dominio de príncipes, sino directamente del rey. Una lástima.

—¿Los reyes Agis y Bardilis ya no pretenden nada más?

Parmenión sacudió la cabeza.

—Ya no están en situación de pretender nada. Las fronteras son seguras; por todas partes se han construido carreteras y levantado fortificaciones. Los príncipes han sido... pacificados mediante el establecimiento de lazos familiares o el amable envío de sus hijos al servicio real. Tenemos el núcleo de un nuevo ejército, como no hay otro en toda la Hélade. En general, ha sido un buen año, y nos esperan tiempos muy prometedores. —Esbozó una amplia sonrisa y puso una mano sobre el hombro del joven filósofo—. El *daimon* de Filipo, amigo. ¿No quieres quedarte con nosotros?

Aristóteles arrugó la nariz.

—Habéis conseguido grandes cosas en un año. Pero ¿seguridad? Todavía no hay nada seguro. Los ilirios volverán a incordiar, lo mismo que los peonios. Y ¿qué hay de los tracios? ¿Y Atenas? Para no hablar de Persia.

Parmenión hizo un gesto de desdén; casi con menosprecio, dijo:

—Todo a su tiempo. El rey Filipo es joven, fuerte y astuto. Macedonia no volverá a ser la pelota con la que juegan los demás.

—¿Qué viene ahora?

—Los dioses. —Parmenión se esforzó por poner expresión de seriedad, pero todo lo que obtuvo fue una mueca extraña—. Filipo y los dioses... un asunto aparte. Todo aplauden que Filipo haya matado a la vieja bruja lincéstida. Pero el matricidio no es precisamente una virtud. Así que los sacerdotes, y sobre todo Aristandro, el principal agorero de Filipo, opinan que el rey debería viajar al templo de Samotracia y sacrificar allí una ofrenda expiatoria.

Aristóteles se estremeció.

—¿Al templo de Zeus y Ammón? ¿O a los misterios de las cabirias?

—Son una sola cosa desde hace mucho tiempo. ¿Por qué?

Aristóteles se palpó el pecho, cogió el amuleto.

—El anciano que me regaló esto me habló de unas extrañas profecías egipcias.

Parmenión puso los ojos en blanco.

—Filipo y los dioses, profecías, la charlatanería de ese matacarneros de Aristandro... Sólo existe un motivo para el viaje. Si Filipo se reconcilia con los dioses, todos los que ahora vacilan se decidirán a apoyarlo de verdad. Sus actos estarán en cierto modo autorizados por el Olimpo. —Reprimió la risa—. Pero eso es otra historia...

—¿Filipo y el Olimpo? Recuerdo... dijiste que al regresar a casa os detuviste a descansar en el monte Olimpo. ¿Y?

—Esa noche tuve un sueño —dijo Parmenión, en tono distendido—. Soñé que los dioses bajaban del Olimpo para hablar con Filipo.

—¿Qué dioses? ¿Todos?

Parmenión arrugó la frente.

—No lo sé. Todos y ninguno. De algún modo se habían reunido en una especie de monstruo enorme. Una criatura espantosa, que era al mismo tiempo todos los dioses y ninguno. O cada uno de ellos. Ese monstruo se acercó a Filipo. Sé que en el sueño me escondí bajo una piedra plana. Parmenión tenía miedo, ¿sabes qué quiero decir? Los dioses preguntaron algo a Filipo, pero su voz, la voz del monstruo, era tan terrible que desperté gritando. Filipo ya se había despertado y me estaba sacudiendo.

—¿Qué preguntó ese ser divino?

Parmenión volvió la cabeza lentamente, como en el sueño, pero esta vez no reflejaba conmoción, sino sarcasmo.

—Aunque todavía no es rey, los dioses dijeron: «Rey de los macedonios, el mundo es como es porque nosotros somos lo que somos. ¿Estás satisfecho? ¿Qué opinas de todo?»

—Humm. —Aristóteles suspiró—. Lástima que no hayas escuchado la respuesta de Filipo.

—Le conté el sueño y él se echó a reír y respondió a la pregunta.

—¿Cuál fue su respuesta?

Parmenión se llevó la mano a la espada.

—Filipo dijo: «¿Qué opino del mundo? No mucho. Vamos a cambiar algunas cositas.»

3
LA UNIDAD Y LA MULTIPLICIDAD

—Dejemos un momento las grandes cosas y ocupémonos de algunas pequeñas, que no son menos importantes. —Aristóteles se llevó la mano a la cabeza, se rascó la oreja derecha por fuera y por dentro, se miró la uña y se la limpió en la manta—. Detengámonos en dos nombres que tú conoces, antes de volver a los grandes, que todo el mundo conoce. Hablemos de Emes y Dimas.

Peukestas se inclinó hacia adelante.

—¿Emes el Fuerte, aquel hipaspista que se levantó y habló contra Alejandro cuando el rey quiso devolver a casa a los soldados veteranos? ¿Dimas, el cantor y citarista? ¿Los conoces? ¿Qué tienen que ver con nuestra gran historia?

Aristóteles frunció el entrecejo y guardó silencio un momento.

—En el fondo, Platón era un místico —dijo por fin, en tono vacilante—. Intentaba comprender la unidad para, a partir de ahí, explicar la multiplicidad. Yo siempre quise comprender la multiplicidad para, en algún momento, averiguar si detrás de todo, en todo o antes de todo existe una unidad; y ahora muero sin haber llegado a esa meta. Los misterios, todos los misterios, hablan de la unidad que todos formamos alguna vez, antes de devenir multiplicidad; la unidad a la que todos sin excepción aspiramos a regresar, para vencer la disgregación y volver a ser Todo. Pero es imposible satisfacer este deseo en vida, y lo que ocurre después de la muerte no ha de ser objeto del pensamiento. Aquí, en esta vida, la multiplicidad es infinitamente más importante que la unidad. La luminosa multiplicidad de la Hélade es lo que nos separa de la oscura unidad de los bárbaros, en la que todas las cosas son una. Por eso, Peukestas, debemos considerar la multiplicidad si no quieres buscar en vano las huellas de esa unidad que fue para ti Alejandro.

—Pero...

Aristóteles sacudió enérgicamente la cabeza.

—Sin peros, macedonio; más adelante comprenderás por qué debemos tomar este camino y no otro. Insisto en que hablemos de Emes y Dimas. Emes me contó su vida poco antes de la marcha a Asia, de modo que sé mucho de él. Dimas siempre fue un hombre callado; en lo que a él respecta, tendremos que hacer suposiciones y pintarlo como mejor nos parezca, siempre y cuando nos ciñamos a lo verosímil. Después podremos volver a Filipo y Olimpia.

—¿Qué sabes de Emes? ¿Hay algo digno de saberse?

—La burla del noble macedonio Peukestas no vale. La espada de Alejandro estaba formada por muchos Emes y muy pocos Peukestas. Sé que tenía un hermano mayor, que formaba parte de las tropas de Parmenión. Tenía una hermana que contaba nueve años cuando Emes cumplió siete y que cuidaba el rebaño de la familia en las montañas. Flebas, que debía ayudar al poblado, no podía cambiarlo todo de repente; algunas de las cosas que no cambiaron fueron las enfermedades y ciertas instituciones.

»Cuando Emes cumplió siete años, su madre trajó al mundo a otra niña; alguien le enseñó a su hija, pero la mujer volvió el rostro. El padre cogió a la recién nacida y recorrió la aldea buscando a alguien que quisiera tenerla y darle de mamar, pero no encontró ningún ama, ninguna madre adoptiva, ninguna familia. Entonces envolvió firmemente a la niña en un trozo de tela, la metió en una bolsa junto con un poco de pan duro y queso, y la colgó del hombro de Emes. Envió al chico a las montañas, a un día y medio de allí, para que relevara a su hermana en el cuidado del rebaño. Además de la bolsa, Emes llevaba sólo su ropa (abrigo y taparrabo), un cuchillo y una honda; partió descalzo y obediente, sintiendo lástima por la niña que lloraba dentro de su bolsa y a la que, según las órdenes de su padre, tenía que dejar en un determinado cruce de caminos de las montañas, para los dioses o los animales.

»Emes vio a su hermana, pero ella ya no podía verlo. Había caído por un acantilado escarpado y se había roto algo, probablemente una pierna. Emes la reconoció por las cintas rojas que sujetaban su taparrabo. Las cornejas habían devorado sus ojos negros y parte de su cara; tenía la mayor parte del cuerpo cubierta de hormigas y gusanos. Emes la enterró hasta donde le fue posible. Contó las ovejas, comió queso, pan y bayas, bebió agua de las fuentes y los arroyos; con la honda y unas piedras planas, que sabía disparar con maestría, mataba de tanto en tanto un pájaro o una liebre. Cogía los animales y los asaba al fuego, que encendía con un cuchillo y un trozo de pedernal. Cuando no podía cazar ningún animal, vivía de bayas, hierbas y raíces.

»Una mañana despertó con una sensación de malestar, como si algo ilícito hubiese ocurrido. Había tenido pesadillas y no había despertado a tiempo de evitarse la peor parte. Durante la noche, los lobos, y también algún oso, habían devorado la mitad de las ovejas. Las otras estaban despedazadas o habían huido; en el fondo de un acantilado vio dos o tres ovejas muertas. Era otoño y Emes no sabía cómo volver a casa. Intuía la ira de su padre y la rabia de su madre, pues lo único que poseían de algún valor eran sus ovejas, junto a otros pocos animales y al pequeño huerto. Pasó tres noches llorando y cavilando; luego dejó los escarpados montes de pastoreo y se dirigió hacia el desierto. Dio un amplio rodeo alrededor del poblado y alcanzó la carretera después de caminar todo un día hacia el sur. También evitó las dos aldeas siguientes, pues allí vivían algunos parientes. El quinto día se unió a una lenta caravana de mercaderes locrences, que regresaba del norte rumbo a la Alta Macedonia, pues los comerciantes pretendían llegar a Tesalia cruzando la montañosa Lincestis para desde allí volver a casa.

»Así pues, Emes, el pastor huido del pequeño poblado fronterizo, hizo de arriero y peón de comerciantes, y así pudo escapar al sur, a una tierra donde la ley del lejano monarca apenas si valía algo. En esa época del año, muchas caravanas comerciales solían encontrarse en Lincestis, en el punto en que la carretera que va de norte a sur se cruza con la que va de este a oeste. En el gran campamento se hacían negocios y se bebía; Emes miró a su alrededor, vio la multitud de hombres, animales y mercancías, y decidió ir al este, a Pella, donde lo esperaba Parmenión; el nombre del héroe barbudo ardía dentro de él. Seguramente aún no era lo bastante mayor, pero quizá encontrase algún trabajo en Pella hasta que pudiera ser útil a Parmenión.

»El campamento de la gran encrucijada estaba formado por carros y tiendas, caballos, mulas, asnos y bueyes. Al atardecer ardía un sinfín de hogueras y el aire se llenaba del perfume de asados, hierbas y vino caliente. Emes regresó con los locrences; contó mentalmente los días que había trabajado para ellos y calculó los dos óbolos que le pagarían por cada día. Se acercó a su hoguera y pidió tres dracmas por nueve días de trabajo. Los comerciantes rieron, lo aplaudieron y le dieron de beber vino caliente. Cuando despertó yacía atado en un carro traqueteante. Los locrences lo habían cambiado por perdices, gansos y verdura; ahora pertenecía a un campesino lincéstida.

Aristóteles interrumpió su relato para beber un poco de agua. Después continuó:

—Trabajó duro en el campo, vigilado por perros, sin conocer la región. Se volvió callado y fiero, y se hizo fuerte. Cuando tenía doce años dio una paliza al campesino, aunque lo dejó con vida. Cogió todos los víveres y monedas que pudo encontrar, encerró en un cobertizo a la mujer, que no paraba de chillar, estranguló a tres perros y escapó con la intención de encontrar a Parmenión. Pero no daría con él hasta más tarde. Nos estamos adelantando. Quedémonos en el año en el que dejó a la niña expósita y enterró a su otra hermana. Aquello ocurrió el año en que Filipo viajó a Samotracia, donde encontró a Olimpia. Y el año en que otro esclavo consiguió la libertad, como luego me contaría Demarato.

*

Cuando Dimas tenía trece años, su vida dio un vuelco. No es que hasta entonces hubiese llevado una existencia tranquila, pero ese gran cambio borró una parte de su pasado, apagó el presente y forjó un futuro vasto y salvaje.

A los siete años había sufrido el primer cambio. Su madre murió al parir un niña muerta, la hermana que Dimas jamás tendría. Su padre, un hábil alfarero de la Heraclea siciliana, vendió la casa y demás propiedades y se embarcó con su hijo con la intención de empezar una nueva vida en un mundo nuevo. Hasta donde Dimas podía recordar, zarparon con rumbo a Cirene, pero el padre jamás llegaría a esa ciudad, y el hijo no lo haría hasta mucho más tarde. Vientos desfavorables empujaron su barco hacia el oeste, hacia la zona de dominio karjedonio, donde sólo se toleraba a los veleros extranjeros si los protegía algún tratado o tenían negocios en Karjedón. Heraclea no tenía tratado alguno con los karjedonios. El rápido navío de guerra que salió tras ellos estaba bajo las órdenes de un hombre que necesitaba dinero. Sus soldados abordaron la nave; algunos hombres ejercieron absurda resistencia, entre ellos el padre de Dimas. Murió bajo las espadas de los fenicios occidentales. Su rostro mostró primero dolor, luego casi extasiado placer, la liberación de una existencia llena de pesares; finalmente, al ver a su hijo, tristeza y preocupación.

Los supervivientes fueron llevados a Hadrimes, una ciudad de la costa oriental del país, donde fueron entregados a un traficante de esclavos, que no los retuvo mucho tiempo. Los más fuertes los compró el propietario de una cantera subterránea del norte. Las mujeres jóvenes fueron subastadas a diferentes compradores; las viejas, los demás hombres y los pocos niños fueron vendidos al administrador de una finca del interior, propiedad de un gran comerciante llamado Adérbal, que poseía muchos negocios y un buen número de propiedades.

Dimas trabajó en el campo dos años, sembrando y cosechando grano, frutas y verduras. El trabajo era duro, pero llevadero por el cuidado con que los karjedonios trataban a los esclavos; eran objetos que habían costado dinero y que podrían rendir tanto más dinero cuanto más tiempo se mantuvieran sanos. Por las noches, sentado junto a la hoguera, Dimas escuchó miles de historias: la vida de diferentes personas, cuentos fantásticos, historias en verso, cantadas, bailadas. Tenía buena memoria y un oído aguzado. A menudo le bastaba con prestar atención una vez para poder tararear una difícil melodía o recitar de memoria un largo poema. También era muy hábil con las manos. El viejo carpintero egipcio de la finca, esclavo como la mayoría de los que allí trabajaban, lo vio tallar un trozo de madera de ciprés, reparó en la perfección de aquel trabajo, que el muchacho hacía sin prestarle demasiada atención, y habló con el administrador de la finca.

Dimas pasó los dos años siguientes en los talleres. Conoció las diferentes maderas y sus cualidades, se familiarizó con el manejo de las distintas herramientas, hizo arcones y talló en su superficie pájaros, caballos y palmeras. Fabricó los cofrecillos donde los ricos guardaban sus ungüentos, sus joyas o unas botellitas de cristal coloreado que contenían aceite de ciprés, amarillento y perfumado, que curaba la tos y que se producía en la misma finca.

Y aprendió varios idiomas. No olvidó el heleno, su lengua materna, pues entre los esclavos había muchos siciliotas como él. También había elímeros, los primeros habitantes de Sicilia; su idioma era cerrado, pero Dimas lo hablaba con cierta fluidez. Igualmente difícil le pareció al comienzo el fenicio occidental que hablaban los amos y vigilantes, pero cuando lo dominó por completo le encantó aquel idioma sonoro y flexible, tan apropiado para las canciones como para ambigüedades maliciosas. El viejo carpintero le enseñó egipcio; de él también aprendió, tras obtener el permiso del administrador, los diferentes sistemas de escritura de helenos, fenicios y egipcios.

Un viejo siciliota, nacido hacía décadas en Siracusa y apresado y esclavizado durante la guerra entre Dionisio y Karjedón, tenía una lira y un aulo doble de madera de cedro finamente trabajada: dos cañas delgadas, cada una con cuatro agujeros arriba, para los dedos, y uno abajo, para los pulgares; una boquilla casi ovalada y hojitas de caña que creaban en la boca el sonido que luego transformaban las flautas. Este anciano enseñó a Dimas a sacar de la flauta izquierda el tono básico adecuado, y de la derecha la auténtica melodía; le enseñó el arte de producir trinos y tonos múltiples. Le enseñó a fabricar cuerdas de lira con tripas de oveja, qué grosor debían tener las cuerdas, cómo se tensaban y afinaban, cómo se tocaban y cambiaban con los dedos. Lo familiarizó con los diferentes tipos de sonidos, a los que llamaba lidio, frigio y heleno, y que Dimas, a quien le parecían variaciones de una misma gran música, no debía mezclar si no quería que el viejo siciliota le diera una bofetada y le quitara el instrumento.

A veces se admiraba de que los karjedonios le permitieran escribir y tocar música; más tarde comprendió que, por una parte, no les importaba —lo hacía de noche, después del trabajo— y que, por otra, incluso les parecía bien, pues elevaba su valor de reventa.

Cuando Dimas tenía once años, el propietario, el gran comerciante Adérbal, vino por primera vez a aquella finca cercana a la costa oriental. Habló con el administrador y con algunos vigilantes, examinó los talleres y los dormitorios; en cierto modo, tomó posesión de su finca. Dimas lo observó furtivamente y se sintió casi decepcionado. El señor todopoderoso, dueño de la finca, de los esclavos y de numerosas vidas, no era más que un hombre, un hombre de rasgos afilados, bien afeitado, de amplia túnica blanca de tela fina, pendientes de oro y manos cuidadas. Hablaba poco, hacía algunas preguntas, escuchaba con atención y miraba todo.

Adérbal se quedó tres días en la finca; la noche anterior a su partida mandó llamar a Dimas a la casa principal, en la que el joven jamás había estado. Sorprendido y temeroso, Dimas tropezó con las losas blancas del suelo, vio los arcos de la entrada y el verde patio interior con la fuente, y finalmente se arrojó de rodillas a una gran habitación iluminada cubierta de suaves alfombras y cuyas paredes estaban repletas de tapices y estanterías cargadas de rollos de papiro. Y esperó su terrible destino.

Alguien le alcanzó una pequeña tableta en la que habían sujetado varios rollos de papiro; la tableta se colocaba sobre las rodillas para escribir, con cálamo y tinta. A una señal del administrador, el muchacho se sentó en el suelo.

Adérbal estaba sentado en una silla de tijera con brazos de marfil tallado y el asiento cubierto por una piel de león. El comerciante parecía tranquilo, casi indiferente.

—Escribe —dijo el administrador al muchacho—. Primero en el idioma de Kart Hadtha, después en heleno y después con caracteres egipcios. Escribe lo siguiente, y completa las cuentas: El comerciante Adérbal, en su bondad y sabiduría, ha decidido subir el precio del esclavo Dimas, al que adquirió por una mina y media (¿cuántos *shiqlu* son eso?, ¿cuántos dracmas?), de manera que al revenderlo reciba tres veces y media su valor inicial. ¿A cuánto equivale eso?

Dimas escribió en fenicio lo que le había dictado el administrador. Según sus cuentas, una mina y media equivalía a ciento cincuenta dracmas o noventa *shiqlu*, que multiplicado por tres veces y media daban cinco minas y cuarto o quinientos veinticinco dracmas o trescientos quince *shiqlu*. Escribió lo mismo en caracteres helenos y con los simplificados símbolos demóticos egipcios. Dejó el cálamo en la ranura correspondiente y entregó el papiro al administrador.

Adérbal extendió una mano hacia el papiro y se quedó mirando a Dimas.

—Bien. Tocarás la lira y el aulo para mí en Kart Hadtha. Los trabajos de tus manos de carpintero son aceptables. Quiero ver si eres capaz de mejorarlos. Partiremos mañana a primera hora.

Esa noche Dimas apenas durmió; al amanecer tendría lugar la dolorosa despedida: del viejo egipcio, del siciliota, de una helena que lo había cuidado cuando estaba enfermo, de dos o tres chicos de su edad, con los que había jugado, peleado y reído, de una libia de doce años que lo había besado en la boca. El siciliota se tapó los ojos, le puso el aulo doble de cedro en la mano, dio media vuelta y volvió a su trabajo.

El viaje se interrumpió primero en otra finca de Adérbal, al sur de Tynes, junto al lago que llevaba el nombre de esa ciudad. Desde allí partieron por fin hacia la capital. La caravana estaba formada por unas treinta personas: Adérbal y sus colaboradores, criados, esclavos y arrieros. Cabalgaron bordeando la orilla septentrional del lago de Tynes, a través de sembrados y suburbios, hasta llegar a la gran muralla de Kart Hadtha. La singular muralla defensiva, que iba desde la orilla del lago hasta la bahía del norte, tenía más de cinco mil pasos de largo, lo que equivalía aproximadamente a sesenta estadios. El foso medía unos veintidós pasos de ancho y tenía una profundidad equivalente a la altura de cinco hombres; el fondo estaba erizado de púas y cuchillos curvos. Antes de la primera muralla se elevaba una rampa, protegida con estacas, de siete pasos de ancho y dos hombres de altura. Más allá, había otro foso con un bosque de lanzas en el fondo, una segunda rampa protegida y la segunda muralla, de siete pasos de ancho y cinco hombres de altura, con parapeto y aspilleras para los arqueros y honderos; un tercer foso y, finalmente, la gran muralla, de ocho hombres de altura, quince pasos de ancho, un parapeto con púas de hierro en el borde dirigidas hacia afuera y hacia abajo, y una torre de cuatro pisos con catapultas y hornos de pez cada ochenta pasos. Detrás, dos filas de establos y alojamiento para veinte mil soldados de a pie, cuatro mil jinetes y cuatro mil caballos.

Después estaba la ciudad, la más grande y rica de toda la Oikumene. Dimas estaba como atontado; aquello era demasiado para él. Vio a los oficiales karjedonios en las murallas, las pequeñas tropas de mercenarios —helenos, siciliotas, cretenses, egipcios, ilirios, libios, caras blancas, caras morenas, caras negras— y las pesadas puertas; vio las calles y las casas y los patios repletos de gallinas. Al borde de la calle había jaulas llenas de perros cebados, y aguateros y mujeres con cántaros; vio karjedonios con largas túnicas de lana y esclavos semidesnudos y numerosos extranjeros ya aclimatados a la ciudad, entre ellos muchos helenos; hasta él llegó el olor de miles de animales y el sudor de la gente y el perfume de las mujeres de los ricos, y hierbas, hogueras y cocinas. Pero en realidad no percibía nada. Era demasiado; demasiados colores, demasiados detalles que daban forma a la gran ciudad, incluidos los quinientos mil habitantes de los suburbios. Al pasar por el ágora contempló el edificio del Consejo y las otras construcciones que se erguían a su alrededor —edificios altos y viejos, de muchos colores, y surcos y ojos, y recordó la ya casi olvidada ágora de Heraclea, pequeña y miserable.

Cabalgaron hacia el norte, dejando atrás la colina de Byrsa y, cruzando la puerta de una muralla interior, salieron a un barrio que se extendía entre la ciudad y el mar, Megara, donde se levantaban viejas residencias señoriales, fincas y palacios rodeados por muros y setos, a veces blancos y resplandecientes bajo el sol de la tarde, a veces más discretos y ocultos a la sombra de cedros y cipreses. Dimas respiró.

Parte de los dos años siguientes la pasó en el ala dedicada a los artesanos en la vieja casona que ocupaba Adérbal con su familia cuando los negocios o la política no lo obligaban a trasladarse a la ciudad o viajar al extranjero. Estaban la esposa —una mujer orgullosa y reservada, que siempre lucía preciosos vestidos—, y dos hijos y una hija; pero en realidad no estaban, pues la parte de la casa que ocupaban estaba muy apartada y Dimas apenas si llegaba a verlos. En la casa había unos trescientos criados, esclavos, campesinos y artesanos, que trabajaban en los sembrados, jardines, establos, cocinas y talleres. Dimas tenía que entenderse con ellos, y lo consiguió a pesar de los roces habituales.

El administrador, un karjedonio llamado Hiram, parecía valorar la versatilidad y desdeñar los sentimientos. Debía de contar unos cincuenta años; tenía el cabello y la barba canos, le faltaban los dedos meñique y anular de la mano izquierda y una vez, cuando se cambió para una fiesta en presencia de Dimas, éste pudo ver la terrible cicatriz que le cruzaba el pecho y la barriga y que debía de ser el recuerdo de una vieja batalla. Hiram probó a Dimas en casi todos los puestos, con una cortesía inusual hacia un esclavo y un motivo, aunque sólo murmurado:

—Ya veremos dónde rindes más. Y dónde puedes hacerte fuerte.

La finca de Adérbal producía sólo para el consumo interno, y no formaba parte de sus numerosos negocios. Al igual que ocurriera en la finca anterior, Dimas también tenía que trabajar con sus manos y con azadas, palas, hoces, guadañas; aprendió qué variedades de fruta pueden mejorarse con injertos, cómo separando las hojas y tallos es posible obtener un vino más claro y ligero, y cómo con bayas podridas o demasiado maduras se consigue una bebida especialmente pesada y dulce. Cuando tenía doce años aprendió a montar a caballo. Cada dos o tres días Hiram lo hacía llamar a los despachos de la administración y le mandaba escribir inventarios, hacer cuentas, ordenar los rollos y tablillas de cera del archivo, aprender de memoria precios y valores de mercaderías. También tuvo que matar vacas, ovejas, cabras y perros, ayudar a cocinarlos, distinguir entre diversas hierbas y especias. Las tripas de oveja, con las que podía fabricar cuerdas para la lira, se las llevaba al taller de carpintería, donde pasaba la mayor parte de sus horas de trabajo.

La carpintería estaba dirigida por un persa, que no era esclavo sino un maestro artesano que recibía una paga a cambio de su trabajo. Aparentaba unos cuarenta años de edad. Era muy bajo y tenía mala vista; sólo veía las cosas cuando las tenía muy cerca, por lo que siempre trabajaba encorvado; a menudo se quejaba de dolores de cabeza y riñones. Todo lo que el egipcio de la otra finca no le había enseñado (o que Dimas no había retenido o comprendido por su escasa edad), lo aprendió el muchacho de este persa: las cualidades de las maderas vivas y muertas; las épocas del año más convenientes para talar determinadas especies de árboles; a qué árboles hay que quitarles la corteza cuando están tumbados y a cuáles cuando están en pie; qué edad debe tener la madera y qué tiempo de estacionamiento es el adecuado para cada trabajo.

La principal tarea de la carpintería dirigida por el persa, en la que trabajaban entre cinco y quince esclavos, según las necesidades del momento, era fabricar y reparar objetos de uso cotidiano: camas, sillas, baúles sencillos, las partes de madera de las herramientas usadas en el campo. Para ello muchas veces hacía falta entenderse con los herreros, que también fabricaban las armas de Adérbal. Cuando no había nada urgente que hacer, el persa y Dimas se dedicaban a fabricar arcas muy adornadas, cofres finamente tallados y otros trabajos entretenidos, que luego se llevaban los vendedores de Adérbal. Dimas nunca preguntó qué porción de la ganancia le correspondía al persa, pues eso no era de la incumbencia de un esclavo.

Como todos los de su categoría, Dimas dormía en uno de los tres edificios de madera de una sola planta, primero sobre un montón de paja, más tarde en un catre de madera revestido de cuero que él mismo había hecho; el cuero se lo había dado un curtidor a cambio de un cofrecillo que Dimas, a petición de aquél, había adornado con tallas de hombres y mujeres desnudos en posturas enmarañadas. De este asunto no tardó en aprender más de lo que ya había aprendido viendo a animales y personas. En las noches cálidas de Megara Dimas solía dormir envuelto en una manta bajo un viejísimo ciprés algo alejado de los dormitorios de los esclavos. A veces, por la noche, lo despertaban ruidos extraños que salían de los matorrales cercanos. En una ocasión divisó una egipcia, un poco mayor que él; su cabello oscuro le cubría las mejillas, la barbilla y el labio superior. La joven le preguntó si también era precoz en otras cosas y, sorprendentemente, se puso a examinar los negros vellos de Dimas y la parte en que éstos crecían con mayor abundancia.

Al atardecer, una vez terminada la jornada, los trabajadores y los esclavos se sentaban juntos, bebían agua y cerveza, entonaban canciones y contaban historias. Al principio Dimas sólo escuchaba; le inquietaban especialmente las historias crueles o estremecedoras sobre dioses y héroes antiguos y lejanos. Con el tiempo empezó a comprender mejor las otras historias y canciones, directas o ambiguas, que en un primer momento le habían parecido absurdas. Había hombres y mujeres que también sabían tocar algunos instrumentos. Un egipcio que ayudaba en la carpintería se había fabricado un arpa basta y desafinada; alguien tenía una especie de lira curva, de madera de pino resquebrajada, llamada bárbiton; también había matracas, tamboriles y todo tipo de flautas. La primera noche de música, Dimas sólo escuchó, aunque los dedos se le movían solos. Sabía que con el aulo doble podía conseguir mejores sonidos que todos los demás con sus diferentes instrumentos. Cuando tuvo la primera ocasión, cortó hojas de caña nuevas en el cañaveral que crecía en un pequeño pantano de la finca, las colocó en el aulo de cedro y participó en la velada musical. Poco a poco, los demás fueron dejando de tocar, empezaron a moverse al ritmo de la música y se pusieron a bailar.

El curtidor lo ayudó a terminar una faja de cuero para la cara, con una hebilla graduable, atrás, y dos agujeros para la boca, adelante; la flauta doble se tocaba mejor si Dimas podía dedicarse exclusivamente a emitir los sonidos, facilitando con la venda el trabajo de los músculos de las mejillas y la mandíbula, y las posiciones de la boca, que a menudo producían calambres. El persa lo vio intentando fabricar una lira, y al cabo de un rato le dio un trozo de madera más fina. Hiram, que no entendía nada de música, o al menos no entendía más que cualquier otro, observó la fabricación del instrumento con los ojos desapasionados de un artesano interesado en la perfección mecánica, y no tardó en sugerir un par de mejoras. Tras una larga discusión con uno de los herreros, pidió a éste que le hiciera ciertos trabajos sobre los que guardó silencio.

Una noche en que Dimas se encontraba en la carpintería comprobando la firmeza de las cuerdas de tripa y dispuesto a tensar la lira, se le acercó el persa. Traía consigo una caja alargada en la que sonaba algo metálico.

—Te debo esto y lo otro —dijo en persa; Dimas ya dominaba también ese idioma, que solían emplear cuando querían intercambiar comentarios burlones sin que otros se enteraran.

—¿Qué? ¿Qué me debes, maestro?

—Los arcones tallados y los cofres, Dimas. Yo solo no habría podido fabricarlos. —Levantó una mano para interrumpir la réplica del muchacho—. Sé que eres un esclavo y que no te corresponde nada, pero no me importa. Quizá algún día seas libre. Todavía no llevas la marca de un esclavo. Me parece que te tienen reservadas cosas mejores.

—¿Qué cosas? ¿Sabes algo? —Dimas miró con excitación al hombre encorvado.

—No sé nada. Es sólo que a veces me pongo a pensar. Los otros esclavos llevan marcada a fuego la cabeza de caballo de Adérbal, tú no. Quizá estén esperando a que te hagas mayor; quizá tengan otros planes. Pero ése no es el asunto ahora. Mira.

Le entregó la caja. Sorprendido, Dimas sacó el objeto que había forjado el herrero. Comprendió enseguida para qué servía.

La lira, que Dimas había fabricado con madera de haya, tenía la forma de un huevo al que le hubieran cortado la parte superior. En ambos extremos Dimas había sujetado con cola y tarugos de madera unas cabezas de serpiente finamente talladas, que miraban hacia afuera, dándose la espalda. Bajo el cuello de las serpientes, dos agujeros dejaban pasar una varilla, rematada en el extremo izquierdo por un grueso taco de madera, para evitar que se saliera por los agujeros. En el extremo derecho de la varilla había pegado al puentecillo una rueda dentada, que encajaba con otra del tamaño adecuado sujeta con cola a la lira. Tirando del taco del otro extremo, Dimas podía desencajar las dos ruedas dentadas, hacer girar la varilla y volver a asegurarla. Esto servía para hacer un primer afinamiento de las cuatro cuerdas a la vez. El afinamiento más preciso se conseguía haciendo girar unas bolitas de lana, piel y resina colocadas en la varilla y en las que se enrollaba el extremo superior de cada cuerda —una chapuza que nunca duraba mucho, bien porque las cuerdas cedían, bien porque lo hacían las bolitas de la varilla—. Los extremos inferiores de las cuerdas iban atados a la parte más gruesa del óvalo de madera.

Ahora Dimas tenía en las manos aquel aparato de hierro: una delgada plancha rectangular con cuatro agujeros en la parte superior y una docena de agujeritos abajo; una varilla de hierro con cuatro muescas para sujetar las cuerdas y, detrás de éstas, gruesas clavijas con unos rodillos de metal, provistos, cada uno de ellos, de dos ruedas dentadas encajadas entre sí y orientadas hacia la parte opuesta a la varilla. Las ruedas dentadas exteriores tenían, además, una muesca cuadrada. Los rodillos sólo tenían un agujero en uno de los lados.

—Mira —dijo el persa al tiempo que cogía un martillo y un clavo delgado. Con cuidado, para no dañar la madera, clavó la plancha de hierro a la parte inferior de la lira. Cogió la cuerda más gruesa, la hizo pasar por el agujero de la derecha e hizo un nudo doble en el extremo de la tripa—. Bien; así no se saldrá.

Luego quitó la varilla de madera, la reemplazó por la de hierro, la sujetó provisionalmente con taquitos de madera, cogió las cuerdas, las encajó en las muescas, hizo pasar sus extremos superiores por los agujeros de los rodillos y las aseguró también con nudos dobles. Después cogió una varilla de metal de perfil cuadrado (era una llave), la metió en la muesca de la rueda exterior y la hizo girar hasta tensar la cuerda.

Su música sonaba mejor y era más enérgica de lo que lo había sido hasta entonces; su cuerpo había crecido, su trabajo superaba al de muchos hombres mayores que él. Alrededor de la hoguera, los esclavos hacía mucho tiempo que lo trataban como a un hombre, lo cual, probablemente, se debía más a la muchacha egipcia que a la música. Pero Dimas sentía límites y cadenas invisibles. A menudo se sentaba solo al anochecer, con algún instrumento, y creaba sonidos acordes a su ánimo melancólico, para el que no encontraba palabras. Otros las encontraban con más facilidad.

—No podemos hacerlo, nos cogerían enseguida y nos azotarían o desollarían. —La egipcia, que yacía desnuda a su lado, señaló la cabeza de caballo que ella tenía grabada a fuego en el hombro. Las luz de las estrellas, la luna y la temblorosa hoguera que ardía a lo lejos bastaba para ver los contornos de la marca—. El Megara está rodeado por la gran muralla marítima; no hay manera de pasar a menos que seas karjedonio. En todos los otros lados hay puertas; los esclavos pueden ir a la ciudad e incluso salir de ella si son capaces de demostrar que están cumpliendo órdenes de sus amos. De lo contrario... —Hizo un gesto, como si cortara hierba con el borde de la mano—. Pero tú... Tú puedes escapar, Dimas. Tú puedes trabajar como artesano o como músico; sabes escribir y hacer cuentas, conoces varios idiomas. Y eres lo bastante fuerte.

—¿Puedo? A veces creo que sí, pero siempre termino dudando. ¿De verdad es tan buena mi música? Nunca he escuchado tocar a auténticos músicos.

La egipcia le puso la mano en el pecho.

—Las puertas están vigiladas, pero se puede trepar por los setos, vallas y muros. Nosotros no te delataremos. Sólo que es difícil llegar muy lejos.

Dimas asintió; en secreto había meditado largamente acerca de sus posibilidades. Y tenía dudas. Una fuga a media noche podía resultar exitosa; como la muralla marítima tenía pocas puertas, pequeñas y muy bien vigiladas, y terminaba justo a orillas del mar, Dimas tendría que huir hacia la ciudad. Por la noche las puertas de ésta permanecían cerradas; si tenía suerte y aún no lo habían descubierto, podría entrar en la ciudad al amanecer; no lo detendrían, porque no estaba marcado como los esclavos. ¿Y después? En algún momento de la mañana lo echarían a faltar en la finca; Hiram enviaría un jinete a la ciudad, que era demasiado grande para que Dimas la hubiese abandonado en tan poco tiempo. Lo detendrían en alguna de las puertas; en la del puerto, en la gran muralla, en cualquiera. Tenía que haber otra alternativa, más segura.

Una noche de primavera se acercó a él una esclava de la casa. Hiram quería hablarle. El administrador se encontraba en la zona de los establos reservada a los mejores y más preciados caballos de la cuadra de Adérbal.

El gran comerciante estaba con él, observando una yegua baya que un mozo de cuadra hacía pasear por un pequeño prado cercado con setos. Hiram estaba junto a él, apoyado en un poste. Echó a Dimas una mirada indiferente y volvió la vista hacia la yegua.

Adérbal miró por encima del hombro; sus ojos, helados, parecieron examinar a Dimas por fuera y por dentro.

—La yegua tiene una buena cabeza ¿verdad, heleno? —dijo el comerciante en fenicio. Luego, en persa—: Las marcas a fuego son muy borrosas, comparadas con el original. —Finalmente agregó, en heleno—: Si planeas huir, llévate lo que el persa te dio; es lo que te corresponde por tus finos trabajos de carpintería. Pero sería mejor que tuvieras un poco más de paciencia; sólo unas lunas. Ahora, vete.

Dimas se alejó dando traspiés, confuso y perplejo. Se había cuidado muy bien de hablar con el persa de su posible fuga. ¿Acaso Adérbal era capaz de leer la mente? Nadie sabía nada, a excepción de la egipcia, quien aseguró, irritada, que no había hablado de sus planes con nadie.

Dimas interrogó con cautela a los artesanos libres. Poco a poco empezó a cambiar la imagen que había tenido hasta entonces del rico comerciante dedicado exclusivamente a ganar dinero y criar caballos. Oyó hablar de misteriosas visitas, casi siempre de noche, cuando no había nadie a la vista; oyó de las largas ausencias de Adérbal, que a nadie llamaban la atención, pues en realidad apenas si lo veían. El herrero que fabricaba las armas del karjedonio afirmó que lo fabricado en los últimos cinco años podía armar varias centurias. Y Adérbal formaba parte del Consejo de la ciudad.

La explicación no fue completa, pero sí bastante clara, y llegó con el gran vuelco que se produjo en la vida de Dimas. Un día de verano se presentó en la finca un huésped aparentemente muy importante, con una escolta de diez jinetes. Era un hombre fuerte y de cabello negro; vestía como un noble karjedonio, pero parecía extranjero, quizá siciliota o un auténtico heleno de la Hélade.

Los jinetes de la escolta regresaron a la ciudad sin hablar con nadie; parecía, pues, que el extranjero se quedaría en la finca una larga temporada. Los esclavos que servían en la cocina hablaron de una comida no demasiado copiosa y de preparativos para un banquete exquisito a la hora de la cena; dijeron que el extranjero era un comerciante heleno llamado Demarato, originario de Corinto.

Al anochecer vieron desde lejos que en las amplias terrazas techadas del palacio se celebraba una fiesta. Allí estaban Adérbal, su mujer, el huésped e Hiram, además de algunos karjedonios que habían ido llegando a lo largo de la tarde, procedentes de otros palacios del Megara o de la ciudad misma. A la mañana siguiente, el extranjero se presentó en los talleres con Hiram. Miró a su alrededor, habló con algunos artesanos, hizo preguntas y escuchó atentamente las respuestas. Sus ojos, pensó Dimas, más que helados parecían punzantes.

Al cabo de una hora, Demarato se acercó a Dimas y lo observó tallar una figura en dura madera de olivo: una mujer karjedonia de pechos erguidos, que adornaría un pequeño pupitre junto con otras figuras similares. Cuando no hubo nadie cerca, el corintio comenzó a hablar rápidamente y en voz baja.

—He oído que eres bueno con las manos y con la cabeza —dijo en heleno—, que tocas la lira y el aulo y dominas varios idiomas. Y que no estás marcado. ¿Quieres ser libre?

A Dimas se le resbaló el cuchillo y a punto estuvo de cortarse. Se quedó mirando al corintio en silencio.

—Di algo. En varios idiomas.

Lentamente, en voz baja y pasando del fenicio al persa y luego al egipcio, Dimas dijo:

—Honorable señor Demarato de Corinto, ¿a quién no le gustaría ser libre? Sólo me preguntó si libertad es la palabra adecuada. Supongo que quieres comprarme al karjedonio, pero con eso no haré más que pasar de un amo a otro.

Demarato metió la mano en el amplio bolsillo de su túnica, volvió a sacarla y mostró a Dimas la mano abierta, en la que ahora tenía una piedra, un clavo, una moneda, dos granos de trigo, una hoja de laurel, una astilla de cedro, una tira de cuero de las que se ataban a los buenos caballos en la cola o las crines, un hueso de aceituna, un dado, un anillo, un pedazo de papiro escrito y un trozo de arcilla. Unos instantes después, cerró la mano y volvió a metérsela en el bolsillo.

—¿Qué has visto?

Dimas cerró los ojos; vio ante él la mano y enumeró los objetos. Al abrir los ojos, observó atisbos de una sonrisa en la boca del corintio.

—No está mal. Más adelante, cuando tengas algo de práctica, serás capaz de decirme qué piedra era, qué moneda, qué largo, ancho y color tenía la tira de cuero, qué número mostraba el dado, qué decía el papiro. Pero... no está mal. ¿Quieres venir conmigo? ¿Quieres viajar, ver el mar y otros países? ¿Quieres ser libre, salvo por algunos pequeños trabajos que te dejarían bastante tiempo para la música?

Dimas asintió en silencio; el corazón le latía con fuerza.

Demarato se dio la vuelta.

—Bien. Recuerda que tenías un tío llamado Lisandro, allí en... ¿dónde era? ¿En Heraclea? Bien. Tu tío es de Siracusa. ¿Está claro?

Dimas debió esforzarse para no tallar demasiado mal el pupitre; Demarato siguió dando vueltas por los talleres, intercambió unas palabras con Hiram y regresó al palacio.

Un rato después Dimas fue mandado llamar. Lo condujeron a la terraza del palacio, donde se encontraban Adérbal y Demarato. El karjedonio lo examinó con su mirada de hielo. Esta vez, sin embargo, una chispa de ingenio parecía brillar en el rabillo de sus ojos.

—¿Es verdad que tienes un tío llamado...? ¿Cómo?

—Lisandro, señor; de Siracusa. —Dimas se había arrodillado ante Adérbal y apenas si se atrevía a levantar la mirada.

—Ponte de pie. Si eso es cierto, eres un pariente largo tiempo perdido de mi amigo de negocios Demarato, de Corinto. Demarato se ha casado con la hija de tu tío, o algo así. Te he dicho que te pongas de pie.

Dimas obedeció, pero sin atreverse a levantar la cabeza.

—Pierdo dinero —murmuró el karjedonio—. Pagamos dos minas por él, y se educación...

—Probablemente corrió a cargo de otros esclavos y no te costó nada, amigo mío —dijo el corintio, reprimiendo una risita—. ¿Cuánto quieres por él? ¿Has dicho dos minas? Demasiado, si quieres mi opinión, pues entretanto su trabajo te ha rendido veinte veces más.

Adérbal levantó una mano.

—Exageras... y olvidas que ha comido y bebido, le hemos dado ropa, y cuidados cuando estaba enfermo. No, ¿dos minas? Ridículo. Digamos diez.

Regatearon un rato; Dimas los escuchaba inmóvil, con la cabeza gacha y las mejillas calientes. Finalmente se pusieron de acuerdo en cuatro minas y media —una suma exageradamente alta, incluso tratándose de un esclavo muy versatil y educado.

—Mañana a primera hora —dijo Demarato—. Ocúpate de tener listo todo lo que quieras llevar. Supongo, sobrino del padre de mi mujer, que querrás despedirte de algunos amigos. ¿O prefieres salir esta misma noche de los dormitorios de los esclavos y dormir como corresponde a un heleno libre?

Dimas sacudió la cabeza sin decir nada; Adérbal se levantó y dijo con una leve sonrisa:

—Me parece que querrá despedirse de cierto persa, de pie, y de cierta egipcia, acostado. Ahora me gustaría hablar un momento con él, Demarato.

El corintio refunfuñó, se levantó y entró en la casa. Adérbal tocó a Dimas con la punta del índice izquierdo.

—¿He sido como un padre para ti, muchacho? Contesta con sinceridad.

Dimas parpadeó.

—No sé cómo son los padres karjedonios, señor, pero los helenos son muy distintos.

Adérbal lanzó una carcajada.

—Más cercanos, más cálidos, ¿eh? Tienes razón. Y tampoco queremos inventar más parentescos, ¿verdad? Con uno al día es suficiente. Yo convertiré las cuatro minas y media en diez, heleno libre. Las depositaré en el banco del consejero Magón, que paga un interés del cuatro por ciento. Bajo la contraseña: «Dimas censura a Adérbal.» Has hecho un buen trabajo y seguirás haciendo un buen trabajo, muchacho. Allí donde estés, siempre habrá amigos míos observándote; a veces se darán a conocer y te preguntarán si has oído algo que pueda ser importante para los negocios de Adérbal y los intereses de Karjedón. ¿De acuerdo?

Dimas y Demarato partieron el día siguiente, otra vez con escolta. Dimas no volvió la vista atrás; se marchó en un caballo prestado, con una mano siempre en la correa de un saco de cuero en el que llevaba una manta, el aulo doble, la lira y una bolsita llena de monedas que el persa le había entregado en secreto y sin decir palabra.

El barco de Demarato estaba amarrado en el gran puerto comercial de Karjedón. Aturdido y todavía incrédulo, Dimas vio cómo se soltaban las amarras y los remeros empezaban a mover el gran mercante por la salida del puerto, a través del canal, en dirección a la amplia bahía. Contempló, con ojos cargados de dolor, la muralla marítima que protegía la ciudad, infinitamente alta, de sillares blancos con junturas rojas; vio también los grandes navíos de guerra que poblaban la bahía. En algún momento se le acercó Demarato y le dijo a media voz:

—El dinero también puedes cobrarlo desde el extranjero. ¿Qué te ha ofrecido ese viejo zorro a cambio de buenos informes?

4
MISTERIOS DE SAMOTRACIA

Respirar incienso, masticar hierbas alucinógenas, tragar el repugnante brebaje caliente, sentarse, tumbarse en círculo en el interior de una cueva, gemir, empujar y ser empujado, dejar volar el alma, frotarse contra árboles o partir en dos el cedro y meter dentro al bebé, sangre de cerdo, sangre de niño y sangre de mujer. El anillo, la serpiente que muerde su propia cola, cuevas oscuras, formas suaves, día claro y piedra dura, por todo ello el demiurgo hizo el mundo esférico; existe algo que es, sin duda, perfecto; algo anterior a la creación del universo —¡qué silencio, qué vacío!—. Algo autónomo e inmutable que avanza trazando círculos sin que nada se interponga. Se mata a sí mismo y se casa consigo mismo y se teme y se pare y se devora a sí mismo, envolvente y envuelto. Con dolor ha de surgir una isla, ha de mantenerse, no puede hundirse, no quiere existir, quiere irse a pique, mar, mar, mar. Él y ella, aquello es uno: Atum empuñó su falo para obtener placer, engendró una pareja de gemelos, Shu y Tefnet, escupidos, vomitados. No, el corazón el aliento, no me empuñó, no me escupió de su boca, me sopló por la nariz. Encontró un lugar de reposo en la tierra, se excitó y quedó preñado, dividió y se dividió, no parió. Mar y tierra, luz y oscuridad, madre, madre, yo, yo, yo. Semen, orina y esputo, mierda y aliento, palabra y viento: parir. El cielo se nubla, llueven estrellas, las montañas se desplazan, las vacas del dios Tierra tiemblan al verlo aparecer como un dios que vive de su padre y come de su madre. Ha arrebatado el corazón a los dioses, se ha comido la corona roja y ha tragado la verde. Come de los pulmones de los sabios, vive de los corazones y de su magia. Él incubó el agua y en ella surgió una figura: la comida. Todas las criaturas son hijas del alimento, viven por él y en él se convierten al final. Crecen por el alimento, existen por él y él será para los que existen. Así se expande el dios, de él parte el alimento, y del alimento el aliento, el espíritu, la verdad, el mundo y la eternidad. Todo lo que el dios creó, decidió devorarlo. Se vuelve devorador del universo; el universo es para él un plato de comida.

Hay una madre, devora al nacido, bebe sus sombras; hay una madre, cobija al nacido, cuida su cráneo. La cueva de los dientes, la cueva del calor; y afuera hay enfermedades y hambre y sequía y jabalíes y dragones y adentro. La diosa, cuida al niño divino; la cabra amamanta a Zeus, a quien su padre querría devorar; Isis pare a Horus, el escorpión lo pica y ella vuelve a crearlo con magia. Pez del mar, vuelves al mar; mozo y falo, vuelve a la cueva, fecunda y muere, oh joven, amante Primavera, muerto nacido, muerto nacido, la cabra, la perra, la vaca, la cerda, la paloma, la abeja, la madre, el fruto está a salvo.

De madre la serpiente, de madre el niño, de madre el falo. Se hace semen, se hace caña, se corta. La diosa pare y elige y se casa y devora. La virgen terrible no pertenece a ningún hombre, todos los falos pertenecen a ella. Sacrificamos al joven, madre, la primavera, para que vuelvas a parirlo; tu sacerdote, madre, se embriaga y enfurece: mata al jabalí, al toro, te ofrece corimbos y mazorcas y falos, castra, grita, se mutila a sí mismo, te presenta el sacrificio, madre divina, para que vuelvas a parir el universo. El sacerdote sagrado puede vivir para ti cuando mueren los jóvenes, madre divina, él te lo ha dado todo. Sangre es la comida, la comida trae frutos.

Salgo de caza. Tan cierto como que me amas es que he sometido a los hombres, y fue un alivio para mi corazón. Entonces ella bebió de allí y era exquisito y se emborrachó y no reconoció a los hombres, su melena humeaba de fuego, su espalda tenía el color de la sangre, su rostro brillaba como el sol, sus ojos ardían como el fuego. Y sangre cada luna, y frutos cada luna. Castrar y morir, podar y cosechar. Y él se castró bajo el pino, se convirtió en el pino, fue colgado del pino y cayó siendo pino.

Corta el cabello para la madre, corta la barba, corta la caña. ¡Oh, señora! Guarda para ti tus riquezas, me basta con mi traje y mi camisa, con mi comida —pero como platos divinos, pero bebo vino de reyes—. Eres un palacio que aniquila a los héroes, eres un trozo de jaspe robado en un país enemigo. ¿A qué esposo amaste para siempre? ¿Cuál de tus amantes fue capaz de atarte más, si no Tammuz, a quien matas y lloras cada año, quien te fecunda y ama y abandona cada año? Amaste al león y le tendiste trampas; amaste al corcel y lo atormentabas con fusta, látigo y espuelas; amaste al pastor, que todos los días sacrificaba cabritos en tu nombre, lo golpeaste, lo convertiste en lobo; ahora sus propios compañeros lo persiguen y sus perros le desgarran la carne. Y a tu hijo, la multiplicidad, tras yacer con él lo convertiste en murciélago; ahora vuela a ciegas y el sol le quema las alas.

Yo era Isis, madre y hermana y esposa del Uno, Osiris, pero Seth, su hermano y enemigo, lo hizo pedazos. Yo lo busqué, lo lloré, lo encontré, lo reconocí y lo devolví a la vida, para casarme con él año tras año. A Horus, el hijo, padre de los príncipes, lo envié a luchar contra Seth pero, al apiadarme, Horus montó en cólera y me cortó la cabeza; después Thot me la devolvió hechizada y la puse sobre mis hombros y fui la primera vaca y di de mamar a mis cuatro hijos de Horus, el padre que el muerto Osiris engendró con el pez, que era su miembro.

La diosa cabalga; cabalga con las piernas abiertas a lomos de un cerdo. Am-it, ella devora las almas de los condenados en el Juicio —por delante es un cocodrilo, en el medio es leona, por atrás es un hipocampo. Cosecha su hijo, el trigo; mata a los hombres, chapotea en sangre hasta el cuello, el hígado se le hincha de risa, su corazón rebosa alegría, celebra; la blanca vaca lunar pare al toro, vive con él, mata al toro. Entierra al joven en el lodo, en la tierra, lo devuelve al regazo de su madre.

Había muchas cosas que Olimpia aún no entendía, en particular los detalles. Lo que ocurría en el templo apenas le interesaba; aquello era para las personas corrientes, que querían hablar a los dioses o pedirles hijos y riqueza, o perderse en los misterios. Las cosas importantes sucedían en otros lugares: en las cuevas y bosquecillos. Allí se iniciaba e instruía a los sacerdotes, entre los que ahora ella se contaba; y los sacerdotes sólo transmitían al común de la gente una porción diminuta de lo que sabían.

A veces, en momentos de clarividencia, lo comprendía todo, cuando un brebaje embriagador la hacía flotar o cuando, tras varios días de ayuno y recogimiento, sentada inmóvil bajo un árbol, veía las figuras evocadas. Entonces no era una sacerdotisa, sino parte de la diosa. En noches claras, su razón era un águila alta y luminosa, cuyas plumas el sol no podía derretir. Entonces veía los perfiles que había más allá de las imágenes y las palabras, y comprendía que los misterios no contaban historias de dioses, sino que explicaban una verdad sencilla y terrible: el ser humano somete a la naturaleza, el hombre somete a la mujer, el hijo reniega de sus padres. La Gran Madre Temible descifrada y cultivable; la Furiosa Paridora Asesina que domestica y cuida a los niños mientras Horus crea una estirpe de reyes masculinos; Gorgona Medusa, madre temible y señora de las serpientes, que quería retener y sacrificar y guardar en su cueva al Perseo semidiós; pero el Perseo hijo del semidiós tenía que matarla para vencer a la serpiente marina, que era ella, y ganarse a la mujer Andrómeda, pues había comprendido que la madre, la Gorgona, no era todas las mujeres. Ella gritó y montó en cólera, se rasgó las vestiduras y se arañó la piel, porque no quería ser una vaca dócil y ya no quería ser un monstruo. Quizá prefería ser monstruo que vaca, Isis-Gorgona que Isis-Hathor, y gran virgen fértil, no casta sino libre señora de todos los hombres, en lugar de dócil esposa de uno solo. Esperaba que el Perseo que debía liberarla y fecundarla para que pariera al hijo de Ammón y al de Horus, hubiese matado ya a su Gorgona, y esperaba que el Perseo que ella debía parir nunca viera una Andrómeda. Esperaba que su hijo Perseo matara a Isis-Gorgona, la serpiente, y al padre en alguna de sus formas, y que dejara vivir a Isis-Hathor, en quien no quería convertirse, aunque al parecer tendría que hacerlo.

Pero entonces sucedieron aquellas cosas extrañas que hicieron dudar a Olimpia de si todo era en realidad tan enmarañadamente sencillo. Sonreía cuando oía de boca de los peregrinos que los Cabiros, aquellos duendecillos tracios, eran viejos amigos de la Gran Madre, y que gracias a su tamaño diminuto siempre estaban ocupados buscando metales nobles en galerías y pasillos subterráneos en los que un hombre de tamaño normal no puede moverse. Sonreía porque sabía que los Cabiros eran el fruto y el falo, y el regazo de la Madre Tierra; pero llegó aquella noche en que el suelo de la cueva estalló y un enano de gorra le dio oro sin acuñar, fundido esa misma mañana. Olimpia sonreía cuando oía hablar de sacerdotes extáticos que en lugar de ofrendar a la Gran Diosa símbolos, le ofrendaban su propio falo. Pero después vio en el bosquecillo al lidio, con quien apenas unas horas antes había estado discutiendo sobre los dioses y su comportamiento en las obras de Homero; lo vio sumido en un rapto de demencia y convulsiones, hasta que finalmente se castró con un cuchillo en forma de pez, ante sus ojos, ante los ojos de todos.

Y a veces, cuando yacía cansada, virgen impura, hetaira y señora de todos los falos, mojada por el rocío del egipcio, el heleno, el frigio, el tracio, el babilonio, el persa, entonces se aferraba al amuleto en el que veía la reunión de oscuridad y luz, mujer y hombre, madre y padre, fertilidad y *logos.* En esos momentos se preguntaba por qué el babilonio y el persa siempre guardaban silencio.

*

El aire de la habitación era denso por el olor que despedían los cuerpos y el perfume del agua de rosas y la resina de romero. Las dos ventanas del pasillo de arcadas estaban cubiertas por telas claras; la luz de las primeras horas de la tarde, que llenaba el blanco patio interior del templo, se convertía allí en un ocaso del color de la piel.

El egipcio rodó hacia el borde de la enorme cama, se sentó y buscó su ropa con los dedos de los pies. Levantó el taparrabos blanco y la larga túnica oscura de sacerdote. Con una sonrisa todavía sorprendida, dijo por encima del hombro:

—En esto ya no me queda nada que enseñarte. Al contrario... te doy las gracias. —Se puso de pie.

Olimpia se quitó la esponjita de la vagina, se incorporó y volvió a ponerse la cadena alrededor del cuello. El ojo de Horus y el *ankh* se posaron entre sus pechos. Se pasó la lengua por los labios y, con un movimiento brusco, echó hacia atrás su larga melena roja.

El egipcio se vistió e hizo una rápida reverencia ante la estatua del dios Carnero, como si quisiera pedir a Zeus-Ammón perdón por algo. Quizá porque ahora le daba la espalda.

—Vendrá mañana.

Olimpia abrió los ojos, vasijas de una luz negra y profunda.

—¿Tan pronto...? ¿Cómo lo sabes?

—Tan tarde, más bien... Por fin. Digamos que simplemente lo sé.

Por un momento Olimpia pareció muy joven, casi una niña, y solitaria.

—¿Y luego? —preguntó con un hilo de voz.

—Serás iniciada en todos los niveles del misterio. Ya sabes todo lo que hay que saber sobre el dios y su voluntad, sobre el lado interior del templo y sobre el lado exterior de la carne. La purificación dura nueve días. Durante ese tiempo estarás con él.

—¿Qué? —Se volvió hacia la izquierda, apoyándose en el codo.

El egipcio siguió el movimiento del amuleto y de sus pechos.

—Viene a expiar sus culpas. Ha derramado sangre y debe hacer sacrificios cruentos. Lo acompañarás nueve días, como sacerdotisa, y nueve noches, como compañera. Es grande, un gran señor entre los hombres. Es fuerte y muy inteligente. Pero no es un hombre piadoso. Ocúpate de que ofrezca a tu cuerpo más devoción que al soplo de Ammón.

Olimpia sonrió.

—Pero si es tan fuerte e inteligente, ¿cómo podré convertirlo en mi... en nuestro instrumento para engendrar a mi hijo, la encarnación de Ammón?

El egipcio rió en voz baja.

—Cualquier mujer puede manejar a un hombre inteligente, aunque hace falta una mujer muy lista para manejar a un imbécil, y él no lo es. Os llevaréis bien.

El egipcio se volvió hacia la estatua de Ammón. Alrededor del cuello del dios se enrollaba una gran serpiente dorada, que casi parecía viva. El egipcio volvió a inclinar la cabeza ante el Carnero, luego extendió un brazo y rompió uno de los cuernos de oro de la estatua. Olimpia soltó un chillido.

—No olvides —dijo el sacerdote, muy serio—, que Aristandro estará contigo. Y yo estaré contigo para aconsejarte cuando necesites ayuda. Así. —Dejó el cuerno retorcido del dios Carnero sobre la cama de Olimpia.

Con lo ojos muy abiertos, la muchacha, vio transformarse el cuerno en una serpiente, que se desenrolló, levantó la cabeza y siseó.

*

—Remos... ¡Arriba!

Los remeros obedecieron la brusca orden del capitán en el mismo instante. Como un ciempiés tendido sobre su vientre, con las patas recogidas, el barco de una cubierta llegó a la playa de arena empujado por la inercia. Se sintió un crujido bajo la proa; el ciempiés todavía se agitó y convulsionó antes de inclinarse un tanto sobre su lado izquierdo. Un grupo de esclavos arrojó por la borda las dos anclas de piedra.

Parmenión hizo una señal con la cabeza a los oficiales, que corrían por el puente central rugiendo órdenes. Mientras los hoplitas se levantaban y cogían armaduras, armas y bolsas, los esclavos y los remeros empezaron a bajar del barco el equipaje del rey y su séquito, así como los víveres. El maestro velero mandó plegar el mástil; Aristandro, que había estado sentado con la espalda apoyada en el mástil, se levantó y se dirigió a popa. El vidente vestía una túnica marrón, un capote oscuro y un sombrero de hilo en forma de cacerola semejante al que solían llevar los viajeros.

Parmenión estiró la mano hacia Antípatro y lo ayudó a levantarse. Entonces vio al hombre alto, de espaldas anchas y barba negra, que estaba de pie junto al capitán, todavía mirando a lo lejos con los ojos entrecerrados.

—¿Qué te preocupa, mi rey?

Filipo frunció el entrecejo.

—Los rumores sobre esa mujerzuela del templo que tendré que soportar durante varios días —respondió. Se llevó la mano al cinturón, del que colgaban dos espadas cortas. Como Parmenión y Antípatro, Filipo llevaba sandalias con tiras alrededor de las pantorrillas, quitón blanco, una armilla ligera de cuero y el capote rojo de soberano o comandante. Antípatro tenía una calva reluciente bajo el yelmo, que, según decían, no se quitaba ni para hacer el amor. Filipo y Parmenión iban con la cabeza descubierta. Las armas las llevaban sobre todo como símbolo de rango; con una escolta de veinte hoplitas, ninguno de los tres hombres tenía motivos para pensar que podía ser necesario empuñar la espada.

Aristandro había oído refunfuñar a Filipo.

—Apenas pongamos los pies en tierra tendrás que atarte la lengua al paladar.

El rey lo miró de soslayo; luego señaló en dirección a tierra. Entre las casas blancas de la ciudad sin puerto de Samotracia pululaba una multitud.

—¿Qué hace aquí toda esa gente? ¿Es que todos han matado a su madre?

—Esa distinción sólo te corresponde a ti —dijo Antípatro.

Aristandro apretó los labios.

—Están aquí por lo mismo que tú: para participar en los misterios, reconciliarse con los dioses, arrepentirse y reconciliarse. —Tosió—. He oído decir que algunos hasta creen en los dioses.

—No esperes tanto de Filipo —dijo Parmenión, y lanzó una carcajada—. El matricidio no es un acto especialmente virtuoso, pero todos sabemos qué mal bicho era Eurídice, ¿verdad? Lo único que cuenta es la opinión pública de Pella. Cuando todo esto haya concluido, la gente dirá: «Está muy bien, el rey ha pasado un rato con los dioses. Ya podemos seguir trabajando.»

El encargado de Filipo había alquilado dos casas grandes y luminosas con un patio interior común, pozo propio y una enorme fosa séptica, fuera de los límites de la muralla oriental. Los hoplitas abrieron paso a través del barullo de la ciudad, manteniendo apartados a vendedores y mendigos.

Filipo avanzó con paso firme por las calles empedradas. Observó los desagües, las aceras elevadas, las casas blancas de dos plantas y a la gente, limpia y vestida con trajes coloridos. Se dirigió a Parmenión con voz malhumorada:

—En Pella hay demasiada basura. Pero gracias a sus dioses éstos de aquí deben de tener mucho dinero, supongo... Al parecer, los visitantes dejan muchos dracmas.

Aristandro, que caminaba delante de ellos, volvió la cabeza y dijo a media voz:

—Podrías convertir Pella o Ega en el centro de un culto importante.

Filipo resopló.

—El precio es elevado —dijo—. Dos hombres como tú serían demasiado para mí.

La calle desembocaba en una plaza porticada que aparecía sumida bajo la sombra de los cipreses. En un asador, un carnero entero y medio buey colgaban de largas picas tendidas sobre un lecho de carbón vegetal. Un esclavo de piel clara, seguramente del norte, terminó de picar cebollas y ajos, los echó en un gran recipiente de madera, removió la mezcla con un cucharón de cobre y sacó vino y hierbas, que derramó cuidadosamente sobre la carne. Dos esclavas, casi niñas, hacían girar el espetón. Algunas gotas del aderezo cayeron siseando sobre las brasas y se convirtieron en una nube aromática.

Filipo se detuvo y miró a su alrededor; a Parmenión le gruñían las tripas. Junto al asador se levantaba la tienda de un vinatero; los recipientes iban desde delicadas botellas de cristal azul y pellejos de cabra pintados, hasta grandes ánforas doradas del tamaño de un hombre. En la siguiente casa, un escultor, al que se podía observar mientras trabajaba, ofrecía dioses de piedra de todos los tamaños y formas imaginables.

—Lo hace bien —dijo Antípatro entre risitas—. Pero no es difícil. Basta con coger una piedra y quitar todo lo que no tenga pinta de dios.

—En cambio, eso sí que es divino —intervino Filipo, que estaba mirando en la misma dirección que la mayoría de sus soldados. Sus ojos podían distraerse, pero los hombres mantenían la formación en cuña incluso al detener la marcha.

A la entrada de una casa, presidida por una voluptuosa estatua de

Afrodita, había cinco mujeres jóvenes; a juzgar por los adornos que llevaban en el pelo, una era tracia, dos helenas y otra de Cush o del sur de Libia. Vestían túnicas blancas abiertas y, debajo, taparrabos amarillos o rojos. Los pezones de la negra estaban pintados de plateado; los de la tracia, de púrpura. La cushita examinó con la mirada a Filipo, se pasó la lengua por los labios, se levantó los pechos con la mano izquierda, metió la derecha debajo del taparrabos y señaló la casa con la cabeza.

—Vaya, de modo que aquí también hay sacerdotisas de las buenas —dijo Filipo.

—Guarda tus fuerzas para el templo, te harán falta —le aconsejó Aristandro, tomándolo del brazo.

—¡Bah! —exclamó Filipo. Sus soldados le abrieron paso sonriendo. Con dos grandes zancadas llegó a la casa de placer. Rodeó las caderas de la morena con un brazo y extendió el otro hacia una de las helenas. Murmuró algo; las mujeres rieron. Después las soltó, señaló el cielo y a uno de sus soldados. La cushita lo cogió del cinturón; la helena se arrodilló y metió la mano debajo de su quitón. Filipo las apartó, regresó donde sus hombres y dijo a un joven hoplita—: Al atardecer vendrás a buscar a esas dos cariátides de la casa de Afrodita y me las llevarás.

—Lo haré gustoso, señor.

Filipo le dio una palmada en el hombro y soltó una carcajada al ver el rostro avinagrado de su vidente.

Arquelao, el mayordomo, se había adelantado con el cocinero, el barbero y la mayoría de los esclavos. Cuando Filipo y los otros llegaron a la doble casa que se elevaba al este de la muralla de la ciudad, fueron recibidos con un brindis de bienvenida. Los esclavos ya estaban ordenando los bultos del equipaje en las habitaciones indicadas por el mayordomo. El mobiliario era sencillo, pero elegante. Había algunas camas, pero en su mayor parte eran literas de madera y cuero; en algunas habitaciones había baúles de madera y grandes recipientes de barro para guardar utensilios y petates. Algunos hoplitas tendrían que acampar en el patio, pues en la segunda casa no había espacio para todos.

Filipo miró a su alrededor, dio una palmada y ordenó que le prepararan un baño caliente. Aristandro, Parmenión y Antípatro estaban de pie alrededor de la mesa del gran comedor; el vidente, que bebía agua, mandó a dos esclavos que se encargaran de determinadas piezas del equipaje. Miró por la ventana abierta y asintió con la cabeza; entre las casas, al otro lado del arroyuelo, se hallaba la linde del bosque que era, a la vez, donde comenzaba el lugar sagrado.

—Mañana no tendréis que andar demasiado.

Filipo se dejó caer sobre un banco de piedra que los esclavos habían cubierto con una piel de oso.

—¿Qué quieres decir? ¿Y tú?

Aristandro lo miró con expresión casi sombría.

—Yo he de ir al templo ahora mismo, para disponerlo todo.

Filipo estiró el brazo hacia un ánfora pequeña y llenó su copa de vino sin diluir.

—Tú sabrás lo que haces. Me temo que aquí la comida es mejor. Y el vino.

—Tienes que estar sobrio... al menos por el momento —dijo Antípatro—. Todavía tenemos que aclarar algunas cosas.

Filipo hizo una mueca.

—No esperarás que soporte sobrio todas esas pataletas y chacarrachas, ¿verdad?

Aristandro chasqueó los dedos, señalando un largo tubo de arcilla; un esclavo se lo alcanzó.

—Por lo menos veo que tienes la intención de presentarte en el templo con el cuerpo limpio. Eso me da esperanza. —Cogió el tubo y abrió el cierre de cera de uno de los extremos.

—Quiero darme un baño para que las dos siervas de Afrodita no se desmayen —dijo Filipo. Bebió un trago y luego otro, más largo—. Las narices de tus hermanos sacerdotes me importan menos que las lenguas del placer.

Aristandro sacó del tubo un rollo de tela.

—En el templo te darán una hetaira por el tiempo que dure la ceremonia. Ella te acompañará hasta los dioses, Filipo; no le pidas ningún otro servicio, ¿está claro?

Filipo se tiró de la oreja.

—Pero esos otros servicios también forman parte de su oficio, ¿o me equivoco?

Aristandro gruñó, al tiempo que desenrollaba la tela.

—¿Qué es eso? —preguntó Filipo—. ¿La perra lincéstida, acaso?

Aristandro extendió la tela; se trataba de un retrato de la vieja reina Eurídice, rejuvenecida por un pintor fenicio bastante hábil e inteligente.

—Exacto. Pero no deberías hablar así de tu madre, sobre todo después de haberla matado.

Filipo se encogió de hombros y bebió. Antípatro dejó su copa y observó el cuadro.

—¡Vaya mujer! A pesar de...

—Lástima que ese fenicio haya muerto tan joven —dijo Parmenión—. Tenía buen ojo y muy buenas manos.

Filipo enseñó los dientes.

—Parece como si fuera a salirse del cuadro en cualquier momento para seguir urdiendo sus tramas. Es una suerte que me haya encargado de evitarlo. ¿Para qué queremos el cuadro?

Aristandro lo enrolló y volvió a meterlo en el tubo.

—Lo ofrendaremos a los dioses —respondió—, con oro e incienso. —Señaló unas bolsas de cuero que uno de los esclavos estaba acomodando en un zurrón.

—¡Qué despilfarro! —Filipo puso los ojos en blanco—. ¿No bastará con el incienso y el cuadro? ¿No? Bueno... Al grano, la vieja... ¿Te marchas?

Aristandro asintió con la cabeza.

—Nos veremos por la mañana... Todos. Parte de los sacrificios se harán en tracio. ¿Necesitas un intérprete?

—Si me importara algo todo ese cuchicheo... —respondió Filipo con gesto de indiferencia—. Además, sé tracio.

Aristandro se dirigió a la puerta.

—Piensa en lo que te he dicho acerca de la hetaira, señor. Y ven sobrio.

Parmenión acompañó al vidente. A media voz, le dijo:

—Ya lo conoces. Si de verdad estás interesado en que deje las manos quietas... Ya sabes que ante una mujer es incapaz de resistirse, y que ninguna mujer se le resiste a él. Es una especie de ley natural. Tendrías que haberle dicho que los dioses quedarían muy complacidos si se acostaba con esa hetaira. Tal vez así la habría dejado en paz.

Aristandro parpadeó.

—¿Verdad?

Parmenión siguió con la mirada a Aristandro y los dos esclavos que llevaban su equipaje, se rascó la nuca y murmuró:

—¿Y qué va a significar eso?

Cuando regresó al comedor, Filipo estaba dando palmadas y echando a los esclavos.

—No quiero ver a nadie hasta que esté listo el baño. —Se recostó y cerró los ojos—. Vosotros dos, quedaos conmigo.

Antípatro se sentó en el borde de la mesa; Parmenión arrimó una silla de cuero labrado y se sentó en ella.

—Esa mujer del templo...

—Se traen algo entre manos —murmuró Antípatro.

Filipo bostezó, sin abrir los ojos.

—Ya la veré —dijo—. Quizá al verla me entere de qué turbio asunto ha tramado Aristandro con los sacerdotes de aquí.

Antípatro y Parmenión intercambiaron miradas. Filipo se incorporó y golpeó la mesa con la palma de la mano.

—¿Me tenéis por un perrito que mueve la cola cuando silba Aristandro? —Su mirada era clara y afilada; ya no habían rastros de vino, aburrimiento o fastidio—. Cuando uno está cercado tiene que disfrazarse y contar cuántas armas hay en el campamento enemigo. Y ahora cambiemos de tema, amigos.

Parmenión esbozó una sonrisa irónica.

—No hay tiempo para mucho más, Filipo. Tu baño estará listo enseguida.

Filipo hizo un guiño.

—El cuarto de baño es grande y vosotros dos apestáis. Venid conmigo. Allí no nos escuchará nadie.

—Aquí tampoco —dijo Antípatro en voz baja—. ¿Qué estás tramando?

Filipo vació su copa, eructó y estiró los brazos, sonriendo.

—¿No os lo imagináis? —preguntó.

Parmenión resopló y dijo:

—Nada de jueguecitos, amigo. Tú sabes quiénes somos Antípatro y yo, y nosotros sabemos quién eres, Filipo. Debe de tratarse de algo grande, de lo contrario en Pella habrías dejado, como mínimo, a uno de nosotros.

—Me pregunto —dijo Antípatro— si ha sido prudente venir.

—Preguntas y prudencia no nos llevarán lejos en este caso. —Filipo juntó las manos sobre la mesa; miró a Parmenión de reojo, examinándolo—. A Antípatro, con esa calva y la barba afeitada, lo reconocen en cualquier parte. ¿Estarías dispuesto a sacrificar tu bonita barba, Parmenión?

—¿Adónde he de ir?

—¿Hasta dónde iríais conmigo, amigos?

Antípatro se frotó la cara, como queriendo ocultar un bostezo o una mueca.

—¿Por qué camino?

Parmenión gruñó algo incomprensible, luego dijo a media voz:

—Venga... tú sabes que iremos a donde haga falta.

Filipo asintió lentamente; entrecerró los ojos y les dirigió una mirada maliciosa.

—Vosotros habéis servido a mi padre y a mi hermano Alejandro, os habéis resistido a la bruja y a su amante y habéis aconsejado a Pérdicas. ¿Por qué?

Parmenión respiró hondo.

—Queremos una Macedonia fuerte y segura. Como era antes de que naciéramos. Además, me gusta cómo manejas las cosas. Eres bueno.

Antípatro dijo en tono casi solemne:

—Él irá adelante, Filipo, despejándote el camino. Yo te seguiré y te guardaré las espaldas, para que puedas dormir tranquilo.

Filipo sirvió vino a los dos.

—Así pues, ¿durante todo el camino?

—Todo el camino, muchacho —Antípatro levantó su copa.

—¿Dónde termina ese camino? —preguntó Parmenión.

—El tuyo comenzará en las cercanías de Maronea —respondió Filipo al tiempo que lo miraba con rostro inexpresivo—. Cuando hayamos terminado aquí, te quedarás en la costa con un puñado de los nuestros. Estarán desarmados, lo mismo que tú; y tendrás que afeitarte la barba, amigo, para que puedas pasar por un serio filósofo asceta que recorre con un grupo de discípulos la carretera que parte de Bizancio, pasa por Maronea, Abdera y Anfípolis, y llega hasta Calcídica y Macedonia.

Parmenión se hundió los dedos en la barba negra.

—Una lástima, pero me volverá a crecer. ¿Qué he de hacer durante ese viaje filosófico?

—Mantener los ojos muy abiertos.

Antípatro se mordisqueó el labio inferior.

—Las ciudades son atenienses y en el campo están los tracios. ¿Qué más?

Filipo sonrió, pero no fue una sonrisa agradable.

—Las ciudades, las fortificaciones, el ánimo de la gente, los caminos, los campos. Y las minas de oro del Pangeo.

Parmenión se inclinó hacia adelante.

—Pertenecen a Atenas —dijo.

—Eso es problema de Atenas —replicó Filipo.

—¿Qué has planeado? No me refiero para el año próximo, ni para el siguiente, sino... ¿adónde conduce tu camino?

Apareció un esclavo.

—El baño está listo, señor.

—Ve y prepara más toallas, para tres —le ordenó Filipo—. Iremos enseguida. —Se levantó, apoyándose en la mesa. Antípatro y Parmenión vaciaron sus copas y también se pusieron de pie.

—¿El camino? Conduce a la seguridad y la paz, amigos. Hace doscientos años que las cosas no cambian. Atenas, Tebas, Esparta, Tesalia, Macedonia, los aqueos, etolios, epeirotas, focios, acarnianos y ambracianos, luchando todos contra todos, aliados a veces con uno, a veces con el otro. Las ciudades helenas de Asia, que han de ser protegidas eternamente por las ciudades madres y a la menor ocasión se malvenden a los persas, cuando su rey vuelve a sumirse en el caos heleno. A todo ello hay que añadir los bárbaros del norte: ilirios, tracios, peonios, getas, tribalios... —Hizo un silencio. En voz baja, pero penetrante, agregó—: Esto tiene que terminar. Macedonia sólo será un lugar seguro cuando todo lo que la rodea lo sea. Ese es el final del camino, amigos. Una alianza de todos los helenos, con un Consejo común, un ejército común y estrategas comunes. Agradable y justa en el interior, sin conflictos violentos como hasta ahora; y lo bastante fuerte en el exterior para doblegar incluso al Rey de Reyes y liberar a los helenos de Asia.

—¿En cuánto tiempo, señor? —preguntó Antípatro con voz ronca; estaba pálido.

—¿Veinte años? —dijo Filipo—. ¿Veinticinco? Antes de que perdamos todos los dientes. ¿Seguiréis ese camino? Comienza aquí, donde se reúnen hombres de todas las ciudades y regiones helenas. Hombres cuya lealtad puede comprarse, cuya amistad nos deparará más oro del que nos costará, cuya influencia y noticias valdrán todo el oro que sobre una vez que hayamos reforzado Macedonia y el ejército macedonio con el oro del Pangeo. ¿Me seguiréis, amigos?

Parmenión suspiró y se dejó caer sobre su silla.

—Cuando me obedezcan las rodillas —respondió en voz baja.

Antípatro soltó una carcajada y dijo:

—Puedes dormir tranquilo, Filipo, yo te guardaré las espaldas.

Parmenión miró fijamente a los dos hombres, con expresión ceñuda.

—Estáis locos —dijo finalmente—. Pero claro que estoy de vuestra parte. Hasta me haré afeitar. ¿Por dónde empezamos?

—Ya hemos empezado. Todavía no lo sabéis, pero mañana vendréis conmigo al templo; allí tenderéis vuestras redes mientras yo soporto los desmanes de los sacerdotes. Y ahora... ¡al baño!

Por la mañana bebieron caldo y comieron pan y carne fría mientras miraban en silencio a través de la ventana. Grupos de hombres adornados y vestidos de blanco se internaban el bosque, camino del templo, y a medida que avanzaban los pájaros echaban a volar.

Filipo apartó el plato de madera, se limpió la boca y las manos con una servilleta húmeda, se levantó y empezó a ir y venir con pasos cuidadosos de la ventana a la mesa.

—Pareces un pardo con una astilla en la ingle —dijo Parmenión—. ¿Sobreviviste a las dos mujeres? ¿O ellas a ti?

Filipo se apoyó en una columna y se frotó la espalda

—Ah, ¿por qué no? Todavía no tengo veintiséis años, no soy un viejo como tú... como vosotros. —Rió.

Antípatro juntó las manos en la nuca y se recostó en su asiento; el yelmo resbaló de su frente.

—¿De verdad piensas llevarnos a los dos?

—Si no queréis... En cualquier caso, me gustaría que viniera uno, como mínimo, para que me dé patadas si me pongo demasiado irreverente.

—Llévalo a él —dijo Parmenión señalando a Antípatro—. Él patea mejor. Yo me dedicaré a los peces.

Filipo asintió.

—Esperad un momento. Tengo una pequeña sorpresa para vosotros.

—¿Qué sorpresa?

—Esperad —respondió Filipo con una sonrisa—. Vendrá enseguida.

Antípatro bostezó.

—Sorpresas por la mañana... todavía tenemos que discutir algunas cosas, muchacho; anoche no terminamos con la política, cuando te marchaste a obedecer la llamada de la carne.

Filipo enarcó una ceja.

—Y quedan algunas cuestiones temporales —continuó Antípatro—. Hablabas de veinte años, o más. Dentro de veinte años serás más viejo de lo que nosotros somos ahora, y nosotros seremos unos ancianos. ¿Quién continuará? ¿Y con qué cargo?

Parmenión silbó entre dientes.

—Hablemos de ello, sí —dijo—. Hablemos del poder y los objetivos y el placer de tener el gran objetivo del poder y la riqueza. Hablemos *de ello.*

Filipo levantó las manos y las volvió a bajar.

—¡Empezáis a ponerme de mal humor! Ya habrá tiempo para eso.

—No lo hay. —Antípatro se echó el yelmo hacia atrás y se acarició la frente calva—. Estás calentando el trono para tu sobrino Amintas, como tutor y regente. Todos te tratan como si fueses el monarca, pero tú no eres rey de Macedonia, Filipo. No puedes hacer planes para dentro de veinte años. Dentro de quince años, como mucho, tu sobrino querrá hacer valer sus derechos.

Filipo se quedó de pie al lado de la mesa, con los puños apoyados en el tablero.

—Cuando las cosas más importantes estén arregladas, convocaré la asamblea de príncipes y soldados.

Parmenión empujó hacia atrás su silla de tijera, se levantó y cogió a Filipo de los hombros.

—Espabila, muchacho. Tú eres el tercer hijo del rey Amintas. Tus hermanos han muerto y el segundo ha dejado un hijo. El rey ha de ser elegido por la asamblea, pero ésta no está obligada a elegir a un descendiente de antiguos soberanos. También puede elegir de otras ramas. A un lincéstida o un oréstida, por ejemplo. Tú has matado a la bruja lincéstida y te has casado con Fila, pero hasta ahora ella no te ha dado hijos. También tomaste por esposa a la iliria, pero ella tampoco ha podido darte un hijo. Sólo una hija. Después llevaste a tu cama a esa bailarina, Filina; está encinta, pero la muchacha procede de Larisa y es, por tanto, una tesalia. Tus lazos con los príncipes son débiles, Filipo. Además, mientras viva un pequeño príncipe nadie nombrará rey a su tío y tutor, a menos que éste tenga un hijo que pueda sucederlo en el trono si le ocurre algo. Un hijo de una mujer distinguida, no de una bailarina.

Filipo se quedó mirando a Parmenión con expresión sombría; por un momento pareció a punto de desenvainar su espada. Luego lanzó una carcajada, cogió las manos de Parmenión y las apretó.

—¿No debo despilfarrar mi semen como hice anoche? Ay, amigo, ¿qué puedo hacer? ¿Casarme otra vez? ¿Por qué no? ¿Engendrar un hijo y convocar la asamblea cuándo nazca el niño?

Antípatro sonrió, pero de repente su rostro se quedó de piedra. Más allá de Filipo y Parmenión, en la entrada, estaba Dracón, el curandero; llevaba puesto una túnica sucia y rasgada y, alrededor de los hombros, una vieja manta de caballo mil veces zurcida. Parecía que llevaba varios días sin comer ni dormir. Lo envolvía una nube de malos olores: vino rancio, vómitos, orina, perfume de putas baratas. Tenía una rosa entre los dientes, cuyo tallo mordisqueaba; se quitó la flor de la boca, escupió una espina e hizo una reverencia en silencio.

—¿Qué haces aquí? —preguntó Parmenión—. ¿Por qué no estás en Pella?

Filipo dio una palmada.

—Vino —rugió—, carne y pan. Y un baño caliente.

Dos esclavos trajeron rápidamente la comida, mientras otros pasaban de inmediato a la habitación contigua. Filipo señaló el banco de piedra cubierto con la piel de oso; él mismo sirvió vino en una crátera y se la alcanzó al curandero.

—Gracias, príncipe de los Macedonios... puede hacerme falta. —Dracón se puso la flor detrás de la oreja, dio un largo trago y dejó escapar un suspiro de placer. Caminó lentamente hacia el banco y se sentó.

—Como ya dije —Filipo sonrió a Antípatro, luego a Parmenión—, en Samotracia hay muchas cosas y mucha gente. Y mis pequeñas sorpresas. Algunos hombres son más adecuados que otros para deambular por todas partes sin llamar la atención. Los sacerdotes, por ejemplo, de los que no me fío; y curanderos como Dracón, en cuyas manos he puesto mi vida y mi trono. ¿Qué has encontrado?

—Un momento —rezongó Antípatro—. ¿Desde cuándo está aquí?

—Desde hace diez días, guardaespaldas —se adelantó Dracón. Vació la crátera de un trago y volvió a llevarse la flor a la boca—. He hablado con algunas personas interesantes, Filipo. De Atenas, de Mileto, de Bizancio, ¡hasta con persas!

—¿Persas? —Filipo metió los pulgares en su cinturón—. ¿Qué hacen aquí unos persas?

—Esta isla es tracia, como la mayoría de sus habitantes, o de sus antepasados —dijo Parmenión mirando fijamente al curandero—. Tracia fue una vez una satrapía persa, como todas las islas de por aquí.

—Y hay algunos lazos —observó Dracón. Su voz sonaba apagada, como si flotara en un charco de vino, cansancio y... rosas—. Los misterios... Ya sabéis, durante su viaje a la India Dioniso también se detuvo en Persia. Y cuando al acabar la guerra se buscaron traidores en Atenas y Tebas, la mayoría de ellos eran seguidores de uno o varios misterios.

Filipo lo observó un instante, con el entrecejo fruncido; de pronto, su rostro se relajó y, dirigiéndose a Antípatro, dijo:

—Tú y yo iremos ahora a honrar a esos misteriosos sacerdotes con nuestra presencia. Dracón tiene que tomar un baño caliente y dormir un poco, pero no antes de dar un par de indicaciones a Parmenión. Dime una cosa más, Dracón, ¿cómo es esa gente con la que has hablado? ¿Están bien dispuestos? ¿Habrá que forzarlos?

Dracón sonrió, cansado.

—Su precio no es demasiado alto, si quieres saberlo. Y tienen muchas cosas interesantes que contar. Sobre lo que se piensa en Atenas de lo que ocurre en Macedonia. Sobre lo que planea Artajerjes. —Soltó una risita—. Esta isla y la ciudad... es un lugar estupendo para hacer amigos e influir en la gente.

Filipo arrugó la nariz y vio que Antípatro reunía a los esclavos elegidos y les daba instrucciones.

—Me temo que tendré que trabar una serie de falsas amistades con los sacerdotes, sin poder influir en ninguno. Me gustaría que os ocuparais de las cosas importantes mientras yo hago ver que me reconcilio con los dioses.

Cuatro sacerdotes dieron la bienvenida al señor de Macedonia: el egipcio, Aristandro, un heleno y un tracio. Después de que los esclavos del templo recibieran los regalos y las ofrendas, Antípatro despidió a su séquito.

Apenas si intercambiaron unas pocas palabras. Filipo no se esforzaba en simular un deseo profundo o algún tipo de emoción; los sacerdotes del templo, puestos al corriente por Aristandro, tampoco parecían esperarlo. Con pasos rápidos, condujeron a Filipo y Antípatro a través de las diversas habitaciones sagradas. Pasaron por delante de numerosos altares y fuentes de agua bendita. Cruzaron una sala en la que unos jóvenes completamente desnudos se azotaban mutuamente mientras dos sacerdotes encapuchados recitaban monótonas oraciones en tracio antiguo; atravesaron una sala en la que unas muchachas, envueltas por nubes asfixiantes o embriagadoras que emanaban de una multitud de braseros ardientes, abrazaban sendos falos enormes de piedra; por fin, accedieron a un patio interior repleto de columnas, donde unos peregrinos vestidos de blanco cantaban con los ojos cerrados, al tiempo que balanceaban el torso hacia atrás y hacia adelante.

Al llegar al patio de columnas que se extendía ante el templo de Zeus-Ammón, Aristandro cogió a Filipo del brazo y dijo a media voz:

—Un recibimiento especial para un huésped especial; eres el primero al que se le permite entrar hoy al templo.

—¿Fue suficiente el oro? —Filipo observó a los servidores del templo y a los sacerdotes jóvenes, que desde primeras horas de la mañana habían impedido el acceso a otros peregrinos y ahora formaban un pasillo de honor en los peldaños de la escalera.

Los sacerdotes se detuvieron entre las gigantescas columnas del atrio; el heleno se dirigió a Filipo. Su sonrisa era hipócrita y dejaba ver todos sus dientes.

—Nosotros sólo somos mediadores entre tú y los dioses, señor de Macedonia. Los mediadores saben cuán grandes son tus deseos de reconciliación y purificación, y consideran que tus ofrendas son generosas y suficientes; es nuestro deseo conseguir la amistad y un pronto regreso del futuro rey de Macedonia.

Filipo gruñó algo y dijo:

—La próxima vez hacedme una rebaja; aunque ya no tengo otra madre a la que asesinar.

Antípatro le dio un codazo. El sacerdote heleno carraspeó.

—En lo que concierne a los mediadores, el peregrinaje del futuro rey ha de desarrollarse y terminar a su entera satisfacción. Pero los dioses no hacen excepciones. Esperamos que comprendas que también el señor de Macedonia ha de... soportar la ceremonia completa, y que tras el rito introductorio ha de comportarse exactamente igual que todos los demás.

Filipo asintió a regañadientes. Entraron en el templo.

Olimpia estaba descalza sobre una piedra de vetas azules. Vestía una túnica de lino blanco, sin mangas, que le llegaba hasta las rodillas. En lugar de cinturón llevaba una faja de un rojo brillante muy ceñida a la cintura, que realzaba sus pechos, caderas y nalgas. También eran rojas las uñas de sus manos y pies. El día, que en el interior del templo se atenuaba hasta convertirse en un atardecer, las antorchas y los braseros, los oscilantes reflejos de piedras preciosas, oro y marfil, envolvían a la muchacha en un fuego multicolor que parecía emanar de su cabello rojizo.

El egipcio se colocó a la derecha de la muchacha y Aristandro a la derecha de Filipo.

—Tu hetaira —anunció el vidente de Telmeso, y cogió la mano derecha de Filipo al tiempo que el egipcio cogía la de Olimpia.

Filipo estaba inmóvil. Parecía haberse quedado sin sangre, sus ojos devoraron el rostro de Olimpia. Ella dejó escapar un suspiro casi imperceptible, abrió un poco la boca y se libró de la mano del egipcio. Su mirada y la de Filipo parecieron entretejerse. Cuando sus dedos se tocaron fue como si ambos vacilaran un instante. El egipcio dio un paso atrás; la sonrisa se borró del rostro de Aristandro. Antípatro se quedó mirando fijamente a la mujer, evidentemente perplejo; luego soltó un leve gemido, observó la cara de Filipo y cerró los ojos.

Filipo y Olimpia entrelazaron sus dedos y sus manos parecieron sufrir un espasmo. El macedonio extendió la mano izquierda y, sin quitar la mirada de los ojos de Olimpia, soltó el broche dorado que sostenía el peinado de la muchacha. La joya tintineó al caer al suelo, junto a los pies de Olimpia, quien, con un movimiento circular de la cabeza, acabó por soltarse el pelo.

Aristandro necesitaba aire; sus jadeos parecían sollozos. Soltó el brazo de Filipo y avanzó lentamente hacia el altar dispuesto ante la gigantesca estatua del dios, donde los esclavos del templo habían dejado las ofrendas de Filipo. Los otros tres sacerdotes lo siguieron. Filipo y Olimpia permanecieron un instante extasiados; por fin, con lo que les pareció un esfuerzo enorme, se separaron, destejiendo sus miradas y sus manos. Caminaron juntos hacia el altar de Zeus-Ammón. Antípatro recogió el broche de oro y lo guardó, antes de seguirlos.

El sacerdote tracio permanecía con los ojos cerrados y las manos en alto, murmurando lo que parecía una plegaria. Aristandro se dirigió a una mesita en la que estaban el tubo de barro y las bolsas con oro e incienso que había traído el día anterior. El egipcio y el heleno se acercaron al tracio.

Apareció un grupo de esclavos del templo trayendo a rastras un carnero joven; le habían cubierto el hocico con un trapo blanco, para que no profanara con sus balidos aquel lugar sagrado. El tracio cogió un cuchillo ceremonial, afilado y ligeramente curvo, lo levantó hasta la altura de su frente y lo entregó al heleno, que repitió el mismo movimiento y lo entregó al egipcio.

Los esclavos intentaron tumbar sobre el altar al carnero, que no cesaba de patalear. El egipcio sacudió la cabeza y señaló el suelo delante del altar. Uno de los esclavos cogió al animal por los cuernos y le echó la cabeza hacia atrás.

Filipo extendió el brazó y cerró los dedos alrededor de la muñeca del egipcio. El sacerdote se defendió, entre jadeos; tenía los labios apretados y las mejillas le temblaban. Entonces algo crujió; el egipcio lanzó un grito y dejó caer el cuchillo.

—Mis ofrendas. —La voz profunda de Filipo retumbó en el templo—. Mi sacrificio.

—Tú... tú no eres sacerdote —dijo el heleno, mirándolo fijamente.

—Los sacerdotes pueden hacer sacrificios, y también los reyes.

—Tú no eres rey. Aún no —dijo Aristandro.

—Para el pueblo de Macedonia, lo soy; para los príncipes, lo seré. Deja que el dios decida; si acepta el sacrificio y el hígado del carnero es bueno, lo que digo será cierto. En caso contrario, tendré otro pecado que expiar. Y vosotros saldréis ganando.

Aristandro miró a Antípatro como buscando ayuda, pero esta vez el consejero de Filipo se mantuvo al margen. El macedonio apartó con el pie el cuchillo ceremonial y se inclinó sobre el carnero. Tiró del trapo y tocó al animal, que se tranquilizó al instante.

—Estúpido nudo —refunfuñó Filipo. Se arrodillo, intentó una vez más liberar el hocico del carnero. Olimpia estaba a su lado, quizá medio paso más atrás—. ¿Quién eres tú, hetaira? —preguntó por encima del hombro.

La voz de la mujer sonó opaca, un tanto turbia, como aplanada por el lado romo de una espada.

—Olimpia, hija de Neoptolemo y sobrina de Aribas —respondió.

Filipo arrugó el entrecejo.

—¿Los reyes molosos? Entonces puedes ayudarme.

El egipcio se cogió la muñeca derecha. Apenas reprimiendo la rabia, dijo:

—No puede ser... es imposible. Los sacrificios corresponden a los sacerdotes, y a los reyes. Al menos este tipo de sacrificios. Pero una mujer...

Sin siquiera volver la cabeza, Filipo lo interrumpió:

—Reyes... y reinas. El padre de mi estirpe es Heracles; los príncipes molosos descienden de Neoptolemo, que antes se llamó Pirro, el hijo de Aquiles y Deidamía. ¿Quién eres tú para osar abrir la boca en nuestra presencia?

—Un sacerdote de Amún —respondió el egipcio con voz temblorosa.

—Entonces deja que tu dios decida si acepta o no el sacrificio. Ayúdame con el nudo, Olimpia.

El egipcio cogió a Olimpia con la mano sana. La muchacha se sacudió la mano del egipcio sin volverse a mirarlo, se arrodilló al lado de Filipo y desató el bozal. El carnero abrió el hocico, pero no dejó escapar sonido alguno.

Filipo agarró al animal por un cuerno.

—Soltadlo —ordenó. Los esclavos obedecieron; el carnero no se movió—. Traed pan. Sobre la mesa hay una hogaza. Dádmela.

—Pan para el dios —dijo el sacerdote heleno, con evidente asombro.

—Traed el pan.

Aristandro levantó las manos, las dejó caer, se volvió y cogió la bandeja de plata con la hogaza preparada para la ofrenda. Filipo, sin soltar el cuerno del animal, cogió el pan con la mano derecha y extendió el brazo en dirección a Olimpia.

—¿Sabes lo que esto significa?

—Lo sé... hetairo. —La voz de Olimpia era trémula, pero su mirada seguía firme. Cogió el pan.

—Antípatro —dijo Filipo casi en un susurro.

—Te escucho.

—Tus manos, protector de Macedonia.

Antípatro no dudó un instante. El terror que le infundía el aspecto de la joven hermosa podía menos que la diversión de participar en la escenita que había montado Filipo.

—De pie.

Se levantaron. Filipo se enhorquetó sobre el carnero. Antípatro puso la mano izquierda sobre el hombro de Filipo y la derecha sobre el de Olimpia.

—La bendición de los dioses, la lealtad del pueblo, un buen futuro y muchos niños —dijo el macedonio con voz firme.

Olimpia y Filipo partieron el pan, mordieron cada uno de su parte, intercambiaron los trozos y comieron de la mitad del otro. Antípatro retiró las manos, cogió la bandeja de plata, que todavía tenía Aristandro, y la ofreció a la pareja para que dejaran los restos de pan. El egipcio, que se había vuelto de espaldas, se frotaba la muñeca dolorida. El tracio tenía la mirada fija en el rostro de Zeus-Ammón, donde el juego de luces y sombras parecía formar una sonrisa demoníaca. El heleno tenía las palmas de las manos apretadas contra las sienes y los ojos muy abiertos. Aristandro estaba pálido e inmóvil, a la derecha del altar. Sólo sus ojos se movían: iban y venían de Filipo a Olimpia.

—Deposita mis ofrendas sobre el altar, princesa de los molosos y los macedonios —dijo Filipo con voz ronca y profunda.

Olimpia se dirigió a las bandejas, bolsas y bultos preparados para la oblación. Eran ofrendas dignas de un rey y de su dios: la piel de un oso blanco, traída del norte por caminos desconocidos y después de haber pasado por muchas manos; bandejas de plata rebosantes de monedas —shiqlus de Karjedón, daraicas persas de oro, antiguas creseidas lidias de oro y plata, didracmas atenienses, montones de tetradracmas de Siracusa y otras ciudades helenas orientales, monedas de bronce con extraños dibujos y un agujero cuadrado, estáteres con el Pegaso corintio—; un fardo del mejor lino, entretejido con hilos de oro; oro y plata en lingotes; cráteras también de oro y de plata; ánforas con vino de numerosas regiones...

Olimpia eligió dos o tres piezas y las colocó sobre el altar. Filipo la siguió con la mirada, al tiempo que acariciaba el pescuezo del carnero. Cuando la muchacha se volvió otra vez hacia él, Filipo empujó el carnero hacia ella y desenvainó la espada. El sacerdote heleno quiso darle el cuchillo ceremonial, pero Filipo lo rechazó con un movimiento rápido y enérgico.

—Hermano —dijo en voz baja, mirando al carnero a los ojos—, no debes presentarte ante los dioses atado y amordazado.

Olimpia sujetó firmemente al animal; sus dedos se aferraron con fuerza a la lana del lomo. Con un golpe rápido y seguro, Filipo separó la cabeza del animal de su cuerpo. La sangre salpicó el aire, tiñó la ropa del egipcio y del heleno, formó un gran charco en el suelo, delante del altar. Filipo y Olimpia cogieron los restos de pan de la bandeja que les alcanzó Antípatro, los empaparon con la sangre del carnero y comieron, mientras el sacerdote tracio profería sordos lamentos, con los brazos levantados hacia el dios.

Sin aparente esfuerzo, Filipo levantó el cadáver con la mano izquierda y lo dejó sobre el altar, entre las demás ofrendas. Con dos golpes de espada abrió el pecho y el vientre del carnero; las vísceras se desparramaron sobre la mesa. Filipo dio la espada a Antípatro, se inclinó y se quitó las sandalias. Pisó descalzo el charco resbaladizo. Cogió a Olimpia de la mano y la atrajo hacia él.

Intercambiaron una larga y ardiente mirada. Luego empezaron a separar las tripas, aún calientes. Olimpia encontró el hígado y se lo dio a Filipo, quien lo levantó, lo giró a uno y otro lado, observándolo desde todos los ángulos, y lo dejó en un lugar libre del altar.

—El dios está satisfecho con la ofrenda —dijo, y cogió a Olimpia de la mano, entrelazando sus dedos; su voz sonaba segura y llena de deseo. Olimpia respiraba con rapidez, casi jadeando; sus rodillas se frotaban—. El dios acepta el sacrificio y a quienes se lo han ofrecido. —Filipo rozó a Aristandro con una mirada burlona—. Ahora dediquémonos a la expiación.

A la derecha del altar, junto a la estatua de Zeus-Ammón, había dos grandes braseros en los que ardían ascuas de carbón vegetal. Filipo indicó a Olimpia que lo siguiera; Antípatro fijó la mirada en las huellas de sangre que dejaban sobre la losa blanca.

Filipo dejó la pesada bolsa, llena de monedas de oro, delante de la estatua, entre los dos braseros, Abrió la otra bolsa, en la que estaba el incienso, y derramó sobre estos la costosa resina del sur de Arabia.

Cuando el olor intenso y agrio que enaba de las dos columnas de humo inundó el templo, Filipo extrajo del tubo de arcilla el lienzo con la imagen de su madre, Eurídice, pintada por un gran artista de Karjedón, que años atrás había vivido y muerto en Pella.

Antípatro sintió que los diminutos pelos de la nuca se le ponían de punta; confundido, pensó que, después de todo, no era tan malo ser calvo. Un horror nacido del placer y la admiración volvió a apoderarse de él. Avanzó un paso y miró el rostro de la muchacha.

Olimpia observó a Filipo mientras éste desenrollaba el lienzo y lo colocaba sobre uno de los braseros con incienso. Antípatro se mordió el labio superior. Filipo contempló el perfil de Olimpia, con mirada ávida y expectante. La muchacha abrió los ojos y se inclinó hacia adelante. Del interior de su túnica resbaló el amuleto egipcio, que, colgado de una delgada cadena de oro, quedó balanceándose un momento sobre el cuadro, que ya empezaba a arder. Filipo lo vio y pestañeó; luego soltó una carcajada.

Antípatro vio las manos de Olimpia extenderse hacia el cuadro; la figura en él representada se parecía a la muchacha como si se tratase de su hermana gemela. El macedonio soltó la respiración contenida y cerró los ojos.

Aun cuando hacía rato que el sol se había puesto, seguía haciendo calor y no corría ni pizca de viento. Dracón estaba sentado desnudo en el agua, mirando el mar y mordisqueando una ramita de laurel. Más allá había tres hoplitas, lejos del alcance de su voz.

Antípatro terminó el relato.

—Pues sí, y después desaparecieron. Probablemente el templo haya retumbado con sus gritos de placer. Nunca había visto algo así... que no hayan resbalado en el charco de sangre... Es como si hubieran estado esperándose el uno al otro desde el primer día del universo.

Parmenión permanecía en silencio, con expresión sombría. Una y otra vez hundía los dedos en la arena blanca y seca, se llenaba las manos y dejaba caer la arena.

—No me gusta. No, no me gusta —dijo por fin en una especie de ronco gruñido.

—El mundo no se hizo para que lo apruebes, Parmenión —dijo Dracón volviéndose hacia él—. Y la voluntad del rey es como un terremoto o una inundación.

—¡Bah! —Parmenión arrojó al médico un puñado de arena—. No necesito tus sabias palabras, matasanos. Y ¿dices que es clavada a la vieja? ¿A la perra lincéstida?

Antípatro se dejó caer sobre su espalda.

—Como una hermana menor. Como una hermana gemela menor, si existiera algo así.

Dracón dio un manotazo en el agua.

—¿Qué es lo que os molesta tanto? ¿No os habéis dado cuenta de que muchos hombres suelen elegir a una mujer que se parece a su madre?

Parmenión se quitó el yelmo, lo llenó de arena y volvió a derramarla. No lejos de Dracón había una gaviota posada sobre un pescado. El ave miró a los hombres y lanzó un chillido. Del bosque que se extendía más allá de la playa llegaban las voces de los peregrinos que regresaban a la ciudad procedentes del templo.

—No puedo... Si es como ella, y no sólo se parece... Por lo que dices, tiene la misma energía y el mismo brío. Si no sólo se parece, sino que es como ella, entonces... ¿Y la llamó princesa de Macedonia? A su cuarta mujer, ¡y con tu colaboración, cara de culo! ¡Mira que eres imbécil!

Antípatro se echó el yelmo hacia atrás.

—Muy amable, pero que muy amable. ¿Qué habrías hecho tú?

—Pues, no lo sé. Sólo sé que no me gusta. ¿Por qué la ha nombrado princesa tan pronto? ¿No le habría bastado con pasar mil noches con ella, metiendo su incansable cuchillo en su vaina y teniendo dos o tres hijos? ¿Acaso puede ser la cuarta mujer tan reina como las otras? ¿Por qué ha de serlo? —Tragó saliva—. Si es como la vieja, Filipo acabará matándola.

—O ella a él. No descartes esa posibilidad —dijo Dracón.

—Filipo es duro —replicó Antípatro—. No es eso lo que me preocupa.

Parmenión enarcó las cejas.

—Hay algo en tu voz que me desagrada casi tanto como todo lo demás —dijo—. ¿Te refieres al modo en que trató a los sacerdotes?

Antípatro se levantó, dio unos pasos, se sacudió la arena del quitón y volvió a sentarse.

—Algo está pasando... Los sacerdotes la eligieron como hetaira para Filipo. Nuestro Aristandro, ese leetripas y cuentasignos, es un cuervo miserable, como buen sacerdote, pero no es ningún estúpido. Y los otros... ¿Por qué eligieron precisamente a esa mujer? Es hija de Neoptolemo y sobrina de Aribbas, que gobierna en Epiro en nombre del hermano pequeño de Olimpia, Alexandros. Debe de haber recibido una larga preparación. Es una mujer culta, ¿entiendes? Como una sacerdotisa. Y se parece a Eurídice. Demasiadas coincidencias. Y, además, lleva un amuleto igual al de la vieja.

Parmenión se quedó de piedra.

—¿Qué amuleto?

Antípatro lo dibujo en la arena.

—De oro, como es debido. Un *ankh* egipcio; esa cruz con una especie de lazo, o de asa, símbolo de la fuerza vital y, si hace falta, también de una larga vida después de la muerte; y el ojo de *udjat*, el halcón del dios Horus. Símbolo de la buena vista, la previsión, la clarividencia, la fertilidad y el poder. Los dos símbolos son antiguos y bien conocidos. Pero el ojo en el lazo del *ankh*... ¿desde cuándo se los coloca juntos? ¿Y qué significa?

—La lincéstida y su semental, ese medio egipcio, tenían un amuleto así —dijo Parmenión en voz baja—. Aristóteles también tiene uno; en él no significa nada; dice que se lo dio un viejo comerciante que murió muy al norte. Es un simple recuerdo. Pero la lincéstida, y ahora esta molosa... y siempre hay un egipcio de por medio. No me gusta; no, no me gusta nada.

—Partiremos mañana a primera hora. ¿Tenéis todo preparado? ¿Cómo van las conversaciones con extranjeros? —Filipo cogió con ambas manos la crátera que le ofrecía Dracón. Con pasos rígidos, se dirigió al banco de piedra y se dejó caer sobre la piel de oso.

—El barco está listo —respondió Parmenión mientras se acariciaba con expresión apenada la barbilla y las mejillas afeitadas—. Hemos mantenido muchas conversaciones interesantes con varios hombres inteligentes. ¿Quieres saber los detalles ahora mismo?

Filipo bebió, tragó y volvió a beber.

—No —respondió—. Quiero dormir... solo. Tal vez soñar. ¡Ohhh! Ya hablaremos cuando estemos a bordo.

—Como quieras —dijo Parmenión—. ¿Dónde están tu vidente y la puta del templo?

Filipo golpeó la crátera contra la mesa, tan fuerte que la copa estalló en mil pedazos, derramando el vino.

—Estás hablando de mi esposa, ¡tu princesa! —Su mano derecha buscó la empuñadura de su espada.

Parmenión levantó una ceja.

—Tranquilo, muchacho. Soy yo, Parmenión.

Filipo apartó la mano del arma y pasó la punta de los dedos por la mancha de vino y los trozos de la crátera.

—El derecho a hablar libremente al príncipe también tiene un límite, macedonio.

—Muy bien. Pelearos —dijo Antípatro conteniendo una carcajada—. Es el mejor modo de arreglar las cosas.

Parmenión esbozó una sonrisa fugaz.

—Precisamente. Para arreglar las cosas es que digo lo que digo... y lo que dirán los macedonios. Creo que en el templo perdiste la razón, Filipo.

—O volví a encontrarla —replicó Filipo. Dio unas palmadas; un esclavo se acercó corriendo—. Limpia esto. Y trae más vino. Pues, ¿eso es lo que dirán los macedonios?

Dracón estaba masticando hojitas de menta, apoyado en una columna.

—Tal vez lo digan —dijo con voz casi incomprensible—. En cualquier caso, lo que sí dirán es: «¿Para qué queremos a esa extranjera?»

—Y, sobre todo —intervino Parmenión mirando a Filipo a los ojos—, algunos dirán que Filipo se ha dejado enredar por los sacerdotes. Pero eso es aparte; lo que no puede negarse es que es una puta del templo.

—Lo era.

Parmenión resopló.

—Un panadero que deja su masa y bebe hasta que la cara se le pone roja, ¿se convierte por eso en el dios Sol? Y una encina, ¿se convierte en un poste por el mero hecho de perder las hojas?

—Por el contrario —dijo Filipo—, Parmenión siempre es Parmenión, hasta cuando dice disparates. —Sonrió de repente—. Tal vez la esencia de Parmenión sea decir disparates.

—Vamos, tornear frases es para los filósofos. Sé que ya es imposible cambiar nada; el mismo Antípatro os alcanzó el pan. Pero dime un motivo, un buen motivo que me permita justificarte ante otras personas, aunque quizá no me convenza.

Filipo guardó silencio hasta que el esclavo que había traído la crátera y limpiado la mesa se hubo marchado.

—Hay muchos motivos, amigo. Uno de ellos lo tiene Olimpia entre las piernas.

Parmenión suspiró.

—Y tú piensas con los cojones, ¿eh? ¿Acaso es distinta o mejor que las otras quinientas mujeres con las que te has acostado?

Filipo sonrió.

—Si he de ser sincero... Sí. —Se puso serio, su voz se tornó helada—.

¿No me habíais dicho que tenía que buscarme una mujer de noble cuna capaz de darme hijos, de ser posible uno varón? ¿No os parece suficiente una princesa molosa, descendiente de Aquiles? ¿Cuán noble tiene que ser la madre de mi sucesor?

Parmenión quiso rascarse la barba, pero ya no la tenía; se alisó el pelo con la mano.

—¡Pero era una puta del templo! ¡No puedes hacerla reina!

—¿No puedo? ¿A una princesa, que además es sacerdotisa de Zeus y Ammón, y sobrina del rey de Epiro, nuestro vecino hostil del oeste, que a partir de ahora será un pariente estimado que cuidará nuestras fronteras? Repítelo, Parmenión. Repite que no podré nombrarla reina en cuanto yo mismo sea rey.

Antípatro tosió y dijo con extremada suavidad:

—Sería una buena razón, Parmenión, ¿no lo crees? Pero yo creo que hay otra.

—¿Otra? Espero que sea mejor —replicó Parmenión mirándolo con desconfianza.

Filipo levantó lentamente la crátera y observó a Antípatro por encima del borde.

—¿A qué te refieres, amigo?

—No juegues a las adivinanzas con nosotros. —Antípatro se levantó de la base de la columna, en la que había estado sentado todo ese rato—. Te conocemos demasiado bien. ¿Qué pasa con el amuleto?

Filipo sonrió y bebió un largo trago, con placer. Se secó la boca y dejó cuidadosamente la crátera.

—Bien, muy bien. Hay varias cosas que debo decir. No existen razones con las que puedas justificarme ante otras personas, Parmenión. Sólo ésa: que Olimpia es sobrina de Aribbas.

Parmenión se rascó la oreja con el dedo meñique.

—Te escucho; continúa.

—Yo no puedo, ni quiero, casarme con una hija de cada familia noble de Macedonia. Como símbolo de buena voluntad, Fila ha de bastar. Los otros príncipes estarán gustosos de enviar a sus hijos a la custodia del monarca a fin de que se conviertan en buenos servidores y después en compañeros del rey, y, más tarde, también de su hijo.

—Lo harán gustosos, es cierto —convino Dracón después de escupir en la palma de la mano una hojitas de menta mordisqueadas y observarlas como si de un oráculo se tratara.

—Gracias a esta boda las fronteras occidentales serán tan seguras como las del norte. Y nosotros, amigos míos, podremos ocuparnos de las cosas que realmente importarán en los próximos años. Pero hay algo más. —Filipo se inclinó hacia adelante y apoyó los codos en la mesa—. Aristandro no es tonto, y los sacerdotes de Samotracia tampoco. Si los sacerdotes fueran tan estúpidos como las cosas que explican a la gente, no habría templos en ninguna parte. Ese amuleto egipcio... Eurídice tenía uno, y ahora veo que Olimpia tiene uno igual. Aristandro pasó mucho tiempo intentando convencerme de que viniera a Samotracia; los sacerdotes de aquí sabían muy bien que yo vendría. Una princesa molosa no es algo que pueda encontrarse todos los días. Todo esto deben de haberlo preparado con mucha antelación.

Antípatro miró a Parmenión; los dos guardaron silencio, expectantes. Por fin, Filipo continuó:

—Tantos misterios y alianzas secretas... siempre están metiendo los dedos en el dinero, la política y las guerras. No sé a cuál de sus mil alianzas corresponde ese amuleto; tampoco sé qué objetivo persigue esa alianza. Lo que está claro es que tiene algo que ver con Macedonia, con mi madre, con mi padre y quizá con la muerte de mi hermano Alejandro. Tal vez también con la de Pérdicas. Pero hay algo que sí sé. —Cerró los ojos hasta convertirlos en dos rendijas; su mano derecha se posó sobre la empuñadura de su espada—. Si esas personas, quienes quiera que sean, han forjado un arma para emplearla contra Macedonia (una espada que quizá viene de Egipto y quizá empuña Atenas, quién sabe), entonces sin duda también habrá flechas envenenadas en alguna parte. Si la espada no alcanza su objetivo, dispararán a Macedonia por la espalda. Por eso voy a acostarme con la espada que se llama Olimpias, amigos; mientras tenga la espada en mi cama, nadie me disparará una flecha envenenada a la espalda. Y tal vez hasta consiga arrebatarles el arma a quienes ahora la empuñan y utilizarla en nuestro provecho. Por eso, y por otras razones.

Parmenión asintió lentamente con la cabeza; su rostro se iluminó un tanto.

En ese momento entró en la habitación Aristandro. Tal vez había permanecido oculto tras las columnas todo el tiempo; tal vez sólo había escuchado estas últimas palabras. Su rostro no delataba nada.

—Todos los preparativos están terminados, Filipo. La princesa espera la escolta mañana a primera hora.

Filipo se levantó y se desperezó, bostezando.

—En esta ocasión no viajaréis conmigo —dijo dirigiéndose a Parmenión y Dracón—. Tengo otros planes para vosotros. En el templo hay un comerciante de Mileto que pasado mañana partirá hacia Tasos y Maronea. Podéis ir con él. Quisiera que explicarais a Antípatro todo lo importante. Para que pueda decírmelo. Y ahora, no deseo que nadie me moleste hasta mañana.

5

LA HÉLADE

Aristóteles se tumbó de lado y miró hacia el fogón; sobre la parrilla ya sólo quedaban restos, que no tardarían en quebrarse y caer en el cenicero. Las mantas y pieles que cubrían al anciano resbalaron y de debajo de ellas surgió un olor agrio, a carne enferma. Peukestas se inclinó, cogió las mantas y volvió a extenderlas sobre el moribundo. Al hacerlo le rozó una pierna; estaba helada.

Casi había olvidado que el filósofo se estaba apagando lentamente. En esas últimas horas Aristóteles había rejuvenecido gracias a la magia de las palabras y los recuerdos; su voz recuperó el vigor y sus ojos cobraron nueva vida, perdiendo ese brillo opaco del fuego que se extingue. Peukestas se dirigió al fogón, se arrodilló, echó más rollos y leña y sopló hasta sacar llamas de las brasas. El rollo que quedó arriba, extendido y cubierto de diminutas manchas negras, se ensortijó y empezó a arder; la última palabra que Peukestas pudo leer, arriba y a la izquierda, fue «Comedia».

Aristóteles dio una débil palmada.

—Tengo que hacer mis necesidades.

—¿Puedo ayudar?

Pitias apareció por la puerta que daba a la cocina.

—No; la esclava y yo lo haremos. Padre, ¿la cuba?

Peukestas salió de la casa. El sol estaba muy al suroeste; bajo la luz brillante de la tarde, el puente yacía sobre el agua del Euripo como una larva rota sobre un paño de plata. Una bandada triangular de grandes aves venía desde el norte, volando a ras del agua entre Aulis y Calcis. Por entre las flores amarillas y rojas de la llanura se acercaba uno de los jinetes catafractas.

Los otros hombres dormitaban junto al pozo. Habían atado las patas delanteras de los caballos y llenado con agua una artesa vieja y muy grande. Los animales podían beber y pastar, pero sin alejarse.

El catafracta llegó a la casa y desmontó.

—Hay alojamiento. Y vino —informó con una sonrisa—. Han reunido muchas provisiones y después casi tres cuartas partes de la tropa se ha marchado.

El caballo había ido a la artesa; bebió, resopló y sacudió con la cola.

—Claro, eso os vendrá bien, no hay problema. Ocúpate de mi caballo y déjalo aquí. No veremos mañana, antes del mediodía, en Calcis. Y dejad sus mujeres sin romper.

Una luz tenue se filtraba en la habitación a través de la cortinilla de la ventana que daba al pequeño patio interior. Aristóteles, apoyándose en Pitias, bebió un trago de su escudilla y volvió a dejarse caer sobre los cojines.

La mujer miró a Peukestas.

—¿Tienes hambre? Te traeré un plato. ¿Pan?

—Sí, gracias.

Pitias cogió la escudilla vacía y salió. Aristóteles tosió, intentando expulsar asperezas de su pecho. Miró hacia el fogón, donde ardían la madera y el papiro.

—Es absurdo encender el fuego y abrir la ventana. —La voz del moribundo todavía sonaba vigorosa y fresca—. Lo absurdo no encierra virtud alguna, y todo placer desmesurado es absurdo.

Pitias trajo pan y un tazón de algo que olía muy bien. Era un caldo en el que flotaban pequeños trozos de carne junto a tiras de puerro y granos de mijo tostados. Peukestas dio las gracias a Pitias, que volvió a dejarlos solos. Aristóteles observó cómo el macedonio se llevaba el tazón a los labios y sorbía el caldo caliente.

—La virtud, sin mesura, no es virtud —dijo el filósofo, con la mirada fija en las mantas; su mano derecha se arrastró por encima de las pieles casi sin permiso de su dueño, como si de un gran escarabajo cojo o una araña mutilada se tratase—. Sólo hay virtud en la mesura. Y en la época de la que hablamos, únicamente Filipo mostraba mesura.

Peukestas sopló al líquido caliente y tragó un pedazo de carne.

—¿No había virtud en Atenas, centro y ombligo de la Hélade?

Aristóteles chasqueó la lengua.

—Todo es como una gran rueda —dijo—. Da vueltas; transporta hombres y mercancía cuando está sujeta a un carro resistente; puede servir de torno de alfarero y también para otras cosas. Pero es imprescindible que el buje esté quieto y el punto central no tiemble ni se desplace, como si en el buje hubiera una balanza, que lo mantiene todo en equilibrio... Por eso, quien hace las leyes debería tener en cuenta todo: las almas, los hechos, las consecuencias, los objetivos. Y las formas de vida. Un legislador prudente se preocupa de que la gente sea capaz de enfrentarse a guerras y plagas, pero también, y sobre todo, de que pueda vivir en paz y tranquilidad. Lo necesario y lo útil, pero también, y especialmente, lo justo y lo noble. En ese sentido deberían trabajar los padres y los maestros, y los políticos, que son los tutores de la comunidad. Pero... ¿Atenas? ¿Esparta? ¿Tebas? ¿Las otras ciudades helenas? —Aristóteles frunció el entrecejo, levantó un tanto la cabeza y escupió al suelo, cerca de su lecho.

—¿O sea, que no hay virtud en Atenas?

—Nunca han tomado como punto de partida lo que es correcto o necesario sino, únicamente, lo que ganarían a corto plazo. Sin pensar en las consecuencias. Educaron a su gente en el arte de la guerra con el único objetivo de esclavizar a otros pueblos. Pero el legislador ha de formar militarmente a sus ciudadanos para que sean capaces de defender su libertad, no para someter a otros. El único objetivo ha de ser el mantenimiento o la creación de un estado llevadero para todos. La paz es el objetivo de la guerra, no al revés. Todos los políticos a los que he conocido ignoraban esta verdad. Sabían afilar espadas cuando había guerra, pero en los períodos de paz dejaban que sus hojas se herrumbraran. Nunca comprendieron cómo había que manejar la paz; sólo sabían hacer la guerra. El único que tenía equilibrio y mesura era Filipo.

—El señor de la guerra, el conquistador... ¿Equilibrio y mesura?

Aristóteles se subió la manta hasta la barbilla y miró de reojo el fogón.

—Más luz, más calor. Sí, Filipo. Era un hombre inteligente, mesurado en su desmesura. Su balanza era poderosa, pero justa. Un día podía emborracharse como un condenado, pero el día siguiente estaba condenadamente sobrio. Hacía la guerra para poder gobernar la paz. Unió a los helenos con las armas, ya que no querían hacerlo pacíficamente. Respetó sus viejas leyes, y sólo los obligó a poner fin a su discordia.

Peukestas se reclinó, cruzando las manos detrás de la nuca.

—Yo soy macedonio —dijo lentamente—; honro la memoria del padre de Alejandro. Pero ¿príncipe de la paz? ¿Equilibrio y mesura? —Se levantó, se dirigió al fuego y echó un poco de leña y un rollo de papiro—. Tal vez el problema sea que no sé lo suficiente.

Aristóteles hizo una mueca.

—Nadie sabe lo suficiente. La mayoría no sabe ni mucho ni poco.

Peukestas volvió a su escabel y dijo:

—Yo sé mucho de Asia y muy poco de la Hélade. Todo esto es tan... pequeño. Diminuto, diría. Con Alejandro, he visto ponerse el sol sobre Siwah y lo he visto levantarse sobre la cordillera donde termina la India; he resistido el sol del mediodía babilonio y he temblado de frío en las noches de Persépolis; me he bañado en el Oxo y en el Nilo, al que el divino Homero llamaba Egipto. La Hélade siempre estaba con nosotros y dentro de nosotros: las palabras, las ideas, los versos, las costumbres. Pero ahora que veo la Hélade... es miserable y pesa... nada. —Extendió las manos y volvió las palmas hacia abajo.

Aristóteles guardó un momento de silencio.

—La Hélade... —murmuró luego, y continuó con más vigor—: Es un hombre solo, bajo el sol y los dioses, pensando en el ardiente mediodía, que no ofrece sombra ni refugio; ignorando si vive, pero seguro de que tendrá que morir; la música y las palabras y las formas; Homero, Sócrates y Lisipo. La Hélade también es el ocaso de los dioses, de los videntes; la penumbra convulsa y crepitante de los misterios; todas las sombras a las que vuelan aquellos que no soportan el ardiente mediodía, la soledad y el pensamiento. La noche del miedo y la servidumbre, la sombra roma de la discordia. Luminosa comprensión de la virtud y brillantes actos virtuosos, pero también carnicerías ruines y mezquinas. Conocimiento intrascendente, falso saber, amistad comprada, amor traicionado. Entre todas las cosas, el ser humano es la única capaz de razonar; entre todos los seres humanos, los helenos son los únicos obligados a razonar. La Hélade es ese deber de razonar, pensar y vivir con virtud. Pero también es el incesante incumplimiento de ese deber. Siempre ha habido grandes bárbaros que, por la gracia, el azar o su voluntad, salen de las sombras al mediodía; que poseen un alto grado de virtud y razón... *a pesar* de ser bárbaros. Pero sólo está en condiciones de abandonar la virtud y la razón aquél que las ha recibido por herencia, educación y ejemplo. Un bárbaro puede llegar a convertirse en un ser humano, pero no en un bicho infame; a eso sólo puede llegar un heleno, y precisamente porque es heleno. El hombre es la medida de todas las cosas, el heleno es la medida de todos los hombres. El Oikumene, en sentido amplio, es el mundo habitado por hombres y bárbaros, hasta donde lo conocemos; en sentido estricto, la Oikumene es aquella parte del mundo que el hombre ha hecho habitable; en ella los bárbaros desaparecen. Egipto, Babilonia y Karjedón forman parte de la Oikumene en la medida en que concuerdan con la Hélade en ciertas cosas. La Hélade no es el vacío insaciable que Alejandro sentía dentro de él y quería llenar, sino la plenitud que Filipo conoció y quiso convertir en el centro pacífico, en el ombligo.

Peukestas cerró los ojos.

—Siento un enjambre de abejas en el oído —dijo el macedonio, con voz de viejo cansado—. Avipas en el cerebro, hormigas en el corazón. Todo eso era la Hélade... ¿Y Filipo lo sabía?

Aristóteles lo miró casi con compasión.

—Lo sabía. Parmenión también. Como Filotas, Calístenes y Cleito. La Hélade es un cántaro que se sostiene sobre la base de su superioridad. Dentro de ese cántaro había un recipiente dividido en muchas recámaras, y todas esas recámaras estaban llenas de vino. Mucho vino, muchas clases de buen vino. Por fuera, el cántaro estaba muy agrietado, pero escapaba muy poco vino. Filipo reparó el cántaro heleno; pintó la superficie con vivos colores y rompió el recipiente interior, eliminando las recámaras. Todos los vinos se mezclaron y, con cierta tranquilidad, formarían entre todos una nueva y exquisita bebida. Alejandro, por su parte, puso junto a la base del cántaro un pellejo de cabra hinchado, lleno de vinagre, y lo unió al recipiente con una serie de tubos. Como el pellejo estaba más abajo, fluía vino al vinagre, pero no lo contrario, pues entre la Hélade y los bárbaros existe un abismo. Alejandro probablemente creía que podía mezclar vino y vinagre, y que la mezcla daría algo similar al néctar. Pero tarde o temprano todo se habría convertido en vinagre. Ahora Alejandro está muerto y sus seguidores reventarán con la espada el pellejo de cabra, hasta quedarse cada uno con un trozo y una mancha de vinagre.

Peukestas respiró hondo.

—Olvidas una cosa —dijo con voz ronca—. Las espadas romperán también el cántaro. A menos que tú sepas quién puede salvar ambas cosas, cántaro y pellejo. No quiero decir con esto que apruebo tu metáfora, pero digámoslo así.

Aristóteles soltó una risita, como un viejo sátiro malicioso que vuelve a balancerse junto a la fuente otra vez, colgado de una rama.

—Ah, mi joven amigo, las recámaras, el recipiente salvador... todo eso ya está otra vez dentro del cántaro. Éste se rajará un poco, por fuera, y seguramente rezumará una pequeña cantidad de vino. Pero no todo el vino; probablemente ni siquiera mucho.

Peukestas suspiró.

—Háblame de Filipo. Para poder comprender a Alejandro tengo que saber más de Filipo y de la Hélade.

Aristóteles rodó hasta quedar de lado, con el rostro vuelto hacia el fuego, y habló. Habló de la astucia de Filipo; de su capacidad de esperar; de su inteligencia para posponer asuntos que parecían momentáneamente inalcanzables; de sus pactos, que, como el que estableció con Atenas, sólo mantenía mientras le eran útiles, a excepción de uno: el tratado con los tesalios, sus vecinos del sur. Ellos lo ayudaron cuando tomó el poder acosado por Atenas, los bárbaros y los príncipes locales de Macedonia. No era mucho poder, pues apenas si gobernaba una sexta parte del país que, cincuenta años atrás, perteneciera al rey Arquelao. Olinto y las otras ciudades calcídicas habían ocupado grandes extensiones de territorio, lo mismo que los bárbaros del norte; Atenas, al hacerse con las ciudades de Pidna y Methone, cercanas a la antigua capital, Ega, se había apoderado también de las rutas terrestres hacia el sur. Pero los tesalios enviaron jinetes a Filipo, que aseguró las fronteras, unió al pueblo oprimido, forjó un arma nueva con los escombros del ejército derrotado y recuperó los territorios perdidos por sus predecesores.

—Paz —dijo Aristóteles—. Paz y tranquilidad. Los macedonios podían dormir y trabajar. Después Filipo estiró la mano más allá de las antiguas fronteras, hacia el este, en dirección a las minas de oro y plata del Pangeo. —Rió en voz baja—. Todavía recuerdo la irritación que despertó en Atenas. «La región nos pertenece, que le quite los dedos de encima o le daremos un buen disgusto.» Se ocuparon, sospecho que con oro persa, de que tracios, ilirios y peonios se unieran contra Filipo. Con oro persa, plata ática, armas de las forjas de Atenas, mercenarios helenos. Y con barcos atenienses, construidos con la madera entregada por Macedonia. Los macedonios también luchaban con espadas atenienses. Todo eso, amigo, no encerraba ninguna virtud; sólo era cuestión de conseguir un beneficio rápido. ¿Los metales nobles del monte Pangeo? Cien años atrás la región pertenecía a Tracia, y había sido reclamada y ocupada una y otra vez por la gente de la isla de Thasos. Los tasios se la arrebataron a los tracios, Atenas a los tasios y, después, Filipo a los atenienses. Filipo explotó bien las minas y aumentó su rendimiento. Trajo a la región a unos enanos frigios, ¿los has visto? Son unos hombrecillos que llevan una gorras extrañas y se forran el cuerpo con un montón trapos y harapos para protegerse de los desprendimientos de roca que se producen en las galerías de las minas. Al cabo de un tiempo, las minas producían mil talentos al año, el peso de ciento cuarenta hombres fuertes. Oro y plata para pagar a los hoplitas y abrir las puertas de ciudades enemigas. La astucia de Filipo, su visión de estadista, sus tratados y su dinero consiguieron más que su espada.

»Los tesalios lo habían ayudado, de modo que ahora le tocaba a él acudir en su ayuda. Cuando una serie de hombres apoyados por Atenas se erigieron en tiranos en varias ciudades, Filipo marchó hacia Tesalia y depuso a los tiranos; devolvió a las ciudades su antiguo orden y sus libertades y fue nombrado general de la alianza. Después vino la Guerra Santa; los focios dejaron de proteger el santuario de Delfos que se encuentra en su país. Los helenos de toda la Oikumene visitaban el templo de Apolo, que ocultaba grandes tesoros, deseosos de consultar el oráculo. Pues bien, los focios cambiaron de idea y saquearon el templo, empleando sus tesoros para reclutar mercenarios y convertirse en la primera potencia militar de la Hélade.

Aristóteles hizo una pausa, frunció el entrecejo, y continuó:

—Tendría que haber reinado la unidad, pero la Hélade jamás ha sido lo que debía ser la idea de la Hélade. Ciento treinta años después de que Jerjes profanara los templos helenos, la gente (o al menos mucha gente) seguía estando lo bastante irritada para pedir una expedición punitiva contra Persia. Pero la profanación del santuario de Delfos no fue juzgada en sí misma, sino en función del beneficio propio. Algunos querían castigar a los focios; otros, en el fondo, también, pero terminaron uniéndose a ellos porque el general tesalio Filipo les parecía más peligroso que los infames profanadores.

—Estás chocheando —dijo Peukestas sin ánimo de ofender.

Aristóteles parpadeó.

—¿Cómo dices?

—Estás chocheando. Tus discursos sobre la Hélade eran mejores. Como panegirista de Filipo no me convences.

Aristóteles permaneció inmóvil, observándolo.

—No debería decirlo —continuó Peukestas—, pues no corresponde a un simple soldado y escritor criticar a un gran filósofo. Pero lo que dices, y la manera en que lo dices, no me ayuda a comprender las cosas. No me da ningún poder sobre las cosas, Aristóteles. No puedo buscar por mí mismo un camino a través del laberinto, porque me haces caminar por el tuyo.

Aristóteles tosió.

—Ay, ¿cómo y con qué razón, oh Teaitetos? —murmuró.

Peukestas empujó hacia atrás el escabel; se levantó y se dirigió a una de las estanterías, luego al fogón, a la ventana y de nuevo a los rollos de papiro.

—El niño que la comadrona Aristóteles quiere traer al mundo ya ha crecido. Todavía no ha madurado del todo, pero hay que dejar que él mismo se forme.

El filósofo sonrió.

—Debías haber nacido veinticinco años antes; habrías pasado horas muy agradables en la Academia de Platón.

Peukestas negó con la cabeza.

—Entonces habría ofrecido mi espada a Filipo. Habría presenciado todo lo que pasó y hoy no necesitaría preguntar a nadie. Ni a los oficiales macedonios, que sólo quieren darse importancia, ni al estagirita moribundo de Calcis, que no quiere contarme las cosas, sino darme su opinión.

—¿Acaso las cosas poseen esencia y verdad fuera de mi percepción? En el momento en que yo desaparezca, desaparecerá también esta casa... para mí.

—Pero no para mí. Ni siquiera tú desaparecerás para mí. Yo seguiré viéndote, al menos durante un tiempo, como cadáver.

Aristóteles frotó la mano derecha contra la manta.

—Confundes las cosas, chico. Entonces verás un cadáver. El recipiente de lo que antes fue Aristóteles. La diferencia entre Aristóteles y esta mesa, la diferencia esencial, no la diferencia formal, desaparecerá cuando mi vida se apague. Ya no habrá un Aristóteles, y por lo tanto tampoco una mesa, ni una casa... para Aristóteles.

—Pero sí para Peukestas. Y para Pitias.

—Ah, ésas son otras casas y otras mesas. No tienen nada que ver conmigo. Nadie baja dos veces en el mismo río, como ya sabemos. O ha cambiado el río, o lo ha hecho la persona. El río es distinto para cada persona. Como la casa, la mesa y el rey de Macedonia. Para mí esta casa es la última, y es odiosa y repugnante, porque moriré en el exilio. Para ti quizá sea un lugar importante, porque fue aquí donde el viejo Aristóteles te enseñó que ya no era capaz de hacer que un joven macedonio vea negras las cosas blancas. —Cerró los ojos. Su sonrisa parecía melancólica; un hilo de saliva se escurrió de la comisura de sus labios y fue a perderse en su barba—. Antes Aristóteles lo habría hecho sin siquiera esforzarse.

Peukestas se detuvo frente a la mesa y la cama.

—Antes Aristóteles no habría hecho tal cosa. ¿No me hablabas antes de Sócrates, Platón y tú? ¿No decías que el pensamiento ha de ocuparse de las cosas en sí, y no de las cosas en relación a su aplicación en un edificio proyectado con anterioridad?

Aristóteles tragó saliva.

—Un trabajo largo y duro; demasiado largo y duro para un viejo moribundo que se vuelve más infantil con cada instante que pasa. Todos los misterios contemplan el abandono de uno mismo. En la India, según he oído decir, los sabios repiten su propio nombre mil veces y más, hasta que deja de tener significado. O el nombre de un dios. Sólo cuando ha perdido todo significado, puede observarse. Una idea, una cosa, una palabra, una asociación... Sólo cuando todo significado, que se adhiere como una gruesa capa de pintura por el uso continuado, el lenguaje, la razón, la costumbre... sólo cuando todas esas capas semánticas son lijadas por el pensamiento, la reflexión, la contemplación, el rechazo, sólo entonces puede empezar el verdadero pensamiento. —Se incorporó con esfuerzo y miró a Peukestas a los ojos—. Sólo entonces, macedonio... Pero hasta que yo pase de la luz a las sombras eternas, que probablemente no son tanto sombras como ausencia de luz, no me queda tiempo para pensar siquiera en una sola palabra, en una sola cosa.

Peukestas no dijo nada, se quedó mirando al anciano, que seguía rígido, apoyado en los codos. Haciendo un gran esfuerzo, el macedonio salió de su ensimismamiento y se volvió hacia los rollos que descansaban en los estantes de la pared, junto a la puerta que daba a la cocina.

—Primero me hiciste mirar el amuleto y me enseñaste imágenes, tus imágenes, contra las que no podía defenderme. Después me diste palabras, tus palabras, que representan tus imágenes y pensamientos, contra las que sólo ahora me defiendo. ¿Adónde quieres llevarme?

Aristóteles rió con dificultad.

—Tú has traído contigo tu manera de ver las cosas. Yo tengo que darte mi propia manera de ver las cosas. La virtud se encuentra en el medio; quizá también la verdad. Pero ¿qué es la verdad? Tal vez tú estés a dos pasos de la verdad y tal vez yo esté a dos pasos de la verdad. Si te digo lo que quizá es la verdad, darás un paso en esa dirección, pero seguirás alejado un paso de la verdad. Pero si te digo mi opinión y te llevo a una contradicción, entonces quizá des dos pasos y al final no encuentres tu verdad ni la mía, sino la verdad de las cosas.

Peukestas se frotó los ojos, dejó caer las manos a ambos lados del cuerpo y después las levantó por encima de la cabeza, como alguien que se está ahogando e intenta alcanzar un tronco que pasa cerca de él, sin saber si acaso será un cocodrilo.

—Tú sabes lo que estoy buscando —dijo con voz ronca.

—No buscas la verdad. Buscas una carta en la que Alejandro tal vez me haya escrito que puede y debe preservar el imperio después de su muerte.

—En esa carta, si existe, ¿no habría, pues, una verdad? ¿La verdad de Alejandro?

—¿Qué es la verdad? Hablamos de deseos, que pueden estar muy lejos de cualquier verdad. ¿El deseo del conquistador de que el botín no se divida después de su muerte? ¿El deseo de un ladrón, de un héroe, de un semidiós? ¿El deseo de un macedonio de encontrar una carta con la que espera evitar una gran carnicería? ¿El deseo de un heleno de que se produzca esa carnicería para que la Hélade vuelva a verse libre de sus ataduras con los bárbaros? ¿El deseo de un moribundo, que quizá considera igualmente intrascendentes a la Hélade y al imperio de Alejandro, y que intenta sopesar cuál es el mal menor y dónde se encuentra la virtud?

Peukestas señaló el fogón, las paredes llenas de estanterías, los rollos.

—¿Existe esa carta? ¿Ya la has quemado? ¿Te la envió alguna vez? —Se volvió otra vez hacia Aristóteles.

El filosofo sonrió; su mirada recorrió los rollos, los tubos, los estantes, sus divisiones. Peukestas lo observó con atención, pero la mirada del anciano no se entretuvo en ningún lugar; era imposible decidirse por determinado rollo.

—Existía una carta. —Aristóteles se dejó caer en el lecho, suspirando—. Todavía existe. Sé dónde está; puedo verla.

—¿Qué dice? ¿Qué nombre? ¿Tengo que implorarte, caer de rodillas ante ti?

—Verás esa carta. Pero más adelante, al final. Ahora no sabrías qué hacer o dejar de hacer con ella. Siéntate.

Peukestas suspiró, se alisó el cabello y volvió lentamente a su escabel.

—Al menos dime... ¿menciona algún nombre? ¿Cuál?

—Un nombre, sí; un nombre que todos conocen; un nombre que no puede sorprender a nadie.

Peukestas esperó, pero Aristóteles guardó silencio. El macedonio se sentó. Con dedos inquietos, cogió la jarra, llena de agua y vino, y llenó su copa. Bebió, miró el fogón, los rollos de papiro, a Aristóteles; volvió a beber, dejó la copa.

—¿Qué es lo que no te ha gustado de mis palabras sobre Filipo?

Peukestas se mordisqueó el labio superior.

—Que no me expliques los hechos, sino tu interpretación. Ahora sé qué piensa Aristóteles de Filipo. Pero sigo sin saber qué debo pensar yo de Filipo.

—Y, a tu juicio, ¿cómo es mi interpretación?

Peukestas titubeó.

—Eh... Hummm. La asociación de cosas. La discusión de motivos. Todo es demasiado... heleno.

—Eso piensas, ¿eh? —dijo Aristóteles, esbozando una leve sonrisa.

—Filipo hizo un imperio de un montón de ruinas. Cuando estaba de rehén en Tebas, en casa de Pammenes, disfrutó de una educación helena y pudo tratar con muchos hombres importantes. Allí conoció a Epaminondas, que fue quien armó con picas a los hoplitas tebanos. Epaminondas inventó la falange o, como mínimo, la desarrolló hasta sus últimas consecuencias. Sin duda alguna, Epaminondas y Pammenes iniciaron a Filipo en los secretos de la política de alianzas helena. Las alianzas no son sagradas, sino útiles; no valen para siempre, sino sólo hasta que se consigue el objetivo deseado. —Peukestas cogió la copa con ambas manos, la levantó y observó a Aristóteles por encima del borde. El filósofo permanecía quieto y en silencio, esperando—. Así pues, Filipo, como muchos de sus predecesores, tenía una gran influencia helena. Arte, versos, música, conocimientos y malicia. Pero Filipo era macedonio, no heleno. —Se inclinó hacia adelante—. Tú sabes lo difícil que resulta a la mayoría de los helenos, incluidos a amigos de Alejandro, como Eumenes, que los macedonios los acepten. No digamos ya que los valoren, aprecien u obedezcan. Los macedonios somos helenos, pero, al mismo tiempo, no lo somos. Siempre hemos sentido que constituíamos el verdadero núcleo del ejército y del imperio, y, por alguna razón, algunos hombres prefieren ver persas en el ejercito, antes que helenos. Digas lo que digas, Aristóteles, Filipo pensó mucho e hizo muchas cosas, pero lo que deseaba, y lo que consiguió, no tenía como objetivo la salvación de la Hélade, sino la grandeza de Macedonia.

Aristóteles seguía en silencio. Sus ojos oscuros estaban fijos en Peukestas, pero su rostro era inexpresivo.

—Asegurar las fronteras contra los bárbaros, tomar el monte Pangeo, mantener el tratado de amistad con los tesalios, participar a su lado en la Guerra Santa, que al acabar dejó a Macedonia dueña de casi todo el norte de la Hélade; los tratados que firmó y los tratados que rompió, sus intrépidos avances y sus retiradas astutas... Todo lo hizo por Macedonia, no por la Hélade.

—¿Debemos reprocharle, pues, que tuviera un objetivo cuya consecución también beneficiaba y satisfacía a la Hélade?

—Yo soy macedonio. Filipo preparó el terreno a fin de que fuera lo bastante fuerte para llevar a Alejandro; él y Parmenión forjaron aquella arma afilada de la que yo también formé parte durante mucho tiempo: el ejército, la espada que, empuñada por Alejandro, cambió toda la Oikumene. Me siento orgulloso de haberle dado mis fuerzas y también mi sangre. De haber nacido antes, se las habría dado a Filipo con el mismo orgullo. ¡Pero a Filipo rey de Macedonia, no al benefactor de los helenos!

—¿Le reprochas que no haya sido capaz de alcanzar sus objetivos sin beneficiar al mismo a tiempo a la Hélade? —preguntó Aristóteles con una sonrisa irónica.

Peukestas suspiró.

—No soy nadie para hacer reproches al padre de Alejandro. Pero... Filipo y Alejandro querían algo nuevo, algo grandioso. Una Oikumene unida, una gran ruptura, el final de una era y el inicio de otra, en la que ya no hubieran guerras fratricidas ni rencillas mezquinas por un par de dracmas. Un mundo nuevo. Y en ese mundo nuevo había tan poco lugar para las ciudades helenas, con sus eternas envidias, discordias y guerritas miserables, como para el imperio caduco del Gran Rey o esas satrapías corruptas gobernadas por eunucos.

—Para construir el futuro de la Oikumene sobre el presente de Macedonia hacía falta el pasado heleno.

—De acuerdo, pero no el presente heleno. Todos contra todos, nuevas alianzas cada dos días; los persas profanan los templos de Atenas, pero Atenas lucha al lado de los profanadores focios. Esparta lucha siempre contra Atenas y condena el sacrilegio del santuario de Delfos, pero una sentencia judicial hace que le deban dinero a Tebas, de modo que, como los tebanos entran en guerra contra los focios, Esparta se pone de lado de Atenas y de los profanadores. Los tesalios y Macedonia ayudan a Tebas; un par de años después, los tebanos son los primeros en escuchar a Demóstenes y se alían con Atenas, ayer enemiga, para hacer la guerra a Filipo, que acababa de ayudarlos. Tebas financia parte de la guerra contra los focios con dinero del Gran Rey, que envía plata para que los helenos luchen entre sí en lugar de contra los persas. Atenas acepta oro persa para enfrentarse a Filipo. Al mismo tiempo, todos aceptan oro persa para luchar como mercenarios del Gran Rey en Asia y Egipto. En Asia contra ciudades helenas; en Egipto, contra helenos y egipcios que hacen lo que deberían hacer todos los helenos: levantarse contra Persia. ¿Qué crees que habría dicho el rey Leónidas, que en las Termópilas cumplió con su deber y más, si hubiese visto que su sucesor Agesilao, rey de Esparta, marchaba con sus soldados a Egipto, como mercenarios?

—Está bien que los jóvenes se irriten por la poca virtud de los mayores —dijo Aristóteles—. Pero ya estamos hablando otra vez de la diferencia entre cómo son las cosas y cómo deberían ser las cosas... y las personas.

—¿No crees que los helenos, corruptos y fraticidas, habían perdido el derecho a participar en la reconfiguración del mundo? ¿O piensas que de ese caos heleno habría podido surgir un cosmos mundial?

Aristóteles movió la mano derecha como quien espanta una mosca.

—¿Quién está hablando de derechos? ¿Participar en la reconfiguración del mundo? ¿En nombre de quién? ¿Siguiendo el plan de quién? ¿En provecho de quién? ¿Unidad en la multiplicidad, o monotonía y servidumbre? Pero hemos ido demasiado lejos, joven amigo; estamos hablando del final, del objetivo y el sentido, antes de haber discutido el comienzo, el punto de partida. Recuerda lo que contaba de Arquelao, el rey de Macedonia, cuando, en un banquete, uno de sus compañeros del ejército le pidió una copa de oro.

—No conozco la historia —dijo Peukestas encogiéndose de hombros.

—Arquelao murió cuarenta años antes de que Filipo subiera al trono. Tal vez en Macedonia hayan olvidado la historia, pero en la Hélade todavía se recuerda. Arquelao le dio la copa a un criado y le mandó que la llenase y se la diera a Eurípides. Como el soldado, sorprendido, se quedó mirando al rey, Arquelao le dijo: «Tienes el derecho de pedir esa copa, naturalmente, pero Eurípides tiene el derecho de recibirla, aunque no la haya pedido.»

Peukestas calló un momento. Luego lanzó un suspiro de impaciencia y dijo:

—Sé lo que hizo Filipo, pero no sé prácticamente nada sobre Filipo, el ser humano.

Aristóteles frunció en entrecejo.

—¿Qué quieres que te diga? ¿Quieres oír historias como la de Arquelao? ¿O quieres que te diga que Filipo era mi amigo, en tanto que Alejandro sólo fue un alumno? ¿Quieres que hable de sus banquetes, o de sus mil mujeres?

—Siete, no mil —lo corrigió Peukestas con una risita.

—Siete esposas, y siete mil entre una y otra.

—¿Cómo era Olimpia? Es decir... ¿cómo es?

Aristóteles apretó los párpados.

—¿Olimpia? ¡Vaya mujer! ¡Y vaya bruja! Afrodita y Erinia en una sola persona... Todo encanto, todo pasión, todo ira y todo despotismo. —Carraspeó—. La gran hazaña de Filipo, a mi juicio. Conquistar y destruir reinos, eso lo puede hacer cualquiera, pero ¿dominar durante veinte años a una mujer como Olimpia? Todavía incordiará en los años que vienen.

—¡Háblame de Filipo!

—Ah, hay muchas historias. Algunas son similares a las que se cuentan de casi todos los reyes. Esta, por ejemplo: cuando un barbero le preguntó cómo quería que le recortara la barba, Filipo contesto: «En silencio.» Tal vez nunca lo dijo, o tal vez repitió conscientemente las palabras de otro, pero lo cierto es que la historia le viene bien a Filipo. A su lengua afilada, a su ingenio.

—¡Más! —Peukestas sonrió y cogió la copa.

—Hacía mucho tiempo que nadie me pedía que le contara chistes. Pero, ¿por qué no? A Filipo le encantaban los chistes. Tenía espías e informadores en todas partes, y éstos no sólo debían informarle de lo que estaban tramando en esos momentos Atenas, el Gran Rey o los focios, sino que también tenían que transmitirle buenos chistes. A veces la información no era graciosa, pero él la convertía en broma. Así, una vez, cuando estaba en Mieza, oí cómo le comunicaban los nombres de los diez estrategas elegidos en Atenas para el año que empezaba. De pronto, Filipo soltó una carcajada. Alguien le preguntó por qué estaba tan contento, y Filipo respondió: «Lo celebro por los atenienses, que cada año consiguen diez buenos generales gracias a unas elecciones. Yo llevo quince años en el campo de batalla y hasta ahora sólo he encontrado un buen estratega: Parmenión.» Filipo también era lo que ha de ser todo rey: un buen juez y conocedor de la naturaleza humana. También hay una historia sobre dos pendencieros que gustaban de pegar a un tercero. Fueron demandados, y Filipo condenó al primero a abandonar el país y, al segundo, a perseguir al primero. O la historia de la anciana, cuyo caso Filipo no quería escuchar porque estaba cansado; la mujer le dijo: «Entonces deja de jugar a ser rey.» Filipo se frotó los ojos y la atendió.

—¿Cuándo exactamente lo nombraron rey? Primero sólo gobernaba en nombre de su sobrino, ¿verdad?

—Ah, eso iba ligado al nacimiento de un sucesor: no hay hijo, no hay trono, o algo así. Su primera mujer, Fila, no le dio descendencia. Audata, llamada Eurídice, la iliria, tuvo una hija, Cynanne. Con la bailarina Filina, de Larisa, tuvo a Arrideo; pero Filina no era princesa, de modo que Arrideo apenas si contaba. —Suspiró—. En realidad fue innecesario que Olimpia lo envenenase.

Peukestas abrió los ojos.

—Había oído rumores... ¿Realmente lo hizo? Ahora es rey...

—Sólo de nombre. Alejandro ha muerto y vuestros príncipes y generales han nombrado monarca a su medio hermano, un débil mental que no puede hacerles daño alguno, ¿cierto? Sí, Olimpia lo envenenó al nacer Alejandro. El chico enfermó, una fiebre larga y terrible, y se volvió un loco tartamudo. Pero he oído decir que ahora prácticamente ha sanado.

Peukestas negó con la cabeza.

—Al menos no tartamudea. Pero ¿lo demás?

—Como siempre. Luego vino Alejandro, el hijo. Tres años después, Cleopatra. Olimpia es la única mujer que dio dos hijos a Filipo. Y en el año del nacimiento de Cleopatra, Filipo se casó por quinta vez, con la tesalia Nicesípolis. Más tarde también tomaría por esposa a la hija del rey de los getas y, por último, a la sobrina de Atalo. Siete. Filipo era un hombre fuerte. Pero la asamblea de príncipes y oficiales no lo nombró rey hasta que nació Alejandro.

—¿Fue ésa la verdadera causa?

Aristóteles rió.

—Claro que no. Hoy podemos imaginarlo así, pero... No. Filipo había asegurado y engrandecido Macedonia. Había dado un escarmiento a Atenas, había conquistado Anfípolis y el monte Pangeo y se había anexionado la ciudad de Pydna. Se cuenta que aquel año ocurrieron tres cosas al mismo tiempo. La victoria de Filipo en una carrera de caballos celebrada en la ciudad de Olimpia; acto seguido le comunicaron la victoria de Parmenión sobre un ejército ilirio y el nacimiento de su hijo. Se cuenta que dijo que los dioses bien podrían pagar en monedas más pequeñas, para no acostumbrarlo a tanta felicidad. Pero ésas son historias. Había cosas más importantes.

*

Seguían saliendo hombres del gran edificio, solos y en grupo, algunos apresurados, otros casi de mala gana y vacilando. En el ágora se habían reunido otros grupos. La mayoría de los hombres hablaba a voz en cuello y con ademanes violentos, como intentando apagar las palabras de los otros. Un joven salió de uno de los grupos y se acercó a tres hombres vestidos de blanco, que permanecían aparentemente tranquilos en medio de aquel jaleo. Ante la fachada del edificio, pintada de azul y rojo chillón, revoloteaban dos o tres palomas, que distrajeron al joven. Se detuvo y observó que uno de los pájaros se posaba en una pequeña cornisa, bajo la imagen del carro solar, se hinchaba, volvía la cola hacia el ágora y dejaba caer un trozo de mierda blanca. La corrosiva pasta resbaló por el borde de la cornisa, cayó sobre la nariz de la colorida Cariátide, chorreó por la barbilla de aquella figura femenina, que hacía las veces de columna, y corrió entre sus pechos.

El joven rió, señalando la paloma y su obra.

—Como tu discurso, Demóstenes.

—¿Qué? ¿Cómo? —Demóstenes tenía unos veintisiete años, cabello ralo y escasa barba. Cuando se ponía nervioso, el rostro se le llenaba de manchas rojas; sus manos se abrían y cerraban, se secaba la humedad en la ropa y enseguida volvían a sudar. Los otros dos hombres, algo mayores, siguieron con la mirada el índice del joven y rieron.

—¿Qué dices, Demades? —La voz de Demóstenes sonó débil y excitada; la pregunta terminó como un chillido.

—La paloma. Es como tu discurso. Primero se impulsa hacia el cielo y los dioses, después se mete bajo las ruedas del carro de Helio, y al final todo queda en mierda.

No lejos de allí había un grupo de hombres de todas las edades, reunidos alrededor de un anciano de túnica, cabello y barba blancos. Aristóteles era uno de los más jóvenes del grupo. El que estaba junto a él se dirigió al anciano:

—¿Habías escuchado alguna vez algo así, maestro?

El anciano negó con la cabeza.

—Ese avanzar por un camino para luego volver pisando sus propias palabras carece de sentido dentro del orden de las cosas.

Aristóteles torció ligeramente el gesto y dijo en voz baja:

—Sin embargo, algún motivo ha de haber para esa extraña presentación de... ¿cómo se llama?

—Demóstenes —dijo el cuarentón que estaba a su lado, en voz igualmente baja.

—Eso es. Tal vez el buen y viejo Platón debería estudiar primero las cosas tal y como son, antes de intentar meterlas en su ordenamiento de las cosas tal y como deberían ser. ¿Eh, Xenócrates?

El otro hombre sonrió, pero después hizo «¡Shhh!», llevándose el dedo a los labios.

Demades observó la mano temblorosa de Demóstenes, miró a su alrededor y sonrió. En toda el ágora no se hablaba más que de una sola cosa; todos los estaban mirando. Las caras mostraban admiración, desaprobación, sorpresa o irritación. Un ratón gordo pasó corriendo entre las piernas de la gente, seguido por un pequeño chucho desgreñado. Demades tiró del brazo a uno de los dos mayores.

—¿Qué opinas, Esquines? Tú has viajado mucho...

Esquines se encogió de hombros.

—Hace unos dos años, en la batalla de Mantinea, teníamos un oficial muy nervioso. Sus órdenes eran como tu discurso, Demóstenes. Tres pasos adelante, no, dos pasos atrás. Levantad las lanzas, no, desenvainad las espadas.

El cuarto hombre del grupo sacudió la cabeza.

—Pues, yo debo decir... ¿Qué querías conseguir, Demóstenes? Primero armas un gran alboroto y destrozas a tu adversario, después te vas a mear y, tras la pausa, lo retomas todo y lo limpias. A tu adversario, quiero decir.

Los otros rieron; Demóstenes tenía la mirada fija en sus dedos.

Demades tarareó algo en voz alta.

—En fin, una manera muy llamativa de hacerse un nombre en Atenas. Ya puedes estar seguro de que ahora todos te conocen. Lo que no sé es si te valoran.

Demóstenes consiguió por fin controlar sus manos. Las cruzó frente a su miembro, como si quisiera proteger algo.

—Tenía un motivo...

Antes de que pudiera decir más, se acercó al grupo un hombre mayor, que saludó con una leve inclinación de cabeza.

—Eubolo quiere hablar contigo, Demóstenes.

Demades soltó un silbido; Demóstenes se puso blanco y rojo.

—¿Eubolo? ¿El señor del dinero de la ciudad?

—El mismo. Ven conmigo, por favor.

Demóstenes se despidió de los otros con un gesto que más bien parecía una convulsión, y se marchó con el hombre. Demades lo siguió con la mirada, perplejo.

—Pero, por todos los... Primero está brillante, después lo estropea todo conscientemente, y ahora lo manda llamar el mismísimo Eubolo. Corren tiempos verdaderamente absurdos.

Eubolo era completamente calvo; ni siquiera tenía cejas. Era un hombre robusto, pero no obeso, de unos cincuenta años; como mínimo en tres dedos de cada mano llevaba anillos de oro con piedras brillantes. Demóstenes se acercó a él; le temblaban las piernas, tropezó y se rehizo precipitadamente. Eubolo despidió a los demás con un brusco movimiento de mano. Miró fijamente a Demóstenes sin saludarlo, sin hacer un gesto, sin parpadear siquiera. Demóstenes se puso pálido, después rojo chillón y finalmente rojo oscuro, pero sostuvo la mirada sin el menor temblor. De pronto Eubolo asintió, se volvió como para empezar a andar y, chasqueando los dedos, indicó a Demóstenes que lo acompañara.

Caminaron en silencio hasta dejar atrás el ágora e internarse en una calle lodosa.

—Fue un buen discurso. La primera parte —dijo Eubolo sin volver la cabeza. Su voz era como una espada roma o un mazo astillado: peligro oculto.

Demóstenes agitó el aire a su alrededor con los dos brazos.

—Un gran honor, un gran honor.

—En cuanto a la segunda parte, bah, puro estiércol; debes de haber tenido un buen motivo. Un buen motivo para retomarlo todo desde el principio, quiero decir. ¿Qué otra cosa tomaste como... fundamento?

La voz de Demóstenes resbaló de su tono normal a un agudo chillido:

—Tres mil dra... dracmas.

Eubolo asintió.

—Un artesano ateniense necesita siete años, o más, para ganar esa cantidad. No está mal, por medio discurso.

Demóstenes respiró hondo, miró de soslayo al gran Eubolo y chocó contra la parte de atrás de un carro tirado por mulas.

—¡Au... ! No... no tenía gran importancia, como ya debes de saber. De ha... de haber sido importante, ya sabes, algo de gran importancia, significativo, en cierto modo, algo que afectara al bienestar de nuestro gran y glorioso Estado ateniense...

Eubolo dio un manotozo al aire con el brazo derecho, como si quisiera cortar algo con un hacha.

—Déjalo estar. Lo estás estropeando todo. ¿Qué significa para ti ese Estado ateniense?

Demóstenes se pasó la lengua por los labios. A las puertas de una bodega había una joven puta con el rostro excesivamente pintarrajeado. La muchacha hizo una mueca al ver que Demóstenes la miraba, y se metió en el edificio.

—¿Atenas? El hígado del mundo. El centro de la Hélade. El ombligo de la democracia.

Eubolo sonrió, por primera vez.

—Una pequeña parte de la población, compuesta por hombres adinerados y con derecho de ciudadanía, da su voto mientras todos los demás miran. ¿Eso es democracia?

—Es como es —respondió Demóstenes al tiempo que se encogía de hombros—. Mejor eso que un solo hombre dando órdenes a todos los demás.

—Correcto. A menos que uno mismo sea ese hombre.

Demóstenes tosió.

—Eso... sería una tiranía.

—O una democracia en la que un hombre es lo bastante listo para sobrevivir a todas las vicisitudes.

Demóstenes asintió lentamente; una mezcla de sorpresa y astucia se arrastró sobre su rostro, como una serpiente que saliera de las sombras.

—Ese discurso que diste... muy bueno. ¿Naciste con ese don? —preguntó Eubolo.

Demóstenes suspiró.

—Oh, no. Mi padre era armero y comerciante de armas. Me dejó unos bienes, que mis tutores despilfarraron; y también me dejó un mal, mi lengua. Es demasiado larga, por eso las palabras me salen a tropezones de la boca. A veces salen arrastrándose. Tuve que practicar mucho para enseñarles a andar o, incluso, a desfilar.

Eubolo lo miró de reojo; con un tono de voz que denotaba reconocimiento, dijo:

—Eso me gusta. Quiere decir que tienes la fuerza necesaria para superar ciertas cosas. Incluso a ti mismo. Y también tu orgullo,lo que se veía en la segunda parte de tu discurso. ¿Cómo dominas tu lengua?

Demóstenes esbozó una sonrisa tonta y escupió tres guijarros sobre la palma de la mano.

—Essshto esssh lo másssh impogtante, oh honogable Eubolo. —Metió los guijarros en una bolsita que llevaba colgada del cuello; luego volvió a sacarlos y los sostuvo en la palma de la mano. No cesaron de tintinear mientras caminaban por una plaza de árboles bajos y enclenques y, luego, por una calle amplia que los llevó a una de las puertas de Atenas. Eubolo hizo una señal con la cabeza al jefe de la guardia. Fuera había un pequeño mercadillo de frutas y verduras; detrás del último puesto esperaba un carro de dos ruedas enganchado a una pareja de caballos. Un esclavo de piel clara hizo una reverencia ante Eubolo.

—Estoy muy ocupado con esto y aquello —dijo Eubolo, examinando el rostro de Demóstenes, que, inquieto, seguía haciendo tintinear los guijarros. El político apretó los párpados, casi furioso—. Necesito a un buen hombre que me ayude en esto y aquello. Que sea lo bastante joven y fuerte para superarse a sí mismo y a los demás.

Demóstenes insinuó una negación.

—Garan honog, honogable Eubolo. ¿Paga qué lo nesheshitash?

—¡Dioses! ¡Deja de hacer ese ruido y métete otra vez las piedras en la boca! ¿Que para qué lo necesito? Pues, para esto y aquello. Asuntos en el extranjero, por ejemplo. Yo estoy demasiado ocupado con el dinero de la ciudad, con los templos y teatros. Podría emplear a uno que se ocupara de las pequeñeces, como Persia, Macedonia o Tebas. Y que, además, sea capaz de labrarse fortuna y renombre, por ejemplo con discursos ante el tribunal; no buenos en parte, sino enteramente.

Demóstenes ató la bolsita vacía.

—Pero... para conseguir algo hace falta dinero, creo yo. Y los discursos no...

Eubolo se volvió bruscamente y subió al carro.

—¿Dinero? No. Se espera que aportes dinero a la ciudad, no que cojas el dinero de la ciudad. Si haces esto último, estás acabado. Puedes emprender algo... pero de manera que nadie lo advierta. No hay muchas posibilidades honradas, como para dejarse ver. Él es romano —dijo señalando al esclavo de piel clara—. Los romanos no sirven para nada. O para casi nada. Pero con un poco de educación y bastantes azotes pueden llegar a ser buenos esclavos. Piensa en esclavos... por ejemplo. Y olvida por un momento la ciudad. Eso ampliará tus horizontes y tus ideas. Además, Atenas sólo resulta soportable cuando uno vive en la región. Ven a verme dentro de tres días y dime qué has decidido.

Demóstenes deambulaba, tambaleándose como un borracho, por una callejuela estrecha, hundiendo las piernas hasta la rodilla en una mezcla de lodo, excrementos y basura. Parecía estar hablando consigo mismo, pero su boca no se movía; sus brazos y manos se levantaban, bajaban y se extendían casi por sí mismos, expresando todos los gestos de la retórica: enfáticos, tranquilizadores, dubitativos, interrogativos, sancionadores. Sus hombros rozaban las paredes de las casas, ensuciando de cal su capote. Iba empujando a la gente y tropezando con los perros que se cruzaban a su paso. Se detuvo en una pequeña plaza con asadores, tiendas y bodegas; tenía los ojos cerrados. Los rayos sesgados del sol de la tarde bañaban su rostro; la luz que se filtraba entre el follaje formaba a sus pies una mancha amarillenta de la que salían senderos laberínticos de luz y murallas de sombra, tal unos cuérnagos de orina. Un grupo de niños alborotaba entre los árboles jugando a perseguirse. Una niña pequeña chocó contra Demóstenes, se cayó, se levantó rápidamente y siguió corriendo.

Demóstenes abrió los ojos. Como alguien que despierta de un largo sueño y advierte que su cuerpo lo ha llevado a otro lugar. Parpadeó y miró a su alrededor. Luego asintió, aliviado. En la esquina derecha al otro lado de la plaza, bajo el arco de ladrillos y entre una verdulería y el taller de un huesero, empezaba la calleja al final de la cual se levantaba el edificio de la Unión de Comerciantes Rodios.

Rodeó el pequeño pozo amurallado del centro de la plaza, donde el dueño de una mula cargada con odres de vino se apoyó mientras regateaba con una puta alta y delgada. Demóstenes se llevó la mano derecha al cinturón y se rascó a través de la tela. La mujer tenía una pequeña jarra en la mano. Alrededor de la cintura y debajo de sus pechos llevaba unas fajas rojas muy apretadas; en su oreja izquierda brillaba una perla de vidrio. El viento suave, que parecía rizar el cabello de la mujer, revolvía el vaho a carne asada, aceite, sudor, excrementos, basura, ajo y vinagre que flotaba sobre la plaza como una capa de niebla.

Suspirando, Demóstenes desvió la mirada de aquella oreja bien formada y su brillante abalorio. Bajo los arcos, delante de un edificio pintado de azul celeste y ocre, había un grupo de ancianos sentados en taburetes, bloques de madera y piedras. Estaban bebiendo cerveza; sus voces, profundas, retumbaban en la galería. Frente a ellos, en la plaza, unos cabritos atados con cuerdas a un poste balaban y apestaban. Hierón, el castrador, matarife, carnicero y copropietario de aquel asador barato en el que Demóstenes había disfrutado muchos de los resultados de tales negocios, estaba discutiendo el precio del rebaño con una pastora descalza. Hierón clavó el cuchillo en el tajador, levantó los brazos y se alisó el cabello. Demóstenes se hizo a un lado para dejar paso a un cabrito. Su mirada estaba fija en la muchacha. Debía de tener unos catorce años, y sólo llevaba puesta una túnica corta, sucia y rasgada.

Una mano fuerte cogió de repente a Demóstenes por el brazo, evitando que chocara contra el carro de un alfarero.

—Buenas piernas, bonita espalda, pero a pesar de ello deberías mirar por dónde caminas.

Demóstenes intentó sonreír.

—Ah, Apolonio.

—Ah, Demóstenes. —El comerciante rodio esbozó una sonrisa burlona. Sus dientes blancos brillaron en la cara morena, rodeada por una tupida barba negra. Los dientes cariados de Demóstenes siguieron ocultos; sonrió con la boca cerrada y se tocó la barba, clara y rala. El rodio llevaba un amplio capote blanco, sujeto encima de la cabeza con cordones y joyas.

—La cerveza, dicen, hace caer de espaldas al borracho; el vino lo empuja hacia adelante o hacia un costado. ¿Tú qué has bebido? Te mueves como una peonza mal arrojada.

—Palabras —dijo Demóstenes—. Palabras e ideas. Ideas ovaladas, en cierto modo.

El rodio frunció en entrecejo.

—Si sólo es eso... ¿Estás aquí por casualidad?

Caminaron por la estrecha calleja. Una ardilla se mecía en la rama de un árbol; después desapareció tras el muro de un jardín. En alguna parte bramaba un toro.

—Iba a vuestra casa. A verte a ti, si estabas.

Apolonio sonrió; señaló las pantorrillas y sandalias empapadas del ateniense y dijo:

—Tienes suerte de haberme encontrado. Así no te habrían dejado entrar. Pero yo también me alegro de verte. Necesito tus servicios, logógrafo, o los de algún otro escritor de discursos.

—¿Qué pleito tienes ahora?

—Uno de tus campesinos marrulleros... Pero ya hablaremos cuando nos hayamos sentado.

Junto a los otros edificios de adobe, ladrillo o madera, de los que apenas alguno tenía más de una planta, el edificio de piedra de la Unión de Comerciantes Rodios parecía un enorme templo. La fachada, provista de delgadas columnas de policromas y paredes decoradas por buenos pintores y escultores, se levantaba en la calle del Pireo. La parte trasera cerraba la mugrienta callejuela.

Un esclavo negro se arrodilló ante Demóstenes y Apolonio, les quitó las sandalias y los acompañó escaleras abajo, hasta los baños del sótano, iluminados con antorchas y lámparas. Mientras se desnudaban, otros dos esclavos cogieron sendas cubas y fueron a buscar agua caliente de una gran olla de bronce puesta al fuego; luego vertieron el contenido en unas pequeñas tinas de bronce colocadas junto a unos grifos. Los dos hombres se lavaron con agua caliente, esponjas y piedra pómez. Después subieron a la gran piscina de piedra blanca y lisa, se sentaron en los escalones, se relajaron y dejaron que el agua tibia corriese sobre sus cuerpos. Mientras Demóstenes iba al *koprón*, un cobertizo con cuatro cubas, una al lado de la otra, Apolonio mandó a un esclavo sirio que lo untara con aceite y salvia. Le ordenó también que tirara «esos sucios harapos» y dispusiera ropa limpia para Demóstenes.

En el comedor, muy iluminado gracias a los amplios ventanales que daban a un patio interior con arbustos, piscina y galerías, tomaron una comida ligera: alcachofas encurtidas, aceitunas, rodajas de higo relleno con tiras de jamón; albóndigas de perca, cocidas después de haber estado varios días al remojo en una salsa de vino, romero y otras cincuenta hierbas; empanadillas de carne muy hecha, cebolla picada y apio; y lonjas frías de lechón asado con miel. El rodio bebió agua y vino; Demóstenes vació varias copas de cerveza oscura, procedente de la cervecería del famoso Cinesias.

—Ya he oído hablar de la primera mitad de tu discurso —dijo Apolonio en tono inexpresivo mientras miraba una de las albóndigas de perca, que pinchó con su tenedor de dos puntas—. Y la segunda mitad debe de haber sido bastante rentable, ¿eh?

Demóstenes escupió al suelo un hueso de aceituna.

—¿Lo dices porque no he puesto el grito en el cielo al ver la ropa nueva? ¿Porque no he preguntado si tú pagas esta comida?

Apolonio sonrió.

—Todo resulta bastante fuera de lo común.

—Me pregunto cómo es que la historia del discurso ha circulado tan pronto.

—Ah, ya sabes, las ciudades pequeñas, como Atenas, son muy cotilleras. En Babilonia, Menfis o Karjedón habría sido distinto; pero aquí tienes la fama asegurada. Si consigues cambiar cierta parte de tu fama actual, puede que hasta te dure.

Demóstenes se apoyó en el respaldo de la silla de tijera y jugó con la bolsita de cuero; los guijarros tintinearon.

—Ya he empezado a... amonedar la fama. Cierto ateniense influyente me ha dado a entender que valora a la gente que sabe sobreponerse a las dificultades; a las de nacimiento y a las otras. Para que me valore todavía más, pero sin exigirme demasiado, me he puesto a tartamudear como hacía años que no lo hacía.

Apolonio asintió.

—Eso también lo sé, al menos en parte. Ve con cuidado. Eubolo es un hombre duro. Es inteligente, pero si las circunstancias lo exigen también puede ser tan despiadado como un cocodrilo.

—El modo de vida y el comportamiento de los cocodrilos pueden preverse, amigo mío. En cualquier caso, más que ciertos raptos emocionales humanos. —Demóstenes mordisqueó una lonja del lechón asado con miel y la devolvió a la bandeja de bronce—. Pero hablemos de tu asunto. Si no necesitaras mi ayuda no me habrías pedido ropa nueva y esta comida sin preguntarme antes.

—No estés tan seguro. Hay muchos logógrafos en Atenas.

—Pero no todos aceptan negocios como los tuyos, rodio.

Apolonio apoyó los codos en la mesa y cruzó los dedos bajo el mentón.

—El comerciante Agatón —dijo— ha asegurado en nuestra empresa un cargamento nada despreciable. Incienso, vino sirio, una docena de colmillos de elefante, algunos sacos de pimienta etíope, dos baúles llenos de botellas adornadas, procedentes de los talleres de Karjedón.

Demóstenes pestañeó.

—Debe de haberse tratado de un barco muy grande.

—En efecto, era un gran mercante, como los que se construyen en Tiro o en Karjedón. Y un cargamento extraordinario, como bien sabes. El valor se fijó en seis talentos y medio. El representante de Agatón en el puerto de Rodas nos ha pagado dos talentos y medio para contratar el seguro. Si el barco y el cargamento se perdían, teníamos que pagar a la casa comercial de Agatón nueve talentos.

—Cincuenta y cuatro mil dracmas de plata. El valor de ciento sesenta esclavas jóvenes, bellas y expertas en cuestiones amorosas. Muy bien.

—O cincuenta años de trabajo de un buen artesano. El que trabaja con sus manos en vez de comerciar, ha de estar chiflado.

Demóstenes tragó saliva.

—Un buen discurso judicial también tiene su precio. Y ahora el barco se ha hundido, ¿eh?

En el rostro de Apolonio aparecieron arrugas de tristeza.

—Hundido, sí; en una terrible tempestad, frente a las costas de Kos. Una tempestad tan intensa, que no vieron la costa. Tan terrible, que todos los miembros de la tripulación se ahogaron, menos el capitán. Pero en todo ello hay algo que no me gusta.

Demóstenes se quedó un momento en silencio; estaba sentado, con la frente arrugada, escarbándose los dientes. Después dejó el palillo a un lado y levantó el dedo índice.

—¿El asunto hay que negociarlo en Atenas, o en Rodas? —preguntó.

—Aquí. Por desgracia —contestó Apolonio, balanceando lentamente la cabeza—. Cuando hicimos el trato con el representante de Agatón todavía duraba esa absurda guerra entre aliados. Nosotros estabamos contra Atenas. Agatón se obstinó en que un posible pleito se celebrara en Atenas. Dijo que, o bien se mantendría la Liga Marítima, y en ese caso sólo podíamos elegir Atenas, o bien se disolvía la Liga, y entonces Atenas seguiría siendo la ciudad más importante; a menos que, en ese caso, quisiéramos dejar de negociar con Atenas, lo que no podemos hacer. Además, nunca se sabe a ciencia cierta si acaso algún sátrapa del Gran Rey, Mausolo o algún otro, está pensando estirar otra vez la mano hacia Rodas. Así que Atenas. Y en este punto es muy poco lo que puedo hacer; no soy ciudadano.

Demóstenes se rascó la cabeza.

—Habría que hacer un viaje —dijo lentamente.

—¿En qué estás pensando? —preguntó Apolonio enarcando las cejas.

—Habría que interrogar a la gente de Kos. A los pescadores. Cómo ha estado realmente el clima, qué barcos han pasado en esa época. Esa clase de cosas.

Apolonio asintió, con expresión de desaliento.

—Tienes razón. Pero tampoco me gusta. Cuesta dinero.

—De eso estamos hablando. De dinero —dijo Demóstenes. Se inclinó hacia adelante y en voz baja, pero penetrante, agregó—: Dos propuestas.

Haré un pequeño viaje por mar y observaré las costas y otras cosas dignas de ver de la región. Este viaje, amigo mío, no te costará nada.

Apolonio se mordió el labio inferior.

—Me temo que la segunda propuesta me costará todavía bastante más. ¿Cuál es?

—Espera. Todavía estamos en la primera. Yo te representaré en este pleito; representaré a tu banco y a tu compañía de seguros. En éste y en cualquier otro pleito durante, digamos, los próximos cinco años.

Apolonio se tiró del lóbulo de la oreja derecha.

—Entendido. ¿Con qué paga?

—El triple de lo que gana un logógrafo y abogado corriente. A cambio tendréis a un buen hombre con muy buenas relaciones.

—¿Qué más?

—Si averiguo algo y consigo ahorraros el pago a la casa comercial de Agatón, o una parte, quiero la mitad de lo que os ahorréis gracias a mi trabajo. Si no os ahorráis nada, entonces nada.

—Tendré que pensarlo. ¿Cuál es la segunda propuesta?

—Un negocio nuevo —dijo Demóstenes reprimiendo una risita—. Existen algunas cosas que se podrían asegurar, pero que nadie asegura.

—El discurso de hoy parece haberte dado alas. ¿Ahora se me presenta el antes pobre tartamudo, el pupilo apartado de la fortuna paterna por sus tutores, y quiere proponerme un negocio de seguros que no se le ha ocurrido antes a ningún rodio, cretense ni siciliota?

—Ni siquiera a un fenicio.

—Oh, estoy ansioso por oírte. Debe de tratarse de algo infinitamente caro. ¿Pretendes asegurar contra el desgaste las monedas de oro, por su valor nominal, o qué? Hace poco me hicieron esa estupida propuesta; uno a quien, al parecer, le parecía demasiado cansado tirar su dinero al agua.

—Yo quiero ganar dinero, no tirarlo. Mucho dinero. Y con el mínimo riesgo.

Apolonio resopló.

—¡Oh, dioses! ¿Quién no lo quiere? Te escucho. Soy todo oídos.

—Esclavos —dijo Demóstenes.

—¿Esclavos? Pues sí, un buen negocio, sobre todo en tiempos tan confusos, en los que los persas vuelven a emprender grandes guerras y a hacer prisioneros. Humm. Ya he pensado algunas veces si el banco debería meterse en ése o algún otro negocio comercial. Pero eso no es nuevo, amigo.

—Eso no es lo nuevo. No me has entendido.

—¿Qué quieres, entonces? ¿Asegurar cántaros por si los esclavos del servicio los rompen?

—Hablo de dinero, y no estoy bromeando. Bajo el techo de tu banco y compañía de seguros, Apolonio. Me refiero a una sucursal. Una casa que participe en el comercio de esclavos. Rodas es más apropiada para ello que Atenas; vosotros estáis más cerca de los mercados de Asia. Más mercancía, más demanda. Y la misma sucursal asegura esclavos por, digamos, la décima parte del precio de compra. Por un año. Contra la evasión.

—¡Ja! —Apolonio dio un golpe contra la mesa—. Eso sí que es nuevo. Es... sencillamente bueno. Simple, nuevo y bueno. —Levantó su copa—. Que los dioses te den una larga vida. Que los garfios de tus ideas nunca se rompan y que jamás te falten pelos a cortar en el aire.

—Yo me encargaría —dijo Demóstenes, distendido, con una sonrisa sesgada—, por ejemplo, de todos los pleitos del nuevo negocio; en Atenas, se entiende. El traspaso costaría, digamos, mil dracmas. Yo podría pagar a plazos otros dos mil. Si fijamos como suma base un talento, al iniciar el negocio y empezar a trabajar yo tendría la mitad. Y te aseguro que mis orejas y mis dedos son muy largos.

—¿Tanto como tu lengua?

—Eso también. Yo sé lo que pasa aquí. Sé que muchos campesinos tienen que vender a su tercera hija, o a su cuarta...

Apolonio bebió un trago.

—Eres un cerdo. Te pagaré el otro medio talento.

Dos días con la mayor parte de sus noches flotó Demóstenes por las callejas, bodegas y casas de placer de Atenas, como un sucio trozo de madera flotaba por mierda líquida. Pero la madera avanzaba en una dirección determinada. A la mañana del día siguiente, Demóstes, limpio y con ropa nueva, se presentó en casa de Eubolo, que estaba discutiendo, extraoficialmente, con un grupo de funcionarios y escribanos acerca de un litigio. Demóstenes pidió hablar brevemente con él; Eubolo se levantó refunfuñando y con un gesto le indicó que lo siguiera a una habitación contigua.

—¿Qué deseas? —preguntó por fin Eubolo, de pie junto a una mesa.

Demóstenes dirigió la mirada a un escabel, luego se encogió de hombros y miró a Eubolo a los ojos.

—Tu noble oferta, oh Eubolo; quiero servirte a ti y a nuestra ciudad, hasta donde me sea posible.

Eubolo sorbió el contenido de su nariz.

—Eso también podías habérmelo dicho ahí fuera. ¿Algo más? —preguntó mientras se dirigía hacia la puerta.

Demóstenes no se movió; a media voz, dijo:

—Con ese noble objetivo voy a emprender un viaje por mar.

Eubolo se detuvo, se volvió y frunció el entrecejo.

—¿Un viaje por mar? ¿Para qué?

—¿Te gustaría, honorable Eubolo, tener en las manos un trozo de tela con el que tapar la boca a Zaleuco?

Con pasos lentos y cortos, Eubolo se encaminó otra vez hacia la mesa, se sentó y señaló un escabel a Demóstenes.

—¿Zaleuco? ¿Qué has encontrado?

Demóstenes se sentó con cuidado en el frágil escabel.

—Una posibilidad... Todavía hay que ver si se convierte en certeza.

Eubolo hizo girar uno de sus anillos y volvió a acomodárselo.

—Estaría bien... para todos. Para la ciudad y para la paz. Quiere emprender otra guerra contra los aliados. No tiene ningún cargo, pero sí dinero e influencia. En todas partes.

—¿En todas partes?

—En los diez distritos. Más o menos la tercera parte del Consejo está comprometida con él, de una u otra manera. No importa quién ostente la presidencia.

—¿Puedo preguntar...?

—Sé breve.

—Tú te ocupaste de poner punto final a la guerra contra las aliados... haciendo que Atenas cediera. ¿Por qué?

Eubolo infló las mejillas.

—Todo aquello costaba cantidades absurdas de dinero. Y de hombres. Rodas, Kos y las otras ciudades se aliaron con nosotros; más tarde con Esparta, después otra vez con nosotros y, en los intermedios, con algún sátrapa del Gran Rey. No podemos obligarlos a obedecer nuestras órdenes. Prefiero que sean independientes y que nos ayuden si alguna vez lo necesitamos. Zaleuco tiene dinero que perder en todas esas ciudades; por eso quiere mantenerlas bajo el mando ateniense. Pero ¿para qué queremos aliados mal dispuestos a los que tendríamos que obligar a la fuerza para que nos ayuden, en caso de necesitarlos?

—¿Y si pudiera librarte de Zaleuco?

—Te ganarías todo mi aprecio.

—¿Cuánto pesa ese aprecio?

—Ni un solo óbolo. Pero sí un gran respeto.

Demóstenes asintió lentamente.

—Quizá ese respeto sea más valioso a largo plazo.

Demóstenes regresó a Atenas en uno de los últimos barcos que atracaba en el Pireo antes del invierno. No venía solo; con él desembarcó un viejo marinero fenicio. Demóstenes se dirigió al edificio de los comerciantes rodios y sostuvo una larga charla con Apolonio, quien alojó al fenicio en la sede de la asociación y se hizo cargo de los gastos.

Dos días después, Apolonio, el marinero, Demóstenes, el consejero

Hagnias, a quien correspondía entonces la presidencia del Pritaneón, el comerciante Agatón y Eubolo, se reunieron en casa de éste. Demóstenes habló de su viaje, de sus conversaciones con comerciantes, pescadores, empleados portuarios y marineros.

—Parece ser —dijo—, que un determinado buque mercante que llevaba un valioso cargamento, asegurado por una buena suma en la empresa de Apolonio, naufragó frente a la costa septentrional de la isla de Kos. Antes de ocurrir este desgraciado suceso, el barco estuvo atracado dos días y dos noches en un pequeño puerto de pescadores, en el que no hay funcionarios de aduana ni nada parecido, junto a otro mercante. Algunos pescadores afirman que ese otro barco había sido cargado con piedras sin valor alguno; se preguntaban quién podía comerciar con piedras. Ahora bien, es posible que durante esas dos noches las piedras sin valor y el valioso cargamento del otro barco hayan sido intercambiados. El segundo barco zarpó hacia Mileto; su tripulación estaba formada por marineros muy experimentados a los que bien podía confiárseles un cargamento valioso; los mismos que, bajo las órdenes de cierto capitán y de su timonel fenicio, aquí presente, habían partido de Rodas con un cargamento de incienso y otras cosas de valor. ¿Cómo llegaron al otro barco? Preguntas y más preguntas.

»Resulta evidente que intercambiaron las cargas. Para hacerlo menos llamativo, el capitán que había zarpado de Rodas con el incienso se quedó con el mercante cargado de piedras, mientras su tripulación, con otro capitán y en otro barco, llevaba a Mileto el incienso y demás productos destinados a Atenas. El capitán, por su parte, partió hacia el noroeste con un barco cargado de piedras y tripulado por viejos esclavos. Al parecer el barco se hundió a causa de una tempestad de la que nadie parece saber nada; el capitán, que según unos pescadores llevaba puesto un chaleco de corteza de alcornoque, tuvo la fortuna de sobrevivir a la tragedia y pudo llegar a nado a la playa. Pero como un cargamento de piedras y unos cuantos esclavos ahogados no interesan a nadie, se dijo que había sido un valioso cargamento custodiado por excelentes marineros. Precisamente el cargamento que otros marineros, entre los que se encontraba nuestro invitado fenicio, llevaron a salvo a Mileto, donde fue vendido a muy buen precio.

Hagnias parpadeó.

—Bonita historia. ¿Cuánto dices que debe pagar la empresa de Apolonio por la mercadería supuestamente perdida?

—Nueve talentos —respondió Apolonio al tiempo que observaba atentamente el rostro de Eubolo; era una máscara de piedra.

Agatón carraspeó. Era un hombre viejo, fuerte y alto, de mirada fría.

—Sí, bueno, es una gran casa comercial, que posee muchos barcos, y uno no puede estar pendiente de cada movimiento. No quiero decir con esto que piense que esa historia es algo más que una bonita invención.

Eubolo esbozó una sonrisa de complacencia.

—En algún punto se le podría dar mayor crédito... y un peso correspondiente al mismo.

Agatón chasqueó la lengua.

—¿Peso? ¿En qué unidad de medida? ¿Fanega, talentos, o qué?

—Nueve talentos de peso —respondió Demóstenes, al tiempo que hacía como que contaba con los dedos—. O quizá diez, que es un número más redondo.

—¿Diez? —Agatón cerró un ojo—. ¿Renunciar a nueve talentos y pagar uno más?

—Por ejemplo —dijo Eubolo, bostezando—. Si damos por supuesta la veracidad de la historia, eso resolvería una parte de la cuestión. Pero quedan otras.

—¿Cuáles? —Agatón miró al techo de la habitación; un nudo de una de las vigas parecía atraerlo especialmente.

—Fraude —dijo Hagnias—. Extorsión. Asesinato.

—¡Terrible! —exclamó Eubolo levantando las manos—. Pero el cargo de asesinato no viene a cuento. Después de todo, sólo eran esclavos. Digamos mejor: tratar con ligereza mercancía usada.

—¿Un talento a Demóstenes? —Agatón cogió su copa y olió el vino, pero no bebió—. Habría que reponer lo que ha gastado en el viaje, ¿verdad? Y algo más. El resto sería una muestra del agradecimiento del comerciante Agatón por habernos contado una historia tan instructiva y edificante; no suelen oírse historias así en estos tiempos difíciles.

—Medio talento para Demóstenes —dijo Eubolo con suavidad—. Y medio para el tesoro de la ciudad, como generoso donativo. Para equilibrar los gastos ocasionados por los discursos y empresas de tu cuñado, Zaleuco.

—¡Vaya! —Agatón se levantó y dejó la copa—. ¿Ese es el precio por las otras posibles consecuencias derivadas de esos reproches inventados?

—El precio es Zaleuco —dijo Eubolo, y cruzó los brazos—. Siempre se ha preocupado por el bienestar de la ciudad; creo que ya es hora de que le demos las gracias y lo libremos de esa carga. Ya no tendrá que molestarse con los asuntos políticos; de ahora en adelante podrá dedicarse por completo al bienestar de su familia y hacer prosperar sus negocios.

Agatón suspiró.

—No creo que le guste... ya sabéis, tiene esa elogiable tendencia a sacrificarse por el bien común. Pero hablaré con él. Creo que últimamente su salud deja mucho que desear.

Hagnias vació su copa y se levantó.

—Los asuntos de la ciudad... Creo que ya no hago falta aquí. Y la memoria me traiciona. ¿De qué estábamos hablando?

Agatón se acercó a él y le puso una mano sobre el hombro.

—Hablábamos de un pequeño regalo, que servirá para mantener y acrecentar nuestra amistad.

Hagnias asintió con una sonrisa.

—Es verdad, de eso hablábamos. Te deseo salud y negocios prósperos.

Eubolo los acompañó hasta la salida. Retuvo un momento a Demóstenes.

—Ven a verme mañana a primera hora. Tenemos que conversar sobre algunas cosas. —Hizo una pausa y en voz baja agregó—: Estoy muy satisfecho.

6
DIMAS

—¿De dónde vienes y qué sabes hacer? —El obeso comerciante cogió una varilla de un codo de largo, que terminaba en un dedo de marfil curvado, se la metió por la nuca bajo el quitón empapado de sudor, se rascó la espalda y suspiró de placer.

Dimas se encogió de hombros.

—He sido esclavo en Karjedón, señor. Un comerciante, pariente mío, compró mi libertad. Trabajé para él dos años, en el almacén y en barcos. Ahora soy libre. Puedo estibar, remar, coser velas, izarlas y guardarlas. También sé llevar el timón. Cuando era esclavo trabajaba la madera.

El mileto seguía rascándose. Sus ojos de lagarto observaron al joven heleno, que estaba de pie frente a él, descalzo y cubierto por un taparrabos de cuero y una selva de vello negro en pecho, barriga y hombros.

—Necesito buena gente, barata y que no represente una pérdida en caso de que algo vaya mal. —Escupió al suelo del almacén y señaló con la varilla un montón de fardos y cajones que se levantaba a la izquierda de la puerta de entrada—. Eso va a Pella. ¿Sabes dónde está Pella?

—En Macedonia, señor.

—Entonces también sabes por qué necesito gente barata.

Dimas esbozó una sonrisa.

—¿Las tormentas de otoño?

—Es muy justo. Tela de Egipto, botellitas de vidrio y joyas de imitación. Un comerciante de Pella lo quiere todo incondicionalmente antes del invierno. Mi peor capitán, el barco más viejo y una tripulación incapaz. El cargamento está asegurado, pero el resto ¿quién lo sabe? —Se encogió de hombros.

—Hay que coger lo que se presenta. ¿Cuánto pagas, señor?

—Dos óbolos al día. Y el rancho de abordo, sin duda exquisito. El dinero se os dará en Pella, en caso de que lleguéis.

Dimas inclinó la cabeza.

—Que pases un buen día, señor.

El comerciante esperó a que Dimas llegara a la puerta; entonces gritó:

—Espera. ¿Cuánto quieres?

—Un dracma al día. Diez ahora, el resto en Pella.

El gordo levantó las manos.

—¡Por todos los dioses! —exclamó—. ¡Un sueldo de príncipe por un trabajo de peón!

—Te he dicho que también sé llevar el timón. Y reparar el barco, si hace falta. Además, puedo tocar algo de música, para animar a la gente.

—No será tanto... Los buenos músicos no se alistan en travesías otoñales. Digamos tres óbolos, y tres dracmas ahora mismo.

Tras un largo regateo, el comerciante estuvo dispuesto a pagar cuatro óbolos diarios y cinco dracmas por adelantado. Mientras Dimas se guardaba las monedas, apareció el capitán del barco en el que se había alistado: un hombre con una pata de palo, un solo ojo y aproximadamente unos sesenta años. Vestía una túnica pardusca llena de manchas de vino, y caminaba haciendo ligeras eses.

Dimas prometió presentarse a la mañana siguiente para ayudar a cargar. Con un clima regular, pensaba, necesitarían como mínimo veinticinco días, quizá más; y eso en caso de que el barco alcanzara al menos la mitad de la velocidad normal. Veinticinco días representaban dieciséis dracmas y cuatro óbolos. Un buen artesano ganaba un dracma al día; pero un buen artesano tenía que pagar unos cincuenta dracmas para viajar de pasajero de Mileto a Pella.

Salió del almacén, que era una parte del gran cobertizo del puerto, pasó por las tiendas, los puestos del mercado y las grandes letrinas, hasta salir a la gran avenida que conducía a los templos y el Pritaneón. En el barrio de los artesanos, más allá de los grandes edificios, empezó a andar más rápido, dobló un par de esquinas, se agazapó en una galería que llevaba a un patio interior con bodegas y talleres, y esperó. Cuando estuvo seguro de que nadie lo seguía, cruzó el patio interior, se internó en una callejuela que nacía al otro lado y subió por una empinada escalera tendida entre casas de adobe cada vez más pobres. A mitad de la colina desapareció en un huerto, detrás del cual se levantaba una casa de adobe, madera y ripias.

La viuda sin hijos no estaba en casa. Aún no hacía un año desde que su marido, un pescador, muriera ahogado y le dejara en herencia la casa. La casa, nada más, ni siquiera un par de monedas. Tenía dieciocho años, tres más que Dimas, aunque éste aparentaba veinte. Cosía y hacía remiendos, y trabajaba también en una taberna del puerto, donde tarde o temprano descubriría que, mientras fuese joven, podía ser más rentable ponerse algo de maquillaje y alojar cinco marineros al día, en lugar de cinco días a uno solo.

Dimas se sentó a la desvencijada mesa y miró sus utensilios con expresión de aburrimiento. Escupió varias veces en la tinta reseca y escribió unas palabras en el último trocito de papiro. No sabía si podía tener alguna importancia la historia del logógrafo ateniense Demóstenes, que en Mileto había estado indagando en los negocios de un armador; pero quizá a Demarato le interesara el hecho de que el ateniense había mantenido una larga conversación con un príncipe persa, de quien se decía que era la oreja del Gran Rey.

Cuando terminó el informe —tres idiomas y tres clases de caracteres, entreverados—, enrolló los trocitos de papiro, los metió en el último tubito de arcilla que le quedaba, encontró unos rescoldos bajo las cenizas del fogón, encendió una astilla, después una lámpara de aceite, calentó cera y selló el tubito.

Luego se dejó caer en el colchón de paja, la cama de Apama. Estiró la mano hacia la bolsa alargada de piel de carnero sin curtir, en la que guardaba las flautas, tocó la bolsa cosida que contenía las boquillas, suspiró y cogió el bárbiton. La lira que él mismo se construyera la había hecho añicos en Siracusa, donde escuchó por primera vez a auténticos músicos. Con las pequeñas piezas de metal que utilizara el persa había podido afinarla mejor que casi todas las que había oído en los dos años transcurridos desde que abandonara Karjedón, pero ¿qué era un sonido más agudo comparado con las notas que los verdaderos músicos podían sacar de sus instrumentos? Instrumentos que no sólo eran un arco ovalado de madera, sino que tenían cajas de resonancia construidas por los mejores artesanos, conocedores de los caminos que seguían las notas. El bárbiton era una pequeña caja de resonancia de madera de boj con dos largos brazos en forma de cuernos curvados hacia adentro y unidos en lo alto por un travesaño. (Ya sólo llamaba puente al tabique que iba abajo, en la caja de resonancia y por encima de la plancha que sujetaba las cuerdas, y que servía para separar esas cuerdas del cuerpo del instrumento.) Ahora no se podía afinar tan bien, pero sonaba mejor. Dimas todavía llevaba en su bolsa de viaje las clavijas de hierro y la llave para afinar. Pero sabía que necesitaría muchas monedas, no sólo para mandar hacer clavijas para más de cuatro cuerdas, sino para encontrar un instrumento que mereciera el gasto. El bárbiton tenía cinco cuerdas, que ahora Dimas tocaba distraídamente, pensando en lo que le esperaba al día siguiente.

Pero su mente divagaba; volvió a la noche anterior, a la taberna del puerto donde trabajaba Apama. Allí había escuchado por primera vez a un citarista —o una cítara, pues el músico no era demasiado bueno—. Pero el instrumento... Siete cuerdas para tocar, cuatro más para reforzar el sonido, una gran caja de resonancia y ¡qué música tan pobre! ¡Qué no podría hacer con semejante instrumento alguien con dedos más rápidos y alma más profunda! El hombre había tocado las cosas usuales, cantándolas tan mal que ni siquiera los pescadores lo soportaron demasiado rato. Las cosas usuales eran himnos solemnes a los dioses, en los que nadie creía realmente; peanes heroicos para batallas en las que nadie quería participar; tristes elegías por muertos a los que nadie lloraba; un himno a Himeneo, compuesto para una boda tan lujosa como ninguno de los oyentes presenciaría jamás. Después se había levantado un pescador llamado Filodemo y había entonado una de esas cancioncillas que podían oírse en todos los puertos. Un alivio, sobre todo porque el citarista se había negado a que su sublime instrumento acompañara semejante tontería.

Dimas sonrió al recordarlo; los dedos de su mano derecha punteaban las cuerdas, mientras los de la izquierda cambiaban los sonidos, tirando las cuerdas hacia atrás para modificar su largo y la duración de las vibraciones. Si las cuerdas no vibraban libremente, producían un sonido sordo o chirriante. Aquel instrumento tenía que dar más de sí. Tocó la melodía de la canción, murmuró la letra y volvió a alabar mentalmente a Filodemo, que había terminado con la triste música del citarista.

Hay quien paga a la muchacha
a talento por polvo,
y jode sin placer alguno,
inhibido, angustiado.
Yo pago un dracma por cinco
donde Lysianassa,
follo a una niña muy sana
y no siento ninguna lástima.
O bien estoy chiflado,
o bien al otro
habría que cortarle la picha
con una brillante hacha.

Una noche, en Corinto, Dimas había tenido ocasión de ver tres piezas del inmortal Aristófanes en compañía de un viejo esclavo de Demarato, quien le explicaba las alusiones políticas; desde entonces sabía que las palabras fuertes que se oían en las tabernas hacía mucho tiempo que se habían hecho un lugar en el escenario, y que a nadie se le hinchaban las narices cuando un actor hablaba de esa manera. Pero hasta la noche anterior no había intuido que una burda canción improvisada también pudiera tener buenos versos, y de no haber sido porque el citarista estaba por casualidad en la taberna y se había negado a acompañar la canción, tal vez Dimas no habría descubierto hasta mucho más tarde que era posible poner a esas letrillas determinados tipos de música.

Tocó, modificó la melodía, multiplicó las notas, cantó en voz baja. Nunca le había molestado tanto el sonido sordo de las cuerdas cuando las cogía con la mano izquierda. Pensó en el metal, en la mejora que había hecho el persa con ayuda del herrero, en Karjedón.

Sobre una mesa que había junto al jergón estaban algunos de los utensilios de costura de Apama, entre ellos un dedal. Dimas dejó a un lado el bárbiton, cogió aquel dedal de bronce, lo observó detenidamente y se lo puso en el índice izquierdo. Luego intentó tocar una serie sencilla de notas con una sola cuerda. El resultado fue sorprendente: los chirridos cedían casi por completo cuando cogía la cuerda limpiamente entre el pulgar y el índice con el dedal, y el sonido, todavía más sordo que el de una cuerda libre, adquiría en cierto modo un núcleo metálico, más preciso y agudo.

Por la noche, en la taberna donde Apama iba y venía llevando vino y carne, probó el efecto con los pescadores. Cantó una canción sencilla, que había escuchado muchas veces, acompañándola con su instrumento de cinco cuerdas.

El género humano a los dioses tema.
Tienen el dominio en sus manos eternas,
para abusar de éste cuando más les place.

Deshonran mujeres, confunden al cisne,
al héroe maltratan, a niños asesinan,
sepultan los barcos en lechos de sal.

Así es como nuestros sacerdotes hablan.
Nosotros tejemos la red y pescamos,
sembramos la fruta y la recogemos.

Los callos de los pies, las ampollas de las manos
son dioses más fuertes que los de los ricos.
Aprende a nadar, amigo, antes de confiarte a Poseidón.

Los pescadores y obreros escucharon mudos y tensos; cuando Dimas terminó, algunos empezaron a patear el suelo, mientras otros aplaudían o golpeaban las mesas con la palma de la mano.

—Que no te escuchen los sacerdotes y los ricos —dijo un viejo, sonriendo—. Y sigue tocando. —Puso una moneda sobre la mesa e hizo una seña al tabernero para que sirviese más vino a Dimas.

Más tarde, antes de que Dimas y Apama dejaran la taberna, un hombre se acercó él y le dijo en voz baja, casi al oído:

—Has avanzado mucho, desde Karjedón. Y también tu música, que no había escuchado antes, debe de haber mejorado mucho desde entonces. Está bien blasfemar contra los dioses helenos. ¿Censuras también a Adérbal?

Salieron a la puerta de la taberna. Bajo el cielo claro y el millar de estrellas, Dimas hizo un informe de las cosas que consideraba importantes. El extranjero escuchó en silencio, asintió varias veces, repitió los nombres de Demóstenes y Agatón, murmuró algo sobre príncipes persas y, finalmente, puso en la mano de Dimas una pequeña bolsita.

A la mañana siguiente, Dimas dejó la bolsita, que contenía diez semidracmas de plata, sobre la mesita de Apama. Cuando se marchó, la muchacha aún dormía.

El barco ya casi estaba cargado; podrían zarpar pocas horas después del amanecer. En el último viaje, con un fardo de tela al hombro, Dimas había hecho un rodeo para entregar el tubito de barro al capitán de una nave que pertenecía a Demarato, la misma en la que Dimas había llegado a Mileto.

La travesía fue espantosa. La tripulación estaba formada por locos, borrachos y suicidas —a excepción del capitán de un solo ojo y una sola pierna, que no bebió un solo trago desde que zarparon de Mileto—. Él y Dimas mantenían el curso del barco, remendaban las velas, llevaban el timón, calafateaban el casco cada día, pues hacía agua por todas partes. El viejo mercante de borda alta tenía un mástil invadido por la carcoma; una cubierta elevada, cuyos tablones se rompían en cuatro partes cuando uno los pisaba; y ocho remos por banda, tres de los cuales, astillados y rotos, servían a medias gracias a que los habían atado con cuerdas. A diferencia de las hermosas naves eternizadas en ánforas por hábiles pintores, ésta no tenía, a proa ni a popa, cabezas de pez o diosas de busto prominente. Hasta el Helesponto fueron arrastrándose entre las islas y bordeando la costa, pero sólo hacían tierra cada dos noches, pues el viento era favorable y el capitán un hombre duro.

Al llegar al Helesponto encontraron un viento otoñal fuerte y cálido, que soplaba desde el este, desde el mar Euxino. Dimas y el capitán discutieron y, finalmente, decidieron arriesgarse a continuar viaje por mar abierto, rumbo a Samotracia, para luego seguir hacia Thasos. La travesía terminó en la costa oriental de Calcídica. El clima cambió de repente y un cortante viento del oeste los hizo retrodecer hasta la desembocadura del Estrimón. En el puerto de Anfípolis, el capitán acordó con un socio del obeso comerciante mileto que las mercancías siguieran por tierra su camino hacia Pella. Dimas cobró su paga y se ofreció para continuar viaje por tierra, conduciendo uno de los carros.

El otoño ya empezaba a hacerse notar. Una vez en Pella, entregaron la mercancía. Dimas no se impresionó al ver la capital macedonia, que le pareció una ciudad más bien estrecha y pobre. Había escuchado historias delirantes sobre el rey. En ellas, Filipo aparecía como un gigante que no tardaría en reventar la estrecha Pella para poder estirarse. Imaginaba también a los principales asesores del monarca, el general Parmenión y el administrador Antípatro, y a la bella y apasionada reina.

Dimas permaneció unos días en el pequeño puerto, que quedaba a algunos estadios de la ciudad; holgazaneó en las tabernas y por las noches tocó su nueva música, bebió vino malo y disfrutó de la hospitalidad de una puta enamorada de sus canciones que, como ya no llegaban barcos a puerto, tenía poco trabajo. En cierta ocasión vio a una mujer esbelta, de porte principesco, que, con el rostro cubierto por un velo, recorría las tiendas de la bahía comprando cosas extrañas. Su capacidad de observación, muy aguda gracias a las enseñanzas de Demarato, le dijo que aquella mujer era la reina. Decidió que el corintio bien podía esperar el informe correspondiente, y en vez de escribirle, se dirigió lentamente hacia el sur. En Aloro trabajó unos días con un constructor de carros; en Dión, con un carpintero que fabricaba muebles. El invierno lo sorprendió en Feras, Tesalia, donde encontró a un desconocido fabricante de instrumentos, poco imaginativo pero honrado, que le dio techo, comida y medio dracma al día a cambio de que pasase el invierno ayudándolo a preparar, pulir y tratar las diferentes maderas.

Pero Feras no era el lugar apropiado para quien iba en busca de novedades. En las tabernas sólo querían escuchar las notas asiáticas y las helenas por separado; los sacerdotes y los ricos que gobernaban la ciudad desaprobaban incluso que se empleasen al mismo tiempo el aulo, consagrado a Dioniso, y alguno de los instrumentos de cuerdas propios de Apolo.

Al llegar la primavera, Dimas siguió su camino. Una vieja mula que había comprado por poco dinero llevaba sus escasas pertenencias: el saco de cuero en el que guardaba su ropa y enseres de uso cotidiano; la bolsa de cuero con el aulo doble; el estuche alargado y forrado en piel que contenía el bárbiton; y una bolsa algo más grande, también de piel, en la que llevaba la sencilla cítara que él mismo se había hecho. A un artesano de Feras le había comprado cincuenta buenas cuerdas, mejores que las que él podría haberse preparado con tripas de oveja. Ninguno de los herreros de Feras pudo, o quiso, hacerle las clavijas de metal que necesitaba para afinar el instrumento ni las fundas especiales para las yemas de los dedos. Tal vez en Tebas, o en Atenas... Dimas no tenía prisa.

7
EL AMOR DE OLIMPIA

La mañana era fría y luminosa; sólo sobre el pantano que se extendía al norte de la ciudad había una tenue capa de neblina. De la boca de Olimpia salían nubecillas de aliento; se arrebujó en el mantón de lana de color claro. Debajo de ella, más allá de los muros del palacio, las calles estrechas se precipitaban rápidamente desde la colina hacia las afueras, la llanura y el cinturón de sembrados; podía ver a algunos campesinos y un par de carros de basura; en una plaza suburbana, un personaje diminuto agitaba los brazos y daba vueltas alrededor de una mula pequeña pero al parecer enormemente testaruda.

Olimpia sonrió y volvió a su habitación. A una señal suya, la tracia muda —le habían cortado la lengua en su país, mucho antes de que fuera esclavizada— cerró la ventana con unos marcos de madera que mantenían tensa la vejiga de cerdo, transparente.

Las esclavas habían limpiado la habitación. Las lámparas de aceite estaban llenas, lo mismo que los braseros de carbón. Olimpia entró en la habitación contigua, separada de la suya por una puerta encortinada. Una de las amas estaba sentada en el taburete colocado al lado de la mesa. En su regazo tenía al pequeño Alejandro, de quince lunas de edad; le estaba dando de comer con una chucharilla de cuerno. Por las comisuras de los labios le chorreaba una papilla preparada con agua, leche de yegua y canela. La pequeña barriga de Alejandro parecía a punto de reventar, pero el niño pedía más y más.

—¿No ha venido Lanice?

El ama hizo una reverencia sin levantarse del taburete; un ejercicio difícil, pues el niño podía caerse.

—No tardará en llegar, señora. Traerá a Proteas y tal vez más tarde puedan salir al jardín con los niños.

Olimpia acarició con la punta de los dedos el cabello rubio de su hijo y regresó a su habitación. Lanice, hija del distinguido macedonio Drópidas y casada con el olintio Andrónico, tenía veinte años, dos menos que la reina; había tenido un hijo pocos días antes que Olimpia y había vivido un tiempo en el palacio, para dar el pecho a Alejandro. Olimpia pensó en las bromas de la naturaleza; Lanice era tan rubia como Alejandro; por el contrario, Cleito, su hermano de once años, ya tenía todo el cuerpo cubierto de vello negro. El hijo de Lanice, Proteas, tenía el cabello negro, a pesar de que su padre era tan pelirrojo como Olimpia. Y Filipo, de cabello negro en todos los lugares donde puede crecer el pelo, había engendrado un hijo rubio. Dejó escapar un suspiro apenas perceptible y acarició con la mirada su ancha cama. Por las noches sólo le daba calor la vasija de bronce llena de agua caliente y envuelta en pieles; el semidiós desnudo del brillante tapiz rojo oscuro, verde y dorado no se parecía en nada a Filipo.

La tracia dejó un plato con leche junto a la cesta, a la que en algún momento regresaría la pequeña serpiente después de entrar por un agujero de la ventana. Señaló los dos braseros y, al ver que Olimpia asentía, los encendió y salió de la habitación. El hornillo de hierro, que apenas llegaba a la altura de la rodilla y estaba provisto de una cacerola de bronce para calentar agua, se levantaba sobre sus patitas de león al lado de la mesa de madera negra tallada; el recipiente de arcilla, lleno con agua, vino, miel y hierbas, y calentado mediante unos tubos de metal en los que se introducían brasas de carbón vegetal, descansaba sobre una pequeña base de hierro, de cuatro patas. Olimpia se sentó en la silla de brazos tapizada con piel, desenrolló el papiro, sujetó los bordes con unas figurillas de plomo en forma de osos y lobos y leyó la carta que había empezado a escribir a su tío. Luego cogió una caña nueva, cortó con los dientes una de los extremos y continuó donde había quedado la noche anterior.

Las cosas usuales: preguntaba por el estado de salud del soberano, que debía dirigir el destino de los molosos hasta que el hermano menor de Olimpia, Alexandros, fuera lo bastante mayor para hacerse cargo. Preguntaba por Alexandros, quien sólo tenía dos años cuando Olimpia había sido enviada al templo de Dodona y, después, a Samotracia. Contaba cosas importantes y triviales, lo que pasaba en el palacio de Pella, que en realidad no era más que un burgo ampliado. Y seguía preguntando por personas a las que ya apenas recordaba, y pedía que le enviasen objetos que una vez había apreciado.

Lanice vino con su hijo y se llevó a Alejandro. Olimpia mordisqueó un trozo de pan soso, echó vino caliente en una copa, bebió y se sumió en cavilaciones.

Entró una criada.

—Señora, está aquí el vidente del rey, Aristandro.

Olimpia dejó la caña de escribir.

—Si es necesario...

Aristandro entró, inclinó la cabeza y se sentó en la silla que Olimpia le ofreció en silencio.

—Como hacía tanto tiempo que no gozaba del placer de verte... —Aristandro sonreía, pero sólo con la boca; sus fríos ojos tenían una expresión interrogativa—. ¿Cómo se encuentra la encarnación de Ammón, el hijo del dios?

—El hijo del rey Filipo se encuentra bien. —Olimpia examinó con la mirada la cara del vidente, los ojos punzantes, la nariz afilada, la boca pequeña, que parecía una línea insignificante perdida en medio de la barba de color castaño oscuro—. Y yo volveré a estar bien cuando el rey regrese sano y salvo de la frontera.

—He oído decir que podemos contar con verlo de aquí a dos o tres días.

—Es posible —dijo Olimpia, y se encogió de hombros.

Aristandro observó el calentador de vino.

—Una buena bebida para un frío día de invierno —insinuó.

Olimpia dio una palmada. Cuando apareció la criada, le mandó que trajera una segunda copa y la llenase.

—Hubo una época —dijo Aristandro al retirarse la criada—, en que la propia Olimpia me habría llenado y alcanzado la copa.

—En esa época Olimpia aún no sabía que los reyes también pueden participar en los juegos de los sacerdotes y dioses. Ahora me aburre la simplicidad de tu juego, Aristandro, porque he comprendido que los juegos de Filipo no persiguen uno, sino tres objetivos.

—¿Te deja participar en ellos, o sólo los ves desde lejos?

—Me deja participar en algunos, y escucha mi opinión sobre otros. Pero estoy segura de que no has venido a verme para comprobar que el rey me importa más que tú... y los otros. ¿Me equivoco?

Aristandro sopló al líquido caliente de su copa.

—Una carta de Samotracia. El egipcio nos hará una visita en primavera. Apenas pueden volver a zarpar barcos.

—No quiero verlo.

—¿Puedo preguntarte por qué?

—No es asunto tuyo. La reina no está obligada a informar al vidente.

Aristandro asintió con la cabeza.

—La reina no, y tampoco hablamos de una obligación. Pero la sacerdotisa del bosquecillo de Dodona, la sacerdotisa del templo de Samotracia, ¿no podría... ayudar un poco al sacerdote del palacio de Pella?

Olimpia rió, pero sin alegría.

—¿La sacerdotisa? Ya no existe. Ha tirado esa túnica vieja y horrible que le obligaron a llevar; se siente muchísimo mejor con esta ropa nueva.

—El sacerdocio no es un vestido que uno pueda quitarse. —El vidente arrugó la frente—. Además, ¿cómo que te obligaron?

Olimpia jugueteó con la caña de escribir.

—Lo sabes muy bien. Mi padre era rey de Epiro. Neoptolemo, hijo de Alcetas. Un buen hombre y un buen padre, pero un monarca débil. Su hermano Aribbas, mi tío, lo obligó a compartir el poder con él. Mi madre murió al nacer mi hermano Alexandros; poco tiempo después también murió mi padre. Hasta ahora no sé si su muerte fue natural o si alguien colaboró. Aribbas se casó por la fuerza con mi hermana mayor, Troa, que lo detestaba; así consiguió que lo nombraran tutor de Alexandros. Para poder gobernar sin oposición tenía que controlarme... o deshacerse de mí. ¿Qué posibilidad más eficaz y discreta que entregar a su sobrina a las sacerdotisas del bosque?

Aristandro se inclinó hacia adelante; una especie de preocupación se reflejaba en su voz y su semblante.

—¿Cómo trata Aribbas a tus hermanos?

Olimpia hizo una mueca.

—Deja vivir en paz a mi hermana y protege a mi hermano... desde que la reina de Macedonia se lo pidió como de pasada, pero con firmeza.

Aristandro bebió un trago y retuvo un momento en la boca el aromático vino caliente, como si lo estuviera mascando.

—Si lo deseas, puedo pedir a los sacerdotes molosos que cuiden de tus hermanos. Lo haré con gusto.

Los ojos de Olimpia eran estrechas rendijas.

—¿A qué viene ahora esa preocupación? ¿También quieres hacer de Troa y Alexandros instrumentos de tus turbios planes?

Aristandro sacó el labio inferior y sacudió lentamente la cabeza; tenía los ojos muy abiertos, como un niño inocente.

—¿Instrumentos? ¿Turbios planes? ¡Oh, señora de Macedonia, qué poco me conoces!

Olimpia esbozó una leve sonrisa.

—Pobre Aristandro, incomprendido y ofendido... Estoy arrepentida.

—No hablemos de instrumentos ni de ofensas —dijo Aristandro al tiempo que dejaba la copa—. Hay algo que está dándome vueltas en la cabeza y tengo que decírtelo.

—Dilo. Pero intenta evitar los rodeos y la retórica.

—Como quieras. —Aristandro se echó hacia atrás y cruzó los brazos—. Tu hijo, Alejandro, encarnación del dios.

—¿Qué pasa con Alejandro?

—El día de su primer cumpleaños pregunté a los dioses... Quise decírtelo, pero después...

Olimpia suspiró.

—Habla. Sin rodeos, como ya te he dicho.

—No será rey por mucho tiempo. Si es que llega a serlo.

Olimpia respiró hondo. Sus ojos despidieron verdes llamaradas.

—¿Cómo osas...?

—No es una osadía —dijo Aristandro en voz baja, casi con tristeza—. El vuelo de los pájaros lo dice, los hígados de los animales sacrificados lo dicen. He realizado varios sacrificios y todos han presagiado lo mismo. —Metió la mano en el bolsillo cosido en su larga túnica negra y sacó un bulto envuelto en un trozo de tela. Olimpia levantó las manos, con los dedos extendidos.

—No... ¿Qué dicen los pájaros y los hígados?

—Alejandro morirá pronto, aún niño, y de manera violenta. O bien lo hará tras pocos años de grandioso reinado. En cualquiera de los dos casos, morirá joven. Quizá esté en tus manos hacer que llegue a reinar y que pueda cumplir la voluntad de Ammón.

—Enséñamelo —dijo Olimpia con voz ronca, como cardada por el dolor.

Aristandro abrió el paquete; había una segunda tela, más clara y llena de manchas de sangre. Quitó también este envoltorio.

Olimpia se inclinó sobre el hígado de carnero, lo palpó, lo cogió en sus manos, lo levantó, lo estrujó, lo observó desde todos los ángulos. Finalmente, volvió a dejarlo en la tela, que Aristandro tenía sobre sus rodillas.

—¿Quién me asegura —susurró Olimpia— que este hígado perteneció realmente a un animal sacrificado a los dioses para consultarles eso? —De sus ojos semicerrados brotaron lágrimas, que resbalaron por sus mejillas.

—Sacrificado hoy mismo, al amanecer —dijo Aristandro con gesto grave—. ¿Te he mentido alguna vez? ¿Algún sacerdote te ha mentido alguna vez?

Olimpia abrió los ojos y se secó las lágrimas con la manga de la bata.

—Manipulado —dijo con voz ronca—. Me habéis manipulado. Me convertisteis en una puta del templo. Me adiestrasteis para hacer de mí una herramienta, como se adiestra a un animal para que realice determinada tarea. Envenenasteis mi alma, sí, todo eso. Pero ¿mentido? No... si es que los mismos dioses no son ya mentiras.

Aristandro envolvió el hígado y volvió a meterse el paquete en el bolsillo.

—Nadie ha intentado jamás envenenar tu alma, Olimpia. Para ello habría hecho falta quebrantar tu voluntad, y eso no puede hacerlo nadie.

Olimpia no dijo nada; sus ojos vagaron por la estancia, su mirada se enredó en la cortina de la habitación contigua.

Aristandro siguió hablando, a media voz, con suavidad pero también con energía:

—Filipo te ha escrito dos veces.

Olimpia se estremeció.

—¿Cómo lo sabes?

Aristandro se encogió de hombros.

—Si no supiera mucho más que el resto, sería un mal sacerdote. Un vidente corto de vista. En el mismo tiempo, Filina ha recibido siete cartas suyas.

Olimpia permaneció callada y lo miró fijamente.

—Según parece... y yo no creo que él lo haya dicho, pero ha llegado a mis oídos... —El vidente suspiró y puso sus manos sobre las de Olimpia—. Te ruego que no dudes de él; probablemente no es más que un feo rumor. Una terrible calumnia. Cuanto más grande es un hombre, mayor es el número de envidiosos y calumniadores.

Olimpia retiró las manos.

—¡Di lo que tienes que decir!

—Está bien. Si estás segura de que quieres oírlo... No, no puedo decirlo.

Olimpia se inclinó hacia adelante.

—¡Di lo que tienes que decir, vidente! —exclamó, casi gritando.

Aristandro levantó las manos; su rostro expresaba un gran pesar.

—Según parece, Filipo ha dicho... o alguno de los hombres más próximos a él.

—¿Qué?

Aristandro cerró los ojos, se frotó las sienes, respiró con dificultad.

—Tal vez no sea más que un chisme soltado durante un banquete... Dos bárbaras con las que Filipo se había acostado una misma noche, dijeron, según parece, que los hijos engendrados con placer llegaban sin duda alguna a ser señores de su tribu. Alguien (no creo que haya sido Filipo, señora) contestó que ya había dos vástagos, y que quizá el primero, hijo de una bailarina tesalia, fuera más adecuado para ocupar el trono que el segundo, que, después de todo, era hijo de una... de una... puta molosa.

El rostro de Olimpia se relajó.

—Habladurías. Pensé que se trataba de algo importante.

—¿No tiene importancia, entonces?

Olimpia se encogió de hombros.

—Habladurías, como tantas otras. Filipo no es un gran escritor de cartas. ¿Siete cartas a Filina? No me lo creo; y aunque así fuese...

Aristandro metió la mano en el bolsillo en el que había guardado el hígado.

—Aún prescindiendo de habladurías y de la importancia o intrascendencia de esas cartas, hay otra cosa que no deberías olvidar, reina de los macedonios —dijo el vidente, enfatizando el título.

Olimpia miró hacia la ventana. Un leve susurro: era la pequeña serpiente, que regresaba de su paseo matinal; bajó por la pared y se dirigió al plato de leche.

—¿Qué es lo que no debo olvidar? ¿El hígado?

—El hígado. Alejandro. Y la reina. Si algún día a tu hijo le ocurre algo y deja de ser el primer heredero, dejarás de ser reina. Tienes que pensar también en tu posición. En tu influencia, tu poder, tu seguridad.

Olimpia se levantó; miró al vidente, que seguía sentado.

—Es posible. Lo discutiré con los dioses.

Aristandro asintió con la cabeza y se puso de pie; caminó hacia la pesada puerta de madera labrada que separaba la habitación del pasillo.

—Discute con los dioses también esto: tu hijo puede tener una muerte violenta muy pronto, tal vez porque alguien prefiere que el heredero al trono sea Arrideo. O puede cambiar la Oikumene, el mundo, su época, en pocos años, antes de reunirse con los dioses, todavía muy joven. El más grande de todos los reyes, el primero entre los primeros, el asombro del mundo. Pero morirá joven, como su antepasado; tu antepasado, Olimpia, el divino Aquiles.

—Lo pensaré. Ahora vete. Y... no quiero ver al egipcio.

Olimpia pasó el resto del día sumida en cavilaciones. Recorrió su habitación una y otra vez, de arriba abajo; pasó largos ratos tumbada sobre la cama, inmóvil, con la mirada perdida en las vigas del techo; descolgó el tapiz de la pared, lo extendió delante del pequeño altar de mármol de color carne y se arrodilló, con los ojos fuertemente cerrados y los brazos cruzados; después se tumbó boca abajo ante el altar, con la cara apretada contra la tela gruesa del tapiz. No comió nada.

Por la noche, cuando las esclavas y amas ya habían terminado de atender a Alejandro, Olimpia las despidió y se llevó al pequeño a su habitación. Mientras el niño andaba torpemente por la estancia e intentaba hacerle un nudo a la serpiente, Olimpia llenó el calientacamas de bronce con agua caliente de la cacerola del hornillo, lo envolvió en pieles y trajo las mantas pequeñas de la habitación de su hijo. Luego cogió en brazos a Alejandro, se arrodilló con él frente al altar, apretándolo contra su pecho, y empezó a balancear el torso de adelante hacia atrás, murmurando oraciones inaudibles. Acostó al niño en su cama y apagó todas las luces excepto dos de las cuatro lámparas que colgaban del gran pedestal de bronce que había sobre la mesa. Mientras su hijo se chupaba el pulgar, balbuceaba y, poco a poco, se iba quedando dormido, Olimpia terminó la carta a Aribbas. Luego cogió una tira de tela un poco más larga que un brazo, hizo un nudo en uno de los extremos, se desnudó de cintura para arriba y se arrodilló frente al altar. Se balanceó lentamente, rítmicamente, de adelante hacia atrás, al tiempo que se azotaba la espalda con el nudo.

Esa noche apenas durmió. En un determinado momento el niño se despertó llorando; lo había abrazado con tanta fuerza que lo había dejado casi sin aire. Por la mañana tenía la cara llena de estrías; las almohadas estaban húmedas y las uñas habían dejado profundos surcos en las palmas de sus manos.

Antes de mediodía fue sola a la ciudad —la tracia muda la seguía a cinco pasos de distancia—. En un seco y frío día de invierno, hasta Pella, con sus calles pestilentes, sus pequeñas plazas sin empedrar y la proximidad de los pantanos, resultaba soportable. Olimpia iba cubierta por un mantón muy apretado alrededor de los hombros; la tracia llevaba una canasta de corteza sobre la cabeza.

Olimpia compró hierbas, en su mayor parte secas, ya que sólo unas pocas podían conseguirse frescas. Las tres tiendas que visitó ofrecían un surtido igualmente amplio o, más bien, igualmente escaso. Lo que compró en las otras dos tiendas podría haberlo comprado también en la primera. En el pequeño puerto de la ciudad ordenó a la tracia que esperara un momento; pidió a un remero que la llevara en su barca hasta el otro extremo del canal, que unía Pella con el verdadero puerto, en la desembocadura del Ludia. Allí había dos o tres comerciantes que, incluso en invierno, traían extraños productos de regiones lejanas, al menos cuando las embarcaciones costaneras podían navegar. Olimpia se había cubierto la cara con el mantón, dejando libres sólo los ojos. Compró dos pequeños frascos cerrados de cristal ahumado, como los que se fabricaban en Egipto o en Karjedón. Al salir de la tienda, que ocupaba la parte delantera de un edificio de madera, bajo y alargado, que se levantaba en el malecón, advirtió que el remero la estaba observando. Se quedó un momento mirando más allá de la cabeza del hombre, hacia el otro lado de la desembocadura del río, donde, por encima de las barcas de pescadores y las redes tendidas, se levantaba una multitud de chozas con techos de junco. El remero también se volvió hacia allí, para ver si había algo interesante. Olimpia aprovechó ese instante para marcharse con paso lento por el malecón, apenas elevado y amurallado. Vio los veleros de carga amarrados, que subían y bajaban entre crujidos, movidos por el suave oleaje, y a los hombres que reparaban los barcos, calentaban pez o escuchaban música sentados a las puertas de las tabernas. El olor era el de todos los puertos: a sal y agua estancada, basura, plantas podridas, pescado. Los tres barcos de una cubierta, que representaban una gran parte de la supuesta flota macedonia, yacían vacíos junto al muelle exterior, como frágiles juguetes de corteza. De un espolón colgaba una guirnalda de flores.

Olimpia entró a dos tiendas más; en la primera compró un perfume que olía a fuerte aceite de rosas, con un cierto aire a citros, casia y manzanas cidonias. Sonrió mientras cerraba el frasco; eran aromas y sabores que arrebatarían el sentido a la boca de Filipo.

En la segunda tienda comprobó la textura de ciertas telas caras, pero no compró nada. Regresó lentamente a la barca. El hombre la había visto venir; durante el viaje de regreso intentó entablar conversación, pero no tardó en enmudecer al advertir que la reina no le prestaba la menor atención.

Olimpia mandó traer aceite, harina, leche, miel y algunas hierbas, un cuchillo afilado y una tablilla para cortar. Vertió el aceite en un plato hondo de bronce, que puso sobre la plancha del hornillo. Echó la harina en una bandeja, con el agua y la leche, desprendió la miel del panal, la añadió a la mezcla y lo amasó todo bien. La mayor parte de las hierbas que había comprado no eran más que para desorientar a cualquiera que la estuviese espiando; terminaron enseguida en el cesto de la basura. Las pocas que realmente necesitaba las limpió con cuidado y las picó sobre la tablilla. Finalmente, formó diez bolitas de pasta, las rellenó con las hierbas picadas y les echó unas gotas de los dos frascos de cristal. Hizo rodar cuidadosamente las bolitas entre las palmas de sus manos y las dejó caer en el aceite hirviendo.

Esa noche hizo que Alejandro durmiera en su cama; no tenía ninguna posibilidad segura de mantenerlo alejado de las bolitas. Olimpia pasó la noche casi sin dormir, unos ratos en la cama, unos ratos ante el altar. Por la mañana mandó a una de las esclavas que fuese a buscar a un hombre que trabajaba en los establos. Mientras esperaba, se enroscó la serpiente al cuello y le dio de comer trocitos de carne. Mejor dicho: quiso darle de comer, pues la serpiente no aceptó nada. Olimpia se había lavado las manos concienzudamente, se las había restregado y untado con salvia, pero la serpiente rechazó una y otra vez sus dedos. Por fin, el reptil se arrastró hacia su canasta y luego, superando la moldura, alcanzó la ventana y desapareció. Olimpia sacó dos o tres flores marchitas de un jarrón blanco y las arrojó al cesto de la basura, que las esclavas habían vaciado muy temprano.

El hombre entró e hizo una gran reverencia. Lo mismo podía tener treinta y cinco años, que cuarenta y cinco. Su rostro era el de un zorro distraído, que añora astucias pasadas.

—¿Admeto, de Tecmón?

El hombre volvió a inclinarse.

—Ha pasado mucho tiempo... —dijo Olimpia examinándolo con la mirada—. Casi no te reconozco. Tu mujer y tus hijos ¿siguen en Epiro?

El hombre abrió los ojos, sorprendido.

—¿Cómo sabes...?

—Hace muchos años serviste a mi padre, Neoptolemo. He oído decir que gozabas de toda su confianza.

Admeto se encogió de hombros; mantenía las manos rígidas, a la altura de los muslos.

—No es sensato engañar a alguien que tiene poder sobre ti. O sobre tu familia.

Olimpia hizo una mueca.

—He oído que tu familia sigue viviendo en Tecmón —dijo—. ¿Por qué no han venido contigo?

—Fui esclavizado por deudas, pero confío en poder regresar pronto a casa. —Su rostro era inexpresivo, pero una expectante esperanza resonaba en su voz.

—Ya lo veremos. Mientras yo pueda confiar en ti, tu familia estará segura. Y mientras más pueda confiar en ti, antes terminará tu esclavitud por deudas.

Admeto cerró los ojos.

—Pensaré en ello, reina de Macedonia.

—¿Sabes dónde vive Filina, la tercera mujer de Filipo?

Admeto asintió con la cabeza.

—En un pequeño palacio de las afueras —dijo Olimpia—, con un jardincito que da al río.

Admeto carraspeó.

—Perdóname señora, pero no da al río, sino al canal.

Olimpia arrugó la nariz.

—Más de una vez recurriré a estas triquiñuelas para comprobar si de verdad eres digno de confianza.

Admeto hizo otra reverencia.

—Entrarás en ese jardín sin que te vean los adultos y le regalarás unas golosinas a Arrideo. Éstas de aquí —dijo Olimpia al tiempo que le entregaba una bolsita—. Son bolitas de harina. Dale tres. ¿Lo has entendido?

Admeto cogió la bolsa.

—Tres. ¿Puedo preguntar algo, señora?

Olimpia señaló la puerta.

—No. Vete. No olvides olvidar esto. Y piensa en tu familia.

A última hora de la tarde apareció Antípatro.

—Las buenas noticias hay que darlas personalmente. Los mensajeros son para anunciar desgracias —dijo sonriendo; Olimpia le pidió que se sentase y le llenó una copa con vino caliente.

—¿Qué buenas noticias son ésas?

Antípatro miró hacia la ventana, donde la pequeña serpiente desapareció con un suave siseo.

—Filipo llegará dentro de unas horas. Le ha ido bien; tenía un par de arañazos, porque los ilirios querían acariciarlo con puntas de lanza. Pero están curados.

Los ojos de Olimpia se iluminaron.

—Esa es la mejor noticia posible, amigo del rey. ¿Ha dado alguna indicación, o expresado algún deseo?

Antípatro acarició con la mirada la amplia cama.

—Un banquete para los príncipes y gente importante, y para sus esposas. Otro, en otra sala, para los oficiales y soldados rasos que vengan con él. La mayoría ya está de camino hacia sus respectivas aldeas. —Pestañeó—. Antes de eso, el rey quiere un poco de tiempo para refrescarse.

Olimpia dio unas palmadas; al cabo de unos instantes apareció la tracia. Compartía con otras criadas una habitación contigua a los aposentos de la reina, que comunicaba con estos mediante un delgado tubo de barro empotrado en la pared de ladrillo hueco.

—El baño. Rápido —dijo Olimpia—. ¿Hay agua caliente?

La tracia asintió y se marchó de inmediato.

—Las prisas me han llevado a impartir instrucciones sin pedir tu opinión —dijo Antípatro. Vació la copa y se levantó—. Espero que me perdones.

—Si Antípatro es el que ordena, las órdenes son espléndidas.

El cuarto de baño de Olimpia se encontraba al otro lado del pasillo, junto al patio interior del palacio. Receptáculos para captar la lluvia colocados en el techo del edificio central alimentaban la cacerola de bronce de un horno de carbón vegetal que se levantaba en un rincón del pasillo. Una vez caliente, el agua fluía a través de un tubo hacia el cuarto de baño, donde la recibía una tina apoyada en columnas de ladrillo. En esa tina, que llegaba a la altura del pecho, podía mezclarse a voluntad agua caliente y fría. Una válvula regulable permitía hacer caer el agua a través de un tubo que, ya en la bañera hundida en el suelo, terminaba en una especie de colador, de manera que uno podía ducharse; otras tuberías iban directamente a la bañera y al lavamanos de mármol verde, que era un regalo del rey «para que la belleza de tus ojos te envuelva al reflejarte». Tras el baño, las criadas recogían con unas jarras grandes y sencillas el agua de la bañera, que más tarde sería usada para evacuar la taza del retrete, también de mármol verde. De allí el agua, como toda el agua usada, pasaba por unos tubos adosados a las paredes del palacio hasta llegar a los canales subterráneos que cruzaban la ciudad por debajo y desembocaban en los campos de regadío del norte.

Olimpia se desvistió, con ayuda de la tracia; luego se metió en la bañera, se dejó rociar de agua, se lavó el cabello y se estiró en el agua caliente. Una iliria gorda, de dedos suaves y delicados, la untó con aceite y agua perfumada y retiró lo que no se había filtrado por sus poros, primero con una espátula de marfil, después con una esponja. Olimpia salió de la bañera. De pie sobre la gruesa piel de oso pardo extendida sobre las baldosas, dejó que las dos criadas la secaran, mientras escuchaba los ruidos que llegaban del patio interior.

El rey había llegado. Olimpia escuchó cómo daba sus armas a uno de los criados, saludaba a Antípatro e intercambiaba unas palabras con Parmenión, quien también acababa de arribar. Olimpia indicó a las mujeres que dejaran el agua de la bañera y se marcharan enseguida. Cogió el frasco de aquel perfume que debía arrebatar los sentidos a la lengua de Filipo, echó unas veinte gotas en la palma de la mano, se frotó los pechos y los hombros, hizo penetrar el perfume en el vello del pubis y se lo pasó por el interior de los muslos. Luego cogió la bata blanca.

Oyó ruido de pasos enérgicos en el pasillo; la voz de Filipo rugió:

—Mujer... Princesa... ¿Dónde estás? —De pronto, Filipo estaba en el baño; rió y extendió los brazos. Olimpia puso las manos sobre las mejilla de Filipo, lo cogió con firmeza del cuello, se sintió abrazada y apretada contra el cuerpo duro del rey, cerró los ojos, sintió sus labios, sus manos, sus músculos, sintió aquella deliciosa debilidad en las rodillas, olió la fuerza y los caballos y el cuero y, como si de un eco se tratase, el filo de armas ensangrentadas y el sudor y los días a caballo y el vino y la distancia, un soplo del invierno y el cierzo, y fortalezas tomadas por asalto y resina y fuego. Con manos rápidas, ayudó a Filipo a abrirse el cinturón y, mientras el rey se rasgaba la túnica corta, pues no tenía paciencia para sacársela, se quitaba los zapatos de montar sacudiendo los pies y se arrancaba el pestilente taparrabo, Olimpia cogió la esponja, lo empujó a la bañera, se arrodilló y lavó su miembro erecto, la dura bolsa peluda, las caderas; y él jadeó y gruñó, le arrebató la esponja y se la apretó entre sus nalgas. Ella quiso coger la toalla pero él la cargó en sus brazos y la llevó por el pasillo hasta su habitación y la arrojó sobre la cama y le quitó la bata y encontró el rastro de las manzanas cidonias y los citros y la casia y el aceite de rosas y lo siguió con la lengua, y probablemente la tracia cerró la puerta del pasillo.

A la mañana siguiente Olimpia se despertó tarde y, por un momento, se sintió extraña y confundida. Se sentó y comprendió que estaba en la habitación de Filipo, en la cama del rey. La cabeza le dolía, sentía la lengua y el paladar como si fuesen de corteza y en la boca tenía un regusto a vino, cordero asado y hierbas aromáticas. Recordó con esfuerzo el banquete, las libaciones, los brindis y, por fin, la borrachera; las literas revestidas en cuero al pie de las paredes sobre las que se reflejaba la luz temblorosa del mil antorchas y lámparas, confundiéndose con los colores de las pinturas murales. Recordó bailarinas desnudas y acróbatas; ¿no había habido un tragafuego ante cuya boca Filipo, entre atronadoras carcajadas, había querido asar un lirón gordo ensartado en un pincho? Músicos; un citarista que acompañaba a un cantante; una extraña melodía unida a esos oportunos versos de Homero sobre el regreso de Odiseo y sobre cómo, al oír sus palabras, las rodillas de Penélope vacilaron, el corazón le dio un brinco y sus brazos se arrojaron al cuello del recién llegado; y sobre cuánto disfrutaron de su amor. Olimpia se desperezó y soltó un quejido. Le dolían los riñones, y entonces se acordó de otras cosas: cómo Filipo, a pesar de que había comido hasta hartarse y bebido mares de vino, no había perdido la fuerza y el ímpetu; cómo, al final, había saltado sobre la mesa para arrojar al suelo y doblegar con unas pocas llaves al luchador victorioso, un cretense de músculos enormes y relucientes por el aceite; y como después, cuando muchos ya roncaban o apenas si podían tenerse en pie, la había llevado en sus brazos escaleras arriba hasta su habitación.

Olimpia sonrió; los labios, mordisqueados, le dolían. Se levantó lentamente y recogió su ropa; por un momento, al agacharse, tuvo que cogerse del borde de la mesa, se apretó las manos contra las sienes, que no dejaban de latir.

Más tarde, antes de mediodía, Admeto pidió ver a la reina. Olimpia lo escuchó en silencio y cogió la bolsa, en la que aún quedaban ocho bolitas, ya que Admeto sólo había podido darle dos al niño pues había aparecido su ama. Olimpia lo despidió con la advertencia de que esas pastas también podían enviarse a Epiro, quizá a Tecmón. Cuando Admeto se hubo marchado, Olimpia arrojó a su *koprón* las bolitas que quedaban y las hizo pasar con los restos del agua del baño del día anterior. Después tomó aire, fue a la habitación de su hijo y recomendó con insistencia a las nodrizas que no permitieran que nadie le diese nada de comer al niño. Mientras hablaba, tenía a Alejandro abrazado con tanta fuerza que se habría dicho que pretendía sofocarlo.

Filipo se había levantado temprano y había ido en su caballo al puerto para supervisar un alistamiento de mercenarios. Por la tarde envió a un criado con el mensaje de que el rey deseaba entrevistarse con Olimpia en la gran sala de reuniones. Apenas entrada, Olimpia únicamente vio a Antípatro, a Parmenión, al médico Dracón y a Antígono, un joven tuerto, de veintiséis años, jefe de tropas de una unión de mercenarios y encargado del abastecimiento. A Filipo sólo podía escucharlo; estaba en el *koprón*, instalado en un rincón separado de la sala por un tabique de madera. La puerta del retrete estaba entornada. Hasta los presentes llegó el sonido de la cólera de Zeus, y Olimpia vio que la mano peluda cogía la esponja, la sumergía en la jofaina de agua perfumada y, poco después, la exprimía en la cuba. Olimpia esbozó una rápida sonrisa y se acercó a la mesa alrededor de la cual estaban sentados los otros.

Dracón tenía delante una escudilla con aceitunas encurtidas; parecía chuparlas más que masticarlas, pues antes de escupir el hueso lo mordisqueaba a conciencia. Parmenión, Antípatro y Antígono bebían agua. Olimpia cogió la silla negra con asiento de junco tejido colocada junto a la de Parmenión, y pidió que le llenaran la copa de agua.

—¿Qué queréis? ¿Lavaros o beber? —Filipo se acercó a la mesa sonriendo, llenó su copa con el vino de una gran crátera, se dirigió al ara colocada entre las dos ventanas, derramó unas gotas, murmuró «Para los dioses» y se sentó frente a Olimpia.

—Aristandro estaría maravillado —dijo Dracón sin que apenas se le entendiera y sin que su lengua dejase de juguetear con el hueso de aceituna—. Jura que el rey Filipo opina que el padre de los dioses no es más que un ambicioso sin escrúpulos.

Filipo se partió de risa; Antípatro se echó hacia atrás el casquete de andar por casa y se dio unos golpecitos con los dedos en la frente.

—Aristandro no se da cuenta de que el rey también es sacerdote, como todos los reyes, y por eso no respeta de modo especial a los sacerdotes. Pero la falta de respeto a los sacerdotes no tiene nada que ver con la falta de atención a los dioses.

Filipo se levantó de la mesa.

—¡Cuenta un chiste, Antípatro!

Parmenión reprimió una risita y comentó:

—Y arrojó un erizo al aire y le dijo: «¡Vuela!»

Antípatro sacudió los brazos como si fueran alas, pero con los codos apretados al cuerpo.

—Estoy demasiado cansado para chistes. Muchas noches he tenido que velar para que las ratas no devoren tu reino, Filipo, y ahora que has vuelto a Pella me alegra la perspectiva de un largo sueño. Cuando despierte de ese sueño tomaré un largo desayuno; sólo entonces recordaré que es posible que haya cosas graciosas.

Dracón aplaudió; Filipo, que se estaba enjuagando la boca con vino, esbozó una amplia sonrisa y algunas gotas le chorrearon por la comisura de los labios.

—Basta de bromas —dijo, y se limpió la boca con la mano y ésta con la túnica corta—. El Consejo de Estado ha de discutir ahora sobre el Estado. ¡Escribas!

Cuatro ancianos entraron en la sala, inclinaron la cabeza, se sentaron en una mesa cercana, desenrollaron sendos papiros, sacaron los tinteros y cogieron las cañas. Cada uno de ellos tenía que escribir una frase, turnándose siempre en el mismo orden; de ese modo, más tarde podrían reescribir completamente las cosas que allí se hablaran y los discursos, que sin duda serían memorables.

—Parmenión... empieza —Filipo se reclinó en su asiento, con la copa en la mano. Mientras Parmenión refería, con frases cuidadas y sopesadas, los hechos ocurridos en la guerra y las consecuencias y previsiones políticas, resumía los movimientos y éxitos del año anterior y perfilaba las tareas que les esperaban en primavera, Filipo y Olimpia se miraban a los ojos. El rey se pasó la punta de la lengua por los labios; uno de sus pies se deslizó bajo la mesa y subió por entre las piernas de Olimpia. Al oír que Antípatro carraspeaba, Filipo sonrió.

—No te has dejado nada, amigo; lo creáis o no... he estado presente en todos los hechos que Parmenión ha referido. Y me siento orgulloso y agradecido por haber podido ver en acción a tan noble y grandioso estratega, o haber tenido que verlo, o haber podido tener que verlo.

Parmenión terminó. Filipo le hizo un guiño y clavó un dedo entre las costillas de Antígono.

—Y tú, ¿todavía no tienes un ojo nuevo? Dracón, ¿por qué no recoges ojos, en lugar de dientes? ¿A quién le importan los dientes?

Dracón levantó el labio superior, dejando ver su perfecta dentadura, blanca y pareja.

—Los ciegos, oh rey entre los tuertos, deben poder mascar; pero ya hay muchos ojos que ven bien y pasan hambre. Si tú perdieras un ojo, lo recogería y lo engastaría en oro.

—Te daré de comer por eso, curandero. Sigamos. Antígono.

El jefe de tropas se frotó la cicatriz que le cubría la órbita vacía del ojo izquierdo como si se tratase de una telaraña. Con voz mónotona, leyó cifras, cantidades de monedas y distancias; cuántos mercenarios habían dejado Macedonia, cuántos nuevos habían sido reclutados, cuántas provisiones había dispuesto en los acantonamientos donde la tropa pasaría el invierno.

—Sería más barato despedirlos en otoño y reclutar otros nuevos en primavera —dijo como conclusión—. Aunque perderíamos tiempo.

—El tiempo vale más que el dinero. Buen trabajo, amigo. ¿Y tú, Dracón?

Dracón escupió al suelo un hueso de aceituna, se echó otra a la boca y se encogió de hombros.

—Entre todas las enfermedades leves y las heridas habituales —dijo—, sólo hay dos cosas dignas de mención. La limpieza de los cuarteles, el modo tan concienzudo en que últimamente se está separando el agua potable de los desperdicios, ha reducido considerablemente las enfermedades graves, que solían ser numerosas. Tenemos que insistir en ese aspecto. La segunda cosa digna de mención atañe a un curandero epeirota llamado Leuco. —Dracón tosió, sonriendo—. Un hombre que, al contrario que yo, tiene una barba muy poblada y devora las aceitunas en un instante. Este Leuco estuvo unos días en casa de un famoso curandero, Cedalión, que tiene algunas buenas ideas, muy novedosas, para abrir tripas, sacar dientes y entablillar diversas roturas. Cedalión vive y trabaja en... ah, ¿cómo se llama el lugar...? En Methone. Leuco ha aprendido mucho de él, aunque no le resultó fácil, por lo duros de lengua que son los molosos.

Filipo lanzó una carcajada.

—No todos los molosos lo son. —Su pie volvió a la acción; Olimpia pestañeó de modo casi imperceptible—. ¿Y qué otra cosa ha visto ese Leuco en Methone?

Dracón se pasó la aceituna del carrillo derecho al izquierdo.

—Disfrutó de la ciudad. —El curandero desenrolló un papiro y se lo dio al rey—. Están marcadas las fortificaciones, las vías de comunicación interiores, la situación de los arsenales, los almacenes de víveres, las puertas, el ancho de las murallas y los puntos en los que se podría emplazar máquinas de sitio.

Filipo observó los dibujos y las cifras, volvió a enrollar el papiro y se lo tendió a Parmenión.

—Si vuelves a ver a ese tal Leuco transmítele el más profundo agradecimiento del rey de Macedonia.

Antípatro habló de las cosas ocurridas en Pella, de legaciones, informes y noticias. Acto seguido, Filipo llamó a los dos escribas que lo habían acompañado en la campaña. Siguiendo las instrucciones del rey, compararon anotaciones, añadieron o quitaron cosas, resumieron en una lista las cartas que Filipo había escrito o recibido.

—Dos a Olimpia.

—Con placer —Filipo asintió con energía.

—Siete a Filina.

Filipo suspiró.

—Una mala mujer. Se pasa la vida chillándome por carta, sin importarle donde me encuentre. Quiere esto, quiere aquello, que tal cosa no le gusta, que quiere cambiar tal otra, que por qué me ocupo tanto de Alejandro si ella me ha dado otro hijo mucho antes. ¿Qué puedo hacer con ella? ¿Debo mandarla lejos, sin que se lleve a Arrideo? No se marchará sin él. Y tampoco puedo permitir que se lo lleve; alguien podría utilizarlo como rehén contra nosotros. ¿Se te ocurre algo, mujer?

Olimpia dudó sólo un instante.

—El chico es lo bastante mayor para criarse con los hijos de tus príncipes y compañeros. Confíalo a los maestros. Como es lo que se hace con todos, Filina no podrá tomarlo como una ofensa intencionada. Y... a ella deberías ofrecerle una casa nueva, con un jardín más grande y más criados; pero lejos de Pella.

Parmenión asintió en silencio; Antípatro y Dracón hicieron una mueca. Filipo sonrió.

—Buena propuesta. ¿Tú qué opinas, Antígono?

El tuerto se encogió de hombros.

—No soy nadie para expresarme sobre este asunto, señor.

Filipo resopló.

—Tonterías. Todo macedonio adulto capaz de empuñar las armas es alguien para decir cualquier cosa a cualquiera y en cualquier momento.

Antígono puso las manos sobre la mesa; sin levantar la mirada de sus dedos, dijo:

—También podría considerarse la idea de educar a los niños en la casa del canal, que quedaría desocupada. Dásela a Lisímaco; creo que aquí, en el palacio, las relaciones son un poco molestas.

Filipo se pasó el dorso de la mano por la nariz.

—No es mala idea. La tendremos en cuenta. Continúa.

El dinero de la ciudad; la necesidad de construir barcos a pesar de las objeciones que pusiese Atenas; los lloriqueos de algunos príncipes locales, a los que Antípatro había respondido con sarcasmo. Cada problema llevaba a otra discusión. Las tropas de mercenarios, casi sin excepción soldados de a pie, estaban disponibles todo el año y bajo las órdenes directas del rey; junto con soldados de los territorios de Filipo, los alrededores de Pella y Egae, cuidaban también durante los meses de invierno el orden de las dos ciudades y el cuerpo y la vida del monarca. Las otras tropas —jinetes, soldados de armadura ligera y pesada, hostigadores, exploradores, arqueros, honderos— se repartían entre sus diferentes lugares de origen; sus lazos con los príncipes locales eran, en general, más fuertes que los lazos que los unían al rey. De las familias nobles procedían también los hetairos, los «compañeros» del rey. Los hijos de los nobles eran educados en Pella, bajo la dirección del severo Leónidas y el débil Lisímaco; eran una garantía de la lealtad de sus respectivas familias, servidores personales del soberano, futuros oficiales, futuros compañeros de juegos, estudios y batallas de los hijos de Filipo.

—¿Qué hago con los nuevos territorios? —Filipo se sirvió vino y balanceó la copa; se derramaron unas gotas. Hizo una mueca de malhumor y miró a su alrededor—. Los leales, los valientes, los mejores hetairos son recompensados con nuevas tierras; ellos se ocupan de todo e incrementan el bienestar del reino, pero, al mismo tiempo, yo los fortalezco. Contra mí. Ya no puedo darles más tierras... pero ¿qué hago con los nuevos territorios? Para poner esos territorios directamente bajo la administración real no contamos con suficiente gente capaz.

—¿Viejos soldados que hayan terminado su tiempo de servicio? —dijo Parmenión. Luego sacudió la cabeza—. No, eso sólo resolvería una parte del problema, ya que no hay tantos veteranos.

Olimpia enarcó las cejas; su sonrisa era ambigua.

—Yo he aprovechado la ausencia del rey para estudiar cosas antiguas. Las tablillas de barro del archivo de Egae, que fue trasladado a Pella. En ellas he encontrado algunas anotaciones que pueden servir de ayuda.

Filipo la observó atentamente.

—Habla, inteligentísima mujer. ¿Qué anotaciones?

—Hace más de cien años, tu antecesor Alexandros expandió el reino cuando los persas ya se habían retirado. Entonces no contaba con suficientes jinetes hetairos para confiar sólo a ellos la vigilancia de los nuevos territorios. Además, tenía buenos motivos para no confiar en ellos, como te ocurre a ti, Filipo. De modo que seleccionó soldados especialmente listos, valientes y fieles de entre las filas de campesinos y artesanos, los nombró hetairos de a pie y los recompensó con tierras, que debían administrar y ordenar en su nombre. Algunos de estos *pezhetairoi* no tardaron en convertirse en auténticos nobles, cuyos descendientes cabalgan hoy a tu lado.

—El consejo de una mujer inteligente... —dijo Dracón con una sonrisa.

Filipo, con la barbilla apoyada en las manos plegadas, observó a Olimpia. Antípatro asintió lentamente con la cabeza.

Filipo se mordió el labio inferior.

—¿No hubo ningún problema? ¿Por qué ha caído en el olvido?

—Muy simple —Antípatro señaló con el índice el pecho de Filipo—. Tú, Filipo, hijo de Amintas, nieto de Arrideo, bisnieto de otro Amintas y tataranieto de Alexandros, eres el primer monarca macedonio que expande las fronteras del reino, desde aquel Alexandros. Todos los que vinieron después, su hijo Pérdicas y los hijos y nietos de éste, que reinaron antes que tu padre, consiguieron, en el mejor de los casos, mantener las fronteras, pero no las expandieron; ni siquiera el gran Arquelao. Y como bien sabemos, el reino no hizo más que reducirse; hasta que tú empuñaste la espada. Eso significa que tras la muerte de Alexandros, cien años atrás, no hubo ninguna oportunidad de repartir nuevos territorios. Hasta ahora.

Filipo aguzó la vista y paseó la mirada de Antípatro a Parmenión, y después a Olimpia.

—¿Hetairos de a pie? —su rostro se relajó; tenía aquella expresión aparentemente tranquila que solía preceder a un estallido de astucia, entusiasmo o cólera—. Olimpia, tu propuesta me gusta mucho. Tiene lo que toda buena propuesta ha de tener: varias perspectivas.

Dracón reprimió una risita.

—¿Sabes qué dicen en Methone? Que lo malo de Filipo es que esconde la mano detrás de la espalda y no golpea si no hay, como mínimo, tres moscas que espantar.

—Ah, pero es una muy buena propuesta. ¡Hetairos de a pie! Administrarán los nuevos territorios mejor que los príncipes, porque ellos mismos son campesinos o artesanos y saben exactamente qué es lo que hay que hacer. Podrían obrar sin arrogancia, multiplicar la fertilidad de los campos y de las mujeres y fortalecer el reino. Se librarían de sus príncipes actuales para convertirse de inmediato en una especie de príncipes de segundo orden, subordinados directamente al rey. En la Asamblea estarían a favor de éste y en contra de los príncipes. Y constituirían el nuevo núcleo insuperable de la falange. ¡Hetairos seminobles de a pie! ¡Una infantería selecta! —Dio un golpe sobre la mesa—. Olimpia, ¿cómo puedo agradecértelo?

—Dame más dinero. —Cuando se acallaron las carcajadas, añadió—: Y quizá una o dos parcelas de tierra con un par de chozas. Para regalar. Al rey y a su hijo Alejandro no les hará daño que la reina posea los medios para recompensar buenos servicios o lealtades especiales.

Como siempre que Filipo venía a verla, Olimpia había dado la serpiente a la tracia; Filipo odiaba a las serpientes en general y a ésa en particular. Era media tarde; los hornos, los braseros y los cuerpos habían calentado la habitación. En el pasillo se oyó a una de las nodrizas, luego, los balbuceos del pequeño. Olimpia se levantó, se envolvió en una amplia tela blanca y cogió a Alejandro entre sus brazos. Mientras se vestía lentamente y más tarde, sentada a la mesa, comía algunas bayas y bebía vino caliente, Filipo, desnudo sobre la cama, jugaba con su hijo, le cantaba obscenas canciones de soldado, le hacía cosquillas, lo arrojaba hacia arriba y volvía a atraparlo. Cuando la puerta se abrió y entró un oficial de la guardia del palacio, el rey y su hijo estaban armando un gran alboroto, como si Filipo se hubiera convertido también en un niño pequeño.

El soldado carraspeó; Filipo levantó la mirada, con cierta turbación. Luego rió, acarició la cabeza a Alejandro y dijo:

—Puedes contar lo que has visto, pero sólo si tienes hijos. ¿Qué ocurre?

—Un mensaje de Filina, señor. Pide a tu mejor médico. Tu hijo Arrideo está enfermo de muerte. Filina teme lo peor.

Filipo cerró los ojos un instante.

—Busca a Dracón; que acuda de inmediato. Yo iré más tarde.

Cuando el oficial hubo salido de la habitación, Filipo abrazó a Alejandro y lo apretó contra su cuerpo.

—¿Has oído, pequeño? Tu medio hermano está enfermo. Una suerte para ti. Mantente sano, ¿entendido?

Admeto se arrodilló y cerró los ojos con fuerza; la humedad que rezumó bajó sus pestañas no era significativa. Apenas debía de sumar media lágrima.

—¿Cómo puedo agradecértelo, señora?

Olimpia agitó una mano; Admeto, que debió de ver su gesto por debajo de los párpados, se puso de pie.

—La mejor manera que tienes de agradecérmelo es esforzándote en complacerme.

Admeto no hizo ninguna mueca.

—Estoy en tus manos. Yo y los otros.

—En cualquier caso, están a salvo del acoso de tus antiguos rivales. Y del de mi despótico tío.

—Tus manos, señora, no están muy lejos de las suyas. —La voz de Admeto sonó apagada.

—¿Mis manos? —Olimpia estiró los dedos, se los miró, jugueteó con la caña de escribir y sonrió—. Mis manos son bondadosas, Admeto. A no ser que me vea obligada a defenderme.

Admeto cruzó los brazos; intentaba mantener el torso erguido.

—¿Cuáles son tus órdenes, señora?

—Ocúpate de que a tu mujer y tus hijos no les falte nada. Ten tu casa en orden... y el oído atento. Escucha. Tal vez te lleguen noticias de un oficial que estuvo una vez conmigo. De preferencia un joven de casa noble. Oficial de caballería, un hombre de la Alta Macedonia. Lincestida, elimiota, o algo por el estilo.

Admeto asintió y se quedó allí, esperando. Olimpia no le dijo nada más; tras unos instantes, el hombre salió en silencio de la habitación.

Olimpia dejó a un lado la caña, repasó una vez más lo escrito, enrolló el papiro y se levantó. Impartió instrucciones para el resto del día a amas y criadas y les encargó que se ocuparan del pequeño, del quien no se despidió. En el pasillo contestó con una inclinación de cabeza y una ligera mueca al saludo de los guardas, que vigilaban la escalera que bajaba a la primera planta, pasó junto a otro grupo de centinelas y mandó que la llevaran a ver a Antípatro, que, en su enorme y sencillo cuarto de trabajo, estaba meditando sobre un montón de rollos y tablillas.

—¿Cuándo vas a dejar de trabajar con esas incómodas tablillas? —dijo Olimpia, a modo de saludo.

Antípatro se encogió de hombros y le señaló una silla de tijera.

—Siéntate, princesa. Nunca. ¿Por qué habría de hacerlo? Son más baratas que el papiro. Podemos gastar el dinero en cosas más sensatas que importar productos egipcios. Además, las tablillas de cera pueden utilizarse varias veces. ¿A qué debo el honor de tu visita?

Olimpia le dio los rollos; Antípatro los leyó por encima.

—Tu querido tío —dijo Antípatro, en tono distendido—. No sé si sus múltiples... empresas recibirán el aplauso incondicional de Filipo. ¿Cómo sabes todo esto?

Olimpia apoyó los codos en la mesa y la barbilla sobre las manos cruzadas.

—Se escuchan muchas cosas, así, de pasada. Comentarios casuales con los que más tarde es posible formarse una idea general.

Antípatro gruñó; cogió una caña de escribir nueva, mordisqueó un extremo hasta darle forma de pincel, la sumergió en el pequeño *melandoqueon* de bronce lleno de tinta negra recién molida y diluida en agua, y subrayó algunas palabras, incluso una línea entera.

—La embajada iliria no creo que tenga importancia —dijo a media voz, mientras revisaba el rollo—. Son vecinos tanto suyos como nuestros. Pero me turba un poco el hecho de que, por lo visto, Aribbas ha empezado a desembarazarse de parte de sus... de tus parientes.

Olimpia sonrió.

—Lo has dicho de un modo encantador. Te turba. Supongo que Filipo se turbaría muchísimo si le ocurriera algo a mi hermano menor, ¿cierto?

Antípatro se frotó la nariz con el pulgar y el índice.

—Aribbas es su tío y tutor, nada más, pero también nada menos. Tiene que gobernar Epiro hasta que Alexandros tenga la edad suficiente para ser nombrado rey. Nada menos, pero tampoco nada más.

Olimpia se levantó.

—Si puedo hacer algo...

Antípatro dejó a un lado la caña.

—Tú eres una mujer inteligente. Las personas inteligentes no abundan. Pero después de la experiencia con la madre de Filipo... no puedo decidir sin consultarle hasta qué punto puedes intervenir en asuntos de importancia.

Olimpia torció el gesto.

—Hablemos con él. ¿Dónde está ahora? ¿Cuándo vuelve?

—Él y Parmenión están visitando las fortificaciones y almacenes de provisiones del sur. Ya sabes... —dijo, mostrando los dientes.

—Sí, en las cercanías de Methone.

—No volverán hasta dentro de veinte días.

—Necesito un lugar donde poder.... donde poder hacer cosas y recibir visitas sin ser observada. —Olimpia hizo un amplio movimiento con el brazo—. Esto de aquí es casi peor que el palacio, con sus cien guardias.

El pequeño templo en el que vivía Aristandro cuando no estaba en la corte, se levantaba sobre una colina de la ribera del río; los caminos que llevaban hasta allí pasaban por el pantano o por varios terrenos sembrados, y se podían abarcar con la mirada desde muy lejos. Aristandro se inclinó hacia adelante y atizó el fuego del brasero, que siseó y desprendió un olor desagradable. Las dos modestas habitaciones, que pertenecían al templo, tenían paredes de piedra de cantera apenas revocada, fría y húmeda.

—¿Cuáles son esas cosas y esas visitas que no quieres que vean? —preguntó el vidente, sin levantar la mirada de las brasas.

—Cosas. —Olimpia se mordió el labio inferior; después se arrancó con los dientes un trocito de piel de la base de una uña—. Por ejemplo, cosas de las que no tiene por qué enterarse toda Pella.

Aristandro, todavía inclinado sobre el brasero, levantó la cabeza; la nuca se le puso roja.

—Yo conocía un sitio... Pero es verdad, está reservado a los misterios.

—¿Cabiros? ¿Isis? ¿Orfeo?

—Dioniso.

Olimpia hizo un movimiento de rechazo con la mano.

—Olvidas que soy sacerdotisa. Un misterio más o menos...

Aristandro soltó una risita, cacareando.

—Eso dices tú. ¿Crees que el rey consentirá que la señora de Macedonia se convierta en una ménade?

—Filipo tendrá que consentir mucho más...

—Ah. —Aristandro se incorporó por fin—. A juzgar por lo que se dice en palacio, estáis muy unidos.

Olimpia sonrió; su mirada se perdió un momento en la lejanía.

—Es cierto. Pero que esté muy unida a él no significa que renuncie por completo a mis propios planes. Que no se oponen necesariamente a los del rey.

—Tienes que decidirte. —La voz del vidente era seca, casi un crujido—. O bien no perjudican a Filipo, o bien te benefician a ti. O bien no necesitan de su consentimiento y no favorecen tus intereses, o bien os ayudan a ti y a tu hijo. Y al dios. Pero en este caso a Filipo no le gustaría.

—¿Estás tan seguro? Filipo necesita un hijo que pueda continuar y terminar su obra. Tiene que ser rey y soldado, y para reinar sobre Macedonia es necesario ser sacerdote. ¿Qué es lo que no le gustará a Filipo?

Aristandro entrecerró los ojos.

—Los planes del dios Ammón sólo concuerdan en parte con los del rey Filipo. Pero la encarnación de Ammón, el futuro Faraón, debe ser educado en *todo*.

Olimpia asintió con la cabeza.

—Lo sé. Pero no veo ningún problema que necesite una solución inmediata. El pequeño no tiene más que año y medio; cuando cumpla diez tendremos que pensar algo. Pero ¿hasta entonces? —Se encogió de hombros.

—Conócete a ti misma. Y piensa en ti misma.

Olimpia observó el rostro inexpresivo del sacerdote y vidente. Aristandro tenía aproximadamente la misma edad que Filipo, quizá unos años más. Pero mientras que en Filipo los esfuerzos, las noches en vela, las marchas y cabalgatas, las luchas y pasiones, empezaban a dejarle profundas arrugas, Aristandro tenía la piel tersa y lisa. No obstante, otras huellas que no se veían, pero se sentían, ensombrecían sus ojos.

—¿Qué quieres decir?

—Filipo y las mujeres, por ejemplo.

Olimpia rió.

—Todos quieren hacer que sienta celos y envidia. Pero él puede juguetear con quien le plazca. Cuando viene a casa sólo estoy yo. Y yo... tenso mi sedal, tejo mi red.

Aristandro suspiró.

—No te sobrevalores, princesa de Macedonia. Todo tu poder, tu influencia y tus posibilidades emanan de Filipo. ¿Qué harás si un día te aparta de su lado, o si te mantiene tan lejos del poder como a las otras mujeres?

El rostro de Olimpia pareció vaciarse de toda expresión.

—Hoy por hoy soy irremplazable en su cama y en su mesa de juntas. Eso puede cambiar, por supuesto. En ese caso sólo sería una más, como

Filina y las otras. Pero yo siempre seré una cosa: la madre de Alejandro. La madre del futuro rey de Macedonia.

—¿Esa es tu fuerza?

—Esa es mi fuerza.

Aristandro asintió, muy lentamente.

—Empléala con tino.

—No me gusta —dijo Filipo, tirándose de la barba; dio una palmada y escupió en el brasero—. No, no me gusta nada. —Frunció las tupidas cejas y miró a Antípatro.

—¿Qué es lo que no te gusta? ¿Que sucedan cosas a tu espalda, que yo las descubra mientras velo por tus intereses; o que te las diga?

Filipo cogió una silla por el respaldar y la apretó con fuerza. Los nudillos de los dedos se le pusieron blancos; un instante después, la madera crujió y se rompió. Filipo arrojó los pedazos lejos de él; uno rebotó en la base del ara, regresó deslizándose por el suelo y se detuvo debajo de la mesa.

—¿Qué más, guardián de mi sueño?

Antípatro se apoyó en el borde de la mesa. El resplandor de las antorchas hacía que su calva brillara como el oro.

—¿No quieres sentarte?

Filipo dejó escapar un gruñido. Dio varias palmadas, gritó pidiendo algo de beber y se dejó caer sobre una silla en buen estado. Apareció un esclavo trayendo una jarra y un par de copas y llenó éstas de vino; Filipo se bebió de un trago el contenido de la primera copa, mandó que se la volvieran a llenar y despidió al esclavo con un movimiento de mano.

Antípatro caminó hacia la ventana, cerrada y cubierta por una cortina. Se volvió y miró a Filipo a los ojos.

—¿Qué piensas?

Filipo dio un golpe sobre la mesa.

—No podré empezar a pensar en serio hasta que no me lo hayas dicho todo.

Antípatro sonrió.

—¿Todo? Limitémonos a lo más importante.

—Empieza.

—Ha montado una red de espías. Uno de los hombres más importantes es ese moloso, Admeto. La red trabaja bastante bien. Las noticias que transmite así lo demuestran. Está preocupada por su hermano de Epiro, y me cuenta todo lo que averigua sobre las intrigas de Aribbas. —Antípatro esbozó una vaga sonrisa—. Ignora que muchas de esas cosas yo ya las sabía; tenemos nuestros propios hombres. Pero ha averiguado detalles que son nuevos para mí.

—¿Detalles ciertos?

—Sí. Lo mandé comprobar enseguida; todo es correcto. Pero entretanto su red ya cubre más de la mitad de tu reino, Filipo. No sólo Epiro. Y no sólo porque le preocupe su hermano. Ha intentado, por intermedio de Admeto y de otros, tener acceso a los jefes de tu ejército.

Filipo volvió a gruñir.

—Les he enviado un cebo —continuó Antípatro—. Un joven oficial de la caballería de hetairos, que no sabe que yo lo sé.

—¿Quién?

—Uno de Orestia, Eurímaco.

Filipo esbozó una sonrisa irónica.

—¿Eurímaco? ¿Uno de los pretendientes de Penélope? Muy adecuado. Continúa.

—La enfermedad que padece Arrideo... Tu primogénito.

Filipo se dio unos golpecitos con los dedos en la sien.

—Pobre chico. ¿Quieres decir...?

—Quiero decir, sí. Si lo crees oportuno, puedo darte los nombres de cada uno de los comerciantes a los que compró hierbas y venenos. En Pella y en el puerto.

Filipo miró fijamente la copa, luego la cogió y bebió un gran trago.

—El parecido entre ella y mi madre es sobrecogedor. Vaya bruja. —Soltó una carcajada—. Y... ¡Vaya mujer! ¿Hay más?

—Aristandro le ha abierto las puertas de su casa de la colina.

Filipo arrugó la frente.

—¿Casa de la colina? ¿Esa barraca del bosque encima de las cuevas donde celebran orgías, comen carne cruda, se emborrachan y todo eso?

—Todo eso, sí.

Filipo tosió sobre su copa.

—Eso significa que...

—Eso, precisamente. En este momento significa precisamente eso.

—Está bien. ¿Es todo?

—Es lo más importante. —Antípatro lo examinó con la mirada, casi sorprendido—. Te lo has tomado con mucha tranquilidad.

—Amigo mío —dijo Filipo con una sonrisa—, protector de mis espaldas, guardián de la paz... pensé que sería algo grave.

Antípatro se rascó la calva.

—¿No lo es? ¿Qué esperabas, pues?

Filipo resopló.

—Con esa introducción tuya sobre todo lo que estaba ocurriendo a mis espaldas y que Olimpia era un peligro para el reino... Pensé que se trataría de algo serio. Porque esa mujer es capaz de algo serio.

Antípatro sacudió la cabeza.

—No te entiendo. Olimpia, tu esposa, la reina, monta una red de espías contra ti y el reino, envenena a tu primogénito, participa en orgías dionisíacas, se emborracha, se deja montar, enmascarada, por hombres enmascarados... ¿y tú dices que no es serio?

Filipo estiró los brazos y volvió a dejarlos caer.

—No me gusta. Pero no es algo serio. Está haciendo exactamente lo que esperaba de ella. Déjale el sedal largo. Cuando cese de ladrar sabremos que ha empezado la verdadera amenaza. —Estiró nuevamente los brazos—. Dioses, ¡vaya mujer! ¡Me gustaría que estuviera aquí!

—¿Qué harías con ella?

Filipo cerró los ojos.

—Me la llevaría a la cama. ¿Qué voy a hacer si no?

Algo era distinto. Algo no encajaba. Los rostros enmascarados, los cuerpos desnudos, los bailarines y bailarinas balanceándose, las cabezas coronadas con hojas de parra, las máscaras y miembros, los agudos chillidos, los jadeos, el eco apagado de las palabras del cantante, todo era como debía ser, pero había algo distinto, aunque ella no sabía qué. Se arrodilló entre las piernas de un hombre, le acarició el falo, se lo apretó, respirando con dificultad a través de la estrecha rendija de la máscara. Unas manos duras tocaron sus nalgas desnudas, se abrieron paso entre sus muslos; ella abrió las piernas y gimió cuando el hombre la penetró por detrás. La muñeca —¿o era un niño de verdad?— era arrojada a lo alto por hombres de máscara blanca y torso pintado de blanco; se la arrojaban unos a otros. Un círculo de mujeres coronadas giraba alrededor del grupo; alguien gritó el nombre del dios; entonces, el pequeño Dioniso fue hecho pedazos. Salpicó sangre —¿o era zumo?—. Olimpia hizo girar la pelvis; el hombre que estaba detrás de ella gemía y arremetía una y otra vez, con fuerza. Algo no encajaba... no, nada parecía ir mal, incluso era posible que todo fuese muy bien, tal vez eso fuera lo adecuado, lo correcto; pero había algo distinto.

En el éxtasis resurgía el mito, recubierto de algo que era distinto, que no se correspondía con él. Olimpia vio el muñeco hecho pedazos, el cuerpo descuartizado de Dioniso niño, pero vio también la serpiente cósmica, que fue despedazada; Dioniso era Tammuz y Osiris, y muchos otros. Rea —una anciana de piel floja— recogió los pedazos y volvió a juntarlos. Dioniso joven fue vestido como mujer y llevado a las habitaciones de las mujeres, y de pronto era Aquiles sentado entre las doncellas con expresión de malhumor; las ninfas lo alimentaron con miel, creció y se precipitó en la locura. En compañía de su maestro, Sileno, y de una alborotadora horda de ménades y sátiros —¿de dónde venían todas esas patas de cabra?—, Dioniso recorrió el mundo; la vara rodeada de hiedra, con una piña en el extremo, era un falo, y con ayuda de las amazonas venció a los titanes enemigos en Egipto, y devolvió el trono al rey Ammón Amún Om, marchó hacia la India, a través de montañas y desiertos, impartió leyes, fundó ciudades, plantó viñedos, bebió, llegó a Tracia, a Tebas, expandió embriaguez y locura, cruzó el mar en compañía de piratas, hizo crecer la parra, que rodeó el mástil, transformó los remos en serpientes y a sí mismo en un león con la cara del Sol, llenó el barco de criaturas espeluznantes, convirtió a los piratas en delfines, fue, por fin, venerado en todo el mundo, subió al Olimpo y se sentó a la derecha del Padre de los Dioses y sacrificó un cordero y partió el pez y arrancó el ojo de Horus y volvió a entronizar a Ammón y apagó los altares de fuego y puso fin al dominio persa y murió en Babilonia y es una estrella rutilante y una constelación y muere y vuelve a la vida y sacia su sed, y el hombre que estaba detrás de ella lanzó un gemido extático y se desplomó sobre su cuerpo y ella escuchó el jadeo y olió el cuerpo del hombre y supo que el egipcio había llegado.

8

ASTILLAS EN EL OJO DE HORUS

Peukestas tenía que echar más leña al fuego; y más rollos. Vaciló, echó un vistazo por encima del hombro.

Aristóteles se había incorporado y lo estaba observando con una sonrisa burlona.

—Tranquilo; la carta que buscas no está allí. Está seguro.

Peukestas rompió una astilla de un leño y encendió con ella varias lámparas; se había hecho de noche.

—Tienes un aspecto sorprendentemente bueno. ¿Cómo te sientes?

Aristóteles pestañeó; parecía estar prestando atención a su interior.

—Mejor. Hablar sobre el pasado no sólo me hace regresar al pasado, sino que también me da la juventud del interlocutor. Prueba de demencia senil. —Reprimió una risita—. Pero es así; aunque también podría ser infantil.

—¿Nos tomamos un descanso?

El filósofo dejó escapar un suave suspiro.

—No tardará en llegar el descanso eterno. No; es... —Dudó, como si buscara las palabras—. Estas cosas me han hinchado por dentro, desde que me hiciste la primera pregunta. Me alivia dejar escapar ese aire. Además... —Cerró los ojos, volvió a tumbarse en la cama—. Me calienta; estoy quemando mi último fuego. Cuanto mayores sean la rapidez e intensidad con que se consuma, más indignidades e invalideces me ahorraré. —Hizo un nudo con la delgada cadena que sujetaba el amuleto egipcio.

—Muchas cosas no las comprendo —dijo Peukestas a media voz.

El anciano soltó otra risita.

—Ese es el presupuesto de toda filosofía. ¿Qué cosas, hijo de mi amigo Dracón?

—La constante guerra entre Filipo y Olimpia, de la que hablan todas las historias. En la tuya, empezó siendo paz, amor y pasión.

Aristóteles asintió.

—Las cualidades de una persona probablemente existan desde un principio, pero tienen que desarrollarse hasta alcanzar toda su monstruosidad. Las historias y tragedias representan estados cerrados; nosotros, en cambio, seguimos el desarrollo de ese estado. Ignoro si las cosas ocurrieron tal y como las estoy refiriendo; Filipo me las contó mucho tiempo después, cuando estuve en Pella y Mieza. Tu padre también sabía algunas cosas... En cualquier caso, creo que sólo podremos comprender a personajes tan extraordinarios como Filipo y Olimpia, y también Alejandro, por supuesto, si pensamos en cómo eran antes de adquirir su forma definitiva.

Peukestas mordisqueó una tira de carne.

—Una historia muy larga. ¿Tenemos suficiente tiempo?

—Si seguimos como hasta ahora... —Aristóteles se incorporó y sacó el amuleto—. De la vida que me quedaba, probablemente ya haya pasado la mitad. Se me ha escapado entre los dedos. Si seguimos de esta manera, antes de que yo muera quizá lleguemos al quinto cumpleaños de Alejandro.

—¿Cómo podemos adelantar?

—Ya sabes quién es Filipo, quién es Olimpia y quién es Demóstenes. He recuperado fuerzas suficientes para mostrarte algunas imágenes más. Te ayudarán a ver lo que es de sus vidas... lo que fue, sin que tengas que avanzar paso a paso por el largo camino que te separa de ellos. Nos ahorrará mucho tiempo. Y mucha charla.

—¿Puedes ayudarme también a comprender el infinito y absurdo caos de las guerras civiles helenas?

Aristóteles sonrió.

—¿Cómo, si yo tampoco comprendo nada? —preguntó con sorna.

—La Guerra Santa, la guerra entre aliados, los incesantes cambios de alianzas...

Aristóteles levantó el amuleto y miró fijamente el ojo de Horus.

—Los detalles son el motivo de que todo parezca tan confuso. Cuando se tiene una imagen general, todo se vuelve más claro.

—¿Tenemos tiempo? ¿Puedes darme los detalles para que yo mismo me forme mi propia imagen general, como manda tu filosofía?

—Ya no. El agua se escapa de la clepsidra de mi vida; pronto se parará el reloj. Pero puedo hacer lo que haría Platón: explicarte mi imagen, para que reflexiones en ella y, quizá, la rechaces. —Sonrió.

—Pero si eres hábil puedes unir detalles auténticos y encadenamientos falsos, o engañosos, y formar con ellos una imagen falseada, aunque correcta en sí misma y con apariencia de verdad.

—Cierto. Pero no queda otro remedio. Tendrás que confiar en mí...

como en un poeta, que deforma la verdad pero crea una obra de arte que constituye otra verdad y que, en sí misma, es correcta; o como en un intérprete, o un traductor de textos escritos cuyo trabajo puede ser una nueva obra de arte, aunque no refleje lo que asegura traducir.

—Dame una imagen general, Aristóteles. Ya la comprobaré más adelante.

Aristóteles calló un momento; soltó el amuleto y se quedó mirando las vigas del techo.

—La imagen general... Empecemos por las potencias. Tras la hegemonía de Esparta siempre hubo grandes potencias helenas. Durante mucho tiempo esas potencias fueron Atenas y Esparta. Ambas ciudades tenían enemigos y aliados, ambas dieron forma a un equilibrado sistema de relaciones, para incrementar su propio poder y beneficios y reducir los de la otra ciudad. El debilitamiento de una no conducía a la supremacía de la otra, sino que surgían nuevas potencias que volvían a equilibrar la situación. Tebas, por ejemplo. O Persia, que intervenía para evitar que una de las potencias helenas se hiciese demasiado fuerte. Las ciudades coloniales de las costas de Asia formaban parte de este sistema, lo mismo que las islas y, algunos años, incluso parte de Egipto; no digamos ya las ciudades itálicas y siciliotas, como Siracusa y Tarento. Recuerda que Atenas y Esparta enviaron ejércitos y grandes flotas para intervenir allí.

»Durante mucho tiempo Atenas dominó la situación en el norte. Atenas necesita el trigo del otro lado del Bósforo, del mar Euxino, por eso intenta dominar la ciudad de Bizancio, que está a orillas del estrecho. Como los metales nobles que produce el Ática no son suficientes, Atenas necesita el monte Pangeo y sus minas; por eso se esfuerza por controlar las ciudades costeras y siembra la desconfianza mutua entre los diversos pueblos y reyes tracios. Cuando los persas atacan Tracia, Atenas promueve levantamientos en Asia, para equilibrar las fuerzas.

»Filipo hizo crecer Macedonia. Pero eso sólo podía hacerlo conquistando territorios en otro tiempo subordinados a Atenas. Así pues, no hizo nada que los atenienses no hubieran hecho antes. El propio Demóstenes lo dijo en su primer discurso contra Filipo: «Filipo ha hecho uso de su derecho de guerra y ha cerrado alianzas y tratados de amistad.» Nada ilegal. Filipo tenía el derecho a hacer lo que hacía, aunque con ello amenazara el poder y el bienestar de Atenas, como antes Atenas había amenazado y desmembrado Macedonia.

»Aunque resulte difícil de admitir, la cuestión no consistía en si algo era justo o no lo era. Entre estados la cuestión ha sido siempre el propio provecho y el poder. Pero dentro cada estado, dentro de cada ciudad, se persigue también el propio beneficio, y no el bien. —Aristóteles guardó silencio unos instantes. Luego estiró una mano hacia Peukestas.

—No creas que siempre he pensado así —continuó—; hablo con la razón del anciano, no con la convicción del hombre. Razón y convicción casi siempre se excluyen una a otra. Como pude comprobar cuando Hermias me ofreció la posibilidad de crear un estado según mis ideas, y fue un fracaso. Pero eso ahora no viene a cuento.

»Tomemos como ejemplo las desgraciadas guerras civiles, que sólo sirvieron a Filipo y a los persas. En aquel entonces en Atenas existían básicamente dos grupos: los vehementes demócratas y los aristócratas tibios, si quieres. Los demócratas poseían la mayoría. Entre ellos estaba Zaleuco, de quien ya hemos hablado; su político más importante era Aristofon; su estratega, Cares. Equines, que más tarde cambiaría de bando, fue en su juventud un partidario de Aristofon. Los demócratas querían mitigar las necesidades de su pueblo, según decían, y para conseguirlo aumentaban las necesidades de los otros. Nuestros aliados, Quío, Rodas, Kos, Bizancio y sus respectivos aliados, se levantaron contra la tutela de Atenas. Pues Atenas no quería aliados, sino ciudades que cumplieran sus órdenes y pagaran tributos. Mausolo, Sátrapa de Caria, los ayudó, de modo que Persia participó indirectamente; la posición del Gran Rey era entonces demasiado débil para una gran intervención directa. Artajerjes Oco estaba demasiado atareado consolidando su trono y luchando contra sátrapas levantiscos.

»En Atenas, los demócratas impusieron su intención de ir a la guerra. El viejo Isócrates escribió un apasionado discurso en favor de la paz; dice en el discurso que Cares y Aristofon reconociesen que su política no sea justa, aunque mantuviesen que sea necesaria, porque la conquista y sometimiento de nuevos territorios resultaba imprescindible si se quería renovar el bienestar económico y político de Atenas. Así pues, sometimiento en lugar de alianzas. Los aristócratas estaban a favor de la paz, al menos en parte, pero no porque les interesara la legalidad, sino porque preveían que la guerra costaría más de lo que podía rendir en beneficios en el mejor de los casos. Isócrates defendía una paz perfecta, la amistad de todos los estados helenos y una política común, pero respetando la autonomía interna de cada uno.

Peukestas rió a media voz.

—Más adelante hizo repetir el discurso varias veces, en favor de Filipo, ¿verdad? —preguntó.

—No, no exactamente —respondió Aristóteles—. En favor de la Hélade. Treinta años antes de esa guerra civil se había conseguido una paz similar, negociando con Esparta. Pero esa *koine eirene*, un objetivo sublime, sólo había sido posible por la presión de Persia. La siguiente gran paz prosperó con Filipo, bien que se trataba de una paz impuesta por la victoria de Macedonia. Y el noble discurso del viejo Isócrates descansaba sobre convicciones, deseos, ideas... no sobre una ponderación de beneficios; además, Zaleuco y otros no tardaron en decir que se trataba de una repetición de la paz impuesta por el Gran Rey. De modo que estalló la guerra. En la batalla de Embata los antiguos aliados, con la ayuda de Mausolo, derrotaron al estratega demócrata de Atenas, Cares; fue el primer gran chasco. Después Demóstenes consiguió sacar de circulación a Zaleuco. Finalmente, Eubolo logró un armisticio e inició negociaciones de paz. —Aristóteles se incorporó y trazó un arco con la mano—. Y durante todo ese tiempo Atenas y Macedonia se encontraban en estado de guerra, por Anfípolis, Methone y otros asuntos del norte. Pero era una guerra de palabra, en la que Atenas no hizo nada. Sólo al terminar la guerra contra los aliados, Cares partió con sus tropas hacia Tracia con la intención de propiciar que, de los tres pretendientes al trono, venciera aquel que más agradara a Atenas, y no el protegido de Filipo.

Peukestas suspiró.

—¿Quién podía desenredar todo ese lío?

—Lo desenredó Filipo, con la espada. Más tarde. La guerra de los aliados, la Guerra Santa, la guerra tácita contra Macedonia... Atenas, Esparta, Megalópolis, Tebas, Corinto, los focios, los aqueos, todos estaban metidos siempre en alguna guerra. He oído de boca de pensadores atenienses que el perverso Filipo atacó por sorpresa y sometió a una Hélade pacífica, inofensiva y encantadora. Nada más alejado de la verdad. La Hélade siempre ha sido un nido de víboras. Lo que más tarde dijo Demóstenes en sus discursos incendiarios contra Filipo, no es que Macedonia amenazara la libertad de Atenas, sino que aquélla estaba haciendo lo que le correspondía hacer a ésta. La libertad que amenazaba Filipo era la libertad de Atenas para tener bajo su tutela a los demás.

Peukestas no dijo nada; tenía la frente arrugada y los ojos entrecerrados. Aristóteles lo observó con una sonrisa velada. Después se incorporó; con un vigor que le había faltado pocas horas antes, acomodó los cojines de manera que pudiera sentarse, levantó el amuleto, apoyando los codos en las rodillas, y señaló con la mano izquierda el suelo, al pie de su lecho.

—Acércate, hijo de Dracón. Voy a enseñarte algunas imágenes. Mira el ojo de Horus.

Peukestas se deslizó de su escabel y se arrodilló junto a la cama.

—¿Cuál es el secreto del amuleto?

Aristóteles se encogió de hombros.

—No lo sé exactamente. Lo que sé, te lo diré más adelante; ahora sería demasiado pronto. Mira.

Peukestas miró fijamente el ojo de Horus.

*

Olimpia, cuyo nuevo embarazo empieza a notarse, se despide con una palmadita de Alejandro, que tiene dos años, sigue con la mirada a la nodriza, se pasa la mano derecha por el vientre abultado y sale de la habitación. Camina por los pasillos, deja atrás a los guardias, baja las escaleras, pasa junto a la otra guardia y pide a un criado que anuncie su visita a Antípatro, que está en su gran cuarto de trabajo dictando algo a dos escribas.

Al ver entrar a la mujer Antípatro deja escapar un suave suspiro, despide a los escribas con un movimiento de mano y ofrece asiento y una copa a la reina.

—Nada nuevo, Olimpia. Empieza el otoño y el sitio de Methone continúa.

Olimpia bebe, mira su propio cuerpo, su vientre, luego deja la copa y la aparta.

—¿Cuáles son tus planes, guardián de la tranquilidad del rey?

Antípatro, de pie junto a la ventana, enarca una ceja.

—Proteger la tranquilidad del rey... ¿A qué viene esa pregunta?

—Tengo algunas quejas, Antípatro.

—Naturalmente, las quejas de la reina, tanto como sus deseos, son órdenes para mí. —Su voz suena como carbón molido entre dos piedras; como si prefiriera sacar el cuchillo.

Olimpia parece comprender lo que pasa por la cabeza del hombre; enseña los dientes un instante.

—Creo que deberíamos hacer algunos cambios. Sería lo mejor para todos.

—¿Qué cambios, señora?

—Muchas noches me despierto sobresaltada por los soldados del cambio de guardia. Hacen ruido, y yo necesito tranquilidad. —Se lleva la mano al vientre—. Quisiera que retiraran a los guardias.

Antípatro se dirige a su escritorio, coge una caña y garabatea algo en un papiro.

—¿Qué otra cosa, señora de los macedonios?

—Además, molestan a mis criadas y esclavos cuando los envío a hacer algún recado. Quiero que eso termine.

Antípatro garabatea.

—¿Algo más?

—Sí. Ya he hablado de ello con Filipo la última vez que estuvo aquí. Él dice que yo debo organizar las cosas como a mí me parezca y ordenarte... pedirte, que eso se cumpla, amigo del rey. —Toma aire y sigue hablando, muy deprisa—: Además de lo anterior, las otras esposas y... concubinas que aún viven en palacio deben mudarse a otras habitaciones. Están demasiado cerca a las mías. Temo por la vida de Alejandro. Hay envidias y celos, como tú ya sabes.

Antípatro escribe, asiente, sonríe débilmente.

—Y también está la cuestión del oro —continúa Olimpia—. Filipo quería poner más dinero a mi disposición, pero nunca había bastante en el tesoro. Insinuó que el sistema de recaudación de impuestos y tributos le parecía poco eficaz. Yo podría hacer algunas buenas proposiciones.

—¿Eso es todo?

—Por hoy, sí. —Mira a Antípatro con una sonrisa relajada y segura de sí misma.

Antípatro carraspea y deja a un lado la caña de escribir.

—Bien. En lo que respecta a los guardias, ordenaré que no hagan ruido. Las consideraciones hacia las necesidades de la reina y de su futuro hijo son tan importantes como su protección. A partir de ahora los guardias se ocuparán de que nadie perturbe tu sueño ni a tus esclavos y sirvientes. Desde la puesta de sol hasta el amanecer, nada ni nadie te molestará.

Olimpia escucha con atención; su rostro expresa sorpresa e incredulidad.

—En lo que respecta a las otras mujeres —prosigue Antípatro—, sin duda tienes razón, aunque el rey no me ha dicho nada. Por desgracia, la escasez de dinero del tesoro nos obliga momentáneamente a dejar todo tal como está. Me ocuparé de buscar otras habitaciones para las mujeres, si esa es la voluntad de Filipo y tan pronto él me lo indique; aunque puede tardar un tiempo. En lo que atañe a los ingresos del Estado, ayer mismo he mandado comprobar todo el sistema, y especialmente el trabajo de ciertos recaudadores, los tributos de algunos príncipes regionales y los ingresos de las minas del Pangeo, en particular la forma en que el oro y la plata son transportados a Pella. Como puedes ver, tus inteligentes proposiciones, por las que te estoy muy agradecido, ya han sido puestas en marcha. —Insinúa una reverencia, camina hacia la puerta, la abre, hace otra reverencia.

Olimpia sale sin decir una palabra, Antípatro cierra la puerta, coge los trozos de papiro que acaba de garabatear, los tira a un brasero y sacude la cabeza.

—¡Vaya mujer! —da una palmada; los dos escribas vuelven a entrar. A media voz, repite—: ¡Vaya bruja!

*

La torre de asedio de madera es empujada hacia la muralla haciéndola rodar sobre troncos. Desde la plataforma superior, apenas protegida por una fila de escudos redondos, los arqueros y los lanceros arrojan una lluvia de proyectiles sobre los defensores de la muralla; dos pequeñas catapultas disparan piedras de cantos afilados y esquirlas de metal. Junto a la torre, varios esclavos, protegidos por los grandes escudos de los hoplitas, hacen retroceder el ariete, un tronco de roble con punta de bronce montado sobre un bastidor provisto de ocho ruedas. El ariete arremete contra la muralla, ya deteriorada, de la ciudad de Methone, vuelve a retroceder para tomar impulso y arremete una vez más con monstruosa violencia; pero esta vez queda clavado en la muralla. Con la ayuda de unas yuntas de mulas los esclavos consiguen desatascar el ariete y empujarlo de nuevo hacia atrás. La muralla cruje; caen las primeras piedras, que son retiradas antes de dar el siguiente golpe.

De pronto la muralla parece reventar desde el interior; por las irregulares brechas salen soldados de a pie protegidos por pesadas armaduras; abaten a los esclavos, espantan las mulas y hacen retroceder a los hoplitas macedonios. La torre es rodeada por hombres armados de hachas, cuerdas y sierras; de las murallas, un instante antes vacías, salen volando antorchas y flechas incendiarias. Uno de los grandes rodillos se desprende, la torre de asedio se inclina y finalmente se desploma con estruendo. Los soldados que estaban en ella caen o se arrojan al vacío envueltos en llamas, entre gritos de dolor, para encontrar la muerte sobre el suelo pedregoso, entre los escombros de madera y piedra, bajo los cascos de los caballos que ahora salen como una tromba por las brechas de la muralla. Docenas de jinetes metonios forman una cuña de ataque y cruzan al galope el pequeño campamento macedonio, incendiando las tiendas y acabando con la vida de los hombres desarmados que huyen aterrorizados. Una bandada de pájaros negros oscurece por unos instantes el sol del crepúsculo. Es la hora previa al final de la lucha diaria; la hora en que una parte de la caballería macedonia ha de recorrer los alrededores del campamento en busca de leña, forraje y comida. Un corneta macedonio toca una señal aguda, que se quiebra cuando una lanza metonia atraviesa su garganta.

En el campamento principal, levantado en la llanura que se extiende entre la ciudad y el mar, Filipo ruge órdenes que se pierden en el fragor de la lucha, los gritos de los hombres y el sonido de las trompetas. Parmenión intenta reunir lo que queda de la caballería de hetairos; Filipo agita los brazos, indicando un movimiento envolvente desde la izquierda. Parmenión levanta la mano y monta a caballo saltando por encima de las ancas.

No hay tiempo para formar una falange ordenada ni pensar en la mortal pared de largas picas con que los macedonios son capaces de hacer retroceder a cualquier adversario. La primera línea de sitiadores ha sido rota y su campamento devastado; una cuña de jinetes y soldados de a pie irrumpe en el campamento principal. Uno de los capitanes de la caballería metonia cae de su montura, atravesado por una flecha. Un caballo da relinchos de dolor y todavía consigue avanzar un poco, arrastrando sus propias tripas. Por doquier arden tiendas y carros; apesta a carne quemada, a hierro húmedo de sudor, a sangre, excrementos y miedo. Adoptar una formación de batalla resulta imposible. El tuerto Antígono reúne a unos doscientos hombres semidesnudos, desprovistos de armaduras; ordena coger las lanzas e intenta formar una pequeña falange en los límites del campamento. Todo lo demás es tumulto, lucha cuerpo a cuerpo; los macedonios retroceden cada vez más.

En medio de ese tumulto, se alza la figura de Filipo; su lanza está rota y ha perdido su espada corta. Levanta del suelo una espada larga y la sostiene con ambas manos. Sus furiosos golpes han abatido a tres o cuatro enemigos; las tambaleantes filas de la infantería macedonia parecen colgar de Filipo, como un trapo húmedo de una clavija fija. Detrás de él se agolpan hombres mal armados, heridos que aún intentan luchar y otros que ya no pueden hacerlo. De alguna parte llega una flecha, se desliza por el pómulo de Filipo y se clava en su ojo derecho.

Es como si todos vieran, o supieran, que la batalla acaba de decidirse en ese momento. Por un instante, el fragor del combate parece silenciarse. Filipo se tambalea. Luego sujeta la espada larga con los dientes, coge la varilla de la flecha con ambas manos y tira con fuerza. Se la arranca; el ojo queda clavado en la punta. Por la cavidad vacía chorrean sangre y cisco. Filipo mira la flecha, el ojo izquierdo ve al derecho. Coge el ojo, lo arroja al aire y detrás de él la flecha, que acierta en la espalda de un oficial metonio. Filipo coge su espada, la levanta y arremete con un terrible bramido, como si de un búfalo rabioso se tratase, contra el enemigo en retirada. Los macedonios, los hetairos de a pie, los de armadura ligera, los mercenarios, todos, exhaustos y heridos, lo siguen. Por la derecha, los soldados semidesnudos capitaneados por Antígono acometen a la carrera con las lanzas en ristre. Rompen las filas metonias obligándolas a retroceder. Después llegan los jinetes de Parmenión; mantenidos en un principio fuera de combate, se han organizado y se lanzan al ataque. Como un furioso golpe de hoz, siegan la retaguardia metonia y le cortan la retirada hacia la ciudad.

Esa misma noche, Filipo vacía una copa de oro en el ágora de Methone y la arroja a la penumbra, entre las hogueras, las antorchas, los hombres que celebran, los borrachos, los edificios incendiados. Dracón está con él, masticando hojas de laurel e intentando una y otra vez curar la mejilla y la órbita vacía del rey.

Días después Filipo entra en Pella, a medianoche. En el patio interior del palacio saluda a Antípatro y a los guardias con una inclinación de cabeza, salta del caballo, estira los brazos, se quita el cinturón de las armas, corre hacia la escalera de la casa, sube, atraviesa un pasillo, se detiene, continúa despacio y con sigilo. Frente a la puerta de Olimpia choca con una joven esclava que se ha quedado dormida en el suelo, envuelta en una manta. Filipo se lleva un dedo a los labios, abre la puerta, entra casi sin hacer ruido.

El dormitorio de la reina está casi en penumbras; dos lámparas de aceite, una antorcha y los opacos rescoldos de un brasero dan un poco de luz. Junto a la gran cama de Olimpia hay otra, más pequeña. Alejandro está acostado en ella; duerme tranquilo. Filipo se acerca muy lentamente a la cama de su hijo, se arrodilla y extiende una mano para acariciarlo, mientras susurra en voz baja. En el rostro sereno de Alejandro se dibuja una sonrisa. El niño se mueve entre sueños, frota la cara contra la mano de Filipo, sus párpados aletean. Abre los ojos. Despierta sobresaltado, abre completamente los ojos y lanza un grito como si se despertara de una pesadilla. Se queda mirando la terrible herida supurosa donde una vez estuvo el ojo derecho.

Filipo, todavía de rodillas, retrocede; luego vuelve a estirar la mano, para calmar al pequeño.

—Hijo —dice a media voz—, soy yo. —Una tristeza y un cansancio infinitos resuenan en su voz. Alejandro se cubre la cara con la manta, se arroja sollozando sobre el lecho de Olimpia y se esconde bajo su manta.

Olimpia está despierta. Se ha sentado y mira a Filipo. Sonríe. Filipo se levanta, se acerca a ella, extiende la mano derecha. La reina está envuelta hasta el cuello en una piel de oso. Ahora la suelta, dejando que se deslice hasta sus caderas.

Alrededor de su cuello, con la cabeza entre sus pechos, está enroscada la serpiente de Ammón. Filipo levanta las manos, deja escapar un sonido gutural.

—No hay lugar para ti, señor de bárbaros. —La voz de Olimpia es suave y aguda, casi un siseo.

Filipo sale murmurando y maldiciendo. Recorre el pasillo y sube la escalera que lleva a la otra ala del edificio. Tropieza con las esclavas que duermen en el suelo, junto a las puertas. Patea a la primera. Cuando la mujer despierta, el rey pregunta:

—¿Quién está allí?

La esclava mira la puerta, después a Filipo.

—Corina, señor.

—¿Corina? Bien, Corina. —Entra y cierra la puerta.

Por la mañana, en la sala de reuniones, Filipo coge a Antípatro por el brazo y lo lleva aparte.

—¿Qué hacen los chicos? —pregunta al guardián de su tranquilidad—. ¿Los mozos del rey, los futuros compañeros...?

Antípatro encoge los hombros.

—¿Ahora también tengo que encargarme de su educación?

Filipo ríe, atormentado.

—Tú cuidas el reino, yo lo engrandezco; eso es suficiente, amigo. ¿Qué sabes de los chicos?

—Leónidas se ocupa de ellos.

—¿El moloso?

—Exacto. No te preocupes por eso, Filipo; es un pariente lejano de Olimpia, y no le gusta la reina. Ella lo odia.

Filipo asiente con la cabeza; la expresión de su rostro refleja rabia.

—En ese caso está bien. ¿Qué más?

—Es severo; dirige la educación y supervisa a los otros maestros. Leónidas se ocupa, sobre todo, de las cosas más difíciles, ya sabes, los cuerpos, la resistencia, las armas... Hemos encontrado un buen maestro de escritura y música; se trata de Lisímaco, un acarnanio. También pinta un poco. Y no necesita rollos o tablillas; tiene toda la poesía helena en la cabeza.

Filipo mira hacia la ventana.

—Quiero que Alejandro empiece a tomar clases con él.

Antípatro sacude la cabeza.

—Pero si el niño no tiene más que dos años...

—No es bueno que sólo se relacione con su madre y sus nodrizas. Lisímaco puede empezar tratándolo con suavidad. Y quiero que el niño tenga una habitación propia.

*

Una serie de imágenes entremezcladas: Atenas, Delfos, un paisaje fluvial, el mar, montañas escarpadas y sin vegetación. Como si flotase sobre ellas, la voz suave y penetrante del viejo filósofo. Peukestas sabía que estaba de rodillas, junto a Aristóteles, mirando el ojo de Horus. Pero, al mismo tiempo, se hallaba en Atenas, en Delfos, en un campo de azafrán, en una satrapía persa. El hechizo bífido lo tenía cautivo, lo dividía en dos, pero no separaba las partes.

—El año en que cayó Methone continuó en Atenas la ascención de Demóstenes. Sus negocios prosperaban, el seguro de esclavos rendía sus frutos y Demóstenes se había convertido en uno de los escritores de discursos mejor pagados. Pero a cambio de esos discursos políticos y legales que eran bien vistos por Eubolo y que beneficiaban al propio Demóstenes, éste ya sólo aceptaba dinero, mucho dinero. El discurso contra Leptino, por ejemplo, o contra la ley por él propuesta. Como ya sabes, en Atenas todos los que disponían de una fortuna superior a un mínimo determinado estaban obligados a pagar impuestos y a ejercer un cargo público, que tenían que financiar con su propio dinero. Quienes habían hecho especiales méritos, servían a la ciudad de una manera especial o eran hombres particularmente capaces, pero no lo bastante ricos, podían quedar exonerados de esos tributos. Leptino quería mejor las finanzas de la ciudad y abolir esa liberación de tributos y contribuciones; Demóstenes hizo trizas la ley, argumentando, entre otras cosas, que recompensaba la capacidad de sacrificio de los buenos ciudadanos. Por último, sostenía la necesidad de que existiese alguna forma de recompensa para agradecer, por ejemplo, a aquellos amigos de Atenas que volvían a abrir a los atenienses las puertas de alguna ciudad perdida por Filipo. Gracias a este discurso, Demóstenes adquirió fama de ciudadano severo y sacrificado. Y más trabajos, dinero, influencias.

»Cuando Filipo intervino al lado de Tebas en la Guerra Santa, fue derrotado por los focios. El rey se retiró y, mientras Parmenión reconstruía y reforzaba el ejército, cerró astutas alianzas.

*

Cerca de la desembocadura del Haliacmón, en las afueras de Aloro, Emes topa con las tropas que regresan a casa. Llueve, los caminos son un lodazal. Los soldados, exhaustos, muchos de ellos heridos, avanzan con dificultad por el barro, jadeando bajo su equipaje y las empapadas mantas de cuero. Algunas unidades se han quedado en el camino: en Tesalia, en el valle del Tempe, en poblados del sur de Macedonia, como Dión. Otras se encuentran ya en Pella o en fortalezas de las montañas del norte y el noroeste. Esta unidad, que viene arrastrándose penosamente, sin ningún orden aparente, es la retaguardia del ejército derrotado. Al anochecer, en una taberna de Aloro repleta de gente, Emes escucha que Parmenión está entre esos soldados. Que el gran y astuto Parmenión se ha abandonado después del cruce del importante valle del Tempe, el único paso fácil hacia Tesalia. Lo escucha, no lo cree, no puede comprenderlo. ¿Acaso el glorioso ejército no necesita a su jefe ahora más que nunca? ¿Quién, si no él, puede levantarlo?

Esa noche Emes vaga por la ciudad y luego —todavía bajo la lluvia— sale a la playa. Allí, con las tiendas empapadas, los soldados yacen sobre la arena mojada o están reunidos alrededor de hogueras que, en el mejor de los casos, no son más que brasas de madera húmeda. Beben vino amargo, mezclado con agua salobre, y comen sus últimas provisiones. Emes entra sigilosamente en el campamento, que es pequeño, poco más que un pequeño caos. Siente que nadie daría la bienvenida a un muchacho de doce años, aunque esté muy crecido para su edad. Siente también que a un muchacho de doce años le harían cosas terribles; que, como las siseantes brasas en las hogueras, en el ejército derrotado brilla una predisposición a la violencia y el crimen, horribles frutos de la derrota, el cansancio y la desilusión. Los oficiales nobles duermen bajo techo en la ciudad; los jinetes nobles han regresado a Pella con el rey; los soldados rasos, hijos de campesinos, obreros y artesanos de las aldeas, montañas y ciudades de Macedonia, en voz baja, hablan de incendios y de insurrección.

En algún lugar, entre las tiendas, Emes oye decir a alguien que Parmenión está solo; otro dice que no está solo, que ha ido a la ciudad; un tercero afirma que está bebiendo con un grupo de mercenarios. Emes sigue avanzando a hurtadillas y encuentra al estratega, solo, en los límites del campamento, donde la arena de la playa se convierte en el lodo de la llanura. El caballo de Parmenión, cubierto de barro al igual que su dueño, busca briznas de hierba en el cieno. Parmenión, sentado sobre una piedra, con los brazos cruzados, mira fijamente hacia el este, donde el sol no tardará en levantarse sobre el mar; ya empiezan a distinguirse los perfiles de las cosas.

Emes ha oído decir, pero no lo ha creído, que Parmenión conoce por su nombre a todos los soldados de su ejército. Se acerca al estratega. Como salidos de la nada, aparecen a su lado dos hombres armados; son mercenarios rodios, o tal vez cretenses.

Parmenión les hace una seña; los hombres desaparecen. Con las cejas fruncidas observa al muchacho alto y fuerte que permanece en silencio frente a él: un trozo de barro erguido, la tierra de Macedonia. De pronto Parmenión se echa a reír.

—Has crecido, pequeño Emes. Y vienes en un mal momento.

Emes abre la boca, vuelve a cerrarla, no sabe dónde meter las manos, finalmente señala el caballo de Parmenión.

—Déjame cepillar tu caballo, señor.

—¿Eres lo bastante mayor para luchar, muchacho?

—Sí.

El estratega asiente; Emes camina hacia el caballo, que está pastando, recoge un poco de hierba, hace un manojo y empieza a limpiar al animal. De alguna parte aparece uno de los mercenarios; le da un trozo de pan húmedo y le hace beber de una vacija un par de tragos de vino aguado.

A medida que aclara, Emes ve a los mercenarios: hombres duros, indoblegables, que han dormido en zanjas al borde del cenagal, entre arbustos, detrás de piedras u ondulaciones del terreno, invisibles y siempre listos. La mañana avanza y comienzan a percibirse los sonidos de la ciudad. Los soldados, descorazonados, abandonan poco a poco la playa y van hacia Aloro. Parmenión sigue sentado sobre la piedra, inmóvil. Espera. Cuando se ven las primeras llamas en Aloro, se levanta, coge su caballo por las crines, apoya el pie en las manos cruzadas de Emes, toma impulso y monta. Los mercenarios forman cuatro filas y lo siguen, como Emes, que camina perdido, hasta que uno de los hombres le alcanza un escudo de cuero y una lanza.

La ciudad está en manos de los soldados; muchos de sus habitantes al parecer han huido, o quizá permanezcan ocultos. Tres edificios del ágora —donde habían pasado la noche los oficiales macedonios—, arden envueltos en llamas. Los soldados comienzan a saquear las casas cercanas a la plaza. De una viga cuelgan tres oficiales, con sendas piedras atadas al cuello; otros cinco están atados a una serie de postes, atravesados por lanzas. Junto a ellos, temblando y suplicando, se agolpan los administradores y funcionarios reales de la ciudad, reunidos por los soldados.

Parmenión cabalga hacia el ágora, seguido por los silenciosos y fieros mercenarios, entre los que Emes se ha hecho un lugar. El barullo, el griterío, los saqueos, disminuyen hasta cesar. La plaza se llena de soldados sucios, piojosos, degenerados; son mil hombres, quizá mil quinientos. Se agolpan en el ágora y en las callejas; una pequeña tropa, lanza en ristre, empuja a un grupo de oficiales.

Parmenión, mudo, indiferente, con la cabeza gacha, permanece sobre su caballo. De alguna parte llegan gritos de mujeres; una casa en llamas se desploma entre crujidos. Emes mira a su alrededor; perplejo, comprueba que apenas si queda una treintena de mercenarios de los casi cuatrocientos mercenarios que había. Luego ve a los otros; se han desplegado por los contornos de la plaza. Algunos tienen los arcos listos para disparar; otros han desenvainado las espadas, aún limpias de sangre. Un grupo que se había internado en las callejas regresa ahora con unos cuantos saqueadores a los que han desarmado.

Parmenión levanta la cabeza y se dirige a uno de los oficiales apresados:

—¿Dónde estabais, Tolmides?

Parmenión actúa como si allí no hubiese ningún soldado.

—La mayoría en la ciudad, señor; algunos en el campamento.

Parmenión asiente con la cabeza.

—Los que estaban en el campamento y no fueron capaces de evitar esto, son malos oficiales; tienen mucho que aprender. Y vosotros, hijos de príncipes, que pensabais que os correspondía dormir en las blandas camas de la ciudad mientras vuestros hombres acampaban fuera, a merced de la humedad y el frío, no merecéis ser oficiales del rey. Volved a casa, con vuestras madres, que os arropen bien y os arrullen con la canción de cuna de vuestra vergüenza.

Uno de los hoplitas grita:

—¡No se irán! ¡Colguémoslos! —Otros lo celebran.

Parmenión espera a que vuelva el silencio.

—No estaba hablando contigo, Andrónico de Edessa. Espera hasta que tu estratega te lo ordene. —Su voz, gélida y sin rastro alguno de irritación, resuena sobre el ágora. Los soldados gruñen y se mueven, inquietos.

—Volved a casa, niños. Regresad cuando hayáis crecido y seáis capaces de sobrellevar la derrota con dignidad. Estáis despedidos, campesinos y obreros de Macedonia. No servís para los grandes y gloriosos planes del rey.

—¿Dónde estabas tú todo el tiempo? —gritó uno—. ¿Por qué no nos capitaneaste?

Parmenión enarca una ceja.

—¿Capitanearos, Thoas? ¿Se puede capitanear una manada de cerdos? He estado con vosotros todo el tiempo; he comido lo mismo que vosotros; he dormido sobre el fango, como vosotros. Pero no habéis seguido mis órdenes, a pesar de que no os he abandonado. Si se han vuelto tan niños, pensé, su padre tiene que estar a su lado, para poder cogerlos de la mano cuando lo pidan. Pero no extendisteis la mano, no hicisteis más que chuparos el dedo y lloriquear.

»Cuando una piedra pesada cae de lo alto de una columna, no hay que cogerla al vuelto para volver a utilizarla; hay que dejarla caer, golpearse, para comprobar si es lo bastante fuerte para mantenerse intacta o si se rompe. Vosotros os habéis hecho añicos. Quien quiera subir a lo más alto con Filipo y Parmenión no puede rendirse al primer traspiés. Vosotros no servís para la victoria, pues no sabéis sobrellevar la derrota. Marchaos a casa. Y si dentro de un año oís hablar de la gran victoria, del triunfo, de la gloria y de la riqueza de otros soldados, de auténticos soldados, recordad que también podíais haber estado allí. —Hace una breve pausa; después añade, casi con dulzura—: Marchaos a casa; jugad con palos de madera, que no os harán daño.

Emes contiene la respiración; los gritos provenientes del ágora lo ensordecen. Ve a los soldados, que vociferan y agitan los brazos; ve que algunos se arrojan sobre otros; ve a los mercenarios, inmóviles y silenciosos, al borde de la plaza; ve a Parmenión sobre su caballo, hierático como una estatua.

Finalmente, cuando vuelve la calma, uno de los hoplitas más viejos da un paso al frente.

—Señor, no queremos volver a casa. Tú nos has despertado de un mal sueño. ¡Queremos seguir a tus órdenes!

El estratega sacude la cabeza.

—Marchaos a casa, niños. Si fuerais hombres no os esconderíais bajo la excusa de un sueño. ¿Acaso soñabais cuando matasteis a vuestros oficiales, prendisteis fuego a la ciudad, violasteis a las mujeres, saqueasteis las casas? ¿Acaso sois sonámbulos? No puedo conducir a la victoria a un grupo de sonámbulos; podrían bostezar en un instante inadecuado.

La terrible tensión del ambiente se relaja un tanto; dos o tres hombres ríen. El viejo soldado discute con otros; después se dirige nuevamente a Parmenión:

—Queremos reparar lo que hemos hecho, señor. Danos tiempo para reconstruir las casas; después vuelve a tomarnos bajo tus órdenes.

—No puedo hacerlo. Las órdenes de otros os han traído hasta aquí.

—Queremos estar a tus órdenes, Parmenión... Padre. ¿Qué pasará con aquellos a los que seguimos?

Murmullo general. Una treintena de hombres son empujados hacia adelante por los demás; unos tienen una actitud arrogante, los otros parecen desilusionados y temerosos.

Parmenión recorre con la mirada el contorno de la plaza.

—¿Los saqueadores y violadores?

Los mercenarios conducen a otros veinte hombres al centro de la plaza. Parmenión endereza la espalda.

—¿Sois hombres? ¿O debo dar la orden a los valientes que no han vacilado, a los extranjeros, que han hecho por dinero lo que los macedonios deberían hacer sin recibir una paga?

En pocos instantes, los insurrectos, saqueadores y violadores identificados son atravesados por las lanzas de sus antiguos compañeros.

Parmenión observa con expresión sombría a los oficiales que han pasado la noche en la ciudad.

—Vosotros, volved con vuestras madres. Y llevaos vuestra deshonra. Señores de la ciudad, administradores y funcionarios del rey: ya podéis traer de regreso a vuestros conciudadanos que han huido. Los soldados del rey reconstruirán lo que han destrozado. Dadles de comer; tienen hambre. Parmenión y Filipo lo pagarán todo.

*

En Atenas, Dimas escucha atentamente a los mejores citaristas, aprende de memoria las más grandes odas, las canciones aún conservadas de Safo, Alción y otros poetas. Vende el bárbiton; en las tabernas cercanas al ágora toca el aulos y la cítara, pero la mayor parte de las veces los finos atenienses rechazan su nueva música, que mezcla lo heleno y lo asiático y se salta las reglas de la poesía y acompañamiento habituales. En los barrios más pobres, que los grandes maestros de la música rara vez visitan, sin duda para no ensuciarse sus pomposas vestiduras, y donde viven aquellos que no tienen tiempo para sutilezas, preceptos y refinamientos teóricos, lo escuchan con placer. Tras un largo, caluroso y arduo día de trabajo, es agradable oír esas palabras descaradas y esas notas diáfanas.

Una noche se halla tocando en una taberna en la que ha entrado, por error, un fornido y moreno comerciante de Corinto; en el Pireo, donde marineros de toda la Oikumene buscan diversión antes de hacerse nuevamente a la mar, habla en fenicio con hombres que no proceden de Tiro, sino del oeste lejano. Después de una de esas conversaciones encuentra una bolsita en el estuche de cuero de la cítara. El día siguiente visita a varios herreros, pero no encuentra ninguno capaz de imitar con la necesaria precisión las clavijas y ruedas dentadas fabricadas en Karjedón. Recuerda sus épocas de carpintero y talla en madera las piezas que necesita, luego acude al taller de una alfarera y allí las aprieta contra arcilla blanda y, una vez pasados por el horno, lleva los moldes a un fundidor de hierro. Un herrero, maravillado ante la factura de las clavijas, le hace unos grandes anillos planos para la yema de los dedos.

Se queda en Atenas dos años. Primero duerme bajo el cielo estrellado; luego comparte durante algunas lunas el lecho de una puta; finalmente, vive en la casa de la alfarera. La mujer es una artesana excelente y un comerciante corintio le compra prácticamente todo lo que va produciendo; algunas ánforas llegan hasta los mercados de Karjedón y adornan una vieja casa señorial levantada bajo los cipreses del suburbio del norte.

A los dos años vuelve a partir, pasa por Megara y sigue hacia Corinto, donde riñe y se reconcilia con un comerciante noble. Sigue viaje hacia Esparta, donde amenazan con apedrearlo a causa de su música inaudita. En el puerto de Githeón oye hablar de la derrota del macedonio levantisco, Filipo, a manos de los focios. A comienzos del invierno desembarca en Cirene. Allí disfruta de la hospitalidad de una viuda, cuyo marido había conseguido cierto bienestar comerciando con Silfión, y también la envidia y el cuchillo de otro mercader.

Al llegar la primavera parte con una caravana hacia el oeste, en dirección a Karjedón, atormentado por sentimientos contradictorios: alivio por haber dejado de ser esclavo, nostalgia por determinados recuerdos, fastidio por ciertas relaciones comerciales. Conversa acerca de muchos asuntos con un viejísimo Adérbal, ya consagrado a la muerte, y con su ayudante, un joven astuto llamado Amílcar. Se entera de que, en la lejana Hélade, el rey de Macedonia ha rehecho su ejército y aniquilado a los focios. Retira su dinero de un banco y hace que un curtidor y talabartero le confeccione un cinturón hueco en el que sea posible guardar muchas monedas. Una noche Amílcar lo lleva consigo a una entrevista con Bagoas, un príncipe persa de unos treinta años, con ojos de víbora, manos de carnicero y charla de seductor. En presencia de Amílcar, Bagoas el Íntegro —llamado así porque, a diferencia de otros que llevan el mismo nombre, él no es eunuco— hace a Dimas proposiciones de negocios sobre ocasionales informes. Dimas se encoge de hombros, estira la mano abierta y sopesa la bolsa que le ofrece el persa.

Las relaciones entre Persia y Karjedón no pasan por su mejor momento, ya que los territorios que rodean la ciudad madre de Karjedón, Tiro, se han liberado del dominio del Gran Rey después de muchos años de ocupación y, aunque la adhesión de Karjedón posee una gran importancia, ésta no es suficiente para enviar la flota, que domina todo el mar occidental, en defensa de los fenicios del este. Los persas no han olvidado que en Karjedón nunca se tomaron en serio la soberanía del Gran Rey sobre Tiro, soberanía que, en opinión de aquellos, debía extenderse también sobre Karjedón, ciudad hija de la anterior. No han olvidado tampoco que, mucho tiempo atrás, a las ordenes de Jerjes de enviar barcos para atacar Hélade y de abandonar el repulsivo consumo de carne de perro, Karjedón respondió enviando como regalo unos mastines especialmente cebados y atacando Siracusa por interés propio (o por desgracia propia, pues la expedición fracasó).

Pero el enemigo común, la Hélade, siempre se encarga de allanar esos problemas. Amílcar no tiene nada que objetar al hecho de que Dimas envíe informes a él, a Demarato (lo sabe, por supuesto) y ahora también a Persia. Dimas sale de Karjedón en uno de los últimos barcos del otoño, con destino a Siracusa e intención de seguir haciendo música.

*

—Después los macedonios regresaron a Tesalia, siguieron avanzando hacia el sur y aniquilaron el ejército focio en una gran batalla que tuvo lugar en el campo de azafrán. Acto seguido, Tebas y Atenas se unieron (aun cuando hasta no hacía mucho luchaban entre ellas) y cuando Filipo quiso avanzar hacia Delfos para dar un castigo definitivo a los focios profanadores del templo, encontró las Termópilas cerradas. ¿Quién las había cerrado? Un ejército de tebanos y atenienses unidos por una alianza a la que había contribuido Demóstenes, que por entonces comenzaba a romper las ataduras que lo unían a Eubolo.

*

Eubolo se encuentra en su gran cuarto de trabajo, acompañado de escribas y esclavos; está hablando con un oficial del ejército, que lleva una capa roja y tiene el yelmo de penacho en la mano. Demóstenes se halla sentado en un escabel, con la espalda apoyada en una columna. Juega con sus guijarros.

Eubolo parece amargado, pero, al mismo tiempo, decidido.

—No, no y mil veces no. Todavía no se ha tomado una decisión definitiva y, por lo que a mí respecta, tampoco se tomará. Lo diré una vez más: no podemos meternos en semejante peligro.

El estratega hace una mueca.

—Pero hace mucho que ya estamos dentro, Eubolo. Tanto en el bando del Gran Rey como en el de los sátrapas rebeldes luchan helenos. Memnón y Mentor, por nombrar dos.

Eubolo resopla.

—No son más que un par de rodios mercenarios. Reconocerás que hay una diferencia entre un mercenario rodio y un ciudadano ateniense, ¿eh?

—Pero tú sabes lo que está en juego. Las ciudades helenas de Asia... Necesitan ayuda. El Gran Rey ya casi ha vencido a Artabazo y a Memnón; su siguiente paso será atacar las ciudades de la costa. Si estas ciudades caen, Artajerjes acabará con las libertades que han adquirido en los últimos decenios. Y ¿quién que no fuese Atenas podría ayudarlas?

Eubolo se alisa el cabello.

—No, no, no. Los atenienses y otros helenos fundamos esas ciudades hace siglos; ahora que están en apuros se vuelven hacia nosotros, como niños que buscan a sus padres. Lo sé, sí. Pero apenas desaparezcan sus urgencias volverán a darnos la espalda. ¿Has olvidado la guerra de los aliados? ¡Qué se defiendan ellos mismos! Además, ¿cómo podríamos ahora, hoy, enfrentarnos al Gran Rey y librar una guerra terrible contra Persia?

—¿Atenas es el corazón, el hígado, el ombligo de todo eso que da forma a la Hélade? —pregunta el estratega con voz más que sarcástica—. Y, como se ha dicho, ¿jamás permitiremos que ciudades helenas caigan en manos de unos bárbaros? Bárbaros como los macedonios, que son helenos, ¿o no? Al menos, eso he oído. —Mira de reojo a Demóstenes—. O bárbaros como los persas, que...

—Sea lo que sea y quien sea —lo interrumpe Eubolo con voz tajante—, existe una diferencia entre lo que probablemente sea bueno y lo que sin duda es beneficioso. Beneficioso para Atenas. Podemos hacer frente a Tebas o a Macedonia, pero no a la infinitud de Asia y el poder del Gran Rey. Y en lo que a mí y a las arcas de la ciudad respecta, ¿quién pagaría lo necesario para enviar al campo de batalla un ejército lo bastante grande para luchar contra todo el poder de Asia?

Demóstenes tose y se mete los guijarros en la boca.

—Nosotros no podríamos pagarlo, como todos sabemos —dice—. Pero ¿por qué no preguntas a tus amigos asiáticos y a nuestros parientes helenos si estarían en condiciones de reclutar más mercenarios? Las ciudades de Asia han disfrutado de libertad durante mucho tiempo y son prósperas, pueden costear un gran ejército mucho mejor que nosotros...

El estratega tuerce el gesto, da media vuelta y sale del cuarto pisando con fuerza.

Eubolo suspira y observa a Demóstenes.

—Si de mí dependiese, quizá habría estado de acuerdo. Pero tras tu brillante discurso los atenienses no pueden sino negarse a este nuevo ataque a sus bolsillos y su aptitud militar, y yo... Pues, sí. A veces me pregunto qué va a ser de ti. Y de mí. Creo que has aprendido ciertas cosas con demasiada rapidez.

Demóstenes esboza una sonrisa.

—Gran Eubolo, ¿cómo puedes decir algo así? ¿No te he servido bien todos estos años?

—Demasiado bien. Bah, no tiene ninguna importancia. Todo tiene un final. Pero dime, ¿crees de verdad lo que dijiste a los atenienses? ¿Que el Gran Rey no someterá las ciudades de Asia, sino que ejercerá sobre ellas una soberanía meramente simbólica? ¿Que es mejor gastar nuestro dinero en alcantarillas y en armas contra Filipo?

Demóstenes, que seguía apoyado en la columna, se levanta y endereza la espalda. Eubolo aguza la vista y sólo ahora parece ver realmente a su interlocutor. La voz de Demóstenes expresa una seguridad infinita:

—Lo creo en parte. Esas ciudades apestan de tanta riqueza. ¿Por qué tendría Atenas que jugarse la cabeza? Además, Artajerjes sólo está intentando que Persia, tras unas décadas de debilidad, vuelva a ser tan poderosa como lo era hace cuarenta años. Tardará mucho tiempo en lograrlo, si es que alguna vez lo logra. Mientras eso siga así, nosotros debemos preocuparnos por asuntos más cercanos. Filipo, por ejemplo.

Eubolo hace una mueca.

—Ya estamos otra vez... Filipo tampoco pretende más que Artajerjes; quiere una Macedonia lo bastante poderosa para equilibrar las fuerzas con la vecina Atenas.

Demóstenes pestañea.

—Eso es lo que pretende que creamos. Pero cuando sea lo bastante fuerte dejará de ser un vecino y se convertirá en un enemigo, y entonces nos someterá a su voluntad. Si no tomamos precauciones ahora, pronto tal vez sea demasiado tarde.

—Si le salimos al paso ahora, como tú quieres, y le impedimos alcanzar objetivos que a él le favorecen y a nosotros no nos perjudican, entonces sí que se convertirá en nuestro enemigo, sin duda. Por el momento sus planes son beneficiosos tanto para Macedonia como para Atenas; para toda la Hélade, en definitiva.

Demóstenes cruza los brazos; la expresión de su rostro es fría.

—Nada es beneficioso para él y para nosotros al mismo tiempo, Eubolo. Para nosotros sólo existe Atenas; durante mucho tiempo no ha existido nada más, y Filipo aún tiene que recorrer un largo camino. Pero si aceptamos a Filipo como a un igual, Atenas dejará de ser la primera ciudad. Y nosotros... tú y yo, no tendremos ya ninguna importancia.

Eubolo, con expresión contrariada, lo sigue con la mirada mientras sale del cuarto. Demóstenes camina rápidamente, sin tropezar ni titubear. Cruza varias plazuelas, se interna en una calleja estrecha y llega finalmente a una sórdida taberna. Cruza el salón interior y sale al patio; detrás hay un largo edificio de una planta. Demóstenes da una palmada. Aparece un esclavo de piel morena.

—¿Dónde está el fenicio?

El esclavo se encoge de hombros.

—¿Cuál de todos?

—El comerciante de Citión. Asdrúbal.

El esclavo señala una de las cuatro entradas.

—Detrás de esa cortina, señor.

Demóstenes se dirige a la puerta señalada, aparta la cortinilla, atraviesa un pasillo, otro patio interior, llama a una pesada puerta de madera. Una esclave negra abre, lo examina con la mirada, asiente y lo deja entrar.

El comerciante fenicio lleva un largo traje de lana y una gorra gris oscura; está tumbado en una litera de cuero, junto a una mesa baja sobre la que hay fruta y una jarra de vino. Sin levantarse, señala una segunda litera. Demóstenes se tumba.

—¿Y bien? ¿Cómo ha ido eso?

Demóstenes se saca los guijarros de la boca, los guarda en la bolsita, bebe un trago de la copa que le ha llenado la esclava.

—Los ciudadanos de Atenas han decidido no levantar sus armas contra el Gran Rey. Los he convencido de la buena voluntad de Artajerjes.

Asdrúbal sonríe.

—¿Sabes, Demóstenes? El Gran Rey tiene realmente buena voluntad.

—¿Hasta qué punto?

Asdrúbal da una palmada. Dos esclavos traen a rastras un arcón de madera negra finamente tallada y lo dejan en el suelo.

—Puedes abrirlo, amigo mío. Es una muestra de la buena voluntad persa.

Demóstenes abre la tapa. El gran baúl está lleno de monedas de oro.

—¿Cuánto?

Asdrúbal deja escapar una risita.

—Dos talentos de oro, noble Demóstenes. En estos momentos, unos veintiocho talentos de plata. Algo menos de ciento setenta mil dracmas.

Demóstenes cierra el arcón, asiente, bebe más vino. Después dice a media voz:

—Necesito que me digas algo. Como probablemente sabes, tengo una mano... en fin, un dedo meñique metido en el comercio de esclavos.

—Conozco tu próspero negocio de seguros.

—Escucho por casualidad muchas cosas. Quien se ocupa de una parte del comercio de esclavos suele oír cosas sobre las otras partes.

Asdrúbal sonríe.

—Así es. ¿Y?

—Según he oído, tras ciertas... llamémoslas desavenencias entre tus parientes no del todo fenicios del norte de Libia, Karjedón y otras regiones, ha quedado disponible una pequeña cantidad de muchachos de piel clara. Provienen de tierras itálicas, siciliotas, ibéricas... Ahora bien, un muchacho no vale mucho, salvo si posee unas cualidades especiales. Unas cualidades que pueden formarse, en cierta manera. Por ejemplo: que tenga una cultivada preferencia por los hombres, que esté bien educado y... castrado.

Asdrúbal se yergue; su rostro expresa una mezcla de sorpresa y asco.

—Repugnante. ¿Haces ese tipo de cosas? Es decir...

Demóstenes levanta una mano, a la defensiva.

—Ni en sueños se me ocurriría hacer algo tan terrible. Un muchacho cuesta, en el mejor de los casos, dos minas, ¿cierto? Doscientos dracmas. Pero ¿cuánto pagarían tus amigos persas por un encantador muchacho de piel clara y buenos modales, para no hablar de las otras cualidades?

Asdrúbal reprime la aversión que aquello le produce y dice lentamente:

—Tal vez el doble.

—¿Tú podrías...?

Asdrúbal suspira.

—Sería dinero sucio. ¿Cuánto ganaría yo?

Demóstenes sonríe.

—¿Una cuarta parte?

Asdrúbal enseña los dientes.

—Un tercio.

Demóstenes suspira.

—Si así tiene que ser...

*

Más imágenes, a veces veladas, o como vistas a lo lejos; Peukestas conocía su significado, incluso sin oír las palabras de Aristóteles que las acompañaban. ¿O acaso oía la voz del anciano, sólo que no era consciente de ello? Ante algunas imágenes se sentía invadido por un estado de ánimo que era una mezcla de compasión, tristeza, vergüenza, burla. Se trataba de sensaciones que no pertenecían a las imágenes, sino a Aristóteles, pero que pasaban de éste a Peukestas: la vergüenza del heleno, que contaba cómo Artabazo, pariente del Gran Rey, general de Artajerjes Mnemón y luego sátrapa de una importante provincia del noroeste, se enemistaba con el Gran Rey Artajerjes Oco. Cómo Artabazo, apoyado por el rodio Mnemón y por mercenarios rodios, áticos, lacedemonios y helenos en general, perdía ante el ejército del Gran Rey, cuyas primeras filas también estaban formadas por mercenarios helenos —helenos que luchaban por un rey bárbaro contra un príncipe bárbaro, que, a su vez, también era defendido por helenos—. Otros helenos, llevados desde Egipto hasta Fenicia por el hermano de Mnemón, Mentor, luchaban con los hombres de Sidón contra más helenos, que servían al lado de los muchos pueblos del imperio del Gran Rey. Vergüenza porque el orgullo de los helenos se había convertido en una cuestión del poder adquisitivo de otros. Vergüenza al recordar todos esos barcos —cincuenta en total— con los que Leito y Penéleo, Arcesilao, Clonio y Protoenor, habían llevado las tropas beocias —ciento veinte soldados por barco— hasta las playas de Ilión. Treinta barcos de la minia Orcómeno y de Aspledón; cuarenta de los focences; otros cuarenta barcos panzudos, de los locrences; cuarenta barcos oscuros del pueblo de Eubea, cuyos robustos guerreros sólo tenían pelo detrás de la cabeza; cincuenta barcos de Atenas; doce de Salamina; ochenta de Argos y la amurallada Tirinto, de Hermíone y Asina, con sus amplias bahías, de Trecena, Eyona, Epidauro, Egina, Masete; cien barcos de Micenas y Corinto y las otras ciudades de Agamenón; sesenta de Lacedemonia, a órdenes de Menelao; noventa de Pilos, Arene y Trío; sesenta de Arcadia, y otros de Brupasio, Equina, Itaca, Etolia, Creta, Rodas, Lindo, Sime, Cos y mil otras islas, de

Argos y Fílace y Feras y Metone y Trica y Ormenio y Girtona y Cifo y Dodona y los magnetes... Vergüenza, y dudas: ¿no había desterrado Atenas a su salvador, Temístocles? ¿No lo había acogido amistosamente el antiguo enemigo, el soberano persa, y le había dado un lugar donde terminar sus días en ocio y amistad?

Tristeza y compasión: Alejandro, un niño, llora y se tapa las orejas mientras Filipo y Olimpia se gritan el uno al otro. Alejandro con su madre en un baño perfumado, acariciado con demasiada ternura; con Aristandro, ante el altar, obligado a revolver las tripas del carnero; con Aristandro en una colina, observando bandadas de pájaros bajo nubes sombrías; gritando en la penumbra del bosque, clavándose los dedos en el pecho, como quien busca algo valioso que ha perdido; con otros niños y el áspero Leónidas en la lucha, la esgrima, las carreras a través del campo, las comidas excesivamente frugales; con el amable Lisímaco, aprendiendo y midiendo versos; arrimado a Olimpia cuando Filipo se acerca, pero arrancado de su lado tan pronto el rey desaparece.

Sorna y reconocimiento: Filipo y Parmenión conversando, el mar a la izquierda, al frente las Termópilas, ocupadas por soldados helenos; la astucia de Filipo, la marcha hacia el norte; cólera, alivio, desconcierto en Atenas; Demóstenes, que lucha en el bando de Aristofon, en conversaciones con Cares, el estratega demócrata: Cares, golpeado por los aliados, vencido por Artajerjes, marchando hacia Tracia con soldados y barcos, para entorpecer los planes de Filipo; el juego sutil de éste: el perdón de ciudadanos y soldados atenienses, que tras la derrota de Cares son enviados de vuelta a casa, mientras todos los otros prisioneros son retenidos y esclavizados; la conquista y posterior incendio de Olinto; la destrucción del pueblo natal de Aristóteles, Estagira (no hay rencor, sólo un asombro algo turbado).

Pesar y preocupación: la mala siembra, que luego da malos frutos. Artabazo y Mnemón, sometidos por el Gran Rey, huyen con sus familias a Pella, donde Filipo los acoge amistosamente. Barsine, hija de Artabazo, de quince años de edad y ya madura; pronto la mujer de Mentor, y tras la muerte de éste, de su hermano, Mnemón; pero ahora ella se preocupa, como una amorosa hermana mayor, de Alejandro, que tiene seis años y está hambriento de cariño.

*

Artabazo es alto, moreno, viste ropa fina, negra con ribetes y bordados de oro. Tiene la barba negra y un rostro de rasgos duros y, sin embargo, amables. Cabalga por las colinas de Egae, seguido por un pequeño grupo de jinetes macedonios. En su caballo, delante de él, está sentado Alejandro, con la espalda apoyada en el pecho del príncipe persa. El niño señala a la izquierda, donde las colinas se hacen más altas y parecen penetrar en el cielo.

—¿Esas colinas, mi pequeño amigo? Allí comienza el mundo. Aunque en Pella y Egae muchos opinan que es precisamente allí donde termina.

Alejandro mira a lo lejos, con cara de hambre o, quizá, de avidez.

—¿Qué... cómo es, más allá?

Artabazo se encoge de hombros.

—Hay otras colinas, montañas, sembrados, otras ciudades y personas. Después, más allá, el mar, el Poderoso Gran Verde, como lo llaman los egipcios.

—¿A quién pertenece el mar? —pregunta Alejandro, con sus ojos claros muy abiertos.

Artabazo ríe; la yegua negra resopla ligeramente.

—El mar no pertenece a nadie. Nadie es dueño del mar, pero el mar es dueño de muchos buenos hombres y barcos. Aquí, cerca de vuestras costas, navegan los atenienses. Y, naturalmente, también algunos comerciantes. Al sur, muy lejos de aquí, navegan los barcos fenicios, que están al servicio del Gran Rey. En el oeste, muy, muy lejos, navegan los barcos mercantes y los remeros de guerra de la poderosa Karjedón.

—¿A quién pertenece Karjedón?

—¿Karjedón? Se dice que fue colonizada, fundada, por gente de Tiro, pero ya no pertenece a Tiro. Karjedón es dueña de una gran parte del norte de Libia y de las grandes islas de los siciliotas y sardonios y cirenios. Ahora sólo se pertenece a sí misma.

—Si todo lo demás pertenece a los helenos, a los persas o a mi padre Filipo, esa Karjedón debe de ser poderosa. ¿Y qué hay al otro lado del mar?

—¿Al otro lado del mar? Muchos países extraños, maravillosos y peligrosos. El antiguo Egipto... pero ya has oído hablar de eso, ¿verdad?

Alejandro asiente con la cabeza; entrecierra los ojos.

—Allí gobernó una vez Ammón, que también es Zeus. Sus hijos... los faraones eran su encarnación.

Artabazo arrugó la frente.

—Es posible. Allí también está Arabia, donde crecen palmeras que inclinan solemnemente la cabeza cuando el viento les trae noticias del ardiente desierto. Damasco. Y Babilonia, la ciudad más antigua, que guarda todos los secretos y ni siquiera puede recordar haberlos olvidado. Grandes ríos llenos de peces plateados. Y otros, todavía más grandes, con cocodrilos y serpientes de agua. Detrás está Irán, la gran y sagrada Persia; allí las tormentas suspiran entre las cimas más altas, cubiertas de nieve incluso en verano. Al norte de esas regiones se extienden estepas infinitas y cordilleras atravesadas por amplias llanuras pedregosas y desiertos de sal; y los jardines cercados, llamados *paradisos*, donde el Rey de Reyes caza en sueños. En medio de los jardines siempre hay un altar sencillo y una Casa del Fuego

Sagrado, cuidada por nuestros sacerdotes. Miles de pueblos distintos, con distintos idiomas y antiguos dioses; Mitra y Anahita, cuyos adoradores hacen cosas sucias y, en estado de éxtasis, matan un toro. Más allá están las montañas de la muerte, que separan Irán de la India. Y la India, inconmensurable y misteriosa. Un pueblo de costumbres extrañas, dioses extraños y personas extrañas que viven en los límites del mundo y creen vivir en el centro. Tienen elefantes, unos animales que parecen montañas andantes y que poseen dos colas, una delante y otra atrás. También hay muchos pájaros de colores, que no sólo cantan y chillan, pues algunos hasta pueden aprender a hablar; y pájaros que construyen sus nidos cosiendo grandes hojas. Y hay mil ríos, cargados de oro y de plata, y templos para mil dioses. Y más allá, islas maravillosas que esconden piedras preciosas y están habitadas por monstruos terribles.

Las mejillas de Alejandro arden, pero en sus ojos se oculta la raíz de un dolor, de un tormento que crece lentamente y aún necesita algunos años para madurar.

—Tantos países... tantas personas. Y dime, ¿todas esas personas tienen... alma?

Artabazo suspira.

—¿Alma?

Alejandro asiente con la cabeza, casi con terquedad.

—Algunos dicen que está en el pecho; otros afirman que se encuentra en el semen. Pero en mi pecho hay un vacío, que clama por llenarse, sobre todo durante la noche. Clama con tanta fuerza que a veces me despierto y prefiero no volver a dormirme. Y si el alma está en el semen, entonces la mujeres no tienen alma, y tampoco los niños, porque no tienen semen, ¿verdad?

Artabazo sujeta las riendas con la mano izquierda y pasa el brazo derecho por delante del muchacho, como si quisiera protegerlo de algo.

—Hay muchas opiniones —dice—. Los que creen en los dioses y en que hay algo después de la muerte, también creen en el alma. Otros están convencidos de que el ser humano se apaga como una llama, muere como una planta. De que no queda nada.

—Si existen las almas, ¿se podrían robar?

Artabazo frota el mentón contra la cabeza desnuda del joven; es un extraño gesto de cariño.

—¿Para qué querría alguien robar almas? ¿Es que quieres una? ¿Una primera, o una nueva?

Alejandro sonríe débilmente.

—Por las noches, junto al fuego —dice—, los mercenarios cuentan historias maravillosas. Y también historias crueles. Una la oí de boca de un cretense que había luchado en Arabia y Egipto. Decía que allí hay pueblos que creen en dioses envidiosos, quizá demonios, que se alimentan de almas humanas. Que después quieren también un cuerpo, porque no tienen cuerpo. Que cogen a un niño pequeño, cuando todavía es débil y no está protegido por otros dioses porque, digamos, sus padres o los sacerdotes han olvidado hacer una ofrenda... en fin, que roban el alma del niño y, más tarde, cuando el cuerpo de éste ha crecido, intentan introducirse en él para vivir en su interior durante un tiempo.

El rostro de Artabazo refleja pesar y compasión.

—¿Y tú tienes miedo de que ese vacío que sientes podría deberse a eso? Ay, pequeño, ¿quién te ha contado esas tonterías? Aunque así fuera... tu madre, tu padre, el vidente Aristandro, todos han cuidado de ti.

Alejandro cierra los ojos, aprieta los párpados con fuerza.

—Cuando nací Filipo no estaba. Tampoco Aristandro. Olimpia me parió y en lugar de darme de mamar me entregó enseguida a los pechos de Lanice. Filipo quiere hacer de mí un soldado y un rey; Olimpia dice que yo debo ser la encarnación del dios Ammón, que también es Zeus. ¿Sería posible que yo tuviese dos almas que han luchado entre sí y se han dado muerte la una a la otra? ¿O tal vez Ammón ha expulsado mi alma para introducirse en mi cuerpo en algún momento, para poseerme como a un cascarón sin alma? ¿O quizá existen esos demonios?

Artabazo no contesta; sujeta con más fuerza al muchacho, y los dedos de Alejandro rozan, titubeantes como si fuera una osadía, la manga y después la mano del persa. Cabalgan entre colinas y arbustos, llegan a las primeras casas, algo más grandes que las otras, de un suburbio del este.

—El alma —dice Artabazo a media voz, como ensimismado—, probablemente sea aquello que hacemos de nosotros mismos. Los países y las ciudades que vemos; las cosas buenas y malas que hacemos; las personas con las que tratamos. Todas nuestras experiencias y vivencias, nuestros pensamientos, emociones y actos, hacen de nosotros algo que antes no existía. En todo caso, que antes no era así. Tal vez esa sea el alma, al final, y tal vez al comienzo sea tan tenue y sutil que no podemos percibirla.

—¿Qué dicen vuestros dioses al respecto?

—Nosotros sólo tenemos un dios, el Sapientísimo, que creó todo al principio de los tiempos. Pero él ya existía antes del principio, antes de que empezaran las cosas. Él envió al mundo dos fuerzas, dos espíritus que muestran a los hombres los diferentes caminos, para que podamos elegir. El camino de la luz, de la rectitud, de la virtud, nos lo muestra Ahura Mazda. Y el camino de la oscuridad, de los actos ignominiosos, de la perfidia, nos lo señala Arimán, el Señor de las Tinieblas. Al final de todas las cosas y de todos los días, las almas de todos los seres humanos cruzarán un puente tendido sobre el abismo negro de la nada. Al otro lado de ese puente espera el buen espíritu del Único Dios, que separará lo bueno de lo malo. Quizá esté sentado sobre el espíritu de un maravilloso caballo blanco. ¡Mira!

Han llegado al centro del pequeño poblado, donde hay un mercado de ganado y caballos. Alejandro abre los ojos tanto como puede, señala una yegua blanca, que está escarceando, y exclama:

—¡Ohhh!

Artabazo desmonta y ayuda a bajar del caballo a Alejandro; después se dirige hacia los campesinos y criadores de caballos. Alejandro quiere seguirlo, pero alguien lo retiene.

En el suelo, sobre un montón de basura pisoteada y reblandecida, está sentado un filósofo ambulante. Tiene el pelo enmarañado; el quitón, sucio de barro y excrementos; las uñas, negras y partidas.

—¿Es tu amigo, muchacho? —pregunta el hombre, señalando a Artabazo.

Alejandro retrocede un paso, arruga la nariz y asiente, casi contra su voluntad.

—¿Por qué?

—No deberías cabalgar con él ni hablarle. Te lo dice un hombre sabio que en su juventud tuvo ocasión de escuchar al mismísimo Sócrates.

Alejandro abre más aún los ojos.

—¿Por qué no debo hablar con él, sabio?

—¡Es un bárbaro!

Alejandro pasea la mirada entre el sucio filósofo y el noble persa. Después dice:

—Ah, ¿sí?

*

De camino a una asamblea, Demóstenes y el joven y delgado Demades intercambian algunas palabras. De pronto Demóstenes se disculpa, pide al otro que lo espere un momento y se dirige hacia la plazuela donde un hombre corriente está apoyado en una puerta.

—¿Y bien? —dice Demóstenes.

El hombre, un campesino ático, le muestra un cesto que contiene varias setas: unas grandes amanitas, de las llamadas matamoscas.

Demóstenes asiente con la cabeza.

—Son las correctas, sí. ¿Cuántas puedes conseguirme?

El campesino se encoge de hombros.

—Tantas como quieras. Son venenosas, nadie las quiere... fuera de ti.

Demóstenes se muerde el labio inferior.

—Yo... ¿Cuánto quieres por ellas? ¿Cuánto tiempo necesitas para llenar un cesto? ¿Cuántas caben en un cesto?

El hombre mira el cesto.

—Unas veinte o treinta, según el tamaño. Sé dónde crecen.

—¿Medio dracma por un cesto?

—Cuesta encontrarlas. ¿Digamos dos dracmas?

Regatean un rato; finalmente, Demóstenes, con cara de hombre honesto que no tiene más remedio que aceptar, dice:

—Está bien, un dracma por un cesto. Como prácticamente carecen de valor, es más que un buen precio. Y no olvides: ni una palabra de esto.

Cuando Demóstenes vuelve a su lado, Demades pregunta:

—¿Qué clase de negocio es ése? ¿Matamoscas?

Demóstenes tuerce el gesto.

—¿Has podido verlas? Está bien... ¿cuántas?

—¿Cuántas qué?

—¿Cuántas quieres?

Demades gruñe.

—¿Matamoscas? ¡Bah!

Demóstenes suspira.

—No te hagas el tonto, que no te hace falta. ¿Cuántas monedas?

Demades arruga la frente.

—¿Qué me ofreces?

Demóstenes se acomoda el quitón y sacude la cabeza.

—Digamos... ¿una cuarta parte?

Demades pestañea.

—Explícame los detalles, por favor. Y sigamos andando, la asamblea no va a esperarnos.

Siguen su camino; Demóstenes habla en voz baja, con una sonrisa torcida.

—Los persas, ya sabes. No sólo tienen por nobles dioses a la luz y a la oscuridad, sino que también tienen otros dioses, más antiguos, que quizá fueron los fundadores de nuestros misterios. Para adorar a esos antiguos dioses, luchan a muerte con toros o se sientan en cuevas y se emborrachan.

Demades suspira.

—Ya lo sé. ¿Y?

—Es probable que antiguamente hayan vivido en otra región, quizá en una estepa. En cualquier caso, en un lugar donde había matamoscas. Pero en las montañas donde viven ahora, prácticamente no crecen estas setas. Según me han informado, las importan, sobre todo de la India.

Demades asiente, espera.

—Las secan, las trituran y las echan en agua hirviendo. Cuelan el caldo con una tela fina y después se lo beben. Esa bebida hace que tengan sueños maravillosos, en los que vuelan como pájaros. Pero, naturalmente, sólo es para ricos, ¿comprendes? Los pobres no pueden permitirse comprar setas de la India.

—Pero también quieren adorar a los dioses, ¿eh?

Demóstenes sonríe.

—¿Recuerdas las viejas historias según las cuales a los bárbaros les apesta el aliento? Un comerciante babilonio me ha explicado lo que se piensa al respecto.

—Soy todo oídos.

Demóstenes lo mira de reojo.

—Cuando bebes agua, vino o cerveza, el líquido que más tarde abandona tu cuerpo no es nada más que orina. La esencia del vino se queda dentro de ti. Pero con esa bebida persa no ocurre así. Su esencia... lo que crea los sueños hermosos y los vuelos y proporciona al falo una potencia inagotable, no se queda en el cuerpo. Por eso los persas pobres, que no siempre pueden conseguir setas frescas, beben su propia orina. Y vuelven a volar.

Demades parece estar a punto de vomitar.

—¿Eso les vendes?

—No. Yo vendo a los ricos, claro.

—¿Cuánto ganas?

—El cesto con veinte setas, a veces treinta, me cuesta un dracma. Los persas pagan diez dracmas... por cada seta. Pero hay que contar el transporte, los intermediarios. Así pues, ¿cuánto quieres?

Demades escupe.

—No quiero tener nada que ver con eso.

*

—Yo tampoco quise tener nada que ver con eso —Aristóteles volvió a meterse el amuleto bajo la ropa y se dejó caer sobre la cama—. Ni con eso ni con muchas otras cosas.

Peukestas se puso de pie; le dolían las rodillas. Caminó lentamente hacia su escabel.

—Repugnante. Y yo pensaba que Demóstenes había sido el gran prócer del helenismo, contra los bárbaros.

Aristóteles estaba mirando el techo, después dirigió la mirada al fuego.

—¿Demóstenes? De ninguna manera. Eubolo y su gente. Con ellos estuvo también Esquines, más adelante, durante un corto tiempo también Demades y Filócrates. Eubolo quería una Atenas fuerte; fuerte gracias a tratados, a la paz, el comercio y el bienestar. Cuando advirtió que Filipo amenazaba a Atenas quiso la guerra, pero sólo para restaurar el viejo orden. Isócrates siempre quiso la paz, y una alianza de todos los helenos para luchar contra los persas, para vengarse de la profanación de los templos atenienses cometida por Jerjes. Demóstenes buscaba riqueza y poder personales, y la hegemonía de Atenas. Él no pretendía una Atenas fuerte, como deseaba Eubolo, sino hegemónica, dominante, para así conseguir un mayor poder personal. Demóstenes dirigía a Atenas y Atenas dirigía la Helade, de modo que Demóstenes dirigía la Hélade. Algo así. Jamás consideró que Persia fuese una amenaza. Cuando Filipo pareció convertirse en un peligro, Eubolo propugnó una alianza de todos los helenos contra Macedonia; Isócrates defendió un equilibrio con Filipo y los demócratas quisieron conquistar Macedonia. Demóstenes también quería la guerra, pero sin aliarse con el resto de los helenos, pues esto habría supuesto una renuncia a las pretensiones hegemónicas de Atenas. Demóstenes convenció a los atenienses de ir a la guerra contra Filipo, sin aliados. Cuando Filipo ganó, ofreció la paz. Demóstenes la rechazó y continuó la guerra. Filipo volvió a vencer, y esta vez no sólo estaba en situación de ofrecer la paz, sino de imponerla bajo sus condiciones. Filócrates encabezó la delegación ateniense en las negociaciones de paz; Demóstenes y Esquines también estuvieron presentes. Al terminar las negociaciones, Isócrates alabó con justicia la benevolencia del vencedor y volvió a reclamar una alianza panhelénica contra Persia, bajo la dirección de Filipo. Demóstenes, por su parte, se entregó a una labor de agitación política en ciudades que no tenían ningún conflicto con Filipo, para incitarlas a participar en una nueva guerra contra Macedonia. Bajo el mando ateniense, por supuesto, o, lo que venía a ser lo mismo, bajo el mando de Demóstenes. —Aristóteles sacudió la cabeza—. Atenas ya estaba podrida, y todos revoloteaban a su alrededor como buitres sobre un cadáver. Fue entonces que me marché de Atenas.

Peukestas se acercó otra vez al fuego y echó madera y algunos rollos.

—¿Te marchaste sólo por asco?

Aristóteles soltó una risotada.

—¿Puede mentir un moribundo? No, tenía varios motivos para marcharme. El asco era uno de ellos. Otro era la desilusión. Un año después de la destrucción de Olinto y Estagira murió el viejo Platón, y el vanidoso Aristóteles, que aún no había cumplido los cuarenta, confiaba en que sería elegido director de la Academia. Pero prefirieron a Speusippo, el sobrino de Platón. Y Hermias, que había aprendido a pensar en Atenas y a quien, entretanto, los persas habían castrado y nombrado sátrapa del país del Atarneo, me propuso que viajara hasta allí y organizara un estado tal y como yo lo concebía.

—Así que aceptaste su proposición. Y fracasaste.

—Fracasé, sí. Existe un largo trecho entre lo que existe y aquello que, quizá, sería lo mejor. Probablemente tenía que fracasar en Atarneo para reencontrar el camino hacia Platón y Sócrates.

Peukestas permaneció pensativo unos instantes; al cabo, dijo:

—¿Por qué lo castraron los persas? A Hermias, quiero decir.

—Tal vez para recordarle que todo él, su vida y su cuerpo, se debían al Gran Rey, que el país no le pertenecía a él, sino a Artajerjes. O quizá sólo para que no fundase una dinastía propia que más tarde pudiera elevar pretensiones sobre aquellos territorios.

—¿Y tu mujer... su hija? ¿La tuvo antes de eso?

Aristóteles sonrió.

—Pitias, madre de esa otra Pitias que está haciendo cosas misteriosas en la cocina, no era su hija, sino su sobrina. Como no podía tener hijos propios, la adoptó.

—Tu intento de organizar el estado...

—La virtud del individuo en beneficio de la comunidad es algo imposible de conseguir con buenas palabras. Además... tal vez sea posible con un pequeño grupo de personas, en una isla. Siempre que el grupo sea más o menos homogéneo. Hoy tengo ideas distintas. La multiplicidad de las cosas, ya sabes. La multiplicidad es riqueza, también la multiplicidad de lo malo. La virtud uniforme representa pobreza, miseria. En Atarneo había personas muy diversas: helenos, asiáticos, asiatas, persas, medos, escitas, árabes. Y los nobles señores del país, los hombres del Gran Rey, no veían con muy buenos ojos nuestro intento.

—Entonces debiste sentirte aliviado cuando Filipo te llamó a Pella.

Aristóteles dirigió a Peukestas una mirada poco amistosa.

—No habría aceptado la oferta de Filipo de no haber terminado ya el experimento. Aristóteles no huye ni deja las cosas a medio hacer. No, aquello ya había terminado. Cuando llegó tu padre, yo ya había dejado Atarneo. Un poco, al menos. Vivíamos en las afueras de Mitilene, al otro lado del pequeño canal. —Reprimió una risita irónica—. Los días en que hacía buen tiempo podía contemplar el escenario de mi fracaso.

9
DE MITILENE A MIEZA

—El problema se llama Demóstenes. —Parmenión había esperado a que los escribas, funcionarios de la corte y oficiales se marcharan. La lluvia otoñal, que anegaba los campos y convertía las calles en canales, parecía filtrarse por los muros de piedra. Dracón llenó las cuatro copas con vino caliente, cargó una vez más el calentador con vino, agua, miel y hierbas, atizó el carbón y volvió a sentarse a la mesa. Llevaba puesto un tosco capote de lana que apretaba alrededor de su cuerpo. Antípatro tenía los codos apoyados en la mesa, la barbilla en los puños, el gorro de cuero casi sobre los ojos y la mirada perdida. Filipo estaba de pie, inclinado sobre un brasero, frotándose las manos.

—El problema —dijo el rey, por encima del hombro— tiene muchos nombres. Demóstenes es uno de ellos.

La llama de una lámpara de aceite tremoló. Las ventanas, de tela tensada en unos marcos de madera, no parecían cerrar del todo.

—¿Qué otros nombres?

—Parmenión —respondió Filipo, con una sonrisa irónica—. Dracón. Antípatro. Filipo. Los problemas siempre tienen varias caras. Creo que representamos para Demóstenes un problema mucho mayor que el que él representa para nosotros.

Dracón se abanicó con una punta de su capote.

—Tú. Parmenión. Antípatro. Pero yo no. Yo no soy más que un médico que no tiene idea de nada. Un sacamuelas, matasanos y mascahierbas. ¿Qué puede temer de mí Demóstenes? Sólo que intento curar vuestras heridas y enfermedades y alargar vuestras vidas.

Parmenión enderezó la espalda.

—Atenas te pagaría mucho oro por un poco de veneno.

Dracón guiñó un ojo.

—Tengo todo el veneno que necesito. En cuanto al oro... ¡Bah! —Bebió, se atragantó y tosió.

Filipo se cruzó de brazos y comenzó a caminar lentamente de un lado a otro.

—Casi lo hemos conseguido —dijo en voz baja—. Dieciséis malditos y sangrientos años. El norte, Tesalia, Eubea, alianzas aquí y allá. Esparta es un nido de cuervos. Sólo cuentan Atenas y Tebas. Si Atenas accede, los otros también estarán de nuestra parte.

—Atenas no accederá. —Antípatro levantó la barbilla de los puños y se miró las uñas—. Demóstenes se ha hecho muy fuerte; es imposible hacer nada contra su voluntad. Y todos sabemos qué es lo que quiere, ¿verdad? En una gran alianza helena bajo tu mando, Filipo, o bajo el de cualquier otro, Demóstenes sólo sería uno entre muchos. Quizá el décimo. Y él quiere ser el primero, el mejor, el más grande. Eso sólo puede conseguirlo en una Atenas hegemónica.

—En cualquier caso, nunca será el más guapo. Tampoco lo intenta —dijo Dracón.

Filipo se detuvo, con la cabeza ladeada.

—¿Guapo? No, claro que no. Todavía lo estoy viendo, en las negociaciones de paz de hace tres años. Al parecer quedó prendado de Alejandro. Cuando el chico terminó de recitar a Homero y tocar el arpa, Demóstenes le preguntó: «¿También tocas la, uh, flauta?» Y Alejandro, rápido como el rayo, replicó: «No la tuya, uh, señor.» —Lanzó una carcajada.

—No lo menosprecies —dijo Parmenión—. Los muchachos y las chicas muy jóvenes le hacen perder la cabeza. Pero en todo lo demás lo empuja su ambición. Y es muy inteligente.

—No lo menosprecio. Sólo que me gustan las buenas historias. —Filipo sonrió, pero enseguida recuperó la seriedad—. Ha conseguido por sí mismo pasar de ser un chico huérfano a ser un hombre rico, de no ser nadie a ser uno de los hombres más poderosos de toda la Hélade. Sabe lo que quiere; y no tiene ningún prejuicio a la hora de elegir el modo de conseguirlo. Como todos sabemos, actualmente comercia con el Gran Rey. Si estalla un conflicto entre Atenas y Macedonia, Artajerjes le enviará oro. Oro persa para sostener una guerra entre helenos.

—Demóstenes dirá que Filipo se alía con bárbaros. Y es cierto. —Antípatro puso las manos sobre la mesa y empezó a levantar los dedos, uno a uno.

Filipo resopló y levantó las manos.

—Hemos cerrado un pacto con Artajerjes, sí; ¿y qué? Artajerjes ha hecho las paces con sus sátrapas, Artabazo goza otra vez de su favor, Persia sabe que nuestros planes respecto de Tracia y Bizancio no están dirigidos contra Persia. Sabemos que Persia no intentará nada contra nosotros. Amigo, eso es muy distinto a aceptar oro persa para que los helenos se maten unos a otros.

Dracón, que mascaba unas hierbas, preguntó:

—¿Qué harías si mañana viniera un embajador ateniense y te dijera: «Estamos dispuestos a participar en una alianza panhelénica sagrada; queremos paz, colaboración y bienestar para todos, no más guerras absurdas. Pero con la condición de que Atenas mantenga la presidencia del Consejo sagrado»?

Filipo arrugó la frente.

—Debo decirte, señor de las hierbas y los dientes, que si los asuntos internos de los estados interesados no se vieran afectados y la paz general fuera realmente segura, estaría dispuesto a escuchar propuestas sensatas de Demóstenes. Hasta lo elegiría hegemón. Pero eso son tonterías, como tú sabes. Demóstenes es lo que es y como es, y por eso esta hipótesis está completamente descartada. Demóstenes no lo desea.

Callaron un momento, hasta que Antípatro levantó la mirada y carraspeó.

—Escúpelo, muchacho.

Filipo asintió.

—Me conoces muy bien, ¿eh?

—Todos nosotros. Si después de todos estos años no supiéramos cuando estás tramando uno de tus siniestros planes, no valdríamos para ponerlos en marcha.

Filipo soltó una carcajada. Dio unas palmadas.

—Más vino —rugió—. Asado. Pan. Fruta.

Los esclavos, acompañados por el mayordomo Arcesilao, trajeron todo lo que su señor había pedido. Cuando se hubieron retirado, Filipo cortó un trozo de pan, cogió una loncha de asado frío y caminó hacia la ventana. Se apoyó en el alféizar, tomó un bocado de pan, otro de carne y con la boca llena, dijo:

—Todos estos años de consideraciones... nada. Hemos respetado las posesiones de Atenas, hemos protegido a sus ciudadanos, hemos liberado enseguida a los prisioneros atenienses, la mayor parte de las veces con regalos. Atenas es el ombligo, y Demóstenes es la mugre de ese ombligo. Necesita un lavado.

—¿Cómo? —Antípatro estaba jugueteando con un higo.

Filipo tragó; después dijo, como tendiendo una red:

—Todavía tenemos dos o tres problemas más. ¿No estaría bien resolverlos todos de una sola vez?

Dracón echó a reír; Antípatro torció el gesto, como si le doliera una muela; Parmenión cruzó las manos detrás de la cabeza y miró el techo.

—Un juego nuevo, ¿eh? —dijo Parmenión a media voz—. ¿Cuántos años durará éste? ¿Y dices que es un juego doble, triple?

Filipo se chupó los dedos, manchados de asado.

—Ah, depende. Depende de si podemos resolver todos los problemas o sólo un par de ellos.

Parmenión y Antípatro se miraron, después a Dracón, después otra vez al rey. No dijeron nada.

—El ejército se está oxidando —dijo Filipo. Levantó el pulgar, luego los otros dedos, uno a uno—. Nuestros nobles príncipes locales no tienen qué hacer y consideran que sus hijos no tienen por qué seguir siendo formados en la corte. Olimpia continúa inculcándole tonterías a mi hijo. Está muy preocupada por su joven hermano, el futuro rey de Epiro. Aribbas, que ya lleva demasiado tiempo en el trono, ha empezado a escribir cartas, entre otros a Demóstenes. Nuestras consideraciones y ofertas amistosas no han servido para persuadir a Atenas de la conveniencia de firmar una alianza; me temo que tendremos que obligarla. Pero tienen que ser ellos quienes declaren la guerra, no nosotros. Ya sabéis que soy una persona muy sensible y no me gustaría que los otros helenos nos vieran con malos ojos. Más tarde o más temprano, según firmemos o no una alianza, los persas nos atacarán; Artajerjes adora los tratados, sobre todo porque se pueden rescindir a corto plazo.

—Son muchas cosas juntas. ¿Qué tienes pensado? —Los ojos de Parmenión eran rendijas; su boca, una raya.

—Olimpia tendrá que despedirse de su hermano; ya ha cumplido veinte años y no es tonto. Aribbas puede pasar su vejez en una casita junto al mar, escribiendo todas las cartas que quiera. Me gustaría que Antípatro le hiciera una visita, con unos cuantos soldados bien guarnecidos. Y con el nuevo rey. Ya sabes qué tipo guarnición prefiero, ¿verdad?

Antípatro enarcó las cejas y asintió en silencio.

—Leónidas y Lisímaco seguirán educando a los pequeños —continuó Filipo—; para los mayores ya idearemos otra cosa. Clases avanzadas: filosofía, historia, instrucción militar, organización del avituallamiento, cosas por el estilo.

—Mieza —dijo Parmenión en voz baja.

Filipo lo miró un momento; luego se echó a reír.

—Muy bien, viejo amigo. Un buen maestro, el ninfeo de la montaña, lejos de Pella pero cerca del campamento de ejercicios de nuestros soldados. Te lo agradezco. Los muchachos estarían bien instalados... y lejos del alcance de Olimpia, por ejemplo.

—Y de ciertos padres. —Dracón asintió, enseñando los dientes—. A tu mujer no le gustará, Filipo, y los príncipes se opondrán. Pero si el maestro es bueno, no podrán decir nada.

—Tú te encargarás de ir a buscar al maestro, Dracón. —Filipo le hizo un guiño—. Es una tarea a tu medida. Y que, además, aumentará considerablemente tu importancia entre los problemas de Demóstenes.

—¿Quién será el maestro? ¿O tengo que buscar uno, a ciegas?

—Estoy pensando en un renombrado filósofo, al que conozco. Puedo confiar en él. Todos podemos confiar en él.

—¿Aristóteles? —preguntó Parmenión con voz ronca.

—Exactamente. Ninguno de los príncipes podrá decir nada contra él; los atenienses se alegrarán y Hermias se sentirá entusiasmado.

—Hermias es un sátrapa persa. ¿Qué tiene que ver en esto? Y, ¿qué hay de Atenas y el intento de que sea Demóstenes quien dé el primer paso?

Filipo respondió con cuatro frases, lentamente, sin ninguna entonación. El silencio que siguió duró un rato. Finalmente, Dracón empezó a reír. Parmenión miró a Filipo como si lo viera por primera vez. Antípatro se quitó el yelmo, escupió dentro, se acarició la cabeza calva y volcó la copa al querer cogerla. El vino derramado, flojo y ya frío, formó una mancha en forma de estrella sobre la mesa.

—¿Y bien? —dijo Filipo, mordiéndose el labio superior en un intento por contener la risa.

—*Daimon* negro —murmuró Antípatro.

—Es perfecto. —Parmenión se frotó las mejillas—. Cada uno de los pasos conduce en varias direcciones al mismo tiempo. Maravilloso.

—¿Cuándo debo partir? —preguntó Dracón. Se levantó y se dirigió al calentador de vino—. Hay tiempo; las tormentas de otoño todavía no han empezado.

—De inmediato. Habla con Aristóteles. Échale todos los cebos que hagan falta. Aunque creo que no será difícil convencerlo. Me parece que se aburre en Lesbos.

Filipo no se retiró enseguida a sus habitaciones. Todavía no era medianoche; dio un rodeo por el patio interior, habló con los guardias, subió las escaleras que conducían al corredor donde se encontraba el dormitorio de Olimpia y, no lejos de éste, el de Alejandro. Ante la puerta de Olimpia la tracia muda dormía hecha un ovillo sobre una alfombrilla. Filipo pasó de largo, se detuvo de repente, regresó. Junto a la tracia había un pequeño cesto y, dentro, media amanita matamoscas seca.

Filipo abrió la puerta sin hacer ruido. La muda despertó, se cogió a la pierna derecha de Filipo, tiró de su quitón. Filipo se la quitó de encima. Escuchó la voz de Alejandro; sonaba ebria, casi balbuceante:

—Pero... ¡pero no quiero!

Luego la voz aguda y siseante de Olimpia:

—¡Tienes que hacerlo! ¡Por los dioses!

Olimpia y Alejandro estaban sentados sobre la cama, desnudos. Las manos de Alejandro descansaban sobre los pechos de la reina; las manos de la reina, sobre los hombros del Alejandro. La serpiente parecía anudar los cuatro brazos. De un brasero subía una columna de incienso; la atmósfera era densa y apenas se podía respirar. Olimpia, extática, se movía lentamente hacia adelante y hacia atrás. Alejandro parecía asqueado, pero, al mismo tiempo, ebrio o perturbado.

Filipo cerró la puerta sin hacer ruido. La tracia lo miró con ojos centelleantes. Filipo sacudió la cabeza, dio media vuelta y caminó de regreso a la escalera. Se dirigió a uno de los guardias y su voz sonó como un trozo de arcilla triturado bajo un zapato:

—Traed a Arcelao.

El mayordomo subió corriendo la escalera; jadeaba. Filipo lo condujo hacia el pasillo, ya sin esforzarse por no hacer ruido o hablar en voz baja. La tracia había desaparecido.

Filipo se detuvo entre las puertas de Olimpia y Alejandro, ambas al mismo lado del pasillo.

—Arcelao, mañana te encargarás de buscar albañiles y carpinteros. Quiero ver aquí una pared que cierre el pasillo. Exactamente aquí. Con una puerta gruesa y firme. Cuando todo esté listo, cierra la puerta con llave.

Arcelao parpadeó a la luz de las antorchas.

—¿Con llave? Sí, señor. ¿A quién debo entregar la llave?

Filipo dio media vuelta.

—Arrójala a un pozo.

A la mañana siguiente Filipo emprendió un breve viaje; quería visitar a algunos príncipes locales. Parmenión y Antípatro se quedaron en Pella haciendo preparativos para que cuando llegase la primavera los planes del rey pudieran ser puestos en práctica.

Filipo partió con pocos jinetes, capitaneados por uno de los nobles hetairos, un joven oréstida de cabello negro, llamado Pausanias. Filipo cabalgaba al frente; a su lado, Antígono, el tuerto, intentaba mejorar el pésimo humor del monarca.

—Así tiene que ser, Filipo. Tú mismo lo dijiste. Hay que procurar que los príncipes conserven el buen humor.

—Lo sé. Pero eso no significa que me divierta.

—Tendrías que actuar como si lo hiciera. No tardaremos en llegar a la población de Attalo. No es el príncipe más simpático, pero es leal... todavía. Con él estarán muchos otros, padres de tus jóvenes hetairos, futuros hetairos de Alejandro. Los necesitas, y tu hijo también los necesitará, así que... sonríe, señor de Macedonia.

—Está bien. Lo intentaré. —Filipo enseñó los dientes; parecía menos una sonrisa que la boca de un lobo acechando a su presa—. ¿Así está mejor?

En la población del príncipe Attalo tuvo lugar un gran banquete. Sin embargo, y a diferencia de lo usual en Pella, en la fiesta no participaban cantantes, músicos ni poetas. Era una competición por ver quién bebía y comía más, interrumpida de tanto en tanto por combates de lucha entre tracios e ilirios desnudos. La sobrina de Attalo, Cleopatra, una jovencita de once años, atendía al rey, pero apenas se ocupaba de sus hetairos. Al joven Pausanias parecía gustarle la muchacha.

—Tú eres el hijo de Cerasto, ¿verdad? —preguntó Cleopatra.

Pausanias asintió con la cabeza, radiante.

—De Orestia, sí. ¿Conoces a mi padre?

—Es un viejo chivo miserable —dijo con voz áspera.

Filipo aguzó la mirada y tragó saliva. Pausanias respiró hondo.

—No es usual ofender al padre de un invitado.

—Eso depende de quién sea el invitado. ¿Se puede ofender a un muchacho que te acosa sin que le hayan dado pie?

—Tss tss tss —Filipo se llevó un dedo a los labios—. Comportaos; no queremos crear un mal ambiente, ¿eh? ¿Me enseñas esos maravillosos caballos?

En ese momento Attalo y dos de sus más íntimos amigos estaban ocupados intentando sacar el ojo de vidrio de la cara de Antígono, borracho.

—Vamos a ver cuánto vino le cabe en la cavidad —dijo uno de los hombres. Attalo se echó a reír.

Filipo se levantó, se sacó el ojo artificial que le había hecho Dracón, lo levantó para que lo vieran y lo dejó caer en su copa.

—He comprabado que de esta manera veo mejor. —Sacó el ojo del vino, lo chupó, volvió a colocarlo en su sitio y soltó una carcajada. Cleopatra sonrió.

Attalo aplaudió. Pausanias miró al grupo con gesto inexpresivo y se encaminó hacia la puerta. Attalo se levantó y, dirigiéndose a él, dijo:

—Eh, muchacho, no te vayas. —Miró a sus amigos, y agregó—: ¿No tiene un andar maravillosamente suave, bamboleante?

En ese momento Filipo y Cleopatra salían de la sala; Pausanias miró a su alrededor, desconcertado, casi buscando ayuda.

—Ven aquí, muchacho; déjanos ver si lo que tienes debajo de la tela se bambolea tan bien como el resto de tu cuerpo.

Pausanias sacudió la cabeza y dio media vuelta. Tres o cuatro hombres saltaron sobre él, lo cogieron, le arrancaron la ropa, lo llevaron a una mesa y lo sujetaron con fuerza. Attalo se puso detrás, manoseó las nalgas de Pausanias y se desabrochó el cinturón.

—¿Cuántos dices? ¿Seis, siete?

—Siete, señor. —Pausanias estaba pálido y parecía tener dificultades con su caballo. No podía sentarse bien.

Filipo se rascó la barbilla y miró hacia las colinas, como si tuviera que contarlas. El paisaje otoñal era verde y húmedo.

—Y hoy no te sientes bien, ¿eh?

—Me siento herido, señor.

—¿Herido? —Filipo sonrió—. Siento lo que ha pasado, pero... como alguien me dijo ayer, hay que tener de buen humor a los príncipes.

—No es mi estilo de humor, señor.

Con voz suave, pero penetrante, Filipo dijo:

—Attalo es uno de los príncipes más importantes del país. No habrá venganza. ¿Entendido?

Pausanias calló; poco a poco, se le enrojeció el rostro.

—Sé que es terrible —dijo Filipo—. Deshonra y ofensa y orgullo herido. A pesar de ello, lo que importa no es el individuo, sino todos nosotros. Si quisiera matar a todos los que me han ofendido en los últimos años, no me quedaría tiempo para ocuparme del reino. Necesitamos a Attalo; y también os necesitamos a ti y a los otros oréstidas.

Los dedos de Pausania se clavaron en las crines de su caballo.

—¿Quieres que te ceda mi venganza?

Filipo suspiró.

—Vosotros y vuestra confusa concepción del honor... Dame tu honor, tu venganza y tu lealtad, como hasta ahora, muchacho. Yo los cuidaré y aumentaré. ¿Cuál es tu cargo, actualmente? ¿Hetairo del rey y...?

—Estoy al mando de una fila, señor. Dieciséis jinetes.

Filipo asintió con la cabeza; una sonrisa sesgada jugueteó en su rostro.

—Serás ascendido. Desde este mismo instante tienes el mando de tres filas, media centuria. Con eso entras a formar parte de la plana mayor. ¿Satisfecho?

Pausanias vaciló.

—No deseo ser ascendido por compasión o por desagravio.

Filipo tragó saliva.

—Te asciendo por tu valor, Pausanias. Digamos que destacaste por tu valor en... eh, una escaramuza en la retaguardia.

*

En lo alto del claro cielo otoñal volaba en círculo un águila pescadora. El sol de mediodía seguía siendo punzante; las baldosas brillantes del suelo, las columnas blancas y las paredes amarillas recogían luz y calor. El suave viento del oeste traía del interior de la gran isla un hálito de resina y madera quemada y, de los campos cercanos, el canto de las cigarras y el olor de la tierra seca, las flores de otoño y las frutas; pero era demasiado suave para atenuar el calor que hacía en el patio.

Entre las columnas, a veces al sol, a veces a la sombra, Aristóteles iba y venía con tres de sus alumnos. La conversación buscaba delimitar las características esenciales del tirano asiático y el tirano heleno; el objetivo que tan cuidadosamente perseguía Aristóteles era el de despertar en sus alumnos una nueva valoración de la democracia ática.

Un joven harapiento y muy moreno por el sol peleaba con dos esclavos en el pasillo que conducía al patio y no cesaba de gritar el nombre de Aristóteles, lo que interrumpió el hilo de las ideas del filósofo. Aristóteles dio unas palmadas.

—¡Dejadlo pasar!

Los esclavos obedecieron; el joven se acercó.

—¿Eres tú Aristóteles, señor? —preguntó con voz vacilante.

—Sí. ¿Qué es lo que quieres?

El joven hizo girar los ojos; el mensaje, trabajosamente memorizado, salió a trompicones de su boca:

—Uno... que te encontró en un carro... cuando los peonios dejaron escapar un oso... quiere hablar contigo, señor.

Aristóteles enarcó las cejas, luego rió en voz baja.

—Muy bien. Condúceme hasta él —dijo el filósofo y, dirigiéndose a sus alumnos, añadió—: Vosotros tendréis que perdonarme un momento.

El joven iba adelante. No cogió el camino que llevaba a la ciudad, cuyas murallas se levantaban a unos dos mil pasos del bosquecillo y los edificios, sino que guió a Aristóteles a través de los campos, para coger luego una especie de sendero de cabras que subía por las colinas costeras, bajaba entre arbustos espinosos hasta una hondonada arenosa, volvía a subir y desembocaba, finalmente, en la playa. El muchacho señaló el barco, atracado no lejos de la orilla, en un mar aceitoso, y, sin decir nada, echó a correr hacia el norte, en dirección a la ciudad.

Del barco —una gabarra de alta borda, con un mástil y popa levantada, de unos veinte pasos de largo por siete de ancho—, se desprendió un pequeño bote. Los dos remeros iban desarmados, pero por la postura que adoptaban, la expresión de sus rostros y la tranquilidad que demostraban, Aristóteles se dio cuenta en seguida de que eran soldados macedonios. Le pidieron que subiera al bote y lo llevaron a bordo.

Dracón estaba apoyando en la borda, mordisqueando una ramita de arrayán. Las bayas ya las había arrancado, y las hojas mostraban marcas de una buena dentadura. El curandero sonrió y ayudó a Aristóteles a subir a bordo.

—Me alegro de verte, viejo amigo —dijo el filósofo, y puso las manos sobre los hombros de Dracón—. ¿Qué te trae aquí? ¿Y por qué tanto secreto?

Dracón lo cogió del brazo y lo llevó a la cubierta de popa; allí había dos taburetes plegables, una mesita, también plegable, una jarra de vino y dos copas. La tripulación, de hombres de piel clara, asombrosamente bien organizados, llamativos por lo corrientes, se mantuvo alejada.

—Tú enseñas sabiduría, amigo, pero el sentido común nos dice que la sabiduría, cuando es demasiada, puede ocultar algún peligro.

Aristóteles se sentó y recibió la copa, sonriendo.

—Muy cierto. Pero ¿peligro para quién?

Dracón se encogió de hombros; se sacó la ramita de la boca y se la puso detrás de la oreja derecha.

—Para quien sea. Por lo pronto, sólo hemos tomado algunas precauciones. Por ejemplo, no tenía ningún interés en compartir mis intenciones y deseos con los numerosos guardias portuarios de la gran y gloriosa ciudad de Mitilene. Por eso atracamos aquí.

Aristóteles bebió; el vino era fresco y suave.

—Supongo que no tienes tiempo para disfrutar de mi hospitalidad. ¿O quizá eso sería... insensato y peligroso?

Dracón asintió con la cabeza.

—Zarparemos al ponerse el sol; queremos alcanzar la costa eolia esta noche. —Señaló por encima del hombro con el pulgar, hacia el este, al otro lado del mar.

—Tendréis vuestros motivos.

Dracón se tiró de la oreja; la ramita se tambaleó.

—Buenos motivos, sí. Y también preguntas. Antes de partir, necesito que me contestes dos cosas.

—Pregunta. —Aristóteles observó el rostro del médico, luego miró su copa.

—Saludos de tu compañero de juegos de la infancia, Filipo. Requiere tus servicios.

Aristóteles tosió.

—¿Que él... qué?

—Por dos razones, que también son dos preguntas.

—¿De qué se trata?

Dracón asintió lentamente con la cabeza.

—Bien; de modo que, al menos en principio, no rechazas la idea.

Aristóteles dejó escapar un suave suspiro.

—Sin rodeos, Dracón. Escúpelo.

El curandero cerró los ojos.

—La educación de los nobles hijos de los príncipes está asegurada hasta que cumplen doce años, y no sólo en función de la lealtad y el interés de ellos mismos, sino también de sus padres. Pero al rey le gustaría extender esta educación durante más tiempo. Esto tendría la ventaja de asegurar la lealtad posterior de los padres, preparar a los muchachos para grandes empresas y profundizar en su educación. Y alejar a Alejandro de las garras de su madre y de los sacerdotes.

—¿Dónde?

—Mieza. Un viejo santuario abandonado; queda en la pendiente de una montaña, rodeado de bosques y tiene un buen manantial. El ninfeo será ampliado. Cuando llegue la primavera ya estará en condiciones de ser utilizado como alojamiento e institución de enseñanza. Cerca de allí hay una pequeña fortaleza, al mando de Cleito el Negro.

—¿Por qué negro?

Dracón abrió los ojos y sonrió. La pregunta pareció hacerle gracia.

—Tiene todo el cuerpo cubierto de pelo, como un oso negro. Es de origen noble, hetairo del rey y hermano de Lanice, la mujer que dio de mamar a Alejandro. En esa pequeña fortaleza tendrá lugar parte de la educación de los muchachos. Por lo demás, Cleito se encargará de que ni lobos ni osos ni Olimpia interrumpan las clases.

Aristóteles arrugó la frente; parecía estar cavilando.

—Como todas las medidas del rey —dijo Dracón, con un hálito de veneración teñido de broma—, también ésta, si llega a buen término, tiene la ventaja de conseguir una serie de cosas al mismo tiempo. Educación, lealtad de los príncipes, compañeros capaces y en los que el rey pueda confiar, protección de influencias indeseables. Y una buena retribución para un filósofo que en estos momentos probablemente se siente aburrido y mal pagado, y cuya capacidad y lealtad nadie puede cuestionar.

Aristóteles asintió en silencio.

—¿Sigo?

—Probablemente tenga que aceptar antes de oír lo demás, ¿no?

Dracón sonrió.

—Tu famosa sabiduría, oh Aristóteles, no es nada comparada con tu sensatez, que nunca será lo bastante alabada.

—Ya, ya. —El filósofo se frotó los ojos. El refrescante viento del atardecer movía ligeramente el mar; el barco subía y bajaba. En algún lugar crujieron maderos, una vaharada de aire salado y pez calentada por el sol se mezcló con el aroma del vino y el olor de los cuerpos.

—Un buen plan, sin duda. Y muy tentador. ¿Qué ha dicho Filipo sobre la paga? Los filósofos también tenemos que vivir. Y la mujer y los esclavos del servicio doméstico.

—Oro —dijo Dracón—. Y plata, ambos en cantidades suficientes. El alojamiento en el ninfeo, la comida y todo lo necesario. Cuando termines tu trabajo en Mieza, podrás vivir diez años más sin preocuparte de nada. Con tu mujer y tus esclavos.

Aristóteles hizo un largo silencio, con la mirada perdida en el mar. Dos o tres barcas de pescadores navegaban hacia el puerto de Mitilene. Un gran pez saltó sobre el agua, atrapó algo al vuelo y volvió a sumergirse.

Dracón esperaba, relajado. Bebió un trago de vino, dejó la copa sobre la mesita y juntó las manos sobre el regazo.

De pronto, Aristóteles respiró hondo, suspiró y dijo en voz baja:

—Sí. Continúa.

Dracón titubeó, como si tuviera que elegir cuidadosamente las palabras.

—Filipo quiere darse un paseo armado por Bizancio. En primavera.

Aristóles aguzó la vista, esperó, pero Dracón no continuó.

—¿Y?

Dracón se encogió de hombros y sonrió.

—¿Dónde está tu inteligencia, filósofo?

Aristóteles suspiró.

—Lo de Bizancio no debía saberlo antes de aceptar, ¿cierto? Filipo ha cerrado un tratado con Artajerjes, como todos sabemos. Persia tiene las manos libres en Asia; Filipo tiene las manos libres en Tracia y... alrededores. Filipo quiere una alianza panhelénica para poner fin a las guerras fraticidas. Una alianza basada en la igualdad de derechos, la paz general y la hegemonía de ninguno es algo que Demóstenes no acepta, porque quiere la hegemonía de Atenas. Así pues, para que esa alianza se haga realidad sería necesario un acuerdo pacífico entre Macedonia y Atenas, lo que resulta impensable, o bien una guerra, que al terminar desemboque en esa alianza soñada por Filipo y también por el viejo Isócrates. La Hélade, las ciudades y los estados mantendrían la autonomía interna y se unirían bajo las órdenes de Filipo en los asuntos exteriores.

Dracón bebió, calló, esperó.

Aristóteles miró el mar, hacia el este.

—La alianza abarcaría también a las ciudades helenas de Asia, es decir, a la Hélade de ambos lados del mar. No más oro persa que fomente guerras entre helenos; no más mercenarios helenos al servicio del Gran Rey para que éste oprima a otros helenos. Un sueño grandioso, espléndido. Paz general, seguridad, bienestar, comercio en lugar de eternos ríos de sangre derramada de un modo absurdo. Pero... Atenas es el ombligo, el corazón, el hígado de la Hélade. Si Filipo atacara Atenas, lo que hasta ahora ha evitado, la mayor parte de los estados helenos se pondrían del lado de Atenas. Y hasta el maravilloso ejército de Filipo se vería impotente si tal cosa sucediera. Por eso tiene que ser Atenas la que empiece la guerra. Así, la mayor parte de las ciudades helenas se mantendrán al margen, a la espera.

—¿Es ése el juego de Filipo?

—En cierto modo convertiría a Demóstenes, que quiere la guerra, en un ayudante o aliado involuntario. Muy listo. Bizancio es aliada de Atenas, y promueve disturbios contra Macedonia. Una expedición contra Bizancio asegurará el dominio de Filipo en Tracia, le creará una base más amplia y mejor para el futuro y, probablemente, incitará a Atenas a entrar en la guerra.

—¿Y después?

—Después, cuando se avance hacia Asia para liberar las otras ciudades helenas del yugo de los bárbaros, todos los territorios al norte del Bósforo estarán ya en manos de Filipo. —Asintió lentamente, luego con vehemencia—. Un buen plan. Con distintas perspectivas, como siempre. —Dracón levantó la copa y observó a Aristóteles por encima del borde—. Hay algo más. Para mejorar las posibilidades, si algún día atacamos Persia.

Aristóteles enarcó las cejas.

—¿Qué más? ¿Tengo yo algo que ver?

—Tú posees importantes relaciones familiares...

Aristóteles se estremeció.

—*Daimon* negro —dijo en voz baja.

En primavera zarpó del puerto de Mitilene una pequeña flota formada por tres trieras y otros tantos barcos de carga. Las cosas de Aristóteles —muebles, rollos de papiro, mujer, colaboradores y esclavos— tenían suficiente espacio. Los barcos navegaron hacia el oeste, rumbo al puerto de Aloro, al sureste de la desembocadura del Haliacmón. Allí esperaban carros tirados por mulas y caballos de tiro, además hubo caballos de monta y una escolta de jinetes macedonios. En la ribera meridional del Haliacmón empezaron a internarse tierra adentro, hasta llegar a la antigua capital macedonia, Egae, donde Filipo había pasado la última parte del invierno, sumido en planes y preparativos. El propio Filipo acompañó la pequeña caravana hacia un vado. No lejos de allí, al pie del monte Bermio, se levantaba la ciudad de Beroia y, algo más al noroeste, entre las montañas, el ninfeo de Mieza. Filipo y Aristóteles cabalgaban el uno al lado del otro, mientras los carros cruzaban el río.

—Si finalmente nos ataca Artajerjes —dijo Filipo—, ya contaremos con el respaldo de los helenos. Saben lo que está en juego. Ni siquiera los tebanos y atenienses son tan estúpidos.

Aristóteles sonrió.

—No cabe duda de que la inteligencia y el saber humanos tienen límites, amigo mío; pero yo todavía no conozco los límites de la estupidez helena. Tal vez sea eso lo que nos hace tan singulares.

Filipo sonrió con ironía; luego recobró la seriedad.

—En fin... ¿Has hablado con Hermias?

Aristóteles asintió y dijo, con voz suave y lenta:

—El tío y padre adoptivo de mi mujer, sátrapa del territorio persa de Eolis, no siente mucha simpatía por el Gran Rey. Ya sabes que lo castraron. En cierta manera, eso le pareció una perdida.

Filipo gruñó.

—En cierta manera, tiene razón.

—Está dispuesto a hablar con un hombre de confianza. Envía a Parmenión, o a Antípatro. O a Dracón.

—¿Qué más?

Aristóteles sonrió con malicia.

—Hermias permitirá que desembarques tu ejército en su satrapía. En caso de que estalle una guerra contra su malquerido señor, Artajerjes Oco, podrás utilizar sus puertos, sus caminos y sus provisiones.

Filipo respiró hondo, se inclinó hacia un lado y le palmeó el hombro a Aristóteles.

*

Nadie sabía a qué tipo de ninfas había estado consagrado alguna vez el antiguo santuario de Mieza. Entre los edificios había dos pequeñas fuentes: una encima del ninfeo, que derramaba su agua en una pila y una cisterna, y otra más pequeña, en forma de pozo y con rebosadero. Pero además de las ninfas de las fuentes, debía haber habido también diosas de los árboles: las faldas de las montañas que se levantaban detrás de Beroia estaban cubiertas de coníferas hasta los alrededores del ninfeo, donde crecía un bosque mixto; el ninfeo en sí yacía bajo viejísimas encinas, fresnos y hayas. Casi todos los lugares como ése habían sido alguna vez morada de dríades.

Albañiles, carpinteros, picapedreros y esclavos del Rey habían reparado, ampliado, restaurado los viejos edificios. La plaza allanada junto a la pendiente ofrecía una vista panorámica de la llanura y las montañas arboladas de los alrededores. Antes de llegar al ninfeo, el camino de Beroia pasaba junto a una pequeña pista de competición. Los edificios de vivienda y de trabajo, las aulas y los salones de descanso cerraban la plaza hacia la montaña, superados en altura por los imponentes árboles de enormes copas. Justo al final del camino se levantaba el edificio alargado y bajo, de piedra clara y techo de madera oscura, donde se alojaban los veinticinco estudiantes.

Antípatro en persona los había acompañado desde Pella; su hijo Casandro era uno de ellos, lo mismo que Héctor, el tercer hijo de Parmenión. Aristóteles saludó a los jóvenes y les dirigió unas pocas palabras, que escucharon de pie, formando un semicírculo alrededor del filósofo, frente al ninfeo, algunos con aparente tranquilidad, otros con esa expresión de orgullo que correspondía a su noble cuna y que era necesario atenuar.

—Puesto que todos procedéis de familias nobles, conocéis vuestra futura responsabilidad ante el rey y el pueblo. Por eso os alegrará saber que, mientras estéis aquí, tendréis que asumir ciertas responsabilidades y trabajos dirigidos por mí y otros maestros, cuya necesaria severidad os debe hacer recordar que sólo sabe mandar quien ha aprendido a obedecer. El hecho de que aquí no haya criados de cámara y otros ayudantes, ha de verse como una ventaja, pues os ayudará a formaros y, más adelante, a destacar sobre aquellos que nunca aprendieron a vivir sin toda esa ridícula chusma. Los criados y esclavos del ninfeo no están a vuestro servicio, sino al mío y de los otros maestros. No podéis darles ninguna orden; ellos tampoco están autorizados a obedecer órdenes vuestras. Todos los trabajos necesarios tendréis que hacerlos vosotros, excepto los concernientes a la economía doméstica. Dentro de unos años, cuando seáis príncipes y generales, os sentiréis afortunados de ser capaces de realizar a la perfección todas aquellas cosas que tendréis que supervisar cuando las hagan otros, desde la limpieza del cuerpo, el dormitorio y las letrinas, hasta largas caminatas montaña arriba... desde la fortaleza cercana a Beroia hasta aquí, digamos.

Cleitos el Negro, el oficial al mando de la fortaleza, estaba apoyado en una encina; sonreía divertido. Uno de sus mejores oficiales, un hijo de príncipes llamado Coino, de veinte años de edad, se encargaría de los muchachos y cuidaría de que los esclavos enviados por sus madres, por ejemplo, no encontraran el camino al ninfeo. Coino también se encargaba de supervisar que el ninfeo fuera provisto de todo lo necesario. La región donde se encontraba Beroia estaba subordinada directamente al rey; Filipo había ordenado que todas las entregas a Aristóteles se efectuaran con provisiones de la fortaleza, que, a su vez, tenía acceso a la despensa del recaudador de impuestos real de Beroia. Por otra parte, Cleito había ordenado que siempre hubiera cuatro soldados de confianza vigilando el ninfeo. Estos comían con los maestros y los jóvenes, pero dormían en una cabaña, junto al camino.

Mientras los alumnos cogían las pocas cosas que habían traído consigo —sobre todo utensilios de escritura y ropa— y las llevaban al gran dormitorio, provisto de veinticinco literas estrechas, Aristóteles invitó a los hombres a disfrutar de la sombra de la terraza que se extendía detrás de sus habitaciones. Stroibo, un joven escriba y lector, acompañó a los muchachos para poner orden desde el principio. Antípatro, Cleito, Coino, Aristóteles, su sobrino Calístenes, el poeta Escrión, el profesor de música Alcipo y el joven médico Philippos se sentaron hasta muy entrada la noche en compañía del vino y el asado. Ya tarde, Cleito se llevó a un lado al filósofo.

—Unas palabras... entre nosotros, Aristóteles.

—Escucharte será una buena inversión, sin duda.

Cleito sonrió, levantó la copa y miró las rutilantes estrellas.

—Tus alumnos son menos y no están tan lejos. Pero algún día brillarán como esas estrellas.

Aristóteles pestañeó.

—Mis hombres no quitarán un ojo de los muchachos —le aseguró Cleito—. Ni de los esclavos.

—Una sabia precaución, Cleito. Ninguna casa está completa sin sus esclavos, pero algunos de ellos no saben apreciar su puesto y su posición.

Cleito sonrió con ironía.

—Exacto. Algunos hasta prefieren las amarguras de la libertad al placer de trabajar bajo las órdenes de Aristóteles.

Ninguno de los alumnos tenía menos de doce años ni más de quince. En el transcurso del año algunos cumplieron dieciséis y tuvieron que dejar Mieza, como Filipo deseaba y Aristóteles autorizó, para asumir tareas de adulto, bien en el ejército, bien en la administración del reino. Su lugar fue ocupado por nuevos alumnos. Antes de que llegase el otoño estaba previsto construir otro salón dormitorio a fin de que el año siguiente el número de alumnos pudiera duplicarse.

Durante el primer mes, a principios del verano, se formaron pequeños grupitos que Coino no quiso separar. Cuando tuvo que dividirlos en dos grupos a fin de llevarlos por turno a la fortaleza, donde debían pasar diez días, lo hizo cuidando de no entorpecer las nuevas amistades. Todos los hijos de príncipes se conocían de Pella, pero en Mieza la estrecha convivencia hizo que de ese conocimiento fugaz surgieran, con la misma facilidad, amistades y enemistades. Cleito, que al comienzo visitaba Mieza a menudo para ver cómo iban las cosas y hablar con Aristóteles, siempre regresaba pensativo a la fortaleza. Además de Alejandro, de cuyos progresos y conducta tenía que informar a Filipo, se interesaba especialmente, como es natural, por su sobrino Proteas, el hijo de Lanice. A finales del verano, Dracón, el curandero, de quien el ejército que se encontraba en Tracia podía prescindir, recorrió todas las fortalezas del centro de Macedonia para comprobar el estado de salud de los soldados. En la fortaleza de Beroia pasó dos días y dos noches.

—No tengo tiempo, no tengo tiempo —dijo el curandero cuando Cleito le propuso una cabalgata a Mieza. Estaban sentados fuera de las murallas, bajo las estrellas, bebiendo vino de botellas de cuero. El aire era denso y dulzón a causa de las hierbas demasiado maduras y las bayas silvestres que empezaban a podrirse. Entre las ramas de la encina, en cuyo tronco estaban apoyados, corría algún animal nocturno; en el cielo aterciopelado revoloteaban los murciélagos.

—Tú te lo pierdes. Aristóteles es bueno.

Dracón resopló, bebió un trago, se rascó la barbilla.

—Ya sé que es bueno. Pero no tengo tiempo. Me resarciré en el viaje de regreso.

—¿Por qué tanta prisa?

Dracón dejó escapar una risita.

—¿Qué sabes de los últimos sucesos?

—No mucho. Sólo lo que se dice por ahí.

—Alexandros lo está haciendo bien en Epiro; el viejo Aribbas ha huido a Atenas y ha ido a llorarle a Demóstenes. Filipo ha retardado la excursión a Bizancio; ve otras posibilidades que en invierno todavía no se podían intuir. El año pasado hizo rabiar a los espartanos al reconocer la independencia de Mesenia y Arcadia. Y como recordarás porque estuviste allí, nuestro ejército y la creciente flota ocuparon Eretria y Oreo, en la hermosa isla de Eubea.

—Lo sé —Cleito se rascó la cabeza contra la corteza de la encina—. Tuve la oportunidad de ayudar a Parmenión. ¿Y?

—Al parecer eso ha bastado para irritar a Atenas. Nuestros queridos amigos Demóstenes e Hipérides, a los que ahora se ha unido el influyente político Hegesipo, están negociando una alianza contra nosotros con Corinto, Acarnania y un par de ciudades más. Probablemente intentarán recuperar Eubea en primavera. El rey de Esparta ha marchado como mercenario a Italia, a Tarento. Artajerjes vuelve a tener un reino fuerte; en estos momentos los persas se están desplegando en Egipto.

—O sea: una gran confusión, como de costumbre. ¿Qué es lo nuevo y prometedor?

Dracón se dejó resbalar lentamente hasta el suelo y se quedó tumbado de espaldas, mirando las estrellas.

—Mientras Artajerjes tenga trabajo en Egipto, Filipo considera sensato reordenar Tracia. Concienzudamente. Formar una base para lo que venga después, ¿comprendes? Bien. Si Demóstenes y los otros consiguen realmente una alianza capaz de actuar, y atacan el año próximo, podemos ahorrarnos el rodeo por Bizancio, que no era más que un cebo.

—¿Qué pasará si los atenienses sólo ocupan Eubea, y luego se detienen?

—Marcharemos sobre Bizancio. Las luchas en Tracia habrán sido un buen adiestramiento. Filipo juega a esperar. Mientras los espartanos estén en Italia haciendo de mercenarios, no podrán ayudar a Atenas. Eso es bueno para nosotros. Pero háblame de Aristóteles.

—Déjalo. ¿Qué hay de tu viaje?

—Observo y luego informo a Filipo y Parmenión del estado de las cosas. Beroia está en orden. Pero no vendría mal que tuvieras unos cuantos soldados más.

Cleito refunfuñó algo.

—Recluta más gente, ¿entiendes? Haz una leva. Como tú quieras. Ocúpate de que en primavera cuentes, como mínimo, con una vez y media los hombres que tienes ahora.

—Aristóteles —dijo Cleito.

—¿Qué ocurre con él?

—Los dos o tres buenos hombres que conocí cuando visitaron Pella no consiguieron cambiar la imagen que tengo de un filósofo.

Dracón contuvo una risita.

—¿Viejos de barba desgreñada sentados en la porquería y anunciando insensateces, pero sin tener ni idea de la realidad?

—Sí, algo así. Aristóteles es diferente. Sabe lo que quiere y cómo conseguirlo. Vista aguda, un gran conocimiento de la naturaleza humana, un enorme saber y buena mano para tratar a nuestros difíciles hijos de príncipes. Unos pocos meses le han bastado para saber cuánto vale cada uno de los muchachos y para qué sirve. Harpalo, el hijo de Macata, jamás será un gran guerrero, pero nadie le gana en el manejo de números y dinero. Lo sabe todo sobre los mercados de Atenas, Rodas y Cipro. Otros, en cambio, están en camino de emular o superar a Parmenión. Mi sobrino Proteas podría llegar a ser un buen comediante, pero jamás un caudillo. Casandro —Cleito hizo chasquear la lengua—, ya sabes, el hijo mayor de Antípatro, era la arrogancia personificada. Aristóteles lo envió a pasar diez días con un carbonero de la montaña. Cuando regresó, bajo la capa de mugre tenía marcas verdes y azules de golpes, pero había perdido la arrogancia y ahora lo sabe todo sobre la vida en el bosque y la elaboración de carbón vegetal.

—¿Cómo son las clases?

—Grupos reducidos. Estudian de todo. Todo lo que se sabe de geografía, geometría, historia. Política ideal y real. Teoría y práctica de la astucia, la traición, las intrigas, y también formas estatales, virtudes y derecho contractual. Toda la poesía helena. Oratoria; qué efecto tiene sobre el oyente en el que se quiere influir, la entonación que se debe dar a las palabras, la intensidad de la voz, el empleo de sílabas cortas y largas. Todo es teoría y práctica al mismo tiempo. Oráculos, el vuelo de las aves, las tripas; plantas medicinales; el significado estratégico del sol, el viento, el suelo y la comida a la hora de planificar una batalla. Música. Teatro. Hacen todo lo que se te ocurra.

Los dientes de Dracón brillaron a la luz de las estrellas.

—No esperaba otra cosa. ¿Respetan a Aristóteles o sólo lo obedecen porque Antípatro así lo ha ordenado?

Cleito se inclinó hacia adelante y apoyó los codos en las rodillas.

—Lo veneran. Sabe más sobre plantas medicinales y huesos rotos que el médico de Philippos, que no es malo. Un gran citarista pasó unos días con ellos; Aristóteles habló con él sobre música y armonía hasta que el pobre músico se dio por vencido. Cuando Ecrión, el poeta de Mitilene, estudia versos con los muchachos o les manda escribir versos propios, Aristóteles, con sólo escucharlos una vez, puede repetirlos de memoria y mejorarlos. Stroibo trabaja con los chicos para que su escritura sea más correcta y legible, pero Aristóteles escribe más rápido y su caligrafía es impresionante. Calístenes, su sobrino, tiene una lengua corrosiva; hace unas noches (yo estaba allí) él y Aristóteles improvisaron un cómico intercambio de insultos que habría hecho que el mismísimo Aristófanes se partiera de risa. Calístenes tuvo que darse por vencido, porque Aristóteles también era mejor en eso. Pero hay otra cosa que quizá es más importante.

Se interrumpió; Dracón esperó en silencio a que continuara hablando.

—El idioma —Cleito sacudió la cabeza—. Ático, naturalmente. De la mañana a la noche. Erigio... ah, tú no lo conoces, es un joven de Anfípolis, aunque creo que su padre es originario de Mitilene. Su hermano también está aquí; se llama Laomedón. Los dos son inteligentes y buenos amigos de Alejandro. En fin, Erigio me lo contó hace un par de días, cuando el grupo estaba aquí, practicando con lanzas sin punta contra hoplitas experimentados. Uno de estos dejó escapar una maldición bastante fuerte en macedonio vulgar; al oírlo, Erigio echó a reír y contó que algo parecido habían dicho hacía poco Crátero y Pérdicas, una noche en que Aristóteles fue a despertarlos para enseñarles una determinada constelación. Era algo así: «¿Por qué no nos dejará descansar en paz ese capullo hijo de puta, pedazo de heleno de llanura?», y preguntaron por qué refregarse tanto por esas lucecitas del cielo. Naturalmente, pensaban que Aristóteles no entendía el dialecto. Hasta entonces nunca había dicho nada cuando escuchaba a los muchachos intercambiar comentarios en macedonio.

Dracón sonrió, divertido.

—¿Y?

—Aristóteles, con la mayor frialdad, dijo en feo macedonio serrano: «A diferencia de vosotros dos, pichas costrosas, yo quiero morir siendo más inteligente que mi culo. En marcha.» Y luego los tuvo todo el día siguiente con su noche marchando por el bosque y citando maldiciones, insultos y los nombres de las constelaciones en todos los dialectos helenos, desde Siracusa hasta Naucrates y Bizancio, hasta que los muchachos se desplomaron agotados.

El viejo egipcio, amigo del esclavo de Aristóteles, estaba sentado en el borde del pozo, con las delgadas piernas cruzadas. Aún era temprano, acababa de amanecer, pero ya hacía bastante calor. Bajo el afilado cuchillito, la gruesa raíz de encina se transformaba poco a poco en un fiel retrato de Nearco, incluida la nariz aguileña y la barbilla puntiaguda. El joven de Anfípolis, hijo de un rico comerciante cretense amigo de Filipo, estaba sentado en el suelo, al lado de Alejandro, observando. Sobre la piedra y los líquenes caía una lluvia de astillas. El egipcio sólo llevaba puesto un largo taparrabo de cuero; apoyaba la madera sobre el muslo izquierdo, que tenía cubierto con un trapo. Tenía un aspecto raquítico: el cuello, demasiado delgado para su cabeza; las costillas, que la piel apenas si podía contener; los brazos, tan flacos que cualquiera podía pensar que era capaz de rompérselos con una mano; los dedos, tan descarnados como terriblemente ágiles. En el filo del cuchillo se reflejaban los rayos de sol, que flotaba a media altura por encima de los valles. Un ratón gris parduzco observaba desde el borde de la plaza, sentado sobre sus patas traseras; algo se movió entre los matorrales —¿una comadreja, una serpiente?— y el ratoncito corrió a refugiarse bajo una mata de bayas rojas.

Mileas, Pantaleón y Anfótero, el hermano menor de Crátero, mezclaban pintura; los días anteriores habían hecho largas excursiones, guiados por un esclavo heleno, por dos valles donde las lluvias de invierno habían producido desprendimientos de tierra, dejando a la vista capas de suelo más profundas. Mezcladas con cal, leche cortada y polvo de óxido rascado de unas varas de hierro, las muestras de tierra molida debían convertirse en pintura o, al menos, eso era lo que afirmaba el esclavo. Por el momento con todo aquello no habían conseguido más que una alegre porquería revuelta en viejas vasijas de barro. Aristóteles había dejado las paredes del edificio dormitorio claras y limpias para que acogieran sobre su superficie cualquier aventura pictórica.

Seis o siete aficionados a correr desnudos por las mañanas, entre ellos Ptolomeo, Seleuco y Hefestión, regresaron del bosque acalorados y resoplando, y se encaminaron de inmediato a la cisterna. Marsias fue el primero en coger la gran cuba de bronce, la sumergió, se volvió y regó a los otros una y otra vez. Mojados y relucientes, cruzaron la plaza y desparecieron en el dormitorio. Hefestión regresó un momento después; en la mano izquierda llevaba un taparrabo de lino claro. Se acercó al pozo, se detuvo detrás de Alejandro, ligeramente inclinado, le puso la mano derecha en el hombro y observó el delicado trabajo del egipcio. De repente carraspeó, se ruborizó un tanto, se cubrió el vientre con el taparrabo, se apartó y se puso la prenda de lino. Las comisuras de los labios de Alejandro se levantaron de forma casi imperceptible; el hijo del rey se limpió la sonrisa con la mano.

Tras el frugal desayuno —agua, pan, aceitunas e higos—, que compartían con los maestros sentados alrededor de la gran mesa del comedor, Aristóteles intercambió unas palabras con su hermosa mujer de cabello oscuro. Pitias tenía quince años menos que el filósofo; cuando caminaba por la plaza o los pasillos, como mínimo la mitad de los ojos de los estudiantes se clavaba en ella. Pitias sonrió, se acomodó la larga túnica clara, que le llegaba hasta los tobillos desnudos, se inclinó hacia adelante y dijo algo en voz baja. Aristóteles pestañeó, lanzó una carcajada, asintió y se levantó de la mesa.

—¡A trabajar, hijos de príncipes! —Miró a los jóvenes—. Hoy regresan los soldados de Beroia; mañana os toca ir a vosotros. Veamos de terminar las cosas que hemos empezado. Antes de que os olvidéis de todo. Los rubios venid conmigo; los morenos, con Calístenes.

Alejandro, Hefestión, Atalo, Casandro, Neoptolemo y Mileas siguieron al filósofo a una pequeña galería, mientras los otros recogían sus útiles de escritura a fin de que, en la misma mesa del comedor, Calístenes los iniciara en los misterios de la taquigrafía ática.

—El concepto de libertad —comenzó Aristóteles—. Ayer decíamos que estar libre *de* algo es menos importante que estar libre *para* algo. Casandro.

El hijo de Antípatro se miró los dedos de los pies. El muslo, musculoso, le temblaba. Permanecía de pie sobre una baldosa azulada, cerca del lado oeste, de la parte sin techar; la mitad de la baldosa estaba a la sombra. Casandro avanzó el pie, hasta que los dedos desaparecieron bajo la sombra del tejado del lado este.

—Muy bien; por ejemplo los dedos de tus pies —dijo Aristóteles sin hacer ninguna mueca—. Si estuvieran prisioneros por una tela apretada, digamos, no podrían moverse, y a ti te costaría andar. Si estuvieran libres de ti y de tus pies, tú sufrirías y tus dedos morirían, de modo que no te servirían ni a ti ni a ellos mismos. La libertad de movimiento es una constante falta de libertad del pie...

—¿No es la libertad pura ilusión, Aristóteles? —preguntó Alejandro después de soltar un suave hipido—. Casandro emplea la libertad para dejar dormir su espíritu, mientras se mueven sus músculos. ¿Lo hace por decisión propia, o hay algo que lo obliga?

Casandro le dirigió una mirada sombría.

—¿Qué es la libertad, sino una amable ilusión? —dijo Aristóteles al tiempo que daba un golpe a la columna que tenía a su lado—. Por ejemplo, si una columna es únicamente algo que posee una forma determinada, está fijo en un lugar y, quizá, sostiene algo, entonces no sólo estamos introduciendo la columna en una red de palabras, sino en un sistema de relaciones y objetivos. Si la columna no sostuviera nada, si estuviese sola en medio del bosque, sin base, sin estar sujeta al suelo, apoyada, digamos, sobre una capa de moho, ¿seguiría siendo una columna?

Hefestión se pasó el dedo índice por la nariz.

—¿Un cocinero sólo es un cocinero cuando está cocinando? ¿No es también cocinero cuando está durmiendo, o dándose un baño?

Atalo, un joven delgado y nervudo que, como Hefestión, pudiera pasar por hermano de Alejandro, sonrió de manera un tanto burlona.

—Creo que confundes esencia y finalidad. El cocinero es un ser humano; su finalidad, probablemente elegida por él mismo, es la de cocinar para otros. La columna, en cambio, es una columna.

Alejandro sacudió la cabeza.

—¿Si ya no sostiene nada, si sólo está allí, en medio del bosque, papando moscas? —rió—. En ese caso seguirá teniendo el aspecto de una columna, pero sólo se distinguirá formalmente de un obelisco.

Aristóteles sonrió, divertido, pero no dijo nada. Neoptolemo, que lo había estado observando, dijo:

—¿Qué es lo que te divierte, oh Príncipe de los Sabios?

—Un recuerdo, joven amigo. Recordaba algo que me dijo Pitias.

—¿De eso te reías?

—Mmm. Está mañana, muy temprano, me recomendó después de un saludable rato sin dormir que discutiera ciertas características de la existencia en forma de obelisco. Pero volvamos a la libertad. Y a la esencia. La columna no puede ser libre, porque sólo puede haber libertad donde hay capacidad de decisión. Las columnas no pueden decidir; los cocineros, en cambio, sí. Pero siempre es una decisión encaminada a la no-libertad. A una forma limitada de libertad, como mínimo. El desenfreno y la libertad no pueden darse juntos, pues la libertad resulta de la aplicación de la virtud, mientras que el desenfreno es enemigo de la virtud. El soldado que sólo lucha porque se lo ordenan, no es más que un esclavo de las órdenes. La virtud mora en aquél que lucha porque comprende la necesidad de hacerlo y se esfuerza en lo que constituye la máxima virtud del ser libre: luchar para preservar la propia libertad. Un esclavo puede abandonarse al desenfreno, pero al hacerlo perderá toda virtud y nunca conseguirá la libertad. Por eso, bajo el gobierno de un tirano, que priva a su pueblo de la capacidad de decidir entre la virtud y el vicio, no pueden existir ni virtud ni libertad; sólo esclavitud.

Mileas miró a Alejandro de reojo.

—Virtud y tiranos. Para un ateniense, ¿no es todo rey un tirano? ¿Significa eso, siguiendo el hilo de Demóstenes, que los súbditos del rey Filipo son tan poco virtuosos como los habitantes de Persia?

Alejandro enarcó las cejas, pero no dijo nada.

Aristóteles esperó, pero nadie se atrevió a hablar. Suspiró.

—No todo monarca es un tirano. Vuestro rey, el señor de Macedonia, está atado con más fuerza a la cooperación del pueblo que los políticos de Atenas. Al menos en muchos aspectos. Cuando se trata de algo importante, tiene que consultar a la Asamblea de todos los hombres capaces de portar armas. Durante mucho tiempo en Atenas el derecho a voto ha dependido de la fortuna y la riqueza. Quizá una décima parte de todos los habitantes adultos de Atenas tiene derecho a voto. En Macedonia, por el contrario, ese mismo derecho lo poseen prácticamente todos los hombres adultos. Sin embargo, en muchas ocasiones Atenas lleva el derecho a voto demasiado lejos; asuntos para los que hace falta poseer determinados conocimientos son sometidos a la decisión de la masa con derecho a voto. Muchos litigios se deciden mediante una votación en la que toman parte personas que acaso carecen de toda sensibilidad y conocimiento judicial. Los estrategas son elegidos por ciudadanos que carecen de aptitudes estratégicas y son incapaces de reconocer esas aptitudes en otros. No, todo monarca no es un tirano. Filipo no puede tratar como esclavos a sus príncipes y generales; son hombres libres, y todas las decisiones importantes del rey han de ser aprobadas por la Asamblea. Si no fuese así, mis jóvenes amigos, a esas decisiones les faltaría la virtud, que es lo único que les confiere validez. Nosotros vivimos bajo el brillante sol de mediodía de la razón y la responsabilidad. No hay penumbras para nosotros, ningún rincón en sombras: los hombres libres y virtuosos no se ocultan. Eso es por lo que lucharon nuestros antepasados, eso es lo que cantaba Homero en sus versos inmortales, de eso es de lo que hablan los mejores filósofos. ¡Cuán lejos queda todo eso de lo que hacen los persas y otros bárbaros, que siguen ciegamente a sus jefes, que no poseen virtud alguna, que son como esclavos aun sin serlo, que están como muertos aun sin estarlo! Nosotros, mis jóvenes amigos, somos seres humanos; ellos son semejantes al ganado.

—¿Significa eso que no puede haber bárbaros virtuosos? ¿Nobles persas, por ejemplo, que sean seres humanos? —preguntó Alejandro.

Aristóteles examinó con la mirada el rostro inescrutable del muchacho.

—¿Puede alguien llegar a ser un buen carpintero si no sabe qué es la madera ni posee herramientas? Es posible, sí; con algo de suerte y un trabajo admirable. Pero es difícil. El hijo de un buen carpintero puede decidir que quiere ser alfarero, pero no por ello dejará de saber qué es la madera, y sabrá también que las bases de un trabajo manual pueden aplicarse a otro. Tal vez sea por eso que hay muchos malos helenos... En cualquier caso, hay más malos helenos que buenos persas.

Por la tarde regresó el grupo de Beroia; Cleito en persona los acompañó hasta Mieza. Después de saludar a Aristóteles y los otros maestros y de impartir instrucciones para la partida, que tendría lugar al día siguiente, Cleito se llevó a un lado a Alejandro. Caminaron por la plaza, entre los edificios, por el bosque.

—Mi hermana Lanice, que te dio el pecho como una madre, me ha escrito desde Pella. Te envía recuerdos y espera que te esté yendo bien.

—Me va bien; te lo agradezco... y a ella —Alejandro sonrió; luego añadió, titubeando—: ¿Has... tal vez... saludos de mi ma... de Olimpia? ¿O de Filipo?

Cleito se encogió de hombros.

—Filipo está en Tracia. O de regreso de allí. Y... ¿saludos de Olimpia dices? A decir verdad, sí y no.

—¿Puede existir algo que sea sí y no a la vez? —preguntó Alejandro.

Cleito se rascó la cabeza.

—Me temo que sí. Me temo que en el mundo real no sólo existen un sí y no, sino también muchos porqué, cómo y quizá. Y muy poca verdad. Pero creo que eso has de preguntárselo a Aristóteles. Yo no soy más que un tonto soldado. —Sonrió.

—Si los soldados fuesen tontos, no serían virtuosos Y como tú eres un hombre libre, Cleito, no puedes ser tonto. Así que dime la verdad: ¿qué pasa con Olimpia?

Se habían detenido; empezaron a caminar de regreso hacia los edificios. Cleito dio un golpecito en el hombro a Alejandro.

—Bien dicho, amigo mío. ¿Sabes por qué estás aquí y por qué no te pierdo de vista?

Alejandro lo miró de soslayo.

—Estoy aquí para aprender, como los demás. Y tú estás aquí para cuidar de que nadie se entrometa en nuestros asuntos.

Cleitos asintió con la cabeza.

—Exacto. ¿Es decir...?

—Es decir que no estás aquí para contarme cosas de mi madre.

Cleito pestañeó.

—Correcto otra vez. ¿Tengo que decir que lo siento?

Alejandro sonrió y cogió a Cleito del brazo.

—¿Y ahora tengo que decir que yo lo siento?

Los dos rieron. De pronto Cleito sacudió la cabeza y dijo:

—Veo algo. Quédate aquí.

Alejandro se apoyó en un árbol y cruzó los brazos. Sus ojos se llenaron de una mezcla a partes iguales de nostalgia, tristeza y despecho. Cleito caminó de puntillas hacia la puerta trasera de la gran cocina, una sala provista de amplias ventanas, hogueras, fogones, cacerolas, calderos y esclavos.

El cocinero jefe, un esclavo de piel clara, desnudo hasta la cintura, estaba de pie junto a un enorme caldero de bronce lleno de caldo, que removía con una larga cuchara de palo al tiempo que echaba más cosas dentro y murmuraba:

—Y alégrate, como decía mi madre, y una pizca de sal, de ser heleno, un poco más de carnero aderezado, porque eso significa que eres libre, y tomillo silvestre, y que nunca nadie podrá esclavizarte, más un poco de salvia, y eso decía hasta que un día perdimos la batalla, menta y pasas, y ahora soy esclavo de los bárbaros, y miga de pan, y cocino para ellos, y restos de cordero asado, para niñatos bárbaros, y finalmente un poco de pis. —Cogió una cacerola más pequeña, se bajó el taparrabo, meó en la cacerola, la levantó y sonrió con satisfacción—. Ah, no notan la diferencia. Los bárbaros no tienen ni idea de lo que es comer bien. —Levantó la cacerola para vaciarla en el gran caldero que contenía el caldo. De pronto se detuvo, como congelado, los ojos abiertos como platos.

La punta fría del cuchillo rozó un punto cercano a su omóplato izquierdo. La sonrisa de Cleito era hielo; su voz, un crudo invierno.

—Y ahora, cocinero de niñatos bárbaros, bebe.

Con un hilo de voz, el cocinero dijo:

—¿Es necesario?

Cleito movió un poco el cuchillo.

—Bebe. Todo.

*

Nadie lo observó; Olimpia le había mostrado el camino. Pausanias acababa de llegar de Tracia, con Filipo y una parte del ejército. Una de sus tareas era la de probar a los guardias del palacio. Lo hizo impartiendo instrucciones concienzudas e ingeniosas; después cruzó pasillos desiertos, entró en una habitación vacía, revisó cuidadosamente la ventana: nadie podía ver esa parte del edificio. Se encaramó a la cornisa exterior y, tras trepar un poco, se descolgó por otra ventana.

Olimpia sabía que todos sabían que Filipo hacía años que había dejado de honrar su cama, o de ensuciarla. Todos sabían también que Olimpia desaparecía del palacio días enteros y que pasaba ese tiempo en una casa retirada, que pertenecía al vidente Aristandro. Una casa en una colina, encima de una cueva en la que se celebraba a Dioniso. Nadie sabía exactamente qué ocurría en esas fiestas, salvo los iniciados, que no hablaban de ello. Nadie sabía cómo saciaba la apasionada reina los apetitos de su carne. Lejos de Pella, Pausanias había pasado sed, hambre y dolor; Olimpia podía ser altiva y arrogante, dominante y dura, pero era incomparable y empleaba todos sus medios. Pausanias era un adicto; ella disfrutaba y sabía que en el siguiente encuentro él tampoco conseguiría atravesar la máscara de la reina. Hasta en los momentos de mayor placer conseguía dominar su rostro.

No hablaron mucho; se agotaron el uno al otro en el tiempo que Pausanias podía permitirse, antes de que lo echaran en falta. Nunca hablaban mucho; en alguna ocasión él había intentado desnudarle su interior, pero ella estaba satisfecha con su exterior. Olimpia conocía la historia de la violación, el odio que sentía hacia Atalo y Cleopatra; con una fría sonrisa le había prometido que tan pronto como le fuera posible (y necesario), lo ayudaría a vengarse, a reparar su honor, y ello a cambio de su lealtad, sus servicios, su silencio y, ocasionalmente, su cuerpo.

Tumbados el uno al lado del otro, exhaustos, Pausanias refirió brevemente las cosas que habían pasado en Tracia. Quizá habría preferido hablar de otras cosas, de sentimientos y deseo, pero Olimpia le había dado a entender que no debía hacerse ilusiones.

Cuando Pausanias se hubo marchado por la ventana por la que había entrado, Olimpia mandó llamar al envejecido y leal Admeto, quien le infomó de todo cuanto ocurría en Pella y en el palacio. Olimpia lo despidió enseguida y se quedó un rato de pie junto a la ventana, mirando más allá de los murallas; después se inclinó un tanto. Debajo de la cornisa una araña había tejido una enmarañada red. Olimpia vio que la araña se estaba acercando a una mosca, que ya había dejado de patalear. Le envió un beso volado.

—Oh hermana —murmuró—, eres muy buena. Pero mi red es mejor.

Salió de sus habitaciones, dio un manotazo a la pared que cerraba el pasillo, giró hacia la izquierda, pasó frente a los guardias, abrió una puerta de un pasillo remoto y entró en una habitación llena de trastos. No tocó nada, subió por unos muebles rotos y se encaramó a la cornisa exterior. A la derecha, en un rincón del muro, había una tubería que bajaba en vertical; recogía el agua de lluvia de los bordes del tejado. Una planta más abajo estaba el *koprón* de la sala de reuniones de Filipo. A esa hora ya debían de haber terminado los saludos, el rey ya se habría lavado y refrescado y estarían comenzando las cosas importantes. Olimpia pegó la oreja al tubo.

—Bien, ¿cómo ha ido eso? —la voz de Filipo sonaba serena.

Parmenión contestó, con un ligero hipido:

—Todo perfecto. Aristóteles ha preparado muy bien las cosas. Hermias está de acuerdo en todo.

—Puertos, carreteras, provisiones, ¿todo? —preguntó Filipo con voz de triunfo contenido—. ¿De ser necesario también su ejército? Maravilloso. —Dejó escapar una risita—. Si Artajerjes lo supiera...

Después de permanecer un rato escuchando, Olimpia regresó a sus habitaciones, se sentó a la mesa y se puso a pensar. Finalmente su rostro se convirtió en una horrible máscara; empezó a escribir, al tiempo que murmuraba:

—Demóstenes estará encantado.

Cuando terminó, mandó llamar otra vez a Admeto.

—Esto —dijo al tiempo que le entregaba la carta sellada—, para mi tío Aribbas, que a veces gusta de estar informado, en su destierro. He oído decir que han llegado a Pella unos comerciantes atenienses.

Admeto hizo una reverencia.

—Me ocuparé de ello, señora.

10

NOCHE EGIPCIA

Naucratis, fundada trescientos años antes por comerciantes milesios como emporio en el brazo occidental del Nilo, fue durante mucho tiempo la única ciudad de Egipto donde era lícito desembarcar y comerciar con las mercancías helenas; los aduaneros egipcios cobraban una décima parte del valor de la mercadería en concepto de aranceles; los funcionarios reales de la ciudad, una décima parte del importe de las transacciones comerciales de vendedores, artesanos y cualquier otro tipo de profesional, incluidas las prostitutas, que estaban obligadas a llevar una contabilidad. Además, con el paso de los años se construyeron templos consagrados a determinados dioses, que exigían dinero a los creyentes (y a las ciudades de donde provenían sus fundadores). Allí estaban el Helenión, un templo comunitario fundado por ocho ciudades helenas, el barrio de los egipcios, con templos consagrados a Amón y Tot, y también, como en todos los rincones del mar, el gran puerto, con sus tabernas, almacenes, tiendas y personas menos interesadas en los dioses que en la gente y el dinero.

Cuando Dimas cumplió veintiséis años —el año siguiente a la paz macedonio-ateniense de Filócrates—, regresó a Atenas proveniente de las ciudades helenas de la costa de Asia, donde había pasado casi un año tocando sus instrumentos y cantando. En verano zarpó en un buque mercante que llevaba a Naucratis productos de cerámica y joyas de oro. Estaba harto del país, de la gente y de que le reprocharan una y otra vez por haber mezclado las distintas escalas tonales. Para él éstas no representaban más que distintas posibilidades musicales, diferentes maneras de subdividir las distancias entre una nota determinada y un nivel más alto, y entre esa misma nota y un nivel más bajo. A Dimas le daba igual que esas distancias se dividieran en cuatro notas, en cinco, en ocho, en once, en veintitrés o incluso, como hacían algunos, en treinta y una; le daba igual que esas subdivisiones representaran notas o fracciones de notas, que los dioses las vieran con buenos ojos o no, que tal o cual habitante del Olimpo pudiera sentirse ofendido por determinadas notas o series de notas, y que esa ofensa fuese anunciada por boca de sacerdotes. Para Dimas las notas eran su material de trabajo, como la madera para el tallador o el mármol para el escultor. Material para tejer alfombras de sonido, para vestir sueños y crear pesadillas, para copular los sonidos o con las palabras. Le excitaba coger una melodía ligera compuesta en el sistema musical jónico, por ejemplo, y pasarla al frigio, que hacía que sonase extraña y extática, o al lidio, que le daba una profunda melancolía no menos extraña. Sin embargo, los atenienses corrientes, que lo escuchaban con gusto, se irritaban con él cuando un supuesto conocedor les decía que aquello era una mezcla de sonidos helenos y bárbaros, y le pedían que no tocase más tonterías extranjeras.

Las ciudades helenas de Asia, con su mezcla de razas, eran más abiertas; allí, esos preceptos y cánones a nadie preocupaban. En Efeso Dimas había tenido un éxito desmesurado con una cancioncilla descarada escrita en hexámetros irregulares y tres escalas distintas. La canción, narrada o cantada por Odiseo, contaba una historia posible: cuando el héroe quiso partir para unirse con los otros contra Ilión, Penélope, apoyándose en Lisistrata, lo amenazó con negarle el acceso a su lecho si se marchaba a la guerra. A pesar de ello, Odiseo se marchó: «Cuando esté lejos de ella, su prohibición me será indiferente.» Sin embargo, al tiempo comprobó que la expedición guerrera no se hacía para conseguir gloria, honor, botín, venganza o poder, sino porque un cornudo llamado Menelao quería recuperar a su mujer, y Odiseo no creía sensato que murieran miles de hombres sólo para quitarle los cuernos al pichafloja aquél. De modo que regresó a casa, donde llegó con años de retraso a causa de las inclemencias del tiempo y del destino. En Ítaca lo echaron del palacio, pues «dentro gobierna la mujer virtuosa», con sus cuarenta ladrones —a los que llama pretendientes—, y fuera, en el mar, se hincha la vela del suntuoso barco donde Telémaco derrocha el resto de su fortuna con muchos amigos y amiguitas: «Convierte las noches en día y mis días en noche.» Así pues, Odiseo se quedó sentado bajo las encinas, jugando a los dados con el porquero bizco, mientras comprobaba que aquella cama fija, que él mismo había fabricado tiempo atrás, soportaba la carga de Penélope y cuarenta hombres al mismo tiempo: «Lo hice macizo, mi tálamo elevado.» Finalmente, decidió emprender otro viaje a fin de averiguar, más allá de las columnas de Heracles, si el mundo no sería más redondo en otra parte.

En Atenas algunos montaron en cólera por aquel sacrilegio contra la herencia helena y el divino Homero, al oír pasajes que en Efeso habían arrancado carcajadas. Dimas dejó la ciudad, la Hélade y Europa. Además, los eternos informes a Demarato, Amílcar y Bagoas se habían vuelto innecesarios. En esto el azar le había ayudado, o eso parecía. Demarato estaba en Macedonia, consiguiendo que el rey le concediera un monopolio: era el único autorizado a comprar y exportar la codiciada madera macedonia para barcos, la fina pez y los demás productos del ramo. Durante su ausencia, los demócratas de Corinto decidieron que un político y estratega llamado Timoleón fuera enviado con una flota a Siracusa para influir en la situación de Sicilia. La parte occidental de Sicilia, bajo la soberanía de Karjedón, se vio afectada directamente; estallo la guerra entre Karjedón y Siracusa, es decir, entre Karjedón y Corinto. Así pues, Amílcar y Demarato, o bien sus respectivas ciudades, tenían ahora otras cosas en qué pensar.

Dimas viajó a Egipto, que unos años atrás había resistido el intento de reconquista persa. Confiaba en que allí no lo molestarían ni corintios ni karjedonios ni persas. Sabía que aquello sólo era dar medio paso, pero por el momento no se atrevía a romper completamente con sus tres mandantes. No podía estar seguro de si, acaso, uno o algunos podían decidir que él sabía demasiado como para dejarlo así por las buenas; al menos, no con vida. Además, el juego le resultaba excitante y cautivador. Como músico ganaba más de lo que necesitaba para vivir, pero un oyente infame podía romperle un par de dedos, o el esposo de alguna mujer encandilada por su música podía cortarle una mano, y en ese caso el dinero que recibía a cambio de los informes sería más que bienvenido.

Tenía a sus espaldas tres largas lunas de ocio en Naucratis, un verano tórrido y noches de bochorno. Al tercer día de llegar a Naucratis, el propietario de una gran taberna del puerto, un heleno mestizo llamado Dexippo que lo había escuchado tocar en otra taberna, le ofreció una espaciosa habitación dando al río, comida, bebida y un dracma al día. Dimas pidió dos y acordaron uno y medio, que se hacía pagar diariamente, pues conocía las costumbres de la memoria humana.

La taberna se encontraba en una parte amurallada del puerto; se trataba de un edificio levantado sobre un sinfín de pequeñas columnas de piedra que lo protegían de serpientes, escorpiones y las inundaciones anuales. Por encima de las columnas todo era de madera, salvo el fogón y los hornos de la cocina. La planta baja, a la que se accedía desde el muelle por una escalera de nueve peldaños, era un gran espacio con mesas, bancos y algunas literas, dividido únicamente por los pilares que sostenían el primer piso, ocupado por habitaciones separadas por tabiques de caña. El mobiliario de la habitación a disposición de Dimas, consistía en un gran catre de cuero con mantas tolerablemente limpias, una mesa, dos sillas con asientos de paja, un arcón para la ropa y enseres personales, un estante con una jarra para el agua y unos cuencos, y una tina con un borde ancho, para sentarse. De vaciar la tina y de la limpieza se encargaba un esclavo negro, a quien Dimas dio la primera noche un dracma de plata grabado con la lechuza de Atenas.

En la taberna había también cinco putas —una egipcia, una helena, una helena mestiza y dos nubias—, que por la noche utilizaban algunas de las habitaciones de la primera planta. Como el resto, también esta parte del negocio se pagaba en moneda helena, pues las principales transacciones se realizaban en el marco del comercio marítimo con la Hélade y, además, últimamente las monedas acuñadas por el faraón Neketar-Kabuf (los helenos lo llamaban «el segundo Nectanebo») contenían aleaciones que las hacían menos valiosas. Los servicios de las muchachas costaban un óbolo y medio o, si se les contrataba por toda la noche, un dracma; Dexippo se quedaba con la mitad.

Hasta donde Dimas podía juzgar, su música era muy rentable para el posadero; la taberna se llenaba casi cada noche. El esclavo negro le contó que, antes de que él llegara, no solían acudir al local más de cincuenta o sesenta clientes, cuando cabían cien. Dimas se encogió de hombros; en realidad no le importaba. Tenía comida y bebida, una cama, podía tocar la música que a él y al público les gustaba, no tenía que preocuparse de sacerdotes ni críticos musicales y no lo molestaban las preguntas de sus lejanos mandantes.

La ciudad le aburrió cuando salió a dar sus primeros paseos: los numerosos templos, los almacenes, las oficinas de las casas comerciales, las mansiones de los ricos en las laderas de una colina que se levantaba sobre terreno pantanoso y, más allá, los huertos, los sembrados y, finalmente, el gran cañaveral, todo lo cual apenas si diferenciaba a Naucratis de otras mil ciudades. Los sacerdotes, con ser muchos, ya tenían bastante con cuidar de sí mismos y de sus templos para preocuparse por músicos ambulantes. La sucursal de la casa comercial de Demarato, dirigida por un joven corintio llamado Nicarco, tenía el mismo aspecto que cualquier otra de su tipo, y Nicarco no parecía estar enterado de la especial relación que existía entre Dimas y Demarato. Algunas noches acudía a la taberna a comer pez de río cocido, beber la exquisita cerveza egipcia y escuchar música.

Los barrios más pobres también carecían de una personalidad propia. Cada año el Nilo inundaba y arrasaba buena parte de esos barrios, que eran reconstruidos para volver a ser arrasados, y así indefinidamente. Después de tantos años de peregrinaje, las tres lunas de ocio le parecían a Dimas una pausa brusca, reparadora en un comienzo, pero cada vez más obstinada y aburrida.

Algunas noches tocaba el aulo doble, sobre todo para no olvidar ese instrumento, para el que hizo un buen acopio de boquillas con caña del Nilo. Las tardes sofocantes solía pasarlas al norte de la ciudad, sentado junto al río a la sombra de un ciprés; cortaba cañas viejas y duras y las perforaba, intentando crear una flauta de un sólo tubo con seis agujeros, más uno para el pulgar. Generalmente tocaba la cítara, el adornado instrumento que él mismo fabricara, provisto de una gran caja de resonancia y once cuerdas. Cuatro servían para reforzar los sonidos, lo que Dimas conseguía pisando las otras siete en los puntos adecuados y pulsándolas a la altura de la caja de resonancia. Todas descansaban sobre clavillas de hierro y se afinaban con la llave karjedonia. La escala de sonidos era muy amplia; la nota más alta que podía alcanzar regresaba seis veces al punto más bajo. Con los dedales de metal de la mano izquierda, el afinamiento preciso y buenas cuerdas de tripa, Dimas había logrado superar los chirridos y el sonido sordo de las cuerdas pisadas y sacar hasta cinco notas al mismo tiempo, tocar dos cuerdas vacías y hacer vibrar las cuatro libres.

Una tarde se había sentado bajo el ciprés, se había tumbado y se había vuelto a sentar; la helena mestiza de la taberna no quería de él un óbolo y medio, sino música. Tocó la nueva flauta, que aún no le satisfacía; seguía habiendo algo mal en la distancia entre los agujeros y en el tamaño de estos. Desde el río llegaba el canto melancólico de unos remeros que llevaban corriente arriba una barca cargada de grano. La canción consistía en seis notas que daban extraños saltos hacia arriba y hacia abajo, para volver siempre al punto inicial. La letra, repetida hasta la inconsciencia, decía, en egipcio:

Danza de la muerte
mano de remero
voy a los infiernos
descanso y bailo
la danza de la muerte
mano de remero...

Cuando regresaron al puerto vieron que la barca para transportar grano estaba amarrada en la otra orilla. Justo frente a ella había un magnífico buque con adornos de ébano y marfil. La proa era la cabeza doblada hacia arriba de una horrible serpiente marina, con la boca abierta; la popa, un cocodrilo sonriente con los dientes rojos de sangre. En el centro, detrás del mástil, ahora tumbado sobre la borda, se levantaba una caseta con techo de caña y paredes de madera de cedro finamente pulida y pintada con imágenes de dioses egipcios y helenos. La tribulación, siete nubios fornidos, limpiaba la cubierta, arrojaba al río los restos de los depósitos de agua y enrollaba y desenrollaba cuerdas. Un hombre de piel clara, más o menos de la edad de Dimas, estaba apoyado en la borda, mirando el río lodoso con una expresión de infinita melancolía: nostalgia por el cocodrilo terminador. De la caseta de cedro surgió la voz refunfuñante de una anciana, luego el arrullo, gutural y tranquilizador, de una joven negra.

Esa noche Dimas acababa de empezar con la cítara una canción de Safo, cuando el hombre melancólico, la anciana y la muchacha entraron en la taberna. La muchacha, alta y delgada, tenía profundas marcas tribales en las mejillas, la cabeza casi calva, el andar de una gacela y los ojos de una leona satisfecha. Los labios más parecían hinchados a besos que abultados; alrededor del cuello llevaba una delgada cadena de oro de la que colgaba una mandíbula humana, cuyos dientes parecían roerle los pechos firmes. Tenía el torso envuelto en una tela roja brillante y las caderas rodeadas por una especie de falda de un verde chillón, uno de cuyos extremos pasaba entre sus muslos, desde atrás hacia adelante, y se ataba al otro extremo a la altura del ombligo.

La anciana era una mujer baja y desdentada; su cara era un desierto repleto de surcos, con algunos pelos en la barbilla y dos ojitos negros y de mirada afilada. Llevaba un vestido largo que le caía sobre los pies, confeccionado con el lino más exquisito, teñido de púrpura y ribeteado con hilos de oro. Su nariz estaba oculta, o quizá había sido reemplazada, por una falsa, de oro repujado. Iba tocada con una colorida gorra de lana que le cubría la cabeza casi hasta la nuca; dos o tres cabellos blancos asomaban por debajo.

El hombre melancólico, que sólo vestía quitón y sandalias, condujo a las mujeres a una mesa del centro del salón. Dimas terminó la canción de Safo y, sin interrupción, empezó un lento aire de danza jónico. Vio que Dexippo se dirigía a sus nuevos clientes, cuya solvencia estaba fuera de toda duda. No tardó en llevarles agua, vino, copas, pan fresco, frutas en almíbar y, un momento después, una bandeja con mijo, albóndigas, tiras de puerro, higos al vino y grandes trozos de pescado de río asados con grasa y hierbas y rociados con cerveza. El hombre y la joven comieron con las manos; la anciana pidió un plato y un tenedor, con el que iba desmenuzando todo antes de llevárselo a la boca.

Dimas ya había comido. Estaba de pie, apoyado en una mesa, cerca del lado de la taberna que daba al río, tocando otro aire de danza, al tiempo que desestimaba mentalmente entonar una canción en la que el cantante daba gracias a los dioses por determinadas partes de su cuerpo, por ejemplo la nariz y los dientes, y por cómo se usaba cada una de esas partes. Cuando terminó la pieza, sacó la mano izquierda de la correa de la cítara, se sentó encima de la mesa y apoyó la caja de resonancia de su instrumento en su muslo izquierdo. De ese modo podía mover los dedos con mayor libertad. El cantante también daba gracias a los dioses por eso, y por poder acariciar y cortar y estrangular.

Cantó una breve y alegre canción dionisíaca y luego repitió la melodía pasándola de la escala jónica a la frigia y volviendo otra vez a la jónica. Después dejó a un lado la cítara y cogió un tubo del aulo doble. Con la mano izquierda golpeteaba rítmicamente la caja de la cítara, que tenía a su lado, mientras con los dedos de la derecha tocaba aquella extraña melodía infinita de los remeros, con trinos y notas dobles ligadas. Advirtió que la anciana lo escuchaba con atención y decía algo en voz baja a la joven, que giró la cabeza y observó al músico con expresión pensativa.

Dimas volvió a coger la cítara, la apoyó en el muslo, afinó dos cuerdas y tocó las seis notas de la canción de los remeros pero introduciendo variaciones, primero con la cuerda más cercana a su cuerpo, que era la más aguda, para seguir con la segunda, la tercera, la cuarta... Cuando llegó a la séptima, la más grave, ya no la punteó, sino que simplemente la tocó con el dedal en la parte más alta. Los sonidos suaves y zumbantes se mezclaron con tonos dolorosos cuando Dimas cogió el plectro de marfil y rasgó las cuerdas. Volvió a la primera, dejó el plectro, tocó la melodía de seis notas al mismo tiempo en dos cuerdas, la primera y la tercera, introdujo unas florituras y por fin pasó a una extática versión frigia, en la que cantó la letra a media voz. En la taberna reinaba ahora un absoluto silencio.

Dimas, sentado sobre la mesa, se recostó contra una columna; cerró los ojos y tocó a las agitadas aguas del Nilo, a la ola lodosa que la proa de la barca cortaba, a los veloces cuerpos plateados de los peces, a las profundas y perversas fauces del cocodrilo. Entretejió en su música el viento que acariciaba el cañaveral de la orilla, una garza real que muy lentamente dejaba el agua, aleteando, y el llanto por el barquero ahogado, que no iría a los infiernos, porque no existían.

Cuando terminó y dejó la cítara, Dimas no sabía cuánto tiempo había pasado. Tras un instante de silencio, la taberna casi se derrumba bajo el estruendo de los aplausos, los pies que pateaban el suelo y los puños que golpeaban la superficie de las mesas.

Dimas abrió los ojos, sonrió, inclinó la cabeza y bajó de la mesa. Sabía que había estado bien, y también que en Atenas lo habrían expulsado de los mejores círculos y que en Esparta le habrían roto la cítara. Una de las dos putas nubias, que antes de hacer su trabajo, o entre un cliente y otro, hacían también de camareras, le trajo una gran copa de vino sin diluir.

—Te lo envía la anciana —murmuró la mujer.

Dimas cogió la copa y la levantó mirando a la anciana, que le respondió con un guiño. Dimas se acercó lentamente a su mesa; el melancólico le trajo una silla.

—Te lo agradezco, madre, y bebo a tu salud.

La anciana dejó escapar una risita.

—No me queda mucha salud, músico. Esa época ya ha pasado. Pero tú... ¿Has estado alguna vez en Canopo?

Dimas sacudió la cabeza.

—Sólo de paso, cuando venía hacia aquí. Una noche, agua fresca... luego seguí mi camino.

Canopo, que se levantaba en la desembocadura del brazo occidental del Nilo, en cuya orilla también estaba Naucratis, era el primer puerto del río, un emporio sin administradores reales, un caos de edificios viejos y nuevos, templos y burdeles, bancos y tabernas. Allí se reunían egipcios, helenos, judíos, fenicios, karjedonios, etruscos, elímeros, íberos, celtas; todas las ciudades y pueblos de la Oikumene que se hacían a la mar, todos los idiomas, todas las monedas y ninguna ley.

—Deberías venir a Canopo.

—¿Por qué, señora?

—Las mejores tabernas, Dimas. Los mejores músicos, sin sacerdotes que los molesten con sus preceptos. Toda la mercadería que entra y sale de Naucratis pasa por Canopo, pero sin aduanas. Ilusionistas, poetas, locos, asesinos, la vida misma. ¿Qué haces aquí, en este pueblucho desierto?

—¿Qué haces tú en Canopo? ¿Eres de allí?

La anciana se acomodó la gorra de lana, como si quisiera cubrirse aún más las orejas, ya invisibles.

—Díselo tú —dijo a la muchacha, dándole un codazo.

—En Canopo, justo en la desembocadura, a orillas del mar, hay una casa de piedra, grande y vieja. —Aunque áspera, su voz era extrañamente dulce; gutural, pero clara, como un cuchillo envuelto en un paño costoso—. Muchos negocios, también noticias de toda la Oikumene. Algunas habitaciones de la casa están vacías, muchos rollos llevan bastante tiempo sin ser leídos. Se puede entrar y salir... traer y buscar música y otras cosas. —Su heleno era perfecto, como sus dientes.

Dimas apartó la mirada de sus ojos negros con reflejos verdosos y advirtió que la anciana lo estaba observando con una sonrisa maliciosa. El joven melancólico tenía la mirada fija en el techo; Dimas advirtió que por su rostro corrían lágrimas.

—Brisa marina, muchacho —dijo la anciana—. Sal y algas. Olores y rumores. Cuchillos y música. Partiremos mañana a primera hora.

Dimas se rascó la cabeza.

—¿Puede ganarse la vida un músico?

—Mejor que aquí; al menos, uno como tú. En Canopo sabemos distinguir lo bueno de lo malo, y de lo excelente. Tú eres más que excelente. ¿Qué buscas aquí? —Se inclinó hacia adelante y susurró—: Y allí no estarías tan alejado como aquí de ciertas otras cosas.

Dimas se estremeció.

—¿De qué otras cosas?

La anciana echó un vistazo a la taberna.

—¿Tengo que decirte cuál de estos hombres provee de noticias al faraón? Veo a dos que trabajan para los persas, y cuya vida no valdría nada si los egipcios se enterasen.

Al mencionar a los persas, su rostro se desfiguró por un momento; el melancólico se secó las lágrimas y enseñó los dientes.

Dimas bebió un buen trago, tosió y se secó la boca.

—¿Quién eres, madre?

La anciana esbozó una sonrisa ambigua.

—Una vieja que hace ciertos negocios y a quien le gustaría tener amigos cerca, porque no siempre tiene bastante con ciertos amigos que viven muy lejos. Sobre todo cuando hace poco ha muerto uno de ellos.

Dimas contuvo la respiración, pero no dijo nada.

—Adérbal —murmuró la anciana—. Y Demarato sabe que estás aquí. En cuanto a eso, Canopo no se encuentra ni más cerca ni más lejos.

En Canopo comenzaba y terminaba el comercio de la parte occidental del Nilo; todas las mercancías, entre Egipto y los países occidentales de la Oikumene, pasaban por esa ciudad. De allí partían y allí llegaban las grandes caravanas del oeste, de Cirene y Karjedón, así como las barcas que traían productos del este, de Babilonia y Damasco, Arabia y Tiro. Las mercancías eran vendidas en el puerto de Pelusión, en el brazo más oriental del Nilo, bien porque las caravanas terminaban allí, bien porque seguían corriente arriba en lugar de cruzar los varios brazos del río. Allí se daban cita marineros de todos los países, putas, saltimbanquis, encantandores de serpientes, magos, músicos, artesanos, armadores y aseguradores de barcos, mendigos y banqueros. Y espías.

Tras el derrumbamiento de la soberanía persa en Egipto, en Canopo se había producido la habitual escabechina; a los persas se les odiaba demasiado para expulsarlos sin más ni más. En todos las ciudades de Egipto los criminales buscados podían refugiarse en los templos, de donde no se les podía sacar por la fuerza; este derecho sagrado no valía para los persas. Pero, tras los primeros disturbios violentos, en Canopo todo volvió enseguida a la tranquilidad, y los faraones, en una muestra de sabiduría, renunciaron a someter la ciudad abierta a su soberanía directa. La fortaleza que se levantaba en la otra orilla del Nilo tenía como misión combatir a los piratas, cuando hacía falta, y sofocar posibles disturbios, pero los soldados no eran egipcios, sino mercenarios de tantas nacionalidades como la gente que poblaba la ciudad. Río arriba, a varios días de viaje hacia el sur, se alzaban las verdaderas fortalezas. Y los controles de aduana. Los ingresos que obtenía el faraón gracias al dinero que entraba en el país a través del próspero comercio libre de Canopo, eran bastante mayores que los que obtendría cobrando tributos a un comercio, forzosamente menor, bajo supervisión estatal y regulado con leyes estrictas.

No hicieron ninguna escala en la lenta travesía río abajo desde Naucratis. Era pleno verano, las noches eran claras y el río, a tan poca distancia de la desembocadura, inofensivo. Sin velas ni remos, se dejaban llevar por la corriente. Pasaron a bordo dos noches; Cleonice y la esclava negra,

Tecnef, en la caseta; Dimas y los otros hombres, sobre cubierta. El joven melancólico, Mandrocles, casi no hablaba y nunca se desvestía ni participaba en los chapoteos cuando Dimas o los nubios, para combatir el calor sofocante, se quitaban la ropa y se descolgaban al río por una cuerda. En una ocasión Dimas advirtió que Cleonice lo observaba atentamente, Teknef parecía mirarlo de reojo —pero no estaba seguro— y Mandrocles contemplaba los miembros de los hombres con un extraño brillo en los ojos.

Tras la puesta de sol se sentaron en el puente, sin luz para no atraer aún más a los mosquitos, y hablaron hasta ya entrada la noche. Mandrocles tampoco intervino en esa charla; estaba de pie junto al timón, con la mirada perdida, sumido, al parecer, en su propio mundo interior. Ese retraimiento era el único posible a bordo; el hecho de que también las necesidades fisiológicas tuvieran que hacerse por encima de la borda, ante la vista de todos —sólo Cleonice utilizaba una cuba, en su caseta—, hacía que Dimas comprendiera mejor la serenidad de las mujeres ante la visión de los bañistas desnudos. Cuando tenía tales necesidades, Tecnef se descolgaba por la pared de borda utilizando un ingenio de velas y madera, se desnudaba cuando ya estaba sumergida a medias en el agua, y finalmente se bañaba. Mandrocles utilizaba el mismo ingenio; primero se quitaba el quitón, y una vez dentro del agua, el taparrabos.

A Dimas aquello le resultaba extraño, pero se abstenía de hacer comentarios. En el transcurso de la conversación, que giraba en torno a Demarato y otros conocidos comunes, evitó mencionar, guiado por la intuición, a sus contactos persas. Cleonice contó, con un dejo de amargura en la voz, el viaje río arriba hasta Menfis —usó el nombre egipcio, Menufre— y los vanos intentos por discutir determinadas propuestas con los funcionarios más importantes del faraón. Hablaba en voz baja, de manera que sólo podían oírla Tecnef, Mandrocles y Dimas.

—¿Qué propuestas?

—En la Hélade y otros lugares existen círculos que desearían otra política. Pero Nectanebo es tan cruel como imbécil. Cuando Persia estaba débil y Egipto se liberó, todos los pueblos, de aquí hasta Babilonia, confiaban en que los egipcios acudirían en su ayuda. Por propio interés, porque mientras más retrocedieran los persas, más seguro estaría Egipto. Pero Nectanebo, a diferencia de sus predecesores, ni siquiera devolvió el golpe después del intento persa de reconquistar Egipto, que pudo rechazar hace un par de años. Ve que los fenicios y sirios promueven un levantamiento, pero sólo eso, sólo ve, a pesar de que cada día le llegan peticiones de ayuda de Sidón y Damasco; y a la gente del país, que pide una política más enérgica, la manda ejecutar.

—¿Qué tienes que ver tú en eso, Cleonice?

—Yo tenía que transmitir una oferta concerniente a una acción común contra Artajerjes. Egipto, Sidón, Damasco, un levantamiento en Babilonia, un ataque de un ejército heleno en el norte. Pero ni siquiera me dejaron hablar con el consejero competente.

Dimas susurró en voz baja, como para sí mismo:

—¿Helenos? ¿Cuáles? ¿Quién tiene un ejército? ¿Macedonia?

Cleonice miró el agua, que borboteaba ligeramente.

—Quién sea, es igual. Nunca ha habido una oportunidad mejor. Si Tiro está con Persia no es por simpatía hacia ésta, sino por interés. Si Persia se tambaleara... digamos mejor: si Persia se hubiera tambaleado por un contraataque egipcio, otros se habrían sumado. Estoy hablando de la flota más poderosa de la Oikumene, Dimas. Pero luego vino esa desafortunada decisión de Corinto, y ahora Karjedón se ha aliado con Sicilia. Si Karjedón hubiera participado, también lo habría hecho Tiro. Todo dependía de Nectanebo, que no hace más que divertirse con esclavas nubias y cree que la fortaleza de Pelusión bastará para repeler otro ataque persa.

Dimas recordó viejos informes. Sin ninguna entonación especial, dijo:

—Es como... como si las decisiones tomadas en Corinto hubieran sido influenciadas por los persas.

Cleonice se encogió de hombros y se acomodó la gorra de lana.

—En la Hélade siempre está circulando demasiado oro persa. Pero, como dicen los sacerdotes de Amún: Nectanebo es un descendiente de mercenarios; su sangre es falsa. No es carne de Amún, sino hijo de Horus. La salvación —agregó en voz muy baja— vendrá del norte.

Dimas se cruzó de brazos.

—Y yo que pensaba que podría hacer música sin meterme en política. Ahora todo ha vuelto a enredarse.

La casa de Cleonice, construida al menos doscientos años atrás, tenía centenares de habitaciones, pasillos tortuosos, escaleras empinadas, puertas secretas en la paredes, extraños conductos de ventilación a través de los cuales uno podía oír lo que otro susurraba en el extremo opuesto de la casa, excelentes piezas artísticas procedentes de todos los rincones de la Oikumene, obras maestras de escultores atenienses de siglos pasados, mil rollos de papiro y una bodega cubierta de lodo donde el vino y la cerveza se conservaban frescos.

Canopo era todo lo que Cleonice había prometido. Dimas ganaba muy bien, tocaba en tabernas ante oyentes conocedores y, a menudo, entusiasmados; en ocasiones se hacía acompañar por otros músicos —un grupo de varias flautas, tímpano, cítara y arpa, ésta última tocada con maestría por una egipcia de mediana edad, que tan pronto inventaba ligaduras melódicas que él repetía con la cítara, como daba un extraño fondo armónico al tapiz de notas surgidas del instrumento de Dimas—, y utilizaba las habitaciones de Cleonice para leer y componer, arreglar o perfeccionar canciones. Cuando terminaba una, quemaba todos los rollos con los borradores y versiones, incluido el último. La idea de que la música se perpetuara en un papiro en lugar de disiparse como el viento, le parecía más terrible que una prisión.

La primera noche que Dimas pasó en casa de Cleonice, Tecnef entró en su habitación, y fue como un río de fuego, un temblor de montañas, un mar embravecido. Al contrario de lo que ocurriera con sus relaciones anteriores, ésta no se atenuó con el tiempo, sino que se afianzó y profundizó en largas conversaciones bajo las estrellas, en miradas, caricias y silencios. Ella era esclava, pertenecía a Cleonice desde hacía diez años, pero, al mismo tiempo, se la consideraba como un miembro de la familia, y en este sentido era tan libre como cualquiera.

Los negocios de Cleonice, dirigidos por el silencioso y taciturno Mandrocles, cuya melancolía desaparecía cuando se trataba de dinero, se extendían sobre todo aquello que se podía comerciar; además, Cleonice era dueña de varias tabernas, dos asadores y tres casas de placer.

Casi tres años pasó Dimas olvidado del tiempo y de vagar por el mundo. Hasta que ocurrieron aquellas cosas, que le recordaron que ni siquiera en Canopo, o precisamente por estar en Canopo, era posible vivir sin sobresaltos. Y sin política.

Una noche en que Tecnef no se encontraba en la casa, Mandrocles fue a buscarlo. Cleonice lo esperaba en la habitación más grande; estaba estirada sobre una cama de mármol revestida con pieles de león. Su ropa estaba perdida de manchas de vino, lo mismo que el suelo, las alfombras y las pieles. Los ojos de la anciana estaban rojos e hinchados; la habitación apestaba a vino, a tristeza, a hierbas embriagadoras que ardían en un brasero.

Junto a ella había una cítara decorada. En silencio, la anciana señalo el instrumento y la copa, que Mandrocles alcanzó al músico. Dimas bebió; como aún no había comido y el vino no estaba diluido, no tardó en sentir sus efectos, incrementados por el olor penetrante de las hierbas. Cogió la cítara —que a pesar de todos los adornos era técnicamente muy inferior a la suya—, la afinó lo justo y tocó, todo sin decir palabra. Mandrocles estaba tumbado en el suelo, bebiendo y llorando. Mientras Dimas tocaba, Cleonice empezó a contar con voz ronca una sombría historia sobre dioses demenciales, palacios y arenas movedizas; sobre terribles monstruos y demonios carroñeros; sobre un héroe del pasado, que era el futuro, que escapó de una cueva, descuartizó una serpiente de mil cabezas, fecundó a su madre y mató a su padre, a quien no reconoció hasta después de haberlo asesinado, y, finalmente, seguía en la misma cueva, de la que creía haber huido.

Ebrio, ensombrecido, perdido, Dimas tocaba cada vez más rápido. En algún momento Mandrocles se levantó y empezó a moverse al ritmo de la música al tiempo que se desnudaba, dando la espalda a los otros. Cuando estuvo desnudo, estiró los brazos, dejó de moverse, se quedó quieto un momento y después se volvió hacia Cleonice y Dimas. No tenía miembro ni testículos, sólo una caña que terminaba en una especie de tubo de tripa de animal.

—Por esto odio a los persas —gritó y volvió a arrojarse sobre la alfombra, sollozando.

—Sigue tocando. Mírame a mí. —La voz de Cleonice llegaba desde siglos de distancia. La anciana se quitó la gorra, por primera vez. No tenía orejas. Se puso de pie tambaleándose, se levantó el vestido purpúreo, se lo quitó por la cabeza. De su cuello colgaba un amuleto, el *ankh* con el ojo de Horus en el lazo, que se balanceaba entre los dos pechos, descarnados y llenos de cicatrices. Su vientre parecía haber sido abierto y rajado por cien lanzas; todo su cuerpo era un desierto de costurones y marcas.

—¡Por esto odio a los persas!

Dimás despertó en uno de los pasillos de la casa; le dolía la cabeza y estaba tendido en medio de una charca de vómito. Tecnef lo ayudó a levantarse, lo acompañó a su habitación, lo ayudó a limpiarse, lo cobijó en su pecho y lo arrulló.

Al día siguiente fue a ver a Cleonice. Confiaba en que lo que había vivido la noche anterior no hubiese sido más que una horrible pesadilla. La anciana se encontraba en su luminosa habitación, que daba a la playa; estaba de pie frente a unas jaulas donde tenía todos los pajarillos a los que, desde hacía años, intentaba enseñarles a hablar. La mujer miró por encima del hombro, vio a Dimas y volvió la cabeza en dirección a la jaula, llena de cantos, aleteos y graznidos.

—Tienes que irte, Dimas.

Dimas se detuvo.

—¿Qué...? ¿Por qué?

—Dentro de pocos días —dijo la anciana, aún de espaldas al músico—, las tropas y los esbirros de Nectanebo ocuparán la ciudad; sus espías llevan mucho tiempo entre nosotros. Y... los persas llegarán al cabo de pocas lunas.

—¿Los persas? ¿Qué será de ti y de Mandrocles?

Cleonice se encogió de hombros.

—¿Pueden hacernos más? Intentaremos salvar lo que podamos y escapar en el último barco. Pero tú, tú debes irte antes.

—¿Por qué?

—Has cantado algunas canciones y has dicho algunas cosas en voz alta, en voz muy alta. —Suspiró—. Llévate a Tecnef. Es libre.

—Pero... —Intentó no pensar en la noche anterior, sino en música, en palabras, en rostros—. Si Tecnef es libre, puede decidir por sí misma. Pero yo no te creo.

Cleonice metió un comedero con agua en la jaula de un vistoso pájaro rojo y verde, y cerró la diminuta puertecilla de rejas.

—¿Qué es lo que no me crees?

—Las canciones... A veces son un poco duras, pero no son motivo para... tomar medidas. Y si fuera así, como tú afirmas, tendría... Quiero decir que si esto fuese un hervidero de espías, si los persas estuvieran a punto de llegar, se notaría algo en la ciudad. Pero está tranquila.

La anciana lo miró con rostro inexpresivo.

—No seas infantil, Dimas. ¿Es que no quieres verlo? Después de todos los años que tú mismo has estado pasando informes, ¿qué esperabas de los gobernantes? ¿Crees que hace falta pedir el asesinato de Nectanebo para malquistarte con él? ¿O con sus hombres? Después de tanto tiempo, ¿crees que los gobernantes necesitan un motivo para hacer lo que les viene en gana? Y tras tantos años de trabajo silencioso, ¿ahora pides espías llamativos y bulliciosos?

Dimas apretó los puños e insistió:

—Aunque tuvieras razón en eso... ¿Qué hay de los persas? Tienen que ser rumores...

La anciana lo interrumpió; esta vez su voz sonó dura:

—Despierta, muchacho. No estás oyendo rumores. En Canopo te has convertido en un soñador, lo has olvidado todo. Te pasas los días a orillas del mar, con tus versos, las noches con música y después con Tecnef. ¡Ya no ves ni oyes nada! Tennes, el rey de Sidón, nos ha traicionado y se ha pasado al bando de Artajerjes; Gaza ha caído, el ejército persa está a las puertas de Pelusión.

—Yo... —Levantó las manos por encima de la cabeza, las dejó caer, se dio media vuelta y salió de la habitación. Nervioso y confuso, caminó por la ciudad, por el puerto, por el malecón, intentando oír, ver, comprender. En la fortaleza que se alzaba al otro lado del río no se veían señales de inquietud. Algo dentro de Dimas, enterrado y sin utilizar durante mucho tiempo, despertó y le dijo que aquello estaba demasiado tranquilo. Canopo también parecía en calma, pero era la calma habitual del mediodía. Entró en una taberna, bebió una infusión caliente, comió albóndigas picantes enrolladas en pan y, finalmente, regresó a casa de Cleonice.

La anciana se encontraba en una de sus numerosas habitaciones, en la segunda planta, justo encima de los aposentos de Dimas. En el rincón cercano a la ventana había una trampilla abierta en el suelo; Cleonice hizo como si quisiera cerrarla, pero la dejó y salió al encuentro de Dimas. Se acomodó la nariz de oro; sus ojos carecían de brillo.

—¿Y bien? ¿Qué has visto?

Dimas sacudió la cabeza.

—Nada. Todo está en calma —respondió, y se dejó caer sobre un banco de madera acolchado—. Lo de anoche... ¿lo soñé? ¿O todo fue como...?

La anciana bajó las comisuras de los labios, se acercó unos pasos más y se detuvo frente a Dimas. Entonces se levantó la gorra, descubriendo los agujeros que tenía en lugar de orejas, se llevó la mano al cuello y sacó el amuleto, se tocó la nariz.

—Esto no puedo quitármelo; un buen médico me lo pegó a la carne. También odio a los persas por haberme dejado sin nariz.

Dimas tomó aire; por un instante se sintió mareado.

—¿Qué es ese amuleto, madre?

Cleonice sonrió, una expresión de agotamiento se dibujó en su rostro.

—Hacía mucho tiempo que no me llamabas así. ¿El amuleto? Vida y logos, y más cosas. Un símbolo egipcio, un símbolo karjedonio, un símbolo tírico, un símbolo caldeo

—¿Qué...? —comenzó Dimas, pero se interrumpió al oír un ruido; sonó como un sollozo apagado, lejano, que parecía salir de la trampilla que había en el rincón de la estancia. Dimas se levantó; Cleonice lo observó con una sonrisa triste, estiró las manos como para detenerlo, lo dejó y se encogió de hombros.

Dimas se acercó a la trampilla, se inclinó y miró por el agujero. De forma algo burda, pero nítida, se veía un espejo de plata que parecía recoger el reflejo de otro espejo: su habitación. Sobre la cama estaba Tecnef, tumbada boca abajo, sollozando.

Dimas se incorporó, con una mueca.

—¿Qué es esto? —preguntó con voz ronca.

La anciana se mordió el labio inferior y arrugó la frente.

—¿Qué puede ser? ¿Qué me queda en esta vida, más que observar? Es una suerte que en vuestras ingeniosas relaciones amorosas casi siempre hayáis dejado la luz encendida.

Dimas abrió la boca, volvió a cerrarla, dio media vuelta y salió de la habitación.

Al atardecer fue con Tecnef a la taberna en la que tocaría con los otros músicos hasta entrada la noche. Tecnef estaba extrañamente callada, ensimismada, meditabunda; él no le había contado nada, pero tenía la certeza de que la muchacha lo sabía todo.

Las calles estaban tan animadas como siempre. El sol se puso como siempre. Vieron caras nuevas y conocidas; el vinatero instalado cerca de la taberna estaba cerrando su tienda. El lechero de al lado metía en su patio un carro de un solo eje; por la mañana llenaría de leche los barriletes, unciría la mula y saldría gritando y cantando por las calles. Dimas rió de repente; la blanca inocencia de la leche fresca... Se le ocurrió introducir una variación en un verso de una de sus canciones. Tecnef lo miró de reojo y le cogió la mano, pero sin decir nada.

En la taberna lo esperaban los otros músicos. Dimas cogió la cítara y bebió un trago de vino. El heleno del tímpano empezó a tocar un ritmo lento; sus dedos hormiguearon sobre el cuero tirante, los cascabeles de bronce del marco tintinearon. El nubio del tamboril empezó a tocar y lo siguió el auletes, cuya flauta de bronce sonaba especialmente aguda esa noche. Después entró el arpa, luego la cítara. Dimas tocaba con seguridad, pero un tanto distraído. Observaba. En la taberna había muchos parroquianos y una cantidad normal de clientes desconocidos, entre ellos otros músicos o saltimbanquis. Sintió una tensión indefinida en el ambiente. Tecnef estaba sentada cerca de los músicos, aterida y con los ojos muy abiertos. Detrás de la muchacha y medio oculta por una columna, Dimas vio una cara; le recordó algo, pero no sabía qué. Las antorchas, las lámparas de aceite, el reflejo del fogón de la cocina, sumían todo en un caos de luces y sombras.

El arpa dio una serie de saltos atrevidos, casi insultantes, bajó hasta el tono fundamental, volvió a brillar y se hundió en un tono sordo. Dimas cogió el relevo; con dos cuerdas y alternando cuatro notas, tocó la melodía básica de una pieza. Las flautas recogieron la melodía, invirtiendo las notas, mientras el tamboril y el tímpano retrasaban el ritmo una y otra vez, avanzando como a solemnes trompicones.

Dimas miró a Tecnef y al forastero, y comenzó a cantar:
Cierta vez tras el monte del cadalso, temprano,
cuando el ojo en brasa se perdió
en la alfombra de mentiras; cuando los sonidos sagrados
de la noche, que tejen y lanzan su red sobre los canales,
ya retrocedían ante la canción mortal del amanecer;
cuando los espíritus evocados de las botellas
bebían en vano los sueños más amargos...
entonces me oculté bajo el vellón mudado del pasado.

Agradables al olvido son palabras de reyes,miradas rotas
de animales indolentes y enigmas íntimos,
cuando rezuma el sendero de la noche a la mañana.
Sólo de noche, cuando la ciudad duerme, me harto desnudo
de los arroyos exquisitos, ocupados por enemigos.
En algún momento, esa mañana, cuando por ley
el sol se redifinió y se convirtió en súbdito,
desistí y enterré mi sentimiento hacia el rey.

Palabras estallan detrás de la huida,
palabras desafinadas de asesinos honorables,
almas carniceras en ropaje púrpura y cortés.
La decisión del soberano nos contamina, repugnante;
tras mucho pensar entregó su lista de conversar.

Evita los nombres, huye de sus dueños, olvida
con quién habla de qué cosas y cuándo el monarca.
Yo leí la lista y pisoteé mis ojos.

Temprano unció el lechero leones a sus barriles
para infiltrarse. Si los leones se cansan,
se agriará la leche. La debilidad de los leones
es la astucia del hombre. Luz de estrellas se espanta del día;
el día es invención de canallas oscurantistas,
que en el templo, ante el soberano o ante sí mismos
quieren excusarse. Por eso beba los cantos de noche,
y sólo pocas veces escuchan las mentiras diurnas de aquellos.

Al pulsar las dos últimas notas, Dimas vio por el rabillo del ojo un movimiento, seguido por un brillo metálico. Levantó la cítara; el cuchillo cortó tres cuerdas e hizo retumbar la caja. En el fondo de la taberna, entre las sombras, empezó una pelea; siguió un griterío y el estrépito de copas rotas y mesas cayendo al suelo.

Tecnef se arrastró hasta la puerta entre la maraña de mesas; sus ojos suplicaron a Dimas que la siguiera. Dimas tenía en la mano el cuchillo, que había arrancado de la cítara; lo sopesó, escudriñó la penumbra, en la que todo era un caos. Varios hombres luchaban cuerpo a cuerpo. Dimas buscó la cara del forastero, pero no lo vio. Con cuidado, usando la cítara rota como escudo, se abrió paso entre mesas rotas y sillas, hasta alcanzar la salida. Los otros músicos ya habían huido, la egipcia abandonando su arpa.

En la estrecha plaza que se extendía frente a la taberna se había agolpaba la gente del barrio, conversando con nerviosismo y haciendo ademanes vehementes. Nadie sabía exactamente qué había pasado. Algunos empuñaban cuchillos. Por la derecha, por la calle que llevaba al puerto, apareció un grupo de soldados con yelmo, coraza y lanza en ristre. Dimas se pegó a la pared de la taberna y se escabulló hacia la izquierda, donde lo esperaba Tecnef. Alguien le tocó el brazo: era el forastero. A la luz de la luna llena, que bañaba los tejados y el mar, Dimas vio que el hombre iba vestido como un egipcio; llevaba la barba negra bien cuidada y recortada. Pero las palabras, que dijo en voz baja, eran persas.

—Tienes que desaparecer... recomendación de Bagoas.

Dimas lo miró sin decir nada. Estaba aferrado a la cítara, cuyas cuerdas sanas dejaron escapar un gemido al rozarlas el antebrazo del músico.

El persa lo empujó con impaciencia.

—Deprisa —dijo casi en un siseo—. Eres un desperdicio para un cuchillo y muy poca cosa para tener escolta personal. Es necesario que silenciemos a dos o tres personas, nadie debe preocuparse por ti. Pronto zarpará un barco de Citión; date prisa.

El hombre desapareció como si el suelo o la multitud se lo hubiera tragado. Tecnef cogió a Dimas de la mano y tiró de él hacia el mar, hacia la desembocadura, hacia la casa, a través del dédalo de callejas.

—¿Qué quería ese hombre? —Tecnef jadeaba e intentaba hablar a media voz.

Dimas la cogió con fuerza; estaban frente a la casa de Cleonice.

—Quiere que desaparezca. Es persa. Matarán a gente importante. El cuchillo fue una gentileza del faraón. Por todos los dioses, ¿qué está pasando aquí?

Tecnef le puso los brazos sobre los hombros; sus palabras apenas se oían. El barullo que habían dejado atrás se hacía cada vez más intenso; por el rabillo de ojo, Dimas vio asomar algunas sombras entre los árboles de la plaza.

—Ella... ella me ha dicho que soy libre. Llévame contigo —dijo la muchacha.

—Ven. —Dimas, que tenía la cítara en la mano izquierda, se puso el cuchillo entre los dientes, cogió a Tecnef con la mano derecha y la llevó a la casa. El silencio que reinaba al otro lado de la pesada puerta era aliviador. Pero también inquietante.

Corrieron por los pasillos, hacia las habitaciones de Cleonice. De pronto Tecnef dio un grito y se llevó una mano a la boca.

La puerta de la sala de trabajo de Cleonice estaba abierta. De una viga del techo colgaba Mandrocles. Dimas dejó caer la cítara, cogió el cuchillo con la mano derecha y pasó agachado bajo las piernas del hombre, libre ya de la vida y la melancolía. Recorrieron una habitación tras otra, todas desiertas, en ninguna estaba Cleonice. Tecnef iba detrás, despacio, con los ojos muy abiertos.

Encontraron a la anciana en la habitación que daba a la playa. Las jaulas de los pájaros estaban destrozadas. Cleonice yacía en el suelo, con los ojos muertos casi fuera de las órbitas. Tenía el vestido desgarrado. Alguien —debían de haber sido varios— había encendido un fuego en el suelo de piedra. Habían arrancado la nariz de oro de la cara de la anciana, la habían calentado al fuego y se la habían clavado en la mejilla; tenía la cara quemada y cubierta de sangre. Luego habían calentado al rojo el amuleto y se lo habían hundido en el pecho. Por fin, después de matar a los pájaros la habían obligado a tragarlos. El espejo de plata que había frente a las ventanas estaba abollado.

Dimas se volvió, miró hacia el mar. Muy cerca de la orilla vio un gran velero mercante, claramente a punto de zarpar. El músico suspiró, unas lágrimas corrieron por sus mejillas. Con suavidad, pero también con energía, empujó a la petrificada Tecnef fuera de la habitación y más allá, hasta que volvieron a la estancia donde estaba el cadáver de Mandrocles.

Dimas recogió la cítara y, con manos temblorosas, le quitó el travesaño y las clavijas de hierro. Los crujidos parecieron despertar a Tecnef. Soltó un fuerte grito de dolor.

Pocos momentos después, o eso les pareció, habían recogido el cinturón lleno de monedas de Dimas, el estuche del aulo y una bolsa con las pertenencias más importantes de ambos. Tecnef vaciló, luego caminó por la casa vacía, de la que todos los esclavos parecían haber huido, desapareció en algún lugar y volvió a aparecer con un pesado saco de cuero, repleto de monedas de oro. A Cleonice ya no le harían falta.

De camino hacia la escalera Tecnef se detuvo de repente e hizo una seña a Dimas; callaron, aguzaron el oído. Hasta ellos llegaron voces de hombres que hablaban en egipcio. La puerta principal estaba cerrada, el hierro y la pesada madera retumbaban y crujían, pero no cedían. El miedo desfiguró la cara de Tecnef. La muchacha dio media vuelta, seguida por Dimas, que no conocía tan bien la casa. Abrieron una puerta que parecía una pared, bajaron por una escalera empinada y estrecha, se arrastraron por un oscuro conducto de ventilación. Encima de ellos oían gritos y pisadas de hombres. Abrieron un portillo de madera que daba a un pasillo tubular, se arrastraron por él. Finalmente, salieron al aire libre, entre arbustos, junto encima de la playa.

En la ciudad ardían algunas casas; de todas partes llegaban gritos y ruido de peleas. El mercante que Dimas había visto cerca de la playa había vuelto la pared de proa hacia la costa, como si esperase a alguien. La luna llena, enclavada entre la verga y el mástil, bañaba de plata el mar. Dimas se metió en el agua; detrás de él escuchó que alguien jadeaba y chapoteaba; entonces sintió la mano de Tecnef sobre su espalda. Una cara con barba asomó por la borda.

—¿Sois vosotros los comerciantes de Citión? —preguntó Dimas; en el último momento recordó que la ciudad cipria era un antiguo baluarte fenicio, de modo que no habló en heleno, sino en un perfecto fenicio de las costas orientales.

El hombre sonrió, sacudió la cabeza y señaló hacia el este. Otro velero mercante, que probablemente había estado amarrado en el puerto, se deslizaba mar adentro bajo la luz de la luna y las estrellas.

Una voz sonó detrás de Dimas y Tecnef. El músico la reconoció de inmediato; hablaba fenicio occidental y pertenecía a Amílcar, de Karjedón.

—Vamos, de prisa, ¿o queréis quedaros aquí?

Unos brazos se estiraron hacia ellos y los ayudaron a subir a bordo. Amílcar fue el último en subir. En la playa se había reunido una multitud de hombres con antorchas. Oyeron el sonido del metal y vieron el reflejo de la luna y las antorchas en las armas.

Cuando los primeros hombres de la playa entraron en el agua, las palas de los remos se sumergieron casi en silencio; el mercante empezó a moverse con dolorosa lentitud, alejándose de la playa, de las antorchas, de sus perseguidores; dejando atrás Canopo y lo incendios, que rompían la noche egipcia.

Tecnef se sentó al pie del mástil y escondió la cara en los brazos cruzados sobre las rodillas, dobladas frente a su pecho. Amílcar estaba en la cubierta de popa, dando instrucciones; después bajó los pocos escalones que lo separaban de la cubierta principal y se acercó a Dimas.

—Has tenido suerte, músico. No habíamos venido a buscarte y no te habríamos esperado.

Dimas asintió lentamente con la cabeza.

—Puede que sea ciego y sordo, pero no sobrevaloro mi importancia en el juego del poder. ¿Qué haces aquí? Suponía que estarías ocupado con Timoleón y la guerra de Sicilia.

Amílcar sonrió; a la luz de la luna llena, sus dientes tenían un blanco amarillento.

—De eso se ocupan otros. Más allá esperan algunos de nuestros buques de guerra, por si acaso. Yo quería... borrar ciertas huellas, antes de que fuera demasiado tarde. Y cuando ocurren cosas importantes que uno no puede impedir, al menos tiene que verlas de cerca, para aprender de ellas.

11
AMIGO DEL REY

Pasaron los días; el enorme río del saber, cuya fuente era Aristóteles y que más tarde desembocaría en el mar de los jóvenes, lavaba el tiempo en el resbaladizo talud sin rostro del río hasta convertirlo en una sucesión uniforme de unidades iguales. Una y otra vez se formaban remolinos de rencillas, escollos, bajos fondos, el embate algún guijarro; pero sólo de unos pocos acontecimientos podía decirse, después, que habían ocurrido. Igualmente uniformes, pero mensurables, pasaban los días en la fortaleza de Beroia. A diferencia de la asimilación del saber, la progresiva adquisición de habilidades se dejaba notar: músculos que se endurecían, creciente destreza en el manejo de espada y lanza, mayor resistencia. Y los incidentes eran más dramáticos que arriba, en Mieza, donde las amistades y enemistades se desarrollaban lentamente y nada era más emocionante que la despedida de un alumno y la llegada de otro. Nadie habría podido decir cuándo empezó la tenaz enemistad entre Alejandro y Casandro, pues ésta nunca explotó; simplemente existía. Por el contrario, todos sabían que fue en una clara mañana de otoño cuando Harpalo —en un combate con armadura de cuero y lanzas romas— cayó del caballo y se rompió el tobillo y la pierna. El buen oficio de los médicos no consiguió que se restableciera por completo; cuando estuvo curado, ya no sentía dolor, pero cojearía siempre, y allí habían terminado sus días de aprendiz de las artes militares.

Un día cálido en que hablaban sobre Heráclito, Alejandro y Aristóteles se aferraban a la idea de que nadie puede bajar dos veces al mismo río.

—El río fluye, el hombre cambia; la segunda vez, ninguno de los dos es el mismo, sino otro —dijo Hefestión. Después vino la intervención de Alejandro: suave, contenida, en apariencia indiferente:

—El observador sabio puede afirmar eso, como Heráclito o Aristóteles. El río no lo sabe, pues no posee conciencia. El hombre que lo baja tal vez lo sabe, la segunda vez. Pero ¿qué pasa si el hombre que baja al río no sabe quién es? ¿Qué pasa si no tiene alma ni conciencia?

Casandro bostezó y murmuró algo sobre desalmados hijos de reyes, a los que cualquier río que se honrara de serlo debía escupir. Aristóteles pestañeó y, sin dejar el salón, llevó a los jóvenes a dar un paseo por la enseñanza de la existencia, la cuestión de la identidad y el enigma del logos, que es el mismo en el individuo, en la multitud y en el todo, por lo que los sentidos debían poder indicar al individuo la presencia del logos, cuyo significado la razón estaba en condiciones de inferir. Casandro dormitaba al pie de una columna, en tanto que sus compañeros escuchaban como extasiados las opiniones enfrentadas, las preguntas y las réplicas, tortuosas como el curso del Meandro y, sin embargo, tan dirigidas a un objetivo concreto como aquel río que finalmente desemboca en el mar. Era como si el filósofo y sus alumnos dirimieran un combate de exhibición, como si lucharan con espadas afiladas.

La llegada del grupo que había pasado los últimos diez días en la fortaleza acabó con la disputa. Aristóteles puso las manos sobre los hombros de Alejandro, le dio un beso en la frente y despidió a los muchachos.

Coino traía algunas cartas: de Antípatro a Aristóteles, de Antípatro a Casandro, de padres y madres a sus hijos, del rey al maestro, de Filipo a Alejandro, breve y concreta, de Olimpia, también breve y sin ningún sentimiento.

A la hora de la comida Alejandro no se presentó; había ido corriendo al bosque. Hefestión lo buscó, y cuando dio con él vio que corría y saltaba como si tuviera que expulsar energías, igual que un odre de agua lleno a reventar. El muchacho lanzó un grito, se arrojó sobre Hefestión y pelearon hasta el agotamiento, hasta que ya sólo podían jadear. Hefestión, tumbado en el suelo, hizo un gran esfuerzo para sentarse y apoyó la espalda en el tronco de un árbol. Alejandro permanecía de espaldas en el suelo, mirando las ramas, las hojas susurrantes, las nubes, ralas y perezosas. Murmuró algo.

—¿Qué dices?

Alejandro cerró los ojos, sólo un momento.

—¿Quién soy? ¿Quién es Alejandro?

Hefestión suspiró.

—Te refieres al vacío, ¿verdad? ¿Todavía lo sientes? ¿O ha vuelto?

—Siempre. Como si alguien me hubiera absorbido todo.

Hefestión chasqueó la lengua.

—¿Estás pensando otra vez en ese espíritu árabe? ¿Por eso duermes tan mal?

—Odio dormir —murmuró Alejandro entre dientes—. Por la noche nos sucede algo que no podemos controlar. No me gusta. —Rió—. ¿Quién eres tú, Hefestión?

—Tu amigo.

Alejandro intentó sonreír.

—Lo sé. Es más de lo que puedo pedir. Pero ¿a ti te basta?

Hefestión puso una mano sobre la frente de Alejandro.

—Eh, ¿qué pasa? Estás helado.

—Me muero de frío, amigo. ¿Por qué tan poco calor?

Hefestión vio los rollos de carta plegados en el cinturón de Alejandro.

—Yo en tu lugar también me haría esa pregunta. Yo he visto que mis padres... se trataban con ternura.

—Los míos sólo hacen la guerra. El uno contra el otro. Contra todo.

—Sí. Bien. ¿Qué...? —Levantó una mano y la sacudió como si las palabras fueran mosquitos; luego sonrió con tristeza y extendió la mano. Alejandro la cogió.

—De noche... Cuando no duermo, me pregunto qué pasa con el sol entre el ocaso y el amanecer. ¿No podría ocurrir que un día sencillamente no regresara? ¿O que regresara otro? ¿Acaso cada día hay un nuevo sol? ¿Estás seguro de que por la mañana eres el mismo Hefestión que se acostó la noche anterior?

—Yo creo que, de alguna manera, Helio está... fuera de esto. Por encima de todo. Más allá de todo lo que ocurre aquí. El mundo es una esfera, o un disco, según otros, y el sol es una gigantesca bola de fuego divina que recorre el cielo de este a oeste y por las noches regresa por debajo del disco, o de la esfera.

—¿Cómo es la parte de abajo por las noches? ¿Qué monstruos moran allí esperando a que el sol pase entre ellos, en su camino de oeste a este?

Hefestión titubeó; su pulgar acariciaba suavemente, como si tuviese vida propia, el dorso de la mano de Alejandro.

—No estás hablando del sol, ¿verdad?

—Pienso que quizá todo esto... tú, el bosque, Aristóteles, Olimpia, Filipo, en realidad es la parte de abajo. Y el mundo real, en el que debo sacrificar mi miembro a la diosa y tengo que matar serpientes, es tan terrible que cuando estamos aquí no queremos recordarlo.

—Quizá es magnífico y lo ansiamos sin saberlo. Los Campos Elíseos de nuestro lado nocturno.

—De ser así lo sabría, o lo intuiría. No tendría este... miedo a dormir. —Soltó la mano de Hefestión y rodó para quedar boca abajo—. La gente que vive en el borde del mundo ¿sabe cómo es el lado de abajo? ¿Desde el borde del mundo se puede bajar al otro lado?

Hefestión se encogió de hombros.

—¿Crees que si vamos al este, muy, muy al este, al lugar de donde viene el sol, la gente que encontremos allí sabrá más sobre el calor? ¿Sobre cómo tener calor?

Hefestión sacudió la cabeza y dijo:

—Entonces la gente del oeste lejano tendría que saberlo todo sobre el frío.

Alejandro rió.

—Mi madre es del oeste, de Epiro. Y sabe mucho del frío.

Uno de los días más calurosos del verano, Aristóteles y el médico Philippos llevaron a los muchachos al bosque, montaña arriba, para buscar plantas medicinales. Todos llevaban cestos y botellas de cuero con agua. El aire, denso y dulzón, parecía detenido. Los millones de abejas que llenaban el mundo de zumbidos no dejaban espacio para las palabras, ni siquiera para respirar.

En un claro cercano a la cima, Aristóteles se arrodilló en la hierba, arrancó unas bayas y las levantó.

—Como os he dicho muchas veces, no es bueno plantear teorías y desarrollar grandes concepciones del universo sin antes haber reunido hechos. Muchos curanderos, no digamos ya filósofos, proceden así: dividen la naturaleza en los ámbitos de los cuatro elementos y después hacen profundas reflexiones sobre las relaciones entre fuego, flores de fuego y enfermedades de fuego. Naturalmente, eso es mucho más fácil que estudiar las cualidades reales de las cosas. Las cualidades de las plantas, por ejemplo. Esta es una acedera amarga; existen muchas variedades. Vosotros conocéis esta planta; más de uno ha probado sus hojas; son amargas y frescas. Se pueden emplear contra la picadura del escorpión. Ayudan a quitar el veneno de la herida. Las semillas, bebidas con vino, son buenas contra todo tipo de enfermedades diarreicas.

Años atrás, el fuego y la tormenta habían destruido el bosque del otro lado de la montaña; allí sólo quedaban el cielo, algunas piedras, arbustos y moho. Aristóteles arrojó lejos las bayas, sobre cuyo carácter venenoso había hablado largamente, se arrodilló y señaló un punto cubierto de plantas, junto a una depresión del terreno.

—Tomillo, amigos míos. Tomillo silvestre del monte, cuyas verdaderas virtudes los horticultores aún no han descubierto del todo. Se usa para aderezar comidas, pero también puede cocerse en vinagre, o en agua de rosas, y untar en la frente y las sienes para atenuar un dolor de cabeza. Cuando regresemos abajo jugaremos un poco con eso.

Más tarde, en un valle cercano, en el que crecía ajenjo, Aristóteles dijo:

—Cuatro o cinco semillas de ajenjo bastan para detener una hemorragia nasal... Me gustaría... —Se frotó los ojos, echó la cabeza hacia atrás y miró al cielo—. Ah, hay tantas cosas... En países lejanos debe de haber millares de plantas medicinales de las que nada sabemos. Si alguno de vosotros viaja algún día...

Una fresca tarde de otoño se encontraban en la plaza, alrededor del pozo. Hefestión estaba sentado en el brocal leyendo en voz alta un grueso rollo; Aristóteles estaba a sus pies, con la espalda apoyada en la paredilla y la mirada dirigida hacia el grupo.

—«Gobernó sobre esos pueblos, aunque no hablaban su mismo idioma y cada pueblo poseía una lengua propia; no obstante, consiguió ocupar aquella vasta región gracias al miedo que influía, pues todos los hombres le temían y ninguno intentaba oponerle resistencia; y en todos podía despertar un deseo tan vivo de agradarle que siempre querían ser dirigidos por él.»

Aristóteles puso la mano en la rodilla de Hefestión.

—Bien leído. Ahora déjanos reflexionar un momento. Las palabras que acabamos de oír, ¿contienen algo realmente digno de ser conocido? Tratan de un gobernante, de su oficio como estadista y como guerrero... Pero ¿nos enseñan realmente algo?

Ptolomeo levantó la mano. Era delgado, nervudo, fuerte; sus ojos negros centelleaban.

—Jenofonte dice que Ciro pudo gobernar todos esos pueblos haciendo que le temieran y que quisieran agradarle. Eso significa que Ciro era tan fuerte como amigable. Probablemente quiere decir que era fuerte y temible cuando las circunstancias lo exigían, y suave, bondadoso, amigable, cuando las cosas y las personas eran como debían ser. De modo que, de acuerdo con esto, se trataba, sobre todo, de un rey justo y capaz de distinguir lo correcto de lo incorrecto. Y que actuaba según esa distinción.

Aristóteles cruzó los brazos y asintió lentamente.

—Correcto, y bien expresado, Ptolomeo. Pero ¿son hechos dignos de conocerse, comprobables? ¿Sí, Cratero?

El fornido muchacho de dieciséis años, que pronto dejaría Mieza, extendió los brazos. El capote se abrió y dejó ver sus poderosos músculos. Su rostro, amplio, parecía divertido.

—No, no son hechos palpables ni comprobables. Suena a una enumeración de las cualidades que debe tener un buen gobernante; no parece una descripción auténtica.

Aristóteles asintió, sonriendo; miró a Alejandro.

—Bien, hijo del rey, ¿qué opinas de la introducción de Jenofonte y de sus afirmaciones sobre el gran Ciro?

Alejandro se levantó y estiró una mano; Hefestión le entregó los rollos.

—Al final de esta parte dice Jenofonte: «Puesto que creo que este hombre merece toda la admiración» y, más abajo, «que en el gobierno de personas era excelente». Esto señala claramente que Jenofonte intenta describir a un soberano ideal. Pero esta idea, en sí, es platónica, y como tú nos has enseñado, noble Aristóteles, primero hay que averiguar los hechos y sólo después plantear una teoría, si se plantea. Esto de aquí o bien es una teoría, y después se buscan o se inventan hechos para sostenerla, o bien es una conclusión, que se nos presenta antes de referir los hechos de los que procede.

Aristóteles asintió con la cabeza.

—Muy bien. ¿Quieres decir algo más?

—Si esto no fuera una teoría, sino una conclusión, podríamos encontrar hechos, cosas dignas de ser conocidas. Pensemos por un momento que se trata de una conclusión. Jenofonte no habla de tribus, sino de diferentes pueblos que poseen distintos idiomas. Eso significa que el reino de Ciro debió de ser realmente muy grande. Para conservar unidos esos pueblos tiene que haber poseído un sistema de transmisión de noticias y órdenes muy bien concebido y puesto en práctica sin contratiempos. En cuanto a los idiomas, ese punto permite deducir que había muchos traductores buenos, probablemente una escuela real de traductores. —Hizo una pausa, reflexionó unos instantes y luego continuó—: Esto, a su vez, implica que había muchos buenos profesores, y suficiente dinero para pagarles y mantener la escuela. En lo que se refiere a la suavidad, o amabilidad, ésta puede significar cosas distintas en pueblos distintos. Lo que a unos tal vez les parezca amabilidad, otros pueden considerarlo debilidad o desobediencia de órdenes divinas. Si realmente todos tenían un «vivo deseo» de agradarle, entonces Ciro debe de haber respetado, y conocido muy bien, a las personas, sus costumbres y sus dioses. Esto quiere decir que es muy probable que fuese un erudito y poseyera una estupenda red de espías. Una cosa más: para que todos los que vivían en ese vastísimo imperio le temieran, no bastaba con tener unas cuantas unidades y fortalezas aquí y allá con las que pacificar tribus o pueblos. Sin duda poseía esas fortalezas y bastiones, pero en casos de urgencia tenía que ser capaz de reclutar y movilizar muy rápidamente grandes contingentes de soldados. A su vez, eso exigía un gran abastecimiento de grano, forraje y agua, además de armas y medicinas. Y animales con que transportar los víveres y la tropa. Pero tal abastecimiento sería imposible en un país hambriento; probablemente el grano también iba a parar a manos de la gente corriente, cuando ésta lo necesitaba. En cualquier caso, si las palabras de Jenofonte no son un puro invento o retórica, Ciro debe de haber tenido a su disposición una gran cantidad de tropas a caballo para movimientos rápidos. Y un gran número de receptores y transmisores de noticias. Y muchos funcionarios estatales para la distribución y supervisión de los territorios.

Alejandro se sentó y entregó los rollos a Aristóteles. Hefestión sonrió y le hizo un guiño; Ptolomeo y Cratero silbaron a entre dientes.

Aristóteles guardó un instante de silencio; finalmente dijo a media voz:

—Muy bien, muy convincente, Alejandro. Pero, claro está, no podemos olvidar que Jenofonte, en su escrito sobre la educación de Ciro, bosqueja la imagen de un gobernante ideal, tal como lo imaginamos los helenos. Ni

Jenofonte sabía mucho sobre Ciro ni es concebible que un rey bárbaro fuera el gobernante que todos nosotros desearíamos tener. En consecuencia...

Alejandro se levantó.

—Con tu permiso...

Aristóteles asintió. Alejandro carraspeó y dijo:

—Si nuestro brillante pensamiento de mediodía, en oposición a las supersticiones sombrías de los bárbaros... si ese pensamiento luminoso es lo que nos hace superiores y permite que aspiremos a la virtud, ¿por qué todos esos pueblos de Persia han convivido tanto tiempo en virtuosa paz, mientras nosotros, que somos tan superiores, estamos siempre sumidos en el vicio de las guerras fraticidas?

Aristóteles frunció el entrecejo, pero su voz no delató malestar alguno:

—Tu misma pregunta contiene la respuesta, Alejandro. Es precisamente esa brillante luz de la razón lo que nos permite percibir las diferencias. Por ser ofuscados y serviles, los pueblos de Persia están obligados a mantener la paz. Nosotros, como hombres libres, no nos dejamos coaccionar. Ellos viven en paz, como el ganado en el rebaño; nosotros, en cambio, preferimos los conflictos. Tal vez aprendamos otras formas de convivencia, cuando el mundo sea más viejo, pero nunca olvides que la verdadera armonía debe venir del interior, como resultado de la virtud, no del exterior, como imposición de un poder ajeno.

En invierno, los campos de los alrededores de Beroia se convertían en un desierto lodoso. En esa época del año los oficiales más viejos preferían la fortaleza, en tanto que a los otros oficiales les encantaba salir a los llanos, porque en invierno se presentaba la mejor ocasión para hacer tragar barro a los hijos de los príncipes.

—Una de las ventajas del ejército de Filipo es su velocidad —dijo Coino, en tono burlón. Anochecía, el cielo era de un color gris oscuro y unos cuantos copos de nieve caían mezclados con la fría lluvia, que impedía ver las montañas y convertía el mundo en un lodazal de maderos siseantes, que no querían encender—. Nosotros somos más rápidos que los otros ejércitos helenos, porque casi siempre podemos renunciar al convoy del bagaje. Y podemos renunciar a él porque nuestros valientes, duros y gloriosos soldados, entre los cuales pronto estaréis vosotros, son capaces de llevar ellos mismos todo lo necesario. Armas, armadura, víveres, palas, herramientas de zapa. Estáis muy sucios, muchachos, y vuestras armas se oxidarán y perderán el filo si no las cuidáis. ¿Cuánto ha sido hoy? Ciento cincuenta estadios desde el desayuno.

—¿Desde qué desayuno? —Leonnato parecía un carbonero que tiene su veta en un agujero enfangado. La espada corta estaba cubierta de barro, las espinilleras se habían vuelto invisibles, el peto guarnecido con plaquetas de bronce parecía el vientre de un escarabajo sacado de un charco.

—¿A quién le importa el desayuno, cuando tiene la oportunidad de compartir trabajos y alegrías con experimentados soldados del rey? —Coino sonrió—. Como no habéis sido capaces de encender fuego, tendréis que buscar otras manera de calentaros. Ahora voy a tomar una cena exquisita: dos puñados de trigo remojado por la lluvia, que pienso masticar lentamente. Cuando termine quiero veros formados, con las armas y corazas limpias. Alejandro, se bueno y limpia mis cosas cuando termines con las tuyas.

En verano, el lodazal donde debían pasar la noche era un campo de pastoreo. Ahora no había fuego, no se preveían tiendas de campaña y hasta el empleo de mantas era dudoso, pues debían hacer de colchón para los bultos del equipaje. Cada uno cargaba algo más de la mitad de su propio peso, además de armas y corazas. Al borde del lodazal había dos o tres peñascos, arrojados años atrás por los dioses o por algún desprendimiento de tierra. Encima de uno de los peñascos estaba sentado Cleito el Negro; a pesar de la creciente oscuridad y de que iba tan embarrado como los demás, aún podía distinguirse el brillo de las partes metálicas de su armadura.

Coino pasó revista a los soldados formados. Sus armas y las de Alejandro eran de las más limpias. Los treinta hoplitas veteranos habían limpiado sus armas con unos pocos movimientos de mano, ya que dominaban la técnica desde hacía mucho tiempo. Algunos de los hijos de los príncipes no habían tenido tanto éxito. Coino hizo una mueca.

—Los jóvenes señores no están demasiado derechos. ¿Os sentís algo cansados, acaso? Lo siento, pero hoy las amas de las toallas calientes tienen que atender otros asuntos. Me parece que un poco de ejercicio tras la aburrida marcha os hará pensar en otra cosa. Laomedón: tus armas parecen las patas de un cuervo bañado en tinta. Hecateo: ¿eso es una espada o un trozo de mierda? Pérdicas: sí, bien. Meleagro: ¿quieres la lanza para agujerear al enemigo, o para pintarlo? —Dio unas palmadas—. Vamos, vamos, de prisa. Pronto será de noche y ya no podréis ver vuestra propia mugre. Primero, limpieza. Eso vale para Laomedón, Hecateo, Meleagro y Simmias. Cuando terminéis de limpiar vuestro equipo, y lo quiero reluciente, haréis la primera guardia. No, Alejandro, tú no. Aún no. Tú no dormirás hasta mañana, si lo haces; sería un desperdicio ponerte en una de las primeras guardias. Harás la última, al amanecer. ¿Qué? ¿Comer? Sí, ¿qué si no? Vosotros cuatro comed mientras hacéis la ronda. Los demás, ¡romped filas!

Alejandro cogió la bolsa de grano y su botella de cuero; luego se dirigió al peñasco en el que se encontraba Cleito. El oficial estaba envuelto en una piel de oveja y tenía en el rostro una sonrisa contenida.

—¿Y? ¿Cómo lo llevas?

Alejandro se encogió de hombros, se recostó en el peñasco y dejó que la lluvia cayera sobre sus manos abiertas, en las que tenía unos granos.

—No demasiado mal.

—Coino es bueno, ¿eh? A veces uno casi se olvida de que viene de una familia tan noble como las vuestras.

Alejandro asintió y comió, lentamente, sin dejar nada.

—Pero tiene que ser así —dijo Cleito, y le puso una mano encima del hombro—. Algún día dirigiréis a estos hombres. No podréis exigirles nada que vosotros mismo no estéis dispuestos a hacer. O no seáis capaces de hacer. Ese es el motivo.

Alejandro asintió, masticó, tragó, se limpió la mano en el quitón empapado.

—Lo sé. No me quejo. No es muy divertido, pero sé que tiene sentido.

Cleito susurró algo; de pronto dijo:

—Lo has dicho con segundas, ¿eh? Como si hubiera otras cosas que no tienen tanto sentido.

Alejandro escupió.

—Filipo quiere que yo sea soldado y gobernante. Bien. Gloria, honor, muerte e inmortalidad. El objetivo más elevado; por él bien vale la pena revolcarse en el barro. Olimpia quiere que yo cumpla la voluntad de los dioses, lo mismo Aristandro. «Tienes que obedecer a Ammón. Tienes que ser un segundo Aquiles. Tienes que ser esto, tienes que ser lo otro.» Aristóteles me está convirtiendo en un erudito; tú y Coino, en un buen limpiador de armas. —Dejó escapar una risita—. Nadie quiere que sea yo mismo. Nadie me pregunta qué quiero hacer con mi vida.

Cleito bajó del peñasco, se puso al lado de Alejandro, lo cogió de los hombros, se volvió hacia él y lo miró a los ojos, que parecían chamuscar con una luz extraña.

—¿Quién eres, hijo del rey? ¿Quién quieres ser, futuro soberano de Macedonia? ¿Qué quieres hacer, heredero del deber?

La luz tembló, pareció apagarse, revivió de pronto.

—Quiero saber. Descubrir. Hallar. Hijo del rey, soberano, deber... Eso no son más que ropajes, accesorios, corazas y nombres. ¿Cómo puedo llevarlos, o colmarlos, si no sé quién los lleva? ¿Quién soy yo?

Cleito asintió lentamente y le puso una mano en la mejilla. Estaba ardiendo.

—Tal vez seamos lo que hacemos. Tal vez todo lo que traemos a esta vida sea como arcilla que nosotros mismos tenemos que modelar y cocer. Ver cien cosas, hacer diez y comprender a fondo una. Y sólo cuando somos diez mil cosas, íntimamente, sabemos quién es el que mora en nuestro interior.

—¿Ser diez mil hombres para llegar a ser uno? ¿Vivir diez mil vidas para poder morir? ¿Conquistar diez mil ciudades para querer vivir en una?

¿Caminar diez mil estadios para encontrar el suelo bajo nuestros pies? ¿Comer diez mil platos para saciarse una vez? ¿Vaciar diez mil ánforas de vino para coger una borrachera?

—Algo así, amigo.

Alejandro sonrió, cansado y triste.

—Hace unos días todavía me llamabas «muchacho».

—Ya no es la palabra adecuada, soldado. Ayer te tenía en brazos, mañana tendré que obedecerte. ¿Cómo podría hoy llamarte «muchacho»?

—Quiero saber. —La voz de Alejandro sonaba quebradiza, como una caña de escribir deshilachada por dientes fuertes—. Quiero cabalgar en el viento y ver dónde nace. Quiero tejer una soga de arena. Quiero acuñar monedas de una sola cara. Quiero ver el borde del mundo, más allá de todas las montañas y desiertos. El mundo es una moneda que sólo tiene una cara y con la que nadie puede pagar. ¿Con qué moneda compraron los dioses a Aquiles, o lo recompensaron?

Cleito suspiró.

—Fue tu antepasado, y tu madre ha hablado mucho de él, para que tú no llegues a ser tú, sino él. Un segundo Aquiles. ¿Por qué no un primer Alejandro? Ciertamente, es mejor morir joven y glorioso, que vivir viejo y sin un nombre. Pero... si tienes que ser un segundo lo que sea, ¿por qué no un segundo Odiseo? Llegó a viejo y gozó de tanta gloria como Aquiles. ¿Por qué no Odiseo? ¿Por qué no surcar el mar hasta el borde del mundo y más allá?

—¿Vendrás conmigo? —Los ojos de Alejandro taladraron la penumbra y se clavaron en el rostro de Cleito.

Cleito suspiró, luego se dejó caer de rodillas, lentamente.

—Yo te seguiré a donde quiera que vayas, príncipe. —Volvió a levantarse, acomodó la punta embarrada de la piel de oveja y miró a Alejandro. Sonrió y dijo—: Cuando seas mayor, hijo de mi rey.

Alejandro cerró los ojos.

—Surcar el mar... Yo sólo conozco la playa. ¿De verdad existe el mar?

—Sí. Pero no debería haber hablado así. El mar no nos pertenece, ya está repartido. Por esta región pertenece a los atenienses, que obedecen a Demóstenes. El resto pertenece a los fenicios, que sirven a los persas. Y al oeste todo pertenece a los otros fenicios, a Karjedón; los karjedonios sólo se sirven a sí mismos.

—Algún día iré a Karjedón... quizá en un velero. Tal vez ellos conozcan el borde del mundo y el camino hacia el lado de abajo.

El invierno fue largo y lúgubre, no sólo para los nuevos, a quienes Aristóteles alojó en el segundo edificio, ya terminado, antes de decidir mezclarlos con los «viejos». También los alumnos que estaban en Mieza desde el principio sufrían ocasionales ataques de nostalgia. A ello se añadía que algunos de los mayores, hombres de dieciséis años, dejaron el ninfeo reclamados por sus padres o por Filipo para servir en Pella, en alguna fortaleza lejana o en el ejército desplegado en Tracia. Seleuco era uno de ellos, lo mismo que Marsias, Menelao y Nearco. Milea, de Beroia, hijo de un antiguo compañero del rey, a veces invitaba a algunos a pasar varios días y noches en la ciudad.

El invierno no impedía que, como solía hacer por la mañana y al atardecer, Alejandro se lavara de la cabeza a los pies en la pila de piedra que había junto a la cisterna. En una ocasión Calístenes le dijo, en tono burlón, que probablemente su madre lo había bañado demasiado a menudo y con agua demasiado caliente; Alejandro le arrojó una escobilla hecha de raíz, y Aristóteles advirtió a su sobrino que refrenara un tanto su aguda lengua. También algunos de los alumnos bromeaban sobre la limpieza de Alejandro; el hijo de Filipo sólo enarcaba las cejas al oírlos. Hefestión lo observó un par de días; a la mañana siguiente, se levantó tan temprano como Alejandro y también corrió desnudo, a pesar del frío, hacia la pila. Se ayudaron el uno al otro a darse jabón y aceite y a quitar los restos con una espátula.

Llegó la primavera, después el verano y, con él, el hijo mayor de Parmenión, Filotas. Tenía casi veinte años y, por encargo de su padre y de Filipo, debía someter a prueba a las tropas acantonadas en la fortaleza de Beroia. Pasó algunos días en Mieza y después otros en Beroia, como si no pudiera separarse de Alejandro y Hefestión, que doce años atrás habían sido sus compañeros de juego. Para probar mejor a los soldados, participó también en las competiciones de lucha.

Cleito envió a un grupo de castigo a algunos de los muchachos nuevos y también a Hefestión y Ptolomeo.

—No olvidéis jamás —dijo Cleito, sonriendo—, que cualquier ejército puede manejarse sin oficiales, pero no sin soldados rasos. Ellos son los que cargan con todo el peso. Por eso quiero que hagáis ejercicios de carga. En invierno, en el lodazal, es muy divertido, pero vamos a ver cómo lo hacéis con este calor. —Poco a poco, los jóvenes empezaron a desaparecer bajo el equipo, compuesto de yelmo, cinturón, escudo, espada, lanza, pica, puñal, bolsa de víveres, botella de cuero, tela para montar tiendas, peto y pala. Coino tomó el mando del grupo, mandó que formaran dos filas junto con los hoplitas castigados por ciertas faltas, y los hizo dar vueltas a paso ligero alrededor de la plaza, hasta que algunos se desplomaron.

Filota y Alejandro, armados con largas espadas que no estaban concebidas para clavar, sino para golpear, luchaban contra hombres mucho mayores que ellos. Filotas no tardó en ser desarmado y vio de mala gana cómo Alejandro, sin esfuerzo aparente, hacía retroceder a su adversario, lo cansaba y, finalmente, le quitaba la espada de un golpe.

Pérdicas y Cratero fueron asignados al grupo de armamento ligero; tenían que disparar flechas a un blanco redondo. Cratero acertó tres veces en el borde y otras dos en el centro. El viejo cretense que se encargaba de formar a los arqueros le dio una palmada en la espalda.

—No está mal, muchacho. Es una lástima que vayas a ser oficial. De ti podría hacer un buen soldado. Qué desperdicio.

Rieron. Pérdicas cogió el arco, lo tensó sin flecha un par de veces, sus músculos se hincharon y, de repente, el arco se rompió. Arrojó lejos los trozos, con una expresión de malestar en el rostro.

—¿Esto es para hombres o para niños?

El cretense sonrió y le dio otro arco, formado por varias piezas; la cuerda colgaba de uno de los extremos.

—Prueba con éste. Primero coloca la cuerda.

Pérdicas lo intentó varias veces, de cinco o seis maneras distintas; finalmente, bañado en sudor, se dio por vencido.

—Es imposible.

El cretense sacudió la cabeza.

—Para un soldado macedonio no debe haber nada imposible. Mira, hasta un cretense viejo y débil como yo puede hacerlo.

Cogió el arco; Alejandro, Filota y Cratero observaban.

—¿Qué os recuerda esto? —preguntó Alejandro, sonriendo.

Filotas se encogió de hombros.

—¿El arco de Odiseo?

El cretense levantó la mirada y pestañeó.

—Está hecho con cuernos de cabra montesa, un poco de madera, un poco de hierro y mucha cola.

—¿Lo veis?

Pisó el extremo en el que ya estaba atada la cuerda, dobló el arco sobre su rodilla izquierda, de manera que la curvatura hacia la derecha se convirtió en una curvatura hacia la izquierda, y ató el otro extremo de la cuerda.

—Esto es lo que no pudieron hacer los pretendiendes de Penélope. Sólo Odiseo, que conocía su arco, fue capaz.

El cretense alcanzó el arma a Pérdicas.

—Ahora inténtalo. Las flechas vuelan hasta trescientos pasos.

Un hoplita de unos veintiún años se acercó al grupo y miró con atención. Pérdicas colocó una flecha y tensó la cuerda, con mucho mayor cuidado que como lo había hecho con el primer arco. Apuntó y soltó la flecha, que subió hacia el cielo y pasó muy por encima del blanco. Mientras los otros reían, Pérdicas hizo una mueca de malestar y dijo al hoplita:

—Eh, tú, reírse lo hace cualquiera. Mejora mi tiro.

El experto soldado de espada sonrió, cogió una flecha y la clavó casi en el centro del blanco; el cretense asintió y dejó escapar un silbido entre sus encías desdentadas.

Pérdicas sacó el labio inferior.

—Me rindo. Bien hecho. ¿Cómo te llamas?

El hoplita se llevó la mano derecha al pecho.

—Emes.

Pérdicas enarcó las cejas.

—¿Emes? Vaya. Suena como sacado del último rincón de las montañas. ¿Eso es un nombre o una enfermedad?

Alejandro puso una mano sobre el hombro del hoplita y rió.

—Es una fuerza.

Algunos no pasaban la noche en la fortaleza, sino en la ciudad; Cleito y Coino no se oponían a ello. Sólo una vez dijo Cleito en voz baja, al ver llegar a Ptolomeo, exhausto y con las piernas rígidas:

—Pobre Beroia.

Filotas ya se había marchado; era la última mañana antes de regresar a Mieza y asistir al cambio de grupo. Pasaron la mañana haciendo ejercicios de combate cuerpo a cuerpo hasta quedar empapados de sudor. Ptolomeo arrugó la nariz al derribar a Hefestión.

—¿Cómo se puede sudar tanto y seguir oliendo bien? Creo que os laváis demasiado.

Alejandro ayudó a Hefestión a levantarse.

—Tú, en cambio, apestas. Como un animal en celo.

Ptolomeo rió.

—Se me ocurre algo al respecto.

Coino acompañó de regreso al grupo de los más jóvenes; los otros, que ya estaban pasando su segundo año allí, regresaron solos o en grupos reducidos. El camino partía de la fortaleza, cruzaba un gran campo de pastoreo que se extendía al norte de la ciudad, y seguía por un bosquecillo cercano a un río. Alejandro y Hefestión caminaban despacio, en silencio, muy cerca el uno del otro. En lo alto de una pequeña colina se detuvieron, comieron dos o tres uvas y bebieron agua de sus botellas de cuero.

Siguieron andando y al rato escucharon un ruido que salía de un grupo de arbustos. Alejandro esbozó una sonrisa sesgada; apartaron las ramas con cuidado. Entre los arbustos estaba Ptolomeo, tumbado boca arriba; sobre sus muslos cabalgaba una muchacha delgada y morena. Ptolomeo tenía los ojos cerrados. La muchacha, con la cabeza echada hacia atrás, miraba sin ver las hojas de los árboles y el cielo. Ambos jadeaban.

Alejandro y Hefestión siguieron andando, mudos, hasta llegar al río, siguieron corriente arriba, por la orilla y, al llegar al punto donde la arena y el campo dejaban paso al cañaveral, Alejandro se detuvo, se dio la vuelta y miró hacia atrás.

—Eso —dijo con voz ronca.

Una sonrisa lenta, apática, se dibujó en el rostro de Hefestión.

—Ese es el acto del que somos consecuencia.

Alejandro no lo miró.

—¿Lo que hacen los sementales... lo que hicieron tus padres, mis padres... es diferente si sólo lo hacen los hombres, como Aquiles y Patroclo?

—No mucho, creo... Aquiles. —Hefestión lo observó, observó sus ojos, su boca; después se quitó el taparrabos y se metió al agua.

Alejandro se quedó en la orilla, como ensimismado.

—¿Tal vez es más limpio?

Hefestión torció el gesto.

—¿Por qué lo crees?

—No hay niños por los que discutir. No hay berridos. No hay celos.

Hefestión se encogió de hombros, se inclinó, recogió un poco de agua y la dejó caer sobre su vientre.

—Los espartanos siempre han afirmado que es más limpio. Y Epaminondas dijo de la tropa sagrada de Tebas que eran invencibles porque ningún enemigo puede abrirse paso entre una pareja de soldados, pues son como una pareja y uno ha cogido el alma del otro.

Alejandro asintió lentamente; se quitó el taparrabos y lo arrojó sobre el último trozo de arena.

—¿El alma? —preguntó con voz casi inaudible—. Tal vez sea cierto que está en el semen.

Hefestión lo miró atentamente; volvió a recoger agua con las manos y se la echó en la cara, pero a pesar de la frescura del agua su rubor era cada vez más evidente. Se quedó un momento con el pulgar en la boca. Luego rió y estiró el brazo.

—Ven. Vamos a lavarnos.

Alejandro se metió en el río, se acercó a su amigo, le echó agua. Rieron, lucharon un rato. Alejandro pareció contar las gotas en el cabello corto y rubio de Hefestión; después se apartó un poco y volvió a acercarse. Su dedo índice recorrió el brazo de Hefestión, los músculos de su hombro, el pecho.

—Eres muy fuerte... Patroclo —dijo, con la boca casi pegada a la de Hefestión.

—Tu aliento... es dulce. —La voz de Hefestión delataba una infinita sorpresa. Se inclinó y rozó el hombro de Alejandro con la lengua—. Y hasta tu sudor.

Estaban de pie en el agua, mirándose a los ojos. Hefestión puso la mano abierta sobre el pecho de Alejandro; Alejandro levantó la mano, la bajó y rozó la cadera de Hefestión. Después se besaron, con mucho cuidado, como si algo pudiera romperse. Alejandro llevó a Hefestión a la orilla, a un pequeño claro arenoso abierto entre las cañas.

Aristóteles no se preocupaba por las experiencias eróticas de sus alumnos, siempre y cuando tuvieran lugar fuera del ninfeo. Sus ideas sobre el progreso y las cualidades helenas, expresadas en largas conversaciones casi siempre en la galería, aunque muchas veces también en el bosque, parecían implicar una cierta permisividad, como mínimo de la relación educativa, arquetípica, entre imberbes y adultos; por lo demás, se abstenía de hacer cualquier valoración. Habló de las prácticas de los cretenses, que, al parecer, en tiempos remotos habrían recurrido el amor con muchachos para atenuar la sobrepoblación de la isla. Habló de la iniciación en todo tipo de misterios, y mencionó con burla a Jenofonte, quien consideraba corrosivo y antinatural el amor con muchachos y también entre hombres.

—¿Antinatural como los versos, templos o arados? Estas cosas tampoco existen en el reino animal y los seres humanos no nacen con ellas. En realidad no podemos decir nada sobre la naturaleza del ser humano, cuya larga historia no es más que el alejamiento, el desprendimiento de la naturaleza y la lucha contra ella. ¿Qué es más antinatural que cortarse las uñas o afeitarse la barba?

Ese verano Pitias se dejó ver un poco más. La silenciosa, bella y encantadora mujer siempre se había mantenido en un segundo plano, porque era lo que le correspondía y porque no quería perjudicar la formación de los muchachos como piezas de un orden masculino. Pero ella siempre estaba allí, como una presencia cálida y amable que existía detrás de las cosas. La paz y la energía que Aristóteles hallaba en ella, las convertía el filósofo en bondad y paciencia que luego transmitía a los alumnos. Cuando uno de los más jóvenes necesitaba el consuelo materno, lo encontraba en Pitias, cuyo gobierno sobre la economía doméstica, el abastecimiento y el orden interno de Mieza era tan ilimitado como silencioso.

Una día, al atardecer, Pitias dijo a Alejandro que quería hablar con él. En la faja azul que rodeaba sus esbeltas caderas había metido el rollo de una carta. Bajaron en dirección a Beroia, no mucho, sólo hasta algo más allá del campo de carreras y lucha. Una ligera brisa atenuaba el calor del día; algo que parecía el humo de un lejano incendio forestal flotaba en el aire y sofocaba los olores cercanos de flores, árboles y arbustos. El sol acababa de ocultarse; el cielo todavía estaba claro y la luna llena parecía una moneda de plata sobre las crestas de las montañas.

Pitias se sentó sobre el tronco de un árbol caído años atrás, a la vera del camino. Los alumnos más jóvenes habían quitado las hiedras y los líquenes para tallar la madera, como si allí arriba, en las montañas, fueran a necesitar una canoa contra la siguiente gran inundación. Cuando se hizo más oscuro rezumó un río de hormigas, que llevaban sus asuntos en paz y desaparecieron en una colina del tamaño de un hombre, unos pasos a la izquierda del tronco. La luna se desprendió de las montañas y se colgó del cielo, para pastar entre brillantes estrellas. Alejandro dirigió la mirada al regazo de Pitias; veía cómo bajo el ligero vestido de lino blanco, los pies de la mujer se fundían con las sandalias y con el suelo del bosque.

—Puedes hablar y puedes quedarte callado, como tú quieras —dijo Pitias. Su voz era oscura y cálida como el viento de la noche—. Lo que yo tengo que decirte no es nada. Una carta de Olimpia.

Se llevó la mano al rollo; Alejandro se incorporó y dejó escapar un suave suspiro.

—La mejora de las comunicaciones entre Mieza y el mundo tiene sus desventajas —dijo Pitias, conteniendo una sonrisa—. Sabemos lo que ocurre en otros lugares, y en otros lugares escuchan o leen cosas que ocurren aquí. Tu madre está preocupada, pero de una manera que le impide dirigirse a Aristóteles.

Alejandro levantó la mirada; alrededor de su boca había una sonrisa burlona.

—Olimpia jamás ha dejado que nada le impidiera hacer lo que creía conveniente. Si te escribe a ti, y no a Aristóteles, no es por delicadeza o timidez, sino sencillamente porque espera obtener un mayor beneficio.

Pitias lo observó atentamente. Cuando volvió a hablar, su voz sonó un poco más dura, como si ya no estuviera dirigiéndose a un alumno de Aristóteles, sino a un adulto de su mismo rango.

—Es una carta larga escrita por una mujer muy aguda. Ideas inteligentes sobre la convivencia de hombres y mujeres, hombres y hombres, mujeres y mujeres. Dice que nada es indecente ni reprochable, mientras no haga perder de vista las cosas importantes. Es muy común que un hombre ame a un hombre o una mujer a una mujer. Así es entre los helenos y también entre los bárbaros. Persas y celtas, por ejemplo, son especialmente aficionados a hacer el amor con adolescentes. La mayoría de los helenos aman tanto a hombres como a mujeres. Quizá incluso en ese orden.

—¿Y Aristóteles...? Si me permites preguntar.

Pitias lo miró a los ojos.

—Te lo permito, pues no hay ningún secreto. Aristóteles es de los pocos helenos, de los pocos hombres helenos, que sólo hacen el amor con mujeres. Su preocupación, y también la mía, es que hasta ahora los dioses no nos han concedido la alegría de tener un hijo. Pero tú lo conoces; ya sabes que, a diferencia de Platón, nunca impone a nadie sus valores y deseos. La mayor parte de las veces ni siquiera los menciona, a menos que se trate de la diferencia entre helenos y bárbaros. —Dejó escapar una risita—. Pero en cuestiones de amor no existe diferencia; al menos, no una diferencia radical. Sólo, quizá, en la valoración filosófica. Pero eso Aristóteles lo confía a cada uno.

Alejandro asintió.

—Y mi madre sólo se lo confía a ella misma, ¿verdad?

Pitias respiró por entre los dientes.

—No, al menos no como tú lo planteas. Me ha pedido que te diga que puedes amar a quien quieras y que no por ello perderás el amor de tu madre, siempre y cuando tengas en cuenta que el hijo de un rey ha de dar ejemplo y debe tener descendencia.

Alejandro volvió a asentir con la cabeza.

—¿El amor de mi madre? —Su cara estaba tan relajada como su voz; era como si estuviese hablando del viento, de la madera, del agua—. Sí, ya, el amor de mi madre. Puede dejar de preocuparse; sé perfectamente qué le debo a Macedonia. A Macedonia, no a Olimpia. El hijo de un rey y una reina debe honrar a sus padres, incluso sin amor, de ser necesario. Olimpia siempre me ha dicho qué y cómo debo pensar, decir, hacer, vestir, comer. No me dirá a quién y por qué debo y puedo amar, o a quién no.

Ese verano, Aristóteles y Pitias tenían otras preocupaciones. Antípatro en persona se presentó en Mieza, sin escolta, trayendo la mala noticia. Llegó de noche y se refrescó un poco, pero no por ello su aspecto fue menos desgraciado.

Los esclavos habían sacado una mesita y cómodas sillas de tijera a la terraza de la pendiente, encima de los edificios. Había pan, aceitunas encurtidas, pescado salado, higos, carne de cordero, manzanas cidonias, peras, arándanos, vino y agua. A derecha e izquierda habían clavado en el suelo grandes antorchas. No corría viento; las antorchas ardían con llamas constantes, cargando el aire de olor a resina y pez, y atrayendo a mosquitos y otros insectos, gracias a lo cual no molestaban la comida ni a los comensales. El sol hacía un rato que se había hundido tras la montaña; un último resplandor de reflejo teñía el cielo oriental, encima del valle. En la plaza todavía había algunos muchachos; jugaban con el agua o conversaban en grupitos de dos o de tres. El silencio fue adueñándose poco a poco del lugar, a medida que los muchachos entraban en los dormitorios.

Antípatro había pedido que llamaran a Alejandro.

—El hijo del rey pronto tendrá que asumir una parte de los deberes de Filipo; será mejor que no siga mucho tiempo apartado de las cosas poco agradables.

Con permiso de Antípatro, también participaba en aquella cena Nicanor. Tenía quince años, como Alejandro; los dos se llevaban bien. Los padres de Nicanor eran originarios de Estagira, la ciudad natal de Aristóteles, que siete años atrás había sido destruida por las tropas de Filipo, junto con Olinto y otras ciudades calcídicas. La familia de Nicanor se había trasladado entonces a Aloro. La amistad juvenil entre Aristóteles y el padre de Nicanor había sobrevivido al paso de las décadas. En primavera había muerto la madre, después de una larga enfermedad, pocas semanas después, también el padre; el barco en el que viajaba de Aloro a Samotracia zozobró en una tormenta. Pitias y Aristóteles adoptaron entonces al hijo del amigo muerto para ocupar el lugar de aquel hijo propio que el destino o los dioses no querían concederles. El muchacho pasaba en Mieza por un alumno más.

—¿Dices que Alejandro...? —preguntó Pitias.

Antípatro, cosa inhabitual en él, se quitó el yelmo y se pasó la mano por la cabeza calva. Su expresión, ahora relajada y casi de alegría, descansaba sobre afligidas arrugas. Le faltaban pocos años para cumplir los sesenta; sus movimientos seguían siendo ágiles y enérgicos, pero de pronto se le notaba la edad.

—Así será... si no ocurre algún milagro.

La mano de Alejandro, que se estaba estirando hacia un higo, se detuvo, cayó sobre la mesa, luego sobre sus piernas.

—¿Por qué?

Antípatro lo observó y asintió lentamente, como si la visión del muchacho lo calmara.

—No sé qué sabéis aquí arriba...

—Demasiado de algunas cosas y muy poco de otras —refunfuñó Aristóteles—. ¿Te refieres a Eubea?

La isla, ocupada el año anterior por Parmenión gracias al oro macedonio, amigos macedonios y tropas macedonias, se había vuelto otra vez del lado de Atenas; la alianza conseguida por Demóstenes y los soldados atenienses había expulsado de la isla a la pequeña guarnición macedonia.

—Pero no van a más. —Antípatro parecía triste—. Pensábamos que avanzarían también en el interior de la Hélade, hacia el norte. No lo han hecho; permanecen a la espera. Por eso el año próximo haremos las cosas que podríamos haber hecho este último año. —Cogió su copa—. Y para ello necesitaremos todo lo que podamos emplear. Las fortalezas del centro no han desaparecido, pero se han reducido; no podemos permitirnos renunciar a soldados bien formados y buenos oficiales como Cleito. Probablemente —suspiró, cerró un ojo y miró dentro de la copa—, hasta el viejo Antípatro tendrá que marchar al campo de batalla. Parmenión en una posición, Filipo en otra, Antípatro en una tercera. Entonces, hijo de mi señor y amigo, tendrás que marchar a la batalla al lado de Filipo, o bien ir a Pella y mantener las cosas en ese equilibrio que conviene a un buen gobierno y permite llevar bien una guerra.

Alejandro no dijo nada; Pitias lo miró y advirtió que le brillaban los ojos.

—Pero eso no es todo. Por desgracia —continuó Antípatro. Dejó la copa, puso las manos sobre la mesa y paseó la mirada entre Pitias y Aristóteles—. Armaos de valor, amigos, porque tengo una mala noticia para vosotros.

Pitias juntó las manos sobre su regazo; Aristóteles se inclinó hacia adelante.

—Habla.

Antípatro suspiró.

—Lo siento. Pero por eso he venido. Hermias... —Carraspeó—. Tu tío y padre, Pitias; tu amigo, Aristóteles; nuestro aliado... Alguien se ha enterado del asunto.

—¿De qué asunto? —preguntó Alejandro con voz que sonó clara y metálica.

—Había un pacto secreto —dijo Aristóteles, sin ninguna entonación especial—. Yo encaminé las negociaciones y Parmenión las llevó a cabo. Si estallaba una guerra entre Macedonia y Persia, entre tu padre, muchacho, y el Gran Rey, de quien Hermias es sátrapa, entonces Hermias pondría todo a disposición de tu Filipo: puertos, carreteras, víveres, oro, soldados. ¿Qué más?

Alejandro se mordió el labio inferior; sus ojos buscaron a Pitias, luego a Aristóteles, finalmente a Antípatro.

—Por eso he venido —repitió el viejo macedonio, en voz baja—. Alguien se ha enterado de todo; no sabemos quién ni por qué medios. El Gran Rey fue... se lo comunicaron y envió a Mentor, el rodio. Helenos contra helenos, como de costumbre, al servicio de los persas. Mentor tomó prisionero a Hermias. Hasta donde sabemos, lo instó a confesar todo de inmediato. Después se supone que Mentor dijo: «Si lo haces puedo matarte con honor, aquí y ahora, o dejar que tú mismo lo hagas. Veneno, espada, lanza, lo que tú quieras.» Pero Hermias era un hombre valiente; no dijo nada. Así que Mentor lo entregó a los príncipes persas, que estaban cerca de allí. —Antípatro estiró una mano y la puso sobre las de Pitias. Con voz quebrada, continuó—: Lo torturaron durante varios días, pero él guardó silencio hasta morir. Una actitud valiente, pero inútil. Ya lo sabían todo.

Pitias cerró los ojos. Aristóteles le tocó el hombro, muy despacio, casi con miedo.

—No ha sido inútil —dijo con voz ronca, carraspeó y repitió—: No ha sido inútil. La virtud nunca lo es. Siempre está cargada de sentido, aunque no persiga objetivo alguno. Sin la confesión de Hermias los persas sólo tienen las afirmaciones de un traidor, de un espía o lo que sea. No tienen nada que les permita acusar a Filipo de estar preparando una guerra. Tarde o temprano habrá guerra, por fuerza. Artajerjes ha vuelto a reforzar su imperio; quizá es más fuerte que nunca. Domina desde las fronteras de la India hasta Egipto, desde Arabia hasta el estrecho, en cuya otra orilla se encuentra Bizancio. Atacará la Hélade tan pronto lo considere sensato. Y esa es la utilidad inmediata de la valentía del príncipe de Atarneo: no ha dado a Artajerjes un pretexto para atacar ahora mismo; nos ha dado, a Filipo y a todos nosotros, a todos los helenos, tiempo. Tiempo que debemos aprovechar.

—Si sólo supiéramos... —gruñó Antípatro.

Nicanor se había puesto detrás de Pitias y le había rodeado el cuello con sus brazos. Aristóteles se recostó en su silla y miró el follaje y más allá, las estrellas. La voz de Alejandro lo golpeó como un latigazo; se estremeció.

—¿Quién acepta oro persa para que luchen helenos contra helenos? ¿A quién beneficia promover una guerra entre Macedonia y Persia en un momento en que los persas están preparados y nosotros no? ¿Quién saldría fortalecido? ¿Atenas, o directamente Demóstenes?

Aristóteles asintió lentamente.

—Yo lo conozco. Sería capaz. Sería capaz de cualquier cosa.

Antípatro cogió la jarra de vino.

—Pero ¿cómo pudo enterarse? Alguien en Pella tiene que haber... O alguien cercano a Hermias.

Los días siguientes a la partida de Antípatro, Aristóteles dejó la dirección del ninfeo en manos de sus ayudantes. Se sentía triste, como Pitias, pero no por un muerto ni por la muerte, sino por la forma de ésta; porque un hombre valiente, un príncipe y filósofo, un amigo querido, había sido torturado por segunda vez por los bárbaros. En la juventud le habían arrebatado el placer, lo habían convertido en eunuco; ahora le habían robado la posibilidad de una vejez serena, y con ella la vida.

—En Delfos —dijo Aristóteles muchos días después a algunos de los alumnos mayores reunidos en la galería—, si el caos heleno lo permite... Quiero consagrarle una piedra en Delfos. —De repente, se echó a reír, casi con alegría o, en cualquier caso, con serenidad—. Como podéis ver, mis jóvenes amigos, un filósofo que empieza a hacerse viejo también puede ser víctima de sus sentimientos. Es probable que con el paso de los años me resulte más fácil soportarlo. Digamos cuando tenga cuarenta y cinco, o cincuenta. Pero hoy... —Cruzó las manos a la espalda—. Algunos corren por el bosque y se dan con la cabeza contra los árboles cuando algo les quema en el interior. A otros les da por romper todas las vasijas de barro de su casa. Otros cogen la espada y se traspasan, queriendo expulsar ese fuego, o matan a alguien que no tiene nada que ver en el asunto, sólo para sentir un cierto alivio. Yo no quiero plantear, renovar ni derribar ninguna teoría poética, y ya sé que no es nada común, pero hoy ese fuego interior ha despertado en mí un deseo irrefrenable de escribir y recitar versos. Tal vez sean versos que surgen de ese fuego, a través de un proceso de metamorfosis similar al que convierte la crisálida en mariposa. O tal vez toda la poesía no sea más que compensación.

—¡Recítanos los versos! —la voz de Alejandro sonó inusualmente suave, casi como una caricia.

—Si deseas oírlos... No son buenos, al menos algunos. Creo que sí son buenos los que mandaré escribir en la piedra, allá en Delfos. Dicen así:

Le dio muerte el rey de los persas arqueros,
pisoteando la ley de todos los dioses,
no lo venció en combate abierto una lanza,
sino la astucia y perfidia de un traidor.

—Puede pasar, puede pasar. Como versos son malos, pero no tanto como expresión del fuego que me abrasa —dijo Aristóteles, y soltó una carcajada.

Hefestión levantó una mano.

—Ya que hablamos de versos... Cierta vez oí, ya no recuerdo quién lo dijo, que Aristóteles había compuesto unos versos en alabanza de Platón. Y desde que tengo el placer de escuchar a Aristóteles aquí, en Mieza, la verdad es que me resulta difícil de creer.

Los otros reprimieron risitas; Alejandro puso una mano sobre el hombro de Hefestión.

—¿Es cierto? —pregunto el hijo del rey, divertido—. ¿Es cierto que cantaste a Platón en unos versos?

Aristóteles sonrió.

—Por lo visto hoy queréis oír versos malos, ¿eh? Pues sí, escribí unos versos que en Atenas todo el mundo consideró una alabanza a Platón. O, lo que haría mayor aún la alabanza, un canto a uno que levantó un altar en memoria de Platón.

Llegó a la gloriosa Atenas y ha levantado
un altar de íntima amistad a aquel erudito,
a quien sólo a sacrílegos se niega alabanza,
a él, el único o el primero de los mortales,
que demostró con su ejemplo y métodos sabios
que el hombre puede formarse feliz y bondadoso.
Ninguno logró jamás mérito tan preclaro.

—Pero yo quería decir otra cosa. —Aristóteles se rascó la cabeza y sonrió con ironía—. Ese gran erudito no es Platón, sino Sócrates. Platón levantó una especie de altar, con palabras e ideas, es cierto; pero en la medida en que abandonó la libertad de la pregunta para caer en la servidumbre del sistema, se convirtió al mismo tiempo en un sacrílego, que en verdad no puede alabar. —Se volvió hacia los alumnos; por un instante su mirada se clavó en los ojos de Alejandro—. Formarse uno mismo, educarse, hacerse uno mismo un hombre al mismo tiempo bondadoso y feliz... Por ejemplo, un monarca reflexivo, que ofrece a su pueblo todo lo que a él le parece bueno. Como capitán, padre, guía, ejemplo. Hermias lo intentó; probablemente fracasó, no lo sé. Tal vez las estrellas y los dioses no le fueron propicios. O las circunstancias. Pero eso, lo mejor, la... excelencia, lo que llamamos *areté*, ¿no es acaso la mayor virtud? ¿No es más importante esa *areté* que todo el oro y toda la gloria militar? —Arrugó la frente; luego sonrió—. Como veo que estáis de humor para escuchar divagaciones y versos malos...

Virgen Areté, que atormentas con fatigas a los hombres,
pero eres también el fin más sublime:
Por amor a tu belleza
se ansía en la Hélade incluso la muerte,
se acatan terribles tormentos, sin descanso.
Tal poder posees sobre los hombres, un fuego que nunca se apaga,
más fuerte que el oro, que la voluntad de los padres,
que el poder del sueño, agradable y fugaz.
Por ti superaron con celo el zeúsida Heracles
y los hijos de Leda multitud de trabajos,
deseando alcanzar tu favor eterno.
Nostalgia por ti llevó a Aquiles y Ajax abajo, hasta el Hades;
por tu belleza renunció el Señor de Atarneo al brillo del sol.
Elévense cantos en loor de su hazaña,
hijas de Mnemosine, las musas,
cantad eternamente el homenaje
que rindió a Zeus, guardián de la hospitalidad; cantad
su amor a la amistad, que, una vez encontrada, no vacilaba jamás.

—Pero todo esto —prosiguió Aristóteles—, aunque salido de sentimientos sinceros, no son más que frívolos devaneos con esa bella diablesa que concedió sus favores a Homero y Píndaro. ¿He de arrodillarme ante ella... después de haber tropezado contra los pies de mis versos? —Dio una palmadas—. Hablemos de otra cosa. Prosa, amigos.

Un húmedo y tormentoso atardecer de primavera llegó el rey. Sólo traía tres escoltas; los otros se habían quedado en la fortaleza de Beroia. Filipo estaba mojado, cansado y viejo; los surcos que desde hacía muchos años marcaban su rostro como un sembrado infértil, se habían convertido en profundas y numerosas estrías.

—Necesito a los chicos. Y también a la mayoría de los otros. ¿Cómo está él? —Filipo permanecía de pie frente al hogar de la habitación de Aristóteles. Mientras hablaba, se pasó una toalla por el pelo y la cara, la arrojó sobre una mesita y se frotó las manos encima del fuego. Pitias trajo caldo, asado y vino; atender a ese huésped no era trabajo para esclavos.

Aristóteles sirvió agua y vino en las copas; vio que las manos de Filipo se acomodaban el cinturón y la espada.

—Está listo, si eso es lo que preguntas. En verano cumplirá diecisiete años. Naturalmente, nadie termina nunca de aprender...

Filipo se acercó a su peto, que había dejado en el suelo; cogió el yelmo, le dio la vuelta y se rascó la espalda con el penacho.

—¿Está... bien?

—¿Bien para qué?

Filipo enseñó los dientes. Algunos los tenía negros y rotos, y en el maxilar superior hubo puestos vacíos.

—¿Sabes de qué se trata? ¿Has oído rumores, o noticias?

Aristóteles se encogió de hombros.

—Noticias... no. Y desconfío de los rumores. Pero tendrías que pasar dos o tres días con Dracón. Con tu médico.

Filipo enarcó las cejas.

—¿Por qué lo dices?

—Durante todos estos años ha recogido muchos dientes. Tal vez podría ponerte dos o tres nuevos.

Filipo escupió al hogar.

—Dientes de muertos... Bueno, los rumores. Los tengo en mis manos.

—¿A quién o qué?

Filipo sonrió de mala gana.

—Los hijos de puta, Atenas. Estoy hasta los cojones, ¿me entiendes?

Aristóteles asintió, pensativo.

—¿Así que ahora quieres salir a dar un paseo con tu ejército?

Filipo fue a una columna, apoyó la espalda en ella y se frotó, suspirando de alivio.

—Ahhh. Sí. Llevo veinte años haciendo todo lo posible para conseguir la unión de la Hélade. Como monarca del mismo rango que otros, o como jefe. Porque no quieren ser iguales a nadie, sólo aceptan ser los primeros... y no para mover las cosas, para tomar precauciones contra Artajerjes, por ejemplo, sino sencillamente por ser los primeros.

Aristóteles esbozó una sonrisa apática.

—Siempre hay algunos más iguales que otros.

—¡Y tanto que sí! Nos hacemos viejos, Aristóteles... los dos. Tú todavía no lo aparentas, pero lo noto. ¿Cuarenta y cuatro? No puedo esperar otros veinte años haciendo planes, construyendo y destruyendo. Isócrates sabía qué es lo que hay en juego. Cuando Persia sea lo bastante fuerte, ocupará las ciudades helenas de Asia y se inmiscuirá en la política helena. A veces promueve acuerdos de paz, como la Paz Real de hace... eh, cuarenta y siete años, que obligó a unirse a Atenas, Esparta y Tebas. Pero por lo general promueve la guerra fratricida entre helenos a fin de que Persia sea aún más fuerte. Cuando sea lo bastante fuerte, y la Hélade lo bastante débil, se producirá el ataque. Hoy Persia es más poderosa que en los tiempos de Darío y Jerjes. El Gran Rey ha obligado a todos los sátrapas a hincar la rodilla ante él; tiene Fenicia, Egipto y Babilonia en sus manos, y su posición allí nunca ha estado tan consolidada. Tiene a su disposición las grandes flotas de las ciudades fenicias. Los helenos de las islas cercanas a sus costas le lamen los pies. ¿Y qué tenemos nosotros? Un par de imbéciles en Tebas. En Atenas ya no está Temístocles, sino ese fanfarrón engreído. En Esparta ya no está Leónidas, sino un rey que se va a hacer de mercenario a Italia.

Era como lluvia precipitándose desde una nube a punto de reventar; Aristóteles dejó hablar a su amigo, y mientras éste hablaba, más tranquilo se sentía el filósofo.

—Hermias, nuestro buen tratado... Estoy seguro de que Demóstenes lo vendió a los persas, aunque no sé cómo pudo haberse enterado. El tiempo... tal vez la vida sea un odre, y el agua que contiene es el tiempo del que uno dispone para hacer todo lo que tiene que hacer. El odre está agujereado, amigo mío. El agua se escapa; ya no nos queda mucho tiempo. Como he dicho, Isócrates era consciente de la situación y lo decía en voz alta. —Filipo sonrió de repente—. Bueno, sí, no lo decía. Escribía sus estupendos discursos y hacía hablar a otros. ¿Qué tendría? ¿Un problema de pronunciación? ¿Timidez ante las masas? Bah, es igual. En cualquier caso, lo repitió una y otra vez: la Hélade tiene que unirse y mantener la paz interior para poder alcanzar el bienestar general y resistir así a los persas. Habría sido todavía mejor organizar una expedición militar panhelénica para acabar de una vez y para siempre con la amenaza persa, vengar la profanación de los templos y la destrucción de la Acrópolis. Isócrates siempre buscaba a quien él creía que era el mejor para asumir la capitanía en la unión y la guerra. Esparta y Atenas juntas, después Jasón, de Ferea, después ese loco de Siracusa y, finalmente, otro loco, de Pella. —Filipo resopló—. Ahora pienso tomarle la palabra.

Aristóteles levantó una copa y la tendió hacia Filipo. El rey se acercó lentamente a la mesa, miró a su alrededor como si tuviera que cerciorarse de que no había nadie al acecho, finalmente se dejó caer con todo su peso sobre la silla de tijera.

—¿Qué piensas hacer ahora?

Filipo bebió, se secó la boca con el brazo y eructó.

—No puedo hacer nada... nada completo, al menos. Tiene que ser Atenas quien declare la guerra. Porque Atenas todavía es el corazón. Si yo atacara Atenas, casi todos los helenos cerrarían filas detrás de Demóstenes. Si, por el contrario, Atenas nos declara la guerra, muchos helenos cuestionarán su actitud y se pondrán de nuestra parte o, como mínimo, no acudirán en ayuda de Demóstenes. En Eubea intentamos poner en el poder a los amigos que teníamos allí, sin dejar tropas en las ciudades. Si hubiésemos hecho más, habría sido considerado una guerra de conquista que no podemos emprender contra ciudades helenas... actualmente. Demóstenes cerró un tratado, no en favor de la Hélade, no contra Persia, sino a espaldas de la Hélade y contra Filipo. A Eubea la... liberaron; pero no han seguido avanzando. Yo tenía la esperanza de que lo hicieran. Hermias era otra esperanza, en cierto modo, en lo que atañe a los persas. Lo mismo que ciertos golpes fallidos en Egipto. —Levantó la copa y miró a Aristóteles por encima del borde—. Ahora tendremos que obligarlos a declarar la guerra.

—¿Atacarás Bizancio, como habías planeado?

—Bizancio y Perinto.

Aristóteles silbó.

—Bósforo y Propontis, ¡toda la costa! ¿Con qué excusa?

Filipo esbozó una sonrisa.

—Con la mejor de todas: defensa propia. Las dos ciudades están más o menos aliadas a Atenas. Las dos ciudades siempre están creando problemas. Aunque haya conseguido pacificar a medias Tracia, Atenas, Bizancio y Perinto no dejan de incordiar. Eso es malo para Macedonia, para Tracia (hasta a los tracios les gustaría a veces cultivar sus campos en paz), para la Hélade, para el comercio con las estepas del norte... En suma, es malo para todos.

—¿Y tú crees que Atenas, es decir la alianza de Demóstenes, te atacará tan pronto pongas sitio a Bizancio y Perinto?

Filipo sonrió con infinita dulzura y perfidia.

—Si esas ciudades caen, Macedonia dominará todo el norte y el estrecho. Atenas no puede permitir semejante cosa. Por último, si Demóstenes no consigue imponer en Atenas su política bélica, le proporcionaré una pequeña ayuda.

—¿Cómo, señor de Macedonia? —preguntó Aristóteles en un tono que era a la vez de burla y admiración.

—Sorpréndete, príncipe de los filósofos. Parmenión, que está en camino hacia el este con el grueso del ejército. Por cierto, me ha pedido que ponga a tus pies su veneración y amistad. —Filipo aguzó la mirada—. Bien, te hablaba de Parmenión. Vamos a probar un par de chismes nuevos; nueva maquinaria de sitio y torres móviles, que no caen si tiran de ellas. Polido, a quien creo que conoces, ha pasado el invierno diseñando las piezas; las transportaremos en carros y barcos y las montaremos allí mismo. Parmenión y yo estaremos entre Bizancio, Perinto, el gran río del norte, Istro, y Tracia, vigilando los progresos. Antípatro viajará un poco por Iliria y Tesalia, en estado de profundo recogimiento. Tendrá que acariciar las mejillas a los tesalios si el miedo se les mete en el cuerpo; tendrá que limpiar la nariz al rey de Iliria si la mete demasiado en nuestros asuntos; y tendrá que abrir caminos, de norte a sur, o mejorar los que ya existen, y construir almacenes de provisiones... Nunca se sabe, Atenas podría declararnos la guerra y en ese caso tendríamos que movilizar rápidamente grandes contingentes de tropas. Y reclutará y formará soldados.

—Por eso...

Filipo se inclinó hacia adelante, apoyando los brazos en la mesa.

—Exacto. Por eso necesito a Alejandro y a los mejores de los otros. Es joven; ciertas cosas sólo se aprenden con el tiempo. Lo que ha aprendido en los libros, su vida en Pella y Mieza, el trato con hijos de príncipes y con los duros soldados de Beroia... Si es bueno, todo eso hará que sea capaz de dirigir Pella: la corte, la administración, el avituallamiento. Pero no quiero ponerlo al mando de soldados expertos mientras no lo haya visto yo mismo en batalla. Eso no se aprende en los libros.

—Él lo sabe, y también los otros. —Aristóteles levantó la escudilla con el caldo, que entretanto se había enfriado un poco y ya podía beberse—. Lo saben, porque yo se lo he dicho.

Filipo cruzó las manos detrás de la cabeza y se quedó mirando a Aristóteles.

—Te lo agradezco —dijo al cabo de un rato, relajado—. Confiaba en que tú serías quizá el único filósofo que sabe dónde terminan los conocimientos útiles, que pueden transmitirse con palabras, y dónde debe empezar la acción. Dime... ¿es bueno?

Aristóteles sopló una vez más el caldo, bebió, dejó la escudilla.

—Alejandro es el mejor alumno que he tenido jamás. Pero...

—¿Pero qué?

—Tiene algunas ideas raras sobre helenos y bárbaros, y sobre su igualdad. Además... es demasiado bueno.

Filipo torció el gesto.

—¿Cómo puede alguien ser demasiado bueno?

Aristóteles cerró los ojos.

—Interiormente —dijo a media voz—, el ser humano es un sistema de balanzas y platillos. Amor y odio. Avaricia y generosidad. Virtud y bajeza. Grandeza y pusilanimidad. Cuando los dos platillos están cargados con el mismo peso, la balanza se equilibra; entonces una persona puede encontrar su lugar en el sistema de las cosas y dar lo mejor de sí. Cuando uno de los platillos está demasiado lleno o no lo bastante lleno, la balanza se inclina y la persona se vuelve demasiado codiciosa, por ejemplo, o lo pierde una generosidad desmedida, o es demasiado guerrero y olvida que también el oro, los pactos y las promesas han de conducir a un objetivo. Si la mujer amada no está encerrada a cal y canto, no hay que derribar a cabezazos las paredes de su casa, sino usar la puerta.

Filipo arrugó la nariz.

—Sí. ¿Qué más?

—Alejandro posee ese equilibrio, al menos hasta donde puede decirse esto de un muchacho. Todos sus amigos... El mundo oirá hablar de ellos, más adelante. Los he educado como partes de un sistema, como iguales, para que aprendan a convivir y a tratar con otros. Respeto, adaptación, todas esas cosas. Ninguno ha hecho nada destacado; tampoco era necesario. Ninguno ha desarrollado cualidades extraordinarias, porque yo no les he dado ocasión de hacerlo. Sólo he podido ayudarlos a equilibrar su balanza interior. Ahora tú les encargarás las tareas en las que tendrán que destacar. Y destacarán; uno como soldado, otro como pensador. Pérdicas es un guerrero; Harpalo es un calculador. ¿Alejandro? Su sistema interno es muy fino, y muy difícil de equilibrar. Porque sus balanzas son más delicadas y sus platillos más grandes que los de todas las personas a las que he conocido antes. Dentro de él viven más dioses y demonios que los que tú y yo podríamos soportar. Pero si un platillo (el del amor, el de la avaricia, el de la virtud o el que sea) pierde el equilibrio, lo perderá también la balanza interna de tu hijo. En ese caso, Alejandro destruirá el mundo entero. Quizá.

Filipo se llevó la mano a los ojos y refunfuñó:

—Parece peligroso. ¿Cómo debo tratarlo?

—Con cuidado, amigo mío. E intenta ser su amigo.

—¿Su amigo? Yo soy el rey, ¡soy su padre!

Aristóteles sonrió.

—Eso es una casualidad. La amistad requiere esfuerzo.

12
EL CAMINO HACIA QUERONEA

El olor enfermizo, ácido, que impregnaba la habitación se hacía más intenso a medida que la voz del viejo filósofo se debilitaba. Aristóteles había cambiado de postura varias veces, desordenando las mantas y pieles que lo cubrían. Peukestas se levantó, se desperezó y volvió a tapar al moribundo; tenía las piernas frías como el hielo.

Aristóteles le dio las gracias con un movimiento de la mano; señaló el fuego, que empezaba a apagarse, y luego una de las pilas de rollos.

—Esa no; son transcripciones de cartas, que podrían ser útiles. Todas las otras...

Peukestas echó leña y avivó el fuego. El filósofo siguió hablando, cada vez más deprisa, con voz cada vez más débil. Habló de Mieza, de Pella y Estagira, de Filipo, de Alejandro y de Pitias, que le daba toda su fuerza y su calor. Pitias, la dulce, la delgadísima Pitias, cuyo vientre se abrió y desangró cuando, poco después, el año en el que Atenas declaró la guerra, tuvo por fin una hija que heredó el nombre de la madre. Mieza, el ninfeo, que Filipo regaló a su amigo para que pudiera seguir formando a hijos de príncipes y otros muchachos. Pella, la capital, donde se tejían todos los hilos. Estagira, la ciudad donde había nacido Aristóteles, un puñado de ruinas desde que Filipo la destruyera el mismo año que cayó Olinto. Un año, o quizá año y medio después de que Alejandro terminara su educación, Filipo tuvo un breve encuentro con el filósofo en Pella y le dijo que ya había tenido ocasión de convencerse de las bondades del sistema educativo que se aplicaba en Mieza: había observado los resultados en su propio hijo y en otros. Por eso Aristóteles se merecía algo más. El filósofo le pidió que reconstruyera su ciudad natal, permitiera a los desplazados que volvieran a casa, y manumitara a los esclavos estagiritas.

—Una recompensa digna de reyes, y muy cara —dijo Filipo con una mueca.

Aristóteles se mantuvo impasible.

—Lo valgo. Tu hijo lo vale. Y pedir menos sería ofenderte.

Aristóteles tenía muchos motivos para quedarse en Macedonia. El ninfeo, con sus posibilidades casi únicas; la reconstrucción de Estagira, realizada en parte según planos diseñados en Mieza; la continuación de los trabajos comenzados, entre los que no sólo estaba la educación de jóvenes macedonios, sino también la confección de las listas del saber, de todos los conocimientos de las más diversas ramas; y, lo que no era menos importante, el permanente favor del monarca y del tesoro real, la amistad con Antípatro, profundizada con el paso de los años, y el hecho de que Aristóteles, amigo de macedonios y educador de príncipes, no sería bienvenido en Atenas.

El corazón de la Hélade no lo aceptó hasta que, tras la caída de Tebas, tras la paz, tras la victoria de Alejandro y la marcha asiática, se debilitó la posición de los enemigos de Macedonia, encabezados por Hiperides y Demóstenes. Sólo entonces se le abrió la posibilidad de fundar una escuela propia al noroeste de Atenas, cerca del santuario de Apolo Lykeios, para estudiar las cosas tal y como son. Antes de eso, Arístoteles había tenido ocasión de colaborar en la Academia, como ayudante de Speusippo y, tras su muerte, de Xenócrates. Entonces sus estudios se habían visto interrumpidos por la construcción de sistemas filósoficos sobre el mundo y las cosas, tal y como Platón pensaba que debían ser.

El moribundo hablaba con rapidez, casi deliraba, como si algo lo urgiese. A Peukestas le costaba trabajo seguirlo. Pitiass, Mieza, Estagira, el Liceo, recuerdos de Hermias, anécdotas de Pella, resúmenes de largas conversaciones con Antípatro, alusiones a cartas de Alejandro, una condena a Calístenes y su lengua sin control, más y más reflexiones fragmentadas sobre lo heleno y lo bárbaro: el pensamiento libre y luminoso sobre la configuración del universo, frente a un estancamiento sombrío en la servidumbre de supersticiones y obediencias. Nombres, acontecimientos, historias sin principio ni final: el corintio Demarato, amigo de Filipo, que regaló a Alejandro el incomparable caballo Bucéfalo y, más tarde, cuando Filipo y Alejandro se enemistaron, consiguió la reconciliación; la bella Calixenes, a quien Olimpia había comprado para separar a su hijo de Hefestión e introducirlo en los placeres de la carne femenina, pero desdeñada fríamente por Alejandro; las intrigas militares y políticas.

Mientras las palabras del anciano se hacían cada vez más confusas, la habitación empezó a llenarse de un fuerte hedor. Pitias quizá se había quedado dormida, quizá había estado llorando, en la cocina o en algún otro lugar; apareció de repente, con los ojos hinchados y un rictus de tristeza en los labios. Respiró hondo, puso una mano sobre la frente de Aristóteles y, haciendo una seña con la cabeza, pidió a Peukestas que saliera de la habitación y llamó a la vieja esclava.

Peukestas salió de la casa. Una brisa suave soplaba sobre la colina y le acariciaba la cara. Sólo ahora notaba lo sofocante que era el ambiente dentro de la casa. Estiró los brazos para que la brisa envolviera su cuerpo más fácilmente, se abandonó al placer del viento sano de las colinas. Al este, lejos de allí, un fuego tremolaba en el llano y el brazo de mar centelleaba bajo las estrellas y la luna. Peukestas buscó y encontró la cuba; después de ir de vientre bajó al pozo, dio media vuelta y subió de regreso a la casa. El sabor agrio, a enfermedad, tardaba en desprenderse de su nariz y su boca. De una bolsita que colgaba de un cordón atado al cuello sacó un par de hojas de menta, se las llevó a la boca y mascó, como solía hacer su padre. Volvió a levantar la vista hacia el cielo. Las estrellas eran más suaves y menos numerosas que las de Babilonia. Todo era más suave: el aire, la comida, las ciudades, el paisaje. Intentó recordar su niñez, pero sólo encontró la huella de hechos y rumores más recientes. Las palabras de Aristóteles se deslizaban entre el mundo y su percepción. Peukestas ató sus pensamientos, evocó Pella, la ciudad y el paisaje que dejara al cumplir trece años. Era increíble que desde entonces sólo hubieran pasado doce años; Mileto y Efeso y Gordión y Egipto y Babilonia y Persia, las montañas, desiertos y ríos, calor abrasador y frío penetrante; marchas forzadas cargando todo el equipo a través de regiones polvorientas, pedregosas, hostiles; amaneceres en Bactriana, tan hermosos y solitarios que arrancaban lágrimas de los ojos, y ocasos en el desierto árabe o en el vaho de Babilonia; la embriaguez del sabor a sangre y acero, larga y voraz; la embriaguez en brazos de una muchacha persa, rápida y vehemente; la mirada fija de los compañeros muertos y las filas de prisioneros que debían cavar las tumbas; el sudor y el miedo de los caballos al oír los bramidos de los primeros elefantes. Y, una y otra vez, el suave viento nocturno en el otoño de Eubea.

Si las estrellas no mentían, debía de ser casi medianoche cuando Pitias salió de la casa y lo llamó en voz baja.

—Ya puedes venir. Se encuentra un poco mejor. —Su voz era monocorde; tenía una mano en la faja que le rodeaba la cadera.

—¿Quieres que lo deje descansar?

Pitias hizo una mueca que parecía una sonrisa.

—¿Para qué? No verá el mediodía. No, es mejor que hable y que piense. Estar simplemente allí, apagándose poco a poco, no sería... adecuado. Habla con él, hazle preguntas, anímalo. ¿Puedo estar presente?

—¿Quién soy yo para decidir sobre tu padre y tú? Nada de lo que quiero saber es secreto.

Pitias lo cogió del brazo.

—Ven.

Aristóteles se había cambiado de ropa. La cama tenía mantas nuevas. Pitias cerró las ventanas; el aire limpio se llenó de olor a madera ardiendo y a incienso. El fuego llameaba; habían quitado las cenizas y restos de carbón.

—Uno se vuelve como niño —dijo Aristóteles, que tenía un aspecto más fresco, como si hubiese descansado—. Creo que he tenido una... diarrea. Palabras e ideas desordenadas e incontroladas saliendo de una cabeza, que se ha convertido en un ano del espíritu.

Peukestas se detuvo al pie de la litera.

—¿Estás seguro de...?

Aristóteles intentó sonreír y dio unas palmadas a las mantas.

—Lo estoy. Hasta podría... —Se apoyó sobre un codo y sacó el amuleto egipcio—. Pero no mucho, me temo. Tal vez deberíamos aprovechar la oportunidad, ahora que tengo fuerzas. Arrodíllate a mi lado, muchacho.

Peukestas echó una mirada a Pitias; la mujer no respondió. Arrimó un taburete a la pared junto a la cabecera de la cama, y se sentó apoyando la espalda en la piedra.

Aristóteles tosió; elevó los ojos y por un instante Peukestas vio que se quedaban en blanco.

—Muchas de las cosas que quedan por contar puedes leerlas en las cartas de mi sobrino Calístenes. Algunas cartas que me escribieron otros, los antiguos alumnos de la escuela, no están aquí, sino en Atenas, si es que no las han quemado. Intentaré referirte los hechos más importantes que contaban esas cartas. Después viene la parte que tú mismo pudiste presenciar. Mis fuerzas ya sólo alcanzan para una pocas... imágenes mentales. Arrodíllate; mira el ojo de Horus, hijo de Dracón.

Peukestas se arrodilló lentamente.

—¿Dónde continuamos?

Aristóteles dejó escapar una risita ronca.

—Eres muy amable. También podrías haber pedido que continuemos donde el viejo empezó a chochear, ¿eh? Ya sé que he estado delirando. Fue como una diarrea, Peukestas; me daba cuenta, pero no lo podía evitar.

—Si tú lo dices...

—Muchas de las cosas que ocurrieron en los últimos años de Filipo no las vi, sólo las oí, y a veces ni siquiera de labios de testigos, sino en forma de rumores.

—Las cosas importantes están escritas. Dime lo que puedas... lo que no esté escrito. Todo aquello que me ayude a comprender mejor lo escrito, o a cuestionarlo.

Aristóteles se hundió en sus cojines. La mano que sostenía el amuleto descansaba sobre su pecho. Por un instante Peukestas vio un tercer ojo, un desfigurado ojo de demonio que salía del pecho del filósofo y parecía crecer cada vez más, hasta llenar por fin todo el pecho. Era como si Aristóteles se hubiera convertido en un ojo demoníaco que era todo mirada, todo percepción y, al mismo tiempo, transformación de lo percibido en algo extraño, inquietante. Peukestas sacudió la cabeza, permaneció de rodillas junto a la cama, incapaz de desprenderse de la visión y las ideas.

Aristóteles comenzó a hablar; era otra vez un discurso dominado, estructurado, ya no el torrente de palabras desordenadas de un rato antes. Explicó los principales rasgos de las empresas de Filipo, astutas y múltiples como siempre. Describió a su grandes colaboradores: Parmenión, ingenioso y, cuando era necesario, también pérfido en el campo de batalla, experto, osado y prudente al mismo tiempo; Antípatro, el buen amigo del filósofo, un gran administrador. A ellos se sumaba ahora Alejandro.

—No tengo mucho que contarte sobre Alejandro y el tiempo que pasó en Pella. El tipo de trabajo que hacía allí (la administración, el orden, los asuntos cotidianos, la justicia, el abastecimiento), son cosas a las que sólo se presta atención cuando van mal. El simple hecho de que nadie conozca ningún acontecimiento importante, de que todo se haya desarrollado con tranquilidad y normalidad, es una prueba de que Alejandro, que ese año cumplió diecisiete, tiene que haber realizado su trabajo a la perfección. Los buenos administradores nunca llaman la atención; sólo los malos.

»¿Las cosas importantes? Demóstenes empezó la guerra, como quería Filipo; y lo hizo con oro persa, como esperaba Filipo. Artajerjes todavía prefirió contemplar desde lejos cómo se destrozaban entre sí los helenos. Todo empezó con el sitio de Bizancio y Perinto. Pero Filipo no pudo tomar estas ciudades, bien fortificadas. Por otra parte, Atenas no quería intervenir mientras las ciudades resistieran, y ello a pesar de todos los discursos de Demóstenes. Una prueba más de la seriedad con que se tomaba Atenas la protección que otras ciudades helenas le pagaban con tributos: sólo eran dignas de ser defendidas cuando ya habían sido arrasadas, esto es, cuando ya no constituían un peligro para Atenas. Pero Filipo también contaba con eso.

Aristóteles calló; tenía los ojos completamente cerrados, como si quisiera dormir. Después dejó escapar una risita semejante a un gorjeo.

—Filipo era bueno —continuó—, vaya si lo era. Lo preveía todo y tenía la respuesta correcta para todo. Muchos de sus oficiales eran jóvenes y sus tropas inexpertas; y, estando en Bizancio, tenía mucho terreno a sus espaldas, terreno que era frecuentado por emisarios atenienses que llevaban oro persa y buenas palabras de Atenas. Así pues, Filipo ordenó lo siguiente: los heridos, acompañados por soldados en condiciones de entrar en combate, dejan el ejército de ocupación y marchan hacia Pella por la ruta del sur, bordeando la costa. No debían darse prisa; que se detuvieran un poco en cada poblado y se ocuparan de que las palabras de los emisarios atenienses, las palabras de Demóstenes, fueran escuchadas con muchas reservas. Al mismo tiempo, tropas frescas, de Pella, dirigidas por los hijos de los príncipes que estuvieran descansados, debían marchar por las rutas del norte, por el interior, hacia Bizancio, mejorando esos caminos y la lealtad de los tracios; aquí y allá debían insistir un tanto para convencerlos, quizá mostrar la espada y la lanza. Tendrían que apaciguar ánimos y territorios convulsionados. Cuando llegasen a Bizancio todos habrían tenido ya sus primeras experiencias reales con ellos mismos y con el mundo, ya no estarían tan verdes.

»Antígono el Tuerto siempre estaba viajando, reclutando mercenarios extranjeros y tentando a nuevos soldados de las montañas macedonias, a los que enviaba a Pella. La fortaleza de la capital estaba bajo el mando de Cleito el Negro; hombres como Pérdicas, Ptolomeo o Cratero se encargaban de enseñar a los nuevos y de darles el último toque antes de enviarlos a Bizancio o Perinto. Antípatro aseguraba las fronteras occidental y meridional. Y los atenienses no hacían nada. Hasta que Filipo recurrió a su flota. Hasta entonces sólo había sitiado ambas ciudades por tierra, en parte para que los atenienses se creyeran seguros.

»Desde hacía mucho tiempo Ática no producía bastante grano para alimentar a la población creciente. Atenas dependía del trigo del noreste: de los vastos territorios que se extendían más allá de Bizancio, a orillas del mar Euxino. La flota macedonia era pequeña y no había entrado en acción, de modo que las rutas marinas parecían seguras. Entonces llegó la época de las cosechas, la época de la gran flota de barcos mercantes, que se reunía en las ciudades helenas de la costa del mar Euxino, cruzaba el Bósforo, pasando frente a la sitiada Bizancio, luego cruzaba el Propontis, frente a la sitiada Perinto, y seguía hacia el Egeo, pasaba por Samotracia y Thaso, se dirigía hacia el sur y, finalmente, atracaba en el Pireo, en Atenas. Pero la flota macedonia apareció de repente, capturó los barcos mercantes y confiscó el trigo de Atenas. Y Atenas, que no dudaba en dejar en la estacada a amigos y aliados, aunque estuvieran sitiados, por fin declaró la guerra a Filipo. Pero corría ya el otoño; era demasiado tarde para empezar una guerra.

»No ocurrió nada hasta el año siguiente. Con ayuda del oro persa, los atenienses pertrecharon dos flotas y las enviaron al norte, a las órdenes de Cares y Foción. Pero la flota macedonia había desaparecido. Y cuando los atenienses marcharon por tierra hacia Perinto y Bizancio, el rey de Macedonia ya había levantado el sitio. El propio Filipo avanzó con parte del ejército hasta la frontera nororiental de Tracia, hasta el Istro, para rectificar las fronteras. Parmenión marchó con el resto de las tropas hacia el oeste. Una vez allí, relevó a Antípatro, que regresó a Pella para encargarse otra vez de la administración y del cuidado de la retaguardia. Después Filipo fue herido en batalla y Alejandro marchó por primera vez a la guerra; su intervención fue muy breve, pero capaz y afortunada. Ven, Peukestas, arrodíllate a mi lado. Hay algunas cosas que preferiría mostrarte... mientras tenga fuerza. Mira el ojo de Horus.

*

Las tropas se instruyen en las afueras de Pella. Cleito está sentado en un caballo negro, junto a Alejandro, que monta el blanco Bucéfalo. El hijo de Filipo parece muy cansado; ha intercambiado unas pocas palabras con los visitantes —entre ellos Aristóteles—, que han venido de la ciudad en carros; ahora atiende otra vez a los soldados.

Una tropa está formada por soldados expertos; algunos todavía llevan pequeños vendajes o dejan ver heridas recién curadas. El grupo, de unos cincuenta hombres, está al mando de Cratero y Ptolomeo. Ambos llevan la misma armadura que los hoplitas, pero tienen además unos galones de color púrpura en el hombro izquierdo.

El segundo grupo, también de unos cincuenta hombres, está formado por hombres jóvenes, muchachos todavía en período de instrucción, capitaneados por Pérdicas y Filotas. Al lado de Alejandro está un corneta, que monta un caballo muy grueso. A cada movimiento de mano de Alejandro, el corneta toca una señal. Los dos grupos se ponen en marcha: avanzan con las lanzas al hombro; giran, las lanzas abajo y ya en ristre. Forman un rectángulo con las puntas de las lanzas protegiendo los cuatro lados. El rectángulo se convierte en falange. La falange se convierte en grupos pequeños. Los veteranos son rápidos, precisos y seguros; las filas de los nuevos hacen eses, lo que debía ser una formación de lanzas amenazadoras parece más un alfiletero desordenado. Pérdicas ruge órdenes, que no se cumplen; Filotas se mesa los cabellos cuando el grupo se queda parado, como una maraña de gusanos.

Cleito se encoge de hombros.

—Todavía están aprendiendo, Alejandro. He visto cosas peores. —Su voz retumba sobre el campo.

Alejandro endereza la espalda; es como si la carga del trabajo con caña, papiro y números resbalara de sus hombros. Su rostro parece más fresco que hace unos instantes. Se dirige al grupo de los nuevos.

—Sois un asqueroso montón de mierda —dice con voz clara, cortante—. Tal vez los atenienses se mueran de risa al veros. Sería la primera victoria conseguida haciendo el ridículo. Pero no podemos fiarnos.

Los veteranos ríen, mientras Alejandro desmonta. Está desarmado, no lleva yelmo, sólo un peto de cuero con plaquetas de metal. Todas las miradas convergen en él, casi hambrientas. Con pasos elásticos, Alejandro se acerca al grupo de los nuevos y elige a uno.

—Atácame con la espada. Vamos. ¡Vamos, sin miedo!

El joven lo mira sorprendido, deja caer la lanza, desenvaina la espada corta y ataca. Alejandro lo esquiva, se dobla, coge al otro del brazo, le paraliza la mano apretando con los dedos el nervio principal, le hace soltar la espada, lo arroja al suelo por encima de sus hombros, recoge la espada y coloca la punta en la garganta del caído. Todo eso en un sólo movimiento, fluido y ágil. Algo en él hace recordar el andar de una joven esbelta deslizándose por las calles con una jarra sobre la cabeza. Los otros soldados hacen un ruido extraño. No es un murmullo de admiración ni un cuchicheo de reconocimiento, sino más bien un arrullo, casi dulce y ávido: el arrullo de una multitud contemplando a una bailarina muy sensual.

Alejandro arroja la espada, da la mano al muchacho, lo ayuda a levantarse. Se dirige a otro de los nuevos:

—Defiéndete —dice, casi con cariño. Recoge la lanza que había dejado su primer adversario y, antes de que el segundo atinara a levantar el escudo y desenvainar la espada, Alejandro le pone en la garganta la punta de la larga lanza.

—Tienes que hacerlo más deprisa. Pero ya aprenderás. —Alejandro esboza una sonrisa fugaz—. De lo contrario, te lloraremos y rendiremos honores a tus huesos. Te lo prometo.

Risas; Alejandro da media vuelta, observa a los soldados veteranos. Uno de ellos le dice, como a una puta especialmente bella:

—¿A cuál de nosotros prefieres? Inténtalo.

Alejandro sonríe, pasea la mirada por las filas de soldados, asiente.

—¿Por qué no? ¡Cratero!

Cratero desenvaina su espada, se la da a Alejandro, que todavía tiene la lanza en la mano, y le ofrece su yelmo. Alejandro lo rechaza.

—Emes, arquero, soldado de nombre fuerte, acércate.

Emes se adelanta, radiante. Alejandro se ha metido la espada en el cinturón. Coge la lanza con las dos manos, la hace girar, la arroja al aire, la atrapa, la hace bailar alrededor de su cabeza, como un malabarista. Vuelve a oírse el arrullo de los hombres. Emes permanece callado, observa con ojos aguzados. De repente, Alejandro dirige la lanza a la garganta de Emes. La espada de éste brilla, salta, golpea la madera de la larga lanza, cortando la punta. Alejandro deja caer el mango, saca la espada y ataca. Se baten, avanzan, retroceden, las armas chocan y brillan; poco a poco, Alejandro hace retroceder al hoplita. En un momento dado tropieza, se tambalea y, cuando Emes se le arroja encima, levanta la espada. El arma del soldado sale despedida de su mano y aterriza a diez pasos de allí. Alejandro deja caer su espada y salta sobre Emes como un gato. Luchan sólo un momento, breve y salvaje, hasta que el hoplita queda tumbado de espaldas. Alejandro lo ayuda a levantarse, sonríe cuando Emes le besa la mano, regresa a su caballo.

—Es muy fuerte —dice Emes en voz baja, con un reflejo de asombro en los ojos—. Y hasta su sudor es suave... —Sacude la cabeza.

En las salas de trabajo del rey todas las mesas están repletas de rollos, tablillas, útiles de escritura; entre todo aquello se pierden un par de copas y platos vacíos que una vez debieron de contener comida. Es tarde; lámparas de aceite, antorchas y un candelabro de seis brazos iluminan las estancia. Alejandro está sentado, escribiendo; con él se encuentran algunos escribas —esclavos—, así como Hefestión y un joven obeso a quien, tiempo atrás, un golpe de cuchillo le abrió en dos la punta de la nariz; la herida cicatrizó mal y los bordes nunca volvieron a juntarse del todo.

El gordo entrega a Alejandro un rollo repleto de símbolos abigarrados. Alejandro lo lee y se frota los ojos.

—No está mal, Eumenes... para un heleno.

Eumenes sonríe.

—Lo aprendí de Filipo; estuve con él cuatro años. Además, son datos y números. En eso no hay diferencia entre un heleno y un macedonio.

—Forraje y grano para los caballos —murmura Alejandro, mientras revisa la lista—. Calculados con bastante generosidad. ¿Es que acaso la hierba no crece en todas partes?

Eumenes se lleva la caña de escribir a la punta de la nariz abierta en dos.

—Los caballos necesitan algo más que hierba. Tienen que llevar soldados, tienen que ser veloces, tienen que participar en las batallas. Mejor que sobre, a que falte.

Hefestión alcanza a Alejandro otra lista.

—Aquí está todo. Los nombres de las fortificaciones de Tesalia; los puertos más cercanos; los almacenes de víveres ya disponibles y los lugares donde se construirán otros nuevos; los hombres y animales de carga necesarios; las distancias... Si todo va bien.

Alejandro se reclina en su asiento.

—Muy bien. Has cometido dos errores. No nos basta con distancias aproximadas. Claro que no es tu culpa, ya que no tenemos las exactas.

—¿Cuál es el otro error? —Hefestión pone una mano sobre la espalda de Alejandro y mira la lista.

—Esto. Si conozco bien a mi padre, no se detendrá aquí.

Hefestión frunce el entrecejo.

—Pero... si en realidad llegamos a la guerra, en tierra, ese es el punto donde se producirá la batalla decisiva. Sin duda.

Alejandro sacude la cabeza con expresión pensativa.

—Ellos cuentan con eso. Ocuparán las Termópilas y cerraran el paso, como has previsto. Y por eso Filipo los dejará allí sentados y dará un amplio rodeo. De modo que tenemos que pensar en el modo de llevar el avituallamiento.

Eumenes tose.

—Si los contactos se hacen tan espaciados, no habrá suficiente grano para todos. Ni para hombres ni para animales.

—Ya lo creo que habrá suficiente. —Alejandro sonríe, cansado—. Almacenes tebanos. Barcos mercantes atenienses. Las ciudades del interior. —Se levanta, bosteza y se despereza—. Me gustaría tener un plan mañana a primera hora. Al menos un bosquejo, Eumenes. Distancias, un cálculo del número de hombres, la cantidad de carros y animales de carga necesarios. Tiendas para los médicos. Vendas. Los puertos más cercanos y la fortaleza de sus guarniciones. Las listas de los espías de Filipo están allí atrás.

Eumenes hace una mueca.

—Lo haré yo. Tú llevas tres noches sin dormir, yo sólo dos, así que vete. Duerme, si puedes. Nosotros lo terminaremos.

Otra noche, Alejandro topa en el pasillo con Olimpia y Aristandro. Ellos sonríen, al parecer expectantes; Alejandro los saluda fríamente con una inclinación de cabeza y sigue andando. Lo siguen con la mirada; Olimpia se muerde el labio inferior y pone los ojos en blanco. Admeto sale de otra habitación y se les acerca; desaparecen en la habitación de Olimpia.

Alejandro recorre pasillos apenas iluminados por una luz pálida, pasa frente a unos guardias, baja las escaleras, llega por fin a una gran sala. La música sale a su encuentro: sonido de flautas, cítaras y liras, y también risas, entrechocar de copas, voces de hombres y mujeres. Se detiene un momento.

Las paredes blancas reflejan cien lámparas y antorchas; los marcos y los frisos, de color rojo brillante, azulado y ocre, deforman la luz otorgando al conjunto una apariencia onírica. En mitad de la sala arde un fuego en un agujero revestido con piedras verdes, que en realidad estaba proyectado para lavarse los pies o, cubierto por un tapete, para representaciones de atletas. Algunos de los amigos y compañeros de Alejandro están presentes, además de oficiales de la fortaleza, empleados de la administración, invitados de la ciudad, putas, esclavas. Al ver entrar a Alejandro, Cleito se pone de pie, se tambalea y levanta la mano derecha, en la que sostiene una copa que chorrea vino. Luego vuelve a desplomarse sobre el banco de piedra blanca, estira una pierna sobre la otra, revuelve con la mano izquierda las mantas y pieles y presta atención a Cratero, cuyos movimientos subrayan palabras inaudibles. En otra litera, Ptolomeo tiene un ánfora en un brazo y una muchacha semidesnuda sobre las piernas. A su lado está Pérdicas, que se deja acariciar por un hermoso muchacho rubio con boca de fresa y por una chica morena.

Casi en el centro de la sala, más cerca del fuego que encima de éste, dos enanos hacen acrobacias sobre una cuerda floja. Ríen de manera grotesca y uno intenta hacer caer al otro, al tiempo que lanzan granos de uva y derraman un líquido amarillento de un odre ya casi vacío. Uno de los músicos del rincón coloca flechas en la cuerda más grave de su lira y dispara hacia una torre de copas de barro; cuando por fin acierta, la torre cae con gran estrépito. Junto a una de las paredes hay una plataforma que sostiene una jaula dentro de la cual un perro bicéfalo contempla todo con un aire de fastidio.

Alejandro se sienta al lado de Filotas; ordena a un esclavo que le sirva vino diluido con agua, bebe un poco, mira a su alrededor, escucha y reprime un bostezo. Filotas le ofrece uvas, sonriendo; Alejandro le da las gracias y coge algunos granos.

Más tarde se le acerca Hefestión, con el torso desnudo y huellas de arañazos o mordiscos en el cuello; tiene cogida de la mano a una esclava de piel morena y cabello oscuro. Se inclina sobre Alejandro.

—Nada de niños —dice Hefestión en voz baja.

Alejandro asiente con la cabeza, sonriendo.

—Nada de peleas.

—¿Nada de berridos?

—Nada de celos. Que la disfrutes, Patroclo.

Hefestión y la muchacha desaparecen. Alejandro sigue sonriendo, cierra los ojos, parece dormitar. Pérdicas se acerca a él con el muchacho y la chica, le ofrece ambos. Alejandro se levanta, besa a Pérdicas en la frente y se marcha. Cruza el patio, saluda con la cabeza a los guardias, sale del palacio, deambula por las calles, oscuras y silenciosas y finalmente llega a las puertas de la ciudad. Los centinelas lo saludan y abren el portillo, del tamaño de un hombre. Alejandro vagabundea entre las chozas de los suburbios, hasta llegar a campo abierto. Cerca de allí chilla un pájaro nocturno; el viento susurra en el cañaveral, a orillas del pantano. No hay luna en el cielo, que es un abismo infinito adornado por una diadema de estrellas. Alejandro echa la cabeza hacia atrás, levanta la mirada y extiende los brazos.

—¿Cuánto falta, Apelles?

El pintor mira por encima del lienzo tensado sobre un marco de madera y ve la cama, muy amplia; un rayo del sol vespertino penetra por la ventana y se derrama como oro fundido sobre la maraña de extremidades y pieles.

—Seguid. Ya casi he terminado. Sólo un par de toques.

Apelles tiene unos treinta y cinco años; su quitón tiene los colores del arcoiris y la limpieza del revolcadero de un jabalí. Está de pie junto a una mesita baja repleta de potes de barro con pintura y pinceles de cerdas de los más diversos grosores; con la mano izquierda sostiene una paleta rectangular con concavidades de colores. Su mano derecha maneja el finísimo pincel de caña deshilachada con el que da los últimos retoques.

Pinta la cara, extasiada y casi jadeante, de una muchacha apasionada, cargada de placer y de dolor. Los gemidos, que casi pueden verse en la boca pintada en el lienzo, se hacen más intensos, lo mismo que los jadeos, más fuertes, del hombre. Apelles vuelve a mirar por el borde de la tela; esta vez sonríe y asiente con la cabeza.

—Sí. Maravilloso. Quedaos así. Fuerte. Sí. No hay nada comparable a la fuerza de la expresión de una mujer haciendo el amor.

Deja la cañita, elige uno de los pinceles más finos. El cuadro ya casi está terminado. Los sonidos que vienen de la cama se hacen más rápidos, más intensos, más agudos; finalmente ceden.

Alejandro se desprende de los brazos de la esclava y rueda sobre su espalda; su respiración se calma. Sonríe. Ella lo observa con una mirada sorprendida y también enigmática.

—Hemos terminado —dice Apelles—. Vosotros y yo. Creo que lo titularé *Pankaste amada por su señor*. La verdad, pura y dura. Dioses, ¡vaya hermosura!

Alejandro se levanta, se pone el quitón, luego las sandalias. Pankaste lo mira. De pronto, sonríe ensimismada y su mirada se pierde entre las vigas del techo.

Alejandro se acerca a Apelles, observa a la mujer del cuadro.

—Excelente, Apelles. No es de extrañar que digan que eres el mejor pintor vivo. Verdaderamente maravilloso.

Apelles asiente con la cabeza y mira a Pankaste.

—Maravillosa... en efecto.

Alejandro lo mira, luego mira a la muchacha, sonríe con malicia.

—Mañana me marcho. Mi padre quiere tenerme a su lado en el campo de batalla. Allí no hay lugar para una esclava tan hermosa, Pankaste.

Los dos miran a Alejandro: Apelles atentamente y algo sorprendido; Pankaste, con cara de satisfacción y conformidad. Alejandro pone una mano sobre el hombro del pintor.

—Te doy las gracias... por todo, Pankaste —dice a media voz. Después, más fuerte—: Permite que me quede con el cuadro, amigo. Lo has hecho mucho mejor en esta sábana, que yo en esas otras. —Inclina la cabeza en dirección a la cama, da media vuelta y se dirige a la puerta—. Es toda tuya, Apelles. Si ella quiere.

Las tropas dejan Pella; sólo se queda en la ciudad una pequeña guarnición y, naturalmente, la plana mayor, encabezada por Antípatro. Alejandro y los jóvenes hetairos siguen una larga columna formada por soldados de a pie; al lado de Alejandro cabalga Hefestión. Detrás de los jinetes vienen los últimos carros, cargados de víveres, armas, vendas; la mayor parte de los carros ha partido antes o formarán una columna a las puertas de la ciudad; cerrando filas van los arrieros, con sus mulas cargadas.

Al pie del burgo, en un rincón de la plaza, hay un filósofo ambulante sentado en el suelo mojado; cuando Alejandro pasa a su lado, el hombre dice en voz alta:

—Pero esto no sólo es cierto para las artes y conocimientos de la paz. También en los asuntos de la guerra la perfecta maestría sólo es asequible a quienes escuchan o leen los escritos de los sabios y de los grandes viajeros.

Alejandro frena su caballo, mete la mano en su grueso cinturón y saca una moneda. Es de oro y tiene, en una cara, la cabeza coronada de Apolo, y, en la otra, la figura de un auriga en un carro de dos caballos. Alejandro lanza la moneda al filósofo.

El hombre la atrapa al vuelo y la observa.

—Un estáter de oro del rey Filipo —dice casi con reverencia—. ¿Por qué, hijo del rey?

Alejandro enseña los dientes.

—Para que te calles.

Antípatro entra en las habitaciones de Filipo, se quita el yelmo, se rasca la cabeza calva. Arcelao, el mayordomo, le alcanza una copa de plata llena de vino. Antípatro la coge, sonríe, bebe; después camina hacia la ventana y se acerca a Eumenes, que está viendo cómo desaparecen las últimas mulas de la columna, más allá de los límites de la ciudad.

—En fin. —Antípatro se vuelve hacia las mesas; todas están repletas de rollos y listas—. En cierto modo habría preferido irme con ellos que... quedarme con esto de aquí. —Hace una mueca de hastío, señalando la cordillera de escritos—. Pero lo habéis arreglado todo estupendamente.

Eumenes insinúa una reverencia.

—Un deber, noble Antípatro, y una diversión. Un placer, en cierta medida.

—¿Placer? Bah. He oído decir que tú y Alejandro habéis trabajado muy bien y a conciencia, heleno.

Eumenes asiente con la cabeza.

—Espero que no te importe. Que sea heleno, quiero decir.

—Puede que haya víboras sin veneno —dice Antípatro, y esboza media sonrisa. Se sienta, saca el labio inferior, murmura, mira los rollos y tablillas—. Un buen trabajo, como he dicho. Yo sólo he visto uno de los extremos de vuestro trabajo, por así decirlo, pero me ha impresionado. No es nada divertido estar siempre yendo de un lado a otro, entre el norte de

Tesalia y la frontera de Beocia. Pero al menos ahora no tengo que preocuparme por cómo han ido las cosas en Pella. ¿Lo has hecho tú solo?

Eumenes se sienta frente a él y bebe un trago de vino.

—Estos últimos años he aprendido mucho de ti y de Filipo, pero ¿solo...? No. En realidad, Alejandro lo ha hecho casi todo; yo únicamente lo he ayudado. Casi todas las ideas e indicaciones eran cosa de él. Pero eso no es importante; lo principal es que te sientes satisfecho, que todo está correcto.

—Estupendo. Cuando seáis mayores, me refiero a todos vosotros, a lo mejor resulta que hasta servís para algo. —Sonríe, se vuelve hacia Arcelao y dice—: Siéntate con nosotros. Quiero enterarme de algunas cosas.

Arcelao va hacia una de las estanterías, coge un atado de rollos y se acerca a la mesa.

—¿Qué es eso? —pregunta Eumenes al tiempo que entrecierra los ojos.

—Cuestiones domésticas.

Eumenes deja escapar un suspiro.

Un esclavo de piel oscura, invisible a la sombra de los arbustos, observa a Olimpia y Aristandro; están de pie ante el pequeño altar levantado fuera de la casa de la colina. La entrada a la cueva de los misterios permanece cerrada. Olimpia tiene los brazos levantados hacia el cielo; su vestido blanco flamea bajo el fresco viento. Aristandro termina de examinar las vísceras, tira a un cesto la cabeza y las tripas y empieza a cortar en pedazos el carnero sacrificado. La serpiente sisea y oculta la cabeza entre los pechos de Olimpia, bajo el vestido.

Aristandro contesta en voz muy baja a comentarios casi susurrados de la reina. Poco a poco, la conversación va haciéndose más fuerte y violenta; finalmente, el vidente deja caer el cuchillo y agita los brazos.

—¡Pero no tienes ningún motivo para inmiscuirte! ¿Qué quieres hacer conmigo? ¡Para no hablar del Estado! Tú sabes que soy tu amigo, que intento ayudarte... Pero no olvides que también tengo otros deberes. ¡También soy el sumo sacerdote y el vidente del rey!

Olimpia ni siquiera levanta una ceja.

—Tranquilo, Aristandro, cálmate. Sólo te he dado un par de consejos. ¿Quién quiere inmiscuirse?

Aristandro hincha las mejillas.

—¿Que quién quiere inmiscuirse? ¡Tener que oír eso de tu boca...!

Olimpia se mantiene fría.

—Sólo una vez me he inmiscuido en algo. Por lo demás, sólo he dado buenos consejos. ¿O llamas inmiscuirse a que una madre se preocupe por la educación de su hijo? ¿Llamas inmiscuirse a que una reina haga buenas proposiciones al rey?

—Conozco algunas de tus proposiciones, y recuerdo algunas de tus... intervenciones en la educación de Alejandro. ¡Vaya si lo recuerdo! Si eso no es inmiscuirse, ¿qué lo es? ¿Cuándo fue que realmente te inmiscuiste en algo?

Olimpia sonríe.

—¿No lo dirás a nadie? Prométělo... ¡Júralo!

Aristandro suspira y vuelve a ocuparse del carnero.

—Lo juro por Zeus, que es Ammón.

—Me inmiscuí una vez, cuando escuché por casualidad que Filipo había firmado un mal acuerdo con alguien. Entonces escribí una carta.

Aristandro se estremece, se hace un profundo corte en el índice de la mano derecha, deja caer el cuchillo y levanta la mano.

—¡Por todos los dioses! ¡Un acuerdo! Y los persas torturaron a Hermias... ¿Tú? Ah, pero... ¡Eso es traición!

Olimpia sonríe, fría como el hielo.

—Nada de traición. Lo hice por Alejandro. Como tú bien sabes, mi hijo es la encarnación del dios Ammón. Y Ammón quiere que se reestablezca su dominio sobre Egipto. Esa es la misión de Alejandro. La cumplirá. Más adelante. Una guerra de Filipo contra Persia no sería sensata en estos momentos, no para Ammón.

Aristandro la mira fijamente, incrédulo, con el rostro desfigurado.

—Pero... ¡Es una locura! —Sacude la cabeza y se alisa el cabello, que se mancha de sangre y trocitos de tripa—. No hablemos ya de todo lo demás, pero... ¡Dioses! Alejandro tendrá que ir a Egipto, destruir el imperio persa, poner fin a su dominio en el país de Ammón... ¡Pero no puede ir volando! Tendrá que cruzar Asia con el ejército y luchar contra los persas. Si todo hubiese ido bien, aquel acuerdo le habría facilitado mucho las cosas. Y... Filipo tiene cuarenta y cinco años, es fuerte y está sano, es el rey y lo será por mucho tiempo más. Si lo debilitas, que es lo que has hecho, debilitas también a Macedonia; y si Alejandro ha de cumplir la voluntad de Ammón, necesita una Macedonia poderosa.

Olimpia asiente; la sonrisa helada no ha abandonado su rostro.

—El poder de Filipo no me preocupa, porque no me permite participar en él. Y es cierto que mi hijo necesitará una Macedonia poderosa... Macedonia y la Hélade juntas. Los planes de Filipo, el pacto con Hermias, todo eso probablemente habría llevado a una guerra contra Artajerjes antes de que la Hélade se uniera. Una Macedonia débil, que se habría debilitado aún más. Por eso...

Aristandro está inmóvil; sólo aletean sus párpados.

—¿Debilitas al padre para más tarde fortalecer al hijo? ¿En la esperanza de que él sí compartirá su poder contigo? Tú estás loca, Olimpia.

—¡Cuida tu lengua, sacerdote! ¡Estás hablando con la reina!

Aristandro sonríe débilmente.

—También le diría al rey que está loco, si así lo creyera. Yo cuido mi lengua cuando quiero. O cuando es voluntad de los dioses. Además, yo en tu lugar no estaría tan seguro de lo que te depara el futuro.

Olimpia lo señala con el dedo índice.

—Piensa, Aristandro. Filipo es un gran monarca y un gran soldado. Si hay guerra con Persia, puede vencer o puede ser derrotado. Si vence terminará con el dominio persa y quizá no sólo en las costas de Asia, sino incluso en Egipto. Pero los dioses desean que eso sea obra de Alejandro, no de Filipo. Y si Filipo es derrotado, Macedonia quedará tan débil que Alejandro ni siquiera podrá intentarlo. Por eso Filipo no puede hacer esa guerra.

—¿Y tú estás tan segura de que tu influencia sobre Alejandro, sobre el rey Alejandro, será mayor que tu influencia sobre Filipo? Piénsalo; ha estado con Aristóteles y cuando ha vuelto para dirigir el país en ausencia de Filipo, no hecho mucho caso de tus consejos. Alejandro no es una de tus herramientas, Olimpia.

—Lo será. —Su voz suena tranquila, relajada, completamente segura.

Aristandro se encoge de hombros.

—Si tú lo dices. También las reinas tienen derecho a soñar. Sólo una cosa: a mí dejame fuera de tus juegos. Tengo deberes con el rey, con los dioses y con el pueblo. Y, si fuera tú, me ocuparía de que Alejandro nunca supiera nada de tus planes y... cartas.

Olimpia ríe, despacio.

—Filipo es fuerte y sano. Todavía será rey durante muchos años. Eso has dicho. Alejandro tendrá que esperar, ¿eh? ¿Y si recibiera el poder mucho antes... de mis manos?

Aristandro se queda mirándola, mudo y boquiabierto.

Olimpia asiente.

—Y no olvides que tú eres mi cómplice.

Aristandro escupe.

—¿El pacto con Hermias? ¿Tus planes para el... cambio de mando? ¡No sé nada!

—Sí que sabes —replica Olimpia con una sonrisa—. Diré que lo sabías desde el principio. ¿A quién creerán, sacerdote?

El esclavo de piel oscura regresa al palacio. Busca a Arcelao, pero el mayordomo no aparece por ninguna parte. Antípatro tampoco. Al parecer los dos han salido de Pella. El esclavo se acerca titubeando, elige al capitán de la guardia. En un primer momento Pausanias lo rechaza, después escucha, lo interrumpe tras unas pocas palabras, lo lleva consigo a una de las torres delanteras, junto a la puerta; allí están las habitaciones de los guardias y la de Pausanias. Suben a la plataforma superior. Pausanias se apoya en el borde, hace una seña al esclavo para que se acerca. Después lo coge y lo empuja abajo.

Alejandro cambia un par de palabras con Cleito después de oír a los mensajeros y exploradores y de enviar otros nuevos. La columna se arrastra hacia el sur bajo el sol de la mañana; hace calor, el verano calcina los campos que se extienden a la derecha del camino. A la izquierda, inmóvil como el viento, el mar despide reflejos cegadores; la flotilla de naves de carga, casi siempre a la misma altura que las tropas, es un alivio oscuro, una colección de puntos de reposo para los ojos... todavía. El mensajero de Filipo ha mencionado el objetivo de la marcha; Queronea queda en el interior.

Alejandro hace girar a Bucéfalo y retrocede a lo largo de las filas de soldados, que sudan bajo sus armas y bagaje. Más atrás, en uno de los carros, van Dracón y el médico Philippos, que se han unido a la columna el día anterior, procedentes de Mieza. Limpian y pulen los instrumentos de Dracón, la sierra para huesos, el cuchillo para heridas. Están rodeados de bultos y cestas: hierbas, telas limpias, cajas con más cuchillos, agujas, grapas.

Philippos levanta una tenaza de forma extraña, después un cuchillo muy largo, fino y recto.

—¿Para qué es todo eso?

Dracón mordisquea un mondadientes; con rápidos movimientos de la lengua y los labios, lo deja en una comisura de la boca.

—Las tenazas son para arrancar puntas de flecha de un cuerpo. ¿El cuchillo? Ya sabes, hay heridas tan malas que no las podemos curar. El cuchillo es un amigo especial, es el devorador de corazones y de almas. Es el amigo que pone fin al dolor.

Philippos deja caer el cuchillo, como si estuviera ardiendo. Alejandro sigue cabalgando, se vuelve otra vez y se detiene junto al carro.

—¿Buen trabajo? —Hace un guiño.

El médico sonríe, con expresión atormentada.

—Bien, bien. Aristóteles me enseñó todo lo que quería saber sobre hierbas medicinales. Ahora Dracón me está explicando todo lo que nunca hubiera querido saber sobre cuchillos.

Dracón sonríe, escupe el palillo y coge una pequeña tabla de madera en la que se levantan unos montoncitos de hierbas: salvia, hierba serpentina, hierba del rey, menta. Dracón pica las hierbas, no demasiado pequeño, y hace con ellas unas bolitas que envuelve en hojas de laurel. Consigue terminar perfectamente el trabajo, sin que el traqueteo del carro le haga tirar nada.

—¿Para qué sirve eso?

Dracón se echa una bolita a la boca.

—Para mascar, Alejandro, ¿para qué más? Deja el aliento limpio y agradable. A ti no te hace falta; tu aliento es una maravilla.

—¿Por qué siempre estás mordisqueando algo?

Dracón sonríe, se inclina y recoge una bolsa; algo suena en el interior. Abre la bolsa, que es casi tan grande como un saco, y muestra al médico y a Alejandro su colección de finísimos dientes.

—Mascar cosas sanas hace los dientes sanos; mascar cosas fuertes hace los dientes fuertes. O los mantiene sanos y fuertes. Ya sabéis, hago una incisión en las encías a gente que ha perdido los dientes y le implanto unos nuevos.

Philippos se estremece; Alejandro sonríe y dice:

—Entonces ya puedes parar de mascar cosas y dejar que se te caigan los dientes. Estoy seguro de que Philippos te pondría los mejores de tu colección.

Los dos curanderos se miran el uno al otro y dicen al mismo tiempo:

—Ni hablar.

13

LA MOCIÓN DE DEMÓSTENES

De Canopo a Cirene, de allí en un mercante corintio, que hacía escala en Pilo, Corcira y otras ciudades, hasta Corinto. Para Tecnef los primeros días de viaje fueron bastante pesados, pues hasta entonces sólo había navegado por el Nilo. Pasó varios días mareada, pero después disfrutó de la travesía casi tanto como detestó la estrechez con que se vivía a bordo. Nadie, salvo el capitán, que tenía una cabina bajo la cubierta de popa, podía estar solo o lejos de la mirada de los demás. A veces Dimas y Tecnef se sentaban en la proa, contaban las estrellas, les daban nombres nuevos y maravillosos, hablaban en voz baja sobre el futuro. Algunas cosas no hacía falta discutirlas. Dimas quería recorrer el mundo, tener una cítara nueva y tocarla aún mejor, quizá formar un grupo de músicos ambulantes que produjeran sonidos muy diversos y tocaran una música embriagadora; si nadie les robaba, tenían dinero para muchos años. Dimas no había tocado las diez minas de Karjedón, que seguían depositadas en un banco de Corinto, con el que también tenía negocios Demarato. A ello había que sumar las otras cinco minas que llevaba en el cinturón, y que equivalían a unos quinientos dracmas. Las monedas de oro, que Cleonice ya no necesitaría, las depositarían en Corinto o las cambiarían en plata: casi tres talentos, unos dieciocho mil dracmas. Una enorme fortuna.

Había que discutir, sin embargo, si Tecnef lo acompañaría o si acaso se aburriría. Tecnef era libre y todo lo que habían sacado de la casa de Cleonice le pertenecía. Pero ella quería viajar con Dimas, ver el norte y otras regiones, soportar sus días y compartir sus noches. Tal vez, había propuesto con una media sonrisa, podría practicar un poco para, más adelante, acompañarlo con el aulo.

Otra cosa que no necesitaba discusión eran los niños, que nunca tendrían. Dimas no quería, porque consideraba insensatez exigir a unos niños una vida errática e inestable, llena de peligros y dificultades. Tecnef no podía tener hijos. A diferencia de lo habitual en algunos pueblos del interior de Libia, en su tribu no se acostumbraba a cortar el clítoris a las muchachas a fin de que nunca sintieran determinadas formas de placer; y, aunque Tecnef no había sido raptada, sino vendida por la tribu, antes de ello la vieja curandera le había practicado una cruel operación para que no tuviera hijos en la esclavitud y lejos del Todo Sagrado. Una cicatriz dentada le recorría el vientre.

Vientos adversos los retuvieron media luna en el puerto de Corcira; se alojaron en una habitación de la planta superior de una taberna y disfrutaron como mejor pudieron de aquellos días en tierra. En Corinto, después de buscar un alojamiento similar, se dirigieron al banco recomendado por Demarato, donde depositaron el oro y parte de la plata.

Demarato estaba ocupado en negocios misteriosos y, excepcionalmente, no se encontraba de viaje. Hablaba con rabia de la guerra de Sicilia y de la intervención de su ciudad natal:

—Es el fin; han muerto miles y todavía morirán más. Y al final todo quedará como antes. El poder de Karjedón no se tambaleará tan fácilmente.

Dimas contó las cosas que había visto y oído; Demarato escuchó en silencio. Finalmente, el músico dijo:

—Con Amílcar he acordado que, si yo lo deseo, le enviaré informes sobre tal o cual asunto que me parezca importante. Contigo quisiera llegar a un acuerdo similar. Considérame un... colaborador libre, que ya no acepta más encargos.

Pasaron el invierno en Corinto. Dimas se mandó construir una cítara nueva y mejor, con el travesaño de metal y las clavijas que había salvado, y enseñó a Tecnef el arte del aulo y las normas de la música.

En primavera tomaron un barco que recorría un millar de islas entre la Hélade y Asia. Fueron de isla en isla, tocando música, sin despertar demasiada hostilidad por la mezcla de sonidos y por el hecho inusual de que un citarista se presentara con una mujer. Pasaron el invierno siguiente en Delo; en primavera, un mercante los llevó al Pireo, a Atenas.

Algunos reconocieron a Dimas, aun cuando habían transcurrido seis años desde su última estancia en la ciudad. En las tabernas donde había tocado entonces lo recibieron con los brazos abiertos, a pesar de su música mezclada y de la mujer que lo acompañaba, quien además de bárbara era negra.

Al atardecer, cuando un mensajero trajo la noticia de la temeraria marcha de Filipo, Dimas y Tecnef estaban sentados a las puertas de una taberna, comiendo y hablando. Vieron al hombre cubierto de polvo pasar corriendo entre las mesas y los puestos de los vendedores ambulantes. Más tarde vieron a los presidentes de las Filés, los consejeros del Pritaneón, salir de la Tholos, donde habían cenado juntos; vieron cómo se extendía el pánico; cómo hombres dignos, vestidos con ropajes blancos, corrían por el ágora, volcaban mesas, prendían fuego a toldos y paradas, para despertar a la ciudad, para congregarla. Después escucharon que el macedonio simplemente había rodeado las inexpugnables Termópilas, ocupadas por un ejército ateniense, y ya se había adueñado de la ciudad de Elatea, bastante al este de allí, de camino hacia el Ática. El día siguiente, Dimas estaba sentado en una de las gradas más altas del teatro de Dioniso, cuando Demóstenes clamó su arenga más violenta hasta entonces.

Dos días después, Dimas y Tecnef dejaron Atenas, fueron al Pireo y encontraron un barco que los llevó a Creta, donde permanecieron hasta la primavera siguiente. Cuando regresaron a Atenas, el terrible macedonio aún no había atacado la ciudad; era la hora de otro discurso de Demóstenes.

Eubolo y Demades habían llegado a un acuerdo. El joven haría el último intento, probablemente vano, de derrotar a Demóstenes en la lucha retórica; el viejo y notable Eubolo le prepararía el camino con un discurso comedido y mesurado. Era una fría primavera; un viento marino, casi helado, azotaba Atenas. En el interior de la Asamblea, sin embargo, hacía cada vez más calor; nadie podía terminar de hablar; nadie conseguía poner orden más de un momento. Los oradores eran interrumpidos, se les hacía callar con gritos; algunos se daban por vencidos. Parecía claro que la mayoría estaba a favor de Demóstenes; en parte por convicción, en parte porque muchos lamentaban no haberle hecho caso antes, en parte también, posiblemente, por otros motivos menos honestos.

Eubolo, viejo y cansado, no había hecho caso del consejo de Demades y Esquines y, el año anterior, había pedido que lo liberaran del peso que suponía administrar el dinero público. Por cierto, lo hizo en un momento muy inoportuno, a principios del verano, cuando la flota ateniense aún no había regresado del norte, a donde se había dirigido con la intención de romper el cerco de Bizancio y Perinto y poner en su lugar a Filipo. Dado el ambiente que reinaba entonces, Demóstenes no había tenido problemas para hacer que uno de sus adeptos, Licurgo, lo relevara en el cargo. Eubolo podía utilizar en la polémica sus viejas influencias, pero llevaba ya casi un año sin ostentar ningún cargo público. Esquines, sin duda uno de los mejores oradores y un hombre reconocido por su insuperable falta de escrúpulos —a veces hasta Demóstenes parecía admirar esa cualidad—, se hallaba fuera de la ciudad, lo cual le impedía ofrecerse como orador, aunque si lo hubiese hecho probablemente se habría jugado el pescuezo. En la época en que Licurgo sucedió a Eubolo y Atenas hacía la guerra por mar, Esquines estaba en Delfos, donde, a instancias de Filipo, se había decidido emprender la cuarta Guerra Santa contra Anfisa y los locrences orientales, apenas siete años después de terminada la tercera y también a causa de un sacrilegio. Esquines había votado a favor; además, cuando al otoño siguiente tuvo lugar una nueva reunión, se cuidó —aunque no fue el único— de que la Asamblea de Emisarios Sagrados de las ciudades y estados de la Liga, reunida en Delfos, invitara a la Anfictionia a nombrar a Filipo general supremo del ejército en esa Guerra Santa.

—Y aun así —dijo Eubolo en voz alta; siguió un tenso momento de silencio—. ¿Qué ha pasado? Todavía no ha pasado nada en lo que no se pueda dar marcha atrás o que no pueda redundar en beneficio de todos. Anfisa y los locrences orientales han cometido un sacrilegio; la Anfictionia de Delfos ha nombrado general a Filipo. Delfos es libre de nombrar a un general. ¿Os hubierais escandalizado si nombraban a un ateniense, a Cares, digamos?

Hipérides se levantó de un salto, con más rapidez de la que cualquiera hubiese atribuido al cuerpo hinchado por la vida regalada de aquel acérrimo antimacedonio.

—¿Cares? —gritó—. Cares, oh noble Eubolo, es un buen marino y, desde hace años, el estratega de la flota, el Nearco de Atenas. ¡Pero Delfos no tiene flota!

Eubolo esperó a que se disiparan las carcajadas.

—Gracias por la lección, querido Hipérides; ¿cómo puedo haber olvidado que yo mismo me he pasado años dilapidando vuestro tesoro en Cares y sus derrotas?

Aquí y allá se levantaron voces indignadas; Hipérides intercambió una mirada con Demóstenes, quien titubeó antes de hacer una seña con la cabeza a Licurgo. Licurgo se puso de pie y levantó la mano.

—Como tu indigno sucesor en ese cargo, noble Eubolo, comparto algunas de tus apreciaciones. Pero es posible que las empresas del glorioso y benemérito Cares, o al menos algunas, hayan fracasado porque no tenía a su disposición los medios suficientes. Porque... porque alguien no quería invertir una buena cantidad de dinero público en la construcción de la flota.

Eubolo apretó los dientes.

—Yo me ocupé de triplicar la flota. ¡Quien me acuse de ahorrar dinero en perjuicio de Atenas es un mentiroso!

Demóstenes sonrió y señaló a Licurgo. Demades suspiró y dijo en voz baja a uno de sus colaboradores:

—Cuidado. Eubolo no ha debido dejarse enredar en eso.

Licurgo extendió los brazos; sus labios esbozaron una ligera sonrisa en la que se mezclaban el arrepentimiento y el sentimiento de victoria.

—Nada más lejos de mi intención que afirmar tal cosa, Eubolo; todos sabemos cuánto te debemos. Pero había otros, como bien sabes... Pensemos, por ejemplo, en Filócrates, que hace siete años impuso esa paz vergonzosa con Filipo; que ratificó las conquistas de éste; que redujo el armamento de Atenas y frenó su producción; que demandó a nuestro amigo Hipérides, un bienhechor de la patria; que quería condenar a muerte a Hipérides. ¡Al gran Hipérides!, que el año pasado pagó con su propio dinero la construcción y armamento de dos trieras para la ciudad, y sin levantar mucho ruido por eso.

Eubolo se encogió de hombros.

—Muy meritorio. Pero Hipérides ha ganado tanto con vosotros, que bien podría daros algo a cambio.

Risas; Demades esbozó una sonrisa.

—¿Lo está consiguiendo? —murmuró a su colaborador; éste arrugó la nariz.

—Pero no hablemos más de los méritos de nuestro querido Eubolo. Hablemos de las cosas que de verdad nos ocupan. Hace casi veinte años tuvimos la guerra contra los aliados; casi al mismo tiempo estalló la tercera Guerra Santa. Ahora tenemos la cuarta. Tenemos guerras entre Atenas, Esparta, Tebas y prácticamente todos los estados helenos. Podría decirse que apenas aparecen en algún lugar dos chozas, se habla ya de un estado, y a partir de la tercera choza empieza la predisposición a hacer la guerra contra otras barracas. Recordad que no fue Atenas quien puso fin al dominio marítimo de Esparta y lo reemplazó por el suyo, sino que fueron los persas, con sus flotas fenicias. Recordad el inicio de la gran guerra, hace unas generaciones, en tiempos de Darío. Ciudades helenas de Asia, libres y prósperas, que durante muchos años habían dominado los territorios de los alrededores, cayeron bajo el control persa y se sublevaron. ¿Quién las ayudó? Nosotros no, amigos; esas ciudades eran nuestras hijas, y las dejamos a merced de los bárbaros. Después...

Demóstenes respiró hondo, se levantó e interrumpió a Eubolo. Su voz, aguda, era cortante como un cuchillo o un látigo; esta vez no se contuvo.

—Sí, noble Eubolo. Tienes razón, noble Eubolo, nada se puede objetar a tu estupendo conocimiento de la historia pasada, noble Eubolo. —Su voz se hizo un poco más suave, casi melosa—. No salvamos esas ciudades, consentimos que Darío las pisoteara. Pero nuestros antecesores eran orgullosos, noble Eubolo; cuando Darío exigió que le enviaran un poco de tierra helena como símbolo de sometimiento, se negaron.

—¡Recuerda cómo! —dijo Eubolo—. Violaron la sagrada inmunidad de los embajadores, ¡mataron a los embajadores de Darío!

—Un error, un crimen, sin duda. Por suerte hoy somos más inteligentes; y también el Gran Rey es más listo que su lejano antecesor. En aquel entonces, hombres de Atenas, Darío vino con un poderoso ejército y fue derrotado en Maratón. Su hijo, Jerjes, lo siguió unos años después, desoló la Hélade, profanó los templos de Atenas, destruyó la Acrópolis... y fue derrotado. ¡Recordad que entonces el rey de Macedonia luchó junto a los persas! Y hoy...

Demades se levantó de un salto.

—Fascinante, Demóstenes, muy emocionante e instructivo. Pero ¿no te parece que tu interrupción empieza a convertirse en un discurso propio? Deja que hable Eubolo; lo que quieras decir, podrás decirlo después. Te prometo que mis interrupciones serán muy breves.

—Y hoy —chilló Demóstenes—, hoy otra vez un bárbaro marcha por la Hélade con un ejército. ¡También él será derrotado!

Eubolo se mantuvo de pie, sin vacilar, como un peñasco bajo la marea. Demades cerró los ojos; en el barullo, no podía oír sus propios suspiros. Demóstenes estaba agitando los brazos. No quedaba claro si quería calmar a los miembros de la Asamblea o si quería caldear aún más los ánimos.

Pasó un buen rato hasta que Eubolo pudo seguir hablando. Su cara era una máscara, su voz sonaba frágil.

—Como resulta evidente que ya habéis decidido seguir el camino que nos llevará a la desgracia...

Lo interrumpieron algunos gritos, que, a su vez, fueron acallados por otros.

—... sólo quiero tocar, resumir, mencionar las cosas más importantes. Hace diez años, hace doce años, hace muchos años...

—¡Trece, catorce, quince! —bramó Hipérides.

—... Filipo entró en la tercera Guerra Santa. Hizo propuestas de paz que no aceptamos. Ocupamos las Termópilas y Filipo las evitó, porque no quería la batalla, sino la paz y la unidad. Lo obligamos a luchar y él presentó nuevas ofertas de paz, que volvimos a rechazar. Lo hemos obligado a vencernos, lo hemos obligado a llegar a una situación en la que él puede imponer las condiciones de la paz.

—Pobre Filipo —dijo Licurgo—. Que lo obliguen a hacer algo tan terrible...

—Filipo lleva muchos años ofreciendo una liga panhelénica sagrada, con autonomía interna y los mismos derechos para todos. Nosotros siempre nos hemos negado. Hasta hemos emprendido una guerra contra nuestros aliados, sencillamente porque querían tener nuestros mismos derechos y se negaban a ser nuestros criados. Desde hace muchos años...

—Diecisiete —dijo Hipérides—. Dieciocho. Diecinueve. Calma.

—... Filipo nos está advirtiendo que no menospreciemos al Gran Rey. Hace cincuenta años, Persia nos obligó a una paz general; después empezó la decadencia. Artajerjes ha detenido ese proceso y lo ha invertido. Ha vuelto a someter Egipto, ha dominado a sus sátrapas, ha fortalecido el reino. Ahora nos envía oro para que luchemos contra Filipo. Apenas los helenos nos destrocemos mutuamente, como hacemos siempre, Artajerjes atacará. Filipo lo sabe; nos lo ha advertido. El año pasado ha vuelto a ofrecernos la paz y la formación de una liga que por fin asegure la paz en la Hélade y castigue a los persas por la profanación de nuestros templos y por la opresión a que se ven sometidos los helenos de Asia. Nosotros nos hemos negado porque no queremos la paz, sino la hegemonía. Tebas ha ocupado las Termópilas y Filipo las ha evitado, ¡porque no desea la guerra! Incluso en una situación como la presente ha hecho una oferta de paz.

Se había hecho algo más de silencio. No porque Eubolo los hubiera impresionado, sino porque la mayoría ni siquiera le prestaba atención.

—Antes de tomar una decisión irrevocable pensad en que podemos reconocer a los macedonios como helenos del mismo rango que nosotros... y también a todos los otros pueblos helenos. Podemos cerrar la paz sin perder ni un ápice de nuestro prestigio, de nuestro bienestar, de las cosas que hemos construido. Podemos evitar las amenazas, pues la verdadera amenaza no es Persia, sino nosotros mismos, con nuestras eternas rencillas. O podemos seguir el camino de Demóstenes. Muchos muertos, muchos gastos, mucha destrucción y, al final, la debilidad de todos.

Se sentó. Aquí y allá, algunos atenienses dieron patadas contra el suelo en señal de aprobación; dos o tres aplaudieron.

Demóstenes se levantó, hizo una ligera reverencia en dirección a Eubolo y extendió las manos hacia los miembros de la Asamblea, con las palmas hacia arriba.

—Los problemas sobre los cuales tenéis que deliberar, hombres de Atenas, son decisivos para el futuro; por eso quiero haceros algunas propuestas para resolverlos. No son pocos los errores que nos han llevado a la situación actual, y tampoco se han acumulado en un espacio de tiempo breve, pero no hay nada más errado que ocuparse de estos asuntos únicamente mientras se está allí sentado, escuchando, o cuando se recibe alguna noticia; después cada uno se marcha y deja de preocuparse, deja incluso de pensar en ello. La falta de escrúpulos y la avidez de Filipo son tan grandes como habéis oído; todo el mundo sabe que es imposible detenerlo con discursos. Cuando se trata de hablar de nuestros derechos, nunca somos inferiores, sino que siempre dominamos a nuestros adversarios, y tenemos los mejores motivos para hacerlo.

Demades se levantó.

—Ya que hablas de discursos, oh Demóstenes, me parece que éste ya lo pronunciaste hace tres años, cuando Hermias estaba a punto de ser ejecutado.

—¡Aplaudo tu memoria! —Demóstenes dio unas palmadas—. De hecho, desde entonces las cosas han cambiado muy poco, así que me gustaría repetir algunas partes de ese discurso. No para mis amigos, cuyo comportamiento es impecable, sino para ti, Demades, y para tu gente. Para Eubolo. ¡Para todos los que siguen soñando! ¿Será eso malo para Filipo o bueno para los de la ciudad? Si Filipo, decidido a jugarse el todo por el todo, coge las armas y avanza mientras nosotros permanecemos aquí sentados discutiendo sobre nuestros derechos sin hacer nada, entonces chocarán hechos contra palabras, y todo dependerá de lo que hagamos, no de lo que propongamos. Pero nuestra acción no es apta para defender a alguien que ha sufrido una injusticia. Por eso los hombres de las ciudades se han dividido en dos partidos. Los unos rechazan ejercer el poder sobre otros o someterse al yugo de otros; desean llevar su vida política en libertad y según las leyes que corresponden al principio de igualdad. Los otros ansían el dominio y están dispuestos a depender de otro si creen que con ello pueden alcanzar sus objetivos. La gente que está del lado de Filipo y desea una tiranía y un gobierno déspota se ha impuesto en todas partes, hasta el punto de que ya no sé si queda alguna ciudad, aparte de Atenas y de Tebas, en la que se siga ejerciendo la democracia.

—Creo que confundes las dos cosas —dijo Demades—. Democracia y Demostenocracia.

Demóstenes rió con los demás; después continuó:

—Aquellos que ejercen la política bajo el influjo de Filipo tienen por única acción política el hablar. En primer lugar y en la mayor parte de los casos, porque estando dispuestos a dejarse sobornar por dinero, cuentan con un capitalista que satisface sus propios intereses; y en segundo lugar, aunque no es menos importante, porque siempre que lo necesitan tienen a su disposición un ejército con el que doblegar a sus adversarios. Nosotros, en cambio, parece que hemos bebido algún licor embriagador. Por eso tenemos tan mala fama que algunos de los estados más expuestos al peligro discuten con nosotros por la hegemonía, otros por el lugar de las asambleas comunes, y algunos otros hasta han decidido que prefieren tomar sus propias medidas defensivas, antes que hacerlo con nosotros.

—Te refieres a Calcis. —Demades jugueteaba nervioso con la punta de su túnica—. Pero deformas los hechos. Ellos preferían luchar a nuestro lado, pero como aliados del mismo rango, no como nuestros... no como tus criados obligados a pagar tributos.

—Pero existen algunas personas que, antes incluso de que se terminen de discutir los problemas, preguntan sin más: «¿Qué hacemos, pues?» Y no porque deseen hacer algo, sino porque quieren librarse del orador. A pesar de ello, es necesario que os diga qué tenemos que hacer. Debéis convenceros firmemente de que Filipo ha roto la paz y está haciendo la guerra contra la ciudad, y de que es hostil a toda la ciudad, a su suelo y también a los dioses, a los que le gustaría destruir. Filipo sólo lucha contra el estado liberal, y sus intenciones y aspiraciones no tienen más objetivo que aniquilarlo.

—Por eso —gritó Demades entre los aplausos—, por eso siempre está ofreciendo la paz y la igualdad. Por eso perdona a los prisioneros atenienses y los deja en libertad.

—Filipo quiere la hegemonía; en cada uno de vosotros ve a un rival.

Pero si supone que tenéis la mente clara, por fuerza tendrá que concluir que lo detestáis. Y sabe muy bien que, aunque llegue a dominar a todos los pueblos, nunca estará seguro mientras vosotros guardéis la democracia, pues en caso de que algo lo derribara (y existen muchas posibilidades cuando se trata de derribar a un solo hombre), todo lo que ahora se mantiene unido por la fuerza se volverá hacia vosotros y buscará refugio entre vosotros. Pues podéis resistir a los hambrientos de poder y ayudar a todos los hombres a conseguir la libertad. Por eso Filipo no quiere que vuestra libertad interfiera en sus intereses.

»En primer lugar, debéis considerarlo un enemigo irreconciliable de nuestro estado liberal y de nuestra democracia; en segundo lugar, debéis tener claro que todo lo que Filipo está haciendo ahora, se dirige contra nosotros. Así pues, adaptaos a la manera en que Filipo hace la guerra: dad dinero y todo lo que haga falta a los que se ocupan de la defensa, pagad impuestos de guerra, hombres de Atenas, y procuraos un ejército, veloces navíos de guerra, caballos y todo lo necesario para el combate. Pues la manera en que estamos haciendo las cosas es verdaderamente ridícula; creo que el propio Filipo desearía que la ciudad actuara siempre como lo hace ahora.

»Si alguien opina que eso requiere mucho dinero, mucho esfuerzo y mucho trabajo, tiene toda la razón. Pero que considere las consecuencias que amenazan a nuestra ciudad si no lo hacemos, y descubrirá que tiene sus ventajas cumplir nuestros deberes libremente. Lo que un hombre libre llamaría coerción no es algo nuevo, sino que existe desde hace mucho tiempo, y debemos rezar para no caer nunca en la vida coartada de los criados. ¿Que cuál es la diferencia? Que para el hombre libre la mayor coerción trae un sentimiento de vergüenza por lo ocurrido, y no sé citar nada peor. En el criado, en cambio, trae golpes y castigos físicos. Pero eso no puede ocurrir; el sólo hecho de mencionarlo ya es indigno de por sí.

Demades comenzó a aplaudir fuerte y lentamente.

—Muy bien, noble Demóstenes, es indigno mencionarlo. Mucho mejor es dejar las palabras grandilocuentes al asegurar esclavos, castrar muchachos y aceptar oro persa.

Lo abuchearon. Demóstenes no le hizo caso. Cuando el ambiente se calmó, dijo:

—Oro persa, correcto. Oro de aliados. Nada necesita más nuestra ciudad para enfrentar los próximos acontecimientos, que dinero. Se han dado algunas circunstancias afortunadas; si las aprovechamos correctamente, podemos tener éxito. Pues los hombres en los que confía el Gran Rey y a los que tiene por sus bienhechores, odian a Filipo. A nuestros embajadores sólo les queda explicar al Gran Rey, de la manera más complaciente posible, que aquel que nos agravia a ambos debe ser castigado por ambos, y que el rey de Macedonia será mucho más peligroso para él si antes nos ha derrotado. Pues si nos ocurre una desgracia, Filipo marchará inmediatamente sobre Persia.

—Y en eso deberíamos ayudarlo —gritó Demades—. Antes de que nos ocurra una desgracia.

—Veo que alguno teme al señor de Susa y Ecbatana y afirma que es enemigo de la ciudad, a pesar de que antes la ha ayudado a salir de una situación difícil y ahora también ha ofrecido su ayuda. Por otra parte, veo que el mismo hombre se expresa de otra manera sobre el azote de los helenos, al que tenemos a la puerta y se está haciendo cada vez más fuerte.

»Os habéis apartado del principio básico que os legaron vuestros antecesores, y la gente que impulsa esa otra política os ha metido en la cabeza que es inútil y vano estar en la cumbre de la Hélade y poseer un ejército fuerte con el que ayudar a quienes sufren injusticias. La consecuencia es que otro asume la posición que os correspondía a vosotros y se hace rico, poderoso y amo de todo, y con razón, pues se ha apoderado de un honorable, grandioso y orgulloso privilegio, que durante muchos años se han disputado las ciudades más importantes.

»Si veis la abundancia de mercadería y la oferta de comestibles de nuestro mercado y opináis por ello que la ciudad no se encuentra en una mala situación, estáis haciendo un juicio equivocado. Pues con esa medida sólo se puede juzgar si un mercado o una fiesta popular están bien provistos. Pero una ciudad, a la que Filipo ve como su único rival y líder de la lucha por la libertad de todos, no puede medirse por su oferta de mercadería; hay que juzgarla considerando si puede o no construir sobre la lealtad de sus aliados, y si es fuerte o no. Pero estas cosas os parecen inseguras y no tienen muy buen aspecto.

—¿Por qué tendría la ciudad que ser más hermosa que tú, que la has configurado? —dijo Demades—. En cuanto a la lealtad de los aliados... ¡si los tratas como criados! ¡Tus palabras no tienen sentido, Demóstenes!

Demóstenes enseñó los dientes.

—Cada vez que se discute nuestra relación con Filipo hay alguien que se levanta y dice que no digamos cosas sin sentido, que no pidamos la guerra, que «tales personas quieren quitaros vuestro dinero» y otras cosas por el estilo. Pero yo soy de la opinión de que no debemos considerar los gastos que exige nuestra salvación, sino las consecuencias que traería evitarnos esos gastos. ¿Por qué dicen que son belicistas quienes aconsejan que no renunciéis a lo vuestro? Porque quieren cargar la culpa de las adversidades que trae la guerra a aquellos que quieren aconsejaros lo mejor, y considerad que es inevitable, sí, inevitable, que la guerra acarree muchas miserias. Creen que si resistís unánimente a Filipo lo venceréis, con lo que ellos perderán la oportunidad de dejarse comprar por el macedonio.

Eubolo se levantó, pero no pudo decir nada a causa del griterío; levantó la mano y volvió a sentarse.

—Filipo no quiere apoderarse de vuestra ciudad, no, quiere destruirla. Sabe que vosotros no viviréis en la servidumbre ni os someteréis a su dominio, pues estáis acostumbrados a dominar; sabe que le daréis más dificultades que ningún otro. Por eso no os perdonará la vida. Debéis ser conscientes, pues, de que es una lucha a vida o muerte, y debéis apalear sin piedad, y a ojos de todos, a aquellos que se han dejado sobornar por Filipo; pues será imposible, sí, imposible, vencer al enemigo extranjero si no podéis llevar las riendas dentro de la propia ciudad.

Demóstenes esperó, con la cabeza ligeramente echada hacia atrás, los ojos entreabiertos y una sonrisa de despreocupación en los labios. Cuando disminuyó el barullo, volvió a levantar los brazos.

—Toda esta cháchara no conduce a nada. Queremos hechos. ¡Queremos hechos! Hipérides, nuestro querido amigo y bienhechor, propuso hace unos días reforzar el poderío militar de Atenas. Es un derecho, un precioso privilegio de los ciudadanos, luchar por su ciudad. Hipérides dijo que había que reflexionar y considerar si en esta época de importantes decisiones acaso se debía extender el derecho de ciudadanía a los forasteros de otras regiones helenas que viven entre nosotros. En otras palabras, Eubolo propone armar a los metecos y, en un caso de extrema necesidad, liberar y armar a los esclavos. Yo os digo: ¡no! ¡Nada de eso! ¡Nosotros, unidos con los valientes tebanos, haremos polvo la arrogancia del macedonio! Además, ciudadanos de Atenas, somos bastantes hombres. Nosotros, los ciudadanos libres, sin extranjeros ni esclavos. ¡Pongámonos en marcha! ¡Unámonos a los otros, que ya han partido a la batalla! ¡Terminemos esto de una vez! ¡Decidamos rechazar las infames propuestas de Filipo! ¡Hagamos que se impongan el derecho y la virtud! ¡Decidamos que ahora, tras la juventud, también los mayores marchen hacia la victoria y la gloria! ¡Llamemos a filas a todos los ciudadanos menores de cuarenta y cinco años capaces de portar armas! ¡Seamos libres, grandes y honorables! ¡Venzamos! ¡Esta es la moción de Demóstenes!

La asamblea estalló en gritos, aplausos, patadas contra el suelo. De todas partes venían hombres a dar unos golpecitos en la espalda a Demóstenes, a tocar su traje, a estrecharle la muñeca. El viejo portavoz del Consejo levantó los brazos, pero tuvo que esperar un rato hasta que volvió la calma.

De pronto Demades se levantó y se inclinó hacia el orador, que estaba a punto de gritar solemnemente «La moción de Demóstenes», para empezar la votación. Demades se dirigió al lugar donde se encontraba Demóstenes. La Asamblea se sumió por fin en el absoluto silencio. Demostenes, desconcertado y lleno de desconfianza, miró a Demades.

—Sólo tengo que decir una cosa, amigos, atenienses, hombres valientes y ciudadanos diestros en el arte de la guerra. Como todos vosotros, estoy muy emocionado. No creo que hoy y aquí sea sensato presentar una moción distinta a la de Demóstenes.

Demóstenes hizo una mueca de malestar.

—¿Qué estás tramando, miserable? —masculló.

—Por eso sólo quiero añadir una cosa, pedir una cosa. Sí, marchemos todos a la guerra, peleemos juntos, venzamos juntos o, si los dioses así lo quieren, muramos juntos en el honor y la gloria. Pero hagamos algo más: completemos la moción de Demóstenes para que sea realmente completa. Nadie ha de decir que los ancianos del Consejo no han tenido la oportunidad de medirse en virtud y fuerza con la juventud. ¡Llamemos a filas a todos los atenienses capaces de portar armas menores de cincuenta años! Y llenemos las arcas de guerra de la ciudad, para que todo pueda prepararse de la mejor manera posible. ¡Intervengamos no sólo con oro de Artajerjes, sino con nuestro propio oro y plata! Demóstenes, en su modestia, ha olvidado mencionar que él desea colaborar con diez talentos de oro. Yo no tengo tanto dinero, pero con gusto daré tres talentos de plata para comprar armas, víveres y hierbas medicinales. Esto era lo que quería añadir a la moción. ¡Ahora votemos la moción de Demóstenes!

El portavoz repitió estas últimas palabras; la votación fue casi unánime. En medio del barullo, de la efervescencia, de los gritos, Demóstenes se volvió hacia Demades, con cara de pocos amigos.

—¡Pedazo de...! ¿Qué te has creído?

Demades se llevó un dedo a la nariz.

—Hace unos días no tuve ocasión de felicitarte por tus cuarenta y seis años. Y por casualidad me he enterado de que los persas no sólo han regalado oro a Atenas, sino también a uno de sus ciudadanos más nobles.

14
QUERONEA

Con veintiséis años, Emes ya era uno de los veteranos, de los que había muchos. Unos cuantos estaban sentados alrededor de las pocas hogueras, hablando en voz baja con los centinelas, que salieron de la oscuridad, bebieron un trago de agua con muy poco vino y siguieron su ronda. Cerca de allí, unos oficiales repasaban una vez más las instrucciones de los estrategas o discutían el número exacto de pasos que había entre determinados puntos del campamento y determinados puntos del campo de batalla.

Emes estaba en cuclillas a unos dos brazos de la hoguera. A pesar del nerviosismo reinante, al atardecer se había acostado y había dormido, para asombro de los soldados más jóvenes. Recordó las vísperas de sus primeras batallas, cuando tampoco él podía dormir, aun cuando por entonces no participaba como soldado, sino únicamente como afilador de lanzas y mozo de cuadra de Parmenión. En aquellos tiempos recibía dos óbolos diarios, además del rancho del campamento, muchas experiencias, peligros, trabajo duro y la sensación de pertenecer a una gran comunidad. Había visto a Parmenión y a Filipo reconstruir el ejército después del caos, la derrota, la lluvia y el levantamiento de Aloro, y aniquilar al año siguiente a los focenses. Al cabo de otro año terminó su servicio con Parmenión. A los catorce años, ya desarrollado físicamente y lleno de ambiciones, empezó la instrucción para hoplita; entonces recibió tres óbolos diarios y las armas pesadas de los soldados de a pie, pero también su pesado bagaje. Entretanto, y después de vencer la oposición de algunos príncipes, el rey, Parmenión y Antípatro habían introducido ciertos cambios. Las unidades ya no se formaban únicamente según el lugar de procedencia de los soldados, y los oficiales ya no eran nombrados por los príncipes de las respectivas regiones, sino por el estado mayor; además, todas las unidades eran provistas del mismo armamento. Antes los soldados llevaban sus propias lanzas, espadas y corazas o las compraban, de su propio sueldo, a artesanos y fabricantes. Filipo consideraba más eficaz y barato tener en el ejército una unidad de herreros, fabricantes de lanzas, talabarteros y otros especialistas que, a cambio de una paga, fabricaran armas siguiendo unas normas uniformes. En compensación, redujo un tanto los sueldos de los soldados, ya que estos no tenían que gastar en comida ni en armas.

Sin embargo, las soldadas aumentaban de tanto en tanto, como la fuerza combativa. La parte más importante de la instrucción la constituían las eternas escaramuzas fronterizas contra ilirios, peonios y tracios. En ellas participaban especialmente los novatos, capitaneados por oficiales experimentados y a menudo con el apoyo de mercenarios del sur. Con frecuencia había oportunidad de realizar minuciosos saqueos.

Cuando llevaba un año como hoplita, Emes cobraba cuatro óbolos. Siguieron la guerra de Olintia, la campaña de Calcídica, la marcha sobre la Hélade y la no intervención en las Termópilas. Y también las marchas forzadas, los desconcertantes pretextos de Filipo. Esa noche Emes comprendió, con cierta sorpresa, que el día siguiente tendría lugar en los campos de Queronea la primera batalla auténtica —sin contar escaramuzas y refriegas fronterizas— a la que debería hacer frente el ejército en pleno desde que, trece años antes, aniquilara a los focenses en el campo de azafrán.

Los grandes éxitos que acabaron por transformar el mundo heleno se habían conseguido, casi siempre, gracias a la astucia, el oro, las marchas forzadas y las retiradas sorprendentes. O gracias a ataques como la marcha de Antípatro sobre Epiro, cuatro años atrás. Había sido un ataque demasiado rápido y violento para que el rey Aribbas pudiera reforzar, antes de que fuera demasiado tarde, las fortificaciones fronterizas. El rey fue depuesto y su lugar ocupado por su sobrino Alexandros.

Emes pensó en los días tranquilos que había pasado de servicio en la fortaleza de Beroia, en dos o tres mujeres, en el dracma que ahora cobraba cada día, pero que tampoco alcanzaría para dar de comer a una familia. Una familia que no quería tener; perder a la suya en las montañas ya había sido suficiente. Emes amaba esa vida y no deseaba otra: las hogueras y los otros soldados, las noches en vela, las marchas, las risas, las canciones y si hacía falta, lo más tarde posible, una muerte gloriosa en una gran batalla, como agradaba a los dioses.

Alguien le puso una mano en el hombro. Emes levantó la mirada y vio la cara de Cleito el Negro.

—¿No estás pensando, verdad, Emes?

Emes rió.

—Estoy recordando el futuro.

—Bien hecho —dijo Cleito, esbozando una sonrisa—. Los soldados que piensan antes de la batalla no valen para mucho. Pensar cansa. —Siguió andando.

Cleón, que también estaba en esa unidad desde Olinto, se desperezó y refunfuñó:

—Como si para cansarse hiciera falta pensar. Hombre, cuando todo esto haya pasado, comeré hasta reventar. Creo que esos del otro lado tienen mejor pienso que nosotros. Jamón ático, vino, ríos de vino sin diluir. Es una verdadera lástima tener que ayunar tres días.

—Jamón —dijo Emes en voz baja—. Higos. En el Cefiso hay peces. —Le gruñó el estómago; rebuscó en la bolsa y se llevo a la boca medio puñado de trigo—. Es mejor esto que tener ganas de cagar en mitad de la batalla, ¿eh?

—¿Cuánto tiempo crees que nos tomará? —preguntó Cleón—. ¿Una hora, dos? Más no, haría demasiado calor.

—Tal vez esos del otro lado estén diciendo lo mismo sobre nosotros.

Cleón escupió.

—Olvídalo. Filipo, Parmenión, Alejandro... ¿Quién podría vencernos? Yo estuve cuando el chico intervino por primera vez, allí arriba, contra los tracios. Como un veterano. Ninguna duda, ninguna vacilación, y nunca «Avanzad», sino siempre «Seguidme». —Soltó una risita—. A lo mejor por eso lo hicimos tan bien; tuvimos que subir rapidísimo, para ver que no le pasara nada. Y, además, siempre es amable, no como algunos encopetados.

—Yo me pregunto otra cosa. ¿Cómo hace para oler siempre tan bien?

Cleón se encogió de hombros.

—Probablemente se lava más a menudo que tú. En caso de que los dioses necesiten lavarse.

—¿Dioses?

—Sí, casi. —Contuvo una risita—. Estamos bien, ¿eh? Hasta podemos elegir a los dioses. Y prefiero a estos que a ese grupito del Olimpo. Ninguno de esos ha estado a nuestro lado cuando ha hecho falta.

Mucho antes del amanecer, el campamento empezó a moverse. Filipo, Alejandro y Aristandro, rodeados por la mayoría de los oficiales y por muchos soldados, sacrificaron la ofrenda a los dioses; una piedra blanca y plana, cercana a la tienda del rey, hizo las veces de altar.

La llanura empezó a iluminarse lentamente; del suelo húmedo y las corrientes de agua subían velos de niebla. Filipo se dirigió al tuerto:

—¿Sabes lo que tienes que hacer? Ahora ve.

Antígono levantó la mano y llamó con una seña a los suboficiales de la infantería ligera; abandonaron el campamento.

Sólo unas millas arriba de la desembocadura del Cefiso en el lago de

Copes, el río corría hacia el sureste, rozando las faldas del Acontión, escarpado y desprovisto de vegetación. Una parte del campamento macedonio se encontraba en una de las explanadas más bajas, donde el terreno era seco y casi plano. Hacia el oeste, la montaña se achataba. La estrecha franja de la orilla empezaba justo al pie de la pendiente. Al frente desembocaban tres arroyos, que bajaban de las montañas que se alzaban al sur de la llanura. Uno de ellos traía la basura de la ciudad beocia, que se extendía en una estribación de la cordillera. Los otros dos nacían en valles abiertos al este del poblado.

Al otro lado del río había una pequeña aldea, que probablemente los lugareños conocían con el nombre de acrópolis. Allí los atenienses y tebanos habían alojado a su plana mayor. Los dos grandes campamentos militares se encontraban junto a los otros dos arroyos que salían de las montañas: primero el de los atenienses, a orillas del Hemón; después el de los tebanos y los otros beocios, a orillas del arroyuelo llamado Molo. El arroyo que vertía en el Cefiso los desperdicios de Queronea no tenía nombre; o ninguno de los exploradores y prisioneros lo conocía.

La niebla empezó a despejarse. A lo lejos, sobre el lago de Copes, el cielo empezaba a teñirse de rojo. Ya había suficiente luz para reemprender los trabajos dejados a medias la noche anterior. Coino y uno de los jóvenes compañeros de Alejandro, Laomedón, pusieron a trabajar a los esclavos y a los prisioneros capturados en los últimos meses. Los desagües de las letrinas se alargaron hasta el río; los carpinteros y unos pocos heridos leves, que no tomarían parte en la batalla, levantaron una valla baja, con amplios maderos para sentarse.

Filipo subió a una saliente rocosa de unos diez hombres de largo, que descollaba por encima del campamento; hizo una seña a Parmenión y Alejandro para que lo siguieran. Alejandro miró hacia atrás y vio a Pérdicas, de pie junto a la hoguera más cercana. Se había puesto el peto pero aún no se lo había atado; sus dientes blancos brillaban en la penumbra.

Filipo contempló la niebla, que empezaba a disiparse lentamente, convirtiéndose primero en neblina y, en algunos lugares, en un juego de velos y estrías. Los duros y bien instruidos soldados macedonios, la caballería tesalia, los refuerzos ilirios y tracios, la tropa de élite de los mercenarios, todos ellos sabían que no era bueno comer en abundancia antes de una batalla; ardían pocas hogueras; no se cocía ni asaba nada. Al otro lado del valle, en cambio, numerosos puntos brillaban a través de la niebla; aquello parecía estar plagado de hogueras.

—Se cagarán encima —dijo Parmenión, que había seguido la mirada del rey.

Filipo no había dormido. Su rostro marcado estaba sereno; sólo alrededor de los ojos se advertía aquella expresión de pesar que Parmenión tan bien conocía.

—¿Les he hecho suficientes ofertas? —dijo Filipo, en voz baja.

Parmenión miró a Alejandro, como si quisiera empujarlo con los ojos hacia Filipo. Alejandro asintió con un movimiento casi imperceptible y puso una mano sobre la espalda de su padre.

—Más que suficientes. Alianzas, igualdad de derechos, paz; lo has ofrecido una y otra vez, padre. Cuando quisieron plantear batalla en las Termópilas, los evitaste. No han comprendido; han despedido a tus emisarios. Lo que hoy sucede allí abajo no es tu batalla, hasta ahora, sino la de Demóstenes. Pero será tu batalla. Nuestra batalla.

El rostro de Filipo se iluminó un tanto.

—Lysicles está al mando. No es gran cosa. Cares ha fracasado tantas veces en el mar, que lo han subordinado al otro. Son superiores... en número.

Parmenión silbó ayudándose de los dedos. Luego, su voz resonó sobre el campamento:

—Cleito, Filotas, ¡aprontad todo!

—¿Seguimos pensando lo mismo que ayer? —preguntó Filipo al tiempo que se pasaba la mano por el ojo izquierdo.

—Harán lo que tú esperas, sin duda. —Parmenión se dio un manotazo en el peto—. ¿Vale el despliegue acordado?

Alejandro calló, a la espera; Filipo se rascó la nuca.

—¿Hijo?

Alejandro miró hacia el otro lado del valle; entre las hogueras se advertía movimiento, pero la niebla era era muy densa.

—Los atenienses junto a las colinas de Queronea, los tebanos y beocios en dirección al río —dijo lentamente—. Los mejores, la Tropa Sagrada de Tebas, en el flanco, a orillas del río. Ellos dirigirán el ataque; los otros retrocederán, más bien con cautela.

—Los campamentos... —Filipo murmuró algo incomprensible—. A menos que cojan el camino más largo: los atenienses del campamento superior hacia el río; los tebanos, del inferior hacia arriba. ¡Ah, si Parmenión estuviera del otro lado...!

Pamenión rió.

—Entonces ya habrías perdido, Filipo. Puedes estar seguro.

Filipo resopló. Escucharon las voces de los oficiales, el sonido de las armas y armaduras. En algún lugar relincharon unos caballos. Sudor frío, olores nocturnos, el vaho de las letrinas mezclado con el humo de las escasas hogueras. Demasiado poco para dar a la mezcla la acidez de costumbre. Después el aroma del vino caliente aromatizado con hierbas. Hefestión se acercó con una gran jarra. Bebieron hasta vaciarla; Hefestión la cogió otra vez, sonrió apenas y bajó del peñasco.

Filipo se secó la boca y respiró hondo.

—Haremos las cosas de manera un poco distinta a como las hablamos ayer. Un par de modificaciones. —Señaló hacia la otra pendiente, donde empezaba a dibujarse la silueta de la aldea de Queronea—. Parmenión. Tú llevarás a los mercenarios, como habíamos decidido, al grueso de los hetairos de a pie y al grupo más reducido de los tesalios. Yo... a los otros hetairos de a pie y a los bárbaros.

Parmenión tomó aire por entre los dientes, siseando.

—¿El flanco derecho?

Filipo se volvió hacia su hijo.

—Tienes que tener buen ojo, fuerza y calma, Alejandro —le dijo—. Te confío lo que hasta ayer iba a corresponderme a mí. Tú te encargarás del resto de los tesalios y de la caballería de hetairos. El flanco izquierdo. Es tu batalla. —Puso las manos sobre los hombros de su hijo, con los dedos extendidos.

Alejandro miró el rostro fiero, rudo, de Filipo. Muy lentamente levantó los brazos y puso las manos sobre los hombros de su padre.

—Nuestra batalla —dijo con voz ronca—. Tú eres el yunque, tú atraerás el ataque de los atenienses, que de lo contrario probablemente no atacarían. Parmenión tiene el centro. Yo atacaré... contra la Tropa Sagrada, que, a su vez, piensa atacar. ¿Es así?

Los dedos de Filipo por fin se doblaron, apretaron, se clavaron en los hombros de Alejandro.

—Tú eres el martillo, Parmenión el brazo, yo el yunque. Así es. ¡Vamos!

Alejandro lo cogió con fuerza.

—Te doy las gracias, rey de Macedonia. Tú y Parmenión habéis forjado la espada; yo estoy orgulloso de poder blandirla.

—Mantener el centro, ¿eh? —gruñó Parmenión—. Si fuéramos atenienses no me atrevería, pero con nuestros hombres... Un buen plan, viejo amigo. —Sonrió y dio media vuelta para irse. Por encima del hombro dijo—: ¿Y quién contará los huesos?

En las colinas ya habían comenzado las refriegas de las avanzadillas de infantería. A la derecha, a orillas del río, marchaba lo más granado del ejército tebano. Cuando los atenienses abandonaban el campamento, Demóstenes se encontró de repente junto a Demades. Frente a ellos, junto a ellos, detrás de ellos, marchaban miles de compatriotas; por las brechas, que aún había que cerrar, vieron a lo lejos la terrible falange, el núcleo del ejército macedonio. Sabían que eran miles de soldados, dieciséis filas bien escalonadas; sabían que sólo las tres primeras filas enristrarían las largas lanzas cuando cargaran, como una pared impenetrable, de hierro y muerte.

—El suelo está húmedo —dijo Demades mirando a un lado. Luego volvió a mirar al frente y observó que los rayos diagonales del sol de la mañana se reflejaban en las puntas de las lanzas macedonias.

—Muy interesante. ¿Y?

Demades lo miró de reojo.

—No habrá polvo; lo podremos ver todo. O nada, si estamos dentro. Cuando el sol se levante un poco más, despejará la niebla.

Empezaron a avanzar más despacio. Un oficial ateniense de baja graduación los increpó desde atrás:

—Vamos, vamos, cerrad filas. —Entonces los reconoció—. Lo siento... pero...

Demóstenes abrió la boca. Demades se le adelantó:

—Es tu deber, lo sé. Nosotros obedecemos como cualquier ciudadano capaz de portar armas.

Demóstenes gruñó algo sobre la democracia. Algo tintineó. Demóstenes se detuvo, se sacó los guijarros de la boca, los contempló con expresión de malhumor y los metió en la bolsita que llevaba bajo el peto.

Demades sonrió con ironía.

—Deberías dejártelos en la boca. De lo contrario, los macedonios no te entenderán cuando les supliques clemencia.

Demóstenes torció el gesto. Siguieron avanzando en silencio. Frente a ellos se cerraron las filas. Estaban casi en el centro de la formación; a la derecha, no muy lejos de allí, se alineaban los aliados beocios. Alguno de ellos empezó a cantar, dos o tres voces lo siguieron; se trataba de una canción satírica contra alguien, quizá un soberano, muy antigua y seguramente modificada una y otra vez con el paso de las décadas. Más adelante, una voz trémula imploraba a los dioses que le concedieran virtud, gloria y muerte; la voz se quebró en una especie de sollozo. Olía a miles de hombres que llevaban a sus espaldas una larga marcha y muchas noches durmiendo en mantas sucias, sin poder lavarse. Olía a sudor, a hierro, a miedo.

El oficial había seguido avanzando; ahora estaba junto a un hombre, que se inclinó hacia adelante y vomitó, ahogándose y chillando. El yelmo, mal atado, resbaló de su cabeza y cayó en el charco. El quitón corto que llevaba bajo el peto se tiñó de marrón; un líquido parduzco le corría por las piernas.

—Demasiado vino —dijo con voz ronca—. Dioses... demasiado vino. —Se enderezó, asintió con la cabeza cuando el oficial le dijo algo, se colocó bien el yelmo y siguió avanzando.

—Un hombre valiente —murmuró Demades—. Mucho más valiente que algunos que van a la batalla con una canción y una sonrisa en los labios. El que vence el miedo, también puede vencer al enemigo. El que no tiene miedo, probablemente es imbécil.

Demóstenes refunfuñó.

—¿Por qué tengo que estar precisamente a tu lado, escuchando esas cosas?

Demades se dio unos golpecitos en el yelmo con la punta de su lanza. Era un yelmo sencillo, sin ningún adorno; el de Demóstenes, por el contrario, lucía varios adornos de bronce bañado en oro.

—Tendrás que oír muchas cosas más. Gritos de muerte, Demóstenes; los aullidos de los heridos. Para no hablar de los lamentos de las viudas y huérfanos. ¿Tu primera batalla?

—La primera fue hace diez años. Y hace tres años estuve en Eubea.

—¿Hace diez años? ¿Cuando Filipo siempre se escapaba y no quería presentar batalla? ¿Y en Eubea? ¿Cuando entramos en un par de ciudades que nos abrieron voluntariamente las puertas? —Demades chasqueó la lengua—. Muy divertido.

Débil, pero audible, les llegó desde la derecha algo que en su lugar de origen debían de ser las notas de un canto rítmico. Demóstenes volvió la cabeza y prestó atención.

—Los juramentos de los enamorados —dijo Demades—. Las parejitas de la Tropa Sagrada. Siempre lo hacen. Ningún enemigo ha de pasar ileso entre nosotros... etcétera.

La marcha había terminado. Más de treinta mil atenienses, beocios y tebanos estaban frente a unos veinte mil macedonios, aliados y mercenarios. Un silencio casi solemne se extendió sobre el llano. Entonces chilló un *salpinx*, al que siguieron otros. Ordenes roncas, rugidas. Un par de estafetas a caballo galoparon a lo largo de la retaguardia ateniense. Avanzó el ala izquierda, después el centro; el limpio orden de la formación se rompió cuando las filas y columnas empezaron a moverse. Desde las colinas que se alzaban a la izquierda, donde los soldados de armamento ligero de ambos bandos hacía mucho que habían comenzado la lucha, salieron volando nubes de proyectiles; una lluvia de piedras y trocitos de metal arrojados con hondas se descargó sobre el flanco izquierdo ateniense. Cayeron los primeros hombres. Ayes, más órdenes, el intento de proferir un grito de guerra.

—¿Los has visto? —dijo Demades, que permanecía junto a Demóstenes en una de las últimas filas atenienses. Ambos miraban hacia adelante, donde se abrían cada vez más brechas al avanzar—. No me gusta. Están demasiado tranquilos. No tendríamos que haberlo hecho, ¿sabes? Helenos contra helenos... como de costumbre. Ah, sí. La sopa que estás preparando desde hace veinte años...

El avance de los atenienses se detuvo, intentó continuar, volvió a detenerse. El ala izquierda aleteaba, por así decirlo, bajo la lluvia de flechas y piedras que llegaba desde las colinas. Lysicles, que estaba al mando del ejército ateniense, envió estafetas a caballo; volvieron a sonar las cornetas. En el ala izquierda, algunas filas de hoplitas cambiaron de dirección y cargaron sobre las colinas, para reparar el daño que estaba causando la infantería ligera macedonia; los hombres que ocupaban las últimas filas tuvieron que correr hacia adelante y los lados para cerrar las brechas.

Las unidades macedonias permanecían inmóviles bajo el sol de la mañana; no se oía ningún ruido, ninguna llamada, ningún grito. De prontó, empezó un movimiento fantasmal, preciso, en el centro, donde al parecer se encontraban los soldados de armadura pesada, el núcleo de la tropa. Las tres primeras filas enristraron las lanzas. Una pared de púas de hierro sujetas a astas de seis o siete pasos de largo salió al encuentro de atenienses y beocios; una pared que los atenienses tendrían que teñir de rojo con su propia sangre si pretendían acercarse lo bastante al enemigo para emplear contra él sus lanzas y espadas. El avance se detuvo.

Entretanto, el sol había recorrido la mitad de su camino hacia el cenit; un denso vaho se elevaba del suelo húmedo y revuelto por un sinfín de pies. Demóstenes entrecerró los ojos. Los macedonios no se hicieron invisibles. Aunque el vaho era demasiado fino para ocultarlos, de pronto se habían difuminado como espíritus, sin llegar a ser del todo vagos. Entonces, siempre sin ruido y con movimientos uniformes, el ala derecha macedonia avanzó sobre el flanco izquierdo heleno. El choque de las primeras filas hizo temblar el suelo, desgarró el aire, oscureció el mundo. Gritos de guerra y gritos de muerte, los aullidos de los mutilados, el fragor de hierro contra hierro, un trueno sordo en cada lanza que chocaba contra un escudo, y el olor penetrante de sangre, sudor, mierda, miedo y ansia, todo ello aturdió a los hombres de las últimas filas, que aún no podían ni debían intervenir.

Algo pareció ocurrir adelante, algo favorable a los aliados. Demades tropezó con un muerto, se levantó. Siguieron avanzando. El suelo estaba cubierto de armas y cadáveres, de atenienses gemebundos y pisoteados. Demóstenes pisó el pecho de un macedonio caído, se tambaleó, consiguió mantenerse en pie.

—Oh, los pies —gimoteó.

Demades hizo una mueca de malestar.

—¿Qué pasa?

Demóstenes estaba saltando en un pie.

—Un... guijarro.

—¿Es que te chupas los dedos de los pies?

Demóstenes gruñó, siguió saltando, se dejó caer a tierra.

—¿Dónde quedó tu moción? —le gritó Demades por encima del hombro.

Demóstenes levantó la mano, se quedó sentado, se quitó una sandalia. Se puso en cuclillas y, entre muertos y moribundos de ambos bandos, se cogió el pie. Sacó la bolsita que tenía bajo el peto, cogió los guijarros, los miró y se los llevó a la boca. Desenvainó lentamente la espada que llevaba al cinto, la puso a su lado, dejó la lanza en el suelo, entre dos cadáveres. El yelmo se lo dejó puesto.

No transcurrieron ni dos horas desde el primer choque hasta el final, hasta la catástrofe helena, la pesadilla y la huida. Hasta el triunfo, la embriaguez y el exterminio.

Cabalgaban por el llano, pasaron junto a varias divisiones que marchaban hacia sus posiciones. Parmenión iba callado; sus ojos estaban en todas partes. Aquí y allá hacía una seña a alguien o indicaba algo. Filipo rugía órdenes y gritaba palabras de aliento, bromas y obscenidades a algunos hombres, a los que siempre conocía por sus nombres. Alejandro buscaba con la mirada a algunos de sus compañeros, a los que quería ver o quizá sentir a su lado en la batalla. Al borde de un terreno pantanoso, donde el Molo se salía de su cauce, Filipo refrenó su corcel negro.

—Separémonos. Que los dioses te acompañen, hijo. Mi pensamiento lo hará... en la medida en que pueda dejar de pensar en otras cosas. —Estiró un brazo y tocó la mano de Alejandro. Con el mentón señaló a un grupo de hetairos a caballo—. Cratero, Laomedón, Meleagro, ¡venid conmigo!

—Pero... mis amigos.

—En la guerra no hay amigos, sólo importa lo que es más útil. —La voz profunda de Parmenión rechinó como una cuerda gastada pulsada con la uña.

Filipo sonrió.

—Ya lo has oído. En tu flanco necesitas ímpetu. Nosotros necesitamos a los de sangre fría, a los calculadores, a los que saben abrirse paso con los dientes.

Los oficiales jóvenes especialmente diestros, nobles y destacados, que no tenían una unidad propia, fueron reasignados. Parmenión se quejó cuando Filipo le quitó a Heromenes, Alexandros y Arrabeo para asignarlos a la tropa de escolta de Pausanias.

—Tú tienes a Attalo. —El rey hizo un guiño—. A ése y a los suyos no puedo ponerlos cerca de Pausanias, ¿eh?

Parmenión se mantuvo atrás. Cuando empezó la batalla, no atacó. Estaba sentado sobre su caballo, con la espalda muy derecha, detrás de la división central de las filas macedonias, rodeado de algunos oficiales superiores y estafetas a caballo. Observó, recibió mensajes, impartió a media voz órdenes parcas y precisas. Que el plan de Filipo tuviera éxito o no podía depender de que determinados movimientos no se hicieran ni un instante antes de lo necesario, pero tampoco ni un instante después.

La Tropa Sagrada de Tebas, los invencibles, los amantes, los héroes, eran respetados y temidos, eran los mejores, y estaban seguros de que nadie los atacaría. Siempre eran ellos los que atacaban, y siempre eran aquellos que se les enfrentaban quienes intentaban resistir el ataque, la mayor parte de las veces en vano. Ocupaban el flanco derecho de la formación helena, en el llano que se extendía a orillas del Cefiso, donde ninguna colina, ningún peñasco, ninguna estrechez podía disminuir su furia y movilidad.

A los hombres apenas si les importaban las cuestiones de rango. Ellos seguían a sus oficiales y no se preguntaban qué estratega quería tener a su lado a qué oficiales superiores y por qué motivos.

Emes vio que el hijo de Parmenión, Filotas, iba a pie, con armadura de hoplita. Se acercó a unos diez pasos del grupo, que formó filas casi automáticamente, y cambió unas palabras con uno de los suboficiales de más edad. Estaba bien tener cerca a Filotas, hijo del gran Parmenión y hetairo de Alejandro. Sin embargo, todos esos jóvenes eran algo especial. Todos eran veloces y nervudos, iban siempre adelante y eran más vivaces que la mayoría de los oficiales superiores; podían comer a dos carrillos y, oh Dioses, beber ánforas de vino sin desplomarse. Pérdicas, Cratero, Ptolomeo, Seleuco, todo el grupo; todos excepto Alejandro, que apenas bebía. Quizá, pensaba Emes, de niño había visto demasiadas veces borracho a su padre. Pues también en eso Filipo era el mejor de los macedonios.

Alejandro y los otros jóvenes debían de estar más a la izquierda; hacía un momento lo habían visto de lejos, y había sido como si una ola cálida inundara la formación, como si el sol, que sólo ahora empezaba a subir, se hubiera levantado antes de tiempo. Todavía harían falta dos o tres años para que todos esos muchachos se desarrollaran por completo, para que adquiriesen rostros auténticos y las necesarias marcas; podía decirse que ahora sólo se distinguían entre sí por el color del pelo. Pero eran muy buenos y dentro de un par de años serían incomparables. Cuando los soldados oyeron decir que Filipo dirigiría el ala derecha y confiaría a su hijo la caballería de hetairos, que normalmente capitaneaba el propio rey, sólo se oyeron murmullos de aceptación. Se enfrentarían a los mejores, a la Tropa Sagrada de Tebas, y ¿quién sino Alejandro y sus compañeros podrían vencerlos? Nadie dudaba que vencerían, a pesar de la superioridad numérica de los helenos aliados. Pero nadie dudaba, tampoco, que la victoria costaría mucha sangre.

En el ala izquierda de la sección de la falange, Emes era el segundo en la columna de dieciséis hombres, después de un oficial de bajo rango. Los mejores iban delante y detrás; en el centro se colocaban los más jóvenes. Al otro lado del río, allí donde parecía el lugar de reunión de atenienses y beocios, los helenos ya estaban formando. Emes no podía dejar de pensar en por qué Parmenión dividía la falange en varios grupos, pero no había dado con ninguna explicación cuando, de pronto, Filotas estiró la lanza y la cogió en diagonal.

Las columnas se detuvieron. Filotas dio media vuelta, examinó los rostros de la primera fila, asintió con la cabeza y sonrió.

—Estáis muy bien. ¿Habéis visto las eses que hacen nuestros amigos del otro lado? Me temo que han comido y bebido bastante bien; espero que nos hayan dejado algo. Cuando esto empiece, se cagarán en los taparrabos. Id con cuidado, no vayáis a resbalar. Y... simplemente quedaos quietos. Nada de avanzar, nada de cargar, sólo tenemos que mantener la posición. Del resto se encargarán otros. No vayamos a ganar la batalla nosotros solos. Filipo y Alejandro se lo tomarían a mal.

Señales de *salpinx* cortaron las risas. Los helenos empezaron a avanzar, titubeando, según parecía. Filotas levantó la lanza. Las tres primeras filas lo imitaron. Se hizo un silencio de muerte.

Alejandro cabalgaba al frente de la cuña; a su lado y detrás de él, Pérdicas, Ptolomeo, Seleuco, Hefestión, Erigio. La Tropa Sagrada, que no atacaba, sino que era atacada, vaciló y se abrió cuando la caballería tesalia y los hetairos macedonios arremetieron gritando, como poseídos por una furia ciega y monstruosa, penetrando y destrozando las filas contrarias.

En el flanco derecho, Filipo hizo avanzar sus tropas, al frente de las cuales iban los soldados de infantería; después dio la orden de retirarse lentamente. El centro de Parmenión, el ala derecha de su línea de combate, dirigida por Cleito y Coino, acompañó lentamente aquel movimiento hacia atrás, sin ceder realmente. La parte más fuerte de la falange, donde se encontraban Héctor, Nicanor y Filotas, no cedió un palmo de terreno.

La formación en diagonal que resultó de ese movimiento obligó a los atenienses que estaban frente a Filipo a extender demasiado sus filas a fin de mantener el contacto con el enemigo en retirada y, a la derecha, con los aliados beocios. En esa débil posición, avanzaron de repente tesalios y mercenarios: la falange de Parmenión se abrió para dejarles paso. El contacto de los aliados se rompió. Detrás de las filas atenienses y beocias, la caballería, ya abierta, topó con Alejandro y los catafractas, que habían aniquilado la Tropa Sagrada de Tebas y ahora atacaban por el flanco y por detrás al grueso de los efectivos beocios.

Por todas partes ardían hogueras, llamas invisibles bajo el sol del verano. Recogidos los víveres de los dos campamentos helenos, los macedonios estaban dando buena cuenta de ellos. Tras las penurias de las marchas forzadas, las comidas frugales, la contención de la mañana y el gran esfuerzo de la batalla, los soldados se entregaron a celebrar la victoria. Parte del equipamiento enemigo, los catres de los jefes atenienses, las mesas plegables y escabeles de los oficiales beocios, se convirtieron en leña de hogueras sobre las que giraban mitades de buey ensartadas en picas. Las tropas macedonias quedaron especialmente impresionadas por las grandes provisiones de vino de los aliados helenos.

Los esclavos y los prisioneros se encargaban de llevar a los heridos de ambos bandos al lugar donde tenían sus tiendas y herramientas los médicos macedonios y helenos, a los que Parmenión había dejado a las órdenes de Dracón al terminar la batalla; el lugar estaba cubierto en parte por la sombra de una saliente rocosa, en la ladera del Acontión, aunque más arriba que las letrinas. Allí el agua del Cefiso todavía era limpia.

Dracón estaba de rodillas junto a un hombre empapado en sangre, cuyo brazo izquierdo, horriblemente desgarrado y roto en varias partes, colgaba inerte de su hombro. El médico masticaba una brizna de hierba. En la mano tenía una espantosa sierra de dientes toscos, cubierta de costras y oxidada en varios sitios.

—¡Sujetadlo con fuerza!

Tres hombres apretaron al herido contra una mesa baja; un cuarto cogió el brazo, que se balanceaba por el borde de la mesa, y lo puso tirante. El soldado gritaba de dolor y de miedo, pero no podía desviar la mirada de la sierra de Dracón. De pronto se le dobló la cabeza; había perdido el conocimiento.

Erigio, Ptolomeo, Cleito, dos o tres escribas y varios oficiales sobrevivientes de la Tropa Sagrada caminaban por el lugar del campo de batalla donde la carga de caballería conducida por Alejandro había destruido el conjunto de los mejores tebanos. Las órdenes de Filipo eran muy claras y laboriosas: honrar a los muertos y compilar las listas de sus nombres.

Pausanias, al pie de una hoguera cercana a Queronea, se acercó al rey para informar de los muertos y heridos de la guardia personal; vio a Attalo, que estaba junto a Filipo, escupió y dio media vuelta.

Un gran número de helenos desarmados, entre ellos Demades, estaban sentados alrededor de cuatro hogueras, vigilados por arqueros cretenses y guardias macedonios. Uno de estos iba y venía mordisqueando medio pollo; la otra mitad estaba clavada en la punta de su lanza. Un grupo de esclavos, auxiliado por unos cuantos prisioneros, llevó a los helenos hogazas de pan, odres de agua, algunas vasijas con vino y cacerolas con caldo.

Filipo, Parmenión y Alejandro estaban cerca de allí, deliberando con un grupo de oficiales. Hefestión, con un trapo ensangrentado alrededor de la cabeza, se sentó sobre una bolsa de mantas, cruzó los brazos sobre las rodillas y apoyó la cara en el codo izquierdo. Un número cada vez mayor de macedonios se reunía en torno al rey, que de pronto dio unas palmadas y rugió:

—¡Silencio! —Sonrió. Mientras se acallaban las voces de los hombres, abrazó a Parmenión, que estaba de costado, viendo cómo arrastraban cadáveres de atenienses hacia un peñasco apartado; también allí había escribas y prisioneros que quizá conocieran los nombres de los muertos.

—Eso es todo lo que queda de la moción de Demóstenes —dijo Parmenión con voz ronca.

Filipo, que acababa de volverse hacia sus soldados, se quedó con la boca abierta y profirió un terrible aullido; Parmenión se estremeció.

—¡La moción de Demóstenes! —gritó el rey.

Los oficiales y los otros soldados recogieron el grito, entre bromas y risas; empezaron a aplaudir a un cierto ritmo, repitiendo la frase una y otra vez. Filipo y Parmenión, Attalo, Demetrio, Antígono, Coino y otros, formaron una larga columna, extendiendo los brazos y poniéndolos sobre los hombros de los que tenían a los lados, y bailaron, hacia adelante, hacia atrás, hacia un lado, al ritmo arrebatado del canto:

—La MOción DE deMÓSteNES... La MOción DE deMÓSteNES... La MOción DE deMÓSteNES...

Alejandro estaba ahora junto a Hefestión, mirando todo con una media sonrisa dibujada en el rostro. De entre la masa de prisioneros, inabarcable con la mirada, saltó de repente Demades y rugió con la voz de orador experto:

—¡Alto!

Al ver que algunos de los bailarines dejaban de cantar y lo miraban, gritó:

—¡No hagáis eso! ¡Es repugnante y ofende a los dioses!

Un grupo de guardias se acercó e intentó abrirse paso entre la multitud de prisioneros sentados y en cuclillas. Alejandro dio unas palmadas.

—¡Alto! ¡Dejadlo!

Filipo soltó a Parmenión y a Attalo y se volvió hacia los prisioneros. Entrecerró los ojos.

—¿Quién eres tú, que te atreves a hablar así?

Demades estaba erguido, con los brazos a ambos lados del cuerpo. Su voz denotaba desprecio, pero su rostro no delataba ninguna expresión.

—Soy Demades, el ateniense. Y no soy tan atrevido como tú, Filipo. Yo sólo he ofendido a un bárbaro que se pierde en saltitos indignos. Tú eres mucho peor, pues ofendes a los dioses y pisoteas el honor de los muertos. Tu hazaña militar te ha elevado a la altura de Agamenón, pero hablas como el blasfemo de Tersites.

Attalo torció el gesto y llevó la mano a la empuñadura de su espada. Filipo sonrió con ironía. Parmenión dijo con voz suave, casi encantada:

—Eso me gusta.

Filipo hizo un guiño a Alejandro y señaló a los guardias.

—Traedlo... con honor. ¿Alguien puede decirme cómo ha luchado el consejero Demades?

Parmenión tosió.

—Yo puedo decírtelo. Ha matado a tres de los nuestros, en combate cuerpo a cuerpo, y no quería rendirse.

Filipo y Alejandro intercambiaron miradas; Alejandro asintió, sonriendo. Filipo soltó de pronto una estruendosa carcajada.

—Tú estabas en contra de la moción de Demóstenes, ¿verdad? Y... él ha huido, me parece, mientras que tú te has quedado. Eso me gusta. Me gusta una boca atrevida, cuando pertenece a un hombre valiente. Sé nuestro huésped, Demades. Alejandro, ¿lo atiendes?

Alejandro se dirigió hacia Demades, pero éste le hizo un gesto para que se detuviera.

—No quiero ser tu huésped ni quiero ser atendido. No soy más que un ciudadano de Atenas capaz de portar armas... como todos ellos —dijo al tiempo que señalaba la masa de prisioneros.

Filipo suspiró.

—Tras la victoria te atas más fuerte el yelmo; tras la derrota, afilas la lengua, ¿eh? Está bien. Si te pidiera que eligieses a nueve atenienses sensatos para ir a tu ciudad como emisarios, ¿aceptarías ser mi huésped?

Silencio. La mayoría de los macedonios estaba tan sorprendida como Demades y sus compañeros de destino. Parmenión empezó a sonreír. Alejandro indicó a los guardas que se retiraran.

Demades se rascó la cabeza.

—¿Diez hombres como emisarios? Depende... Depende de lo que tengamos que decir en Atenas. Podrían ajusticiarnos, si tu mensaje fuera hostil.

Filipo levantó las manos sobre la cabeza, la dejó caer, suspiró.

—¿Tenemos que negociarlo aquí? Es más divertido regatear sentados, con un poco de vino y asado. Ven. —Dio media vuelta. Demades titubeó un momento, después lo siguió lentamente.

Parmenión esperó a que Demades, Alejandro y Filipo hubieran desaparecido. Se frotó la nariz con un dedo y observó a Attalo, Antígono y los otros oficiales.

—Hay que terminar de desarmar a los helenos —dijo en voz alta—. Cuando hayamos concluido, serán tratados como huéspedes desarmados. Como rehenes nobles, no como prisioneros.

—Es repugnante e indigno. —Eubolo miró a su alrededor; la habitación era pequeña y oscura. Arrugó la nariz y dio unos pasos hacia el banco de madera negra adosado a la pared del fondo. En lo alto de esa pared había dos aberturas, más para ventilar el lugar que para iluminarlo. Al frente, junto a la pesada puerta de madera, había una gran ventana; estaba cerrada con un marco con varias subdivisiones, que sostenían trocitos de cristal de colores. En el centro de la habitación había una mesa oscura llena de manchas de vino y quemaduras, y alrededor de ésta algunos taburetes.

Licurgo se llevó la mano a la barbilla.

—Indigno, ciertamente. Pero necesario. Siéntate, noble Eubolo.

El anciano pestañeó y se dejó caer sobre el banco.

—¿Necesario? ¿Qué necesidad me obliga a abandonar Atenas y venir al Pireo para discutir lo que sea en el cuarto trasero de una pocilga inmunda?

Licurgo intercambió una mirada con Hipérides. El gordo se estiraba el labio inferior con el índice y el pulgar.

—No es lo que podría considerar una reunión cómoda —dijo con voz suave y cortante—. Pero es necesario que sea así. Tenemos que discutir algunos asuntos.

Eubolo cerró los ojos.

—Hemos caído muy bajo. Antes este tipo de discusiones podía realizarse en cuartos traseros de Atenas. —Volvió a abrir los ojos y miró a los otros dos—. ¿Qué estamos esperando?

Licurgo tomó aire para hablar pero se interrumpió al oír que algo rascaba la puerta. Abrió. Una esclava negra, ciega, entró andando a tientas. La seguía un niño de ojos saltones y rasgos hinchados. La lengua del muchacho colgaba de la comisura izquierda de los labios y unos hilos de baba le corrían por el mentón. Traía un ánfora de tamaño mediano y forma asimétrica. Parecía más un pellejo de cabra que una vasija de barro.

—¿Siete copas? —dijo Eubolo cuando la esclava y el niño se hubieron marchado—. ¿Quién más vendrá?

Licurgo llenó las copas y alcanzó una a Eubolo, con una reverencia, y a Hipérides, con una sonrisa.

—Adivínalo.

Eubolo resopló.

—Si supiera de qué queréis hablar...

Hipérides caminó hacia la mesa y se apoyó en el borde.

—De la situación, noble Eubolo. ¿De qué, si no?

—¿Desde cuando unos consejeros tienen que discutir la situación de Atenas en una taberna del Pireo?

Licurgo se encogió de hombros.

—Ciertas personas que tomarán parte en esta conversación no deben ser vistas en Atenas.

—Entiendo. —Eubolo bebió, tragó, volvió a parpadear—. Me estoy haciendo viejo. Mis ojos están cansados y mis oídos escuchan cada vez menos. Y me he vuelto olvidadizo.

Hipérides rió; el broche de oro que le sujetaba el capote saltó sobre la panza, como un cabrito.

—Eso es. Tendremos que olvidar todo lo que se diga aquí. Todo menos lo que acordemos al final.

Eubolo rezongó.

Licurgo se sentó en un taburete, miró hacia la puerta, después hacia Eubolo.

—Tardan. —Las comisuras de sus labios se curvaron hacia abajo—. Espero que no demasiado. Esta tormenta veraniega...

Eubolo enarcó las cejas.

—¿Tormenta veraniega? ¿El Pireo? ¿Alguien de un barco? No sé... ¿A quién pertenece este local?

—Nos estamos acercando —dijo Hipérides, con una sonrisa—. En esta habitación se reúne ocasionalmente gente cuya importancia bien merece una reunión. Sin embargo, a veces la pureza de sus intenciones resulta menos clara que su importancia, y es posible que, debido a su procedencia, en determinados momentos no es aconsejable que paseen por Atenas.

—Bah. —Eubolo se recostó y se frotó la espalda contra la pared—. No hables de un modo tan pomposo... si es que sabes hablar de otra manera. ¿Quiénes son? ¿Persas? ¿Fenicios?

—Un noble persa. Después de la catástrofe de Queronea, la ciudad sin duda está repleta de espías de Filipo...

Eubolo cruzó los brazos y sacó la barbilla.

—No tengo nada que hablar con los persas. Y Queronea no habría existido si no os hubierais dejado enredar por la charlatanería de Demóstenes.

Licurgo esbozó una sonrisa poco amigable.

—Tener que discutir aquí los asuntos más importantes de la ciudad me repugna tanto como a ti, noble Eubolo. Como bien sabes, siempre he sido partidario de la honorabilidad y las polémicas abiertas. Pero existen circunstancias que obligan a dar cuidadosos rodeos.

—¿Quién más? Con el persa somos cuatro —dijo Eubolo, que parecía, en el mejor de los casos, contrariado.

—Las cabezas más nobles de Atenas —respondió Hipérides, y en su rostro se dibujó una amplia sonrisa.

—Imposible. —Eubolo apretó los ojos—. Algunos de los más nobles han muerto. Demades está prisionero. Foción está donde Filipo. ¿Quién queda?

—Foción —murmuró Licurgo; se mordió el labio inferior—. Una lástima. Un hombre honesto. Un buen estratega. Con más apoyo habría sido capaz de salvar Olinto. Hace cuatro años impidió que Filipo ocupara Megara. Expulsó de Eretria al tirano Cleitarco y salvó Eubea. Tras el fracaso de Cares, fue gracia a él que las flotas pudieron romper los cercos de Bizancio y Perinto. ¿Por qué...? ¿Por qué no le dimos el mando en Beocia?

Eubolo rió.

—Porque es un hombre honesto. Un hombre inteligente y honrado, que jamás aceptaría una reunión en un cuarto trasero, del mismo modo que se negó a participar en vuestra estúpida guerra.

Hipérides apoyó una mano en la mesa; estaba de pie, inclinado hacia adelante, mirando fijamente a Eubolo.

—Pasado. Pasado. Como los otros tardan, empecemos nosotros.

—¿Empecemos qué?

—A discutir los asuntos que nos han traído aquí. —Enderezó la espalda y enumeró, ayudándose de los dedos—: Filipo ha vencido. ¿Qué exigirá? ¿La destrucción de Atenas? Ya ha mandado ocupar Tebas; la Liga Beocia ya no existe, Tebas ha perdido la hegemonía. ¿Con quién podemos contar todavía? El monarca lacedemonio ha muerto y Arcidamo, rey de Esparta, ha caído con muchos de sus hombres en Italia, luchando como mercenario. Esparta queda excluida. El noble persa al que esperamos trae noticias de la muerte del Gran Rey.

—¿Qué? —Eubolo se levantó de repente—. ¿Artajerjes Oco ha muerto?

Hipérides suspiró.

—Artajerjes ha vuelto a hacer de Persia un gran reino; a su sombra prosperaron muchas cosas. Ahora el árbol ha caído, envenenado. Su hijo, Arses, es el nuevo Gran Rey; está bien dispuesto a derramar su benevolencia sobre nosotros, pero su embajador nos dará más detalles. Cuando llegue.

Eubolo miró la mesa y las copas.

—¿Quiénes son los otros tres? Nosotros, el persa... ¿quién más?

—Xenócrates.

Eubolo se quedó mirando a Licurgo.

—¿El director de la Academia de Platón? No es ateniense, sino de Calcedón. Y... ¿para qué lo queréis?

Hipérides se sentó por fin.

—A pedido nuestro, Xenócrates ha escrito una carta y la ha enviado con un mensajero rápido. Después de la catástrofe.

—¿A quién?

—A Aristóteles. Con el ruego de que influya sobre Filipo para que las condiciones no sean demasiado duras.

Eubolo gruñó.

—Vaya estupidez. Aristóteles no hará caso a Xenócrates, y Filipo no escuchará a Aristóteles. ¿Podéis decirme para qué es realmente esta reunión? ¿Atenienses suplicando a un calcedonio que se dirija a un estagirita para que éste, a su vez, interceda ante un macedonio? ¿Ese es el orgullo de Atenas? Gusanos. Ratas. Insectos.

Hipérides se encogió de hombros.

—Gracias, de todos modos. ¿De qué nos sirve el orgullo en esta situación?

—Con más orgullo e inteligencia... pero es inútil.

—Padre de la patria —dijo Licurgo en voz baja; no sonó burlón ni mucho menos—. Tal vez tengas razón. Tal vez debimos buscar un equilibrio. Pero ya es demasiado tarde. El mal ya está hecho; ahora tenemos que intentar reducirlo tanto como podamos. Por el bien de Atenas, no por el bien o el perjuicio de uno u otro partido.

Eubolo miró hacia la puerta.

—¿Quién más?

—Esquines —dijo Hipérides, y en su voz se advertía un sentimiento de rechazo, de pesar, casi de odio—. El amigo de macedonios. El amigo de la paz. Tal vez tenga alguna idea.

—¿Quién más?

Hipérides miró a Licurgo; Licurgo esbozó una sonrisa torcida, que enseguida se disipó para convertirse en una mueca. Eubolo los observó; se levantó y dio un golpe sobre la mesa.

—¿Así que el cerdo ha escapado? ¿Él es el séptimo?

Demóstenes se arrastró ante Eubolo. «Gran maestro. Mi profesor. A quien debo todo.» Los otros presenciaron la escena casi sin inmutarse; sólo el embajador del nuevo Gran Rey se permitió una expresión de asombro.

—Arses, mi señor, y sus consejeros, Bagoas el Rápido y Bagoas el Íntegro, aseguran a la ciudad y sus ciudadanos una amistad inquebrantable y ayuda en la lucha contra el enemigo común. —El persa hizo una pausa y examinó los rostros de Eubolo y Esquines. Xenócrates aprovechó la pausa para ponerse de pie y dirigirse a la puerta.

—Si los nobles señores de la ciudad me disculpan...

Hipérides lo cogió de la manga del quitón largo.

—¿Adónde vas tan pronto, amigo?

El filósofo de Calcedón reprimió una risita.

—Lo que tenía que decir, ya lo he dicho. Lo que quería escuchar, ya lo he escuchado. Si ahora vais a discutir acerca del futuro y de... acuerdos secretos, preferiría marcharme antes de oír cosas que más tarde tal vez lamente haber oído.

—Un hombre inteligente —dijo el persa. Al cerrarse la puerta, se volvió hacia los otros y dijo—: Contamos con vuestra lealtad a la alianza. Naturalmente, desde que salí de Persia la situación ha cambiado. Queronea cambia muchas cosas. ¿Cómo está todo?

Licurgo carraspeó.

—Habrá que actuar con más cuidado.

—De eso no hay duda. Pero... ¿con cuánto más cuidado?

Esquines se había sentado al lado de Eubolo y estaba mirando el suelo. Levantó la mirada.

—Estáis sencillamente locos... todavía. El ejército ha sido derrotado,

Tebas está ocupada, nadie sabe qué piensa hacer Filipo con Atenas. Y vosotros habláis con un embajador persa como si pudierais disponer de Atenas y de su futuro.

El persa sonrió. Tenía los dientes largos y blancos, y la barba negra y cuidadosamente recortada. Iba sencillamente vestido: quitón, capote de viaje, sandalias. En sus dedos brillaban dos o tres anillos, pero no parecían excesivamente caros. Sólo su actitud y la expresión de su rostro lo diferenciaban de un comerciante cualquiera.

—¿Quizá debería retirarme hasta que os pongáis de acuerdo sobre la situación de la ciudad?

—Hay dos grupos —dijo Hipérides sin poder disimular su furia—. Los amigos de los macedonios y los atenienses...

Esquines lo interrumpió.

—No permitiré que digas que no soy ateniense. Los dos grupos se distinguen por otras cosas. Los razonables, que saben que la Hélade tiene que unirse aunque Atenas no sea la ciudad hegemónica. Y los retrógradas, que creen que sólo ha de hacerse aquello que contribuya a la hegemonía de Atenas. Así de fácil. Eubolo y yo representamos al primer grupo; Demóstenes, Hipérides y Licurgo, al segundo. Antes de seguir hablando, tal vez deberíamos saber qué piensa hacer tu señor en los próximos años.

El persa arrugó la frente.

—¿Los próximos años? Es mucho tiempo, ateniense. Arses aún tiene que asegurar y consolidar su reinado. Desde las fronteras de la India hasta Egipto, desde Arabia hasta el Bósforo; y sobre todo en las cabezas y corazones de sus súbditos. Bajo estas circunstancias no puede tener lugar ninguna intervención en la Hélade o en Macedonia. Yo no estoy aquí para aconsejaros que hagáis esto o lo otro. Mi única misión es averiguar vuestra opinión sobre las relaciones entre Atenas y el Gran Rey. Para eso, naturalmente, tendremos que hablar también de Filipo.

—¿Tú que opinas... alumno? —Eubolo miró a Demóstenes, que tenía las manos juntas sobre las piernas y la mirada ensimismada, casi perdida.

El orador se mesó la barba rala.

—¿Yo? ¿Sobre qué?

—¿Qué exigirá Filipo a cambio de la paz?

Demóstenes sacudió la cabeza.

—La extradición de algunos hombres. Que acabemos con la liga marítima. Que renunciemos a nuestra autonomía. Que aceptemos tropas de ocupación. Que cerremos una alianza con él, contra Persia. Que nos gobierne uno de sus hombres de confianza. Yo qué sé.

Eubolo se inclinó hacia adelante.

—Todavía estoy escuchando tu discurso. Filipo nos odia. Quiere aniquilarnos. Ahora ya no pareces tan convencido de que desee destruir la ciudad, ¿eh?

Demóstenes sonrió.

—Ay, noble Eubolo, tú sabes qué cosas pueden decirse en el ardor de la discusión, cuando uno quiere conseguir su objetivo.

—Extradiciones, ¿eh? —murmuró Esquines; miró fijamente a Demóstenes—. Buena idea. De ese modo por fin nos libraremos de ti.

—El Gran Rey siempre ha acogido a los buenos amigos que necesitaban su protección.

Demóstenes se encogió de hombros y asintió.

—Te lo agradezco y agradezco a tu señor. Lo tendré en cuenta. Pero todavía no hemos llegado tan lejos.

—¡Extradición! —gruñó Eubolo—. Atenas puede estar vencida, Atenas puede haber cometido una tontería, Atenas puede estar en las manos de los macedonios, pero... ¿extradiciones?

—¿Cómo podríamos evitarlo? —Hipérides se volvió hacia Licurgo—. Tú todavía no has dicho nada.

—No lo sé. En realidad no sabemos nada. Demades está con Filipo, lo mismo que Foción. ¿Qué pueden conseguir? ¿Qué quiere Filipo?

Esquines rió.

—¿Qué quiere? Lo que quiere desde hace veinte años: una liga helena. No lo escuchamos... vosotros no lo escuchasteis cuando lo pidió por las buenas. Ahora os obligará por la fuerza.

—¿Cómo? ¿Cómo puede obligarnos? —preguntó Demóstenes; los guijarros chocaron dentro de su boca—. ¿Con la espada?

—Eso ya lo ha hecho, después de que nosotros lo obligáramos a hacerlo. Si atacase Atenas, ¿quién defendería la ciudad?

Hipérides se levantó de un salto y se puso a caminar de un lado a otro, nervioso.

—Podemos dar derecho de ciudadanía a los metecos. Liberar a los esclavos y armarlos.

—¿Contra las tropas experimentadas, brillantes y victoriosas de Filipo? ¡Bah!

—¿Qué otra cosa, noble Eubolo? ¿Se te ocurre algo mejor?

—Siéntate, Hipérides. Y escuchadme todos. Yo tampoco sé qué ocurrirá. Será más duro que lo que todos deseamos, pero también será más suave que lo que todos tememos. Sólo debemos tener clara una cosa: un acuerdo secreto con los persas no nos salvará; tenemos que salvarnos nosotros mismos. ¿Cómo? Demostrando que somos de confianza, que estamos dispuestos a cerrar nuevos tratados, que castigamos a los culpables.

Demóstenes hizo rechinar los dientes, pero de pronto rió.

—Suena bien, Eubolo. Y cuando Filipo entre cabalgando en la ciudad, ¿cuántos cadáveres quieres mostrarle?

Esquines levantó la mano.

—Nadie ha dicho que Filipo vaya a venir. Tal vez envíe a un embajador. Parmenión. Antípatro. O a su hijo, Alejandro.

—Antípatro ya viene de camino —dijo Demóstenes, sonriendo—. Según me han dicho mis, eh, contactos. Después de la batalla Parmenión ha partido con parte del ejército en dirección a Corinto y probablemente luego hacia el sur, en dirección al Peloponeso... Esparta. En cuanto a Alejandro, lo conocí hace... ocho años. Entonces era un chiquillo bastante tonto, casi estúpido.

Esquines reprimió una risita.

—Lo sé. Conozco la historia. Se negó a chuparte la flauta, ¿eh? Y por eso te pareció estúpido.

Demóstenes se encogió de hombros.

—¿Importa eso? En fin, ¿queréis arrojarme a los lobos macedonios?

Eubolo puso los ojos en blanco.

—Me encantaría. Pero no. Tenemos que sacrificar a otro. Para que Filipo vea que hablamos en serio. Y tenemos que hacerlo de manera que todos comprendan que no dejaremos que nadie se inmiscuya en nuestros asuntos internos. Por desgracia tú eres demasiado importante, Demóstenes.

Esquines y otros notables recibieron a los emisarios, que llegaron a Atenas acompañados de Demades y Foción. Alejandro y Antípatro se quedaron a las puertas de la ciudad, en el campamento que las tropas macedonias habían levantado al borde del camino de Acarnania y Tebas.

Demades y Foción refirieron las largas conversaciones con Filipo, primero, y con Antípatro y Alejandro, ya durante el viaje; se habían hecho algunas reflexiones y en parte también se habían discutido, pero nadie sabía a ciencia cierta que tenían en mente el rey y su hijo. ¿Las tropas? Aquello era sólo una parte del ejército, aunque suficiente para destruir Atenas; en el bagaje llevaban piezas de máquinas de sitio que podían montarse rápidamente.

El Consejo decidió abrir las puertas de la ciudad. Al atardecer, un contingente de jinetes macedonios se acercó a la puerta de Acarnania y cabalgó un rato a lo largo de las murallas. La ciudad estaba intranquila; cuando Demóstenes se dejó ver en las inmediaciones del ágora, volaron dos o tres piedras. Esa noche nadie durmió bien; Demóstenes la pasó en la casa de los mercaderes rodios, donde tuvo una larga entrevista con un extranjero del que sólo se supo que tenía una barba negra muy bien cuidada y, sin duda, no era comerciante.

A la mañana siguiente aparecieron tropas macedonias ante los otros accesos a la ciudad. Todas las puertas estaban abiertas, aunque custodiadas por guardias escitas y atenienses, pero los macedonios no entraron. Antes de mediodía llegó un oficial con un mensaje para el director del teatro de

Dioniso: a petición del príncipe macedonio y para deleite de los ciudadanos de Atenas, el día siguiente el renombrado actor Lisón y su grupo representarían algunos fragmentos de diversas obras de atenienses famosos. Tras una breve conversación con el Pritaneón, el teatro fue desalojado para tal fin. La pregunta era por qué Alejandro había elegido ese escenario, entre los muchos posibles. ¿Por qué no una plaza, otro teatro, un estadio? El teatro de Dioniso era sucio y ruinoso, tenía galerías escabrosas y asientos de madera podrida.

Por la tarde corrieron rumores. Alejandro ya había entrado en Atenas. Mandaría tomar la ciudad al día siguiente, después de la representación. Los macedonios querían atacar mientras todos los ciudadanos capaces de portar armas se encontraban en el teatro. Demóstenes había huido. Una flota persa llegaría al Pireo al atardecer. No, Filipo y Parmenión estaban con el grueso del ejército, a unas pocas horas de la ciudad.

La representación estaba prevista para media tarde. Era un caluroso y brillante día de verano. A mediodía, un contingente de tropas macedonias abandonó el campamento y pareció esfumarse. Los atenienses, que lo esperaban cerca de la puerta de Acarnania, se llevaron un fiasco. Después se oyeron trompetas, que sonaban al oeste: los macedonios habían trazado un gran arco y ahora se acercaban por el Camino Sagrado. Entraron a caballo en la ciudad, en columnas ordenadas. Sólo había catafractas y jinetes ligeros, ni un solo soldado de a pie. Los aprestos de los caballos, los yelmos y petos de los hombres, los escudos, lanzas y espadas: todo brillaba a la luz del sol.

En el centro de la magnífica formación cabalgaba Alejandro, montado sobre un corcel blanco sin riendas, incluso sin manta. No llevaba más que un quitón blanco con ribetes púrpura y un sencillo cinturón de cuero. Ni armas ni yelmo ni coraza de ningún tipo. Parecía débil, casi frágil, terriblemente bello. Los rayos del sol parecían converger en su cabellera rubia. Era como si el mismísimo Febo Apolo hubiera bajado a visitar la ciudad. Y a ver una función de teatro.

El grupo de Lisón, que no se dejó impresionar por la excelencia del público, ofreció una representación por demás extraña; los movimientos eran precisos, los versos vacilaban, las palabras se entendían mejor, pero en conjunto la función despertaba una sensación de malestar. Lo que también podía deberse a dos o tres palabras añadidas. Un fragmento del *Arcelao* de Eurípides, que hablaba del origen noble de la casa real macedonia, fue presentado por el coro con la aclaración de que se trataba de una obra de un poeta olvidado en Atenas y que, en su tiempo, setenta años atrás, había huido de la ciudad para ser acogido por el soberano macedonio, quien lo nombró hetairo. Un fragmento de *Los babilonios*, del gran Aristófanes —el protagonista llevaba una máscara que se parecía a la cara de Demóstenes—, permitió que el coro se disgregara en personajes separados: esclavos que agitaban los brazos para protegerse de los latigazos del protagonista, y que llevaban nombres como Rodas, Olinto, Bizancio, Calcis, Megara: los aliados subyugados por Atenas. Siguió un fragmento de *Los caballeros* de Aristófanes, en el que el protagonista, con la máscara de Demóstenes, era un esclavo bárbaro que se convertía en un tirano, se apropiaba de los méritos ajenos y trataba brutalmente a sus compañeros esclavos. Como conclusión, el coro recitó un fragmento de *Los persas*, de Esquilo, cuyas palabras —según el coro—, habían sido modificadas ligeramente por Alejandro, el hijo de Filipo y discípulo de Aristóteles: el lamento amargo del pueblo y de la reina por la guerra injusta, vergonzosa y mal preparada, que había costado tanta sangre y no había traído más que oprobio y, quizá, el reconocimiento de que se había seguido un consejo equivocado.

Alejandro fue el primero en abandonar el teatro, seguido por Antípatro. Una vez fuera, montó en Bucéfalo y cabalgó del lado sur al lado norte de la Acrópolis, hacia el ágora. Allí estaban reunidos los hoplitas macedonios, que habían ocupado los principales accesos y edificios y habían llevado consigo unos bultos de equipaje. Abrieron los cestos y fardos. Contenían incienso, resinas, telas, ofrendas. Alejandro rindió las ofrendas en todos los altares, montó en Bucéfalo y desapareció. Con él desaparecieron sus soldados, sus oficiales y el refunfuñón y silencioso Antípatro. El actor que llevaba la máscara de Demóstenes pidió al pueblo de Atenas que el día siguiente, por la mañana, se celebrara una asamblea.

Dimas presenció la función desde la grada más alta del teatro. Los actores de Lisón no eran malos, pero, por lo visto, los músicos que intervenían —o irrumpían—, ni siquiera sabían afinar bien.

Tecnef no estaba en el teatro. Era mujer; era negra; no tenía acceso, ni ganas. Dimas no era ateniense, ni siquiera era meteco, pero consiguió entrar sin problemas en el gran hemiciclo. Al final, lo que pudo deducirse era que los macedonios no destruirían Atenas, lo cual, según Demóstenes, era su gran objetivo. Si Filipo hubiera deseado realmente destruir la ciudad, no habría enviado a su hijo y a Antípatro a confundir los espíritus organizando una función teatral, sino que habría venido él mismo, con todo el ejército.

Dimas había estado observando al hijo del macedonio, primero cuando llegó, a caballo, después en el teatro. Antípatro, encarnación de la oficialidad y la astucia, pero también de la estabilidad y el equilibrio, parecía acompañarlo sólo en calidad de asesor; el mando de la extraña comitiva armada descansaba sin duda en manos de Alejandro. Dimas no tenía ningún tipo de inclinación hacia los muchachos o los hombres mayores, pero reconocía que el hijo del rey, delgado y algo más bajo que la media, de piel clara, cabello brillante y movimientos elásticos, era sin lugar a dudas el hombre más hermoso que había visto jamás. También resultaba evidente que los duros soldados macedonios lo consideraban una especie un dios. Hijo del gran Filipo, joven, brillante, agradable en el trato y, además, un administrador capaz, juez imparcial, soldado formidable y estratega dos veces victorioso; ¿a quién podían divinizar, sino a él? Dimas también comprendía que el estado de ánimo reinante en Atenas había cambiado tras la entrada de los macedonios. Al menos en parte. La gente, que odiaba y temía a los macedonios, de pronto había visto entrar a caballo al mismísimo Apolo; gracias a Demóstenes, habían esperado las espadas de los bárbaros, y de pronto los invitaban a una función de teatro.

Sin embargo, lo que más llamaba la atención al músico era la luna llena. Empezaba a anochecer; desde la grada superior del teatro de Dioniso podía ver cómo el disco brillante se levantaba sobre la Acrópolis, claramente visible bajo el mortecino resplandor del sol. Cuando empezó a oscurecer y la luz de la luna bañó todo el teatro, en la primera fila la calva de Antípatro brilló como si fuese de oro opaco. El oro auténtico estaba a su lado, en la cabeza de Alejandro.

Al terminar la función, y mientras todos se dirigían rápidamente hacia las salidas, Dimas sintió que alguien le tocaba el brazo. Se volvió.

—¡Demarato! ¿Qué estás haciendo aquí?

El corintio hizo un guiño.

—Ciertas cosas hay que verlas. ¿Tienes un momento?

Se dirigieron a una pequeña taberna situada al noreste del teatro, al otro lado de la gran avenida que conducía a la Acrópolis.

Demarato bebió cerveza negra, Dimas dudó y, finalmente, pidió lo mismo. El corintio miró a izquierda y derecha, y se inclinó hacia adelante.

—El ambiente de la ciudad no me gusta.

Dimas se encogió de hombros.

—A mí nunca me ha gustado desde la primera vez que vine. ¿Qué es lo que te desagrada?

—Esa mezcla... Por una parte, odio patente, mezclado con orgullo y despecho. Por otra parte, unos primeros atisbos de entusiasmo hacia Alejandro. Y en medio, una mostruosa mayoría de dudas y lealtades. Un instrumento que Demóstenes podría tocar bastante bien.

Dimas entrecerró los ojos.

—¿Por qué te preocupas... comerciante?

Demarato suspiró.

—Digamos que hay muchas cosas que me interesan personalmente. Una de ellas es la bella Eirene, la paz, en cuya compañía los negocios prosperan mejor que bajo la espada de Ares.

—¿Paz a cualquier precio, corintio?

Demarato torció el gesto.

—De ningún modo. Cuando la libertad y el bienestar se ven amenazados, ninguna guerra es demasiado costosa. Pero Filipo no amenaza ni la libertad ni el bienestar de los atenienses. Las condiciones de la paz son más que moderadas.

Dimas enarcó una ceja.

—¿Condiciones de paz? Por el momento nadie las conoce... hasta donde yo sé.

Demarato se quedó mirando su cerveza.

—Ah, ya sabes, cuento con buenos contactos aquí y allá. ¿Tienes tiempo, hoy?

—¿Qué quieres?

—En la ciudad hay muchos hombres que, por encargo de Demóstenes, están intentando volver a la opinión pública contra Macedonia. Todo, con tal de que no se llegue a un equilibrio. —Hizo una pausa y añadió en voz baja—: Pero algunos de los que están haciendo esa campaña, o que podrían hacerla en los lugares adecuados, se oponen a Demóstenes. Digamos que con ese estúpido palabreo, que supuestamente procede del propio Demóstenes, están haciendo a un viejo corintio el favor de dañar a Demóstenes más de lo que podrían haberlo hecho con discursos sensatos.

Dimas arrugó la nariz.

—Y ahora yo tendría que sacar mi cítara y darles un motivo para hablar.

—Muy astuto, amigo mío, pero no lo suficiente. Serán ellos los que den pie a que tú cantes ciertas canciones... a que recites ciertos versos.

Dimas se retrepó en su asiento.

—No.

—¿No?

—Escribir informes, reunir noticias cuando estoy de humor... eso es una cosa. Pero mi música, Demarato, no está al servicio de nadie, sólo del arte mismo y del placer o el dolor de la gente.

—Todo el mundo tiene un precio, Dimas —dijo Demarato, con una sonrisa—. También tú.

—No en este caso.

—Sí. Hay algo que siempre me has pedido y que yo siempre te he negado.

Dimas contuvo la respiración.

—Hablas de las cuatro minas y media que pagaste por mí en Karjedón.

—Canta, Dimas. Canta esta noche y serás libre.

Y Dimas cantó. Apenas había entrado en una taberna y se había puesto a afinar su instrumento, cuando alguien empezó un discurso en alabanza de la guerra para consolidar la hegemonía ateniense, que, como todos sabían, era necesaria para el bienestar de todos los helenos. Dimas lo interrumpió con una canción de Safo, algo modificada.

Dicen que lo más bello de este mundo
son los jinetes, o la infantería,
o los barcos. Pero yo quiero decir:
es lo amado.

Pensando un poco tampoco es difícil
entender que Helena, la más hermosa
de las mujeres, quisiera como hombre
al más valiente,

al héroe destructor de Troya altiva.
No pensó en su hija ni en sus amados
padres, no, la Ciprina la sedujo
con un gran amor.

Prefiero ver el andar incitante
de mi Lidia, o ver sus ojos claros,
antes que carros de guerra lidios y
hombres armados.

En otra taberna un hombre estaba alabando la tenacidad de Demóstenes, que, manteniéndose firme ante los encantos de Eros o de ese nuevo Apolo, afirmaba el orgullo de Atenas.

Dimas gritó:

—Permitid que cante una canción, amigos; como todos sabemos, hoy ha habido una función importante en el teatro de Dioniso. Aquí tengo una oración que el gran Anacreón dirigió a Dioniso, aunque le he hecho algunos pequeños cambios. —Y cantó:

Señor, aquel joven toro,
las ninfas de ojos oscuros
y hasta Antípatro sufren
siguiendo a Eros por montes
lejanos que tú recorres.
Por eso te pido: ¡Ven!
¡Ven a nosotros y acoge
en tu gracia este ruego!
¡Da consejo a Demóstenes,
haz que responda, Dioniso,
a ese amor sinceramente!

En una placita que se extendía frente a una taberna, Dimas se sentó, dejó la cítara sobre sus piernas y pidió vino. Un hombre se levantó y reprochó a los clientes de aquel local que se dedicaran a beber en lugar de empuñar las armas ahora que su ciudad se encontraba en apuros. Dimas echó mano al instrumento y cantó:

La oscura tierra bebe la lluvia,
los árboles beben de la tierra.
El mar bebe de todos los ríos,
el sol bebe de los mares,
la luna bebe el brillo del sol.
Atenas, bebida por discursos,
bebió sangre y bebió Queronea.
Ahora también bebe el pueblo sediento
del hijo del rey la luz y la belleza.
¿Por qué quieres tú, embebido de rabia,
negarme esta humilde bebida?

Pero aquel hombre parecía auténticamente indignado. Cuando cesaron las risas y aplausos, volvió a gritar. Dimas dejó que hablase un rato, después se levantó, apoyó la cítara en la rodilla y el pie en una silla. Colocó casi a la mitad de la séptima cuerda el arco de cuerno con el que podía subir el tono de todas las cuerdas al mismo tiempo, tocó algunas notas chillonas y cantó:

¿Qué puedo hacer contigo,
ay, mi lechuza parlante?
¿Coger, acaso, y cortar
tus dos ligeras alitas?
¿O arrancarte de una vez
la lengua de ese gran pico?
En sueños amaba a Eirene,
tan deliciosa y rellena,
¡y ya casi había llegado
cuando irrumpieron tus gritos!

En la última taberna, en la que un hombre medio borracho dedicó otra encendida loa a Demóstenes, Dimas lo hizo callar con su voz, más potente:

Si se pudiera abrir el pecho a cada hombre,
pesar el contenido de su corazón y de su ser
y elegir como amigo a aquél de peso sincero...
¡ay, que solo se quedaría Demóstenes!

Dejó la cítara a un lado, bebió, recibió con una sonrisa las muestras de aprobación. Un viejo conocido se acercó a su mesa.

—Muy bonito. Además, es cierto. Pero nunca te había oído cantar con tantas ganas.

Dimas asintió.

—Nunca había tenido un motivo para cantar así.

—¿Cuál es ese motivo?

—La libertad.

Media docena de jinetes, seguidos por unos quince esclavos y criados, se acercaron a un pequeño campamento levantado casi en la playa, entre el claro mar del otoño y las colinas marrones. Philippos el Curandero desmontó de su bayo y se dirigió a uno de los centinelas; el hombre, que llevaba armadura ligera, estaba apoyado en un peñasco, comiendo una salchicha rellena.

—No, aquí sólo estamos haciendo un poco de limpieza. Un par de heridos y caminantes, lo normal. Paso libre entre Filipo y Pella.

Philippos buscó entre las tiendas y cabañas hasta encontrar por fin a Dracón, quien frente a una gran tienda atendía a unos veinte macedonios heridos o con dolencias en los pies. Del campamento salían huellas de carros que se dirigían hacia el norte, se convertían en una franja tenue y desaparecían entre las colinas. Dracón estaba mordisqueando una rama de algún árbol frutal, al tiempo que examinaba el miembro del hoplita Emes, que dejó escapar un quejido sordo cuando el médico, sin querer, rozó la herida con el extremo colgante de la rama.

—Se curará, muchacho. Y bastante pronto. Como si no hubiéramos tenido ningún problema... ¿Cómo te lo hiciste?

Emes intentó sonreír.

—Diferencia de opiniones. Una hermosa beocia. Al terminar, el precio me pareció demasiado elevado, y ella tenía un cuchillo.

Dracón levantó la mirada, sonrió a Philippos y se volvió otra vez hacia el soldado.

—Bueno, los próximos días no pienses en mujeres desnudas. Huy, no he debido decir eso, ¿eh? Ya empieza. —Sacudió la cabeza; Emes soltó un suave quejido—. Está bien para un soldado incansable y siempre listo, pero al comienzo te dolerá. No te preocupes, nada es eterno, ni tú, ni él. Antes de morir podrás volver a utilizarlo.

Philippos rió.

—Una palabra estimulante en el momento equivocado. ¿Cómo está?

—Torcido —gruñó Emes—. El pequeño se niega a trabajar. Ni mujeres ni saqueos ni dinero. Guerra de mierda.

Dracón se levantó; un grupo de divertidos asistentes rodeó a Emes, sin intentar echarle una mano.

—Me alegro de verte, Philippos. ¿Qué tal en Atenas?

—Una ciudad grande, ruidosa y sucia —respondió Philippos, encogiéndose de hombros. Al ver que Dracón sacaba una sierra determinada de un montón de herramientas, agregó—: Eh, ¿dónde la has conseguido?

—Era una sierra hermosa, de dientecillos brillantes y afilados y empuñadura de marfil.

—La ha robado —dijo Emes.

—¿Y las negociaciones? —preguntó Dracón, levantando la sierra.

Philippos se sentó en un taburete; uno de los asistentes le trajo agua y vino. Dracón seguía mordisqueando la rama y rascaba intentando quitar algo de la sierra, tal vez sangre, o suciedad.

—¿Las negociaciones? —Philippos soltó una risita y explicó lo que había ocurrido en Atenas: el campamento, la entrada en la ciudad, la función de teatro—. Después todo fue sencillo. Primero Alejandro les metió un miedo sagrado, con ese ir y venir y tanto Eurípides y Aristófanes. Después él y Antípatro tuvieron otra conversación con Demades, Foción y Esquines, no con los otros, y dieron un par de instrucciones. El resto estaba convencido de que incendiaríamos la ciudad. Demóstenes les había repetido muchas veces que Filipo odia Atenas, que quiere destruir la ciudad y todas esas tonterías. Finalmente, Alejandro exigió la cabeza de Demóstenes, la disolución de la Liga Marítima, el desmantelamiento de la flota y algunas cosas más, entre ellas, obviamente, la renuncia al oro persa. Se expresó, por una parte, con objetividad, sin dureza; por otra, con un enorme encanto. Los atenienses ya no lo llaman Alejandro, sino Apolo. Después, como símbolo de buena voluntad y demostración de su autonomía, los atenienses ejecutaron al estratega de Queronea, Lysicles, por haber conducido el ejército a la derrota. Demades ha negociado públicamente con Alejandro y se ha hecho de un buen nombre en Atenas; no en vano ha salvado a su ciudad. Por otra parte, lo que resultó de las negociaciones es lo que Alejandro deseaba desde un principio. Demóstenes no ha sido entregado; la ciudad conserva su autonomía, aunque obligada a participar en la alianza que desea formar Filipo y en las negociaciones de la alianza, que se celebrarán en invierno, en Corinto; la Liga Ática queda disuelta, pero Atenas conserva su flota y se compromete a poner a disposición de una liga helena su ejército y sus barcos. Y todo el tiempo Antípatro estaba allí, con cara de pocos amigos. Todo estaba arreglado. Bastaba mirarle la cara para comprender que era mejor ceder a las exigencias de Alejandro.

Dracón cogió una lima y la pasó por dos dientes de la sierra.

—¿Así que obtuvimos todo lo que queríamos?

Philippos sonrió con ironía.

—No sólo eso. Filipo ha invitado a todos los helenos, a excepción de

Esparta, a reunirse en Corinto este invierno. Atenas ha aceptado y dirá que sí a todo, de modo que los otros helenos también lo harán. Demóstenes ha perdido, como mínimo, influencia, y ahora el hombre importante es Demades. ¿Y Alejandro? Si se hubiera quedado dos días más, los atenienses lo habrían divinizado. Los ha dejado embelesados. El famoso Leocares ha mandado hacer, con cargo a las arcas de Atenas, dos estatuas de oro y marfil, de Filipo y Alejandro, para la pérgola que el primero está construyendo en Olimpia. Pero, oye, esa sierra...

Dracón seguía afilándola.

—Así pues, ¿paz y amistad? ¿Y una liga helena?

—Y todo lo que Filipo quería. Gracias a Alejandro. ¿De dónde has sacado esa sierra, hombre? Nunca he visto una tan fina.

—¿Has encontrado buenos dientes en el camino?

Philippos se llevó las manos a la cabeza.

—Déjate de dientes, o te arrancaré los tuyos de un puñetazo. Dame esa cosa. ¡Caramba, es realmente maravillosa! El mejor trabajo que he visto. Debe de ser un placer cortar un hueso con esto. —Examinó la empuñadura de marfil; se veían suaves altorrelieves en forma de elefantes, una cabeza de caballo, palmeras, mujeres de pechos erguidos y, en el pomo, el símbolo de la diosa Tanit.

—Es de Karjedón. —Dracón extendió una mano y recuperó la sierra—. Un buen trabajo, es cierto. Y muy afilado.

—¿Karjedón? ¿Del oeste, de Libia? ¿Cómo ha llegado hasta aquí?

—Me la dio un médico ateniense. Después de la batalla estuvimos apartando escombros y cosiendo heridas juntos.

—¿Un regalo? Vaya. Debe de ser muy cara.

Dracón sonrió.

—Sí, ya, no fue exactamente un regalo. Digamos que la perdió. —Cogió otra sierra y la levantó; era un monstruo horrible, oxidado y mellado, de dientes romos y rotos—. Para ser exactos, se desmayó. Perdió el conocimiento al ver cómo cortaba una pierna con esto. Y con el conocimiento perdió la sierra.

*

En invierno se fundó la Liga Corintia; Filipo y los estados helenos, a excepción de Esparta, cerraron una simaquía, un tratado de alianza eterna para el mantenimiento de la paz. En Corinto se estableció el Sinedrión, en el que todos los estados participantes tenían embajadores y ministros plenipotenciarios. Filipo fue nombrado hegemón y estratega supremo de la alianza. Mediante una prohibición general de introducir cambios violentos, los miembros se aseguraron la autonomía interior y la conservación de sus formas de gobierno. La Liga decidió una expedición punitiva contra

Persia, con Filipo como estratega único y dotado de máximos poderes, tropas de todos los estados helenos y el empleo de la flota ateniense en apoyo del ejército de tierra macedonio.

—El sueño de Filipo —dijo Aristóteles—. La unidad de los helenos, el fin de las eternas guerras fratricidas. Pero todavía quedaba mucho por hacer para preparar la guerra contra el Gran Rey. Y aquí Alejandro cometió uno de sus dos grandes errores.

—¿Cuál fue el otro? —preguntó Peukestas—. Sólo conozco éste.

Aristóteles soltó una risa suave.

—Los dos están relacionados con los bárbaros. Su mayor error fue querer tratar a los bárbaros como a helenos, mezclar dos cosas que no pueden mezclarse. Su otro gran error fue en la misma dirección.

Entonces Aristóteles estaba en Estagira y no había podido presenciar nada directamente, pero las buenas relaciones que mantenía con Antípatro y algunos antiguos alumnos permitieron que se enterara después. Que se enterara de muchas cosas, no necesariamente mencionadas por los cronistas.

—Es incomprensible si no se tiene en cuenta algunos detalles. Alejandro sabía muy bien cuánto valía. Supongo que conoces la historia, lo que contestó cuando le propusieron que, dado que era un jinete excelente, debía participar en las competiciones de Olimpia. Se negó. Dijo que medirse en el campo de batalla era una cosa, pues allí todos los hombres eran iguales, pero competir en los juegos otra muy distinta, y como en Olimpia no se enfrentaría a hombres de su mismo rango, no quería avergonzarlos ni avergonzarse a sí mismo. Algo similar ocurrió durante su última estancia en Corinto, cuando el Sinedrión lo nombró hegemón, como sucesor de Filipo. Entonces topó con ese cínico charlatán de Diógenes.

—¿Charlatán? —Peukestas sacudió la cabeza—. Me sorprendes, Aristóteles. Yo... Diógenes es considerado un gran pensador, un filósofo importante.

Aristóteles gruñó y buscó a tientas la mano de su hija.

—Un trago de vino, niña. Gracias. ¿Filósofo? Sócrates se preguntaba si existe la virtud. Platón intentó prescribir a la gente lo que sea la virtud para ellos. Yo he intentado hacer listas de todos los conocimientos y también de todos los fenómenos que se consideran virtuosos, para más tarde, algún día, poder derivar de esos conocimientos y listas una ley general de la virtud. Cosa que probablemente sea imposible. Lo único que hizo Diógenes fue decir que no existía la virtud. Despreciaba la pureza, y tenía todo el derecho de hacerlo, si eso quería. Pero la peste que emanaba atrapó también a otros. Censuraba la cortesía en el trato con las personas. Repudiaba el dinero y a quienes lo poseían. Tenía el derecho de hacerlo, pero entonces que no mendigara. No, Diógenes no era un filósofo; era un demente. Cuando Alejandro le preguntó si podía hacer algo por él, y

Diógenes respondió: «Apártate, que me tapas el sol», Alejandro dijo: «Si no fuera Alejandro, me gustaría ser Diógenes.» Eso fue interpretado como una señal de respeto, casi de veneración, del rey hacia el pensador.

—¿Y? ¿Según tu opinión...?

—Era más bien lo contrario. Diógenes era demasiado insignificante para merecer un castigo o algo similar. Alejandro, el rey, discípulo de un filósofo no del todo insignificante, quería decir algo muy distinto: «Si yo no fuera el mejor, que lo soy, no me gustaría ser el segundo, sino el último, la última mierda.»

Peukestas vaciló un instante y luego se echó a reír.

—Demasiado para Diógenes. Pero ibas a hablar de los errores de Alejandro.

Aristóteles cerró los ojos. A media voz, habló de los astutos planes de Filipo para poner pie en Asia. Quería casar a su primogénito, Arrideo, un débil mental, con la hija de un sátrapa. Los acontecimientos sólo podían explicarse suponiendo cosas que, sin embargo, probablemente no podían demostrarse: Olimpia y los temores de Alejandro. Olimpia posiblemente había visto en la oferta que Filipo hiciera al sátrapa Pixodaro una oportunidad de encaminar las cosas en el rumbo que ella deseaba; Alejandro posiblemente temía que su padre, todavía entero y hambriento de hazañas, lo mantuviera muchos años en segunda fila.

—Pero Filipo lo había destacado a la vista de todos, lo había preferido, le había confiado tareas difíciles. Queronea fue la batalla de Alejandro y Atenas entró en la Liga por obra de Alejandro; él tenía que saber que Filipo no lo trataría como a alguien inferior, sino como a un igual.

Pero tal vez Olimpia logró convencer a su hijo de que su padre quería apartarlo y nombrar a Arrideo, que no era completamente idiota, pero casi, nuevo sucesor al trono. Por eso Alejandro, a espaldas de Filipo, envió un estafeta con un mensaje personal a Pixodaro en el que le decía que Arrideo era un loco balbuceante y que el único marido posible para la hija del sátrapa era el propio Alejandro. Como es natural, después de eso Pixodaro dejó de considerar a Arrideo, y Filipo vio frustrado un plan astuto y muy útil.

—Me lo contó Antípatro —Aristóteles rió, despacio—. Filipo se arrojó sobre Alejandro como un toro furioso; como bien dicen los macedonios, lo «empotró» en el suelo. ¡Cómo si el rey mereciera semejante acto de desconfianza de su hijo! Peor aún, como si el futuro soberano de Macedonia fuera lo bastante bueno para la hija de un sátrapa.

»Filipo aprovechó la oportunidad para desembarazarse definitivamente de la reina. Debía poner fin a sus eternas intromisiones e intrigas. Fila, la primera mujer de Filipo, no tenía hijos. Audata, la iliria, era madre de una hija, Cinnane, a quien Filipo había casado con su sobrino Amintas, hijo de su hermano y antecesor Pérdicas. Filina, la bailarina de Larisa, había tenido a Arrideo. Olimpia, por fin, a Alejandro y Cleopatra. La quinta mujer, Nicesipolis, de Ferea, otra tesalia, había muerto al parir una hija, Tesalonice, cuando Alejandro tenía apenas cuatro o cinco años. Por último, para sellar la paz y consolidar la frontera norte, Filipo se había casado con Meda, hija del rey geta Cothelas, un año antes de la batalla de Queronea.

»Salvo Olimpia, todas las otras eran... secundarias. Sólo Olimpia era realmente esposa, princesa, señora. Filipo preveía que la campaña persa lo tendría alejado de Macedonia mucho tiempo y que sería útil renovar y afianzar los lazos que lo unían a los príncipes macedonios. Era una idea inteligente, una idea correcta, pero también un terrible error.

15
CONJURADOS Y DESTERRADOS

Llevaban varias horas cabalgando montaña arriba, siempre hacia el noroeste. La fértil meseta lincéstida, que en verano estaría parda y quemada, quedaba ya muy atrás, lo mismo que el camino que partía de Pella, al este, pasaba por Edessa, al oeste, y llegaba hasta la costa iliria. Allí habían pasado la noche, en una posada rodeada de gruesos muros. Después de todas esas lunas, era agradable volver a oír sonidos familiares, oler los últimos días de la primavera lincéstida, conversar en el idioma materno con campesinos y comerciantes, hablar de cosas importantes: los campos, la siembra, las lluvias de primavera, los destrozos que causaban los jabalíes, las cacerías de lobos en invierno. Y los impuestos para el rey de Macedonia, a quien habían seguido tantos jóvenes de la región. También resultaba agradable ver, oír, sentir, que allí el señor de Pella seguía siendo menos importante que los príncipes de Lincestis. Filipo era menos rey de Macedonia que un príncipe Argeada a quien los eordios, lincéstidas y otros pobladores de las tierras altas estaban obligados a pagar impuestos desde tiempos remotos.

A la derecha, un gran pájaro levantó perezosamente el vuelo desde un pino achaparrado, que se levantaba al borde de un campo pedregoso rodeado por murallas de piedra. Estaba demasiado lejos para decir exactamente qué clase de pájaro era; a Heromenes le pareció que se trataba de un buitre. Enderezó la espalda, tomó aire y profirió un grito largo y agudo. El caballo no se inmutó. Arrabeo, que cabalgaba a su lado, se volvió a mirar. El músculo del ojo izquierdo de Heromenes palpitaba con rapidez, lo cual era señal de alegría o excitación. En el tupido matorral que crecía al borde de la pendiente gritaban dos perdices, que no echaron a volar.

—¿Qué pasa?

Heromenes sonrió.

—Es sólo alegría, hermano mayor. Nuestra querida patria.

Arrabeo se encogió de hombros y volvió a mirar hacia adelante. El camino pedregoso subía entre colinas, matorrales y pequeños sembrados, bordeando la pendiente. En medio del camino había una piedra plana en la que el aire formaba remolinos; de allí se deslizó hacia la derecha una serpiente, que fue a refugiarse bajo las ramas de un zarzal de flores amarillas.

Hacia el mediodía, descansaron a la sombra de una gran encina, en un valle secundario; allí, un manantial daba origen a un arroyo que, más al norte, desembocaba en un brazo del Erigón. Heromenes tenía la sensación de que conocía cada piedra y cada arbusto. Queronea, Corinto, Esparta, el puerto de Giteón ya sólo eran nombres de regiones remotas y sin importancia.

Uno de los esclavos no pudo descansar; lo enviaron por delante. A mitad de la tarde, cuando llegaron al valle en cuyo extremo septentrional se levantaba la pequeña ciudadela, el administrador los estaba esperando con todo dispuesto para darles la bienvenida que merecían los Señores de las Montañas: una reverencia esbozada con una sonrisa, la copa con vino y agua, pan y fruta. Lo recibieron sin desmontar.

—Un par de días de descanso antes de viajar donde nuestro padre. —Arrabeo puso una mano sobre los ojos a modo de visera y contempló el valle, amplio y verde. Caballos y vacas pastaban a orillas del río, entre éste y el camino; los campos que se extendían más allá estaban limpios y, al parecer, bien labrados; en las pendientes, ovejas y cabras pululaban alrededor de las cabañas de piedra con huertos cercados.

—¿Alexandros no ha venido con vosotros?

Heromenes se volvió, casi por instinto; detrás de él y de Arrabeo pasaban a caballo unos guardias lincéstidas de permiso y un grupo de criados y esclavos.

—Tiene que cumplir unos encargos de Filipo en Pella y Therme. Tal vez pueda venir en verano.

La pequeña ciudadela estaba construida sobre una base de roca y cimentada sobre enormes bloques de piedra. Encima se levantaban las murallas y torres: una mezcla heterogénea de piedras de cantera, ladrillos y adobe, reforzada aquí y allá por grandes troncos y asegurada con anillos de bronce. Cruzaron la puerta; los criados del servicio doméstico, la familia del administrador y dos o tres mozos de cuadra esperaban en el patio revestido de losas irregulares. Ayudaron a desmontar a los hijos del príncipe, cogieron sus armas y armaduras y los acompañaron al edificio que hacía las veces de vivienda. El gran salón de paredes de piedra lavada o revestida de madera pintada con barniz oscuro, olía a flores frescas, a vino caliente y al plato de habas, cebolla y carne de oveja, cerdo y vaca.

Heromenes volvió a tomar posesión del lugar, aunque sólo por unos días. La verdadera sede de la familia, habitada por los espíritus de sus antepasados y por su viejo y duro padre, quedaba en las montañas del noroeste, a un día y medio de marcha. Pero también en esta ciudadela se acumulaban las cosas de la niñez, los recuerdos y las tradiciones: viejos blasones colgados de las paredes, armas cogidas alguna vez como botín, trofeos de los siglos de autonomía y tributo obligatorio, dibujos sobre tablillas de arcilla horneadas, pinturas sobre discos de madera pulida, pesados arcones negros para guardar valiosas telas, pieles, monedas y otros bienes.

Al atardecer, cuando el administrador ya los había dejado solos, los hermanos se sentaron ante el fuego a beber vino y discutir las noticias llegadas de las montañas. Y los planes.

—¿Qué piensas ahora, lejos de Pella, del ejército y del Argeada? —Heromenes examinó el rostro de su hermano, por encima de la copa de plata.

El ojo de Arrabeo palpitó.

—Me sigue pareciendo... peligroso. Tenemos que prepararlo bien.

—¿Se lo decimos a nuestro padre?

—No lo sé. Ni siquiera estoy seguro de si debemos hablar con Alexandros.

Heromenes dejó la copa, con dureza.

—¡Es nuestro hermano!

Arrabeo asintió con la cabeza; su voz no denotaba demasiado entusiasmo.

—Pero ha convivido mucho tiempo con Alejandro.

—Tal vez tengas razón. Pero después de lo que hemos oído sobre la situación de la gente de las montañas, tenemos que intentarlo. A pesar de todo y, si es necesario, sin Alexandros.

Arrabeo calló un momento. Su mirada recorrió las paredes sombrías; la vieja y mellada hacha de guerra despedía un débil resplandor bajo la luz del hogar.

—Los elevados impuestos. La ausencia de los jóvenes, que tienen que sostener las guerras de Filipo. Los asuntos del sur, de la Hélade, que aquí a nadie importan. Y Filipo ha asegurado la frontera. Todo eso se lo debemos a él.

Heromenes sonrió con ironía.

—Le estamos infinitamente agradecidos. Su... protección ha sido muy valiosa. Y ahora es del todo innecesaria. Los peonios e ilirios ya no pueden hacernos nada. ¿Cuándo ha habido un momento mejor para... los lincéstidas?

Arrabeo asintió lentamente.

—Todavía queda una pregunta: ¿quién lo hace, cuándo y cómo? Y ¿quién ha de reinar en Pella?

—Tenemos que actuar con mucho cuidado. —Heromenes se inclinó hacia adelante, cogió un palo y hurgó en el fuego—. Dejemos a nuestro padre fuera. Y ni una palabra a Alexandros. Cuando todo haya pasado estarán de acuerdo, pero...

Arrabeo torció el gesto.

—Será difícil ocultarle todo a nuestro padre. Ya lo conoces. Para poner el asunto en marcha necesitamos que nos ayude mucha gente, muchos nobles de la región. Todos le son fieles, no podemos estar seguros de que no le irán con el cuento.

—No podemos estar seguros de nada. Sólo lo estaremos cuando todo haya terminado.

—Filipo no es tan malo como rey y como estratega. Pero ahora, como hegemón heleno y estratega supremo, será más difícil de tratar que nunca. El señor de los Argeadas, sí, de los macedonios... el rey de Pella no puede gobernar como un tirano; tiene que consultarnos, a los nobles, a los oficiales, a los hombres capaces de portar armas. En cambio, el estratega supremo de la Hélade no necesita consultar a nadie; el cargo no nos lo debe a nosotros, sino al Sinedrión de Corinto. No necesita nuestro consejo ni nuestro consentimiento. A muchos no les gustará, y no sólo a muchos de aquí, de Lincestis. Supongo que, cuando todo esté hecho, también estarán de acuerdo los eordios, los oréstidas, los prieros y casi todos.

Heromenes se pasó la mano por el pelo oscuro y tieso.

—¿Hemos intercambiado los papeles? Al oírte me parece estar oyéndome a mí. ¿Dónde están tus pretextos y objeciones?

Arrabeo dejó escapar una risita.

—Uno de los dos tenía que advertir contra esto y aquello. Pero no eternamente. En cualquier caso, el que suceda a Filipo, quienquiera que sea, tendrá que actuar con mucha cautela. Los helenos no le obedecerán. La guerra contra el Gran Rey no se realizará. La Liga se disolverá. Pero el ejército será ya demasiado grande y el rey no podrá costearlo, de modo que aumentará la importancia de los príncipes.

—Todo eso ya lo teníamos —dijo Heromenes, y bostezó—. Así pues, estamos de acuerdo. ¿Quién debe ser el nuevo rey?

Arrabeo frunció el entrecejo.

—Como muy bien sabes, sólo hay una posibilidad. Antes de Filipo el rey era Pérdicas; su hijo Amintas tiene veintitrés años, es inteligente, sano y un buen soldado. Y su madre no es una epeirota, sino una oréstida.

—Amintas. —Heromenes apretó los párpados—. Estará de acuerdo en que lo nombremos rey. ¿Quién se negaría? Pero ¿y Alejandro? Si Filipo muere...

—... Parmenión, Antípatro y el ejército lo nombrarán rey. Administró bien Pella cuando Filipo estaba fuera. Ganó la batalla de Queronea. Metió a Atenas en la Liga, o la convenció de participar. Los soldados besan el suelo donde pisa.

—De modo que Amintas no tiene ninguna oportunidad mientras Alejandro viva. —La voz de Heromenes sonó apagada; tenía la cabeza echada hacia atrás y hablaba entre dientes.

—Mientras Alejandro viva —dijo Arrabeo, y levantó la copa.

Heromenes brindó con él, sin decir nada.

—Pero no podemos hacerlo solos —agregó Arrabeo. Se levantó y caminó hasta el otro extremo del salón, hasta la puerta, dio media vuelta y regresó junto a Heromenes—. A menos que no queramos seguir viviendo. Costará mucho oro. Muchísimo oro.

—¿Cuánto calculas que vale?

Arrabeo se detuvo; apretó los puños contra las caderas.

—Depende. Depende de a quién acudas.

—Demóstenes, por ejemplo. Y... el Gran Rey.

Arrabeo lanzó una carcajada y se dejó caer en su sillón.

—Claro. Disolución de la Liga de Corinto. Libertad para todos los estados helenos. Influencia para los príncipes de las montañas. No a la guerra contra Persia. Sí, tendrá algún valor para Demóstenes y Arses.

—¿Qué podemos perder? —Heromenes se inclinó hacia adelante, apoyando los codos en las rodillas y el mentón en la palma de la mano derecha—. ¿Estamos seguros de que un rey débil será lo bastante fuerte para impedir que ilirios y peonios se rearmen rápidamente?

—Es posible... hacer tratados. Ellos tampoco se sentirán desgraciados si Filipo cae.

Un grupo de esclavas y esclavos supervisados por Admeto arrastró fuera de las habitaciones de la reina bultos, atados y baúles. Varios carpinteros a las órdenes de Arcelao desmontaron la gran cama de madera tallada, cuero y marfil. Otros criados enrollaron pieles de oso y delicadas alfombras. Los cestos con ropa y telas, empaquetados esa mañana por criadas dirigidas por la tracia muda, fueron sacados fuera de la habitación. Los artesanos del palacio desmontaron las valiosas pilas del baño.

Olimpia estaba en la habitación contigua, donde antes habían dormido los niños. Llevaba el vestido largo blanco y con ribetes dorados, las botas de montar adornadas con piedras preciosas y botones de plata y el mantón púrpura. La serpiente estaba enrollada alrededor de su cuello, balanceando la cabeza a uno y otro lado y siseando. Alejandro, apoyado en el alféizar de la ventana, parecía estar observando la lengua partida del animal. Tenía los brazos cruzados y las manos metidas bajo las axilas, como si tuviera que contenerse para no estallar o desplomarse. Estaba pálido.

Aristandro se hizo a un lado para dejar paso a Admeto, que vino a recoger una cesta de mimbre llena de rollos, botellitas de tinta, cañas de escribir y otros objetos pequeños. El vidente parecía relajado, como casi siempre; en sus rasgos podían leerse decisión y un cierto malestar.

—Es la voluntad de los dioses —dijo con voz plana.

—¡Estúpido, estúpido, estúpido! —Olimpia casi chillaba. Estiró los brazos como si quisiera arañar con sus uñas rojas los ojos de Aristandro—. ¡Qué estupidez! Yo he parido a la encarnación de Ammón y ahora Filipo me arroja de su lado como si fuese un trapo viejo. No más poder, no más riqueza, no más influencia. Y mi hijo, la encarnación de Ammón, tiene que quedarse en Pella con las riendas apretadas, en lugar de poder salir al encuentro de su destino, como corresponde al descendiente del divino Aquiles. —Sacudió su larga cabellera, todavía de un rojo oscuro; la serpiente se balanceó y siseó.

Alejandro permanecía inmóvil como una estatua de hielo. Sólo los músculos de sus mejillas tenían vida.

Aristandro intentó sujetar con la mirada los ojos temblorosos de la reina.

—La voluntad de los dioses. —Esta vez su voz sonó algo más dura—. Te lo he dicho muchas veces, Olimpia. Poder, riqueza, honores divinos, todo lo que siempre codiciaste, no es nada, es polvo bajo el sol, comparado con la voluntad de los dioses.

—¿Y cuál es exactamente la voluntad de los dioses, según tu opinión, vidente? —preguntó Alejandro con voz casi imperceptible.

Aristandro se volvió hacia el joven, pero Olimpia dijo antes:

—Que tú conquistes y liberes Egipto, que reinstaures el reinado de Ammón, que cumplas tu destino, hijo mío. Yo seré la luna y tú el sol, Helio. Mientras más brilles, mayor será mi luz. —Su humor había cambiado de repente; ahora sonreía. Después una nube volvió a cubrir su rostro con una mezcla de orgullo y codicia, disgusto e irritación.

Alejandro pareció abrazarse a sí mismo; se estremeció.

—¿Es eso? —preguntó, dirigiéndose a Aristandro.

—Más o menos —respondió el vidente, extendiendo los brazos—. Ammón te ha elegido. Eso dicen las estrellas, todos los oráculos y también el templo más antiguo y sagrado de todos: el santuario de Ammón, en Siwah, en el desierto.

—¿Entonces no poseo voluntad propia? —dijo Alejandro, casi en un susurro—. ¿Soy una marioneta atada a extraños hilos que llegan hasta la nada y hasta la eternidad, donde los manejan los dioses y mis antepasados? ¿Acaso no soy más que un actor obligado a representar el papel de Aquiles, con palabras y movimientos ideados por otro? ¿Todo eso sólo porque Aquiles fue uno de mis primeros antepasados?

—Eso no tiene nada que ver —replicó Olimpia, y miró a Aristandro, que había querido decir algo—. Filipo ha enviado una parte del ejército a Asia, para preparar el camino. Su camino. Que no es el tuyo, hijo. Parmenión está al mando de ese ejército; puede vencer o ser derrotado. Si cae con el ejército, perderás a muchos hombres capaces, a los que necesitarás para hacer lo que hay que hacer. Si vence también los perderás, pues en ese caso no seguirán tus objetivos, sino los de Filipo y Parmenión. Filipo me ha deshonrado y expulsado. ¡A mí, la madre de la encarnación de Ammón!

—¿Deshonrado? —Alejandro enarcó una ceja—. Su guardia personal te servirá de escolta. Pausanias te protegerá y honrará hasta que llegues a Epiro.

Olimpia levantó las manos, casi suplicante.

—No por honrarme, hijo, sino por puro cálculo. Filipo quiere casarse con la sobrina de Attalo, hacerla su esposa legítima y nueva reina. Pausanias odia a Attalo y a su hija. Es mejor que no se encuentren. Honor, ¡bah! La muchacha es macedonia, y Filipo no es en absoluto demasiado viejo para tener hijos. ¡Piénsalo, Alejandro! Si Cleopatra le da un vástago, será macedonio, macedonio puro, al contrario que tú. ¿A quién dejará Filipo el trono y el poder? ¡Piénsalo, Alejandro! Y... ven conmigo, ¡ven conmigo a Epiro! Aquí estás perdido, o lo estarás muy pronto. Alexandros, mi hermano, el rey de Epiro, nos ayudará... ¡A ti, a mí, a nosotros!

Aristandro cerró los ojos. Murmuró algo y levantó las manos hacia el cielo.

Alejandro entrecerró los ojos y miró a la serpiente.

—Tú... ¿piensas que tengo miedo? ¿Quieres que siembre la guerra en el país? ¿Pretendes que me enfrente a Filipo y su poderoso ejército, que ha doblegado la Hélade? ¿Que combata contra mis amigos y hermanos de armas? ¿Contra Parmenión, Pérdicas, Hefestión y todos los otros? —Soltó un suspiro sordo—. Tú creas una mala sombra sobre mi alma. Ahogas mi fuego.

Olimpia se le acercó, con pasitos rápidos, y le puso las manos sobre los hombros.

—Olvídalos. Olvidalos a todos, también a... tu querido Hefestión. Ven conmigo, hijo de Ammón. ¡Esta ya no es tu casa!

Alejandro la apartó.

—En Atenas —dijo, casi ensimismado—, vi un altar consagrado al Dios Desconocido. Tiene que haber un dios que domine y dirija a todos los otros dioses, que los una. ¿Cómo osas decir que no puedo elegir a qué dios quiero servir? ¿Cómo puedes...? ¿Quién eres tú para decir que mi sitio es éste o aquél?

—¡Soy tu madre!

—Y Filipo es mi padre.

—No, no lo es.

—¿Qué has dicho? —El rostro de Alejandro se ensombreció.

—Filipo no es tu padre. Filipo sólo fue... una herramienta. Tu padre es Ammón.

Alejandro vaciló; después esbozó una sonrisa burlona.

—Muy bien. Suele haber peleas entre padres e hijos. Así que no hace falta que dirija esa pugna contra Filipo, sino que puedo descargar mi cólera sobre Ammón.

Aristandro sacudió la cabeza y dijo, con serenidad:

—Eso es una blasfemia, Alejandro.

Alejandro se encogió de hombros, se enderezó, dejó caer los brazos.

—Me han enseñado a utilizar la brillante luz de la razón para espantar las penumbras de la superstición. Si tú dices que es blasfemo, pues bien, es tu opinión. Yo mismo se lo preguntaré a los dioses. El hijo del rey no necesita de sacerdotes. No necesito que te interpongas entre los dioses y yo para traducir e interpretar sus preceptos. Tal vez los dioses se oculten en la brillante luz del sol, donde nadie puede verlos sin quedar ciego. Pero no creo que se oculten en las tripas de la noche, ni tampoco en la niebla de los oráculos. Te deseo un buen viaje, madre. —Inclinó la cabeza y salió de la habitación.

Olimpia, con los brazos a medio levantar para un abrazo, lo siguió con la mirada; su rostro era una máscara de rabia aterradora, incredulidad, desilusión y dolor.

—¿Es que todo se me escapa? —dijo con voz quebrada—. ¿Ya no hay nada en mis manos? ¿Ya nada es mío?

Aristandro se rascó la cabeza; alrededor de sus ojos podía intuirse una sonrisa.

—Hemos nacido para morir. —Su voz era fría y parecía venir de lejos—. Nos aferramos a lo que no podemos retener. El ser humano es una pregunta que es mejor dejar sin respuesta; o eso pienso. Aunque mi tarea tal vez sea hallar respuestas a preguntas que nadie plantea jamás. Si tu hijo desafía a los dioses, lo hace porque estos así lo han dispuesto. Está en un lugar donde ni tú ni yo lo alcanzaremos jamás.

Las cosas podían esperar unas horas, o podían hacerlas otros. Antes de que abandonara Pella la caravana de la reina que ya no era reina, Alejandro y Hefestión llegaron a caballo al puerto de Pella. Dejaron los caballos en un prado del extremo occidental. Hefestión le mandó a un muchacho que estaba allí vigilando unos cerdos que cuidara de los animales. Alejandro cogió una moneda de tres óbolos y se la dio al chico, con una sonrisa.

Vagabundearon por el malecón, en silencio, contemplando a la gente y las tiendas. En el muelle había un barco mercante egipcio. Unos hombres de piel oscura y ojos saturados de sal y lejanía estaban descargando fardos de telas finas, jarras y ánforas puntiagudas llenas de vino de Egipto, que colocaban sobre unos trípodes dispuestos en el muelle, y cajas repletas de botellitas de colores, figurillas de marfil, imágenes de dioses y amuletos de plata, oro, bronce dorado y piedras pintadas. Alejandro intentó hablar con los hombres; eran amables, pero casi no sabían heleno. Y despedían un olor extraño, a una eternidad en el mar, a agua salada, carne salada y pescado salado, a especias extranjeras, sentina y sudor. Hefestión arrugó la nariz y se mantuvo a unos pasos de distancia.

El pequeño velero, un regalo de Parmenión a Alejandro, estaba amarrado en el lado interior del muelle que separaba la dársena del mar abierto. Subieron, remaron hasta separarse del muelle, izaron la vela y se dejaron llevar por el viento del noroeste, las olas y una conversación que, poco a poco, fue decayendo. A lo lejos se arrastraba contra el viento, casi con indolencia, uno de los nuevos barcos de tres puentes, posiblemente con rumbo a Aloro, donde atracaban algunas de las trieras cuando no tenían que patrullar la costa o despejar el Helesponto para dejar libre el camino a una eventual retirada de Parmenión y sus tropas asiáticas. Dos delfines se acercaron a la barca, trazaron círculos alrededor de ésta y volvieron a desaparecer; más tarde avistaron un banco de atunes. Al cabo de un rato arrizaron la vela y dejaron la barca a merced de las olas. Alejandro se puso de pie, se desnudó y se arrojó al agua. Hefestión dudó un instante antes de seguirlo.

De repente, cambió el viento; empezó a soplar del suroeste, con más fuerza. Tuvieron que esforzarse para volver a la barca antes de que se alejase demasiado. Riendo, dejaron que el sol los secara. Alejandro extendió los quitones sobre el suelo del bote, se sentó, miró a Hefestión y le tendió una mano.

El viento llevó la barca hasta la costa, un poco al este del puerto, hasta el punto en que un arroyo desembocaba en el mar, en medio de una jungla de caña. La barca hurgó entre las cañas, metió la proa, avanzó unas brazas y luego se detuvo.

Hefestión se soltó del abrazo de Alejandro, se arrodilló y miró por encima de la borda.

—Encallamos. Ah, es el arroyo.

Alejandro se levantó, se puso el taparrabos y se echó encima el quitón. Se inclinó hacia adelante, apoyó un codo en la espalda de Hefestión y la otra mano sobre la pared de borda, y miró el cañaveral y después el agua del arroyo, que pocos pasos más allá se confundía con el mar.

—Pasa. Todo pasa. Todo está sumido eternamente en el cambio. Quizá no sólo sea cierto que nunca bajamos dos veces al mismo río... ¿podemos subir dos veces a la misma barca?

Hefestión levantó la mirada y sonrió, pero en su rostro había una expresión de tristeza.

—Pareces turbado, querido. ¿Qué te pasa?

—Es cobarde tener miedo a morir en el agua —dijo Alejandro; su voz sonaba como si viniese de lo más profundo del tiempo—. O en el campo de batalla. Temer a la muerte, en general... siempre podemos verla en flores marchitas o ancianos desdentados. Pero ¿también es una cobardía temer a algo que no se puede ver?

—¿Qué es eso que no puedes ver, Aquiles? —preguntó Hefestión al tiempo que le acariciaba la espalda.

—En algún lugar hay una cinta, una orla, un borde o filo de oscuridad. Dentro de mi cabeza. Fuera de mi vista. Es una oscuridad que amenaza con acercarse cada vez más. —Esbozó una sonrisa—. A veces siento que no puedo dormir porque la oscuridad vendrá por mí y me atrapará mientras duermo y no puedo espantarla.

Hefestión parecía horrorizado.

—Esa oscuridad... ¿sabes de qué está hecha? ¿Nace de la fiebre, de la bebida, del cansancio, de la locura...? ¿Qué tipo de oscuridad es?

—No lo sé. Aún no. ¿Oscuridad nacida de la luz excesiva, la ceguera de ver todo demasiado claro? —Se encogió de hombros, enderezó los hombros y volvió a mirar el arroyó—. Y todos hablan de ello, aunque dan a la oscuridad otros nombres. Distintos nombres.

—¿Quiénes son todos? ¿Qué nombres?

Alejandro susurró algo y luego silbó al ver unos pájaros que levantaban el vuelo desde el cañaveral. Los siguió con la mirada, casi con envidia.

—A veces desearía abandonarlo todo y echar a volar, como esas aves. Os llevaría a ti y a los otros, a Cratero, Pérdicas, Ptolomeo, Erigio, Leonnato, Eumenes, ya sabes, a toda la banda. Simplemente abandonarlo todo y huir volando, cabalgar el viento hacia el norte, perdernos entre los bárbaros...

Hefestión asintió con la cabeza.

—Algunas veces yo también me siento así. Pero...

Alejandro suspiró.

—Lo sé; no hay ninguna virtud en ello. Un cobarde puede correr y esconderse, pero nosotros tenemos que enfrentar las cosas, de lo contrario todo se nos escaparía de las manos. Y no quedaría de nosotros nada que valiera la pena ocultar. Ya sabes, yo creo que esa oscuridad realmente tiene nombres. Muchos. Uno de ellos es destino. Moira. Lo que sucede, lo que sucederá, algo que quizá ha sido plantado en nuestro interior, donde crece y se desarrolla.

Hefestión se mordió el labio.

—No podemos evitarlo, pero sí podemos hacerle frente... ¿es así?

Alejandro asintió, muy lentamente.

—Y también está esa sensación de tener que sacrificar toda la vida a esa palabra oscura. La vida, los deseos, los amigos, los pensamientos, cualquier anhelo. Todo. ¿Te acuerdas de que una vez...? ¿O fue Cleito? Ya no lo recuerdo. Nadie me ha preguntado qué quiero hacer; todos están diciéndome siempre lo que ellos piensan que debo ser y cómo debo obrar. Filipo quiere que herede su trono, sueñe sus sueños, libre sus batallas, acabe sus conquistas, corone su paz. Pero ahora nombrará nueva reina a la sobrina de Attalo, tendrá más hijos y, quizá, uno varón. Olimpia es de Epiro; yo en realidad sólo soy medio macedonio, mientras que ese niño sería un macedonio de pura sangre, emparentado con uno de los príncipes más importantes. Qué pasaría si... ya sabes. Y Parmenión está en Asia con la mitad del ejército, preparando el terreno para liberar a las ciudades helenas y hacer retroceder a los persas. Tal vez ya no haya nada que hacer cuando... si llego a ser rey. Olimpia siempre ha querido hacer de mí una herramienta, la encarnación de Ammón, que también es Zeus; algo que ella pudiese moldear, utilizar, aprovechar en su propio beneficio, poder y gloria. Aristandro quiere que sea rey y sacerdote a la vez, pero cuando pienso como sacerdote dice que blasfemo. Y también están Aristóteles, Parmenión, Antípatro, Artabazo y todos los otros. Y... Aquiles, al que llevo en la sangre. Murió en la mayor gloria, sí, como también yo quiero morir, pero ¿es necesario que esa muerte me llegue siendo aún muy joven? —Se volvió y miró a Hefestión a los ojos—. Dímelo, Patroclo.

Hefestión puso la mano sobre el brazo de Alejandro.

—Tú tienes amigos, ¿lo sabes? —dijo, con voz muy penetrante—. Amigos que no te dicen qué tienes que ser o qué debes hacer; amigos que te quieren por lo que eres.

Alejandro le acarició la espalda, sonriendo.

—¿Por lo que soy? Sois un precioso regalo del destino, mis amigos... Pero ¿qué soy? ¿Quién es Alejandro?

Con el pretexto de que quería visitar a viejos amigos, Olimpia mandó que la caravana tomase el camino del norte; no el que salía de Pella en dirección a Aloro y Egae, seguía río arriba por el Haliacmón, hasta la Elimiotis, y llegaba a Epiro cruzando el Tinfeo y la cordillera del Pindo, sino el que se dirigía a Edessa y al lago Begorritis, en Lincestis. Pausanias sabía, como todos los demás, que Olimpia no tenía amigos allí y que coger ese camino era dar un gran rodeo, si se quería llegar a Epiro. No obstante, se abstuvo de hacer preguntas, por lo que esa noche la antigua reina lo recompensó a su manera. Sin que Pausanias supiese nada, Olimpia al parecer había enviado un mensajero desde Pella; en una gran posada la esperaba uno de sus hombres de confianza con la noticia de que los señores de una población cercana se sentirían honrados de poder dar muestras de su hospitalidad a la hermana del rey de Epiro. A la mañana siguiente, Pausanias, seis hombres elegidos de la escolta real, dos criadas y Olimpia abandonaron la caravana, que siguió avanzando lentamente por el camino mientras ellos se internaban a caballo en las montañas. Pausanias se preguntaba qué podía haber llevado precisamente a los arrogantes lincéstidas Heromenes y Arrabeo a invitar a la odiada epeirota, pero decidió ocultarse bajo los ropajes del silencio y el manto de la paciencia.

Los primeros convidados a la boda, llegados de toda Macedonia y parte de la Hélade, se habían retirado. Ya no se veía a Cleopatra, la hermana de Alejandro, quien no parecía albergar demasiadas simpatías hacia la nueva Cleopatra, la reina de Filipo. Filipo había bebido mucho, lo mismo que Attalo, tío y antiguo tutor de la novia. Cleito tenía que beber poco, mantenerse sobrio y, de tanto en tanto, salir a ver a la guardia. Pausanias, a quien debía haber correspondido esa labor, estaba fuera de la ciudad, escoltando a Olimpia en su viaje a Epiro. Antípatro sostenía una larga y, al parecer, complicada conversación con una cantante; Antígono el Tuerto estaba sentado en una pared; tampoco él profesaba un amor desmedido hacia Attalo.

Entre los convidados, lujosamente vestidos y casi todos borrachos, estaba sentado Alejandro, rígido, tenso, con un sencillo traje blanco sin ningún adorno. Bebía vino mezclado con agua en una copa de plata, escuchaba, no hablaba apenas.

El único que realmente llamaba la atención por su indumentaria era Parmenión. Lucía la misma ropa que había llevado en el camino; olía a caballo y a campo, y su quitón estaba tan sucio como el capote, que caía sobre el respaldo de su asiento.

De pronto, se puso de pie. Sus movimientos no delataban sus más de sesenta años ni el cansancio del viaje ni la gran cantidad de vino trasegado. Su lengua también estaba controlada, como siempre. Levantó la copa. Alguien gritó:

—¡Silencio!

—Te deseo alegría, felicidad y placer eternos, rey y señor, amigo y compañero... ¡y a todos vosotros! Para poder asistir a esta fiesta antes de que el rey asista a su nueva esposa, para poder consumir estas copas antes de que el rey consume la boda, he dejado a nuestro ejército en Asia y he tenido que galopar sin descanso... como espero que haga Filipo esta noche.

Risas; alguien gritó:

—Galopar sin descanso, sí, pero también hay que restregarse sin descanso.

Filipo se partió de risa; Cleopatra sonrió. Alejandro no se inmutó. Parmenión dio un largo trago.

—Como sea... he llegado a Pella justo a tiempo para celebrar con todos vosotros. Y también contigo, Alejandro, que un día heredarás la gloria y el poder de tu padre, pues a ti no puede perjudicarte una madre nueva y diferente.

Volvieron a estallar las carcajadas. Esta vez Attalo no rió. Alejandro levantó la copa e intentó sonreír a Parmenión.

—Lamento tener que abandonaros tan pronto, pero he de partir al amanecer; mi deber es preparar las tropas para el día en que Filipo venga a conducirnos a una victoria sin precedentes.

Filipo dijo algo, pero su voz se perdió entre las carcajadas y aplausos.

—He venido como estaba y estoy —dijo Parmenión—, manchado y polvoriento; no he tenido tiempo para cambiarme de ropa. Y espero que todos estén de acuerdo en que antes de mañana tendrán que mancharse también otras cosas, y espero que el rey pueda llegar antes de que yo tenga que irme. —Se sentó, sonriendo.

Entre los aplausos y risas, Filipo rugió, con lengua pesada:

—Puedes apostarlo, viejo amigo.

Attalo se puso de pie, tambaleándose; levantó su copa, a la cual parecía sujetarse, parpadeó, miró de reojo a Parmenión, después a Filipo, después a Alejandro. Alguien gritó pidiendo silencio.

—Hay otra cosa que no deberíamos olvidar —comenzó Attalo. Eructó y después, con voz más clara, prosiguió—: Muchos de nosotros, de los antiguos príncipes y sus familias, nunca nos sentimos especialmente felices por la reina que tenía Filipo. Como respetamos a nuestro señor, tuvimos que rendir honores a la epeirota. Brindemos ahora por el hecho de que esta noche, y muchas otras, la unión del rey de Macedonia con una mujer macedonia nos depare un legítimo heredero macedonio.

Alejandro se levantó de un salto, blanco como una pared recién encalada.

—¿Qué soy yo entonces, miserable canalla? —gritó—. ¿Un bastardo o qué? —Arrojó su copa a la cara de Attalo.

Todos los que aún podían tenerse en pie se levantaron. El estruendo de los asistentes sólo duró un momento. Attalo, ensangrentado, también arrojó la copa; Alejandro la esquivó con un ligero movimiento. Le volvieron los colores; sus manos estaban tranquilas; su postura, firme. Sus ojos azules se clavaron en el rostro de Attalo.

Filipo se levantó con dificultad. Se tambaleó y se apoyó en el hombro de Cleopatra. La nueva reina, en parte asustada, en parte divertida, paseó la mirada por Filipo, Attalo y Alejandro.

—No permitiré que mi hijo ofenda a mis invitados... ¡No al tío y tutor de la reina!

Cleito se acercó con pasos cortos; Parmenión, de pie, intercambió una mirada con Antípatro, que hizo una mueca, como si le doliese la cabeza.

Alejandro se irguió aún más. Con voz cortante, dijo:

—Tal vez el rey de Macedonia debería elegir mejor a su parentela.

Filipo tenía el rostro desencajado y en una de sus sienes palpitaba una vena.

—¿Qué quieres decir con eso?

Alejandro mantuvo la frialdad.

—Quien ofende al hijo, ofende también al padre. Deberías considerar las cosas en el orden en que suceden.

—Yo considero lo que quiero, cuando quiero y como quiero. Mi...

—¿Acaso tu nueva política es rodearte de canallas y miserables? —lo interrumpió Alejandro.

La cara de Filipo se convirtió en una máscara grotesca; apartó a Antípatro, que quería detenerlo.

—Cierra el hocico, enano... Fuera. Ahora mismo. No quiero volver a verte.

Alejandro asintió.

—Mejor así. Los hombres no deben revolcarse con los cerdos en la pocilga.

A una señal de Cleito, los hombres de la guardia sujetaron a Attalo, que buscaba un arma. Filipo rugió como jabalí herido, hizo a un lado a Antípatro, dio un par de pasos tambaleantes hacia Alejandro, levantó la mano derecha como para asestar un golpe, empuñó su espada de gala, tropezó en una arruga de la alfombra y se desplomó.

Los invitados, paralizados, perplejos, contemplaban la escena en silencio.

—Miradlo —dijo Alejandro con frialdad—. Se jacta de que os llevará hasta Asia, y ni siquiera puede cruzar una sala.

Cleito y Parmenión cogieron a Alejandro del brazo y lo sacaron del salón. Filipo intentó levantarse; lentamente, consiguió hincar una rodilla; Antípatro le ofreció las manos para ayudarlo a ponerse de pie. Attalo se dejó caer sobre su litera; su rostro no mostraba más que embriaguez y triunfo. Cleopatra se mordisqueaba la uña del meñique izquierdo. Antígono el Tuerto intentaba tranquilizar a los otros convidados. Filipo tenía la cara roja y la mano en la espada.

En la antesala soltaron a Alejandro. Cleito silbó con dos dedos; de algún lugar salieron Coino y Pérdicas. Habló en voz baja con ellos.

Parmenión, de repente sobrio y dueño de sí, miró fijamente a la cara de Alejandro.

—Hijo, has estado muy bien. Pero también muy mal.

Alejandro levantó un poco más la cabeza.

—¿Qué quieres decir?

—Attalo es un cerdo —dijo Parmenión con una sonrisa—. Yo lo sé bien; es mi yerno y tienes razón, habría que elegir mejor a los parientes. Es una lástima que no podamos ahogarlo en mierda de caballo. Me temo que tendré que llevarlo conmigo.

Cleito había terminado de hablar con Pérdicas y Coino, que se marcharon a paso ligero. El Negro se acercó a Parmenión y Alejandro, asintiendo.

—Parmenión está en lo cierto.

—No lo entiendo.

Parmenión cruzó los brazos y se apoyó en una columna.

—Tienes que marcharte. Enseguida. Lleva contigo a dos o tres amigos, pero no a Hefestión. Filipo entenderá que estás furioso, pero que no eres su enemigo. No vayas donde los enemigos de Filipo, muchacho; ni a Persia ni a Atenas. Y por todos los dioses, no vayas a Epiro, con tu madre. Deja el país hasta que Filipo mande a buscarte.

—¿Crees que lo hará? —Alejandro parecía incrédulo.

Cleito tosió.

—Vuelvo al salón, a ver que todo marche bien. En caso de... —Puso la mano sobre el hombro de Alejandro; después le dio un breve abrazo.

De repente, viejísimo y preocupado, Parmenión dijo:

—Filipo te quiere, muchacho. Mandará por ti apenas haya pasado todo esto. Primero, naturalmente, antes tiene que desembarazarse de Attalo. Confía en mí; supongo que tendré que llevármelo a Asia. Ten las orejas abiertas, hijo. Y, como ya he dicho, deja aquí a Hefestión. Tal vez pueda ablandar a Filipo.

Alejandro asintió lentamente.

—Eres un hombre sabio. Haré lo que dices, Parmenión... padre.

Parmenión sonrió, cansado, y abrazó a Alejandro. Cleito regresó de pronto, con una media sonrisa.

—Él es el rey —dijo Cleito, que acababa de regresar—. Aunque esté borracho. Sabe muy bien...

—¿Qué ha dicho? —Parmenión arrugó la frente.

—Alejandro ha sido desterrado, con sus mejores amigos. Harpalo, Nearco, Ptolomeo, Erigio, Laomedón. Expresamente esos cinco. También ha ordenado expresamente que todos los otros se queden aquí, sobre todo Hefestión.

*

Pitias se había retirado hacía unos momentos a la cocina para preparar una cena de medianoche. Un aroma a carne, grasa y especias comenzó a invadir la casa. Aristóteles olisqueó e interrumpió el relato. Dos lámparas de aceite se apagaron al mismo tiempo; como el fuego ya casi se había consumido, la habitación se sumió en sombras demoníacas.

Peukestas se levantó del taburete y se desperezó; le sonaban las tripas. Permaneció un momento junto a la cama del moribundo.

—Debes de sentirte encerrado —dijo Aristóteles. Se arrebujó entre las mantas y pieles que lo cubrían y volvió a estirarse cuando las pequeñas llamas de las últimas lámparas temblaron—. A los soldados les gusta el aire fresco, según se dice.

Peukestas se puso en cuclillas junto al fogón, echó madera y rollos, sopló y las cenizas que se levantaron lo hicieron toser.

—Las noches al aire libre... sí. —Volvió a toser—. Este ambiente es un poco sofocante.

—Abre la ventana. Quizá eso ayude.

El macedonio abrió el postigo; el aire de la noche, que llegaba a través de un patio interior, era soso, flojo en el mejor de los casos, pero refrescante comparado con el ambiente de la habitación, que olía a vino, enfermedad, muerte progresiva y platos sucios de la comida anterior. Los nuevos aromas de la cocina todavía tenían que imponerse.

Pitias trajo tres escudillas planas de arcilla; en ellas nadaban pequeñas salchichas negras, fritas en manteca de cerdo, no en aceite, y condimentadas con cebolla y ajo. Aristóteles se sentía lo bastante fuerte para sentarse derecho, con muchos cojines y mantas a la espalda, y comer sin ayuda. Cuando terminaron, Peukestas llevó las escudillas a la cocina; Pitias rellenó las lámparas de aceite valiéndose de un embudo de bronce, las encendió y volvió a cerrar la ventana.

—Muchas de las cosas que ocurrieron entonces —dijo Aristóteles— las sé por Demarato, el corintio. Un viejo amigo, huésped de Filipo y amigo y acompañante de Alejandro.

—Lo sé. Yo lo conocí. No, no lo conocí; estaba demasiado alejado de los centros de poder como para conocerlo. Pero lo vi. Un hombre valiente.

Aristóteles sonrió.

—Cierto. Entonces debía de tener tantos años como los que yo tengo ahora. Consiguió que Filipo y Alejandro se reconciliaran; más adelante viajó con ellos a Asia. A pesar de su edad. En la primera gran batalla luchó al lado de Alejandro. Después creo que murió en algún lugar de Persia, poco antes de la partida hacia la India, ¿verdad?

—Alejandro le rindió magníficos honores; una ceremonia espléndida y un túmulo enorme. Pero el túmulo estaba vacío; el Rey mandó que los restos de Demarato fueran llevados a Corinto. —Peukestas volvió a sentarse en el taburete—. No me enteré de mucho; en esa época yo estaba herido y enfermo. Por eso no fui a la India. No vi la ceremonia, sólo el túmulo. ¿Conocías a Demarato?

—Era huésped de Filipo, como ya he dicho, y fue en Pella donde lo conocí. Tuvimos buenas y largas charlas. Esas charlas deliciosas que, sin caer en confidencias personales, te llenan las horas desde el atardecer hasta la madrugada.

—¿Dónde estabas cuando Filipo y Alejandro tuvieron esa pelea?

—Allí. —Aristóteles rió—. Era uno de los convidados a la fiesta. Hace quince años de aquello, y en ese entonces la sabiduría a veces me abandonaba a mi suerte. Cuando empezó la pelea, lo único que pude hacer fue mirar; estaba tumbado en un rincón, sobre una litera de piedra acolchada con pieles, y demasiado borracho para levantarme y decir algo que, probablemente, tampoco habría servido de nada. Demarato también estaba allí. Después fuimos juntos a Mieza, y hablamos sobre cómo podría arreglarse esa ruptura. Más tarde me contó su viaje a Iliria.

*

En algún lugar del desierto pedregoso, árido y gris de Iliria, Demarato comprendió qué significaba la palabra *karst*. Hasta entonces sólo había concebido bajo el nombre de *dikella* los llanos pedregosos, sin agua, sin vegetación y sin gente. Ahora cabalgaba con dos criados y cambiantes guías ilirios por un terreno crujiente, de piedra calcárea cubierta de líquenes y hierba, en el que se abrían de tanto en tanto algunas grietas. Un atardecer, tras una larga charla en la que se alternaron varios idiomas, uno de los guías lo llevó a un río subterráneo, que silenció toda conversación y quebró la luz de las antorchas. Demarato comía con aldeanos, que vivían a orillas de un pequeño lago y decían que aquello era un manantial gigantesco. Viajó por tierras abruptas, como surcadas por carros divinos. Cada dos días llegaba al territorio de un nuevo príncipe ilirio, con el que tenía que volver a negociar.

Los desterrados vivían en la aldea más recóndita de las colinas más remotas del mundo habitable, entre cabreros y hierbas salvajes. Las chozas, de piedra de cantera y tejados de corteza y cepellón, eran horribles. Sin embargo, al acercarse a ellas Demaratos reconoció que había visto y esperado cosas mucho peores. Siete de las chozas estaban en un estado aceptable: obra de Alejandro, Ptolomeo, Erigio, Laomedón, Nearco y Harpalo. El príncipe ilirio de esa zona se sentía honrado de tener como huéspedes al hijo del lejano y terrible Filipo y a sus compañeros, y lo había demostrado poniendo a su disposición, mientras durara su estancia allí, esa aldea y sus habitantes, y enviándoles a algunas de sus hijas y otras muchachas. Los huéspedes demostraron su agradecimiento disfrutando de las ilirias, haciendo habitables las chozas y dedicando sus momentos de aburrimiento a labores útiles. Laomedón, quien al parecer era capaz de entender y hablar una lengua extranjera con sólo escucharla un momento, hablaba con fluidez el dialecto local, hasta donde Demarato podía juzgar. Entretanto, también había enseñado a Alejandro y Ptolomeo los fundamentos del persa. Erigio y Nearco construyeron carros, mejoraron casas, reemplazaron los débiles arcos de madera de los pastores por otros de varias piezas y gran eficacia, con los que se podía matar un lobo o cualquier alimaña a una distancia de doscientos pasos. Harpalo, hombre de números, mercadería y mercados, había empezado a abrir la región al comercio; en la séptima casa se amontonaban tallas en madera, dedos de metal, sacas de sal, pieles y gaitas de una sonoridad sorprendente.

En general, los jóvenes no se daban un respiro. Largas cabalgatas, viajes de exploración y orgías nocturnas no bastaban para satisfacer su monstruosa sed de acción y agotar la, al parecer, inagotable energía de Alejandro y Ptolomeo, sobre todo. Harpalo el Cojo sólo participaba en algunas actividades. Hacían carreras en pequeños circuitos por el valle o en circuitos mayores, por las colinas y precipios desmoronados; luchaban, combatían con toscas espadas, levantaban piedras, construían casas y volvían a derribarlas. Sus relaciones con los lugareños eran diversas. Alejandro era abierto y campechano —los reyes pueden permitírselo— y Nearco enfrentaba todo con amabilidad y diplomacia cretenses. Los hijos de los príncipes macedonios, en cambio, aceptaban lo que les ofrecían y hacían lo necesario para matar el aburrimiento; por lo demás, guardaban una distancia orgullosa y arrogante.

El corintio llegó a la aldea una tarde. Pagó a su guía, que emprendió enseguida el camino de regreso, y echó una mirada a las casas.

—Habéis hecho un buen trabajo. ¿Cómo fue el invierno?

—Seco y cálido —respondió Nearco. Luego señaló la chimenea y añadió—: Casi no la usamos.

Las chozas de los jóvenes de Pella dejaban ver todo tipo de refinamientos. La de Nearco, que compartía con una iliria delgada y rubia, había sido construida con piedras de cantera y guijarros reforzados con argamasa, y en el interior tenía las paredes revocadas con varias capas de cal; dos de esas paredes estaban revestidas de madera clara. El cielo raso, algo inusual en esa región, estaba formado por gruesas vigas que sostenían un entarimado de madera, mientras que el tejado, también reforzado con argamasa, era de piedras planas y tablillas sostenidas sobre una armazón de madera. La casa tenía dos tiros de piedra, uno para la chimenea y otro para el fogón, en parte de piedra, en parte de placas de metal. La amplia cama —un catre bajo de madera revestida en cuero y cubierto de mantas y pieles— estaba algo elevada, sobre una base de piedras pequeñas y mortero. Pieles y toscas alfombrillas de mimbre tejido cubrían el suelo, de piedras planas muy bien encajadas. De dos paredes colgaban estantes con rollos de cuero y utensilios domésticos.

—Y todo gracias a Aristóteles —dijo Nearco, que siguió con una sonrisa la mirada de Demarato—. Él nos enseñó todo esto. Muchas veces nos quejábamos, porque no nos interesaba aprender cómo se construye un torno de alfarero o cómo se quita el pelo a una piel de animal, cómo se limpia, se entiesa, se seca y se alisa con piedra y yeso, para poder escribir en ella. Allí teníamos papiro... pero aquí arriba el comercio al detalle con importadores egipcios está bastante mal.

—¿Qué hay en los rollos de cuero?

Nearco se acercó a un estante y cogió uno.

—Dibujos y cuentas. Y un par de intentos por escribir en taquigrafía ática acerca de nuestra situación.

Demarato observó los dibujos hechos en el cuero; eran claros, precisos y muy detallados.

—Una especie de horno, ¿eh?

—Un horno para cal —Nearco señaló hacia afuera con la cabeza—. Está al pie de la ladera norte de la colina. Ven, te enseñaré las otras chozas.

—¿Qué otras cosas habéis construido aquí arriba?

Mientras daban un paseo, Nearcos le habló del difícil comienzo y del laberinto del aburrimiento.

—Naturalmente, primero intentamos conseguir una vivienda que estuviese seca. Para todos. Era un poco estrecha, sobre todo cuando vinieron las chicas. Y a veces había demasiado ruido. Así pues, varias casas. ¿Utensilios domésticos? Aquí sólo había unas ollas de barro impresentables. De modo que buscamos en los alrededores una tierra adecuada, otra vez gracias a las enseñanzas de Aristóteles, y empezamos a hacer de alfareros, con un horno de cocción y todo lo necesario. —A ese horno habían seguido una pequeña fundición de metal, una forja, una curtiduría, un primer telar y después otros, más finos y mejores. El lugar donde se levantaban las casas, al borde del viejo poblado, había sido aplanado con rodillos; desde el manantial que brotaba más arriba habían tendido una tubería recubierta de planchas de metal que bajaba hasta el espacio abierto entre las casas, donde desembocaba en un depósito con varias pilas y un desagüe.

También exploraron la región. Erigio y Alejandro trazaron mapas y realizaron largas caminatas, andando con pasos ensayados y uniformes y llevando unas cuerdas con cuentas de madera con las que, cada doscientos pasos, marcaban el límite de cada estadio. Con ayuda de Laomedón, Alejandro sostuvo largas charlas con los ancianos del lugar, sobre todo para conocer las hierbas medicinales y los métodos curativos de los ilirios. Ptolomeo se convirtió en armero; sus cuchillos, espadas y puntas de lanza se volvieron famosos en poco tiempo, y no sólo en esa aldea, sino también muy lejos de ella.

—Harpalo tuvo algunas buenas ideas —dijo Ptolomeo. Se rascó el pecho velludo y esbozó una amplia sonrisa. Llevaba una sencilla camisa iliria con mangas hasta el codo, que se ponía por la cabeza y tenía un largo escote que llegaba casi hasta el ombligo. La camisa terminaba a la altura de la ingle; debajo sólo llevaba un taparrabos. Considerando la región y lo mucho que trabajaban, aquella vestimenta resultaba, evidentemente, mucho más adecuada que el habitual quitón heleno.

Demarato observó al grupo reunido en la plaza que se extendía entre las casas: hombres jóvenes, esbeltos y musculosos, que se movían como felinos; mujeres delgadas y silenciosas —que el corintio no habría llamado bellas, pero sí apasionadas—, de nariz pequeña, ojos brillantes y manos callosas; esclavos en los que se reflejaba el asombro por los muchos cambios. De repente se sintió viejo y decrépito.

—¿Qué tipo de ideas?

Ptolomeo se mordió el labio inferior. Tenía los colmillos muy largos y la hendidura del mentón parecía más pronunciada que nunca.

—Ah, muchísimas cosas. Lo primero que hizo fue reunir todo el dinero que teníamos. Y después hizo negocios. Calculo que el valor de los productos que ha acumulado es hoy diez veces mayor que en otoño.

—A veces me pregunto si al final vamos a tener que darle las gracias a Filipo —dijo Alejandro, y guiñó un ojo.

—¿Qué quieres decir?

Demarato observó al futuro rey de Macedonia, que ese verano cumpliría veinte años. Era media cabeza más bajo que los otros y algo más delgado, pero cada uno de sus movimientos delataba músculos fuertes y una infinita energía. Algo había cambiado en su cara; el corintio no sabía bien qué. No se trataba de marcas o arrugas, pues aún era demasiado joven para eso, sino de algo parecido a un nuevo perfil, una inesperada e inflexible dureza, como murallas de piedra ocultas bajo una vegetación maravillosa.

—Tal vez nos haya hecho un favor —repitió Alejandro, y asintió con la cabeza dirigiéndose a una muchacha iliria—. Hablaremos más tarde. Vamos a preparar el banquete en honor de nuestro huésped Demarato.

Alejandro se dirigió a una estantería adosada al lado sur de su casa; allí había vasijas de barro de diversos tamaños. Bajó una, removió el interior con una cuchara de madera y, utilizando como cedazo un trozo de tela que tensó la mujer, vertió un líquido oscuro en una olla más pequeña. En la tela quedaron todo tipo de cosas: hierbas, trocitos de pan, restos de carne de algún animal que Demarato no estaba seguro de querer identificar.

Cada uno de los otros se hizo cargo de una tarea distinta. El corintio vio que Alejandro cogía la tela, la anudaba y la exprimía; el liquido restante rezumó a la olla. La iliria salió de la casa con un taburete, un mortero y un rodillo de piedra; se sentó al sol y se puso a moler terrones de sal.

—¿Quieres probar? —Alejandro acercó la olla al corintio, sonriendo—. Has de saber que aquí soy el maestro de las hierbas y las raíces.

Demarato metió el meñique en el caldo negruzco y se lo llevó a la lengua.

—Ahhh. —Tragó y puso los ojos en blanco—. ¿Qué...? ¿Una especie de garón?

Alejandro asintió.

—Un par de peces de río, muy pequeños, y tripas de pescados más grandes, con un poco de sal, mil hierbas y unas gotas de vino de la región, que es horrible.

—Yo tengo vino calcídico. ¿Puedo ofrecerlo como mi contribución al banquete? —Dio unas palmadas y ordenó a uno de sus esclavos que trajera el odre.

—Te lo agradeceremos eternamente —dijo Alejandro, e hizo una reverencia, bromeando—. Volvamos a la salsa. Ha pasado cuatro lunas al sol en esa cacerola grande y huele mal. Lo más importante son las raíces de lirio molidas y el comino.

—Dejame probar otra vez. —Demarato volvió a probar, pero esta vez fue con más cuidado—. Pues... tal vez un poco picante, pero no está mal. Lirio, ¿eh?

—Aquí es muy bueno, muy fuerte.

Los esclavos sacaron taburetes y mesas de las casas y los llevaron a un lugar plano y pedregoso, al oeste de la choza de Laomedón. Al borde de aquella terraza natural, la colina caía cortada a pico; era demasiado escarpada incluso para las cabras. Allí sólo crecían algunos zarzales que, según Laomedón, en otoño daban unas bayas rojizas. El paisaje, escabroso e irregular, se extendía desde el pie de la colina hacia el norte, salpicado de matorrales y surcado por corrientes de agua que solían salirse de su cauce. El camino por el que había venido Demarato serpenteaba entre grietas, arbustos, bosquecillos y superficies verdes, primero hacia el oeste y después hacia el sur, donde desaparecía en una garganta. Frente a la terraza, a las faldas de una montaña agrietada, verde grisácea, un extraño pantano formaba meandros. Toda la región parecía una herida muy antigua que aún no había cicatrizado, una parte indeterminada del cuerpo de un titán amargado y cubierto de costras, cuyo espíritu siempre ausente permitía que allí pudiera vivir gente.

La montaña que se levantaba exactamente al oeste, tras la cual siempre se ocultaba el sol, puso nervioso a Demarato; de repente, el corintio supo qué le recordaba y echó a reír.

Erigio lo miró de reojo, desconcertado; estaba estirando pieles sobre los taburetes y la silla de tijera colocada especialmente para el invitado.

—¿Qué pasa?

—Esa montaña de allí. —Demarato la señaló, soltó una carcajada, se contuvo. A la luz del atardecer, unas siluetas bastante nítidas parecían dibujar el perfil de una cabeza de nariz abultada, mentón salido y perilla rala, que miraba hacia el norte.

—Sí, ya, una cara. ¿Te parece tan gracioso?

Demarato se dejó caer pesadamente en un taburete.

—Me temo que vosotros no podéis saberlo. —Tragó varias veces—. Excepto Alejandro, ¿eh?

Alejandro sacudió la cabeza.

—No sé a qué te refieres.

—¡Pero tú has estado en Atenas! Ah, olvidaba que en esa época tenía que mantenerse algo oculto. Eso de allí arriba es un fiel retrato del insuperable e insoportable Demóstenes.

Empezaron a comer en silencio; los desterrados disfrutaban el vino que había traído Demarato. Sólo Alejandro apenas bebía; también comía muy poco. Las ilirias, que estaban sentadas a cierta distancia de ellos, conversaban en voz baja en su tosco idioma. Demarato estaba perplejo por la variedad y calidad de la comida. Había leche de cabra fermentada, endulzada y espesada con miel, en la que flotaban bayas secas del último otoño; bolitas de mijo, hierbas y carne picada fritas en aceite; pescado fresco de río, asado, que sabía estupendamente con la salsa preparada por Alejandro; un cabrito asado; cebollas de primavera; unas verduras rellenas, cuyo nombre Demarato desconocía; delgadísimas tortillas de pan, horneadas con miel; queso de cabra; vino, y agua.

Finalmente, Demarato suspiró satisfecho, se chupó los dedos, se secó en el quitón, eructó y observó a los jóvenes, uno a uno. Harpalo, con la fina barba negra bien afeitada y, a pesar de la cojera, tan nervudo y ágil como los otros, le devolvió la mirada con rostro inexpresivo. Erigio pestañeó y se tiró de la oreja derecha, donde llevaba un pequeño pendiente de plata con balanceantes cabecitas de león. Laomedón se secó los labios carnosos e hizo una ligera mueca; la cicatriz que le dejara un golpe de cuchillo se curvó sobre su mejilla derecha. Ptolomeo tenía los brazos cruzados y tres dedos de la mano derecha apoyados en el mentón y mejilla. Nearco, que estaba sentado con la espalda recta y semejaba la estatua de un erudito en leyes sumido en profundos pensamientos, miró fugazmente a Demarato. Alejandro, con las manos detrás de la cabeza, tenía la mirada perdida en la puesta de sol, que parecía teñir el cielo de sangre.

—Admiro vuestra reserva —dijo el corintio, y sonrió—. Es lo adecuado en hijos de príncipes y notables soldados. Sólo quien sabe dominarse puede dirigir a otros.

Un pequeño músculo palpitó en la cara de Ptolomeo, que enseñó un instante sus largos colmillos. Alejandro seguía con expresión lejana y melancólica.

—Como podéis imaginar, no he venido a este desierto bárbaro sin mensajes y encargos. Pero permitid que comience a mi manera. Las cosas más importantes primero.

Bebió un sorbito de vino, cerró los ojos y habló del otoño y el invierno en Pella, de que Filipo parecía cada vez menos enfadado, de la barriga abultada de la nueva reina, del envío de la mitad del ejército a Asia, de Parmenión y Attalo, que avanzaban por ambos lados del Helesponto liberando a las ciudades helenas del yugo persa y preparando el terreno para Filipo. Habló de la tranquilidad que reinaba en la Hélade, sin guerras fratricidas; y de Olimpia, que escupía veneno y tejía sus hilos en Epiro, en la corte de su hermano Alexandros.

—Lo sé —dijo Alejandro en voz muy baja—. Me persigue con cartas, incluso aquí. Ven con nosotros. Ayúdame a preparar la guerra contra Filipo. ¿Por qué no vienes enseguida? ¿Tienes bastante para comer? Deberías escribir más a menudo. Escríbeme cuando pienses venir. ¿Cuántos soldados necesitamos para atacar a Filipo? —Suspiró sin cambiar de posición, pero su expresión melancólica se había convertido en furia contenida y algo más... ¿Rechazo, náusea? Demarato no estaba seguro.

—¿Y? —El corintio dijo sólo esa palabra.

Alejandro volvió la cara hacia Demarato; parecía duro y decidido.

—¿Guerra contra mi padre? ¿Contra mis amigos y compañeros de armas? ¿Unos cuantos molosos y bárbaros contra el mejor ejército de la Oikumene? —Enarcó las cejas—. Sería una locura. Y un sacrilegio. Uno puede estar descontento con los dioses, maldecir su destino, desobedecer a los padres; pero es imposible cambiar la voluntad de los dioses, doblegar a Moira, deshonrar al padre y a la madre. Son parte del todo que nos da forma. No puedo aniquilar a Zeus con un rayo. No puedo deshonrar a mi madre. No puedo hacer la guerra contra Filipo.

—Filipo... pensaba distinto en ciertas épocas.

Alejandro rió a media voz.

—Filipo libró al país de una fiera, de una gigantesca serpiente venenosa que había dejado de ser su madre hacía mucho tiempo. Que había matado a su padre, a su hermano mayor y a muchos otros. Yo... —Titubeó, tragó saliva, bebió agua y carraspeó—. Si llegara a encontrarme en una situación similar, haría lo mismo. Honrar la memoria de mi madre y matar al monstruo. Pero es mejor cuidar de que ese monstruo no pueda desarrollarse. O... meterlo en una jaula.

Ptolomeo torció el gesto.

—¿Estás seguro de que el monstruo no ha salido ya?

—Orgullo enfermizo, incontenible afán de poder, vanidad equivocada. —Alejandro parecía un viejo sabio preocupado por la condición humana—. Eso es todo. Tal vez detrás de eso haya un monstruo; tenemos que ocuparnos de que no salga a la luz.

Demarato hinchó las mejillas y dejó salir el aire con un suave chasquido.

—Hace un rato, esta tarde, dijiste que a lo mejor Filipo os había hecho un favor...

Alejandro no respondió; Laomedón echó una mirada a su hermano Erigio.

—Creo que Alejandro quería decir... En fin, el rey nos desterró por una discusión, para quitar del camino a Alejandro mientras él reordenaba los asuntos del reino, renovaba sus lazos con los príncipes y todo eso. —Erigio volvió a tirarse de la oreja, hizo una pausa, y continuó—: Al mismo tiempo, nos ha obligado a sacar lo mejor de nosotros y de la situación. Es una prueba, un examen.

—Así es, amigos míos —dijo Demarato al tiempo que asentía lentamente—. Esto debía ser una difícil prueba. Filipo sabe lo que hacéis aquí...

—¿Cómo lo sabe? —intervino de pronto Harpalo, frunciendo el entrecejo.

—Filipo casi siempre sabe qué está haciendo la gente a la que estima o aquélla que puede tramar cosas contra él. Tiene espías en Atenas y en Tebas, pero también en Susa y Pasargadae. Y en Persépolis. ¿Cómo podría pasaros por alto a vosotros? Está satisfecho.

—¿Por qué? ¿De qué?

—Porque estáis haciendo lo que él esperaba. Está satisfecho de los dibujos, máquinas y construcciones de Nearco; de la manera en que Harpalo incrementa el tesoro de vuestro pequeño reino; de las investigaciones de Laomedón sobre idiomas y costumbres; de las armas de Ptolomeo; de la manera en que Alejandro hace todo lo que vosotros hacéis y de cómo mantiene todo unido. —Los observó. No decían nada, pero las expresiones de sus rostros habían cambiado; Demarato leyó en ellas preguntas, sorpresa, asomos de rabia, curiosidad—. Sobre todo quería saber cuán leales érais, cuán dignos de confianza. —Se pasó una mano por los ojos. Estaba oscureciendo rápidamente y empezaba a hacer frío; tiritó y se acomodó la piel oso que le cubría la espalda—. Me dijo: «Si destierro a Alejandro y no acude al lado de su madre ni arma un ejército ilirio contra Macedonia, a pesar de que podría hacer las dos cosas, entonces puedo confiarle mis espaldas en la guerra y en la paz, en la batalla y en los asuntos de estado.» Y... está satisfecho de todos vosotros.

—¿Qué viene ahora? —preguntó Alejandro.

—¿Qué quieres decir?

—Conozco a mi padre. No hace nada si no tiene como mínimo tres intenciones.

Demarato rió.

—Es cierto. Muy cierto, hijo de mi amigo y huésped. —Se inclinó hacia adelante—. Tú y yo partiremos mañana. Te necesita. Los otros se quedarán aquí. Por varios motivos. Filipo dice que si algunos ilirios han probado una vida mejor, no volverán a coger armas malas para violar las fronteras. Dice también que si sienten el progreso, pueden convertirse en amigos y aliados. Quiere que continuéis vuestro trabajo. Y que cuando os mande llamar, en verano o, a más tardar, el año próximo, traigáis con vosotros un grupo de aliados bien armados e instruidos.

Pasó un buen rato antes de que las intervenciones y réplicas, la irritación y la desilusión se calmaran lo suficiente para que el corintio pudiera continuar.

—Además, es mejor ir sobre seguro. Como ya sabéis, en la guerra y en el gobierno no existen amigos. Existe, sobre todo, la utilidad; cuestiones de utilidad y de necesidad. Filipo es un hombre inteligente. Y un monarca muy listo. Os ha expulsado de Pella a vosotros y también a otros, os ha diseminado por el país, para probaros y para que seáis más útiles a Macedonia.

—¿A qué otros te refieres? —preguntó Alejandro. Demarato lo miró de soslayo.

—Oh, a varios. Filotas está con Parmenión, en Asia; Cratero, en una fortaleza de las montañas lincéstidas; Coino, en Tesalia. Todos han cumplido sus tareas con brillantez, y todos están lejos de Pella.

—¿En las montañas lincéstidas? —la voz de Alejandro sonó ensimismada—. Pensaba que...

—La frontera de Epiro. —Demarato echó la cabeza hacia atrás; el cielo estaba lleno de estrellas—. Lo pensabas, ¿eh? Si te somete a prueba a ti, cómo va a confiar ciegamente en Alexandros, sobre todo ahora que Olimpia está con él, metiéndole veneno en la oreja. No, Filipo es previsor, por suerte para todos nosotros. Y eso es lo único que le queda por hacer antes de que pueda partir a Asia.

—¿Qué ha planeado?

—Estrechar los lazos con Epiro. Atar tan fuerte a Alexandros, que pueda retirar a Cratero y los otros. Que las fronteras queden aseguradas para siempre.

Todos lo miraron.

—Dentro de pocas lunas, a principios del verano, tu hermana Cleopatra se casará con tu tío Alexandros.

Furia y vino exigieron sus ofrendas. Poco a poco, todos fueron retirándose a sus casas. Demarato y Alejandro se quedaron, y también la iliria que compartía el lecho con éste.

—Casi no has bebido. ¿No te gusta mi vino?

Los dientes de Alejandro brillaron en el resplandor de la hoguera que ardía al borde de la terraza.

—Sí, es bueno.

Demarato vio cómo la iliria, que había reavivado el fuego, regresaba casi deslizándose a su taburete. Una sombra entre las sombras.

—¿Es la sombra de Filipo?

Alejandro lo observó atentamente.

—Eres muy agudo, Demarato. Sí. Gritos en la noche, las eternas discusiones entre él y Olimpia, que sólo eran la mitad de malas cuando ninguno de los dos había bebido. —Tenía la mirada fija en la oscuridad; siguió hablando a media voz—: Inconsciencia, ya sabes. Me he observado mí mismo y a los demás cuando se bebe demasiado vino. Es como dormir sin estar dormido. Se dicen cosas que uno no piensa. Se hacen cosas que de otra manera no se harían. El que está triste, se pone aún más triste; el que está alegre, más alegre. Los que son amables se convierten de pronto en fieras ponzoñosas. Es la oscuridad interior, o de abajo... Demonios. Es tan malo, que nadie sabe quién es y que cada noche, al dormir, yace allí un completo desconocido. No se debe conjurar eso con el vino.

Demarato dejó escapar un suave suspiro.

—Eres muy severo. Y olvidas que el vino posee otras cualidades. Antes ofreciste el primer y último trago de tu copa a los dioses. ¿Veneno? ¿Ofrecerías veneno a los dioses?

—¿A los dioses? —dijo Alejandro. Su voz dejaba intuir una especie de ironía punzante—. Como están por encima de todo, todo les es igualmente sagrado o sacrílego. Las libaciones de vino las ofrecí al Dios Desconocido.

El corintio examinó con la mirada a la iliria. La nariz corta no hacía sombra alguna; la boca, amplia y plena, estaba un poco apretada. El cabello castaño, que caía sobre su frente, era negro en el negro de la noche, y de un rojo extraño allí donde le daba el resplandor de la hoguera.

—¿Qué otras cualidades puede tener el vino? —preguntó Alejandro.

—Calienta. Sabe bien, cuando es bueno. Y une a los hombres. Como el hambre sufrido en común, o como una enfermedad que afecta a un grupo, también el vino bebido en compañía da calor y proximidad. Puede iluminar las noches y dar alas a las conversaciones, que no por eso se hacen mejores, o más profundas, pero sí más agradables. Más llevaderas. Y después se duerme bien.

—Él no duerme —dijo la iliria. Demarato escuchó por primera vez su voz. Era aguda y basta, como un viejo cuchillo cuyo filo ya no resulta evidente, pero todavía existe—. No duerme. Incluso después de hacer el amor se queda despierto y camina.

Alejandró miró hacia la hoguera.

—Proximidad, calor... La agradable presión con que a veces se junta el haz de mil cañas que es el hombre, quien tal vez conozca una o dos docenas de esas cañas. Los pocos momentos en los que sé quién soy. O creo saberlo.

—¿El haz? —Demarato bostezó y se frotó los ojos—. Las cañas son todas las cosas que llevas dentro de ti. Pero también dependen de cosas que te rodean. Cuando no tenía un lugar Odiseo no era nadie. Para ser alguien necesitas un lugar. Murallas y paredes. El árbol a cuya sombra tienes un sueño, que recuerdas años después, cuando te llega a la nariz la misma mezcla de olores que entonces: una tierra determinada, hierba en flor, excrementos de burro, el olor de los pies del arriero que acaba de pasar, vino derramado, vómito junto a un pozo, todo eso y más. —Pensó un momento—. Platón imaginó una república inhabitable, un no-lugar, una utopía en la que todos eran nadie. Tal vez tú todavía no hayas encontrado tu lugar.

—¿Cuál es el tuyo, Demarato?

—¿Mi lugar? Corinto. Yo puedo dejar el hogar porque lo llevo conmigo. Siempre una parte de mí está en Corinto, porque una parte de Corinto está dentro de mí.

—Este lugar... —Alejandro señaló con el brazo derecho la oscuridad, la casa, a la iliria, que lo miraba con una sonrisa velada—. Aquí he sido alguien. Tenía cosas que hacer: mantener juntos a los amigo y estimularlos, construir casas, levantar un pequeño reino. Hubo algunos momentos en los que supe quién soy. A veces, cuando se unen dos cuerpos, las mil cañas forman un haz y el haz está cada vez más apretado. Después viene el momento de la conciencia, que es al mismo tiempo el de la disgregación, cuando las cañas se separan más que nunca. Eso se siente, siempre. Y es tal vez en ese instante fugaz, cuando tanto los hombres como las mujeres sentimos que somos alguien, que no somos un alguien sino un todo. Y lo mismo ocurre cuando se transmiten conocimientos acumulados por los siglos y las generaciones. De algún modo soy Aristóteles cuando utilizo una hierba del modo en que él me enseñó a utilizarla. Y ella —dijo señalando a la mujer— será de algún modo Alejandro cuando regrese con los suyos y les enseñe las cosas que ha visto aquí. Pero mañana yo seré otro Alejandro. Uno que cabalgará contigo a través del desierto y que no quiere regresar a Pella, a la que añora.

—Quizá tu añoranza te mencione alguna vez tu lugar. El lugar en el que llegas a ser tú mismo.

Alejandro sonrió, pero era una sonrisa atormentada.

—¿Mi lugar? ¿Mi añoranza? Siempre al otro lado de las montañas. De la Oikumene. El borde del mundo. Quizá tenga que ver todos los lugares.

—Entonces tendrás que ser todos los hombres.

16
LOS ACEROS DE EGAE

Dimas estaba ensayando con el grupo de músicos más extraño de toda la Oikumene —Tecnef, un timpanista, una mujer que tocaba el arpa con maestría, un segundo citarista y una cantante—, cuando un mensajero pidió hablar con él. Se trataba de un heleno de Asia, sin duda, pero aquello no era inusual: la mujer del arpa era de Halicarnaso.

—¿Qué quieres? —preguntó Dimas, malhumorado, mientras seguía afuera al hombre.

—Una recomendación de Bagoas.

—Habla.

—Te espera en el Pireo. En caso de que no parezcas muy dispuesto a ir, tengo instrucciones de recordarte algunas cosas. Una noche en Egipto, por ejemplo.

Dimas se despidió vagamente de los demás y subió al carro. El vehículo, tirado por dos caballos, los llevó hasta uno de los muelles del Pireo. Allí subieron a un bote de remos que, movido por cuatro esclavos mudos, enrumbó hacia un magnífico velero fondeado en la rada con el ancla flotante, a varios estadios del muelle.

Bagoas no era obeso, pero sí bastante gordo. Dimas se mantuvo en silencio hasta que el persa le sirvió vino. Estaban solos en la cubierta de popa, sentados en unos asientos revestidos en seda y cubiertos por un toldo de lino con bordados de oro.

—Te preguntarás —Bagoas se interrumpió.

Dimas gruñó.

—No.

Bagoas sonrió apenas.

—Tu colaboración ha disminuido, músico.

Dimas asintió.

—Así es. Me he apartado de todo eso. No más informes. Ni para Amílcar ni para Demarato ni para ti.

—Eso no es del todo cierto —Bagoas se acarició la barba—. Ya no haces informes por encargo ni por dinero, sino únicamente cuando quieres.

—Entonces digamos que ya no quiero... al menos, no para ti.

—¿Por lo de Canopo?

Dimas se miró la punta de los dedos. Hacía apenas una hora que había estado tocando la cítara y todavía podían verse las marcas que los dedales habían dejado en ellos.

—No, no es por lo de Canopo, persa. Lo que ocurrió allí fue cruel, pero todas las potencias son crueles cuando les parece conveniente. Sin duda, también los helenos y karjedonios habrían matado a la anciana si lo hubiesen creído necesario. No es el hecho de la muerte en sí, sino la manera en que ocurrió.

—Por suerte para ti, sé que eres leal —dijo Bogoas—. Nunca has hablado con nadie de nuestras relaciones, salvo con aquellos que ya las conocen. De lo contrario, hace tiempo que te habría mandado matar.

—¿Qué es lo que quieres? ¿Por qué me has hecho venir?

Bagoas se inclinó hacia adelante.

—Me gustaría que de tanto en tanto te fijases en las cosas y me informaras, si lo deseas. Digamos una vez al año. O más a menudo, si estás de acuerdo. Por lo demás, eres libre, puedes ir a donde quieras sin tener que preocuparte por los cuchillos persas.

—Lo pensaré. —Dimas gruñía, más que hablar—. ¿Eso era todo?

—No. Hay otras cosas. Cosas importantes que actualmente no puedo confiar a ningún otro. Son el precio por una libertad absoluta.

Dimas arrugó la nariz y escupió.

—¿Qué cosas?

—Dentro de una hora subirá a bordo un cliente. Discutiré con él ciertos asuntos aquí, en este mismo lugar. Tú estarás escondido bajo cubierta, escuchando. Después te irás y contarás a Demarato lo que hayas oído. Ahora no está en Egae, pero no tardará en llegar.

Dimas levantó las manos y volvió a dejarlas caer.

—¡Egae! ¡Por todos los dioses! ¡Qué voy a hacer en Macedonia!

—Informar. Demarato no creería a otro, y tú eres el único a quien puedo confiarle este asunto.

—Es un juego muy extraño... ¿Bagoas el Íntegro informa a un corintio que se encuentra en Macedonia de lo que ha hablado con un ateniense?

Bagoas arrugó la frente.

—Algunas veces ciertos objetivos sólo pueden alcanzarse dando un rodeo. Pero no preguntes cuál es el objetivo, pues no te lo diré. —Miró a Dimas a los ojos—. Tu vida, músico, y la de Tecnef.

Dimas calló un momento. Después dijo, con voz ronca:

—Bien. Por última vez, persa. Pero dime otra cosa, hay algo que me está rondando desde Canopo.

—¿De qué se trata?

—Cleonice. Llevaba un amuleto. Tú gente se lo marcó a fuego en el cuerpo. Tal como la anciana lo llevaba, parecía tener un gran significado.

Bagoas rió. Se inclinó hacia adelante y, con un dedo humedecido en vino dibujó sobre el tablero de marfil de la mesa un *ankh* y el lazo con el ojo de Horus.

—¿Esto?

—Eso, Bagoas.

—Vida y logos, músico. Es el símbolo de un grupo de gente. Mucha gente, que quiere poner fin al dominio persa. Vida y claro juicio, y los antiguos dioses, algo así. Y liberación del yugo del Gran Rey.

—¿A quién pertenece? ¿Sólo a Egipto?

—Tomaron un símbolo egipcio porque posee determinados significados y ciertas similitudes con otros. Si entrecierras los ojos hasta que el *ankh* aparece borroso, verás en él el símbolo de Tanit, diosa de tirios y karjedonios. Y si fijas la mirada en el símbolo de Horus, siempre con los ojos entrecerrados, el *ankh* se convierte en un signo de la escritura cuneiforme babilonia. El signo que significa «dios».

—¿Tus rivales?

Bagoas asintió.

—Algo así. Bebe y vete bajo cubierta, músico. Busca un lugar cómodo.

Dimas prestó atención. No se sintió especialmente desconcertado al oír la voz del ateniense, pues todos la conocían: era la voz de Demóstenes. Estaba ocultando algo al persa; Bagoas también se daba cuenta, pero no podía superar las reservas del orador. En cualquier caso, lo que Demóstenes sí decía también era muy importante: Attalo, tío de la reina de Macedonia y uno de los primeros príncipes, que entonces se hallaba en Asia haciendo las veces de reemplazo del estratega Parmenión, estaba dispuesto a mandar asesinar a éste y otros oficiales cuando muriera Filipo, y poner en el trono a Amintas, el sobrino de Filipo. A cambio de oro persa y garantías políticas atenienses, Macedonia disolvería la Liga de Corinto, se retiraría del centro de la Hélade y de Asia y cerraría tratados de paz duraderos.

Durante el largo viaje hacia el Norte, sin Tecnef, Dimas no cesó de preguntarse qué juego podía estar jugando Bagoas. Qué papel tenía Demarato. Qué ocultaba Demóstenes. Y qué podía ocurrir en Egae al conocerse aquello.

Encontró a Demarato tras una larga busca; Egae y los alrededores estaban repletos de forasteros que querían asistir a la boda del epeirota Alexandros con la hija de Filipo.

El corintio lo escuchó con atención. Parecía muy pensativo. Finalmente, Dimas dijo:

—No sé que están tramando con este jueguecito, pero ¿puedes hacer algo con lo que te he dicho?

Demarato se mordió el labio inferior.

—Tienes suerte de no saber más, Dimas; de lo contrario estarías muerto dentro de pocas horas, a pesar de todas las garantías del persa. Sí, puedo hacer algo; no, no sé qué debo hacer. Es una advertencia. Por lo visto alguien quiere matar a Filipo, quizá aquí, hoy o mañana. Alguien que está relacionado con Attalo. ¿Dices que Demóstenes ocultaba algo? Tal vez sabe quién cometerá el asesinato. Pero me pregunto por qué Bagoas nos lo hace saber. Sería bueno para Persia... Quiero ver qué puedo hacer. Tal vez mañana deberíamos ir todos al teatro sin armas.

Dimas enarcó las cejas.

—¿Puedes conseguir eso? ¿Quién eres tú?

Demarato sonrió.

—Un comerciante corintio bien relacionado. Te lo agradezco.

A veces se sentía vieja. Una anciana que pronto cumpliría cuarenta años. Sonrió al recordar la noche anterior, al fuerte ambracio, la juventud. Entró lentamente en las aguas tranquilas que bañaban las orillas del lago Pambotis, se sumergió y nadó. La edad se desprendió de su cuerpo, se quedó atrás, en la rompiente. Se puso de espaldas y se dejó llevar.

Era un día caluroso, soleado, sin viento. Se veía claramente la cima del alto Tomaro, al que los molosos llamaban Tmaro, que solía estar cubierta de nubes. Olimpia cerró un momento los ojos y extendió los brazos, como una de las águilas de Zeus, a quien estaba consagrada la cima. Voló en el agua.

Rejuvenecida y fresca, volvió a la orilla. La tracia muda, ya vieja y arrugada, la ayudó a secarse y le alcanzó la ropa. Dejaron atrás el estrecho cinturón de cañas, pasaron por los maderos del camino elevado que cruzaba el pantano de la orilla y regresaron al pueblo. Olimpia había empezado a odiar Dodona. Pero esa mañana amaba todo: las calles, de piedras irregulares y saltarinas; las casas mugrientas, que llevaban mucho tiempo sin revocar; las mujeres vestidas de oscuro y los hombres de mirada dura; la plaza triangular, con el árbol achaparrado y la estela del dios. Ni siquiera le molestaban los excrementos de las palomas divinas, que ensuciaban por igual el bosquecillo del oráculo y la ciudad.

La casa que le había procurado el rey —ya apenas si pensaba en él como su hermano menor, Alexandros; el poder y las apariencias habían matado todo cariño— se levantaba sobre una colina. Desde la terraza se veían, a la derecha, el bosquecillo y la montaña; abajo, la ciudad y, más allá, el lago. A la izquierda, hacia el oeste, la llanura surcada por lagunas y pantanos, y, a tan sólo un día de viaje, Passarón, la ciudad que Alexandros había elegido provisionalmente como capital; una ciudad sucia e insignificante y, para Olimpia, perdida en un rincón remoto. Pero junto a la cama de su habitación más grande, en la que había pasado la noche, estaba el escritorio y, sobre él, la carta que le había traído el ambracio. Un rollo atado con cintas cuidadosamente anudadas y metido dentro de un tubo de arcilla roja sellado con cera. Había roto el sello y cortado las cintas. Después, la pasión de la noche, el clímax del amor, le parecieron una continuación adecuada de los placeres que contenía la carta, el lacónico regalo de Demóstenes.

Olimpia ya sabía que Passarón estaba vacía: el rey y su corte habían dejado el pueblo hacía muchos días. Habían pasado por Dodona en su viaje hacia el este, atravesando las montañas del norte de Tesalia por el paso de Zygos, para continuar bordeando el curso superior del Haliacmón y, río abajo, hacia Egae, la antigua ciudad real de Macedonia. Olimpia ya sabía que Filipo quería casar a su hija Cleopatra con Alexandros, para consolidar la paz; ya sabía que Alexandros, quien conocía de su larga estancia en Pella a la muchacha, que cumpliría diecisiete años en otoño, deseaba el matrimonio sobre todo por razones políticas. Olimpia ya sabía que todo eso se haría realidad ahora, y odiaba cada uno de los pasos que llevaban a esa boda. Había implorado a los dioses que desataran una lluvia de piedras sobre el paso de Zygos y enterraran a Alexandros. Había soñado que su hija hacía de puta en las tabernas del pueblo, y el sueño era un placer, comparado con esa boda y con el fracaso definitivo de todos sus intentos de arrojar contra Filipo el poder militar de Epiro, nada despreciable.

Salió a la terraza, con una copa llena de vino sin diluir, y miró hacia el este; soñó que se elevaba en el aire y volaba por encima del Tomaro, tan alto que llegaba a divisar Egae. Bebió un trago, y otro, y otro. A la salud del ateniense repugnante, quien le había informado que unos comerciantes de Tiro habían llevado oro persa a Aloro, donde había ido a parar a manos de ciertos príncipes lincéstidas que se encargarían de que el día de la boda pudiera discutirse la cuestión de la sucesión al trono. A la salud del capitán de la guardia real; Olimpia no echaría de menos a Pausanias, las ventajas de cuyo cuerpo se veían atenuadas por su espíritu, demasiado cariñoso. A la salud de Admeto, a quien había encargado una última tarea. Por fin sería libre; y jamás sabría a que fin servía esa última e inofensiva tarea.

Olimpia vació la copa. La tuvo un momento en la mano y finalmente la arrojó fuera de la terraza, pendiente abajo. Mientras caía, profirió un grito largo y agudo, un grito de placer y triunfo que resonó sobre la llanura, esa mañana sin viento. En el bosquecillo sagrado, unas palomas levantaron vuelo desde las encinas.

Otra noche interminable, tal vez la última, para unos u otros. Heromenes arrojó los dados sobre la tabla. Fuera sonaban las pisadas regulares de los guardias y un murmullo que venía de la hoguera encendida en el patio interior de la ciudadela. Nadie debía molestar a los espléndidos huéspedes, que habían llegado a caballo provenientes de toda la Hélade.

Tres antorchas iluminaban la habitación en la que Heromenes, Arrabeo y Pausanias jugaban a los dados. Pausanias estaba medio borracho; los dos hijos del príncipe lincéstida lo habían estado observando y sabían cuál era el límite de su resistencia al vino. Debía no estar sobrio, pero tampoco tan borracho como para perder el sentido.

Los lincéstidas no formaban parte de la guardia personal del rey, a la que habían sido asignados algunos compañeros de Alejandro, como Pérdicas, Leonnato y el «hermano gemelo» del heredero, el rubio y delgado Attalo, que esa noche estaba de guardia. Los preparativos para la boda, la gran cantidad de invitados, las necesarias medidas de seguridad y la dificultad de dar de comer, servir y alojar a los nobles huéspedes llegados de media Oikumene, no sólo habían aumentado el número de criados y esclavos de Egae, sino también el de soldados. Príncipes de regiones macedonias venían escoltados por tropas de su país o su casa, que a menudo estaban capitaneadas por sus propios hijos. Los príncipes e hijos de príncipes eran invitados; sus escoltas eran consideradas de la misma categoría que la guardia personal del rey y debían encargarse del abastecimiento y cuidado de los huéspedes. Heromenes, Arrabeo y sus hombres se ocupaban de tesalios, beocios, locrences y focenses, alojados río abajo en una ciudad de tiendas de campaña, algo apartada de Egae. Otros habían encontrado alojamiento en casas de la ciudad, pasaban las noches en los edificios de fortalezas cercanas, dormían en barcazas de fondo plano que permanecían amarradas en las orillas del Haliacmón, en carros o, sencillamente, bajo las estrellas.

Heromenes se había ofrecido voluntariamente para una de las tareas más desagradables: la supervisión, instalación, limpieza y cuidado de las letrinas. Egae, como casi todas las ciudades que se alzaban a orillas del Haliacmón, dependía del agua del río, pues los pozos ya no alcanzaban para proveer de agua potable a una población en aumento. No era posible que durante los días que durarían los festejos los miles de invitados —a los que debían sumarse criados, esclavos, guardias, arrieros, cocineros y animales de monta, carga, tiro y batalla— convirtieran el río en un desagüe. Heromenes y su gente —esclavos y soldados lincéstidas—, apoyados por tropas de la casa del rey, se encargaban del suministro de agua y de instalar y vaciar fosas sépticas, por lo que tenían libre acceso a todas las instalaciones del palacio.

La ciudad y el país estaban envueltos en un gran alboroto, pero en la ciudadela casi no se escuchaba nada. Sabían que, fuera, músicos y bailarines, cantantes, actores y poetas recorrían las calles y tabernas, de hoguera en hoguera; que los panaderos, salchicheros y cocineros, con todos sus ayudantes y esclavos, tenían que trabajar incluso de noche, lo mismo que los carreteros que traían la fruta, el grano, el vino y la carne. En el cuarto de la guardia sólo se escuchaban los pasos de los centinelas, el sisear y crepitar de las antorchas, el murmullo de los hombres del patio, donde, de tanto en tanto, algunos maderos encendidos crujían y caían con estrépito. Y el rodar de los dados.

Eran verdaderas obras de arte, realizadas por un tallador de Aloro con el fémur de un uro. Arrabeo los había mandado hacer y el tallador de huesos se sorprendió un tanto cuando le pidió que introdujera en el diseño unas ligeras irregularidades que no podían apreciarse a simple vista. Pausanias ganaba casi sin interrupción; en su lado de la mesa ya se apilaba una buena cantidad de monedas: semidracmas de plata atenienses; estateras macedonias de oro, con la cabeza de Apolo; daraicas persas; monedas de Tiro, Corinto y Siracusa.

—Suficiente para un largo viaje —dijo Heromenes a media voz.

Pausanias hizo una mueca. Tenía los ojos rojos. Apenas hablaba; mascullaba algo, lanzaba los dados y ganaba. Habían hablado del reino y del los clanes familiares; del ejército de Asia, a las órdenes de Parmenión y el otro, cuyo nombre ninguno quiso mencionar; del honor y la venganza; de reyes que a veces permitían que ocurrieran ciertas transgresiones y defendían a los transgresores, con lo que ellos mismos se hacían culpables. En un momento dado, la cabeza de Pausanias cayó junto a las monedas y se quedó allí, sobre la mesa; sus ronquidos retumbaban en el cuarto de la guardia. Heromenes se envolvió en una manta y se acostó en el banco que había al lado de la puerta; Arrabeo hizo la guardia.

Antes del amanecer, los invitados se agolparon en el teatro de Egae, donde tendrían lugar los actos más bellos, grandiosos e importantes. Era el último día y el punto culminante de las celebraciones. La boda ya se había realizado; embajadores de las ciudades helenas más importantes, a excepción de Esparta, habían presentado a Filipo guirnaldas doradas y coronas. A Demades, llegado de Atenas con Hipérides y Esquines, el rey lo honró nombrándolo huésped protegido de la ciudad. Hipérides era el único antimacedonio venido del sur. Filipo también había invitado a hombres como Licurgo, y hasta Demóstenes habría sido bienvenido, pero estos habían contestado que se encontraban indispuestos, que no podían abandonar la ciudad o que no estaban en condiciones de viajar.

La mayoría de los invitados llevaban coronas de flores y vestían sus mejores trajes; en el teatro se habían reunido más de veinte mil personas. Demarato, con un quitón largo bordado en oro y un capote de ribeteado de púrpura, estaba con Aristóteles y Calístenes, cuyas mordaces observaciones eran recibidas a veces con risas, a veces con silencio, a veces también con pitos. Los músicos, que debían dar inicio a la función, seguían detrás del escenario.

Calístenes señaló hacia la entrada de la derecha; estaban en una de las gradas centrales y, como la mayoría de los presentes, podían ver lo que ocurría en las inmediaciones del teatro.

—Ya tendrían que llegar. ¿Dónde está el decimotercer dios? Porque los otros doce no creo que vengan.

Maravillosas estatuas de marfil y oro que representaban a las divinidades olímpicas embellecían la entrada. También ellas lucían coronas de flores. Como símbolo de su poder y dignidad, Filipo había hecho añadir al conjunto su propia estatua, la decimotercera.

—Cuida tu lengua. No vaya a ser que te pille el rayo de Zeus —dijo Aristóteles en voz baja.

Calístenes rió.

—O un tonante pedo del decimotercer dios.

Desde el palacio se acercaba el cortejo; en el teatro, algunos se levantaron de sus asientos para ver mejor. Ante la entrada estaban apostados los mejores hombres de la guardia personal de Filipo. Aristóteles reconoció a algunos de sus antiguos alumnos: Pérdicas, Leonnato, Attalo, Hecateo. Lucían uniforme de gala —capote de color claro, galones dorados y rojos, cinturón de oro— pero no tenían espadas, sólo las lanzas festoneadas, que sostenían en vertical frente a ellos. Lo mismo podía decirse de los otros guardias, emplazados a lo largo de la entrada, en el lado interior, junto al escenario y encima de éste. El sol de la mañana se reflejaba en las puntas de las lanzas, bañaba el teatro con una luz suave, animaba los mil colores de trajes y guirnaldas, hacía brillar la dorada corona de Filipo.

El rey vestía una sencilla túnica blanca, muy amplia; ni armas, ni coraza. A su derecha estaba Alejandro; a su izquierda, su nuevo yerno, cuñado y aliado, el rey de Epiro, Alexandros. Ambos iban también de blanco, con la cabeza coronada y desarmados. A un par de pasos los seguía un grupo de la guardia personal del Filipo, capitaneado por Pausanias; llevaban trajes de gala, cinturones sin espada y, a diferencia de los guardias del teatro, ni siquiera portaban lanzas.

Después, todavía visible desde las gradas, venía el grupo de mujeres: Cleopatra, la novia, y la otra Cleopatra, la reina encinta de Filipo, la noble princesa de Macedonia.

—¿No es encantador? Creo que tiene la calva recién revocada —dijo Calístenes señalando a Antípatro, que esperaba al pie del escenario con algunos de los principales asesores, amigos y oficiales del rey. Ese día ni siquiera Antípatro llevaba yelmo. Antígono el Tuerto, a su lado, se había arreglado la barba hirsuta e iba vestido de púrpura.

Un hombre emergió de la multitud y gritó algo a Filipo. En el murmullo expectante de los invitados, no se escuchaba nada, pero debía de tratarse de una broma, pues el rey echó a reír y se detuvo. Con un movimiento de mano, indicó a los otros que siguieran y ocupasen sus asientos. Alejandro y Alexandros entraron en el teatro. La túnica blanca del príncipe heredero acentuaba su palidez.

—Como queso fresco —dijo Calístenes. Soltó una risita—. Como una cresa flaca en un queso fresco. Alejandro, la cresa real de Macedonia. O una larva. Un gusano quesero.

Demarato suspiró y le dio un codazo; Aristóteles no se volvió a mirarlo, pero su voz sonó más dura que nunca:

—Cierra de una vez ese estúpido hocico, sobrino.

Hasta donde Aristóteles podía recordar, el hombre con el que se había quedado hablando Filipo era un príncipe lincéstida, Arrabeo. Filipo estaba muy cerca de él; la guardia mantenía una cierta distancia, el cortejo se había detenido.

Pausanias, capitán de la guardia personal del rey, se acercó, como para pedir a Filipo que siguiera. Filipo se volvió hacia él. La mano de Pausanias desapareció un instante bajo el escote de su túnica blanca, volvió a salir empuñando una daga, la levantó y luego cayó sobre el cuerpo del rey de Macedonia.

Por un instante, el mundo entero pareció contener la respiración. Un silencio de muerte se apoderó de todo el teatro. Filipo se mantuvo de pie, se tambaleó, cayó; Pausanias apartó a Arrabeo de un empujón y bajó corriendo por un sendero lateral, en dirección a un pequeño templo, muy antiguo. Algo se movía allí; ¿el brillo de la cola de un caballo?

Entonces se desató el caos. Un grito de espanto surgió de la multitud y todos se precipitaron fuera del teatro. Alejandro y Alexandros corrieron hacia el rey caído, al mismo tiempo que los hombres de la guardia se dirigían en pos de Pausanias. Heromenes, que estaba cerca de su hermano Arrabeo, se les unió; en su mano había aparecido una lanza.

Demarato se llevó las manos a la cara. Calístenes se quedó mirando con los ojos muy abiertos en dirección a donde se había cometido el crimen. Aristóteles, pálido y atento, siguió con la mirada al asesino. Pausanias llevaba una buena ventaja; llegaría al caballo, montaría y escaparía al galope sin que nadie pudiera impedírselo. El filósofo reconoció a algunos de los perseguidores por sus movimientos: producto de tantos años de verlos corriendo, de pie, sentados, luchando, descansando. Pérdicas estaba en el grupo, y Leonnato, y Attalo.

De pronto, Pausanias tropezó con un sarmiento de las vides que bordeaban el camino, y cayó. Junto al pequeño templo esperaba el caballo. Pausanias hincó una rodilla y se puso de pie rápidamente, pero sus perseguidores ya le habían dado alcance. Heromenes dio el primer golpe. Aristóteles vio brillar las lanzas; después sólo el tumulto. Dejó de mirar.

Poco a poco los gritos de la multitud fueron cediendo. Los macedonios que llenaban el teatro se habían quitado las coronas de la cabeza; se oían llantos de mujeres. Aristóteles vio que muchos huéspedes helenos también llevaban la cabeza descubierta. Algunos se habían rasgado las vestiduras. Demarato estaba inmóvil, sumido en sus propios pensamientos; junto a él, Calístenes, blanco como la tiza. Aristóteles le dio un empujón.

—Piensa que tú siempre quieres anotarlo todo —gritó. Hablar en voz normal era imposible con ese ruido—. Este es un día nefasto para todos nosotros. No olvides escribir acerca de él.

Calístenes lo miró, abrió la boca, pero no dijo nada. Le corrían lágrimas por las mejillas.

Una mano cayó sobre el hombro del filósofo. Aristóteles se volvió. Demades y los otros atenienses habían bajado un par de gradas. Esquines tenía una corona de flores en las manos; la estaba rompiendo, con movimientos cortos y bruscos. Tenía el rostro sombrío. El antimacedonio Hipérides, ceñudo, permanecía en silencio. Demades, pálido y perturbado, apretó el hombro de Aristóteles.

—¿Qué... qué ocurrirá ahora? Tú los conoces a todos.

Aristóteles sacudió lentamente la cabeza.

—No los conozco a todos. Ignoro qué puede ocurrir en Macedonia en un caso así. Lo que ha pasado hoy no es precisamente cosa de todos los días. Y Filipo era un hombre único.

Hipérides se encogió de hombros.

—Según como se vea. Pero tienes razón, filósofo. Era único. ¿Qué significa esto para la Hélade? ¿Y para Atenas? ¿Libertad?

Demades resopló.

—Ya la teníamos, incluso con Filipo. En cualquier caso, significa guerra y desolación. A menos que alguien mantenga la cabeza fría.

—¿Quién? —preguntó Esquines, con voz ronca.

Aristóteles dio media vuelta e intentó abrirse paso entre el tumulto. Lenta, muy lentamente, consiguió avanzar. Todavía estaba muy lejos del escenario cuando el sonido agudo de las trompetas desgarró el aire.

Todos lo habían visto. Antípatro fue el primero en reaccionar. Los jefes de la guardia real, que se habían quedado parados en sus puestos, vieron las manos de Antípatro, comprendieron, repitieron las órdenes mudas. Antígono, Demetrio, Glauco, otros oficiales veteranos, los príncipes regionales más viejos y una docena de soldados formaron con sus cuerpos un anillo en torno al lugar donde yacía Filipo en medio de un charco de sangre. Pero no protegían al rey, que posiblemente ya estuviese muerto, sino a su hijo, que aún seguía vivo.

Alejandro se había arrodillado al lado de su padre, había cogido la cabeza de éste entre sus manos y la había apoyado en su regazo. Tenía las mejillas húmedas cuando se inclinó sobre la cara del rey. Los ojos de Filipo se movieron hacia un lado, hacia abajo, hacia arriba; pareció pestañear, sus labios temblaron. Tal vez dijo algo, pero nadie pudo oírlo, salvó, quizá, Alejandro. A unos pasos de allí yacía la reina; no se había desmayado, se había desplomado. Sus manos seguían sobre su vientre. Tenía los párpados cerrados, agitaba violentamente la cabeza y no dejaba de gemir. Alexandros estaba de pie detrás de Alejandro, con una mano sobre la espalda de éste y la mirada atenta en las mujeres, que se agolparon alrededor de la reina caída. La hermana de Alejandro, la nueva señora de Epiro, se hallaba entre ellas.

Dracón, mascando una hoja de parra, se acercó al círculo con pasos rápidos; Antípatro lo dejó pasar. El médico se arrodilló junto a Filipo y Alejandro, se inclinó sobre el rey, palpó buscando la herida, pegó la oreja a la boca de Filipo. Después, sin erguirse, cogió la mano derecha de Alejandro y la puso sobre los ojos de su padre. Enderezó la espalda muy lentamente, buscó a Antípatro con una larga y triste mirada, y sacudió la cabeza. Se levantó y se dirigió al grupo de mujeres, se arrodilló junto a la reina encinta, que ahora era viuda, se levantó de un salto y rugió órdenes. Unos hombres de la guardia trajeron mantas, tiras de cuero y lanzas, montaron una camilla y levantaron suavemente a Cleopatra.

Antípatro dejó escapar un profundo suspiro cuando, por fin, los cornetas recibieron órdenes de alguien y se llevaron las *salpingues* a los labios.

Al sonido agudo de las señales siguió un silencio casi paralizante en el que sólo se oían los pasos rápidos de las tropas que llegaban. Cleito el Negro asumió el mando; sus órdenes, rápidas y precisas, se oían bien. Acordonaron las inmediaciones del teatro. Los hoplitas y los arqueros formaron una cadena, ocuparon los lados, las salidas, el escenario. Cleito el Negro corrió unos pasos, buscó a Hefestión con la mirada y le encargó el mando de la guardia real, cuyo capitán había sido Pausanias. Luego se acercó a los príncipes y se llevó la mano derecha al pecho. Su rostro delataba miedo, pero su voz no vacilaba.

—Todo está seguro, guardián de la paz.

Antípatro asintió con la cabeza; el anillo protector se disolvió. Desde el pequeño templo llegó un grupo de soldados transportando el cadáver del asesino. Hefestión y los otros hijos de príncipes de la guardia real se acercaron a Alejandro; Hefestión le acarició suavemente la espalda. Levantaron a Filipo; Alejandro sujetó la cabeza del muerto. Miró con ojos nublados a los príncipes, se estremeció, volvió la cabeza hacia Antípatro, Antígono y Cleito, y la inclinó. Llevaron a Filipo al interior del teatro.

Los príncipes macedonios discutieron brevemente y, al parecer, sin diferencias de opiniones. El más anciano se acercó con pasos pesados al escenario. Esperó. Cleito miró a su alrededor, hizo un guiño al mayordomo de la casa real, Arcelao, y dio unos pasos hacia él. Arcelao traía un bulto alargado; con pasos lentos y rígidos, y sin poder reprimir las lágrimas, se acercó a Cleito, inclinó la cabeza y le entregó el bulto.

Aristandro, el sumo sacerdote macedonio, abrió la pesada tela teñida de púrpura y bordada con hilos de oro. Después extendió los brazos y dejó un momento las manos sobre el paquete abierto. Miró a su alrededor y señaló con la barbilla a un hoplita.

—Tú. Ven aquí.

Emes se acercó, después de entregar su lanza y su espada al hombre que estaba su lado. Aristandro se volvió hacia los príncipes, el teatro, los macedonios y los invitados, que en realidad ya no tenían nada que hacer en ese acto.

—El favor de los dioses —gritó el sacerdote y vidente—. Que su gracia nos dé salud. ¡El pueblo macedonio en armas!

Emes se arrodilló y extendió las manos con las palmas vueltas hacia arriba. Aristandro sacó de la tela la antiquísima y preciosa espada real, del tamaño de un hombre, la puso sobre las manos del soldado y murmuró algo. Aun cuando en el teatro reinaba un silencio absoluto, nadie logró entender las palabras del vidente.

Emes se levantó, tambaleándose. Caminó hacia donde estaba Cleito, que se hincó de rodillas y extendió los brazos.

—¡Los oficiales! —gritó Emes.

Cleito recibió la espada, se puso de pie, levantó el arma y caminó hacia el anciano, que no se arrodilló.

—¡Los príncipes y padres! —dijo Cleito. Entregó la espada al anciano, murmurando algo. El viejo príncipe enarcó las cejas y asintió con un ligerísimo movimiento de cabeza. Se dirigió a la gente, levantó la gran espada, la mostró.

—Podemos descansar, pues la espada del rey vela por nosotros. —Su voz retumbó en todo el teatro—. El rey podía descansar tranquilo, porque Antípatro hacía guardia. El rey descansará tranquilo, porque Antípatro hará guardia. —Pasó la espada. Antípatro la cogió y la levantó.

—Guardián de la paz —continuó el anciano príncipe—. Guardián de la espada de los reyes. Hasta que el pueblo y los padres elijan al nuevo rey, alguien tiene que gobernar y velar por el país. ¿Quieres llevar la espada hasta entonces, o quieres confiarla a alguien digno de ejercer el poder hasta el día de la elección?

Antípatro sostenía la espada con los brazos extendidos. Se volvió hacia el lugar donde se hallaba el cadáver de Filipo. Alejandro estaba pálido y sereno, con la túnica blanca empapada de la sangre de su padre. Junto a él se encontraba el rey de Epiro, Alexandros. A su lado se había puesto otro hombre, joven y fuerte, cuatro años mayor que Alejandro: Amintas, hijo de Pérdicas, sobrino de Filipo, en cuyo nombre éste había empezado gobernando como tutor, hasta que Amintas tuviera la edad de ser elegido rey.

Antípatro se acercó a los tres jóvenes. Sus pasos eran cada vez más lentos y pesados. Se arrodilló ante ellos, junto al cadáver de Filipo. La punta de la espada toco el suelo. Antípatro tenía la cabeza gacha; contempló el rostro del monarca muerto, del amigo asesinado. Después levantó la mirada.

Alexandros de Epiro tenía los brazos cruzados. Su rostro delataba la tristeza que sentía en aquel momento. Alejandro, en el centro, miraba a lo lejos con ojos ardientes; sus brazos colgaban, inertes, a ambos lados de su cuerpo. Amintas parpadeaba rápidamente; observó la empuñadura de la espada y después a Antípatro. Tenía la mano izquierda en la cadera; la derecha se arrastró hacia adelante, casi automáticamente.

Antípatro sostenía la espada, cuya punta todavía tocaba al suelo. Movió lentamente los brazos. La espada se ladeó, se inclinó, la empuñadura tocó el pecho de Alejandro.

El hijo de Filipo volvió desde muy lejos. Recibió el arma con la mano derecha, en tanto que con la izquierda cogía la diestra de Antípatro y la levantaba. Levantó también la espada.

Cleito echó una mirada a los cornetas. Los agudos y desafinados toques de *salpinx* surcaron el teatro. Arcelao y Aristandro se acercaron a Alejandro, que volvió a dejar la espada en la tela que sostenía el mayordomo. El sacerdote envolvió el arma.

—Está bien... hasta la elección. —El anciano príncipe puso una mano sobre el hombro de Alejandro—. Hasta que el pueblo y los padres elijan al nuevo rey, guardemos luto. Volved a casa, amigos, y también vosotros, estimados huéspedes, y guardad luto por él, que fue el más grande.

Ese día sudaba hasta el frío Licurgo. Hacía un calor sofocante, que parecía colgar sobre Atenas como un plato de sopa volcado. No corría viento. El sol estaba en lo alto, en el sureste.

Eubolo suspiró y se puso de pie. El anciano sólo llevaba un taparrabos de lino y una capa corta, que servía sobre todo para enjugar el sudor.

—¿Algo más?

Licurgo lo observó como si intentase contar las costillas que se marcaban bajo su piel. Con un movimiento seco, apartó el potecito de tinta y enrolló el papiro.

—No, eso era todo. Te lo agradezco, noble Eubolo. Sin tu ayuda esta... irregularidad no habría podido solucionarse tan pronto.

El anciano tosió y por un instante tuvo que sujetarse con fuerza del borde de la mesa.

—El dinero de la ciudad... —Refunfuñó, tosió, tragó flema—. Tiene mejor aspecto que muchos otros años.

Licurgo se secó con el quitón la nariz mojada de sudor y se levantó.

—La paz de Filipo. —Torció el gesto—. El aumento del comercio y el ahorro por la supresión de parte de los gastos militares compensan con creces la pérdida de los tributos de nuestros antiguos aliados. Pero Atenas está castrada, Eubolo.

El anciano enarcó las cejas y dio un bastonazo contra las baldosas del suelo.

—Absurdo. ¿Castrada? ¡Bah! Mira a tu alrededor. La ciudad está llena de niños, y ninguno de ellos es hijo de Filipo.

Licurgo rió.

—Ya sabes a qué me refiero. Por lo demás, Eubolo, cuando se trata de cuestiones concretas me agrada trabajar contigo, y si te lo digo es porque confío en ti y te considero un buen amigo. Tu sabiduría es demasiado valiosa para no aprovecharla. No deberíamos discutir por lo que entendemos por el orgullo de Atenas.

Eubolo parpadeó.

—Tanta condescendencia me molesta. Por favor, sigamos manteniendo las distancias y no finjamos que tenemos en común algo más que la preocupación por el tesoro de la ciudad. ¿Y el orgullo de Atenas? Deberíamos sentirnos orgullosos de que ya nadie muera de hambre. De que los huérfanos reciban comida y las viudas, consuelo. De eso, noble Licurgo, me sentiría orgulloso si todavía tuviera un cargo público. Que ya no nos dediquemos a matar a otros helenos no me atormenta en modo alguno.

Licurgo asintió en silencio. Salieron juntos del edificio del Consejo. A la sombra, en los salones del edificio de piedra, ya habían sudado; fuera, en la plaza, el calor de la mañana les cayó como un mazazo. Cruzaron el ágora en silencio.

En el centro de la plaza los esperaba una figura fantasmal. Un personaje solitario, vestido con una blanca túnica de gala y tocado con una corona de laurel, giraba lentamente en círculo, con los brazos extendidos. Licurgo se detuvo y cogió a Eubolo del brazo.

—Ha perdido el juicio —dijo Licurgo en voz baja—. Pobre cerdo. Ayer murió su única hija.

—Gracias a sus discursos y a los tuyos, en Queronea murieron absurdamente miles de atenienses. Mi compasión tiene límites.

Licurgo refunfuñó y siguió andando. Demóstenes los vio, dejó su lenta danza y les salió al encuentro. Su cara, enrojecida por el calor y la emoción, chorreaba sudor.

—Alegría, oh alegría... Alegraos, atenienses —gritó y volvió a bailar, esta vez agitando los brazos como si fuesen alas.

—¿Alegría? —Eubolo tragó saliva—. ¿Porque Demóstenes se ha vuelto loco?

—Demóstenes nunca ha tenido la mente tan clara como hoy. —El político empezó a girar más rápido, tropezó, se detuvo, aplaudió y dio una voltereta—. Demóstenes nunca ha sido tan dueño de sí mismo. Nunca un día ha sido tan alegre como éste. Alegraos, atenienses, ¡sois libres de nuevo!

Licurgo y Eubolo intercambiaron miradas.

—Así es —dijo Demóstenes, y estiró los brazos como si quisiera apretar a los dos hombres contra su túnica sucia—. Esta mañana, un puñal ha conseguido en Egae lo que espadas y lanzas no consiguieron en Queronea. El tirano ha muerto. Filipo ha caído. ¡Dorado día de libertad para la Hélade!

—¿Cómo lo sabes? —preguntó Eubolo, con ceño—. ¿Acaso te has dejado besar demasiado por el sol y el vino?

—Lo sé —dijo Demóstenes, y soltó una carcajada.

—Pero si el correo más rápido tarda como mínimo tres días en llegar de Macedonia.

Demóstenes asintió con vehemencia y volvió a aplaudir.

—Dentro de tres días lo creeréis. Alegraos, atenienses.

Eubolo se volvió, sacudiendo la cabeza.

—Aunque lo crea dentro de tres días —dijo por encima del hombro—, seguro que no me alegraré. Me haré algunas preguntas.

—¿Qué preguntas?

Eubolo miró a Licurgo con ojos penetrantes.

—O bien está loco, o bien... se ha enterado demasiado pronto.

17

ALEJANDRO

En las cercanías del palacio, Aristóteles chocó con Demarato, que salía corriendo de una calleja.

—¿Adónde vas con tanta prisa? La desgracia ya ha ocurrido, amigo. No corras tras ella.

Demarato, que vestía su sencilla ropa de diario, se acomodó el cinturón.

—Es necesario, estoy buscando a Alejandro. O a Antípatro. O a cualquiera de los importantes.

Aristóteles señaló hacia atrás con el pulgar.

—Eso es el palacio. Pero los guardias no dejan que pase ni un ratón. No es extraño, en un día como éste.

—Pero tú los conoces...

Aristóteles resopló.

—Tanto da que seas maestro o huésped de la ciudad. El rey ha sido asesinado y ahora los lobos, viejos y jóvenes, tienen que repartirse la piel, o bien decidir si la mantienen entera. Para eso no necesitan extranjeros.

Dos filas de hoplitas impedían el acceso al viejo palacio real. El edificio se levantaba en los límites de Egae, en una plaza en la que desembocaban siete calles. Columnas ornadas, tiendas y tabernas hacían que la plaza pareciera más pequeña y, al mismo tiempo, más lujosa. La fachada del palacio, con sus poderosas columnas, las paredes de un blanco rojizo y las magníficas estatuas de antiguos reyes macedonios, estaba muy cerca y, sin embargo, tan lejana e inaccesible como la luna. El cordón de soldados comenzaba en el edificio bajo y alargado del cuartel de la guardia de palacio, y terminaba al otro lado de la plaza, junto a la calle que llevaba al suroeste, a las montañas.

—¡Tengo que entrar! ¡Es muy importante, quizá vital!

El cordón se abrió para dejar paso a Philippos el Curandero, que salía del palacio. Aristóteles gritó su nombre.

El médico estaba cansado y abatido, como todos.

—¿No es un día terrible? —Extendió los brazos y los dejó caer, como piedras—. Lo bueno y lo malo parecen estrecharse la mano. Uno muere, otro nace.

—¿Quién?

Philippos se frotó los ojos.

—Cleopatra ha tenido una hija. Unos días antes de lo normal y sin ningún entusiasmo. Se llamará Europa. Madre e hija están bien. Aunque hoy en día no sé si eso importa.

—Tenemos que hablar con Antípatro. O con Alejandro.

Philippos sacó el labio inferior; Demarato miró al filósofo, sorprendido.

—¿Cómo que tenemos? Sólo yo. ¿O tú también tienes algo que pedir?

—Hoy todo el mundo tiene algo que pedir. Tengo una noticia importante —dijo Aristóteles, en voz baja—. Que quizá pueda ayudar a explicar la situación.

Demarato silbó entre los dientes cariados.

—Yo también. Vaya casualidad.

Philippos sonrió.

—Los señores de Macedonia deliberan, y los huéspedes helenos ¿saben todo lo que tendrían que saber los príncipes para ejercer sus cargos? Pero... ya, es igual. No están aquí.

—Entonces, ¿dónde?

Philippos se encogió de hombros.

—En la ciudadela, supongo. ¿Y si vamos allí? Podemos intentarlo.

La fortaleza, en la colina que se levantaba en el corazón de Egae, estaba todavía más protegida que el palacio. Las macizas y oscuras murallas parecían muertas, pero en los adarves sonaban pasos y sonidos metálicos. Aunque la pesada puerta permanecía cerrada, no así el portillo, de la altura de un hombre. A ambos lados de éste, varios centinelas de armadura pesada vigilaban la entrada con las lanzas en ristre.

—Una noticia urgente para Antípatro —dijo Philippos al llegar al lugar donde estaba la guardia.

El suboficial no movió un solo músculo.

—Sea lo que sea, no puede ser lo bastante urgente para molestarlos ahora.

—¿Quién está al mando de la guardia?

—Lárgate.

—¿Aprecias en algo tu cabeza, hoplita?

—La perderé si os dejo pasar —dijo el soldado, con una sonrisa cargada de ironía.

—Demarato de Corinto, húesped y amigo de Filipo; es el que trajo a

Alejandro de Iliria, y sabe algo del asesinato. Aristóteles de Estagira, amigo de Filipo, Antípatro y Parmenión, maestro de Alejandro, también sabe algo. Yo soy Philippos el Curandero, hetairo del príncipe. Una vez más, ¿quién está al mando?

El guarda vaciló; después se volvió y murmuró algo. Uno de los hombres emplazados detrás de la puerta se perdió de vista y regresó al cabo de unos instantes.

—Aguardad. Han ido a buscar a Cleito. Él decidirá.

Esperaron en silencio. Cleito el Negro tardó en llegar. Bajo el sencillo yelmo en forma de cacerola, su rostro estaba sombrío y tenso; no se iluminó al ver a los que esperaban.

—¿Muy importante? —dijo, sin saludar.

—Probablemente vital... para Alejandro. —La voz de Aristóteles sonó plana y dura.

—Como anoche —dijo Demarato.

Cleito suspiró.

—Pasad —dijo, y se hizo a un lado.

Philippos dio una palmada en la espalda a Aristóteles.

—Suerte. Él sabe dónde encontrarme, si me necesita.

Cleito guió a los dos helenos por el patio interior empedrado. Por todas partes había grupos de soldados conversando en voz baja o con la mirada perdida. Dieciséis hombres de la guardia real, con armaduras doradas pero con armas auténticas, custodiaban el cadáver de Filipo, que yacía sobre una plataforma. A sus pies, como un bulto tirado en el suelo de piedra, encorvado, envuelto en una manta sucia, yacía el cadáver del asesino, Pausanias.

Subieron por una escalera amplia, de peldaños hundidos y gastados. Los guardias cerraban cada puerta, cada descanso de la escalera, cada acceso y cada ventana. Cleito caminaba a toda prisa, con paso firme. Se detuvo ante una maciza y viejísima puerta de madera negra tachonada de bronce; la custodiaban seis hombres con armamento pesado.

—Confío en la urgencia de lo que tenéis que decir —dijo Cleito—. No es momento para formalidades.

Demarato estaba pálido; sólo asintió. Aristóteles sonrió, con esfuerzo.

Cleito llamó a la puerta, que se abrió de inmediato. Dentro había otros cuatro hoplitas, todos bien elegidos por Cleito o alguien de mayor rango; eran hombres de confianza y lealtad incondicional. No hacían guardia en una sala de reuniones, sino en una antesala que llevaba a otra puerta, más clara, cuya superficie pulida reflejaba el brillo de las antorchas.

—Abrid.

Cleito indicó a los dos helenos que esperaran. Apenas hubo entrado, uno de los guardias se apresuró a cerrar la puerta. En la mirada de los hoplitas casi se podía palpar la hostilidad.

La puerta se abrió, Cleito hizo un guiño.

—Entrad. Y... ¡suerte! —Los dejó pasar y desapareció por el pasillo.

Alejandro estaba apoyado en una ventana que daba al patio interior; todavía llevaba la túnica blanca manchada con la sangre de su padre. Encima se había puesto un peto de cuero reforzado con plaquetas de bronce. Al cinto llevaba espada y puñal; una lanza descansaba sobre la moldura de la ventana. Tenía la cara pálida, tensa, pero no reflejó ninguna emoción al ver a Aristóteles y Demarato.

Ante una larga mesa de madera oscura, sobre la que había jarras de vino y de agua, copas y una bandeja con fruta, rollos de papiro, tablillas de cera y de arcilla y utensilios para escribir, estaban sentados el mayordomo Arcelao, Antígono el Tuerto, Dracón, el oficial superior Demetrio y el príncipe más anciano, Medio de Edessa. Antípatro, con yelmo y armadura, estaba sentado en el borde de la mesa. A su lado se hallaba Hefestión, que tenía un rollo en la mano. En un taburete, con la espalda recostada en un tapiz con un león dorado y un sol sangrante, estaba sentado Alexandros de Epiro.

—¡Los nobles helenos! —Dracón se levantó, esbozó una sonrisa, y acomodó dos sillas de tijera.

Antípatro bajó de la mesa, se rascó la barba y se les acercó unos pasos. Intercambió una mirada con Demarato. Después, dirigiéndose a Aristóteles, dijo:

—¿Estás seguro, amigo, de que vas a guardar silencio?

Aristóteles sólo enarcó las cejas. Antípatro señaló a Demetrio y Hefestión.

—Vosotros dos... fuera. —Su mirada se posó en el rey de Epiro—. Alexandros, tú también.

Se quedaron mirándolo, desconcertados, irritados, furiosos. Alejandro bajó del alfeizar de la ventana y dio unos pasos a través de la sala.

—¿Qué pasa? ¿Por qué tienen que irse?

Antípatro se encogió de hombros.

—Es necesario. Lo entenderás enseguida, Alejandro.

El hijo del rey muerto asintió y con un movimiento de la cabeza indicó a los tres hombres que salieran, lo cual hicieron lentamente y de mala gana. Alejandro esperó a que la puerta se cerrara a tras ellos.

—Y ahora quiero una buena explicación, Antípatro. —Su voz fue como un latigazo.

Antípatro examinó con la mirada al filósofo.

—¿Tú lo sabes?

Aristóteles se dejó caer en una silla.

—¿Qué? ¿La importancia del corintio?

Demarato se echó a reír.

—Tendría que haber sabido que nada escapa a la agudeza de Aristóteles.

—¿De qué estáis hablando? —dijo Alejandro. Se acercó a la cabecera de la mesa y dio un puñetazo sobre el tablero.

—Están hablando de que el huésped de tu padre, Demarato, ha sido durante muchos años el principal suministrador de noticias y disipador de dudas de Filipo.

Alejandro entrecerró los ojos y observó al corintio; poco a poco, su rostro comenzó a relajarse. Después se echó a reír en silencio. Se inclinó hacia adelante y puso una mano sobre el hombro de Damarato.

—Bien hecho, amigo de mi padre. Ahora que lo sé, me parece tan evidente que me pregunto cómo es que no... —Miró a los viejos macedonios—. ¿Quién lo sabe?

Antípatro y Medio se encogieron de hombros al mismo tiempo, como si lo hubieran ensayado. Arcelao instó a Dracón.

—Nosotros —dijo el curandero, y trazó un círculo con el brazo como queriendo abarcar toda la sala—. ¿Además de nosotros? Humm. ¿Cleito?

—¿Tengo que adivinarlo? —Alejandro regresó a la ventana—. Parmenión, obviamente. ¿Quién más?

—Nadie. Nadie más. —Demarato arrugó la nariz—. De lo contrario, valiente espía sería. Tal vez algún otro, que me pone en contacto con Macedonia. Pero no como cabeza, sino como informador.

Aristóteles carraspeó.

—No deberíais sobrevalorar vuestra lucidez ni menospreciar la inteligencia de vuestros adversarios. Si yo pude deducirlo simplemente observando y pensando... ¿qué me decís de Olimpia? ¿Y de Demóstenes? ¿Y de los persas? ¿Tan seguros estáis?

Antípatro gruñó algo. Con voz chirriante y rostro cansado, Medio dijo:

—De eso podemos ocuparnos más adelante. Hay cosas más importantes que aclarar.

Alejandro metió los pulgares en el cinturón.

—Está bien que hayas hecho salir a los otros, Antípatro. ¿Nos seguirás prestando tu cabeza, Demarato?

El corintio pasó la mirada de Alejandro a Antípatro, a Dracón, a Alejandro. Aristóteles le puso una mano en el muslo. Demarato asintió.

—Lo pensaré, amigo. Todo depende. No quiero servir al rey de Macedonia, sino ayudarlo. Nunca he servido a nadie ni he aceptado órdenes. Ayudar... si el nuevo rey así lo desea. Pero depende de quién sea el nuevo rey.

Alejandro no se inmutó.

—Habla. O hablad, los dos. ¿Por qué estáis aquí?

—Deja que yo comience. —Demarato miró a Aristóteles; el filósofo asintió.

—Hay muchos informes que pueden esperar, pues en este momento no son importantes. Excepto uno. Un importante asesor del Gran Rey se presentó en el Pireo en un magnífico barco fenicio proviniente de Citión. No bajó a tierra. Demóstenes subió a bordo. El persa llevaba oro y, posiblemente, también noticias, aunque eso no lo sé. Sólo sé que Demóstenes sí tenía noticias. —Demarato arrugó la frente—. No son muy agradables.

Rió, pero sonó como un ladrido.

—Hoy han asesinado a nuestro rey. Dudo que algo pueda parecernos desagradable, comparado con eso.

Alejandro cruzó los brazos.

—Sigue hablando, amigo de mi padre.

—El informe no es muy preciso, porque no todo se podía oír. Al parecer existe un acuerdo entre Demóstenes y un importante macedonio, un príncipe, sobre la sucesión al trono en caso de que a Filipo le sucediera algo. Ese acuerdo no se hizo oralmente, sino por carta. Dice que, si Filipo muriera, ese príncipe macedonio se encargaría de poner al trono a Amintas y de matar a Parmenión y otros.

Arcelao estaba mudo, los ojos dirigidos a la mesa. Dracón vio una granada y estiró la mano hacia ella. Antígono se había vuelto y estaba examinando el tapiz bajo el cual había estado sentado el epeirota; el león dorado parecía rugir al sol sangrante. Medio tenía las manos juntas bajo la barbilla y sus codos frotaban la mesa.

—¿Quién es? —preguntó Antípatro, echándose el yelmo hacia atrás y mirando fijamente a Demarato; su rostro se había convertido en una máscara de náusea helada y rabia contenida.

—Lo sabes. —La voz de Alejandro sonó clara y despreocupada—. Todos lo sabemos, ¿verdad? Attalo.

Antípatro enarcó las cejas y esperó.

Demarato asintió lentamente, casi contra su voluntad.

—El ateniense y el príncipe han mantenido correspondencia. Ayer se lo dije a Filipo... a solas. Por eso hoy no había armas en el teatro. Pero...

Aristóteles se inclinó hacia adelante.

—Antes de que penséis demasiado en Attalo, tengo dos cosas que deciros. La primera es que, según se rumorea, ha llegado oro persa a Lincestis, por el puerto de Aloro. La segunda es acerca de un informe fiable de Admeto, el antiguo criado de la... antigua reina. De camino a Epiro, Olimpia se alojó en casa de Heromenes y Arrabeo, hijos del príncipe lincéstida. Cuando se retiró a descansar, los lincéstidas tuvieron una larga charla con Pausanias.

Nadie dijo nada. Aristóteles miró las caras y esbozó una leve sonrisa.

—Si no me equivoco, Arrabeo fue el hombre que retuvo a Filipo cuando se dirigía al teatro. Y Heromenes tenía una lanza y fue uno de los que mataron a Pausanias.

Seguía el silencio; sólo Demarato dejó escapar un suave gruñido. La sonrisa de Aristóteles se heló. Muy lentamente, dijo:

—¿Estoy hurgando en el caldero equivocado? —Miró a Alejandro—. Tus amigos Pérdicas, Leonnato y Attalo el Tinfeo, hijo de Andrómedes, mataron a Pausanias. Junto con Heromenes. ¿Qué...? ¿Cuál es tu papel en todo eso? Tus lágrimas parecían auténticas.

Antípatro expulsó el aire contenido. Alejandro sonrió con algo de tristeza, o eso pareció.

—Hemos llegado demasiado lejos —dijo en voz baja—. ¿De verdad desconfías de mí, Aristóteles?

—No me extraña —dijo Antípatro. Se quitó el yelmo, lo sostuvo un momento entre las manos y, finalmente, lo arrojó contra la pared. El yelmo de bronce rebotó y cayó entre los pies de Medio. El anciano no se movió—. No me extraña. Así es todo de retorcido y pérfido. —Le temblaba la voz. Se llevó las manos a la cabeza calva—. Attalo. Los persas. Demóstenes. Los lincéstidas. Pausanias. Amintas. Olimpia. Y los jóvenes... Pérdicas y los otros. ¿Quién puede desenredar eso?

Alejandro lo interrumpió; sin dureza, pero con decisión:

—Tenemos que aclarar algunas cosas. Decid a los otros que vuelvan a entrar y continuad. Yo... quiero mostrar algo a Aristóteles y Demarato.

Caminó hacia un rincón y tocó una cabeza de león del zócalo de piedra labrada, junto al tapiz. Después se apoyó en la pared, que se abrió con un crujido, como una puerta giratoria. Alejandro cogió una antorcha del puño de hierro que colgaba de la pared e hizo una seña a los dos helenos.

Aristóteles y Demarato se levantaron lentamente. El corintio miró a Antípatro y Medio.

—¿Quién manda? —preguntó con voz casi inaudible.

Antípatro esbozó una sonrisa sesgada y señaló la espalda de Alejandro; Medio asintió. Alejandro, que en realidad no podía haber oído nada, dijo:

—Yo. —Desde el pasadizo, su voz sonó apagada.

Aristóteles suspiró y siguió al corintio. Caminaron unos pasos en la oscuridad, mal iluminados por la vacilante luz de la antorcha. El estrecho pasadizo, probablemente encerrado entre las paredes de dos habitaciones contiguas, terminaba en una empinada y angosta escalera de caracol que iba hacia arriba y hacia abajo.

Alejandro bajó el primero. El suelo de piedra era húmedo y resbaladizo, y el aire parecía conservarse en el lugar desde hacía un siglo. Según calculó Aristóteles, la escalera terminaba debajo de la ciudadela. Frente a ellos se abría un pasillo algo más amplio iluminado a medias por lámparas de aceite. Un sonido semejante al eco de un aullido monstruoso se hizo cada vez más agudo y, de repente, cesó.

Alejandro abrió una puerta revestida en hierro. Entraron en una habitación húmeda y negra de techo abovedado y paredes y suelo de piedra.

A la luz temblorosa de unas pocas antorchas, se distinguía la presencia de cinco hombres.

En un rincón, de cara a la pared y con ambos brazos apoyados en ella, estaba Attalo, haciendo arcadas. A sus pies se había formado un charco de vómito. No lejos de él, con las manos sujetas a argollas de hierro empotradas en la pared surcada de estrías, colgaba Arrabeo. Tenía los ojos desmesuradamente abiertos, los labios mordidos, la ropa echa jirones. Junto a él estaba Leonnato, con los brazos cruzados. En su pálido rostro había una expresión de furia.

Pérdicas se inclinó sobre un cubo de agua, llenó un cucharón y lo vació sobre el rostro de Heromenes. El lincéstida yacía desnudo sobre una mesa. Sus manos, como las de su hermano, estaban sujetas a argollas empotradas en la pared; tenía las piernas muy separadas y los pies encadenados a las gruesas patas de la mesa. Pérdicas se volvió y miró a los que habían entrado. Como el de Leonnato, su rostro era también una máscara en la que no podía leerse más que asco, sacrificio y decisión.

Heromenes levantó la cabeza, vio a Alejandro y a los dos helenos, enseñó los dientes, gimió y dejó caer otra vez la cabeza.

—¿No tienes otros torturadores? —preguntó Demarato, con voz ronca.

—¿En quién más podría confiar? —Pérdicas se encogió de hombros, se miró las manos, abrió y cerró los puños.

—Los fundamentos del estado —dijo Aristóteles. Apretó los labios, hizo un gesto de asentimiento con la cabeza, y continuó—: ¿En qué estabais pensando, vosotros tres?

La máscara de Pérdicas cayó; por un instante fue otra vez el alumno a quien el gran maestro ha pillado cometiendo un error estúpido.

—Nada —murmuró—. Nosotros... simplemente fuimos de la partida. Fue tan... convincente, tan cierto. Y... —Sacudió la cabeza.

Leonnato dejó oír algo que en otro ambiente tal vez hubiera sido una turbia risita, pero que allí, en esas circunstancias, no fue más que un graznido.

—Nosotros... yo... en fin. —Suspiró—. Sólo pensamos dos cosas, si es que pensamos algo. La primera es que ha sido una desgracia que, estando tan cerca de nosotros, no pudiéramos hacer nada; Filipo era nuestro rey, nuestro general y nuestro ejemplo. Y lo segundo: si Alejandro estaba implicado... Es nuestro amigo, y en ese caso no podíamos dejar huellas.

—¿De dónde sacó la lanza Heromenes? A excepción de vosotros y los otros lanceros, todos iban desarmados.

Alejandro tenía los pulgares metidos en el cinturón. Estaba de pie con las piernas separadas y se balanceaba sobre sus pies.

—Pausanias se encargó de todo —dijo, con voz contenida—. Tenía la daga oculta bajo la túnica. También se encargó de que Heromenes pudiera esconder la lanza.

Arrabeo profirió una risita hueca.

—Le advertí que era un error. Pero él siempre quería tener la razón.

Pérdicas le echó una larga mirada.

—¡Todavía puedes hablar! ¿Por qué no os ahorráis estas...? —Volvió a mirar sus manos.

—Si confiesan lo que me temo —dijo Alejandro con voz inexpresiva—, no quiero que lo escuche un verdugo.

—¿Por qué no lo haces con tus propias manos? —gritó Heromenes—. Ven, muchacho, coge esto. No serían los primeros huevos que coges.

Alejandro enseñó los dientes.

—Esos los elijo yo mismo, lincéstida. Además —agregó volviéndose hacia Aristóteles y Demarato—, nadie me creería. Sería inútil averiguar algo de vosotros, ya que cualquiera podría decir que me lo he inventado porque me conviene, o me exculpa.

—Lo mismo dirán de tus amigos.

—Así es, Aristóteles, mi maestro. Por eso os agradezco que hayáis venido. Pérdicas.

El amigo de Alejandro, de espaldas anchas y barba negra bien recortada, dejó escapar un suspiro y asintió con la cabeza. Se volvió hacia la mesa. Demarato cerró los ojos cuando las manos de Pérdicas cogieron los testículos del lincéstida. Aristóteles observó a Alejandro. El rostro de su antiguo alumno no se inmutó con los alaridos de Heromenes.

La parálisis y la melancolía quizá habrían sido más llevaderas en un clima lluvioso; el verano radiante y caluroso de Egae hacía todo irreal y terrible. Los huéspedes partían; sólo murmullos, ruedas y animales rayaban el silencio.

Dimas intentó no implicarse, pero la atmósfera de muerte y de tristeza lo envolvió también a él. No tenía ningún tipo de relación con los macedonios. Las hazañas de Filipo le parecían notables y su hijo y probable sucesor lo había impresionado en Atenas, pero nada de eso era motivo para estar triste. Sin embargo, por alguna razón se sentía cómplice, un enviado de la muerte: el rey había sido asesinado menos de un día después de que llevara el mensaje del persa. Deambuló un rato por la ciudad, sin ver ni oír nada. Al caer la tarde se sentó al pie de un haya que crecía en la colina, a orillas del río, donde había pasado la noche y dejado sus cosas —bolsa y cítara—, que seguían allí, intactas.

Como si tuviesen vida propia, sus dedos se introdujeron en el estuche del instrumento. De pronto, tenía la cítara entre las manos. La miró, sorprendido, y luego sus manos, las venas, los poros, los callos, como si todo aquello no perteneciese a él, sino a algún otro. Rasgó las cuerdas con el exterior del pulgar derecho; la segunda y la quinta sonaron mal. Cogió la llave, la introdujo en las aberturas de las clavijas, afinó las cuerdas y tocó unas notas. Cogió el plectro de marfil y luego los dedales para la mano izquierda. Comenzó a tocar, aunque en realidad era como si la música no necesitase de su instrumento para surgir; simplemente *hacía* música, del mismo modo que puede hacer calor o hacerse de noche.

Entre la colina y el río se veía un campamento militar. Al anochecer los soldados encendieron hogueras, comieron y bebieron. Como no corría viento, los sonidos de la cítara llegaban hasta muy lejos. Dimas tenía los ojos cerrados y dejaba que sus dedos erraran sobre las cuerdas. Más tarde, cuando levantó la mirada, vio que entre las hogueras y al pie de la colina había casi quinientas personas, escuchándolo. En su mayoría eran soldados, pero también vio campesinos, o tal vez fueran gente pobre de Egae.

Dimas suspiró, volvió a cerrar los ojos y siguió tocando. Lentos aires de danza, melodías de antiguas elegías, unidas con divagaciones que podían pasar por graznidos de cuervo, buitres en picado, remolinos de un barco que se hunde.

Alguien le trajo vino en una botella de cuero. Dimas sonrió, asintió con la cabeza, dejó de tocar un momento y bebió. Junto a una de las hogueras más cercanas, iluminada por las llamas y el resplandor del atardecer, vio la silueta del fornido soldado que esa mañana, en el teatro, había representado al pueblo armado de Macedonia y había pasado la espada del rey. Si no hubiese sido por la ayuda de Demarato, Dimas jamás habría podido entrar en el teatro. Sentado en una de las gradas más altas y alejadas, había sido testigo del regicidio.

Una figura delgada, casi frágil, envuelta en una manta oscura, vino lentamente desde la ciudad, tambaleándose y tropezando, y se dejó caer a la derecha de Dimas, junto a un matorral.

El músico bebió otro trago y siguió tocando. Esta vez era una melodía lidia, turbia y pesada, que, en repetidas variaciones, volvía sobre sí misma y retomaba el principio, acompañada de versos que Dimas había oído en Atenas de labios de un escita nostálgico, y que también se repetían una y otra vez.

Viento estepario, hierba áspera,
cascos al ocaso, galopantes.
Lejos de la risa de la amada,
estoy ahogándome en ciudades.

De pronto el hoplita se levantó de un salto y se acercó. Puso la garra sobre las cuerdas; el hombre olía a vino y a miedo.

—Toca por el rey muerto —gritó—. Una elegía a Filipo.

Dimas permaneció sentado.

—¿Una elegía? Bien, pero no por tu rey, amigo, pues no lo conocí. Por otro muerto... por todos los muertos.

Danza de la muerte
mano de remero
voy a los infiernos
descanso y bailo
la danza de la muerte,
Hachas y martillos en el patio,
formando corro.
Mercenarios helados
en torno a la hoguera, un rojo atardecer.
Noche de la Tierra de Nadie,
poblada de serpientes y puñales.
He devorado mis dóciles aves,
mis dioses me arden en el vientre.
La noche aún me envuelve, y el espejo terrible.
Pronto vomitará el alba sobre mi cadáver;
Día, delinea las paredes y disipa las ideas...
Danza fúnebre del alba, círculos de cuervos.
Danza de la muerte
mano de remero
viento estepario,
áspera hierba
danza de la muerte
mano de remero...

El hoplita se puso de pie trabajosamente y levantó la mano, en la que brillaba un cuchillo.

—¡Toca para el rey! —gritó.

Dimas recogió una rodilla, preparándose para saltar. La mano derecha dejó caer la cítara y cogió el cuchillo que llevaba al cinto.

—La música, amigo, no obedece tus órdenes... sólo las mías.

La figura delgada del matorral pareció volar por los aires; una mano cogió la derecha del hoplita y la dobló hacia atrás. El hoplita dejó escapar un gemido.

—Tranquilo, Emes. —La manta resbaló de su cabeza, descubriendo el rostro de Alejandro—. Sigue tocando, músico... Tú música. A la noche.

Como la mayoría de los invitados a la boda, los atenienses dejaron Egae el mismo día del asesinato. El conflicto interno que se desataría inevitablemente en Macedonia no era asunto suyo, pero sí que lo era la conmoción que el acontecimiento provocaría en Atenas.

Demades se sintió sorprendido y casi dichoso cuando Hipérides interrumpió al vehemente Demóstenes en la Asamblea.

—Eso son tonterías. Es posible que conozcas muy bien las cosas más secretas. Pero me gustaría saber cómo es que, según me han dicho, estabas enterado del asesinato el mismo día en que se produjo. Ah, pero dejemos eso ahora.

Hipérides se rascó la cabeza y se frotó los ojos. Habían hecho el viaje muy rápido; sólo ocho días de Egae a Atenas. El cansancio de la cabalgata había calmado el ánimo del político y su rostro estaba gris y decrépito. Pero su voz era plena y punzante, como siempre.

—Dices que deberíamos olvidar a Alejandro. Un joven estúpido, un simplón. Es posible. También es posible que los macedonios no lo nombren rey a él, sino a Amintas. Pero —agregó, volviéndose a Demades— nosotros vimos cuando entregaron la espada. Vimos con qué codicia la observaba Amintas. Quien desea el poder, quien lo codicia tanto, también lo empleará cuando lo tenga. Como tú muy bien sabes, Demóstenes. —Esperó, con rostro impasible, a que terminaran las risitas de la Asamblea—. Sólo quiero añadir dos cosas más. Una: el nuevo rey de Macedonia, ya sea Alejandro o Amintas, puede ser más insignificante, más estúpido o más inofensivo que Filipo, pero... contará con el ejército macedonio, con Parmenión, con Antípatro. Vosotros sabéis que no soy partidario de los macedonios, pero mientras el ejército de Filipo siga intacto y dirigido por hombres como Parmenión, Macedonia seguirá siendo inexpugnable para cualquier enemigo; sea quien sea el rey. Si ese nuevo monarca destituyera a Parmenión y desterrase a Antípatro, la situación cambiaría, pero eso está por verse. Y dos: tenemos un tratado vigente, formamos parte de la Liga de Corinto, cuyo hegemón era Filipo. Filipo ha muerto. El nuevo rey probablemente intentará sucederlo como hegemón y estratega único de la Liga, pero eso también está por verse. Sin embargo, si ahora, como propone Demóstenes, traemos a todos los desterrados y ayudamos a Tebas a expulsar de la Cadmea a la guarnición macedonia (y supongamos que lo conseguimos), incitamos a todos los otros estados helenos a volverse contra Macedonia y denunciamos la Liga de Corinto sin consultar antes con todas las ciudades que forman parte de ella, estaremos rompiendo un tratado sagrado. Y eso no podemos hacerlo. Por lo tanto, debemos esperar.

Se sentó. Demades intentó sondear el ánimo de la Asamblea; las palabras de Hipérides habían dejado huella, sin duda, pero no habían decidido nada. Tampoco había que decidir nada ese día; antes debían llegar noticias de Pella que confirmaran los hechos. Probablemente, y a pesar de todo, ese día la mayoría hubiese estado del lado de Demóstenes.

Demóstenes parecía saberlo, o intuirlo; sólo inclinó ligeramente la cabeza en dirección a Hipérides, con una sonrisa que más era una mueca. Demades suspiró y se levantó.

—Además de todo eso —dijo con dureza—, lo que ha propuesto Demóstenes no sólo es una tontería, como afirma Hipérides, sino una tontería peligrosa. Peligrosa para nosotros, y yo diría que hasta suicida. Tres veces nos has convencido de ir a la guerra contra Filipo. Olinto, Bizancio, Queronea... Una vez no sacamos nada, en tanto que las otras dos terminaron en catástrofe. Recordad Queronea. Me parece que eso debería ser suficiente, incluso para la vanidad de Demóstenes. Tu lengua ha matado más atenienses que la espada de Filipo. Hablemos de otras cosas. Antes de que Demóstenes empiece con su locura, deberíamos discutir, creo yo, si necesitamos más dinero y más esclavos para la limpieza de las calles y plazas de la ciudad. —Demades miró a Demóstenes con media sonrisa—. Hay demasiada mierda en Atenas, quiero decir.

Carcajadas. Una voz gritó desde el fondo:

—Demades tiene razón. Huele que apesta.

Más carcajadas. Demóstenes se puso de pie, levantó las manos por encima de la cabeza, las dejó caer y se dirigió a la salida.

Demades rió.

—Si te marchas ahora, Demóstenes, no contribuirás a resolver el problema. Al contrario, sólo echarás más mierda a las calles.

Días más tarde, Pella vio a otro Alejandro. Demarato tenía que quedarse en la ciudad porque debía atender muchos asuntos que le afectaban directamente. Aristóteles pasó por la capital macedonia, porque le quedaba de camino hacia Estagira. Antípatro le pidió que permaneciera unos días y ayudase con sus buenos consejos.

Estaban sentados a una larga mesa en la sala de reuniones de Filipo. Nada había cambiado. Aquellas armas del rey asesinado que no yacían en el túmulo provisional de Egae, colgaban de las paredes. Las estatuas de Filipo estaban donde siempre habían estado. Los tapices de las paredes eran los mismos, al igual que las sillas, los utensilios de escritura, el *coprón*, el capote rojo colgado de un gancho junto a la ventana.

Alejandro estaba sentado a la mesa, frente a una copa con agua y vino, que no había tocado. Su rostro, tenso, tenía una expresión sombría. Miraba fijamente los rollos y el tintero de plata con la imagen repujada de una cacería de ciervos. Antípatro iba y venía entre la mesa y la ventana. En cierto momento se detuvo, miró a Aristóteles como buscando ayuda, se retorció las manos.

—Esto no puede continuar, muchacho —dijo—. Diez días de luto, diez días perdidos. Sé que lo querías, pero...

Alejandro levantó el hombro derecho.

—Todavía me siento como si yo lo hubiera matado.

—Quizá habría sido mejor que lo hicieras; así las cosas serían más sencillas. —El tono jocoso de Aristóteles atravesó el aura turbia que envolvía a Alejandro, pero sólo por un instante. El fuego y la rabia se apagaron, y Alejandro volvió la mirada a la mesa.

—Deja de mirar sus cosas. Tíralas —dijo Antípatro, y dio un puñetazo a la mesa—. Tenemos que pensar en Macedonia. Un hijo triste no nos sirve para nada; necesitamos un rey.

—Yo sólo soy Alejandro, el hijo. Todavía no soy rey.

Antípatro asintió.

—Mañana se celebrará la Asamblea de soldados y príncipes. Te elegirán rey, sin duda. ¿A quién, si no?

Alejandro se mordió el labio superior y miró a su alrededor. Antígono lo observaba con una sonrisa agarrotada, como si quisiera transmitirle energía a través de su ojo de vidrio. Medio, que permanecía con los párpados cerrados, guardaba silencio, como casi siempre. Demetrio estaba tumbado en un sillón, con la mirada perdida en las vigas del techo. Alexandros de Epiro, que entretanto ya había sido puesto al corriente de todo, tenía las manos juntas sobre la mesa y la mirada fija en el sello de su anillo. Arcelao no participaba en la discusión, como así tampoco uno de los jóvenes compañeros de Alejandro.

Aristóteles se puso de pie y se colocó detrás de Demarato, quien se hallaba ensimismado en la observación de un trozo de papiro arrancado de un rollo.

—¿En quién puedo confiar, sino en vosotros? ¿Quién puede estar seguro de que la decisión que se tome mañana será aceptada por todos? ¿Los tesalios me nombrarán arconte? ¿Me reconocerá la Anfictionía? ¿Y la Liga de Corinto?

Aristóteles se apoyó en los hombros de Demarato, que siguió mirando el papiro, sin inmutarse.

—Todos reconocerán al rey de Macedonia. Si demuestra que es rey. ¿Quién otro podría ser el nuevo monarca?

Alejandro lo miró; parecía cansado, desalentado.

—No lo sé. Arrideo. Mi medio hermano, tal vez. Es mayor que yo.

—Un idiota tartamudo. Sigue. —Demarato habló con dureza, sin levantar la mirada del papiro.

—Amintas. Afirma que no sabía nada de los planes de los lincéstidas; dice que no tiene nada que ver con Attalo. Es el marido de mi media hermana Cinnane...

—He visto su mirada, su cara, sus manos en el momento en que Antípatro os presentaba la espada. Diga lo que diga, no le creo.

Alejandro interrumpió al corintio:

—¿Estás seguro?

Antípatro se acercó a Alejandro, lo cogió de los hombros y lo sacudió; la silla de tijera rechinó y crujió.

—Despierta, Alejandro. ¿Es que no deseas la corona?

Alejandro cerró los ojos.

—¿Tengo que desearla?

Demarato dejó por fin el trozo de papiro.

—Es posible que parte de la gente de Attalo no te quiera, quizá tampoco unos cuantos lincéstidas y los cabezotas de siempre. Pero sé que los príncipes más importantes están a tu favor. Y los soldados, que besan el suelo que pisas.

—¿Sabes...? —Medio intervino por primera vez en la discusión; tenía el entrecejo fruncido y en su voz se advertía cierto tono amenazador.

—En efecto, Medio, lo sé —dijo el corintio, sin mirarlo—. Porque Filipo me encargaba que supiera todo eso y más.

—Quisiera... me gustaría tener un cueva en la que no se sintiera nada de lo que ocurre en el mundo —dijo Alejandro, casi en un susurro.

Antípatro levantó las manos, cerró los puños, los cruzó a su espalda.

—Tristeza, sí, y arrepentimiento, o impotencia. Eso lo sentimos todos cuando muere un hombre grandioso y que podría haber vivido mucho más. Pero tú no puedes esconderte. El ejército te quiere. Los príncipes te quieren... o casi todos. —Respiró hondo—. Parmenión y Antípatro te quieren. ¿Quién puede ir en Macedonia contra los deseos del ejército, de Antípatro, de Parmenión? Antes preguntabas y sí, estoy seguro, lo sé. Lo hablamos antes de que Parmenión se marchara a Asia.

—Entonces, ¿ése es mi destino? ¿No puedo elegir? —preguntó Alejandor, con voz apagada.

—¿Preferirías ser una flor? —replicó Antípatro—. ¿Un búfalo? Tu destino es ser un hombre. El hijo de un rey.

—Y una reina. —Alexandros de Epiro levantó la mano en que lucía el anillo—. No olvidéis a Olimpia.

—No quiero hablar de... mi madre. No ahora.

—¡Pero tienes que hacerlo! Tienes que discutir y decidir muchas cosas, muchacho. No puedes esconderte.

Aristóteles asintió con la cabeza.

—Lo que dice Antípatro es cierto. Estás bajo la luz más brillante, Alejandro. Todos dirigen su mirada hacia ti. No estás en una cueva, ni en un rincón. Hasta tu silencio se oye, hasta tus sombras brillan.

Alejandro se levantó, echó hacia atrás la silla y se dirigió a la ventana. Cruzó los brazos, metió las manos bajo las axilas.

—Hace frío —murmuró.

Dracón, que estaba apoyado en el rincón contiguo al *coprón*, tosió.

—¿Encendemos el fuego?

—No es la sala —dijo Demarato, en tono casi compasivo—. Hace frío y soledad, allí arriba.

—Pésalo... con tu libra. —Aristóteles se mesó la barba—. Parmenión y Antípatro. Cleito. Antígono. Demetrio. Medio. El ejército. Alexandros de Lincestis, que ha renegado de sus hermanos y se ha arrojado a tus pies. Demarato. Tus compañeros. Piensa qué hubiera hecho Filipo. Piensa qué es lo que está en juego. Piensa cómo se reiría Demóstenes y cómo lo celebrarían los persas.

—Y piensa en las fronteras —intervino Antípatro, con voz penetrante, casi suplicante—. Si Pella vacila, la Liga de Corinto se quebrará. Atenas estirará su largo brazo y Tebas se le unirá, y con ella los ilirios, peonios, tracios, tríbalos. Todos se han enterado ya de la muerte de Filipo. Hay que...

Alejandro suspiró.

—¿No podemos aplazarlo hasta mañana? ¿Sólo hasta mañana? —Sin esperar una respuesta se dirigió hacia la puerta y desapareció.

Los otros se miraron, desconcertados. Demarato se puso de pie, miró a Dracón y asintió con la cabeza. El médico puso los ojos en blanco y salió de la sala. El corintio sacó los labios, casi hasta hundir la nariz en el bigote.

—No me gusta nada. Pero es necesario. Olvidad lo que vais a ver ahora.

Se dirigió a la pared del altar, donde había dejado su bolsa de cuero, y cogió algunas cosas. Los otros lo miraban con ojos interrogantes, sorprendidos o indiferentes.

El corintio levantó unas pequeñas láminas de hueso; algunas eran planas, otras curvas. Las puso sobre el altar, murmuró algo, se inclinó, sacó de su bolsa un ato de tela y una cajita de madera. Después se transformó.

Se metió las laminas planas en las sandalias y las curvas en la boca, a continuación se quitó el quitón, se bajó un poco el taparrabos de cuero, se puso una laminilla envuelta en tela entre los muslos, justo debajo del miembro, se volvió a subir el taparrabos, enrolló el quitón blanco, cogió un quitón marrón con tiras rojas muy llamativas, se lo puso y se metió debajo el quitón enrollado, a la altura de la barriga. Después se miró los dedos, gráciles y delgados, abrió la caja de madera y sacó unas joyas: tres anillos con pesadas piedras, para la mano izquierda; dos para la derecha; un pendiente de oro engastado con piedras rojas, que se colgó de la oreja derecha, donde nadie había visto nunca un agujero. Abrió la tapa de una cajita de bronce, tocó el contenido con la punta del dedo índice y se lo pasó por la cara. Cerró la cajita, cogió otra, se frotó algo en la barba y el cabello cano. Volvió a inclinarse, metió en la bolsa las cosas que sobraban y levantó un capote amarillo, que se echó sobre la espalda y sujetó con un broche. Se volvió.

El delgado comerciante de Corinto con su pelo gris había desaparecido. Un hombre de andar contoneante y caderas firmes se acercó a la mesa. Su cabello y su barba eran de un rubio rojizo, salpicado de gris. Las mejillas brillaban con un rojo casi febril. Pero joyas, barriga y andar detraían toda la atención del nuevo rostro.

Antípatro aplaudió, Aristóteles rompió a reír, Medio no dijo nada, pero sus ojos chispeaban.

Algunos de los jóvenes hetairos, oficiales de la ciudadela, servidores nobles y distinguidos de la casa real, estaban sentados o tumbados, bebiendo y charlando, en el gran salón de fiestas. Alrededor, en las paredes, ardían antorchas; en el centro, un fuego encendido entre dos espejos de metal se reflejaba hasta el infinito. A la plataforma elevada había subido un grupo de músicos con campanillas, matracas, liras, siringas, varios tipos de flautas y un arpa. Frente a ellos danzaban unas bailarinas semidesnudas. Cleito y Hefestión intentaban en vano obligar a Alejandro a beber vino. Alejandro buscó agua con la mirada, llenó una copa y bebió un sorbito.

—¿Quieres mantenerte sobrio? ¿Antes de ser rey? —Eumenes ya estaba demasiado borracho para sostenerse en pie; se apoyó en Leonnato y se quedó mirando a Alejandro.

Alejandro se encogió de hombros, sonrió, miró a Dracón, que se había sentado al lado de Pérdicas y levantaba una copa, y asintió.

De pronto, Alejandro se levantó, casi sin que nadie lo advirtiera. Salió del salón y caminó por el palacio. En los pasillos ardían antorchas y lámparas. Mientras más se alejaba, mayor era el silencio; el barullo del salón de fiestas se perdía a lo lejos y los pasos de los centinelas llegaban como desde algún lugar remoto. En la escalera estaban sentados unos guardias; se levantaron de un salto y saludaron, llevándose la mano en el pecho. Alejandro sonrió y siguió andando, subiendo y bajando escaleras, recorriendo pasillos. Se detuvo brevemente ante las habitaciones que una vez ocupara Olimpia. Una esclava dormida sobre un felpudo, a la puerta de una habitación, sollozaba en sueños. Desde el interior llegaba el suave susurro de una mujer, las mamadas y gorgoteos de un bebé, después también un balbuceo de satisfacción. Alejandro miró la pared que Filipo había mandado levantar en mitad del pasillo. La puerta estaba abierta. La cruzó con pasos suaves, casi como un sonámbulo, estiró el brazo derecho, acarició la pared con las yemas de los dedos. Después bajó otra escalera, bajó cada vez más, pasó frente a otros grupos de guardias. Una puerta entreabierta lo atrajo, entró en la gigantesca cocina, llena de sombras convulsas. La despensa contigua, separada sólo por una cortina de cuero, rebosaba de todo lo que hacía falta para el día siguiente: mitades de cerdos y de bueyes; cientos de pollos desplumados y vacíos, decapitados y goteantes; cántaros con peces de río vivos; tinas llenas de agua de mar y animales marinos; panes listos para hornear; montañas de embutidos y jamones; cantidades monstruosas de frutas y verduras; grandes estantes repletos de ánforas.

Alejandro volvió a la cocina, seguido por el movimiento de los peces, que chapoteaban en el agua. En el enorme fogón de piedra todavía ardían algunas brasas; en la cavidad que se abría debajo, en el suelo, se amontonaban escoria de carbón vegetal, cenizas y desperdicios. Los rescoldos, una solitaria lámpara de aceite dejada sobre una mesa llena de cuchillos de matarife, y una antorcha consumida en tres cuartas partes, producían una luz vacilante que llenaba la estancia de sombras. Alejandro se detuvo un momento frente a las estanterías de las cacerolas y vasijas. Después regresó a la mesa, vaciló, miró a su alrededor. Soltó un suave gemido, se dejó caer de rodillas, se arrastró debajo del fogón, revolvió entre las cenizas y desperdicios, juntó las rodillas al pecho y se apretó las pantorrillas con las manos.

Permaneció así un largo rato. Hasta él llegaba el sonido de pasos lejanos, como un goteo impreciso. Oyó deslizarse a los peces en sus tinajas y los aletazos de los pollos sacrificados. Oyó las escamas de la serpiente que se arrastraba alrededor del mundo. Oyó el estruendo del grano de arena que aplastaba una ciudad. Vio en forma de llama punzante el grito de la gaviota arrojándose contra una espina. Olió a casia y aceite de sésamo, manzanas cidonias y el taparrabos sangrante de la reina y las tripas del carnero. Sintió los intestinos de la noche rodeando su cuello y las astillas en el ungüento de las palabras y los ojos que desgarraban su alma. Sintió el sabor del tormento de una cuerda muy aguda, el farfullar del ámbar y de lenguas hirsutas. Respiró fuego, el sol de la mañana sobre espadas sangrientas.

Lentamente, se volvió, se estiró, se arrastró fuera de aquella cueva. Se levantó tambaleándose y logró caminar hasta la mesa. Pasó los dedos temblorosos sobre los cuchillos, las hojas, las empuñaduras. El extremo afilado de un acero usado para destripar le estaba apuntando, a la altura del abdomen. Alejandro cogió la empuñadura de cuerno y gimió. Volvió a dejar el cuchillo. Empezó a susurrar algo en voz muy baja, balanceando el torso de adelante hacia atrás. Por el rabillo del ojo vio el hacha de matarife, clavada en un trozo de tronco. La cogió, la levantó, colocó el brazo izquierdo en el tronco y apoyó la hoja del hacha en la muñeca.

Se oyó un ruido en la despensa. Alejandro volvió la cabeza. Seguramente había dejado abierta una tapa, pues una anguila había escapado de la tinaja y se estaba retorciendo en el suelo. Alejandro la mató con el hacha, cortó en mil pedazos aquel cuerpo que latigueaba y aplastó la cabeza con el lado plano de la hoja. Dejó el hacha en el suelo y regresó al fogón, con pasos rápidos y seguros. Se arrodilló, se llenó las manos de cenizas y suciedad, se embadurnó el pelo, la cara y los brazos, se rasgó el quitón blanco y frotó cenizas y basura sobre los jirones.

Al borde de la ciudad, donde los prados se hundían en el canal, un mendigo vestido con harapos y sucio de basura y ceniza estaba sentado entre dos casas. De las callejas surgía gente, algunos de los innumerables soldados, habitantes de la ciudad, todos seducidos por las hogueras, lámparas y risas, por la música y los chillidos que provenían del prado. Dracón, el médico del rey, pasó lentamente, con la mirada fija en el suelo. Un gordo de mejillas rojas y joyas en las manos y en la oreja andaba contoneándose por el prado. El mendigo no veía nada; estaba susurrando algo, ensimismado, balanceando el torso. Tenía los pelos de punta, los ojos en blanco y la mano derecha extendida. Un filósofo ambulante pasó a su lado, lo vio, le escupió en la mano y siguió andando. Luego pasaron dos hoplitas, ambos borrachos; uno se detuvo y arrojó una moneda al mendigo.

La mano de Alejandro se cerró. Levantó la mirada, abrió lentamente los dedos, miró con incredulidad la pequeña moneda de plata. Después se levantó con dificultad y caminó a trompicones en la oscuridad, en dirección a las hogueras. La música se interrumpió; sólo continuó el latido de un tambor, cada vez más fuerte, más rápido, más salvaje. Un tragafuegos vomitó una llamarada frente a un carro; un tragasables mostró la espada, para que la gente pudiera comprobar que era auténtica. Encantadores de serpientes y luchadores, ilusionistas y adivinos. Algunos hombres y mujeres bailaban, rodeados de fuegos que se reflejaban en el canal como serpientes temblorosas, más allá de los matorrales. Alejandro se fijó en un hombre que llevaba un gran oso de una cuerda y lo hacía bailar. Jugando con la moneda, pasó junto a uno de los carros, donde una anciana estaba cuidando cosas que probablemente pertenecían a un grupo de mimos: telas, potes, cajas.

Alejandro le tocó el hombro.

—Aquí tienes una moneda, madre. Necesito maquillaje... pero no mires.

La anciana cogió el dinero, señaló los pequeños recipientes y sonrió, como absorta.

—No te preocupes, muchacho; soy ciega. —Sus ojos eran rendijas; su piel, amarillenta.

Alejandro se puso en cuclillas y observó los potes y vasijas; hizo girar a uno y otro lado un espejo de metal trabajado, que reunía el brillo de las hogueras y lo cegaba. En algún momento se desató una pelea. Alejandro escuchó voces agudas, chillidos, un grito; después continuó la fiesta. El ritmo desenfrenado de los tambores se estaba frenando. Cerca de allí, un citarista tocaba con rapidez escalas y notas sueltas acompañadas a continuación de sonidos extraños, no helenos, tetrafónicos, pentafónicos, siempre al ritmo de los tambores. Se le unió un aulo mordaz y brillante, al que siguieron otros instrumentos. Desde la hoguera más próxima subió una nube de grasa de carnero quemada; apestaba a vino, cuerpos y tierra húmeda.

Alejandro se levantó y arrancó una larga tira de tela de su harapiento quitón. Se dirigió hacia el canal, dando un amplio rodeo alrededor de las hogueras y de los grupos de bailarines y bebedores. Se arrodilló entre los arbustos de la orilla. La luna, casi llena, convertía el agua en leche ligeramente rizada. Los murciélagos surcaban el cielo y se oía chillar a una lechuza. Entre los matorrales, el aire estaba impregnado de un denso aroma a madreselva en el que se mezclaba, además del hedor a excrementos y orina, algo más fuerte.

Alejandro se inclinó sobre el agua y contempló el rostro del bello hermafrodita: los labios rojos y brillantes, las cejas bien delineadas, los párpados oscuros, los pómulos remarcados con ocre y ceniza. Sumergió en el agua sus harapos y se lavó el pelo hasta donde le fue posible sin estropear el maquillaje.

Aquel olor penetrante se hizo más evidente; algo se arrastró cerca de allí, doblando los tallos y arbustos. Un gemido y un gruñido, que terminaron de repente. Alejandro dejó caer los harapos, cogió el cuchillo que llevaba al cinto y se encaminó hacia el lugar de donde provenían el olor y el ruido, que ya se extinguía.

Una docena de pasos más allá, entre los matorrales de la orilla, encontró el cadáver de un hombre. Tal vez era el que había proferido aquel grito estridente hacía un rato, durante la pelea. Tenía el vientre abierto por un profundo corte; las tripas se le salían y rezumaban entre sus dedos que, aun muertos, seguían aferrados a ellas como si intentasen así cerrar la herida. Tenía el rostro desencajado y la lengua entre los dientes. Tanto su rostro como las ropas que vestía, o lo que quedaba de ellas, parecían extraños. El hombre debía de tener unos veinte años, quizá era tracio; en cualquier caso, no era un macedonio de Pella. Alejandro se arrodilló a su lado, palpó el cadáver. Atada al cinturón llevaba una bolsita con monedas de oro. Se la quitó.

Alejandro se acercó a las hogueras tarareando y se unió a los bailarines. Un hombre joven, delgado y moreno, uno de los escoltas reales, lo cogió de la mano y tiró de él. Alejandro lo siguió unos pasos, después se soltó y caminó entre las hogueras. Alguien le dio una copa de vino sin diluir; bebió hasta vaciar la copa, la arrojó al aire. Al lado de los músicos, y aturdido por el rápido efecto del vino, bailó con mujeres mayores una danza frenética. Las mujeres lo llevaron con ellas hasta una hoguera alrededor de la cual circulaba una enorme jarra de vino. Alejandro mordió la carne —carnero asado untado con ajo—, que puso frente a él una mano surgida de la penumbra. Alguien, hombre o mujer, intentó besarlo. Unas manos se deslizaron bajo su quitón.

Alejandro dejó escapar una risita, se soltó, se arrastró hacia un lado, se levantó tambaleándose. No lejos de allí, iluminada por una de las últimas hogueras, vio a una mujer joven. Tenía una larga cabellera negra que parecía una ola oscura en constante movimiento. Bailaba sola. El pelo le caía sobre los hombros semidesnudos y la manta con que se cubría, una manta roja con un gran agujero por el que había metido la cabeza. Se trataba de una mujer frágil y dolorosamente bella; su rostro era el de una Afrodita o Astarté herida que reflejaba sufrimiento y éxtasis. Alejandro estaba a su lado; bailaban como si fueran uno. La muchacha abrió los ojos, sonrió, le dio un beso sin dejar de moverse y dijo en voz baja:

—Pero si tienes el aliento dulce.

Volvieron a besarse, se quedaron quietos un momento y se vieron reflejados en los ojos del otro. La mujer señaló con la cabeza, casi imperceptible, el borde del círculo de hogueras, el final del prado, donde empezaba el campo abierto. Música, voces, tambores y fuegos quedaron atrás, mientras ellos se internaban en el bosquecillo. En un claro junto al agua, la luna y las estrellas derramaron leche y miel sobre los dos. La muchacha se detuvo, miró a Alejandro, esbozó una sonrisa triste y ensimismada. Luego se retorció como una serpiente, haciendo que la manta resbalara de los hombros a los pies. Tenía los pechos pintados de negro y polvillo plateado en los pezones. Estaba desnuda. No tenía brazos.

Alejandro se quedó de piedra un instante; dos lágrimas resbalaron por sus mejillas. Terminó de romper su quitón, se quitó el taparrabos, arrojó la bolsa del muerto a la manta roja. La mujer se acostó en el suelo. Alejandro se tumbó a su lado, la cogió en brazos, hundió la cara entre los pechos negros.

El patio interior de la ciudadela, que era al mismo tiempo palacio y fortaleza, estaba abarrotado a pesar del bochorno. Era el calor del verano, el calor de los fogones, el calor de los cuerpos. No cabía ni un ratón. Unos tres mil hombres de las tropas de élite —hetairos de la caballería y de a pie— permanecían de pie, hombro con hombro, sin armadura, sólo con lanza y quitón blanco. Los rayos oblicuos del sol de la mañana convertían las puntas de las lanzas en un mar de lenguas de fuego. Allí estaban todos los oficiales de las fortalezas cercanas, con cintas púrpura sobre el blanco de los hombros. También de blanco, y muchos con la cabeza coronada, estaban allí los príncipes de las ciudades y regiones macedonias; los más viejos se habían sentado en taburetes dispuestos a tal efecto. Muchos no habían vuelto a sus tierras de origen, sino que habían viajado directamente a Pella desde Egae, después de las celebraciones y el luto por el rey muerto.

En lo alto de la escalera, ante el ara plana, Alejandro y Aristandro ofrecían el habitual sacrificio a los dioses: carne, pan, fruta, vino. Con ellos estaban Medio, Antípatro, Arcelao y Alexandros de Epiro; unos peldaños más abajo se hallaban Antígono y Demetrio, a quienes ahora se unía Cleito, en representación de los oficiales. Otro hombre salió del patio, subió la escalera y se detuvo justo debajo de Cleito; era Alexandros de Lincestis. Un ligero murmullo, más un soplo que un susurro, recorrió el patio. En el lado de la cocina y las despensas giraban asados; los cocineros y esclavos que los ayudaban intentaban no hacer ruido durante la ceremonia, pero no siempre lo conseguían.

Una vez ofrecidas las libaciones, Medio, el príncipe más viejo, dio un paso al frente. Aristóteles, en la ventana de la sala de reuniones, sintió que algo se movía y se volvió. Dracón y Demarato habían entrado en la sala y estaban a su lado. Ambos parecían cansados, como si no hubiesen dormido, pero también satisfechos. El corintio ya no recordaba a un fauno gordo y contoneante. Aristóteles miró a los dos con curiosidad.

—Todo bien —dijo Dracón. Bostezó, se llevó la mano a la boca y se desperezó—. Se hará.

—¿Estáis seguros?

Demarato arrugó la nariz.

—Tan seguros como podemos estarlo.

—¿Qué ocurrió?

Dracón se volvió y miró por la ventana; la voz de Medio retumbaba en el patio. Hablaba de las ventajas de los reyes fuertes y virtuosos que se esfuerzan por conseguir el mayor poder y bienestar posibles para el pueblo y, cuando los dioses los llaman, dejan hijos capaces de continuar su obra.

Demarato se cruzó de brazos y retrocedió un paso.

—No lo perdimos de vista. Vimos lo que él veía, escuchamos lo que escuchaba, oímos lo que decía. Sabíamos aproximadamente qué podía estar pensando o sintiendo, y siempre estuvimos lo bastante cerca para intervenir si era necesario.

Aristóteles resopló.

—Una explicación esotérica, amigo mío. ¿No puedes hacerla algo más esotérica?

Demarato rió.

—Más adelante. Dentro de unos años. Tal vez la escriba para ti. Ya veremos. En cualquier caso...

Se interrumpió. Medio había terminado su discurso; la Asamblea daba golpes rítmicos contra el suelo con la base de las lanzas.

Antípatro dio un paso al frente y levantó las manos.

—No haré un largo discurso, amigos, príncipes de Macedonia, señores del país, guardianes de la paz, soldados y compañeros. Filipo era vuestro rey, un gran soldado y un gran hombre. Grande en la batalla, grande y sabio al administrar justicia, poderoso e insuperable en los banquetes... Tan terrible en su ira, como generoso en su amistad. ¿Es así?

—¡Así es! —Un coro de miles de voces retumbó en el patio.

—Muchos de vosotros érais cabreros, campesinos, jornaleros. Y ladrones. —Risas—. Sólo han pasado veinte años. Filipo os sacó de las montañas, os armó, vistió, alimentó. ¿Es así?

—¡Así es!

—Macedonia era un montón de ruinas, estaba desgarrada por conflictos internos, era un juguete en manos de extranjeros, helenos y bárbaros. Filipo nos unió, nos dio fuerza y orgullo. ¿Es así?

—¡Así es!

—El rey fue asesinado por un hombre al que había confiado su vida. Pero ese hombre no estaba solo; había varios traidores. No vivirán mucho. A dos ya los habéis ajusticiado, en Egae. Los demás vivirán hasta que nos digan todo lo que tenemos que saber. Nosotros y el rey de Macedonia, que decidirá qué hacemos con ellos. Decidirá y castigará. ¿Es así?

—¡Así es!

—Vosotros, amigos y compañeros, sobre todo los que vencisteis en las montañas ilirias, en las estepas de Tracia, en los campos beocios, ante las puertas de Atenas, ¡vosotros sois la espada macedonia, la espada del rey! ¿Es así?

—¡Así es!

—Y esto —dijo al tiempo que alzaba la gran espada de los reyes— es otra espada. Vosotros la conocéis, vosotros, que sois una espada. ¿Quién ha de llevar esta arma temible? ¿Quién ha de manejar las dos espadas por nosotros, por vosotros, por todos? ¿Quién sino el legítimo heredero, que os condujo a la victoria en Queronea, un gobernante justo, de cuya sensatez disfrutó Pella cuando Filipo estaba en el campo de batalla? ¿Quién, sino él? Este es el hijo de Filipo, Alejandro. ¿Quién más sería lo bastante fuerte para manejar las dos espadas? ¿Quién más sería lo bastante resistente para soportar esa carga? ¿Queréis confiarle las dos espadas?

—¡Queremos!

Antípatro y Medio levantaron la espada de los reyes, Aristandro tocó la empuñadura. Alejandro recibió la espada y la mostró a la Asamblea. Aristóteles aguzó la vista y examinó con la mirada al nuevo rey, que parecía sereno en medio del júbilo. No era el joven confundido de la noche anterior. Aristóteles miró a Dracón y Demarato; los dos estaban absortos en la función.

Alejandro levantó la mano derecha. El barullo cedió, terminó, no, no terminó, se transformó en algo que Aristóteles ya había oído antes: aquel increíble arrullo de los hombres que escuchara una vez, en las plaza de las afueras de la ciudad. Sonrió. Su voz, clara y fría, llenó el patio y atravesó las puertas abiertas de la ciudadela hasta alcanzar a la multitud reunida en el exterior.

—Os doy las gracias, a todos. Hoy no quiero aburriros con las cosas que tenemos que hacer juntos o cómo hemos de completar la obra de

Filipo. Supongo que oiréis esas cosas mucho más a menudo de lo que algunos quisieran.

Muchos rieron; una ola de risitas atravesó el patio y volvió a desvanecerse.

—Detrás de vosotros hay preparados una gota de vino y una migaja de pan para cada uno. —Señaló los asados, las bandejas llenas de pescado, las torres de pollos asados, las murallas de ánforas. Los congregados rieron—. Comed, bebed, sed felices, amigos. No tardaremos en reunirnos con vosotros, apenas terminemos las cosas que hay que hacer. Eso que llaman trabajo. Y por favor: no os emborrachéis demasiado pronto. Tal vez hoy mismo vuelva a necesitar vuestro sobrio consejo.

La sala de reuniones se llenó rápidamente. Medio no estaba allí; las pequeñas labores, los auténticos asuntos de gobierno, no eran cosa de príncipes, sino de oficiales, funcionarios, asesores convocados por el rey. Demetrio se ocupaba de los intereses de la corte; Arcelao, del palacio; Aristandro, de los dioses. Los dos helenos y el médico se sentaron a la larga mesa cuando Alejandro los instó a hacerlo, con una ligera sonrisa y movimientos de mano. También estaban allí Antípatro, Alexandros de Epiro, Antígono, Cleito, Eumenes, Pérdicas, Hefestión, Hecateo, Leonnato y Seleuco, además de cinco escribas. Los criados trajeron vino, agua, copas, bandejas con asado humeante, pan y fruta.

Antípatro parecía satisfecho, pero también un tanto nervioso.

—Bien. Vamos al asunto. ¿Cómo te sientes, Alejandro?

—Tiene mejor aspecto que ayer, Antípatro —intervino Antígono—, pero a un rey no se le pregunta cómo se siente. Se le ruega que gobierne.

Alejandro parecía cansado, pero lúcido. Su rostro era distinto al del día anterior; más duro y, al mismc tiempo, más blando. Advirtió que Aristóteles lo miraba y asintió con la cabeza.

—¿De verdad se le ruega? —dijo. No era una pregunta.

Antípatro al parecer no lo entendió así. Observó a los jóvenes hetairos y sacó el labio inferior.

—Pérdicas, Hefestión, Seleuco, Leonnato, Hecateo... No tengo nada que objetar a que lleves tus amigos a la celebración; es tu día. Pero hay asuntos importantes que deben ser discutidos ahora mismo.

Alejandro asintió. Sus rasgos no cambiaron, sólo la expresión de sus ojos, que se endureció, como su voz.

—Así es, Antípatro. Asuntos importantes. Mi padre solía decir que podía dormir porque tú velabas. ¿Quieres velar también por mí?

—Si es el deseo del rey —dijo Antípatro con voz seca y tensa, y levantó la copa.

—Es el deseo del rey. —Alejandro ya no sonreía—. Como Parmenión no está aquí, tengo que confiar en vosotros dos, que sois los mayores, Antípatro... y Antígono.

Antígono juntó las manos sobre la mesa.

—Somos siervos del rey de Macedonia. Habla.

—No necesito siervos. No aquí, no en esta mesa. Necesito amigos y compañeros.

Antípatro asintió; Antígono sonrió débilmente.

—Entonces, habla como amigo y compañero. Pero dinos, amigo Alejandro y compañero rey, ¿cómo es que hoy... eres otro?

Alejandro pareció mirar su propio interior.

—Fue una larga noche, Antígono. Hay noches que son más largas que otras. Algunas pueden durar toda una vida. He visto, oído y hecho cosas. Me he dado cuenta de que es bueno tener ojos, brazos, manos. Y poder usarlos. Cleito, tu hermana me dio su leche cuando era niño. Ahora dame tú tu saber.

Aristóteles advirtió un cierto malestar en los jóvenes compañeros del nuevo rey; intercambiaron miradas, como si tuvieran que confirmarse unos a otros que aquel hombre era Alejandro. Sólo Hefestión parecía tranquilo.

—Una vez te dije que te seguiría a cualquier parte —dijo Cleito, con una sonrisa abierta y sincera en el rostro—. ¿Lo has olvidado, rey?

—Lo he recordado y guardado, amigo. Habla.

Cleito asintió; su rostro se puso serio.

—Han llegado mensajeros; he estado hablando con ellos desde el amanecer. Y... un velero rápido del Helesponto.

Alejandro arrugó la frente.

—Eso lo discutiremos más tarde. Los asuntos más importantes... Primero hay otras cosas. Alexandros, ¿cuándo vuelves a casa?

El rey de Epiro se encogió de hombros.

—Pronto. Mañana. A menos que me necesites.

Alejandro se volvió hacia los escribas.

—A Olimpia, madre del rey, hermana del rey de Epiro, etcétera. Las cosas habituales, con gran alegría; le pido que regrese a Pella y le envío recuerdos. Tres copias. ¿Puedes llevar una y dársela?

Las mejillas de Alexandros temblaron.

—Si quieres... Pero un correo sería más rápido.

—No es tan urgente. —Alejandro sonrió con ironía—. Ya hablaremos después. Demarato, ¿tienes negocios en Iliria?

—Ahora no —respondió el corintio—. Envía un estafeta.

—Bien. Tres copias. Una con un mensajero de confianza. Los saludos habituales, informe del regicidio y del nuevo rey, que ordena a Ptolomeo, Nearco, Harpalo, Erigio y Laomedón que regresen de inmediato. Lo mismo a Coino, Cratero y Filotas. Hefestión, encárgate tú de eso. Sabes perfectamente a quiénes quiero tener aquí. Llévate un escriba, prepara las cartas y fírmalas tú mismo. Alexandros, tú también: escriba e instrucciones a tu gente para la partida.

El rey de Epiro, Hefestión y dos escribas abandonaron la sala de reuniones; el rostro de Alexandros reflejaba un sentimiento muy parecido a la furia.

—Demarato.

El corintio no mostraba ninguna emoción.

—Ya he hablado con Cleito. Nuestros informadores coinciden. Deja que hable él.

Alejandro asintió. Cleito carraspeó, todavía sorprendido.

—Es demasiado pronto para estar seguros, pero habrá problemas. En todas las fronteras, Alejandro.

—Menos en Epiro, suponemos.

—Menos en Epiro, ya. ¿Qué pasa con los helenos?

Cleito miró a Demarato. El corintio sonrió.

—¿Qué esperabas? Tesalia es leal, salvo por un par de ciudades del sur. Tebas está inquieta desde la noticia de la muerte de Filipo, pero la guarnición macedonia de la ciudadela es suficiente, por el momento. Tal vez deberías enviar más hombres a la Cadmea. No de inmediato, pero pronto. En las otras ciudades de la Liga la situación es similar. En Atenas, Demóstenes ha empezado a agitar los ánimos de nuevo. Se dice que ya hablaba de la muerte de Filipo dos horas después de que hubiese ocurrido, cuando todavía no podía saber nada.

—Eso encajaría con otras cosas —dijo Alejandro, con ceño—. Luego volveremos sobre ese tema. ¿Cómo está el ejército de Asia?

Cleito se inclinó y levantó una bolsa, que había dejado bajo la mesa. Contenía rollos escritos.

—Vientos favorables... lo supieron a los tres días. Attalo debe de haber tomado una decisión muy pronto. Te envía algunas cartas... provocadoras. Resulta evidente que Parmenión no conoce su contenido. Pone su espada a tus pies y te asegura la lealtad y el afecto de todos.

—No podemos esperar demasiado. La lealtad de Parmenión es tan segura como que el sol regresa cada mañana, pero otros podrían vacilar. ¿Qué tropas tenemos disponibles?

Antípatro permanecía en silencio, con los brazos cruzados y los ojos cerrados. Antígono y Cleito intercambiaron miradas; el Tuerto señaló los rollos que tenía delante.

—Algunas de las mejores unidades se encuentran en Asia, con Parmenión y... Attalo. Contamos con aproximadamente quince mil soldados de a pie y tres mil jinetes. Más los hombres de las fortalezas fronterizas y los mercenarios, que están repartidos por todas partes. No es demasiado.

Alejandro asintió.

—Cierto, y tendremos que dividirlos para poder hacer frente a todos los peligros al mismo tiempo. Pues los peligros estallarán todos al mismo tiempo. Es necesario. Leonnato, Eumenes, coged a un escriba y encargaos. Firmaré yo mismo, más tarde. —Cerró los ojos un momento; con rapidez y precisión, nombró las fortalezas, número de hombres, nombres de oficiales, el volumen de los refuerzos, dónde había que disponerlos y qué precauciones debían tomarse para el otoño y el invierno.

Eumenes y Leonnato salieron con el escriba. Cleito sonrió, cansado.

—Si lo tienes todo en la cabeza, ¿para qué nos necesitas?

—Para que me digáis si me equivoco. —Alejandro lo miró a los ojos—. Tú y Antígono, partiréis hoy mismo. Tenemos que actuar con rapidez. Los ilirios, los peonios, los tracios, todos ellos cosecharán en otoño y acumularán provisiones para el invierno. Y en invierno afilarán las armas para atacarnos en primavera. Si no se lo impedimos. Los helenos son más rápidos. Y, aunque esperaran, no podemos permitirnos tenerlos contra nosotros en primavera. No a todos al mismo tiempo. —Se miró las manos, pensó, tomó aire—. Hoy que celebren y mañana que duerman. Pasado mañana partiré con todos los hombres de los que Pella pueda prescindir. Vosotros partiréis hoy; en el camino recoged a cada hombre que no sea imprescindible en las fortalezas. Los mercenarios del sur, cretenses, siciliotas, lo que sea, enviadlos a Pella. Antípatro, Leonnato y Demetrio los llevarán a la frontera norte. Todos los tracios, peonios, tríbalos e ilirios marcharán con vosotros hacia el sur. Asegurad el valle del Tempe y avanzad por Tesalia. Nos reuniremos... entre Feres y Cinoscefalia.

—¿Qué planeas? —Antípatro rompió su silencio.

Alejandro sonrió; por un instante pareció un muchacho tramando una travesura.

—No queremos que Demóstenes haga esfuerzos innecesarios. —Sonaba dulce, casi encantador—. Me gustaría ocupar las Termópilas antes de que los atenienses y los tebanos tengan tiempo de hacer grandes planes. De ese modo en primavera tendremos las espaldas libres para marchar hacia el norte.

—¿Qué hay de Asia?

Alejandro suspiró; sus ojos tenían otra vez aquella expresión lejana y melancólica. Es voz muy baja, dijo:

—Mejor hoy que mañana... Pero no tiene sentido marchar sobre Asia hasta que la Hélade y el norte no estén en calma y asegurados definitivamente. ¿Cuánto tiempo necesitaréis?

Antígono y Cleito se miraron, los dos parecían pasmados, desbordados, como si se hubieran quedado a medio camino. Pero también estaban entusiasmados; el fuego empezaba a brillar.

—¿Hasta el valle del Tempe? ¿Hasta Feres? ¿Hasta las Termópilas? —Antígono entrecerró el ojo sano—. Provisiones. Armas. Monedas. Animales de carga. Carros. ¿Con todo lo necesario?

Cleito murmuró números; después tosió y levantó la mirada.

—Treinta días. Desde aquí hasta Cinoscefalia.

Alejandro sonrió.

—Yo ocuparé las Termópilas dentro de veinticinco días. ¿No queréis participar?

Antígono soltó un suspiro sordo y levantó las manos, Cleito se mordió el carrillo. Después se levantó, dio una palmada en la espalda a Antígono y empujó hacia Demarato la bolsa con los rollos.

—Vamos, Tuerto. Tienes que quitar el moho a tu espada, ensillar a tu mujer y despedirte de tu caballo. O lo que sea.

—Recibiremos el mediodía juntos en el patio. Con un trago. Después partiréis. —Alejandro les sonrió mientras salían; luego se volvió hacia Demarato—. ¿Y bien?

El corintio señaló a Pérdicas.

—Deja que comience él. Tenemos que formar un cuadro completo. Aunque no será agradable.

Pérdicas vació su copa, apartó el trozo de asado del que había estado picando y miró a Alejandro.

—En el calabozo de Egae te vi por primera vez, rey —dijo, con voz ronca—. Hoy eres diez años mayor. ¿Por dónde comienzo?

—Por el principio.

Pérdicas se aferró con las dos manos a la copa vacía; Aristóteles sonrió y le sirvió agua y vino.

—Para empezar: Alexandros, el tercer hermano, no sabía nada pues nada le contaron; desconfiaban de él. Como bien sabéis, hace unos años Attalo ultrajó a Pausanias. Filipo le ordenó entonces que no se vengara, que confiase su venganza y su honor al rey. Esos príncipes de las montañas (Pausanias es, bueno, era oréstida) tienen ideas muy cerradas. Cuando Filipo hizo reina a la sobrina de Attalo, aceptó también, a ojos de Pausanias, una deshonra que ningún buen oréstida puede olvidar en seis años. Lo que sigue es más espinoso. —Miró a Alejandro, casi suplicante; el rey cerró los ojos y asintió.

—Como quieras. Uno de tus colegas, Aristóteles... un pensador ambulante llamado Hemócrates...

—Continúa, tranquilo —dijo el filosófo, y sonrió débilmente—. Ese hombre no vale nada.

Demarato carraspeó.

—Hemócrates pasó unos días en Pella. Visitó la gruta de Dioniso, con Olimpia. Hasta donde yo sé, después mantuvo conversaciones con Pausanias. Sigue, Pérdicas.

—Al parecer, Hemócrates le dijo que la gloria era lo único que podía borrar la deshonra sufrida. La gloria y la venganza. En el mejor de los casos, la gloria conseguida a través de la venganza. Pausanias le preguntó cómo él, hijo de un príncipe pero, al fin y al cabo, un simple jefe de tropas, podía alcanzar la gloria inmortal. Hemócrates le respondió algo así: «O bien realizas hazañas inmortales, o bien matas a alguien que ya goce de la gloria inmortal. Así tu nombre se mencionará siempre junto al de aquél. Y si quieres estar seguro, mátalo cuando toda la Oikumene lo esté viendo.»

—¿Qué rey mejor que Filipo? ¿Qué día más propicio que ése, en Egae? —murmuró Antípatro.

—Pausanias... —comenzó Pérdicas, y se interrumpió de inmediato; miró al corintio como buscando ayuda—. Los escribas deberían irse.

Demarato torció el gesto.

—¿Tengo que decir yo las cosas desagradables? —Esperó a que los escribas que aún quedaban abandonaran la sala—. En fin. Desde hace varios años, Pausanias compartía el lecho con tu... con Olimpia.

Alejandro no se inmutó. Continuaba con los ojos cerrados y expresión imperturbable. Pero su nariz palideció.

Pérdicas retomó el hilo. Con voz monótona, refirió las cosas que habían confesado Heromenes y Arrabeo antes de ser ejecutados. Conversaciones; cartas a Atenas y Persia; oro persa y promesas de Demóstenes; conversaciones con Olimpia y Pausanias; el deseo de los príncipes de las montañas de disipar la poderosa sombra del rey con una luz nueva. Misivas a Attalo, tío de la nueva reina, yerno y suplente de Parmenión en el mando supremo de Asia.

—Si no mentían... Pero en esas circunstancias no creo que lo hicieran. —Con una mueca, Pérdicas se miró las manos—. Ellos y Attalo, como mínimo, probablemente también los persas y Demóstenes, querían matar a Filipo y poner en el trono a Amintas. Pausanias quería matar a Filipo para alcanzar la gloria y reparar la deshonra. Olimpia... quería quitar de enmedio a Filipo para que tú fueras nombrado rey. Para que satisfacieras la voluntad de los dioses. Y para alcanzar el poder y la inmortalidad a través de ti. Dos planes distintos, Alejandro. Pero... ¿cómo concluyeron? ¿Quién los unió? ¿Quién se ha ocupado de que nos enteremos de los encuentros entre Pausanias y los lincéstidas?

Demarato se inclinó hacia adelante.

—Hay algo más.

Aristóteles le dirigió una mirada de advertencia; Dracón puso la mano izquierda sobre el brazo del corintio.

Alejandro abrió lentamente los ojos y vio a Demarato, vio la mano de Dracón, vio la expresión de Aristóteles. Sonrió con tristeza.

—Sin miramientos, amigos. ¿Quién traicionó a Hermias? ¿Quién dio a Demóstenes la posibilidad de delatarlo a los persas? ¿Todo eso sólo para que la encarnación de Ammón pueda llevar a cabo sin problemas y a la perfección lo que a Ammón le plazca? —Apretó los dientes y respiró hondo—. Pues bien. La encarnación de Ammón ya no existe. ¿Qué hacemos con Amintas?

Antípatro gruñó.

—Pensaba que olvidarías lo evidente. ¿De verdad quieres dormir tranquilo? Ah, sí, olvidaba que tú no duermes.

Pérdicas se levantó; parecía liberado de una carga y decidido a emprender grandes cosas.

—Tengo que hacer algo —dijo entre dientes—. ¿Amintas? Olvídalo, Alejandro. Nunca ha existido. Si quieres.

Alejandro lo miró y miró después a Seleuco.

—Lo olvidaré. Por completo. —Sacó su cuchillo, lo cogió por la hoja y se lo dio a Pérdicas—. Gracias, amigo. Seleuco, ve con él. Y... después reuníos con Arcelao, que conoce todo y a todos: quién más podría estar implicado, los amigos más íntimos de Amintas y los amigos y aliados más importantes de Attalo. Yo mismo hablaré con Cinnane, después. No debe presenciarlo.

Ya sólo quedaban en la sala Antípatro, Aristóteles, Demarato, Dracón, Hecateo y Alejandro. El primero extendió el brazo hacia la bolsa de escritos que había dejado Cleito. Alejandro asintió.

El viejo macedonio desenrolló las cartas y les echó un vistazo. Su rostro se ensombreció; finalmente, golpeó la mesa con los dos puños.

—¡Dioses! Esto... esto es increíble. —Empujó uno de los rollos hacia Alejandro—. Tiene la osadía... me faltan palabras. Te envía copias de sus cartas a Demóstenes y de las cartas que le ha escrito el ateniense. En ellas se habla de la eliminación del príncipe Alejandro y la entronización de Amintas. Y ahora te envía todo eso con una nota diciendo que estaba equivocado y que aquello no iba en serio.

Hecateo se levantó, se colocó detrás de Alejandro y le puso las manos sobre los hombros. La expresión del joven hetairo reflejaba náuseas y decisión.

—¿Asia?

Alejandro echó la cabeza hacia atrás, miró a su compañero y sonrió.

—Gracias, amigo. Escribe tú la carta a Parmenión; yo firmaré apenas la termines. Busca un par de hombres en los que confíes. Coge una triera. No, llévate tres, por si acaso.

Hecateo abandonó la reunión. Alejandro se levantó, caminó hacia la ventana y miró el patio, donde la fiesta era cada vez más bulliciosa. Sin volverse, dijo:

—Dracón, Demarato... receptores y transmisores de noticias, ¿me prestaréis vuestros ojos y oídos como hicisteis con Filipo?

Dracón miró la espalda del rey.

—Algunas cosas tienen que cambiar...

Alejandro se volvió.

—Lo sé. Muchas cosas. Y el ejército necesita nuevos médicos, y un sistema de abastecimiento más eficaz. En ese aspecto, el ejército de Filipo era mejor que cualquier otro de la Hélade. Tal vez de toda la Oikumene. Pero seguimos perdiendo demasiados hombres, que no morirían si dispusiéramos de más médicos, hierbas y vendajes. ¿Tú y Philippos?

—Por el momento... sí.

—Emplea las listas de hierbas que tiene Aristóteles, mi amigo.

—Hay otras cosas que tienen que cambiar.

Alejandro puso una mano sobre el hombro de Dracón y suspiró.

—Lo sé, lo sé. Mañana. Ahora no.

Demarato dejó escapar una risita.

—¿Debó prestarte mis ojos y oídos? ¿No olvidas algo, muchacho?

Alejandro volvió a sentarse y bebió un trago de agua.

—Ya lo he comprobado. Mi padre me ha dejado unos ochenta talentos en el tesoro; y quinientos de deudas. Las minas suministrarán oro, lentamente. Los recaudadores de impuestos y los aduaneros traerán dinero, muy lentamente. Demasiado lentamente. Tendré que apoyarme en mis amigos. Los que están aquí y los que vendrán. Ptolomeo reclutará e instruirá tropas, que pagará de su propio bolsillo, al comienzo. Nearco contratará arquitectos, constructores de caminos y técnicos de todo tipo, y les pagará de su propio bolsillo. Eumenes desarrollará un nuevo sistema de administración y registros, y lo costeará. Harpalo regulará el tesoro público, y lo aumentará. ¿Cuánto me puedes prestar tú, Demarato?

El corintio sonrió.

—He hecho buenos negocios y no ha servido de poco la ayuda de tu padre. Preveo tiempos excitantes, en los que podría participar. Conozco a algunas personas... ¿Te irían bien quinientos talentos?

A Alejandro se le abrieron los ojos.

—¿Tanto?

—Como he dicho, hay gente que estaría dispuesta a invertir su dinero en una empresa prometedora. Si no preguntas sus nombres.

—Gracias... amigo Demarato. Demarato el de los ojos agudos. Demarato, a quien nada se le escapa. —Alejandro sonrió con malicia—. Demarato con andar contoneante y mofletes, anillos en los dedos y en la oreja derecha. ¿O era en la izquierda? Da igual... te doy las gracias. Ten por seguro que te lo devolveré con creces. Más adelante.

Demarato se recuperó rápidamente de la sorpresa.

—Existe un dicho cretense, rey de Macedonia. Si un rey te debe dinero, tienes un reino. ¿Cómo podría sentirme, sino... regio? —Rió.

Dracón miró a Demarato y luego a Alejandro. Parecía querer decir algo, pero de pronto negó con la cabeza.

Alejandro parpadeó.

—¿Tú apartaste la anguila, Dracón? También a ti te lo agradezco.

El curandero levantó las manos; era la primera vez que Aristóteles lo veía fuera de sí.

Antípatro se levantó.

—No es que entienda vuestros mensajes secretos. Tampoco me importa. Pero hay otro asunto que tenemos que aclarar de inmediato, señor.

Alejandro se acercó a él, con pasos cortos. Le puso las dos manos sobre los hombros y lo miró directamente a los ojos.

—Antípatro, padre. Guardían de mis espaldas. Digo que no.

Antípatro pestañeó.

—¿A qué te refieres?

—Es posible que ella sea un monstruo. —Alejandro quitó las manos de los hombros del viejo macedonio. Su rostro se transformó y su mirada se perdió en la lejanía—. Si es cierto lo que afirman ella y el vidente, estoy encadenado a un futuro determinado, atado a una rueda de fuego... Matar un monstruo, violar a mi madre, matar a mi padre, sacrificar mi miembro a la diosa, ser la encarnación de Ammón... todo eso, y más, quieren los dioses. —Su mirada volvió, deambuló por la sala, descansó en Aristóteles—. Pues bien. —Su rostro se puso duro y frío—. A mi padre lo ha matado otro, y en cuanto a las otras cosas, mientras no ocurran pienso llevar la contraria a los dioses y destruir la rueda y las cadenas. Es posible que ella sea un monstruo, pero como los dioses quieren que la viole y la mate, no la tocaré. Nunca, nunca, nunca, tendrá una pizca de poder en sus manos. Pero vivirá... por motivos políticos.

—Sea lo que sea lo que haya detrás —intervino Aristóteles—, Alejandro tiene razón, Antípatro. Muchos dirán que es el único al que beneficia la muerte de Filipo. Se dudará de la conspiración, o las conspiraciones. Amintas, Attalo, Heromenes, Arrabeo, Pausanias... ¿cuántos más tienen que morir para que podáis estar seguros? La muerte de Olimpia sería una bendición para la Oikumene, pues es un monstruo. Pero no sólo en Atenas dirían: «¿Lo veis? Esa es la prueba: primero el padre, después la madre, para quedarse con todo y no deber nada a nadie.»

Demarato asintió.

—Así es. Lo que estuvieron aquí hace un rato y los que están celebrando ahí fuera te conocen, Alejandro, te quieren y te admiran. Pero los hermanos y primos de los príncipes de las montañas, que nunca te han visto, no te siguen incondicionalmente. No, Antípatro, tienes un rey muy listo. Sabe que el poder es inseguro, tambaleante como el pie que tiene una lanza como único puente para cruzar el abismo. Un paso en falso y caes, una decisión equivocada y el país estará en llamas. Olimpia no puede morir. Como mínimo, no todavía.

Alejandro era media cabeza más bajo que Antípatro, pero por algún motivo parecía que el viejo y experto guardián del estado tenía que levantar la mirada para ver al joven rey.

—Es posible que estés en lo cierto, Alejandro. —Intentó sonreír, pero le costó trabajo conseguirlo. Miró a Aristóteles por encima del hombro de Alejandro y agregó—: Estoy satisfecho, muchacho. Pero dime una cosa más. ¿Por qué has querido que este heleno malabarista de ideas esté presente todo el rato?

Alejandro arrugó la frente y miró al filósofo.

—¿Por qué?

Aristóteles contestó en su lugar:

—Porque Alejandro, noble Antípatro, temía que vosotros, asustados por su transformación y sus decisiones, os olvidaseis de contradecirlo cuando era oportuno hacerlo. Por eso quería que yo estuviera presente, porque sabe que Aristóteles tal vez no valga demasiado como filósofo, pero muchas cosas las ve con mayor claridad que aquellos que se ocupan de esas cosas. —Reprimió una risita—. Además, sufre una cierta vanidad: la vanidad del alumno que quiere saber si su maestro está satisfecho con él. Bien, ¿qué te parece, Alejandro?

El rey sonrió.

—Estás satisfecho, Aristóteles.

18
MÁS ALLÁ DE LAS TERMÓPILAS

Antípatro no estaba en el palacio cuando llegó la caravana de la madre del nuevo rey. Problemas de avituallamiento del ejército de Alejandro, en marcha forzada hacia la Hélade, de las guarniciones fronterizas del norte y el noroeste, que habían sido reforzadas, de los hombres del Helesponto; ausencia de noticias de Attalo y Hecateo... había mucho que hacer, y muy poco tiempo. Y a todo ello se sumaban los recaudadores de impuestos, los jueces y, especialmente, los *epistates*, muchos de los cuales no querían discutir sobre las necesidades de la ciudad que administraban con el funcionario competente, sino con el mismo Antípatro.

Olimpia entró a caballo en el patio del palacio, seguida y precedida por criados, esclavos y carros tirados por mulas cargados con los bienes de la reina madre. Los guardias, desconcertados en un primer momento, la saludaron, y un grupo de esclavos y criados de la casa corrió a ayudar. Olimpia preguntó por Antípatro y por Arcelao; el mayordomo tampoco estaba en palacio. Con un atisbo de sonrisa, dio instrucciones concernientes al equipaje y subió las escaleras. Un oficial de la guardia le cerró el paso; Olimpia lo apartó y el hombre, visiblemente atormentado por la duda, no se atrevió a emplear la violencia contra la madre del rey.

Caminó lentamente por los pasillos, hasta llegar al que daba a sus antiguas habitaciones. Allí también había centinelas que saludaron al verla, dudaron y, finalmente, la dejaron pasar.

Olimpia observó el lugar del pasillo donde Filipo había mandado levantar la pared, que ahora había desaparecido sin dejar rastro. Se encogió de hombros, enderezó la espalda y se dirigió a la puerta tras la cual vivía Cleopatra, la viuda de Filipo.

Los guardias estaban al final del pasillo, prácticamente en la escalera. Un cierto malestar flotaba en el ambiente. Y silencio. De alguna parte salió

Arcelao, llamado por un mensajero. Subió la escalera corriendo. Se detuvo jadeante junto a los centinelas.

—¿Dónde está? —preguntó. Uno de los hombres señaló el pasillo. Arcelao se quedó mirándolo, incrédulo—. ¿La habéis dejado entrar? ¡Oh, dioses! —Apartó a los hombres y corrió hacia las habitaciones de la viuda.

Un grito largo y agudo surcó el pasillo, la escalera, el palacio. Arcelao se estremeció, por un instante se quedó como de piedra. Abrió la puerta de golpe. Cleopatra yacía en el suelo, en medio de un charco de sangre; la mano derecha aferrada al puñal que tenía clavado en el pecho. En su regazo estaba Europa, la hija de Filipo, de apenas dos lunas de edad. La tela que la envolvía estaba teñida de rojo. Sólo un hilo de piel unía la cabeza de la pequeña a su cuerpecito.

Arcelao profirió un gruñido ahogado. Olimpia estaba a unos pasos, entre los cadáveres y la ventana. La serpiente se enroscaba alrededor de su cuello.

—Ah, Arcelao, qué alegría volver a verte —dijo en un tono de velado reproche—. ¿Cómo podéis dejar sola con su hija, y en posesión de un puñal, a una mujer que evidentemente estaba loca?

Arcelao la miró. Estaba blanco como la cal.

Eumenes había aceptado. El heleno gordo, director del archivo real, había partido a marchas forzadas por Tesalia con el segundo grupo del ejército, cuando Alejandro y la caballería de hetairos ya habían ocupado las Termópilas. Eumenes estaba sentado ante una tienda de campaña, con una mano sobre la mesa repleta de rollos y la otra ocupada con una pierna de pollo. Mascaba con la mirada perdida en la estrecha franja de playa y el mar. Sólo las observaciones parcas con que contestaba a las preguntas de sus escribas permitían adivinar que no estaba dormido, ni mucho menos.

La parte del campamento en la que las noticias eran analizadas y luego transmitidas al rey, se encontraba en las afueras de la ciudad de Alpeno, al este del desfiladero. Leónidas, el gran espartano, fiel como mandaba la ley, había levantado allí su centro de abastecimiento cuando defendiera las Termópilas contra el ejército de Jerjes.

Eumenes se había bañado en los manantiales calientes, verde azulados, apestosos; había observado, desalentado, las pendientes y cimas escarpadas, pobladas de vegetación, inaccesibles, y había recordado a Filipo, que ampliaba y allanaba los caminos. Los tres accesos, llamados «puertas», separados entre sí por unos quince estadios, habían sido amurallados y asegurados por tropas de élite macedonias. Parte del ejército había acampado al oeste del desfiladero, entre las montañas, los ríos y la ciudad de Anticira. El campamento principal se levantaba más al este, entre Alpeno y Nicea.

Los soldados más viejos y muchos oficiales conocían muy bien el lugar; habían cruzado el desfiladero con Filipo, en otra ocasión lo habían rodeado, y habían ayudado a abrir la ruta. Además, eran macedonios; el significado legendario que tenían las Termópilas para la Hélade podía infundirles respeto, unido a un cierto desprecio de aquellos que tan a menudo, y casi siempre en vano, habían confiado en la engañosa seguridad que peñascos, mar y héroes jamás podían ofrecer. Para el heleno Eumenes aquél era un lugar sagrado, y había llorado al ver y pisar las Termópilas por primera vez. Llorado, al recordar a los héroes del pasado, al ofrecer sacrificios a los dioses, al maldecir la memoria del traidor Efialtes. Y después, con la copa de vino en la mano, se había reído de sí mismo, como si, más allá de la leyenda, los persas hubieran dependido realmente de la traición de un hombre que pudo mostrarles el sendero a través de las montañas.

Dracón había partido por la mañana dispuesto a recorrer los diferentes campamentos para atender los achaques de los soldados: fiebres, malestares estomacales, tobillos hinchados, inflamaciones en diversas partes del cuerpo... lo normal después de una dura marcha. Se había ido andando hacia el este; ahora volvía a caballo procedente del oeste, desde el paso de la última puerta. Cabalgó directamente hacia la tienda de Eumemes, desmontó de un salto, confió el animal a un esclavo y se acercó a la mesa.

Eumenes arrojó el hueso de pollo y señaló al escriba, que estaba ocupado en la carta a Aristóteles.

—Continúa: «Dracón, el mejor matasanos, acaba de caer del caballo. Como bien sabes, oculta su honorable edad de casi cinco décadas tras un comportamiento indigno y una barba infame. Está mordisqueando un asfódelo marchito; su rostro, el tronar de Zeus en la tempestad, presagia desgracias.» Seguiremos más tarde. ¿Y bien, señor de las amputaciones?

Dracón sacó la mandíbula; la flor marchita se levantó como un falo.

—A solas. Lo que tengo que decir es sólo para tus oídos, panzón.

Eumenes despidió al escriba con un movimiento de mano; se inclinó hacia adelante, llenó una segunda copa y la empujó hacia el curandero.

—Vino con un poco de agua. El sol no tardará en ocultarse, de modo que podemos permitírnoslo. Bueno, ¿de qué se trata?

Dracón se sentó sobre un montón de pieles y mantas, se sacó la flor de la boca, bebió un trago y estiró las piernas.

—Ah. Malas noticias, amigo. Allí fuera —dijo al tiempo que señalaba con la cabeza hacia el oeste, más allá de las Termópilas— recibí a los mensajeros y recogí las cartas; y no he dejado de preguntarme quién de nosotros dos debe llevarlas.

Eumenes hizo una mueca.

—Yo camino mal. Además, un viejo feo y delgado como tú resulta más soportable a gente como Apolo y Alejandro, que un gordo en la plenitud de la vida. Sólo con verme, el rey recordaría que lleva horas sin comer.

Dracón se quedó mirando el suelo; con el pie derecho hizo un montoncito de arena, que volvió a aplanar enseguida.

—Está bien. Iré yo. ¿Tienes algo para él?

Eumenes rebuscó en los rollos.

—¿Quieres papiros o te basta con un resumen?

—Nada de papiros.

El heleno asintió.

—Bien. Una parte es lo de costumbre: informes de los campamentos y fortalezas de la retaguardia, el estado del avituallamiento y cosas por el estilo. Y hay dos cosas importantes, pero no tan urgentes para que Alejandro tenga que saberlas antes de la reunión de esta noche. —Levantó un rollo, luego un segundo—. Llegaron este mediodía, en un velero rápido.

—¿De qué se trata?

—Una carta de Hecateo y otra de Parmenión. Las dos hablan de Attalo y de todo lo referente a él. Parmenión ha garabateado una nota apresurada al final. Mandaron a los propios hombres de Attalo que lo ejecuten; ninguno se negó. El ejército del Helesponto es leal. Más importante... pues, sí, no es ninguna sorpresa que Parmenión tenga las riendas del ejército... más importante es la posdata. —Agitó el segundo rollo—. El cabecilla mercenario, Memnón, los está incordiando y los obliga a retroceder en el Helesponto. Como bien sabemos. Pero desde hace algún tiempo reina la calma, o casi. La posdata de Parmenión explica por qué.

Dracón suspiró.

—No hagas tanto suspenso.

Eumenes sonrió.

—Las noticias del interior del reino persa requieren tiempo. Sobre todo su confirmación. Arses ha muerto. Asesinado.

Dracón se sobresaltó.

—¿Qué dices?

—El Gran Rey ha sido asesinado, probablemente por Bagoas el Rápido, el eunuco que lo puso en el trono hace unos años. El nuevo Gran Rey se llama Darío. Pero todo queda en familia. Arses era el hijo menor de Artajerjes Oco; Darío es hijo de Arsames, el hermano del padre de Oco. De modo que es primo de Artajerjes y...

Dracón se levantó.

—Tus historias familiares no me interesan en este momento. Hay otras que son peores. Otras historias familiares, quiero decir.

—¿Qué ha pasado?

Dracón hizo una seña al esclavo para que le trajera el caballo, y luego otra para que se retirara. El médico dijo:

—Informe de Arcelao. Olimpia está en Pella. Ha... ay, nadie pudo impedírselo. Ha matado a Cleopatra y a la niña. Y afirma que lo hizo la misma Cleopatra, en un rapto de locura.

Eumenes cerró los ojos.

—Que te diviertas al dar la noticia. ¡Dioses! ¡Vaya bruja!

Dracón regresó con la puesta de sol. Dejó su caballo al cuidado de sus propios esclavos, se acercó con pasos lentos y rígidos a Eumenes, que acababa de terminar la última carta del día y estaba contemplando la pila de rollos que tenía que firmar Alejandro.

—¿Y?

—Pues, eso. ¿Tienes algo de beber?

—¿Con agua?

—Bah.

Eumenes llenó una copa con vino sin diluir. Dracón, todavía de pie, vació la mitad de un trago. Sólo después se sentó en una silla plegable.

—Hoy no habrá más reuniones; no quiere ver a nadie. Se puso blanco como queso fresco. Tienes que hacer dos cartas. Una a Olimpia: saludos del hijo, etcétera. «Por desgracia las últimas noticias afirman que hay una gran cantidad de asesinos persas en el país; por este motivo, tenemos que limitar los movimientos de las personas importantes.» En letra clara. La palabrería añádela tú. Olimpia no puede salir del palacio, salvo para visitar a Aristandro y su templo. Dentro y fuera del palacio, estará bien vigilada. La otra carta por duplicado, a Arcelao y Antípatro: Olimpia ha de ser vigilada estrictamente, lo mismo que Arrideo, Cinnane y todos aquellos a quienes Olimpia pueda hacerles algo.

Eumenes suspiró.

—Precioso. ¿Cuándo se decidirá a estrangularla?

Dracón se rascó la barba canosa con los dedos de la mano derecha.

—Nunca. Ah, otra cosa. Mañana llegará una embajada de Atenas. Ya veremos con qué nos salen esta vez.

A medida que se acercaban a las Termópilas, la marcha de la caravana se hacía más lenta. Algunos de los embajadores iban a caballo, otros, sentados en carros de dos ruedas. Demades y Demóstenes iban a pie. Demades estaba conversando con uno de los criados acerca de la manera en que había que empaquetar y entregar los regalos al rey. Las primeras casas de Nicea estaban frente a ellos. Según los cálculos de los oficiales, en dos horas llegarían al campamento principal de los macedonios. Tropas de jinetes los habían detenido brevemente para volver a desparecer después de guiarlos durante un trecho.

Demóstenes, que iba delante, se detuvo de repente y esperó a que Demades lo alcanzara. Demades suspiró y despidió al criado. Demóstenes jugueteó con su capa de viaje; parecía inquieto.

—Yo, pues...

Demades le lanzó una mirada de asco indisimulado.

—Lo estaba esperando desde que salimos de Atenas.

Demóstenes torció el gesto.

—Entre todo lo que el ser humano puede llegar a conocer gracias al favor y la voluntad de los dioses eternos, no resulta descabellado suponer que el victorioso y joven rey de Macedonia podría escandalizarse con una embajada de paz, en la que Demóstenes...

—¡Baaah! —lo interrumpió Demades—. Ahórrame tu estúpido palabreo. Resérvalo para tus sordos adeptos.

—¿No crees que yo pueda tener algo en la cabeza?

Demades asintió.

—No dudo que así sea. Lo habitual. Vanidad, cuando estás entre los ganadores; cobardía, cuando se trata de pagar.

El convoy ya los había dejado un tanto atrás. Demóstenes lo siguió con la mirada y volvió la cabeza, como si buscara algo. Macedonios, por ejemplo. Resultaba evidente que tenía que hacer un gran esfuerzo para parecer valiente y relajado.

Demades levantó las manos.

—Está bien. Lárgate. Tal vez sea lo mejor. Tu gente sería aún más insoportable si te tuviera como mártir sagrado.

Demóstenes dejó escapar un profundo suspiro.

—Nunca lo olvidaré, noble Demades. Te debo la vida.

Demades sonrió con ironía; se desató una tela que llevaba alrededor de la cadera.

—¿Tu vida? No vale la pena.

—Pero ¿y si él... Alejandro, exige mi cabeza?

Demades cogió la tela y la arrojó sobre la cabeza de Demóstenes, que así parecía un mendigo ambulante.

—¿Tu qué? ¿Tu cabeza? Le diré la verdad. Que nunca tuviste una cabeza.

*

—¿Puedo tenerlos? ¿Conservarlos? —Peukestas señaló los rollos; algunos se enroscaban sobre la mesa, otros estaban metidos en una cesta de mimbre alta y esctrecha—. Los de Eumenes son muy entretenidos. Y los otros...

Pitias estaba arrodillada ante el fuego, atizándolo; volvió la cabeza.

—Mejor sería que te clavaras tu espada ahora mismo, macedonio.

—¿Eh?

Aristóteles gruñó. Pitias se puso de pie, cogió la lata de aceite y el pequeño embudo para llenar las lámparas, y sin mirar a Peukestas, dijo:

—Alejandro ha muerto, pero ¿los otros? Si Olimpia sospechara que puedes tener esos rollos, no creo que te dejara vivir más que lo necesario para apuñalarte o envenenarte. Mientras ella viva, no podrás utilizarlos. Y es una mujer muy resistente, según sé. Los otros también siguen con vida. Ptolomeo, Pérdicas, Eumenes... todos menos tu padre. Y no olvidemos al guardián del reino, Antípatro.

—Un buen amigo —murmuró Aristóteles—. Yo he tenido muchos alumnos buenos y malos, y algunos enemigos estupendos. Pero sólo tres buenos amigos. Filipo, que empezó todo, está muerto; Parmenión, que era su espada, también. Antípatro el guardián, el multiplicador de bienes, el administrador, conoce el contenido de esos rollos y sabe que jamás serán mal utilizados. No, Peukestas, no puedes quedártelos. Hay que quemarlos; más tarde.

—¿Y las cosas que ahora sé? ¿Lo que he leído y oído?

Aristóteles sonrió, cansado.

—Rumores. Puedes escribirlo, si estás cansado de vivir. Después de todo lo que hemos hablado y leído en todas estas horas, ¿sigues sin ver claro cuál es la esencia del poder? ¿No te estremeciste al saber que Aristóteles y Demarato presenciaron con tanta naturalidad la tortura de Heromenes y Arrabeo?

Peukestas no contestó; estaba observando los rollos de la cesta.

—Tantos sueños —continuó el filósofo. Su voz sonaba aburrida—. Quien tiene el poder, quien quiere conservarlo y consolidarlo, sea en bien del pueblo, sea en su propio beneficio, se ve obligado a hacer ese tipo de cosas. Demarato lo sabía; llevaba mucho tiempo muy cerca del poder. Yo también lo sabía, pues conocía a muchos hombres poderosos y había hablado con ellos. Y había pensado. Por eso no me espanté aquel día, en Egae. Tampoco me agradó, si esta débil palabra te dice algo. Me pareció repugnante. Y necesario. ¿Qué haría Olimpia contigo si supiera que tienes esos rollos? ¿O las otras personas que en ellos se mencionan, quienes llevan décadas administrando y ejerciendo el poder, usándolo y abusando de él? ¿Eumenes un heleno gordo e inofensivo? Ah, te equivocas, hijo de Dracón. Cuando hace falta es como ese largo cuchillo con el que tu padre trataba a los heridos incurables. Lo pensaría, recordaría o intentaría recordar y, tras una larga reflexión, llegaría a la conclusión de que esas cartas no contienen nada que pueda perjudicarle. Y a continuación te aplastaría como a un escarabajo que molesta sencillamente porque está allí, porque ha obligado al gran Eumenes a dedicar unos instantes a cavilar sobre cosas sin importancia. Pérdicas nunca me ha escrito, pero sabe que otros lo han hecho. Se encogería de hombros, con su impecable sonrisa. ¿El hijo de Dracón posee escritos peligrosos? No es importante... pero hay que repartir el reino, ¿quién golpeará desde dónde? ¿Qué hará Olimpia? ¿Pueden causar esos escritos un desequilibrio peligroso? ¿Puede alguien utilizarlos? Primero honraría la memoria de tu padre, Peukestas; después te mandaría estrangular y leería las cartas, para emplearlas contra los otros. ¿Cratero un oso indolente, un simple soldado? Te retorcería el pescuezo con una sola mano y cogería los rollos con la otra.

—Tú... estás poniendo en mis manos armas mortales, que no podré utilizar.

Aristóteles suspiró; hizo un esfuerzo para ponerse de lado. Pitias le llevó agua y le ayudó a beber, arrodillada junto a la cama.

—Gracias, hija. Es información, Peukestas. La información es poder, la información es un arma, si se la emplea como tal. La información correcta en el momento equivocado es un arma mortal; dos días antes o después puede resultar inofensiva e inútil. Y más importante que las armas son las manos que las manejan. ¿Qué eran los gigantescos ejércitos de Darío contra... vosotros? Darío no tenía manos, por así decirlo, en tanto que vosotros estabais en manos de Alejandro, Parmenión, Cleito, Filotas, Pérdicas, Hefestión y todos los demás. La información que contienen esos rollos sería un arma temible en manos de un hombre capaz de manejarla. En las tuyas sería un suicidio, Peukestas.

—Nombra la mano y yo le llevaré el arma.

Aristóteles rió.

—Te equivocas. No la llevarás a nadie. Entre estos rollos, de los que sólo se ha quemado una pequeña parte, hay dos tipos de armas. Unas, manejadas por las manos correctas, pueden consolidar el imperio de Alejandro. Las otras podrían destruirlo rápidamente. Estas, Peukestas, las tienes en la mano. Pero tus manos son demasiado débiles y la destrucción del imperio es lo contrario a lo que deseas.

—Dame las otras armas —dijo el macedonio, en tono de súplica—. ¡Dame la carta en la que Alejandro nombra a su sucesor!

—¿Estás seguro de que en tus manos esa carta no conducirá a la destrucción? Repasa los nombres de los posibles sucesores: Antípatro, Pérdicas, Ptolomeo, Seleuco, Antígono, Cratero, Meleagro. Ve tú, Peukestas, hijo de Dracón, macedonio tan noble como sin poder, ve y lleva esa carta a los príncipes y generales. ¿Qué crees que hará Pérdicas si su nombre no es el elegido? ¿Qué harían Ptolomeo, Cratero y los demás? ¿Crees que los amos del mundo abandonarán sus disputas por las palabras de un muerto, escritas a otro muerto, con tinta muerta y sobre papiro muerto?

Peukestas no dijo nada; bebió con vehemencia. Cerró los ojos, que le quemaban, y sintió la mirada de Pitias, que lo observaba casi con compasión, y la de Aristóteles, fría, ensimismada, indiferente e infinitamente superior.

—¿Qué pasó después? —preguntó finalmente, con voz casi inaudible.

Aristóteles se sentó, con ayuda de Pitias. Miró los rollos que estaban en el cesto y después los que descansaban en los estantes.

—Las cosas importantes todavía están allí. Puedes quedarte con ellos. Te los regalo, si los quieres. Pero hablan de lo que ocurrió el año siguiente.

Detengámonos un momento. La embajada ateniense... Sí, dieron a Alejandro lo que él quería. No la cabeza de Demóstenes, pues no la exigió hasta mucho después, como podrás leer tú mismo. La increíble rapidez con que había llegado a la Hélade paralizó toda oposición, que tendría que haberse realizado muy concienzudamente para ser eficaz. Alejandro obtuvo la promesa de Atenas de que se mantendría la Liga de Corinto y la flota ateniense estaría disponible para la expedición punitiva contra Persia. Viajó a Delfos y a Corinto y a finales del otoño, cuando regresó a Pella, era rey de Macedonia, arconte de Tesalia, estratega supremo de la Anfictionía délfica, hegemón y estratega de la Liga de Corinto. Era todo lo que había sido Filipo.

»Y era más, como mínimo en algunos aspectos. Había empezado a reconstruir el ejército, introduciendo nuevos conceptos; palabras, Peukestas, que conferían un nuevo significado a las cosas. Su padre había destacado de los soldados de infantería a una tropa de élite, a la que había convertido en hetairos de a pie, *pezhetairoi*. Los demás se llamaban hoplitas, como todos. Alejandro los nombró escuderos, hipaspistas, a sus *pezhetairoi*, y hetairos de a pie a los demás hoplitas. Los simples hoplitas podían luchar por Atenas, pero los gloriosos e invencibles soldados macedonios, con sus largas lanzas, tenían que llevar otro nombre. Amplió las unidades que había formado Filipo: las tropas especiales, los técnicos, sitiadores, geógrafos, medidores de caminos, arquitectos, médicos. Y, como su padre, no hacía nada que tuviera menos de tres objetivos. La campaña que inició en primavera, cuyo desarrollo podrás leerlo tú mismo, tenía diversos motivos.

»Las razones eran otras. Antes de marchar sobre Asia tenía que asegurar las fronteras. Tenía que saber si podía confiar en los príncipes locales, los aliados, los funcionarios de Pella. Si Antípatro no sería ya demasiado viejo para dirigir la ciudad y controlar a Olimpia. Qué harían los helenos cuando él no estuviera. Y cómo se comportaría bajo su mando el ejército (el ejército de Filipo) con los nuevos hipaspistas, con las tropas de élite, con la caballería tesalia y los aliados agrianos. Tenía que saber si los oficiales de Filipo eran de confianza, y si sus jóvenes compañeros podían apoyarlo, además de con su lealtad, con talento. Todo eso.

»Y todo eso lo escribió Ptolomeo, hijo de Lago, y me dio una copia antes de marchar a Asia. Más tarde me pidió que añadiera algo; no lo hice, pero ahora tú puedes hacerlo.

—¿Qué es?

—Cuando estaban a orillas del Istro, al que los celtas que habitan en el curso superior llaman Danubis, y la isla del medio del río estaba llena de enemigos, lo mismo que la otra orilla, Alejandro sintió, según me escribió Ptolomeo, aquel monstruoso anhelo que más tarde tiraría de él, o lo empujaría a ir más y más lejos. Anhelo por la otra orilla, por el otro lado de las montañas, por el lado oculto de las cosas, por lo que hay debajo de las sombras y detrás del viento. Ptolomeo me escribió que antes no había sido consciente de lo fuerte que ese anhelo era y sería; por eso no la había mencionado.

—El anhelo de Alejandro... —murmuró Peukestas.

Aristóteles tosió y se tumbó de espaldas.

—El anhelo de Alejandro, sí. Pero ya hablaremos de eso más adelante. Lee. Es ese rollo especialmente grueso, a tus pies, en la cesta. El de la cinta roja.

*

A principios de la primavera Alejandro marchó sobre Tracia, sobre territorios tríbalos e ilirios, pues hasta él habían llegado noticias de intentos de defección y no le parecía conveniente alejarse demasiado antes de haber pacificado a esos pueblos de la frontera. Partió de Anfípolis y se internó en territorio de los llamados tracios libres, pasando por Filipi y el monte Orbelo. Después cruzó el Nesto y en nueve días llegó al Hemón. Allí, una multitud de lugareños en armas y tracios libres les cerraron la ascención al paso. Habían juntado carros y defensas, por si los macedonios intentaban pasar por la fuerza. Al mismo tiempo, podían precipitar los carros contra la falange macedonia; mientras más apretada fuera la formación de la falange, más estragos causarían en ella los carros.

Alejandro trató de idear el modo de cruzar la cordillera sin arriesgar demasiado. Cuando llegó a la conclusión de que no había otro camino, ordenó a los soldados de armadura pesada que se separaran cuando cayeran los carros. Así los carros pasarían entre ellos. Los que no pudieran apartarse debían tirarse al suelo y rodar bajo sus escudos, de modo que los carros pasaran por encima. Todo ocurrió como Alejandro había supuesto: los unos abrieron brechas, en tanto que los otros dejaron que los carros rodaran sobre sus escudos, causando pocos daños. No hubo bajas.

Después los macedonios cargaron sobre los tracios. Alejandro mandó a los arqueros del ala derecha que se colocaran delante del resto de la falange, porque allí podían moverse con mayor facilidad y disparar a los tracios cuando se acercaran. El propio Alejandro cogió tropas de su guardia personal, hipaspistas y agrianos y ocupó su lugar en el ala izquierda. Las flechas hicieron retroceder a los tracios; luego, la falange doblegó en la lucha cuerpo a cuerpo a los enemigos, sin corazas y mal pertrechados, de manera que cuando Alejandro los atacó por el flanco izquierdo, arrojaron las armas y huyeron montaña abajo. Murieron unos mil quinientos, pero gracias a su rapidez y conocimiento del terreno, sólo fueron apresados unos pocos. Sin embargo, cayeron en manos macedonias todos sus bienes, así como las mujeres que los acompañaban y los niños.

Alejandro mandó vender el botín en las ciudades costeras. Cruzó la cordillera de Hemón y se dirigió a territorio tríbalo. Llegó al río Ligino, a tres días de viaje del Istro, en dirección al Hemón. Syrmo, el rey tríbalo, había enviado a las mujeres y niños de su pueblo a una isla en medio del Istro. La isla se llama Peuce. Ante el avance de Alejandro, los tracios vecinos de los tríbalos también se habían refugiado en esa isla, y lo mismo hicieron Syrmo y su séquito. El grueso de las tropas tríbalos se estaba replegando sobre el río, del que había partido Alejandro días atrás. Al enterarse de este movimiento, Alejandro dio media vuelta y marchó sobre ellos, dándoles alcance cuando acababan de levantar el campamento. Cogidos por sorpresa, los tríbalos intentaron plantear batalla en el valle fluvial, poblado de árboles. Alejandro dispuso la falange en columnas de marcha y se puso al frente. Mandó por delante a arqueros y honderos, para que dispararan flechas y piedras a los bárbaros, con la intención de atraerlos al campo abierto. En efecto, una vez a distancia de tiro, los bárbaros salieron corriendo bajo una lluvia de flechas, en un intento de coger a los arqueros en un combate cuerpo a cuerpo. Alejandro ordenó a Filotas que atacara al enemigo por la derecha, con la caballería de la Alta Macedonia. Entretanto, Heracleides y Sopolis debían avanzar por la izquierda con los jinetes de Botiea y Anfípolis. La falange y los jinetes restantes avanzarían por el centro.

Mientras el peso de la batalla lo llevaban los tiradores, los tríbalos iban apenas en desventaja. Pero cuando la falange irrumpió con toda su furia entre las filas enemigas y la caballería ya no sólo arrojó lanzas, sino que cargó y cayó sobre ellos con todo el peso de sus caballos, los tríbalos dieron media vuelta y huyeron por el bosque, en dirección al río. Murieron tres mil. Se hicieron pocos prisioneros, pues el bosque era muy tupido y la noche, que empezaba a caer, impidió a los macedonios perseguir a los que escapaban. En las filas macedonias apenas hubo bajas: once jinetes y unos cuarenta soldados de infantería.

El tercer día después de esa batalla, Alejandro llegó al Istro, el río más grande de Europa. Allí se reunió con las naves de guerra que, siguiendo sus órdenes, habían venido desde Bizancio por el mar Euxino y navegando río arriba. Tripuló los barcos con arqueros y soldados de armadura pesada y puso rumbo a la isla en que se habían refugiado tríbalos y tracios. Intentó desembarcar; los bárbaros defendían todos los lugares de la isla a los que podían acercarse barcos. Por otra parte, la mayor parte de las costas parecían demasiado escarpadas para un desembarco, y el río era tan caudaloso que una aproximación resultaba del todo impensable. Así pues, Alejandro desvió las naves y decidió cruzar el río y atacar a los getas, a quienes ya había visto agolparse en la otra orilla para evitar un desembarco macedonio. Los getas eran unos cuatro mil jinetes y más de diez mil soldados de a pie. Así, el mismo Alejandro subió a bordo de uno de los barcos y mandó a sus hombres que rellenaran con heno las pieles con que se cubrían para dormir y las ataran para formar flotadores, y que reunieran todas las balsas que pudieran encontrar en la región. Alejandro cruzó el río con mil quinientos jinetes y unos cuatro mil soldados de infantería.

Cuando se hizo de noche, cruzaron por un lugar en el que se extendía un trigal. De esa manera podían ocultarse al acercarse a la orilla. Antes de amanecer, Alejandro avanzó por el trigal, ordenando a sus hombres que llevaran las lanzas en posición transversal para doblar con ellas las espigas, hasta llegar a terreno no cultivado. Mientras avanzaron por el trigal, la caballería siguió a la tropa de a pie; pero al llegar a campo abierto, Alejandro se dirigió hacia la derecha y ordenó a Nicanor que se pusiera al frente de la falange, dispuesta en orden de batalla. Una sola arremetida fue suficiente para que los getas retrocedieran, pues les parecía increíble la astucia con que Alejandro había conseguido cruzar el Istro en una noche sin tender un puente. También eran temibles las filas ordenadas de la falange y el terrible golpe de la carga de caballería. Así, huyeron primero a la ciudad, que se encontraba a unos treinta estadios de aquel punto del río. Al ver que Alejandro había dispuesto que su falange bordeara el curso de agua a fin de evitar una posible emboscada, pero mantenía la caballería en formación de combate, los getas abandonaron también la ciudad, pues estaba mal fortificada. Cogieron a sus mujeres y niños y huyeron hacia los territorios deshabitados, lo más lejos posible del río. Alejandro tomó la ciudad y todo lo que habían dejado los getas. Luego mandó que Meleagro y Philippos regresaran con el botín. Destruyó la ciudad y, a orillas del Istro, ofreció sacrificios en señal de agradecimiento a Zeus, Heracles y el propio Istro. Regresó al campamento ese mismo día, con sus tropas intactas.

Poco después Alejandro recibió la visita de varios emisarios enviados por Syrmo, el rey tríbalo, los celtas y otros pueblos independientes de orillas del Istro. Todos, sin excepción, dijeron que venían porque deseaban un tratado de amistad con Alejandro, y juraron acuerdos mutuos. A los celtas Alejandro les preguntó también cuál de todas las cosas que podían ocurrirle al ser humano era la que más temían. Los celtas respondieron que lo único que temían era que el cielo cayera sobre sus cabezas. Que si bien era cierto que admiraban a Alejandro, también lo era que no le habían enviado una embajada por temor ni porque esperaran obtener algo a cambio. A esa gente Alejandro los llamó amigos y los hizo sus aliados. Después los envío de vuelta a casa, y lo único que comentó al respecto fue que los celtas eran unos fanfarrones.

Alejandro tenía la intención de avanzar por la región de agrianos y peonios. Entonces llegaron noticias. Cleito, hijo de Bardilis, había dejado de ser fiel a Macedonia, y Glaucias, rey de los taulentios, se le había unido. Los mensajeros informaron enseguida que los autariatas tenían la intención de atacar a Alejandro a mitad de camino. Así pues, Alejandro creyó conveniente partir de inmediato. En ese momento Langaro, rey de los agrianos y ya buen amigo del rey de Macedonia, se encontraba en el campamento con su guardia personal, vistosa y muy bien pertrechada. Al oír que Alejandro se estaba informando sobre los autariatas, Langaro dijo que no hacía falta preocuparse por ellos, puesto que eran los más blandos de toda la región. Él mismo los atacaría, para que en adelante sólo se preocuparan de sus propios asuntos. Realizó este ataque con la aprobación de Alejandro, y desoló el territorio autariata.

Langaro se ganó el aprecio de Alejandro y recibió regalos que, entre los macedonios, pasan por ser los de mayor honra. Pero, sobre todo, Alejandro le prometió que, tan pronto llegaran a Pella, le daría como mujer a su hermana Cinnane. Sin embargo, Langaro murió poco después de volver de la batalla, víctima de una enfermedad.

Alejandro avanzó río arriba por el Erigón, en dirección a Pellión. Esta ciudad era la plaza fuerte de toda la región; por eso Cleito la había ocupado. Alejandro acampó en el Eordeo, con la intención de derrumbar las murallas el día siguiente. Sin embargo, los hombres de Cleito habían ocupado las montañas cercanas, escarpadas y cubiertas de árboles, para atacar a los macedonios desde todas las direcciones. Glaucias, el rey taulanto, aún no había llegado con sus refuerzos.

Alejandro avanzó sobre la ciudad. El enemigo sacrificó tres muchachos, tres muchachas y tres carneros, y se dispuso a plantear batalla a los macedonios. Apenas se llegó a la lucha cuerpo a cuerpo, puesto que el enemigo se batió en retirada aun cuando las posiciones que ocupaban eran casi inaccesibles.

Los macedonios encontraron las ofrendas sacrificadas tal como las habían dejado.

Ese mismo día Alejandro cercó Pellión y levantó un campamento delante mismo de las murallas con la intención de impedir que su enemigo huyese. Sin embargo, el día siguiente apareció Glaucias, el rey taulanto, con un fuerte ejército, y Alejandro tuvo que renunciar a su plan, pues las fuerzas refugiadas en la ciudad no sólo eran grandes en número y calidad, sino que Glaucias intervendría con una gran cantidad de hombres si los macedonios intentaban iniciar el asalto. Así pues, Alejandro envió en busca de provisiones a Filotas con parte de la caballería y animales de carga. Glaucias advirtió el movimiento de Filotas, avanzó hacia él y ocupó las colinas que rodeaban el llano donde crecía el trigo que pretendía recoger. Entonces Alejandro acudió en su ayuda con hipaspistas, arqueros, agrianos y unos cuatrocientos jinetes. El resto del ejército lo dejó a las puertas de Pellión para impedir que las tropas cercadas salieran y se unieran a Glaucias. Al advertir el avance de su enemigo, el rey taulanto abandonó las colinas, de modo que Filotas y sus hombres pudieron llegar a salvo al campamento. No obstante, Cleito y Glaucias estaban seguros de haber encerrado a Alejandro en un terreno muy desfavorable. Las escarpadas montañas de los alrededores estaban ocupadas por multitud de jinetes, lanceros, honderos y un gran número de hombres de armamento pesado. Además, las tropas de la ciudad estaban preparadas para atacar. El terreno por el que pasaba la vía de acceso de Alejandro era estrecho y boscoso, y estaba limitado a un lado por el río, y a otro por una montaña escarpada, de paredes verticales, por lo que apenas si había espacio para marchar en filas de a cuatro.

Alejandro dispuso sus tropas de acuerdo a esta circunstancia, de manera que la falange alcanzó una longitud de hasta ciento veinte hombres. Doscientos jinetes protegían cada flanco. Alejandro mandó a sus hombres que mantuvieran absoluto silencio y prestaran atención a sus órdenes. En primer lugar, ordenó a los hoplitas que pusieran sus lanzas verticales; luego, a una señal, que las bajaran y, lanzas en ristre, hicieran una conversión, primero hacia la derecha y luego hacia la izquierda. Así, la falange avanzaba rápidamente y cambiando constantemente de dirección, para volver a formarse de nuevo a la perfección. Finalmente, Alejandro dispuso una especie de cuña de ataque con el ala izquierda y cargó contra el enemigo.

Éste estaba asombrado por la rapidez y exactitud con que los soldados macedonios cumplían las órdenes de su rey. No hicieron frente al ataque de las tropas enemigas, sino que abandonaron las colinas más próximas. Alejandro mandó a sus hombres que entonaran los gritos de guerra y golpearan sus lanzas contra sus escudos. El estruendo confundió aún más a los taulantios, que retrocedieron rápidamente hacia la ciudad.

Alejandro advirtió que el enemigo todavía ocupaba una colina por la que pasaba su camino, de modo que mandó a su guardia personal y a los hetairos que tenía consigo que cogieran escudos y montaran a caballo para atacar colina arriba. Una vez allí, la mitad debía desmontar, en caso de que el enemigo intentara defender la plaza, y comenzar la batalla junto con los efectivos a caballo. Cuando los taulantios vieron que los macedonios avanzaban hacia ellos, abandonaron la colina y se retiraron a las montañas. Alejandro tomó la colina con sus hetairos y mandó subir a los agrianos y arqueros, en total unos dos mil hombres. A los hipaspistas les ordenó que cruzaran el río, seguidos por las unidades de la falange: una vez alcanzaran la otra orilla debían hacer una conversión a la izquierda, de modo que quedaran escudo con escudo y el conjunto diera la impresión de una formación muy apretada. Él, por su parte, ocupó un puesto de observación en la colina, desde donde podía vigilar cualquier movimiento enemigo. Los taulantios vieron que la falange cruzaba el río y bajaron de las montañas para atacar a Alejandro y su grupo, que eran los últimos en retirarse. Pero entonces Alejandro y sus hombres cargaron y la falange profirió su grito de guerra, como si fuera a contraatacar desde el otro lado del río. Los bárbaros se retiraron.

Alejandro llevó a agrianos y arqueros hacia el curso de agua a paso rápido y fue el primero en cruzarlo. Al ver que el enemigo todavía intentaba atacar la retaguardia de su columna, emplazó honderos en la orilla y les mandó arrojar cualquier tipo de proyectil tan lejos como pudieran, mientras los arqueros disparaban desde el agua. La gente de Glaucias no se arriesgó a ponerse a tiro, y así los macedonios lograron cruzar el río sin sufrir ni una sola baja.

Dos días después, Alejandro se enteró de que Cleito y Glaucias habían retirado sus tropas hasta una posición poco favorable y que aún no habían construido muros o fosas alrededor del campamento que, por otra parte, era bastante abierto. Alejandro cogió a los hipaspistas, a los agrianos y a los arqueros, así como a las unidades de la falange mandadas por Pérdicas y Coino, y cruzó el río de noche. El resto de ejército tenía órdenes de seguirlo. Al presentarse la oportunidad de atacar por sorpresa, Alejandro no esperó al resto de las tropas, sino que envió por delante a los arqueros y agrianos. Estos cayeron completamente por sorpresa sobre el enemigo allí donde éste era más débil y el golpe podía causar más daño. Algunos murieron durmiendo. A los que huyeron se les dio caza sin problemas. Algunos fueron apresados con vida. La persecución se extendió hasta la región montañosa de los taulantios, y sólo lograron salvarse aquellos que arrojaron sus armas para escapar más rápido. Cleito se refugió primero en la ciudad, pero le prendió fuego y se retiró al territorio taulantio, donde estaban las tropas de Glaucias.

Durante ese tiempo, algunos hombres que habían sido desterrados de Tebas fueron llamados por ciertos ciudadanos de ésta para propiciar un levantamiento. Apresaron a Amintas y a Timolao, miembros de la guarnición de la Cadmea, que se encontraban fuera de la fortaleza, y los mataron. Llevaron los cadáveres a la asamblea de ciudadanos e instaron a los tebanos a levantarse. El pueblo estaba más dispuesto a creerles por cuanto aseguraban que el rey de Macedonia había muerto en Iliria; un rumor que, por otra parte, estaba ya muy extendido, pues Alejandro llevaba mucho tiempo ausente y sin que se tuvieran noticias de él. Alejandro consideró que los acontecimientos de Tebas no se podían tomar a la ligera. Desde hacía tiempo sospechaba que en Atenas ocurriría algo similar, y no menospreciaba la osadía tebana, sobre todo si tomaban parte los espartanos y si se unían al movimiento tebano otras ciudades del Peloponeso, además de los etolios, de quienes nunca se podía estar seguro. Así pues, Alejandro marchó por territorio eordio y elimiota, pasó los montes estinfalios y paroicos y el séptimo día llegó a Phelinna, en Tesalia. Desde allí pudo invadir Beocia seis días después, de manera que los tebanos no se enteraron de que Alejandro había cruzado las Termópilas hasta que estaba ya en Onquestes con todo su ejército. Y aún entonces, los instigadores afirmaron que se trataba únicamente de una tropa al mando de Antípatro, que había venido de Macedonia: Alejandro estaba muerto, y los mensajeros que informaban que éste avanzaba al frente de sus tropas, sufrían terribles amenazas.

Alejandro salió de Onquestes y el día siguiente llegó a Tebas, a la zona del templo de Yolao. Allí acampó, pues quería dar tiempo a los tebanos para que cambiaran de actitud. Pero un ejército tebano formado por jinetes y un gran número de soldados de infantería salió hacia el campamento macedonio, matando a un pequeño número de centinelas de los puestos avanzados. Alejandro envió arqueros y soldados de armamento ligero para defenderlos.

El día siguiente Alejandro cruzó con todo su ejército las puertas que llevaban a Eleuterai y Ática, pero ni siquiera entonces avanzó hasta las murallas, sino que montó un campamento en las inmediaciones de la Cadmea, para poder ayudar desde cerca a la guarnición de la ciudadela. Los tebanos habían levantado una doble muralla alrededor de la Cadmea a fin de que nadie pudiese apoyar desde fuera a los cercados ni estos pudieran causar daños con una eventual salida. Alejandro aún prefería enfrentarse a los tebanos en una negociación, y no en una batalla, de modo que se mantuvo en su campamento cercano a la Cadmea. Algunos tebanos se arriesgaron a acudir a Alejandro para pedirle perdón por el levantamiento, en nombre de la mayoría del pueblo. Pero los desterrados, y quienes los habían hecho regresar, pensaban que no había que esperar del rey de Macedonia ni un ápice de clemencia, y hacían todo para instar al pueblo a presentar batalla. A pesar de todo, Alejandro renunciaba a atacar.

Pérdicas, al mando de los puestos avanzados del campamento y no lejos de las fortificaciones enemigas, no esperó la señal de ataque de Alejandro, sino que avanzó hacia la fortificación siguiendo su propio juicio y, tras destruirla, cayó sobre la guardia tebana. Lo siguió Amintas, hijo de Andrómedes, que movilizó su unidad al ver que Pérdicas ya había irrumpido en la fortificación. Al advertir esto, Alejandro hizo avanzar al resto del ejército, para impedir que esas dos unidades no fueran aisladas por los tebanos. Dio la señal de atacar a arqueros y agrianos y mandó cargar sobre las fortificaciones, pero en un primer momento se mantuvo apartado con los hipaspistas.

Entretanto, Pérdicas arremetió enérgicamente contra la segunda fortificación, pero fue alcanzado por una lanza y tuvo que ser llevado al campamento, malherido. Casi no sobrevivió a la herida. Sus hombres, apoyados por los arqueros, cercaron a los tebanos y luego salieron en su persecución. Pero entonces estos dieron media vuelta y contraatacaron, con lo que los macedonios tuvieron que retroceder. En el choque cayeron el cretense Euribotas, jefe de los arqueros, y setenta de sus hombres. Los demás huyeron hacia donde estaban las tropas de Alejandro y los hipaspistas.

Alejandro se dio cuenta de que, a pesar de que sus hombres se batían en retirada, los tebanos habían perdido el orden en la persecución; así pues, atacó con la falange cerrada e hizo retroceder al enemigo hasta la ciudad. Los macedonios que entraron en ésta no intentaron ocupar las murallas por el gran número de guardias emplazados en ellas, sino que algunos se dirigieron a la Cadmea, se unieron a la guarnición y bajaron juntos a la ciudad. Los otros treparon por las murallas, ocupadas también por las tropas que habían huido para refugiarse tras ellas, y avanzaron sobre la plaza del mercado. Los tebanos resistieron un poco más. Pero como los macedonios atacaban desde todas partes y Alejandro se dejaba ver aquí y allí, la caballería tebana se desbandó y huyó de la ciudad al galope. La infantería trató de salvarse como mejor pudo.

En su furia, los focences, plateos, beocios y, en menor medida, los macedonios empezaron a matar a todos los tebanos, aunque estos ya habían dejado de ofrecer resistencia. No hicieron diferencias entre aquellos que buscaron refugio en las casas, aquellos que todavía intentaron defenderse, y aquellos que huyeron a los santuarios. No perdonaron ni a mujeres ni a niños.

Por la importancia de la ciudad conquistada, la rapidez con que había ocurrido todo y, también, por la singularidad de los hechos, los helenos se sintieron tan conmocionados como quienes habían estado allí.

El precipitado e irreflexivo levantamiento de los tebanos y la ocupación fueron vistos como una consecuencia de la cólera divina, de un modo similar a como la carnicería perpetrada por los otros beocios fue consecuencia de un odio atávico. Y no sin razón se atribuyó a la cólera de los dioses la completa esclavitud de la ciudad, que en sus tiempos había destacado por encima de todas en poder y gloria militar; después de tanto tiempo, había llegado la hora de la venganza por la traición de Tebas en la guerra contra los persas y su ocupación y esclavización de Platea, a pesar de los tratados firmados.

Los aliados que participaron en la conquista de la ciudad, a los que Alejandro confió los asuntos tebanos, decidieron mantener la guarnición de la Cadmea, pero destruir la ciudad y ocupar sus tierras, a excepción de los lugares sagrados. Todos los hombres, mujeres y niños que habían sobrevivido serían vendidos como esclavos, salvo los sacerdotes, sacerdotisas y amigos de Filipo o Alejandro, así como de otros macedonios. Alejandro mandó que se conservara la casa del poeta Píndaro y se respetara su descendencia, en honor a su memoria.

Cuando se supo que los tebanos habían sido derrotados, los arcadios, que en un primer momento habían querido acudir en su ayuda e incluso ya estaban en camino, se apresuraron en condenar a muerte a todos los que habían abogado por apoyar a Tebas. Los elirios, por su parte, aceptaron de nuevo a sus desterrados, porque eran partidarios de Alejandro, en tanto que los etolios —cada tribu por separado— enviaron embajadores a Alejandro para disculparse, porque ellos también habían querido defeccionar al enterarse del levantamiento tebano.

En Atenas se estaban celebrando los Grandes Misterios, cuando llegaron algunos tebanos que acababan de escapar de la carnicería. Espantados, los atenienses dejaron que los misterios siguieran siendo misterios y se apresuraron en traer a la ciudad todos los bienes que tenían en las afueras. A propuesta de Demades, la Asamblea popular decidió enviar a Alejandro una embajada, tarea para la que se eligió a diez hombres que, se pensaba, podían convencer a Alejandro. Debían transmitir al rey de Macedonia su enhorabuena por haber regresado sano y salvo de la guerra iliria y tríbala y por haber castigado el intento de traición de Tebas. Alejandro dio a la embajada una respuesta amistosa, pero también exigió mediante un escrito la entrega inmediata de Demóstenes, Licurgo, Hipérides, Polieucto, Cares, Caridemo, Efialtes, Diótimo y Moirocles. Ellos eran responsables de la catastrofe ateniense de Queronea así como de lo ocurrido después, con la muerte de Filipo. También decía que, en lo referente a la defección de Tebas, no eran menos culpables que los propios levantiscos tebanos.

Los atenienses no entregaron a esos hombres, sino que enviaron a Alejandro una segunda embajada con el ruego de que aplacase su cólera contra ellos. Alejandro así lo hizo, tal vez porque la marcha sobre Asia le parecía más importante y no quería dar nuevos motivos de enemistad a los helenos.

Tras disponerlo todo, Alejandro regresó a Macedonia y ofreció sacrificios al Zeus olímpico. También organizó unos juegos en Egae, en los que incluso hubo una competición en honor de las Musas. En esos días la estatua de Orfeo en Pieria sudó líquido, lo que cada vidente interpretó a su manera. Aristandro de Telmesso lo atribuyó al valor de Alejandro, pues era evidente que los poetas épicos y todos los cantantes que se dedicaran a componer panegíricos, tendrían mucho trabajo para cantar en palabras y notas a Alejandro y sus hazañas.

19
LA PARTIDA

Musa, dime del varón que en su extravío,
después de arrasar la fortaleza de Troya,
conoció ciudades y pueblos y gentes.
Muchas penas sufrió en los mares, luchando
por él y su vida y la vuelta al hogar,
pero no consiguió salvar a sus hombres,
pues los perdió su propia locura. ¡Necios!
Devoraron las vacas sagradas del sol,
y el dios los privó del regreso. Ayúdame
a contar eso también, ¡oh musa!

—¡Ayúdame, diosa negra, a callarlo! —Aristóteles levantó las manos, fingiendo desesperación, y sonrió a Tecnef. La mujer se inclinó y empujó el tímpano sobre la mesa, hasta que rozó una mancha de luz de luna; los platillos tintinearon.

Dimas dejó la cítara.

—¿Qué es lo que no te gusta, señor de las ideas?

—Muchas cosas, esclavo de las cuerdas. Si los dioses le dan salud y Asia le deja tiempo, mi díscolo sobrino Calístenes continuará mi obra y redactará una versión íntegra e incorrupta de los cantos del divino Homero. Y ahora tú me vienes con... esto.

Demarato no le había contado todo, pero sí le había hablado mucho del músico. El otoño en que Alejandro destruyó Tebas, Aristóteles escribió a Dimas, que se encontraba en Atenas, que iría allí esa primavera y fundaría una especie de Academia. Esperaba poder mantener con él largas charlas sobre el mundo, la música y ciertos acontecimientos de Karjedón, Canopo y otros lugares, para complementar los defectuosos conocimientos de un filósofo con las palabras expertas de un músico.

Dimas y Tecnef ya habían renunciado a la esperanza de poder hacer realidad sus sueños con los músicos que vivían o pasaban por Atenas. Los primeros eran demasiado sedentarios y tenían miedo de salir a recorrer la Oikumene; los otros, o bien no eran lo bastante buenos, o bien estaban demasiado sujetos a determinadas formas para poder realizar la fusión de la música helena, frigia, lidia, egipcia y fenicia, que Dimas ansiaba. Les quedaban las ganas de viajar, un cierto hastío de Atenas y la esperanza, o la certeza, de que en Asia encontrarían otros músicos, mejores y más vivos. Así pues, habían decidido volver la espalda a Atenas y viajar directamente a Asia, o bien primero hacia el norte, para en primavera dirigirse hacia oriente siguiendo las huellas del ejército de Alejandro, o viajando con éste. Dimas escribió al filósofo, quien le respondió pidiéndole que viajara hacia el norte y lo buscara en Mieza o, si llegaba pronto, en Estagira.

El ninfeo, en el que pronto otros maestros educarían a los jóvenes de la nobleza macedonia, era estupendo para pasar el invierno. El aire era claro y seco, las raras nevadas eran refrescantes, el sol nunca constituía un agobio y los edificios resistían por igual el calor, el frío y las tormentas. Tenían tres lunas a sus espaldas; las largas noches de conversación de los primeros días habían hecho surgir una prudente amistad, en la que el filósofo incluía cada vez más a Tecnef. La hija pequeña de Aristóteles ya estaba en Atenas, como la mayoría de los miembros del servicio doméstico. El filósofo apenas hablaba de su esposa muerta, pero resultaba evidente que disfrutaba con la presencia de una mujer que no era esclava ni puta.

Dimas cogió la copa de vino aromático, bebió y escupió una hierba a un brasero cercano.

—¿Qué es lo que te molesta? ¿Falta de cuidado? ¿Que sea más cantable? ¿Los cinco pies para bailar, en lugar de seis para tropezar? ¿La supresión de los horribles epítetos, que no son de Homero, sino simples figuras poéticas de su época?

Aristóteles sonrió con ironía.

—Todo eso, sí. Hecho en falta a Eos de dedos de rosa, y todo eso. ¿Quién puede atreverse a atentar contra Homero?

—Cuando Homero cantaba, también escuchaba a muchos otros, y las cosas que podía utilizar, las recibió de otros. Homero no cantaba para príncipes y filósofos, sino para putas y soldados y marineros borrachos del Pireo. Otros han corrido su misma suerte, y está bien que las palabras cantadas vivan y cambien. Sólo cuando quedan presas en notas o papiros mueren, y sólo cuando están muertas pueden los filósofos y otros satisfacer con ellas caprichos desvergonzados. Tal vez en la época de Homero se decía que los dedos rosados de Eos acariciaban el cielo, pero ahora, que no creemos en Eos sino en la Aurora, ¿no deberíamos... traducirlo? «Antes de que los dedos rosados de Eos acariciaran el cielo, un cantor borracho bajó de su elevado tálamo, y con júbilo y escaparon del vallado de los dientes, estas palabras aladas: Amigos, tengo que ir a mear.»

Tecnef se echó a reír; Aristóteles soltó una carcajada. Dimas se levantó, tambaleándose ligeramente, y se fue a regar una encina. Era una noche clara de finales de invierno; las nubecillas que subían de la orina caliente se convertían, a la luz de la luna, en oro pálido.

Cuando volvió a la casa y se dejó caer en la silla de tijera, Aristóteles estaba preguntando a Tecnef por los usos musicales de su tierra natal, que apenas recordaba.

—Tenía diez años; recuerdo sobre todo las cosas posteriores. Crecí siendo esclava en la casa de una helena mestiza de Egipto, como ya sabes. Cuando escucho mi interior siento muchas voces, en su mayor parte helenas o egipcias y hablan heleno o egipcio. Después me convertí en compañera de este citarista borracho que me llevó a recorrer la Hélade, Asia y las islas. Lo que hacía antes, en el curso superior del Nilo, lo conozco tan poco como las montañas de Macedonia. —Rió en voz baja—. Y ahora Dimas quiere volver a Asia, para encontrar nuevos músicos, según dice. Yo creo que mi compañero está ansioso por ver la carnicería y ponerla en versos broncíneos. Versos de cinco pies, que floten en el canto en lugar de morir en las cadenas de la tinta y el papiro.

—Bien dicho, compañera del viento de la noche —dijo Dimas. Bebió, eructó, cogió la cítara y punteó unas notas, que parecieron saltar como sátiros borrachos a través del follaje.

Exquisito es el vino
bebido en casco enemigo;
más exquisita la amada
bajo un cielo de estrellas.

—Las estrellas de Asia son especialmente apropiadas —concluyó Dimas.

Aristóteles lo observó con atención.

—¿Bebes vino de cascos enemigos...? Oh, músico, ¿lo has hecho alguna vez?

—Como palabra alada, sí —respondió Dimas—. Por lo demás, prefiero las copas.

—¿Has matado?

Dimas cerró los ojos.

—He matado, Aristóteles. Dos veces en barcos; sin el cuchillo nunca habría llegado a tierra. Tres veces en tierra; sin el cuchillo no habría vuelto a ver las estrellas. Pero no tiene ninguna importancia. —Abrió los ojos, miró a Tecnef y sonrió—. La habría tenido si hubieran estado implicadas personas importantes. Importantes para mí. No lo eran, nunca antes los había visto. No eran enemigos, en el buen sentido, me refiero a viejos conocidos a los que se odia durante años. Simplemente se trataba de gente que pasó y quiso separar mi garganta de mi cinturón con monedas. Uno intentó tomar a Tecnef por la fuerza.

Aristóteles asintió.

—Entonces está bien. Tenía miedo de que fueras uno de esos cantantes que hablan mucho de sangre, pero se desmayan al oír la música de las espadas. ¿Quieres cantar la carnicería?

—No lo sé. Tal vez no llegue a estar lo bastante cerca para verla. Tal vez me excite tanto que cambie la cítara por una espada y luche en lugar de cantar. Quién sabe.

—Podrías topar con Bagoas.

Dimas gruñó.

—Eso espero. Me gustaría preguntarle algunas cosas. Tal vez no estaría mal cambiar la cítara; con la punta de una espada en la garganta quizá respodiera a mis preguntas.

No siguió hablando; tampoco contestó cuando Aristóteles le preguntó cuáles eran esas posibles preguntas. Tecnef carraspeó y dijo en voz baja:

—A veces habla dormido. Del cadáver de Cleonice y del amuleto que grabaron a fuego en su carne. ¿Tiene eso algo que ver, querido?

Dimas suspiró.

—No sabía que hablase dormido. Ni siquiera si es Dimas el que habla en sueños; tal vez de noche seamos otra persona. Pero es cierto, eso tiene algo que ver.

Aristóteles sonrió. Se inclinó hacia adelante y buscó en su cuello; cogió el amuleto y dejó que se balanceara. La luna y el fuego se reunieron en el ojo de Horus.

—¿De dónde lo has sacado?

—Me lo dio un mercader moribundo que antes había sido marino. En cierta ocasión llevó al norte un mensaje de Egipto.

Dimas escuchó con expresión inmutable; Tecnef, con los ojos muy abiertos. Aristóteles explicó lo que le había contado aquel hombre... la reencarnación de Ammón, que vendría del norte para aniquilar a los persas y restablecer el dominio de Ammón.

—El amuleto —murmuró finalmente el músico—. Cleonice hablaba de las palabras de los sacerdotes de Ammón. Bagoas dijo que era un símbolo de los enemigos del Gran Rey, desde Karjedón hasta Tiro y Babilonia, pasando por Egipto. A Amílcar no pude preguntarle; desde mi conversación con Bagoas no he vuelto a ver al karjedonio. Demarato conocía el amuleto, pero tampoco pudo decirme nada más. O no quiso, tal vez para no ponerme en peligro. —Levantó las manos y las extendió como defendiéndose—. Hay algo en esta historia que no encaja. Si Bagoas es la cabeza de todos los espías persas y ha cumplido esa misión para Artajerjes, Arses y el nuevo Gran Rey, Darío; si Amílcar es la cabeza de los espías e informadores de Karjedón, como antes lo fue Adérbal, entonces, ¿quién es Demarato? ¿Sólo un comerciante corintio? ¿Qué hacía en Pella y en Egae?

Aristóteles se encogió de hombros.

—Lo ignoro, Dimas. No olvides que durante muchos años fue buen amigo y huésped de Filipo, y que hizo buenos negocios con él. No puede haber sido más; simplemente tenía la oreja de Filipo.

Tecnef parpadeó.

—Mientes, Aristóteles —dijo—. Mientes muy bien, pero mientes.

Dimas rió.

—Sin duda tienes razón, hermosísima gacela de los prados nocturnos de mi espíritu, pero es una impertinencia decirle eso a la cara al noble filósofo, que nos brinda su hospitalidad.

Aristóteles negó con la mano.

—Acaba de volver la cara; los modales en uso no han sufrido ningún daño. Pero no habías terminado de hablar, músico.

—Sí. Hay algo más. Tanto da que Demarato sea un comerciante corintio o la cabeza de los amigos secretos de Macedonia; en cualquiera de los dos casos, quedan algunas preguntas. Nunca hablé de Bagoas en presencia de Cleonice, porque ella odiaba a los persas. Amílcar, Demarato y Bagoas sabían que yo suministraba noticias a los tres. Como si... como si no trabajaran unos contra otros, sino en colaboración. ¿Por qué me mandó Bagoas que pusiera a Demarato al corriente de la traición de Attalo? El corintio no pudo evitar la muerte de Filipo, pero es casi como si Bagoas, que tenía que desear la muerte de Filipo, hubiera querido impedirla. De alguna manera, creo que sabía más sobre el amuleto; lo que dijo sonó como si todavía hubiese algo más. Pero ¿qué?

Aristóteles extendió los brazos; en la penumbra, todos los gestos se convertían en monstruos sombríos que echaban a volar y ya nunca se posaban en ninguna parte.

—Eso parece. No lo sé, y ahora no miento, diosa negra de la música. Te pido una cosa, Dimas. Si tú... si vosotros vais a Asia y averiguáis qué hay detrás de todo eso, dónde se juntan los hilos y qué cuadro componen, decídmelo.

Tecnef asintió en silencio; Dimas se levantó.

—Supongo que recibirás noticias de tu sobrino Calístenes, que está con Alejandro. ¿No está él más cerca de la fuente de todos los misterios?

Aristóteles suspiró.

—El misterio es Alejandro. En su interior moran tantas personas... Calístenes es un buen escritor y un mal conocedor de la naturaleza humana; su lengua mordaz, que no sabe dominar, puede traerle la muerte cualquier día de estos, y yo ni siquiera podré enfadarme con el que lo mate. Mi sobrino ve lo que le muestran; tú, Dimas, y quizá tú aún más, diosa negra, veis lo que os quieren ocultar. Ignoro si Alejandro sabe qué dedos tienen el amuleto, que también lleva su madre, y si acaso quiere y puede averiguar qué hay realmente detrás de todo esto. Si vosotros lo averiguáis, y sobrevivís a ese conocimiento, por favor ¡decídmelo!

*

Pitias se sentía agarrotada de estar tanto tiempo sentada en el taburete, cerca de la cabeza de su padre moribundo. Se levantó, se desperezó y se frotó los ojos.

—Esta inactividad da hambre. ¿Alguno de vosotros quiere algo?

Peukestas ató la cinta roja alrededor de los rollos, enrollados uno dentro de otro. Había leído en voz alta, interrumpido una y otra vez por comentarios o explicaciones del filósofo. Tenía la garganta seca.

—Hambre, no tanto... pero un poco de vino caliente no estaría mal.

—¿Y tú, padre?

Aristóteles volvió de las regiones más remotas de la mente.

—Aire, Pitias. Y vino caliente, sí. Deja que entre un poco de aire; me temo que nuestro joven amigo se está asfixiando.

Pitias abrió la cortina de cuerdas y soltó el cerrojo de la puerta; Peukestas la ayudó, también con la ventana. Una fresca brisa otoñal entró por ambas aberturas; el cielo sobre el pequeño patio interior empezaba a teñirse de gris. Peukestas respiró hondo.

—En una fría mañana de otoño, el mundo tiene algo que sabe a partida. —Aristóteles se sentó; aspiró el frescor, con los ojos cerrados y los orificios nasales muy abiertos—. Partida, sí. Qué cierto. Aristoteles partirá, hoy. —Abrió los ojos y sonrió a Pitias, que estaba yendo a la cocina. Peukestas advirtió que la espalda de la muchacha se ponía rígida y su andar perdía seguridad, pero sólo un instante.

—Siempre he lamentado que las grandes partidas tengan lugar en primavera; la mayor parte, al menos. Los motivos son claros y razonables. El invierno es frío, húmedo y tormentoso, sólo los capitanes temerarios zarpan entonces, y en tierra se está bastante mejor. A pesar de ello... no hay nada como un buen otoño. Entonces sabemos qué ha traído o se ha llevado el año de la vida, las plantas y la tierra respiran más hondo y despiden un olor más intenso. No es el perfume dulzón de la primavera, sino el aroma más fuerte y rico del otoño, el que nos dice que termina algo viejo y comienza algo nuevo. Por eso, cuando debo dar comienzo a algo, siempre intento que sea en otoño. No siempre ha sido posible... al menos, no de inmediato. Cuando marché de Atenas a Atarneo, era otoño. Y también cuando hice el pequeño cambio de Atarneo a Mitilene. Tú padre vino a verme en otoño, y la decisión de trasladarme a Macedonia, a Mieza, la tomé en otoño, aunque no pude viajar hasta la primavera. Cuando dejé Macedonia para regresar a Atenas, también era primavera. A diferencia de hoy, que abandonaré la prisión de este cuerpo viejo y enfermo.

Peukestas estaba junto a la ventana, medio sentado en el alféizar. Los ojos del filósofo lo miraban sin ver. Estaban fijos en algo muy, muy lejano. Su rostro parecía más fuerte, más pleno, más sano que la noche o el atardecer anterior. No tenía la apariencia de un hombre a punto de morir.

—¿Por qué no lo habré pensado antes? —dijo Aristóteles, hablando para sí mismo—. El anhelo de Alejandro, ¿no es precisamente un sentimiento otoñal? Todos veíamos en él un cumplimiento de la primavera, por su juventud, su ímpetu, su... anhelo. Pero ¿no era más bien un anhelo otoñal? ¿El ímpetu de la vieja Hélade otoñal, cuyo sol ya se inclina a buscar la salvación en una nueva primavera?

Peukestas esperó.

—Pero ya pensaré en ello durante el largo invierno de mi muerte —agregó Aristóteles. Sus ojos regresaron al presente; sonrió, casi con alegría—. Tal vez sea cierto que existe todo eso, los dioses y los mundos subterráneos. Entonces podré hablar con Sócrates sobre la cabeza de Platón, en las sombras, cuando el barquero me haya llevado a la otra orilla; entonces veré también a Alejandro y le preguntaré por el otoño. Pero sigamos aquí, hijo de Dracón. Hablemos de partidas.

»Aquel otoño... no, era verano; Alejandro todavía no había regresado del Istro. Recibí una carta de Atenas en la que Demades me comunicaba que un grupo de hombres influyentes quería construir un segundo gran centro de enseñanza, junto a la Academia de Platón. Me ofrecían todo lo que pudiera desear: un buen lugar y suficiente dinero para empezar, como mínimo. Es posible que Delfos sea el ombligo del mundo, aquella grieta en que las Pitiass escuchan sus verdades veladas. Pero Atenas es el centro de todo lo que configura la Hélade: el esfuerzo por rasgar los velos que cuelgan ante el conocimiento; la luz clara y brillante de la razón y la luminosa y despiadada locura, hermana gemela del pensamiento; los hombres más sensatos y más estúpidos; productos de toda la Oikumene, los teatros y actores, los mejores platos, los mejores poetas, los peores políticos, descendientes de Platón para la discusión, y descendientes de Temístocles para la amistad, los últimos buenos citaristas y estupendos auletes... Ah, es estúpido, estoy divagando.

Peukestas dejó escapar una risita.

—Está bien oír divagar al gran Aristóteles. Pero... he leído algunos de tus escritos y me ha extrañado que rechaces y condenes la música de aulo por considerarla orgiástica.

Aristóteles volvió la cabeza; Pitias venía de la cocina trayendo una bandeja con copas nuevas y una jarra humeante.

—No los has leído a fondo, Peukestas. Yo calificaba la música orgiástica de poco ética y, por consiguiente, inapropiada para aplicarla en la educación de la juventud. No atacaba el aulo, sólo una forma determinada de emplearlo. Fuera de la educación de la juventud, la música de los auletes siempre me ha gustado. Como el vino caliente que no se puede beber si uno quiere mantener la cabeza fría. Gracias, querida hija.

Bebió, sentado en la cama, con la espalda recta. Pitias se puso en cuclillas junto al lecho y después se sentó en una postura más cómoda, apoyando la espalda en la cama. Peukestas regresó a la ventana con su copa. Los primeros pájaros empezaban a cantar. Clareaba un punto en el horizonte, no tardaría en salir el sol.

Aristóteles habló de sus viajes veraniegos por Macedonia, a la que quería ver una vez más antes de partir. Habló de la época de las cosechas y de la vida cotidiana, de la charla de los constructores de barcos en Terme y del silencio de los bosques inconmensurables, que proveían la madera y la pez para las naves y, sin embargo, seguían pareciendo intactos. Y habló de algo que presenció involuntariamente al subir a una colina de las afueras de Pella, donde Aristandro, el vidente, tenía su pequeño templo sobre la cueva de Dioniso.

Olimpia estaba con él; cuatro soldados macedonios, que la habían acompañado para vigilarla, esperaban al pie de la colina, bajo la sombra de una encina. En el templo, Olimpia y el vidente hablaban en voz alta. Aristandro había dispuesto hierbas y frutas del campo sobre el altar, había derramado vino, como ofrenda, y luego había bebido con Olimpia de una copa de plata.

—Está allí arriba, en el fin del mundo —dijo la mujer, amargada—. A orillas de ese río, el Istro, negociando con los bárbaros. Esperando a sus embajadores. ¡Ah, todo lo que podría hacer en lugar de eso!

La voz del vidente sonó fuerte, pero dominada, como si ya hubieran hablado de ello varias veces, y como si Aristandro estuviera a punto de perder la paciencia.

—Hay una posibilidad de que asegurar la paz de las fronteras no sólo sirva al pueblo y al rey, sino que también agrade a los dioses.

—Estoy cansada, Aristandro. Cansada, vieja e impaciente. Todos estos años sin poder ni influencia reales, sin la posibilidad de modelar las cosas como me parecía necesario, sensato e imprescindible. Junto a un marido que no me escuchaba. Hice todo lo que estaba en mis manos para llevar a mi hijo al poder para que cumpliese la voluntad de Ammón y me diese esa pizca de poder que me hace falta para hacer las cosas necesarias. Por los dioses y por su influencia en el pueblo; por ti, por mí, por todos. ¿Y ahora? Ahora está allá, en el norte, mientras Antípatro me mantiene alejada de todo. ¿Y la voluntad de Ammón?

—Esas cosas requieren tiempo. Para restablecer el dominio de Ammón en Egipto, tu hijo necesita una base firme bajo sus pies, una Macedonia segura, con fronteras sólidas. Al final irá a donde tiene que ir, porque los dioses y la Moira así lo han determinado. Irá a Egipto, expulsará a los persas, restablecerá el dominio de Ammón, será el asombro del mundo y morirá joven, como todo semidiós. ¿No te parece suficiente?

La voz de Olimpia, áspera y cortante, resonó en el templo.

—No, Aristandro, no me parece suficiente. Porque... ¿qué saco yo de todo ello?

Aristóteles reprodujo la conversación literalmente; después habló de los acontecimientos de la Hélade, de que la decisión de Alejandro y la furia paralizante de su ofensiva terminaron antes de lo que hubiera podido hacerlo el ligero murmullo de un terremoto. Y del regreso del filósofo a Atenas, sin siquiera haberse encontrado otra vez con el rey.

—Dracón y Demarato me escribieron algunas cartas. Más tarde también mi sobrino Calístenes, naturalmente. Y Dimas. Pero eso fue después del viaje, desde Asia. Las misivas de Dracón contienen muchas cosas que él no puede haber sabido a ciencia cierta, sino que deducía a partir de ciertos indicios y síntomas. Y también hay notas de otros, no sólo de él y Demarato. Coge ese rollo, el de la punta rota.

*

Las últimas ofrendas, las últimas libaciones en Pella. Parte del ejército ya había marchado al este en los últimos días del invierno; Alejandro se había quedado para arreglar los asuntos de la Hélade y Macedonia, y ahora los seguiría, con el resto de las tropas. A Antípatro le dejó instrucciones, diez mil soldados de infantería y dos mil jinetes. Y la indicación de que vigilara honorablemente a Olimpia y la mantuviese alejada del poder.

Soldados, oficiales, funcionarios de palacio, la plana mayor de Antípatro, Olimpia y otros, vieron cómo el rey y Aristandro, que lo acompañaría a Asia, presentaban la última ofrenda.

Dracón y Demarato estaban cerca del altar; habían advertido las pequeñas discrepancias surgidas en el momento de hacer las ofrendas: los titubeos de Aristandro al interpretar lo que decía el hígado del carnero sacrificado; las palabras rápidas y cortantes de Alejandro, pronunciadas a media voz ante el altar, que obligaron al vidente a decir determinadas cosas.

Cuando el sacrificio estuvo terminado y las últimas tropas empezaban a marchar, Alejandro se volvió una vez más al vidente. Dracón y Demarato seguían muy cerca; Alejandro los había visto, pero no parecía preocuparle.

—Ahora marcharemos todos juntos a Asia.

Aristandro asintió.

—Lo sé muy bien, carne de Ammón.

Alejandro hizo una mueca de malhumor.

—En estos momentos no deberías verme como encarnación de Ammón, sacerdote, sino como rey de Macedonia y estratega supremo de todos los helenos. ¿Podrás hacerlo?

Aristandro sonrió, sereno.

—Lo intentaré, rey.

Alejandro asintió.

—Así está mejor. Ya hemos hablado de ello en varias ocasiones. Por lo has olvidado o no quieres creerlo, te lo repetiré una vez más. Nuestros antepasados creían en un montón de dioses que se comportaban más o menos como delincuentes. El gran Homero los encadenó con el bronce de sus versos. En sus obras, el gran Eurípides, que también estuvo aquí, en Pella, empleó de una forma nueva los nombres de los dioses, como imagen o llave de los estados del espíritu humano. Yo creo que los dioses son exactamente eso: imágenes que hemos ideado para poder dar forma humana a nuestros miedos, dudas y esperanzas. Pero esto ha de quedar entre nosotros, tú, yo y uno o dos más. De cara al ejército tenemos que actuar como si creyeramos en los dioses y en la necesidad de hacer estos sacrificios.

Aristandro lo miró, pensativo.

—Como tú digas, Alejandro, rey, señor. Pero sabes tan bien como yo que en realidad crees...

—Lo que yo crea no importa —lo interrumpió Alejandro, con dureza—. Y aún menos importa lo que tú pienses que yo creo. Yo creo que tal vez exista un dios, tal vez el dios desconocido de los altares atenienses, que domina, dirige y une a todos los otros dioses. Un dios, tal vez el espíritu sagrado de los persas, que no se comporta como un ladrón y asesino de los montes ilirios. Un dios que es calor, saber, amor y justicia. Pero... lo que importa es el ejército. Los hombres. Ellos no son nada sin un estratega, y yo no soy nadie sin ellos. Ellos creen en Zeus, el cabecilla de la banda, y en todos los otros. No digo que esté convencido de que todo eso son tonterías. Tal vez haya algo de verdad. Tal vez la reunión de todos esos ladrones y violadores de madres constituya ese único dios que busco. Por eso no sólo quiero guardar las apariencias; tú y yo respetaremos las costumbres y ofreceremos sacrificios para pedir consejo y guía y consultar los oráculos. El ejército tiene que ver que creemos. O, como mínimo, que actuamos como si creyeramos.

Aristandro entrecerró los ojos y volvió a asentir.

—¿Por qué me explicas todas estas cosas que ya sé?

Alejandro estiró la mano y cogió el capote del sacerdote con el índice y el pulgar.

—Te lo digo para que comprendas lo más importante de todo. Importa el ejército; no tu fe o mis dudas. Y yo soy el jefe del ejército. Tú quieres que vaya a Egipto, lo sé. Iré a Egipto y más allá, con el ejército, y tú vendrás con nosotros. Pero... —Tiró violentamente del capote de Aristandro—. Comprende una cosa, oh nobilísimo y valiosísimo vidente y sacerdote, Aristandro de Telmesso: cuando interpretes un oráculo, di lo que yo quiero oír, y no como antes, con el hígado. Si el hígado es malo, tú dirás que es bueno. Cuando creas que los dioses están en mi contra, dirás que los dioses están de mi lado.

Aristandro cerró los ojos.

—Pero yo tengo que obedecer a los dioses...

Alejandro sonrió de repente, como un niño.

—Si soy la encarnación de Ammón, entonces soy un dios. Obedéceme.

Sólo Dracón seguía cerca cuando Alejandro se despidió de Olimpia. Bucéfalo resopló en el patio; los criados esperaron. Antípatro estaba allí, al pie de la escalera; observó la despedida con una expresión impenetrable en el rostro.

Se abrazaron lentamente, como amantes, y se quedaron un momento así. Por fin Olimpia cogió a su hijo por los hombros, lo apartó de su cuerpo, lo cogió de las orejas y le dio un beso en la boca. Cuando habló, fue como si quisiera expulsar las palabras de su boca, de su lengua, de los hondo de su ser:

—Cabalga rápido y cabalga bien, hijo mío. Somete las tierras, hijo mío. Quiero tu gloria. Quiero ver tus estatuas en todas partes, junto a los altares de Zeus, que también es Ammón. Somete las tierras, los países, las montañas y desiertos y hombres, hijo mío. Y envíame plata, envíame oro, envíame joyas y riquezas, esclavos y telas preciosas y perfumes. La madre de un rey grandioso ha de vivir mejor que algunas princesas de las montañas, hijo. Envíame todas las riquezas que encuentres, que caigan en tus manos, que hagas tuyas. Yo puedo utilizarlas... en mi bien, en tu bien, en bien del reino, si me permites que ponga a Antípatro en el lugar que le corresponde...

Alejandro le tapó los labios. Con una sonrisa que no lograba ocultar su tristeza, dijo:

—¿Tanto quieres, madre? ¿Todas las riquezas del mundo? ¿Y qué puedo conservar para mí?

Olimpia besó la palma de la mano de su hijo.

—No es la voluntad de los dioses que tengas una larga vida para disfrutar de tus victorias y riquezas.

Alejandro la miró a los ojos; después la soltó, dio media vuelta, bajó la escalera, abrazó a Antípatro sin decir nada y montó su caballo.

*

—El sol se levanta. Un nuevo día. Cada nuevo día es el último, niños. El nuevo día de Alejandro, cuando guió el barco regio a través del Helesponto, fue su primer día en Asia. Y su último día en la Hélade. Él fue su propio Caronte, como corresponde a un rey, y el Helesponto fue su Estige. Pues ese día murió Alejandro.

»En Eleo ofreció un sacrificio en la tumba de Protesilao, que había viajado a Troya con Agamenón y había sido el primero en pisar el suelo de Asia. En el barco, cuando ya había recorrido la mitad del camino que lo separaba de Asia, sacrificó un buey y ofreció una libación a Poseidón con una copa de plata. Fue el primero que piso el suelo de Asia, completamente armado. Pero... —Aristóteles levantó las manos; su sonrisa era más bien una mueca grotesca—. Dracón estaba con él. Y el músico, Dimas, que durante la travesía había tocado la cítara y había acompañado los sacrificios con cantos solemnes. Dracón me escribió que, mientras hacían los sacrificios, Dimas cambió de escalas musicales y cantó dos canciones satíricas. Una, bastante confusa, me temo, sobre el barquero que cree que es el sol y no sabe que es la luna. Y otra sobre los que se quedan y piensan que el barco que se aleja se hunde en el horizonte, mientras, desde el barco, los que se han quedado son los que se hunden.

»Entonces, según me escribió Dracón, Alejandro se volvió, miró hacia Europa, dejó escapar un largo grito de alegría y dijo: "Doy gracias a los dioses, que me han liberado de los montones de mierda, aldeas camorristas y guerritas miserables". Después afirmó que no sabía quién era Olimpia y que ni siquiera podía recordar haber olvidado a Demóstenes.

Peukestas rió un instante.

—Lo entiendo muy bien. O espero entenderlo. Pero ¿qué querías decir con eso de que ese día murió Alejandro? Y...

El filósofo lo interrumpió.

—Alejandro era muchos hombres y muchos enigmas. Indeciso, impulsivo, un soñador lúcido. Era transparente como el agua y turbio como el vino más fuerte. Y encantador y cruel, todo de todos y, de todo, más que cualquier otro. Ávido por el botín y generoso. Antes de partir repartió todos los territorios nuevos y liberados, y, finalmente, Pérdicas le dijo: «¿Y tú con qué te quedas?» Alejandro contestó: «Con mis amigos y mi esperanza.» Entonces, Pérdicas devolvió los regalos y dijo que él tampoco quería nada más. Alejandro era todo para todos. Digámoslo así: ese día murió el hombre que era hijo y heredero de Filipo, aunque no comprendería esa muerte hasta más tarde. Hasta donde yo sé, la muerte se le anunció por primera vez cuando rechazó la oferta de Darío, que quería entregarle todos los territorios que se extendían al oeste del Éufrates.

Peukestas dejó escapar un suave gruñido. Después dijo:

—¿Y qué pasó con el amuleto? ¿Y con Bagoas? Yo lo vi, sí, pero no sé nada.

Aristóteles sonrió.

—¿El amuleto y Bagoas? Ah, amigo, eso es otra historia.

APÉNDICES

Nombres y términos

En principio, se ha intentado buscar una conciliación entre los términos griegos, que se corresponden con el contexto, y los términos castellanos, que, al resultar más familiares al lector, permiten una lectura más fluida. Se han mantenido las formas castellanas «Filipo» y «Alejandro» para nombrar a los dos reyes macedonios, mientras que los demás personajes que llevan esos mismos nombres aparecen como «Philippos» y «Alexandros». Los topónimos más conocidos (Atenas, Pireo, Tebas) se presentan en su versión castellana, pero se ha respetado la voluntad del autor de evitar términos más evidentes, como «Grecia» o «Cartago», impensables en boca de un heleno del siglo IV a. de C. Otros términos, igualmente imposibles en ese contexto, se han empleado por su comodidad; así, por ejemplo, la palabra «oficial», cuya versión griega (?) *lochagos*, es demasiado extraña a nuestro idioma; lo mismo puede decirse de otros rangos militares y cargos civiles.

Respecto a la topografía de Macedonia, el autor se ha basado en las últimas excavaciones, que sitúan Egae en la actual Vergina, en lugar de al noroeste de Edessa como se pensó durante mucho tiempo. Pella, hoy en el interior, se extendía entonces casi a orillas del golfo de Termes (Salónica), hoy desecado. El mapa muestra la línea costera tal como debe de haber sido en esa época. (N. del T.)

Alianzas y espías

Tras el ocaso de los antiguos reinos de Egipto y Mesopotamia, dominaron el Mediterráneo tres grandes potencias, interrelacionadas y competidoras en lo político y lo económico: Cartago, al oeste, en el triángulo Libia-Gibraltar-Córcega; Persia, al este, entre el Nilo, el Indo y el Helesponto; y la potencia helena de turno, generalmente Atenas o Esparta, con sus cambiantes aliados. Sicilia y Cirene eran también escenarios de los intereses de Esparta y Atenas, como también, por ejemplo, el Asia Menor; Cartago estaba ligada por intereses comerciales y una relación especial a su ciudad madre, Tiro, en el este; Jerjes intentaba azotar los Dardanelos y prohibir a los cartagineses que comieran perros cebados: dos empresas igualmente infructuosas. Si Esparta se aliaba a los persas, Atenas se acercaba a Cartago. Cuando Tebas, bajo el poder de Epaminondas, consiguió brevemente la hegemonía, mandaron traer un armador cartaginés para aprestar la flota. Temístocles, desterrado de Atenas, acudió a Persia, con la misma naturalidad con que después Artabazo se dirigió a Pella, para no hablar de personajes como Alcibíades, que en el transcurso de pocos años ocupó puestos de mando en Atenas, Esparta y Persia, o de los eternos contactos greco-cartagineses, o bien su eterno conflicto en Sicilia.

En multitud de documentos los historiadores de la antigüedad registran las ejecuciones o destierros de traidores, espías, etcétera, del enemigo de turno; el intercambio de espías apresados es también una costumbre demostrable, como mínimo, desde la época de Hamurabi. No obstante, hay que saber distinguir entre los hechos políticos reales, por una parte, y los conocimientos de los historiadores, por otra; en otras palabras: entre la práctica y la teoría. Con los conocimientos del mundo que poseían los antiguos geógrafos, ningún comerciante habría llegado jamás a su destino, ya que poseer conocimientos exactos sobre rutas de caravanas, distancias, lugares en los que encontrar agua o puertos en los que hacer escalas, eran la base para comerciar y obtener ganancias —«saber es poder»—, y tan necesarios como el capital, podemos suponer que los comerciantes y capitanes de barcos experimentados sólo transmitían estos conocimientos a los miembros del gremio, y de ningún modo los ponían a disposición de un Eratóstenes o un Hecateo, que les habrían dado una gran difusión. Sin duda, los gobernantes de las grandes potencias no sólo se enteraban de lo que ocurría en otros países a través de los mercaderes y de los contingentes de mercenarios que recorrían incesantemente el Mediterráneo; pero tampoco cabe duda de que no divulgaban en beneficio de los historiadores el modo de funcionamiento de sus redes de espionaje. El equivalente moderno podría ser la acción de agencias de Inteligencia como la CIA y el KGB, capaces de hacernos caer en apreciaciones equivocadas a pesar del conocimiento que creamos poseer de la realidad interna de posibles países rivales.

Al parecer, el «servicio secreto» de Filipo fue muy eficaz y profesional, tanto como el singular ejército macedonio. Además de sitios, escaramuzas y enfrentamientos contra los focenses en la tercera Guerra Santa, entre Macedonia y los estados griegos sólo hubo una auténtica batalla: Queronea, el 338 a. de C. Todos los otros éxitos de Filipo fueron fruto de la diplomacia, las maniobras políticas, el soborno y un empleo efectivo, en fin, de conocimientos detallados sobre interioridades del enemigo. Igualmente eficaz debe de haber sido la gente que trabajó después para Alejandro, que —hasta donde dejan ver las fuentes— no sólo conocía bien las cuestiones militares (dónde estaban las distintas unidades enemigas, bajo el mando de qué oficiales y con cuántos hombres contaban), sino que también conocía de antemano las cualidades de los sátrapas persas y sabía a quién podía nombrar administrador y a quién mejor no. Sus conocimientos de los persas, cartagineses y atenienses era, además, lo bastante preciso para saber quiénes eran los hombres más adecuados para ofrecerles un soborno o algo similar. Si bien parte de la literatura sobre Alejandro atribuye a un escaso conocimiento o una mala apreciación del mando persa el hecho de que nuestro personaje prácticamente no encontrara resistencia al empezar su marcha sobre Asia, esta teoría me parece insostenible. Repeler tales invasiones correspondía, en primer lugar, a las satrapías afectadas, pues una movilización de todo el ejército requería más tiempo y sólo podía realizarse si aquéllas se veían desbordadas; además, anteriores invasores griegos (por ejemplo, Agesilao, en el 396 a. de C. Véase la cronología), también pudieron desembarcar sin encontrar resistencia en un primer momento.

Como ya se ha dicho, se debe a la naturaleza de los asuntos del servicio secreto el que nombres, fechas y otros datos precisos no nos hayan llegado a través de los historiadores de la antigüedad. Bagoas el Íntegro es un personaje de ficción, compuesto a partir de varios persas reales de los textos alejandrinos (sobre todo Arriano). El corintio Demarato fue un comerciante amigo de Filipo que regaló a Alejandro el caballo Bucéfalo y fue artífice de la reconciliación entre padre e hijo; su papel histórico (acompañó a Alejandro hasta la frontera de la India, donde murió) va más allá de lo que podría esperarse en un simple comerciante y amigo. Todo lo demás es indemostrable, pero resulta verosímil. El cartaginés Amílcar en Babilonia aparece como embajador en los últimos días de Alejandro. En un momento en el que ya sólo quedan dos grandes potencias, que la gran Cartago —siguiente objetivo militar de Alejandro— envíe a Babilonia a un mero comerciante me parece más fantástico que suponer que Amílcar debe de haber sido el jefe del servicio secreto cartaginés.

Música y misterios

Apenas sabemos nada de estos dos importantes ámbitos de la vida en la antigüedad. Sólo los iniciados conocían los detalles de los misterios, y hacían un voto de silencio y callaban. El «monólogo interior» de Olimpia, en el capítulo 4, es sin duda un intento ilícito de dar una relación vaga del complejo de un misterio, con ayuda de textos sagrados de Grecia, Egipto, Mesopotamia y la India, y bajo la influencia de C. G. Jung y Erich Neumann.

Los esfuerzos de musicólogos contemporáneos por hacer una especie de reconstrucción musical a partir de los escritos teóricos de Pitágoras y Boecio (y de algunas manifestaciones de Platón y Aristóteles, entre otros) sobre la importancia de la música, han de verse como la empresa hipotética de destilar de un ensayo de Descartes y otro de Adorno toda la música que se compuso entre Bach y Bartok. Además, los teóricos suelen formular mal las cuestiones prácticas. Es seguro que en Grecia la música (y su significado para la vida) estaba tan desarrollada como la poesía, la arquitectura, la pintura y la escultura; es seguro que existían estrechas relaciones entre poesía y música, así como entre música, baile y culto. Sin embargo, no poseemos ningún documento sonoro, y las pocas referencias a melodías, cifradas con letras, no son suficientes para poder afirmar algo sustancial. Por otra parte, las cosas no son tan complicadas como las supone la teoría de la música. Sabemos que los griegos reaccionaban ante la música de una manera similar a como lo hacemos nosotros: la música podía provocar alegría, serenidad, nostalgia, éxtasis... aunque es cierto que ignoramos qué tipos de música desataban qué emociones. Lo que le gustaba a Aristóteles para nosotros acaso sería una cacofonía; y en cambio, un acorde en La menor le pareciera horrible. Lo que no altera la básica similitud de la reacción a la música.

En el siglo V a. de C., como muy tarde, ya había en Grecia y otros países del Mediterráneo músicos profesionales, virtuosos. Las representaciones pictóricas de instrumentos antiguos, como la lira o la cítara, no permiten deducir cómo sonaban; sin embargo, sería absurdo suponer que músicos virtuosos y profesionales que tocaban instrumentos de cuerda se limitaran a rasgar determinadas cuerdas sin modificar el sonido pisándolas. Esto sólo podría pensarse de las arpas de muchas cuerdas; quien haya intentado alguna vez cambiar el tono de una cuerda libre pisándola, sabrá que sólo se obtiene un chirrido sordo. La mera existencia de citaristas virtuosos obliga a suponer desarrolladas técnicas musicales. Como los instrumentos de cuerda antiguos no disponían de un mástil, debía de haber otras maneras de pisar las cuerdas: por ejemplo, con ayuda de dedales. Además, debe de haber existido algún tipo de clavijas para afinar las cuerdas, probablemente en la cara posterior de los instrumentos, que en las pinturas siempre aparecen de frente.

Las «escalas musicales» jónica, lidia, frigia y sus formas intermedias se distinguen, sobre todo, por el tipo y longitud de los intervalos; para emplear un modelo de definición clásico: más o menos como los tonos mayor y menor, pero distinto (y más fuerte). Todo lo que se ha escrito sobre la rígida separación de los tipos de música, la imposibilidad de utilizar al mismo tiempo determinados instrumentos, consagrados a diferentes dioses, la métrica y forma «únicas permitidas» en determinadas ocasiones, etcétera, parte de la temeraria hipótesis de que los artistas se dejaron dominar durante doscientos años por sacerdotes y demás guardianes de las costumbres. De haber sido así, Esquilo jamás habría introducido un segundo actor y Aristófanes habría seguido la ley ateniense que prohibía satirizar a políticos en el escenario. La relación de Dimas, personaje inventado, con la música y las letras de las canciones, me parece bastante realista.

Sobre el glosario, la lista de personajes y la cronología

Estos tres apéndices han de ser considerados provisionales y hacen referencia a las cosas tratadas en el volumen I. Así, por ejemplo, la posterior carrera del joven Ptolomeo como estratega y rey de Egipto sólo se menciona en los apéndices del volumen II,* al igual que los acontecimientos posteriores al año 334 a. de C. Como en el texto se alude con frecuencia a la historia anterior al conflicto este-oeste, la cronología profundiza en ello más de lo que sería imprescindible en una biografía de Alejandro.

* de próxima publicación.

GLOSARIO

No incluimos aquí algunos términos, cuya función dentro de la novela ya queda explicitada. Por ejemplo, una entrada que dijera: «Ammón: dios egipcio que los griegos equiparaban a Zeus», no iría más allá de lo que ya dice el texto, de manera que sería una mera repetición. Por otra parte, una explicación más detallada correspondería a un diccionario enciclopédico y puede encontrarse en cualquier obra de consulta.

Para las regiones, pueblos, etcétera, consúltese el mapa.

Ágora
«Auditorio. Plaza del mercado.» En las ciudades griegas solía ser la plaza central, donde se levantaban los edificios del Consejo y la administración.

Aulo
Flauta. En la antigüedad solía ser doble; una flauta tocaba la melodía y la otra un bordón.

Bulé
«Voluntad. Consejo. Reunión del Consejo.» En Atenas y otras ciudades, la asamblea popular institucionalizada. Se reunía en el buleiterión.

Cadmea
Ciudadela de la ciudad de Tebas fundada, supuestamente, por el legendario Cadmo.

Casia
Especia. No está claro si se trataba de una determinada variedad de laurel o de un producto elaborado con esencia de canela.

Catafractas
Caballería pesada.

Cinamomo
Canela.

Cítara
Instrumento músico de cuerda con una gran caja de resonancia y hasta once cuerdas. Citarista era el músico que tocaba la cítara; citarodo, el que la usaba para acompañar sus canciones.

Citros
Fruta parecida al limón.

Clepsidra
Reloj de agua.

Coine eirene
«Paz general.»

Coprón
Retrete.

Daraica
Del griego *dareikos*. Moneda de oro persa acuñada por Darío I. Luego designaría también a las acuñadas por otros grandes reyes persas. Equivalía a veinte *sigloi* (shekels de plata).

Dracma
Primero, medida de peso; después, moneda, que varió según las regiones y las épocas. El dracma ateniense (de seis óbolos) constaba de unos 4,4 gramos de plata y equivalía a la seismilésima parte de un talento (unos 26,2 kilos). La división original del talento, como medida de peso babilonia (1 talento = 60 minas; 1 mina = 60 shekel), fue decimalizada parcialmente en Grecia: 100 dracmas = 1 mina; 60 minas = 1 talento. No obstante, las minas y los talentos no son monedas, sino unidades de medida y contabilidad. En deter-

minadas épocas también se acuñaron dracmas múltiples, monedas de dos (didracmas), cuatro (tetradracmas) y diez dracmas (decadracmas), con el correspondiente peso y contenido de metal noble. Durante mucho tiempo, 1 dracma fue el sueldo base de los soldados, artesanos, etcétera.

Epistates
«Jefe superior.» En Macedonia, «alcalde» de una ciudad, nombrado por el rey y responsable ante éste.

Estáter o estatera
Originalmente, medida de peso (entre 8,1 y 8,7 gramos); después, también monedas de oro y plata (como didracmas de plata, por ejemplo). Los estáteres de oro de Filipo y los acuñados después por Alejandro, equivalían a 20 dracmas de plata.

Filé
Originalmente: «tribu»; más tarde: «distrito». En el siglo V a. de C. Atenas estaba formada por diez filés, cada una de las cuales enviaba cincuenta «diputados».

Hegemón
«Caudillo, general, príncipe, amo.»

Hetairo
«Amigo, compañero, camarada»; en femenino, hetaira significaba esto y más tarde también «prostituta, cortesana». En Macedonia el rey era una especie de *primus inter pares*; los otros príncipes no eran súbditos, sino compañeros entre los que se reclutaba el cuerpo de oficiales y la caballería (caballería de hetairos), así como los altos cargos de la administración. Los hetairos especialmente apreciados por Filipo y Alejandro eran nombrados *somatophylax* (guardias personales).

Hoplita
Soldado de la infantería pesada helena. A los de Macedonia, más tarde, se les llamaba *pezhetairoi*, compañeros de a pie.

Karjedón
Nombre griego de Cartago. En fenicio: Kart-Hadtha, «ciudad nueva».

Logógrafo
«Escritor de discursos.» Redactor asalariado de discursos, generalmente jurídicos.

Manzana cidonia
Membrillo (por la ciudad cretense de Cidonia).

Mar Euxino
Mar Negro.

Ménade
«Rabiosa.» Mujer en estado de éxtasis o de embriaguez.

Meteco
«Colono establecido.» Extranjero que gozaba de derecho de hospitalidad, pero no de ciudadano. «Trabajador inmigrante.»

Pritaneón
Casa común, sede del fuego, del hogar estatal. Allí se reunían los cincuenta diputados de la filé a la que correspondía la presidencia, y que cambiaba cada 35 o 36 días; en las reuniones participaban los representantes de las otras filés.

Quitón
«Camisa. Vestido.» Túnica (nombre romano) de origen fenicio común en los pueblos del Mediterráneo. Los hombres solían llevarlo corto (hasta los muslos), y la mujeres, largo; tenía mangas cortas y se podía ceñir de diferentes maneras.

PRINCIPALES PERSONAJES

Los personajes señalados con un asterisco (*) son ficticios; los demás son históricos, aunque no así todos los detalles de su comportamiento en la novela.

***Adérbal**
Comerciante cartaginés, predecesor de Amílcar como cabeza del servicio secreto cartaginés.

***Admeto**
Hombre de confianza de Olimpia.

***Agatón**
Comerciante ateniense.

Alexandros II (390-368 aprox.)
Hermano mayor de Filipo; tras un año de reinado fue asesinado por su cuñado Ptolomeo de Aloro.

Alexandros de Epiro
Hermano de Olimpia, nacido en el año 360 aprox.; educado en Pella desde el 352 aprox.; rey de Epiro desde el 342 aprox. Murió en Italia en el 330 aprox. en el transcurso de una batalla.

Alexandros de Lincestis
Hermano de los conjurados Heromenes y Arrabeo.

Amílcar
Comerciante y político cartaginés, jefe del servicio secreto de Cartago.

Amintas III
Padre de Filipo, rey de Macedonia (393-369), asesinado por su yerno Ptolomeo de Aloro, posiblemente a instancias de la reina Eurídice.

Amintas IV (362-336 aprox.)
Hijo del hermano y predecesor de Filipo, Pérdicas III. Alejandro «se lo quitó de enmedio».

Antígono (385-301 aprox.)
Llamado *Monophtalmos*, el Tuerto. Importante oficial en los reinados de Filipo y Alejandro.

Antípatro (400-319 aprox.)
General y político macedonio. Con Parmenión, el príncipe ayudante y amigo de Filipo; con Alejandro, gobernador de Europa.

Apelles
El pintor más famoso de la antigüedad griega. Vivió un tiempo en Pella y fue amigo de Alejandro.

***Apolonio**
Mercader rodio, socio de Demóstenes.

***Arcelao**
Mayordomo del palacio real de Pella.

Aribbas
Tío de Olimpia. Desde el año 360 aprox., fue regente de Epiro en nombre de Alexandros por ser éste menor de edad. En el 342 fue depuesto por Filipo y viajó a Atenas.

Aristandro de Telmesso (385-? aprox.)
Vidente y sumo sacerdote de Filipo y Alejandro.

Aristóteles (384-322 aprox.)
El filósofo, hijo del antiguo médico de cabecera del padre de Filipo; más tarde éste lo mandó llamar como maestro a Macedonia/Mieza, donde educó a Alejandro (342-340 aprox.). Después viajó a Atenas.

Arrabeo
Hijo de un príncipe lincéstida, implicado con su hermano Heromenes en el asesinato de Filipo y ejecutado por ello.

Arrideo (358-317)
Débil mental, medio hermano de Alejandro, hijo de Filipo y la tesalia Filina.

Artabazo (387-325 aprox.)
Príncipe persa con altos cargos civiles y militares. Hacia el año 350, siendo sátrapa, se levantó contra Artajerjes III y pasó algunos años en Pella.

***Asdrúbal**
Comerciante fenicio, socio de Demóstenes.

Attalo
a) Príncipe Macedonio, yerno de Parmenión, tío y tutor de la última esposa de Filipo, Cleopatra. Fue asesinado en el 336 por haber participado en la conspiración contra Filipo y Alejandro.
b) Joven macedonio, amigo de Alejandro, a quien supuestamente se parecía como un hermano gemelo.

***Bagoas el Íntegro**
Príncipe persa, jefe del servicio secreto persa.

Bagoas el Rápido
Eunuco, «eminencia gris» de la corte persa. En el 338 depuso a Artajerjes III Orco y puso en el trono a Arses, a quien depuso en el 336 para apoyar a Darío III, que no tardaría en mandarlo matar.

Barsine (364-309 aprox.)
Hija de Artabazo, estuvo con él en Pella entre los años 350-348 aprox. y más tarde contrajo matrimonio con el mercenario rodio Mentor. A la muerte de Mentor se casó con su hermano Memnón, y al morir éste fue durante un tiempo amante de Alejandro.

Calístenes (370-327 aprox.)
Escritor e historiador, sobrino de Aristóteles.

Casandro (356-297 aprox.)
Hijo de Antípatro.

Cleito (367-328 aprox.)
Llamado el Negro. Importante oficial macedonio en los reinados de Filipo y Alejandro, hermano del ama de pecho de Alejandro, Lanice.

***Cleonice**
Helena mestiza, comerciante afincada en Canopo (Egipto).

Cleopatra
a) (353-309) Hermana de Alejandro, casada con Alexandros de Epiro.
b) (354-336 aprox.) Sobrina de Attalo, séptima y última esposa de Filipo. Su nombre original era Eurídice.

Coino (362-325 aprox.)
Importante oficial macedonio en los reinados de Filipo y Alejandro.

Cratero (358-321 aprox.)
Amigo de Alejandro, educado con él en Mieza.

Demades (380-319 aprox.)
Político ateniense, rival de Demóstenes. Promacedonio.

Demarato (400-327)
Comerciante de Corinto, amigo de Filipo y más tarde de Alejandro.

Demetrio
Importante oficial macedonio bajo los reinados de Filipo y Alejandro.

Demóstenes (382-322 aprox.)
Político ateniense, antimacedonio. Famoso orador.

***Dimas**
Cantante y músico ambulante.

Dracón
Médico macedonio.

***Emes**
Hoplita macedonio.

Erigio (356-327 aprox.)
Macedonio notable, amigo de juventud de Alejandro, con quien estuvo en Mieza. Filipo lo desterró con Alejandro.

Esquines (389-314 aprox.)
Político ateniense, adversario de Demóstenes.

Eubolo (410-330 aprox.)
Político ateniense. Fue durante mucho tiempo el político financiero más importante de la ciudad.

Eumenes (362-316 aprox.)
Griego de Cardia, amigo de Alejandro y administrador de Filipo.

Eurídice
a) Esposa de Amintas III y madre de Filipo. Supuestamente implicada en el asesinato de Amintas. En el año 368 asesinó, en complicidad con su yerno Ptolomeo de Aloros, a su propia hija Eurinone (esposa de Ptolomeo) y a su propio hijo, Alejandro II. Gobernó con Ptolomeo hasta el 365, cuando subió al trono su segundo hijo, Pérdicas. Se supone que Filipo la mató en el 359.
b) Audata, hija del rey ilirio Bardilis, segunda mujer de Filipo desde el 359 y madre de Cinnane, que más tarde se casaría con Amintas IV. Desde su matrimonio con Filipo se llamó (o fue llamada) Eurídice.
c) Probablemente era el verdadero nombre de la última mujer de Filipo, Cleopatra.

Filócrates
Político ateniense. En el 346 negoció con Filipo una por él llamada paz, por lo que más tarde fue juzgado en Atenas y condenado a muerte a instancias de Demóstenes e Hipérides.

Filotas (361-330 aprox.)
Hijo de Parmenión, amigo de juventud de Alejandro, oficial durante el reinado de Filipo.

Harpalo (356-323 aprox.)
Amigo de juventud de Alejandro. Genio de las finanzas.

Hecateo
Amigo de juventud de Alejandro, fue el encargado de cumplir la orden de ajusticiar a Attalo en Asia.

Hefestión (356-324)
Distinguido joven macedonio, el *alter ego* de Alejandro.

Hermias
Sátrapa, príncipe de Atarneo (Asia Menor), tío de la mujer de Aristóteles. Fue ajusticiado por los persas tras su acuerdo secreto con Filipo.

Heromenes
Hijo de un príncipe lincéstida, implicado con su hermano Arrabeo en el asesinato de Filipo y ejecutado por ello.

Hipérides (390-322 aprox.)
Político y comerciante ateniense, partidario de Demóstenes.

Lanice
Ama de pecho de Alejandro, hermana de Cleito.

Laomedón
Distinguido joven macedonio, hermano de Erigio. Amigo de Alejandro, Filipo lo desterró con éste.

Leónidas
Maestro de Alejandro en Pella.

Leonnato (357-322 aprox.)
Amigo de Alejandro, educado con él en Mieza.

Licurgo (390-324 aprox.)
Político ateniense, antimacedonio.

Lisímaco
Maestro del joven Alejandro.

***Mandrocles**
Administrador de Cleonice.

***Medio**
Importante príncipe macedonio, el más anciano del Consejo.

Meleagro (356-322 aprox.)
Amigo de juventud de Alejandro, educado con él en Mieza.

Memnón (380-333 aprox.)
Jefe de mercenarios rodio al servicio de los persas.

Mentor (390-340 aprox.)
Hermano de Memnón, también jefe de mercenarios.

Nearco (356-310 aprox.)
Cretense, amigo de juventud de Alejandro, desterrado con éste.

Nicanor (358-315 aprox.)
Hijo adoptivo y después yerno de Aristóteles, amigo de Alejandro.

Parmenión (400-330 aprox.)
Príncipe macedonio, el estratega más importante de Filipo y Alejandro.

Pausanias
a) Aspirante al trono macedonio, apartado por Filipo.
b) Jefe de la guardia personal de Filipo, a quien asesinó en Egae en el año 336.

Pérdicas (357-321 aprox.)
Amigo de juventud de Alejandro, educado con éste en Mieza.

Pérdicas III
Hermano mayor y predecesor de Filipo. Cayó en el 359, luchando contra los ilirios.

***Peukestas**
Joven macedonio que interroga el moribundo Aristóteles.

Philippos
Médico, amigo de Alejandro y más tarde su médico de cabecera.

Pitias
a) Esposa de Aristóteles, sobrina de Hermias.
b) Hija de Aristóteles, después casada con Nicanor.

Proteas
Hijo de Lanice, sobrino de Cleito, amigo de Alejandro, con quien se educó en Mieza.

Ptolomeo de Aloro
Yerno de Amintas III, a quien mató (o mandó matar) en el 369, como haría un año después con su propia esposa Eurinone y su cuñado Alejandro II. En el 365 Pérdicas III le dio muerte.

Ptolomeo (356-282 aprox.)
Hijo de Lago, amigo de juventud de Alejandro y desterrado con éste.

Seleuco (356-281)
Amigo de juventud de Alejandro, educado con él en Mieza.

***Tecnef**
Mujer de una tribu del Nilo, música, amante de Dimas.

CRONOLOGÍA

1100-700 a. de C. aprox.
Fundación de las ciudades y regiones griegas (Atenas, Esparta, Corinto, Tebas; Ática, Beocia, Tesalia, etcétera); colonización griega del oeste del Asia Menor; los griegos recogen de los fenicios el comercio, la navegación y la escritura.

750 aprox.
Homero.

750-550
Colonización griega desde Crimea hasta Provenza; fundaciones en el sur de Francia (Massalia/Marsella; Nicea/Niza), la baja Italia (Cime/Cumae; Rhegio/Reggio; Crotón/Crotone; Taras/Tarento), Sicilia (Siracosai/Siracusa; Catane/Catania; Zankle/Messana/Messina; Akragas/Agrigento), el norte de África (Cirene), Egipto (Naucratis, Racotis), etcétera.

592
Mercenarios griegos en Egipto.

540 aprox.
Fin de la expansión griega hacia el oeste, tras la victoria naval de cartaginenses y etruscos sobre los griegos frente a las costas de Córcega, y las posteriores victorias cartaginesas en Sicilia occidental y Cirenaica occidental. Quedan fijados los límites de la colonización e influencia griegas. Al mismo tiempo, fin de la expansión hacia el este, al caer el Asia Menor bajo la soberanía persa.

530 y sgtes.
Los persas conquistan Egipto; el Imperio Persa se extiende desde el Indo hasta el Nilo y el Bósforo.

521
Empieza el reinado de Darío I.

513
Campaña escita de los persas, sobre el Danubio; Tracia se convierte en satrapía persa; Darío envía emisarios, o bien reconocedores, a Grecia y la baja Italia.

500
Comienza el «levantamiento jónico» de las ciudades del Asia Menor contra los persas; Atenas y Eretria envían barcos, Esparta se niega a ayudar.

493
Derrota definitiva de los levantiscos, restauración del dominio persa; Mardonio, general y yerno de Darío, cruza el Helesponto y consolida Tracia; Macedonia, bajo el reinado de Alejandro I (498-454) es estado vasallo de Persia.

491
Una embajada persa exige el sometimiento simbólico de los griegos; Atenas y Esparta se niegan; matan a los embajadores.

490
«Expedición punitiva» persa, conquista de las islas; victoria del ateniense Miltíades en Maratón. Empieza el ascenso de Atenas, que la lleva a convertirse en la segunda potencia, junto a Esparta. Los beocios vencen a los tesalios y los expulsan de la Grecia central.

487
Guerra naval de Atenas y Egina.

485
Muere Darío I; su sucesor, Jerjes, prepara una campaña de venganza (construcción de

puentes sobre los Dardanelos, emplazamiento de almacenes en Tracia, etcétera).

482
Programa de construcción de la flota ateniense, elaborado por Temístocles.

480
Ataque persa; marcha de Jerjes sobre Tracia y Macedonia; Macedonia tiene que prestar tropas. Ocupación de las Termópilas, toma y desolación de Beocia y Ática, destrucción de Atenas. Victoria naval griega en Salamina; al mismo tiempo, los griegos del oeste (Siracusa, Akragas) se enfrentan en Sicilia a los cartagineses.

479
Segunda ocupación de Atenas; los griegos rechazan las condiciones de paz de Mardonio; victoria de los griegos unidos en Platea (Beocia); expediciones marítimas contra el Asia Menor y toma de los astilleros persas.

478
La flota libera ciudades costeras de Chipre; toma de Sesto y Bizancio; apertura de las rutas marítimas hacia las regiones productoras de trigo del mar Negro.

477
Los jonios instan a Atenas a proteger de Persia a las ciudades del Asia Menor; fundación de la Liga Marítima (islas y Asia Menor, bajo la hegemonía de Atenas; los aliados ponen barcos a disposición de Atenas o pagan tributos). Atenas se convierte en la principal potencia económica. En el oeste, Hieron de Siracusa (478-467) hace retroceder a los etruscos, expande su reino por la baja Italia, donde gobierna con ayuda de una policía secreta.

471
Temístocles es desterrado y se refugia en Persia.

470
A consecuencia de la guerra entre Siracusa y los etruscos, Atenas pierde mercados en el oeste; caen bruscamente los precios de la cerámica ateniense.

469 y sgtes.
Nueva ofensiva en la guerra contra Persia; más ciudades del Asia Menor se unen a la Liga Marítima. Tensión entre Esparta y Atenas por el creciente poderío ateniense.

466
Los espartanos derrotan a Argos y Tegea, consolidando su hegemonía en el Peloponeso.

465-463
Los atenienses sitian la isla de Tasos, que ha abandonado la Liga Marítima. Atenas toma la isla y se anexiona los territorios tasios de Tracia. Muere Jerjes, lo sucede su hijo Artajerjes I (hasta el 424).

464
Levantamiento contra Esparta en Messenia. En el 462 Atenas envía refuerzos a los espartanos, que los rechazan y devuelven.

461
Atenas denuncia la alianza con Esparta y se alía a Argos; Corinto y Egina forman una coalición contra Esparta. Reorientación de la política exterior ateniense bajo el gobierno de Pericles, con un doble objetivo: continuación de la guerra contra Persia, debilitamiento de Esparta.

460
El rey Inaro (Libia) intenta en Egipto un levantamiento contra el dominio persa; Atenas envía una flota como refuerzo.

459
Capitulación de Messenia ante Esparta; la presencia de la flota ateniense en el golfo de Corinto perturba la posición corintia en el comercio de trigo siciliota-itálico.

457
Esparta interviene en Grecia central para apoyar la hegemonia tebana en Beocia, con-

tra Atenas; luchas de tebanos y espartanos contra atenienses.

456
Egina capitula tras soportar tres años de sitio ateniense; el Pireo se hace cargo del comercio de Egina y se convierte en el puerto comercial más importante del mundo heleno. Los persas bloquean a la flota ateniense en Egipto.

455
Atenas destruye los astilleros espartanos de Giteón; punto más alto de la supremacía ateniense.

454
Derrota del levantamiento egipcio contra Persia; la flota ateniense es aniquilada en el delta del Nilo. En Macedonia comienza el reinado de Pérdicas II (hasta el 413), quien no puede consolidar los territorios y el poder ganados por su antecesor, Alejandro I, y se ve cada vez más inmerso en los conflictos griegos.

453
Pericles dirige una expedición marítima ateniense hacia el golfo de Corinto; unión de los aqueos; expansión hacia el oeste de los intereses políticos y económicos de Atenas, gracias a tratados con ciudades siciliotas. Atenas y Esparta acuerdan un armisticio de cinco años. En Sicilia, unión de los sículos, no griegos, para luchar contra los griegos de la isla.

450
Continuación de la guerra marítima contra Persia; la flota ateniense vence en Salamina (Chipre).

449
Tratado de paz entre Persia y Atenas; las ciudades griegas del Asia Menor obtienen autonomía dentro del Imperio Persa, Atenas respeta el área de influencia comercial fenicio-persa en el Mediterráneo oriental y garantiza que no volverá a intervenir en Egipto. Atenas se convierte en la tercera gran potencia del Mediterráneo, al lado de Persia y Cartago.

448
Una conferencia de paz panhelénica, a celebrarse en Atenas, no prospera por la oposición de Esparta. Guerra de la Anfictionía délfica contra los focenses por la independencia del santuario.

447
Levantamiento contra Atenas en Grecia central; Beocia, Focia y la Lócrida consiguen la independencia tras vencer en Coronea.

446
Megara y Eubea reniegan de Atenas; Eubea es reconquistada. Paz entre Atenas y Esparta sobre la base de la situación existente en ese momento.

445
Tras el acuerdo de paz, Atenas abandona sus planes de expansión hacia el oeste y mira hacia el norte tracio-póntico, fundando colonias e incrementando progresivamente su intervención en Tracia y Macedonia.

440
Guerra entre Tarento y Thurio en el sur de Italia; Samos abandona la Liga Marítima.

439
Atenas conquista Samos.

438
Luchas internas en Epidamnos (costa iliria); Corinto y Corcira se disputan el derecho de intervenir.

433
Corcira pide ayuda a Atenas para contrarrestar el creciente armamento corintio; Atenas reinicia su política de expansión hacia el oeste dirigida contra Corinto y Esparta; envía una flota de refuerzo a Corcira.

432
Potidea (colonia corintia en Calcídica) abandona la Liga Marítima y es sitiada por Atenas.

Bloqueo comercial de Atenas contra Megara, aliada a Esparta. Esparta da un ultimátum exigiendo que se levante el bloqueo, que Atenas renuncie a sus pretensiones sobre Potidea y Egina, y que los miembros de la Liga Marítima gocen de total autonomía. Atenas rechaza el ultimátum. Esparta declara la guerra.

431
Comienza la Guerra del Peloponeso; Esparta se alía con estados del Peloponeso, Grecia central y Sicilia; Atenas, con macedonios y tracios. Arcidamo II de Esparta desola el Ática, los tebanos atacan Platea, aliada a Atenas, la flota ateniense saquea Egina y el Peloponeso.

430
Arcidamo vuelve al Ática; Pericles dirige una expedición marítima contra el Peloponeso. Una epidemia de peste lleva a Atenas a pedir la paz, que Esparta no acepta.

429
Potidea capitula ante los atenienses; Arcidamo sitia Platea; los atenienses azotan la Calcídica desde Olinto. Victoria de la flota ateniense ante la peloponesa en Naupacto. Tracia invade Macedonia.

428
Lesbos abandona la Liga Marítima; Atenas sitia Mitilene; Arcidano vuelve al Ática.

427
Atenas toma Lesbos y Esparta ocupa Platea. Guerra civil en Corcira, que termina con la intervención de la flota ateniense; guerra de coaliciones en Sicilia, donde también interviene Atenas. Muerte de Arcidamo.

426
Campañas atenienses en Etolia y Acarnania.

425
Agis II de Esparta invade el Ática; Atenas derrota a espartanos y corintios.

424
Éxitos atenienses en Acarnania y el Peloponeso; Brasidas reforma el ejército en Esparta y ataca a los aliados atenienses del norte; Macedonia apoya a Esparta. Derrota de Atenas frente a los beocios. En Sicilia, alianza de las ciudades de la isla contra la intervención ateniense: retirada de la flota ateniense. Muere Artajerjes I; su sucesor, Darío II (hasta el 404), renueva el tratado de paz con Atenas.

423
Éxitos de Brasidas en el norte.

422
Nueva alianza entre Atenas y Macedonia.

421
Tratado de paz entre Atenas y Esparta, que no es reconocido por algunos aliados de esta última: Corinto, Megara y Tebas. Esto lleva a una alianza de Atenas con Esparta y a una liga entre los del Peloponeso y Argos. Nuevas tensiones entre Atenas y Esparta por incumplimientos del tratado.

420
Alianza de Esparta con Beocia; Alianza de Atenas con Argos, Mantinea y Elis. Elis expulsa a los espartanos de los juegos olímpicos.

419
Atenas apoya el ataque de Argos contra Epidauro.

418
Los espartanos, a las ordenes de Agis II, derrotan a argivos y atenienses en Mantinea. Restauración de la hegemonía espartana en el Peloponeso.

416
Expedición marítima ateniense contra la isla de Melo, aliada de Esparta. Segesta (Sicilia) pide ayuda a Atenas para enfrentarse a Selinus y Siracusa.

415-413
Campaña siciliana de Atenas, con 260 barcos y 25.000 hombres.

414
Sitio de Siracusa; Esparta envía refuerzos.

413
Derrota ateniense en Siracusa, capitulación. En Macedonia, sube al trono Arcelao I (hasta el 399), quien, tras cuarenta años de decadencia, refuerza el poder del rey, reforma el ejército y reúne una corte de importantes personajes de la cultura griega; viven en Pella Eurípides, Tucídides, el pintor Zeuxis, el músico Timoteo, etcétera. Declea, en el Ática, es ocupada por los espartanos; reiniciación de la guerra.

412
Esparta y Persia firman un tratado contra Atenas; Persia apoya a Esparta con dinero y barcos.

411
Atenas pierde Eubea; victoria naval de los espartanos en Eretria; victoria naval ateniense en el Helesponto.

410
Otra victoria naval ateniense, en Cícico (Propontis), debilita a Esparta y posibilita el restablecimiento del comercio de trigo con las colonias atenienses del mar Negro. En Sicilia, los elímeros de Segesta, no griegos, piden ayuda a Cartago.

409
Los atenienses, a las órdenes de Alcibíades, cosechan éxitos en el norte, mientras los espartanos hacen lo mismo en el Peloponeso. Cartagineses, elímeros y siculos atacan a los griegos siciliotas; destrucción de Selinus e Himera.

408
Alcibíades toma Bizancio, Calcedón y otras ciudades; Lisandro, jefe de la flota espartana, traba amistad con el príncipe persa Ciro, quien entrega más dinero a Esparta. En Sicilia, guerra de posición y armamento.

407
Victoria naval de Esparta sobre Atenas frente a las costas del Asia Menor.

406
La flota ateniense es cercada en el puerto de Mitilene. En Atenas, se mezclan las ofrendas a los dioses con la construcción de barcos, el reclutamiento de esclavos y viejos y las negociaciones de un tratado con Cartago. Los cartagineses conquistan Akragas; en Siracusa, Dionisio es elegido general plenipotenciario. Victoria naval ateniense al sur de Lesbos; en Atenas, los estrategas victoriosos son ejecutados por negligencia en el salvamento de marinos náufragos.

405
Lisandro reconstruye la flota espartana con dinero persa; victoria naval espartana en el Helesponto (3.000 prisioneros son muertos), bloqueo del Pireo. Atenas pasa hambre. Dionisio, apoyado por un ejército de mercenarios, se convierte en tirano de Siracusa; Cartago conquista Gela y Camarina. Tratado de paz entre Cartago y Siracusa, bajo el reconocimiento del nuevo statu quo.

404
Atenas capitula; Corinto y Tebas exigen la completa destrucción de la ciudad, que Esparta rechaza. En Samos se rinde culto al espartano Lisandro (primera divinización de un griego en vida). Muere Darío II y lo sucede Artajerjes II Mnemón (hasta el 358). Egipto, bajo el gobierno de Amirteo II, se declara independiente de Persia y mantiene la independencia hasta el año 342. Comienza la hegemonía espartana en Grecia, que duraría varias décadas. En Siracusa comienza el gobierno de Dionisio I; con ayuda de su guardia personal y de la policía secreta, Dionisio emprende obras de fortificación, armamento (refuerza la flota hasta tener 300 barcos), expropia grandes latifundios, introduce impuestos sobre el capital, etcétera.

402-400
Guerra entre Esparta y Elis; Esparta obliga a Elis a entrar en la Liga del Peloponeso.

401
En Persia, Ciro se levanta contra Artajerjes II con ayuda de mercenarios griegos. Tras la

muerte de Ciro en la batalla de Cunaxa (Eufrates), retirada *(Anábasis)* de los mercenarios griegos, a las órdenes de Jenofonte, hacia el mar Negro.

400
El sátrapa Tissafernes se prepara para volver a someter a los griegos del Asia Menor, a quienes Esparta les promete ayuda. Comienza la guerra entre Persia y Esparta (hasta el 386) por el control del Asia Menor; primeras campañas en la región.

399
Tras la muerte de Arcelao, Macedonia se sume en la decadencia bajo el gobierno de reyes débiles que se suceden rápidamente. En Esparta comienza el reinado de Ageilao (hasta el 360). En Atenas, Sócrates es condenado a muerte por ateísmo y corrupción de menores.

398
El estratega ateniense Conon pasa al servicio de los persas y obtiene el mando de su flota.

397
Dionisio declara la guerra a Cartago; conquista de Eryx y Motye. Los cartagineses fundan Lilibaión (Marsala) como nueva base de apoyo, e inician el contrataque.

396
Cartago reconquista Motye y Eryx, y sitia Siracusa, pero una epidemia diezma el ejército. El espartano Agesilao emprende una campaña en el Asia Menor.

395
Victoria espartana sobre Persia en Sardes. Persia envía dinero a diversos estados griegos para financiar un levantamiento contra Esparta. Alianza de Beocia, Atenas, Corinto, Argos, Eubea, Locris y Acarnania (con sede en Corinto) contra Esparta.

394
Agesilao lanza una ofensiva en el Asia Menor; Esparta derrota a los aliados en Corinto. En verano, victoria naval de los persas en Cnido, destrucción de la flota espartana, fin de la supremacía marítima de Esparta en el Egeo. Los griegos garantizan la autonomía a sus hermanos del Asia Menor.

393
La flota persa desola las costas de Esparta; reconstrucción de las fortificaciones atenienses con dinero persa; reinstauración de la Liga Marítima Ática. Amintas III, rey de Macedonia (hasta el 370) intenta consolidar su débil reino mediante cambiantes alianzas.

392
Paz entre Siracusa y Cartago; Cartago pierde territorios. Los atenienses honran a Dionisio nombrándolo arconte de Sicilia. Esparta ofrece la paz a cambio de la cesión de todas las ciudades griegas del Asia Menor y propone la paz general *(coinê eirene)*, con autonomía para todos los estados. Atenas no acepta. Atenas y Esparta se disputan el puerto de Lequeón, cerca de Corinto.

391
Comienza la expansión de Siracusa, que irrumpe en el sur de Italia. Nueva campaña de Esparta en el Asia Menor; la política naval ateniense hace que surjan tensiones con Persia.

389
Expediciones navales atenienses; reconquista del Bósforo y de algunas islas del Asia Menor; Atenas apoya el levantamiento de Chipre contra Persia.

388
Dionisio conquista la baja Italia; Platón visita Siracusa.

387
Acercamiento de Esparta y Persia como consecuencia de la política ateniense; la flota persa-espartana bloquea el Helesponto. Roma es conquistada por los celtas.

386
Alianza entre Dionisio y los celtas itálicos. Establecimiento de la Paz Real negociada

entre Persia y Esparta: las ciudades griegas del Asia Menor pertenecen a Persia, todas las demás ciudades griegas son autónomas, se revocan todos los tratados de alianza atenienses. Hegemonía de Esparta apoyada en las garantías militares persas.

385
Dionisio funda colonias en el Adria. Comienza en Grecia la violenta política de hegemonía espartana. Mercenarios atenienses apoyan a Egipto contra el intento de reconquista persa.

384
Expedición naval de Dionisio contra Etruria; construcción de un puerto en Córcega. Las ciudades griegas de la baja Italia buscan una alianza con Cartago para enfrentarse a Siracusa.

383
Mercenarios atenienses apoyan al rey odrisio Cotys en la conquista de Tracia; Macedonia pierde territorios.

382-374
Guerra de Dionisio contra Cartago y los griegos del sur de Italia. Comienza la Guerra Olintia: Esparta ataca Calcídica, somete a Olinto y la obliga a suministrarle tropas. Esparta toma la ciudadela de Tebas (Cadmea).

379
Levantamiento de Tebas contra Esparta; alianza de Tebas con Atenas; hegemonía tebana en Beocia. Dionisio conquista Crotón.

378
Segunda Liga Marítima Ática, contra Esparta, bajo las condiciones de la Paz Real (autonomía, etcétera). Fracasa la campaña espartana contra Tebas.

377
Mausolo, sátrapa de Caria, se independiza bajo el protectorado persa y emplaza la capital en Halicarnaso.

376
La flota ateniense derrota a la espartana en Naxos. Restauración del dominio marítimo ateniense y reimplantación de la Liga Calcídica con Olinto.

375
Otra victoria naval de Atenas sobre Esparta; alianza de Atenas con Macedonia; Tebas derrota a Esparta en Beocia. Dionisio vence a los cartagineses en Sicilia occidental.

374
Cartago vence en Cronión (norte de Sicilia); se firma la paz, según la cual Cartago gana territorios. Restablecimiento de la Paz Real; Esparta reconoce la autoridad naval ateniense.

373
Los tebanos arrasan Platea. Persia ataca Egipto con mercenarios griegos, pero Egipto repele el ataque, también con mercenarios griegos.

372
La flota ateniense ocupa Corcira y Cefalene; fin del poderío naval espartano también en el oeste. Unión de Tesalia bajo el tirano Jasón de Feres, que emprende un plan de armamento y planea la guerra contra Persia.

371
Derrumbamiento de la hegemonía espartana; Esparta pide ayuda a Persia; acercamiento de Atenas y Esparta, sobre la base de la Paz Real, de la que se excluye a los tebanos, gobernados por Epaminondas, por interferir en la autonomía de ciudades beocias. La campaña espartana contra Tebas termina con una derrota frente a Epaminondas. Nuevas alianzas de Atenas contra Tebas. Introducción del culto de Ammón en Atenas; Ammón es equiparado a Zeus.

370
Levantamiento arcadio contra Esparta; la campaña peloponésica de Epaminondas termina con la posición de Esparta como gran potencia. Jasón de Feres es asesinado, lo

mismo que Amintas III de Macedonia, a quien sucede su hijo Alejandro II.

369
Alianza de Esparta y Atenas; bloqueo del istmo; Epaminondas rompe el bloqueo y sigue avanzando por el Peloponeso. El tebano Pelópidas interviene en Tesalia; Macedonia ocupa Larisa.

368
Última guerra de Dionisio contra Cartago, sin cambios territoriales. Dionisio y sus hijos obtienen ciudadanía ateniense, en un homenaje que les rinde Atenas. Ptolomeo de Aloro, yerno de Amintas III, mata al hijo de éste, Alejandro II, y gobierna Macedonia con la viuda, Eurídice, como tutor de Pérdicas, el hermano menor del rey muerto. El tercer hijo de Amintas, Filipo, es llevado a Tebas como rehén.

367
Muerte de Dionisio. Epaminondas marcha sobre Tesalia, donde libera a Pelópidas, apresado por el tirano Alejandro de Feres, y sobre el Peloponeso; Aquea se une a Tebas. Pelópidas y el espartano Antalcidas negocian al mismo tiempo con Artajerjes II, en Susa («los griegos compiten a arrastrarse»); decreto de paz persa en favor de Tebas. Suicidio de Antalcidas.

365
Continúan la expansión de Tebas y la oposición de Atenas. Epaminondas manda construir una flota al armador cartaginés Nobas. El rey espartano Agesilao sirve a Persia como mercenario y obtiene dinero para Esparta. Asesinato de Ptolomeo de Aloro; Pérdicas III, rey de Macedonia, trae de Tebas a Filipo.

364
Expedición naval de Epaminondas, unión de Bizancio, Quío y Rodas a Tebas; unión de Pidna, Methone y Potidea a Atenas; Pelópidas vence pero muere frente a Alejandro de Feres; los beocios dominan Tesalia.

362
Levantamiento de varias satrapías contra Artajerjes II. Última campaña de Epaminondas en el Peloponeso; vence pero muere en la batalla de Mantinea, contra Atenas y Esparta. Tratado de paz sobre la base del statu quo.

361
Agesilao de Esparta sirve como mercenario en Egipto, contra Persia. Alejandro de Feres derrota a la flota ateniense.

360
Pérdicas III ocupa Anfípolis; Tracia, bajo el mando de Cotys, se expande a costa de posesiones atenienses. Muerte del rey moloso Neoptolemo, en Epiro; su hermano Aribbas gobierna en calidad de regente de Alejandro, el hijo de Neoptólemo.

359
Pérdicas III cae contra los ilirios; disputas por la sucesión; el hermano de Pérdicas, Filipo II, se impone sobre varios pretendientes, apoyados por Atenas, Tracia y príncipes locales. En un inicio gobierna como regente del hijo de Pérdicas, Amintas IV. Muere Artajerjes II y lo sucede su hijo, Artajerjes III Oco.

358
Alejandro de Feres es asesinado. Filipo II y su estratega Parmenión derrotan a ilirios y peonios; Filipo apoya a Larisa contra Feres (Tesalia).

357
Dionisio II de Siracusa (desde el 367) es depuesto por su cuñado Dión, que cuenta con la ayuda de los cartagineses; Dión gobierna en solitario, intentando hacer realidad la teoría del estado de Platón. Filipo II se casa con Olimpia, hija de Neoptolemo de Epiro. Conquista de Anfípolis. Comienza la guerra de Atenas contra sus aliados; a causa de la política hegemónica ateniense, Quío, Rodas, Cos y Bizancio abandonan la Liga Marítima y se alían con Mausolo de Caria.

356
Derrota de la flota ateniense en Embata.

Filipo conquista las ciudades costeras atenienses del norte (Potidea, Pydna); Nace Alejandro III (el Grande); Filipo ocupa la ciudad tasia de Crenides, que es rebautizada como Filipoi. A instancias de Tebas, los focenses son acusados de sacrilegio en Delfos y se alían con Esparta. Ocupación de Delfos, reclutamiento de un ejército mercenario con el tesoro del santuario de Delfos; Tercera Guerra Santa.

355
Los focences son derrotados por beocios y tesalios. Filipo adquiere el título de rey. Fin de la guerra de los aliados; Atenas reconoce la independencia de los tránsfugas.

354
Ofensiva focence bajo la dirección de Onomarco; ocupación de las Termópilas. Eubolo, director de las finanzas atenienses, reforma y sanea el tesoro público de Atenas. Comienza la carrera política de Demóstenes.

353
Onomarco ocupa poblaciones de Beocia y vence a Filipo en Tesalia.

352
Filipo derrota a los focences en el sur de Tesalia; muere Onomarco. Deposición del tirano Licofrón de Feres; Filipo restaura los antiguos derechos civiles en Tesalia. La ofensiva de Filipo contra los focios y el consiguiente avance hacia el sur desatan el pánico en Grecia; Atenas y las ciudades del Peloponeso ocupan las Termópilas. Filipo se retira. Alejandro, el hermano de Olimpia y sucesor al trono de Epiro, es llevado a Pella para que se eduque en la corte de esta ciudad.

351
Siguen las luchas entre focences y beocios Filipo cierra alianzas con Tracia y Bizancio.

350
Hermias, discípulo de Platón y amigo de Aristóteles, se convierte en sátrapa y tirano de Atarneo y Asso.

349
Filipo somete ciudades de la Calcídica y amenaza Olinto. Alianza de Atenas y Olinto. Primera *Filípica* de Demóstenes.

348
Filipo conquista y destruye Olinto; Eubea rompe con Atenas. Campaña fallida de Atenas en favor de Olinto y contra Eubea.

347
Los beocios ocupan Abe, en Focia. Muerte de Platón; Aristóteles se traslada a la corte de Hermias y se casa con su sobrina, Pitia. Dionisio II retoma el poder en Siracusa.

346
La táctica de desmoralización de Filipo tiene éxito: los focences se ven obligados a firmar la paz. Termina la Guerra Santa, las Termópilas se rinden a Filipo, Delfos recupera la independencia, Focia es obligada a pagar reparaciones por el saqueo de las arcas del santuario y Filipo ocupa el lugar de Focia en el Consejo de la Anfictionía. Paz de Filócrates entre Filipo y Atenas, sobre la base del statu quo. En Atenas, Eubolo y Esquines defienden a Filócrates cotra Demóstenes e Hipérides.

345
Demóstenes comienza los largos años de agitación contra Macedonia. Artajerjes III Oco devuelve a Persia la categoría de gran potencia; con ayuda de mercenarios griegos a las órdenes de Memnón y Mentor, sofoca levantamientos en el Asia Menor, Chipre y, más tarde, Fenicia.

344
Nueva campaña de Filipo contra los ilirios; Filipo es elegido arconte de la Liga Tesalia. Corinto envía a Siracusa un ejército mercenario a las órdenes de Timoleón, para derrocar al tirano. Cartago intenta un bloqueo; Dionisio se rinde y es desterrado a Corinto.

343
Filipo reconoce a Messenia y Arcadia su independencia de Esparta; Parmenión ocupa

Eubea; en Atenas, Filócrates es condenado a requerimiento de Hipérides. Acuerdo de Filipo con Artajerjes: Macedonia renuncia a intervenir en el Asia Menor, Persia deja Grecia en manos de Macedonia y renuncia a seguir actuando como garante de la Paz Real.

342
Timoleón derrota a los cartagineses en Segesta; contraofensiva de Cartago. Filipo depone a Aribbas de su cargo de regente de Epiro y pone en el trono al sobrino de éste, su cuñado Alejandro. Tratado secreto con Hermias de Atarneo; Aristóteles se traslada a Mieza (Macedonia) para ejercer de maestro. El rey de Esparta, Arcidamo III, marcha a Italia como mercenario.

341
Atenas toma Oreo (Eubea) y funda una liga de ciudades proatenienses en Eubea. Arenga de Demóstenes contra Filipo. Hermias es apresado y ejecutado al desvelarse el tratado secreto; Himno de Aristóteles a Hermias.

340
Demóstenes consigue formar una Liga Helena contra Filipo; los macedonios sitian Perinto y Bizancio y capturan los barcos mercantes atenienses cargados de grano. Atenas declara la guerra.

339
Timoleón/Siracusa y Cartago cierran la paz sin que se alteren los dominios territoriales. Atenas envía sendas flotas a Perinto y Bizancio; Filipo se retira y somete Tracia, hasta la desembocadura del Danubio. A instancias de Filipo, Delfos declara la Cuarta Guerra Santa por sacrilegio, esta vez contra Anfisa y Locria oriental. Los tebanos ocupan las Termópilas. Filipo es nombrado General Supremo de la Anfictionía Délfica, rodea las Termópilas y ocupa Elatea, en Focia. Pánico en Atenas.

338
Tras la alianza entre Tebas y Atenas, Filipo desvía hacia el oeste y ocupa Anfisa, Delfos, Naupacto; Arcidamo de Esparta muere en Italia. Agosto: batalla de Queronea (Beocia); los macedonios derrotan a Atenas, Tebas y Beocia, coaligadas. Tebas es ocupada. Filipo envía a Alejandro para que negocie en Atenas una paz reconciliadora. Disolución de la Liga Marítima, mantenimiento de la autonomía ateniense, Atenas puede conservar su ejército y su flota. Campaña de Filipo en el Peloponeso, hasta Giteón; en invierno, fundación de la Liga de Corinto, con la firma de un tratado de amistad eterna para preservar la paz general y la autonomía interna de todos los estados; Filipo es nombrado General Supremo y Plenipotenciario. Los griegos (a excepción de Esparta) garantizan que entregarán tropas para emprender una campaña contra Persia. Muere Artajerjes III y lo sucede Arses.

337
La Liga de Corinto decide emprender una campaña punitiva contra Persia, como venganza por la destrucción de Atenas y la profanación de los santuarios griegos (480-479); se confía a Filipo la dirección de la guerra. Boda de Filipo con Cleopatra, sobrina del príncipe macedonio Attalo (yerno de Parmenión); Attalo cuestiona el derecho de sucesión de Alejandro; pelea entre Alejandro y Filipo. Alejandro es desterrado, pero no va a Epiro, donde está Olimpia, desterrada poco antes, sino al desierto ilirio. Un ejército macedonio dirigido por Parmenión y Attalo es enviado al Asia Menor.

336:
Tropas persas capitaneadas por Memnón obligan a retroceder a los macedonios desde Efeso y Mileto hasta el Helesponto. Filipo casa a su hija Cleopatra con Alejandro de Epiro; durante las celebraciones de la boda, en Egae, el rey de Macedonia es asesinado. Disputas por la sucesión. Alejandro III el Grande se impone, manda asesinar o ejecutar a sus rivales, emprende una rápida campaña por Grecia para anticiparse a una sublevación; en Tesalia, Delfos y Corinto, es ratificado como sucesor de Filipo, con sus

mismos cargos. Arses es asesinado y sube al trono de Persia Darío III Codomano (hasta el 330).

335
Alejandro emprende una campaña por los Balcanes para consolidar las fronteras; somete a los tracios tríbalos, cruza el Danubio, derrota a los getas y sofoca un levantamiento en Iliria. En Atenas, Demóstenes recibe dinero persa para enfrentarse a Macedonia; levantamientos en Tebas, Atenas y el Peloponeso. Alejandro emprende una marcha forzada desde Iliria hasta Beocia; Tebas se niega a capitular, es conquistada y destruida. Atenas declara su lealtad, pero se niega a entregar a Demóstenes.

334
Alejandro cruza el Helesponto sin resistencia persa; comienza su campaña asiática con el ejército macedonio, pequeños contingentes enviados por aliados griegos y una débil flota de refuerzo ateniense.

ÍNDICE

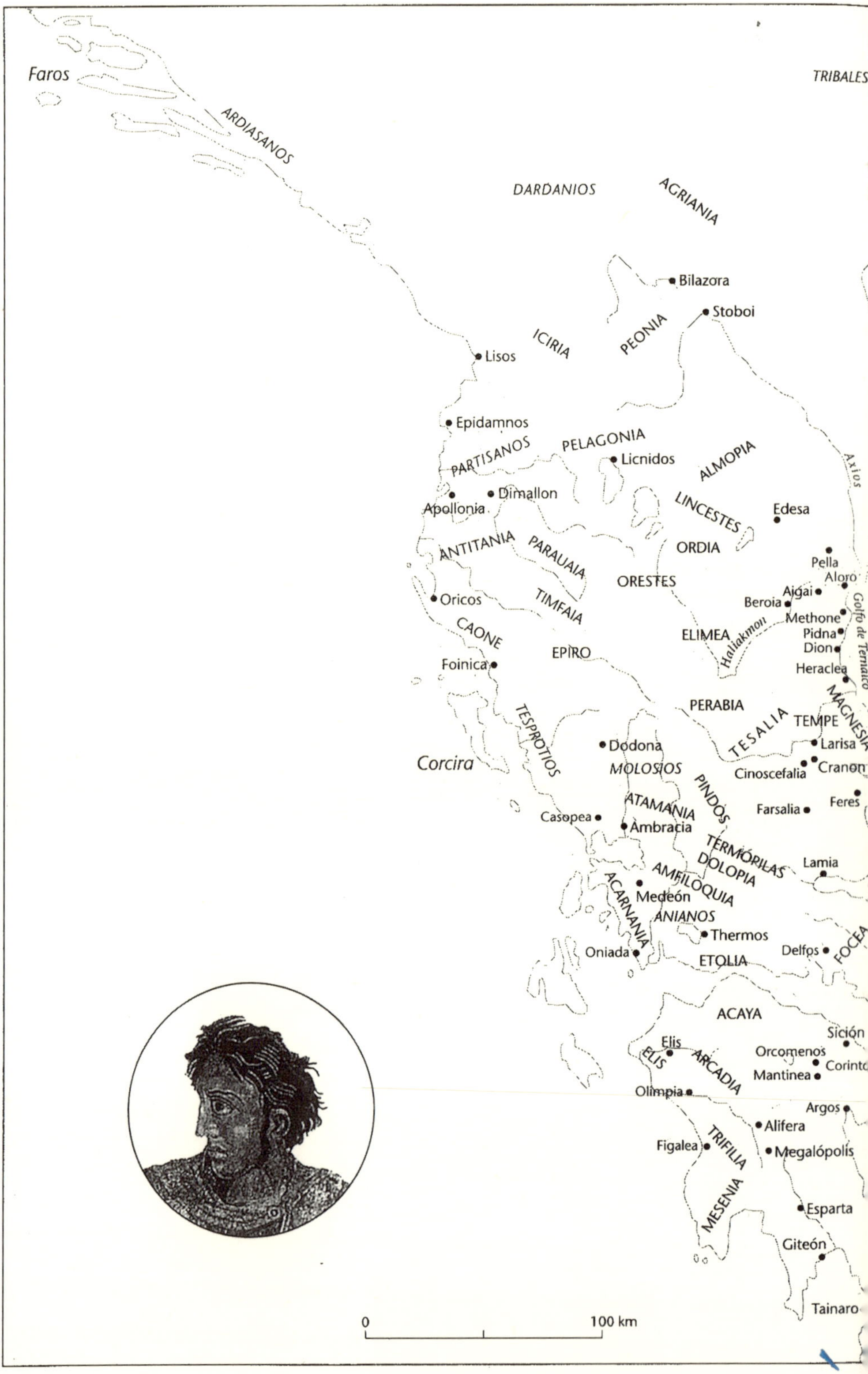

Faros
TRIBALES
ARDIASANOS
DARDANIOS
AGRIANIA
Bilazora
Stoboi
Lisos
ICIRIA
PEONIA
Epidamnos
PARTISANOS
PELAGONIA
Licnidos
ALMOPIA
Axios
Dimallon
Apollonia
LINCESTES
Edesa
ANTITANIA
PARAUAIA
ORDIA
Pella
Aloro
Oricos
TIMFAIA
ORESTES
Aigai
Beroia
Golfo de Termaico
Methone
CAONE
ELIMEA
Haliakmon
Pidna
Dion
Foinica
EPIRO
Heraclea
MAGNESIA
PERABIA
TEMPE
TESALIA
TESPROTIOS
Dodona
Larisa
Corcira
MOLOSIOS
Cinoscefalia
Cranon
PINDOS
ATAMANIA
Farsalia
Feres
Casopea
Ambracia
TERMÓPILAS
DOLOPIA
Lamia
AMFILOQUIA
ACARNANIA
Medeón
ANIANOS
Thermos
Oniada
ETOLIA
Delfos
FOCEA
ACAYA
Sición
Elis
ELIS
ARCADIA
Orcomenos
Corinto
Mantinea
Olimpia
Argos
Alifera
TRIFILIA
Figalea
Megalópolis
MESENIA
Esparta
Giteón
Tainaro
0
100 km